KB173756

R Cookbook 2판

데이터 분석과 통계, 그래픽스를 위한 실전 예제

R Cookbook 2/E

by J.D. Long and Paul Teetor

Authorized Korean translation of the English edition of R COOKBOOK, 2nd edition ISBN 9781492040682 ⓒ 2019 J.D. Long and Paul Teetor

Korean language edition copyright ⓒ 2021 Insight Press.

This translation is published and sold by permission of O'Reilly Media, Inc., which owns or controls all rights to publish and sell the same.

이 책의 한국어판 저작권은 에이전시 원을 통해 저작권자와의 독점 계약으로 인사이트에 있습니다. 저작권법에 의해 한국 내에서 보호를 받는 저작물이므로 무단전재와 무단복제를 금합니다.

R Cookbook 2판

초판 1쇄 발행 2012년 7월 10일 **초판 7쇄 발행** 2019년 11월 15일 **2판 1쇄 발행** 2021년 5월 11일 **지은이** J.D. 롱, 폴 티터 **옮긴이** 이제원 **펴낸이** 한기성 **펴낸곳** 인사이트 **편집** 백주옥 **본문 디자인** 차인선 **제작 · 관리** 신승준. 박미경 **용지** 에이스페이퍼 **출력 · 인쇄** 현문인쇄 **제본** 자현제책 **등록번호** 제2002-000049호 **등록일자** 2002년 2월 19일 **주소** 서울시 마포구 연남로5길 19-5 **전화** 02-322-5143 **팩스** 02-3143-5579 **블로그** http://blog.insightbook.co.kr **이메일** insight@insightbook.co.kr **ISBN** 978-89-6626-298-4 책값은 뒤표지에 있습니다. 잘못 만들어진 책은 바꾸어 드립니다. 이 책의 정오표는 http://blog.insightbook.co.kr에서 확인하실 수 있습니다.

프로그래밍 **인사이트**

R Cookbook ^{2판}

데이터 분석과 통계, 그래픽스를 위한 실전 예제

J.D. 롱, 폴 티터 지음 | 이제원 옮김

인사이트

차례

옮긴이의 글 ·· xiv

지은이의 글 ·· xvi

1장 시작하기와 도움 얻기 ·· 1

1.1   R 다운로드와 설치 ·· 2

1.2   RStudio 설치하기 ·· 5

1.3   RStudio 시작하기 ·· 6

1.4   커맨드 입력하기 ·· 8

1.5   RStudio 종료하기 ·· 10

1.6   R을 잠깐 중단하기 ·· 12

1.7   제공된 문서 읽기 ·· 12

1.8   함수 도움말 보기 ·· 14

1.9   제공된 문서를 검색하기 ·· 16

1.10 패키지 도움말 보기 ·· 18

1.11 인터넷 검색으로 도움말 보기 ·· 19

1.12 적절한 함수와 패키지 찾기 ··· 23

1.13 메일링 리스트 검색하기 ·· 24

1.14 Stack Overflow 또는 다른 커뮤니티에 질문 보내기 ······················· 25

2장 기초 사항들 ·· 29

2.1   스크린에 출력하기 ·· 29

2.2   변수 설정하기 ··· 31

2.3   변수 목록 보기 ··· 33

2.4   변수 삭제하기 ··· 35

2.5   벡터 생성하기 ··· 36

2.6   기본적인 통계량 계산하기 ··· 38

2.7	수열 생성하기	41
2.8	벡터 비교하기	43
2.9	벡터에 있는 원소 선택하기	45
2.10	벡터 연산 수행하기	48
2.11	연산자 우선순위 틀리지 않기	50
2.12	더 적게 입력하고 많이 얻어내기	53
2.13	함수 호출 파이프라인 만들기	54
2.14	흔히 하는 실수	58

3장	**R 둘러보기**	65
3.1	작업 디렉터리 알아내기와 설정하기	65
3.2	새로운 RStudio 프로젝트 생성하기	66
3.3	작업공간 저장하기	69
3.4	커맨드 히스토리 보기	70
3.5	이전 커맨드의 결과 저장하기	71
3.6	검색 경로를 통해 로딩된 패키지 보기	72
3.7	설치된 패키지 목록 보기	74
3.8	패키지의 함수에 접근하기	75
3.9	내장된 데이터세트에 접근하기	77
3.10	CRAN에서 패키지 설치하기	79
3.11	깃허브에서 패키지 설치하기	81
3.12	CRAN 미러 사이트 기본 설정하기 또는 변경하기	82
3.13	스크립트 실행하기	84
3.14	일괄 실행 스크립트 실행하기	85
3.15	R의 홈 디렉터리 찾아내기	88
3.16	R 시작 커스터마이징하기	89
3.17	클라우드에서 R과 RStudio 사용하기	93

4장	**입력과 출력**	97
4.1	키보드로 데이터 입력하기	97
4.2	자릿수 더 적게(혹은 더 많이) 출력하기	98
4.3	출력을 파일에 쓰기	100
4.4	파일 목록 보기	102

4.5   윈도우에서 나타나는 'Cannot Open File(파일을 열 수 없음)' 해결하기 ····· 105

4.6   고정폭 레코드 읽기 ····· 106

4.7   테이블로 된 데이터 파일 읽기 ····· 109

4.8   CSV 파일에서 읽어오기 ····· 113

4.9   CSV 파일로 쓰기 ····· 116

4.10 웹에서 테이블 혹은 CSV 데이터를 읽어오기 ····· 117

4.11 엑셀 데이터 읽어오기 ····· 118

4.12 데이터 프레임을 엑셀로 쓰기 ····· 120

4.13 SAS 파일에서 데이터 읽어오기 ····· 123

4.14 HTML 테이블에서 데이터 읽어오기 ····· 125

4.15 복잡한 구조를 가진 파일 읽기 ····· 128

4.16 MySQL 데이터베이스에서 읽어오기 ····· 133

4.17 dbplyr로 데이터베이스 접근하기 ····· 136

4.18 객체를 저장하고 전송하기 ····· 139

5장   데이터 구조
데이터 구조 ····· 143

5.1   벡터에 데이터 추가하기 ····· 152

5.2   벡터에 데이터 삽입하기 ····· 154

5.3   재활용 규칙 이해하기 ····· 155

5.4   요인 생성하기(범주형 변수) ····· 157

5.5   여러 벡터를 합쳐서 하나의 벡터와 요인으로 만들기 ····· 159

5.6   리스트 생성하기 ····· 160

5.7   위치를 통해 리스트의 원소 선택하기 ····· 162

5.8   이름으로 리스트의 원소 선택하기 ····· 164

5.9   이름/값 연계 리스트 만들기 ····· 166

5.10 리스트에서 원소 제거하기 ····· 168

5.11 리스트의 구조를 없애 벡터로 만들기 ····· 169

5.12 NULL 원소를 리스트에서 제거하기 ····· 171

5.13 조건을 사용해 리스트의 원소 제거하기 ····· 172

5.14 행렬의 초기 내용 설정하기 ····· 174

5.15 행렬의 연산 수행하기 ····· 176

5.16 행렬의 행과 열에 설명이 담긴 이름 붙이기 ····· 177

5.17 행렬에서 하나의 행 또는 열을 선택하기 ····· 178

5.18 열 데이터로 데이터 프레임 만들기 ····· 179

5.19 행 데이터로 데이터 프레임 만들기 ⋯⋯⋯⋯⋯⋯⋯⋯⋯⋯⋯⋯⋯⋯ 181
5.20 데이터 프레임에 행 추가하기 ⋯⋯⋯⋯⋯⋯⋯⋯⋯⋯⋯⋯⋯⋯⋯⋯ 184
5.21 위치를 통해 데이터 프레임의 열 선택하기 ⋯⋯⋯⋯⋯⋯⋯⋯⋯⋯ 187
5.22 이름으로 데이터 프레임의 열 선택하기 ⋯⋯⋯⋯⋯⋯⋯⋯⋯⋯⋯ 192
5.23 데이터 프레임의 열 이름 바꾸기 ⋯⋯⋯⋯⋯⋯⋯⋯⋯⋯⋯⋯⋯⋯ 194
5.24 데이터 프레임에서 NA 제거하기 ⋯⋯⋯⋯⋯⋯⋯⋯⋯⋯⋯⋯⋯⋯ 195
5.25 이름으로 열 제외하기 ⋯⋯⋯⋯⋯⋯⋯⋯⋯⋯⋯⋯⋯⋯⋯⋯⋯⋯⋯ 196
5.26 두 데이터 프레임 합치기 ⋯⋯⋯⋯⋯⋯⋯⋯⋯⋯⋯⋯⋯⋯⋯⋯⋯⋯ 197
5.27 하나의 공통된 열로 데이터 프레임 병합하기 ⋯⋯⋯⋯⋯⋯⋯⋯⋯ 199
5.28 단일값을 다른 형식으로 변환하기 ⋯⋯⋯⋯⋯⋯⋯⋯⋯⋯⋯⋯⋯⋯ 202
5.29 구조화된 자료형을 다른 형식으로 변환하기 ⋯⋯⋯⋯⋯⋯⋯⋯⋯ 203

6장 데이터 변형 ⋯⋯⋯⋯⋯⋯⋯⋯⋯⋯⋯⋯⋯⋯⋯⋯⋯⋯⋯⋯⋯⋯⋯⋯⋯ 207
6.1 리스트의 각 원소에 함수 적용하기 ⋯⋯⋯⋯⋯⋯⋯⋯⋯⋯⋯⋯⋯ 208
6.2 데이터 프레임의 모든 행에 함수 적용하기 ⋯⋯⋯⋯⋯⋯⋯⋯⋯⋯ 210
6.3 행렬의 모든 행에 함수 적용하기 ⋯⋯⋯⋯⋯⋯⋯⋯⋯⋯⋯⋯⋯⋯ 212
6.4 모든 열에 함수 적용하기 ⋯⋯⋯⋯⋯⋯⋯⋯⋯⋯⋯⋯⋯⋯⋯⋯⋯⋯ 213
6.5 병렬 벡터들 또는 리스트들에 함수 적용하기 ⋯⋯⋯⋯⋯⋯⋯⋯⋯ 215
6.6 데이터 집단에 함수 적용하기 ⋯⋯⋯⋯⋯⋯⋯⋯⋯⋯⋯⋯⋯⋯⋯⋯ 219
6.7 조건에 따라 새로운 열 만들기 ⋯⋯⋯⋯⋯⋯⋯⋯⋯⋯⋯⋯⋯⋯⋯⋯ 220

7장 문자열과 날짜 ⋯⋯⋯⋯⋯⋯⋯⋯⋯⋯⋯⋯⋯⋯⋯⋯⋯⋯⋯⋯⋯⋯⋯⋯ 223
7.1 문자열의 길이 알아내기 ⋯⋯⋯⋯⋯⋯⋯⋯⋯⋯⋯⋯⋯⋯⋯⋯⋯⋯⋯ 226
7.2 문자열 연결하기 ⋯⋯⋯⋯⋯⋯⋯⋯⋯⋯⋯⋯⋯⋯⋯⋯⋯⋯⋯⋯⋯⋯ 227
7.3 하위 문자열 추출하기 ⋯⋯⋯⋯⋯⋯⋯⋯⋯⋯⋯⋯⋯⋯⋯⋯⋯⋯⋯⋯ 228
7.4 구분자로 문자열 분할하기 ⋯⋯⋯⋯⋯⋯⋯⋯⋯⋯⋯⋯⋯⋯⋯⋯⋯⋯ 229
7.5 하위 문자열 대체하기 ⋯⋯⋯⋯⋯⋯⋯⋯⋯⋯⋯⋯⋯⋯⋯⋯⋯⋯⋯⋯ 231
7.6 문자열의 모든 쌍별 조합 만들기 ⋯⋯⋯⋯⋯⋯⋯⋯⋯⋯⋯⋯⋯⋯ 232
7.7 현재 날짜 알아내기 ⋯⋯⋯⋯⋯⋯⋯⋯⋯⋯⋯⋯⋯⋯⋯⋯⋯⋯⋯⋯⋯ 234
7.8 문자열을 날짜로 변환하기 ⋯⋯⋯⋯⋯⋯⋯⋯⋯⋯⋯⋯⋯⋯⋯⋯⋯⋯ 234
7.9 날짜를 문자열로 변환하기 ⋯⋯⋯⋯⋯⋯⋯⋯⋯⋯⋯⋯⋯⋯⋯⋯⋯⋯ 235
7.10 연, 월, 일을 날짜로 변환하기 ⋯⋯⋯⋯⋯⋯⋯⋯⋯⋯⋯⋯⋯⋯⋯⋯ 237
7.11 율리우스력 날짜 알아내기 ⋯⋯⋯⋯⋯⋯⋯⋯⋯⋯⋯⋯⋯⋯⋯⋯⋯⋯ 238

7.12   날짜의 일부 추출하기 ·· 239

7.13   날짜로 된 수열 생성하기 ·· 241

8장   확률 ··· 243

8.1   조합의 개수 세기 ·· 245

8.2   조합 생성하기 ··· 246

8.3   난수 생성하기 ··· 247

8.4   재현 가능한 난수 생성하기 ····································· 250

8.5   확률 표본 생성하기 ··· 251

8.6   랜덤 수열 생성하기 ··· 252

8.7   랜덤으로 벡터의 순열 만들기 ·································· 254

8.8   이산분포의 확률 계산하기 ······································ 254

8.9   연속분포의 확률 계산하기 ······································ 257

8.10   확률을 분위수로 변환하기 ····································· 258

8.11   밀도 함수 그래프 그리기 ······································· 260

9장   일반 통계 ··· 265

9.1   데이터 요약 보기 ·· 268

9.2   상대도수 계산하기 ·· 270

9.3   요인의 도수분포표 만들기와 분할표 생성하기 ·············· 271

9.4   범주형 변수의 독립성 검정하기 ································ 273

9.5   데이터세트의 분위수 및 사분위수 계산하기 ················ 274

9.6   역분위수 구하기 ··· 275

9.7   데이터를 z 점수로 변환하기 ··································· 276

9.8   표본을 이용한 모평균 검정(t 검정) ·························· 277

9.9   모평균의 신뢰구간 구하기 ······································ 279

9.10   중앙값에 대한 신뢰구간 구하기 ······························· 280

9.11   표본비율을 이용한 모비율 검정 ································ 281

9.12   모비율의 신뢰구간 구하기 ····································· 283

9.13   정규성 검정 ··· 284

9.14   런(runs) 검정 ··· 286

9.15   두 모집단의 평균 비교하기 ····································· 287

9.16   비모수적으로 두 표본의 위치 비교하기 ······················ 289

9.17 모상관계수의 유의성 검정하기 ——————————————— 291

9.18 집단들이 동일 비율로 되어 있는지 검정하기 ——————— 293

9.19 집단의 모평균을 쌍별로 비교하기 ——————————————— 295

9.20 두 표본이 동일 분포에서 왔는지 검사하기 ——————— 296

10장 그래픽스 —— 299

10.1   산점도 그리기 ——————————————————————————————————— 304

10.2   제목과 레이블 추가하기 ————————————————————————— 305

10.3   격자 추가(또는 제거)하기 ——————————————————————— 307

10.4   ggplot 그래프에 테마 적용하기 —————————————————— 310

10.5   여러 집단의 산점도 생성하기 ———————————————————— 314

10.6   범례 추가(또는 제거)하기 ——————————————————————— 316

10.7   산점도의 회귀선 그리기 ————————————————————————— 320

10.8   모든 변수들 간 그래프 그리기 ———————————————————— 324

10.9   집단별 산점도 하나씩 생성하기 —————————————————— 326

10.10 막대그래프 그리기 ——————————————————————————————— 328

10.11 막대그래프에 신뢰구간 추가하기 ———————————————— 332

10.12 막대그래프 칠하기 ——————————————————————————————— 335

10.13 x와 y점으로 선 그리기 ————————————————————————— 338

10.14 선의 유형, 두께, 색상 변경하기 ————————————————— 339

10.15 여러 개의 데이터세트를 그래프로 그리기 —————————— 342

10.16 수직선 또는 수평선 추가하기 —————————————————————— 344

10.17 박스플롯 그리기 ——————————————————————————————————— 346

10.18 각 요인 수준별 박스플롯 하나씩 그리기 ——————————— 348

10.19 히스토그램 그리기 ——————————————————————————————————— 350

10.20 히스토그램에 추정 밀도 추가하기 ———————————————— 352

10.21 정규분포의 분위수-분위수 그래프 그리기 —————————— 354

10.22 다른 분포의 분위수-분위수 그래프 그리기 —————————— 356

10.23 변수를 다양한 색상으로 그리기 ————————————————————— 359

10.24 함수를 그래프로 그리기 ————————————————————————————— 362

10.25 한 페이지에 그래프 여러 개 그리기 ————————————————— 365

10.26 그래프를 파일에 쓰기 ———————————————————————————————— 368

11장 선형회귀와 분산분석 371

11.1 단순선형회귀 실시하기 374

11.2 다중선형회귀 실시하기 376

11.3 회귀통계량 알아내기 378

11.4 회귀 모형의 요약 결과 이해하기 382

11.5 절편이 없는 선형회귀 실시하기 386

11.6 종속변수와 상관성이 높은 변수들만 회귀 모형에 포함시키기 387

11.7 상호작용 항을 넣어 선형회귀 실시하기 391

11.8 최선의 회귀변수 선택하기 394

11.9 데이터의 부분집합에 대해 회귀분석하기 399

11.10 회귀식 내에서 표현식 사용하기 401

11.11 다항식 회귀분석하기 403

11.12 변형된 데이터로 회귀분석하기 404

11.13 최적의 거듭제곱 변형 찾기(박스-콕스 절차) 406

11.14 회귀계수의 신뢰구간 구하기 411

11.15 회귀 잔차 그래프 그리기 412

11.16 선형회귀 진단하기 414

11.17 영향력이 큰 관찰 판별하기 418

11.18 잔차의 자기상관 검정하기(더빈-왓슨 검정) 420

11.19 새로운 값들 예측하기 421

11.20 예측구간 구하기 423

11.21 일원분산분석 수행하기 424

11.22 상호작용 그래프 생성하기 426

11.23 집단 평균 간의 차이 알아내기 427

11.24 로버스트 분산분석(크러스칼-월리스 검정) 수행하기 430

11.25 분산분석을 사용해서 모형 비교하기 432

12장 쓸만한 요령들 435

12.1 데이터 조금만 보기 435

12.2 대입 결과 출력하기 437

12.3 행과 열 합계 내기 438

12.4 열의 형태로 데이터 출력하기 439

12.5 데이터 묶기 440

12.6   특정 값의 위치 찾기 442

12.7   벡터의 매 n번째 원소 선택하기 443

12.8   원소쌍의 최솟값 또는 최댓값 찾기 444

12.9   여러 요인의 모든 조합 생성하기 446

12.10   데이터 프레임의 구조 없애기 447

12.11   데이터 프레임 정렬하기 448

12.12   변수에서 속성 제거하기 450

12.13   객체의 구조 알아내기 452

12.14   코드 시간 재기 455

12.15   경고와 에러 메시지 숨기기 457

12.16   리스트에서 함수 인자 꺼내기 458

12.17   자신만의 이항 연산자 정의하기 460

12.18   시작 메시지 숨기기 462

12.19   환경변수 알아내기 및 설정하기 463

12.20   코드 섹션 사용하기 464

12.21   R을 로컬에서 병렬 실행하기 465

12.22   원격으로 R 병렬 실행하기 468

13장   고급 수치 연산과 통계 473

13.1   단일 매개변수 함수를 최대화 또는 최소화하는 값 찾기 473

13.2   다중 매개변수 함수를 최소화 또는 최대화하는 값 찾기 474

13.3   고윳값과 고유벡터 계산하기 477

13.4   주성분 분석 수행하기 478

13.5   단순 직교회귀 실시하기 479

13.6   데이터에서 군집 찾기 481

13.7   이진값으로 된 변수 예측하기(로지스틱 회귀) 485

13.8   통계량 부트스트랩하기 488

13.9   요인분석 491

14장   시계열 분석 497

14.1   시계열 데이터 표현하기 499

14.2   시계열 데이터 그래프로 그리기 503

14.3   가장 오래전 또는 가장 최근 관찰 추출하기 505

14.4	시계열 부분집합 만들기	507
14.5	여러 시계열 병합하기	510
14.6	시계열 끼워 넣기 또는 채우기	512
14.7	시계열 늦추기	516
14.8	연속차분 계산하기	517
14.9	시계열 데이터에 계산 수행하기	519
14.10	이동평균 계산하기	521
14.11	달력 주기로 함수 적용하기	522
14.12	롤링 함수 적용하기	525
14.13	자기상관 함수 그리기	526
14.14	시계열의 자기상관 검정하기	528
14.15	부분 자기상관 함수 그리기	530
14.16	두 시계열 사이의 시차상관 찾아내기	532
14.17	시계열의 추세 제거하기	534
14.18	ARIMA 모형 적합시키기	537
14.19	유의미하지 않은 ARIMA 계수 제거하기	541
14.20	ARIMA 모형 진단하기	542
14.21	ARIMA 모형을 통해 예측하기	545
14.22	예측값 그래프로 그리기	546
14.23	평균회귀성 검사하기	547
14.24	시계열 평활하게 만들기	551

15장 간단한 프로그래밍 555

15.1	if/else 두 가지 중 하나 선택하기	557
15.2	루프 반복하기	559
15.3	함수 정의하기	560
15.4	지역 변수 생성하기	562
15.5	여러 대안 중 한 가지 선택하기: switch	563
15.6	함수 매개변수들의 기본값 정의하기	565
15.7	에러 표시하기	566
15.8	에러로부터 보호하기	567
15.9	익명함수 만들기	569
15.10	재사용 가능한 함수들 만들기	570
15.11	자동으로 코드 들여쓰기 바꾸기	571

16장   R 마크다운과 퍼블리싱 ⋯⋯⋯⋯⋯⋯⋯⋯⋯⋯⋯⋯⋯⋯⋯⋯⋯ 573

16.1   새로운 문서 만들기 ⋯⋯⋯⋯⋯⋯⋯⋯⋯⋯⋯⋯⋯⋯⋯ 574

16.2   문서 제목, 작성자, 작성일 정보 추가하기 ⋯⋯⋯⋯⋯⋯⋯ 577

16.3   문서 텍스트 서식 적용하기 ⋯⋯⋯⋯⋯⋯⋯⋯⋯⋯⋯⋯ 578

16.4   문서에 제목 삽입하기 ⋯⋯⋯⋯⋯⋯⋯⋯⋯⋯⋯⋯⋯⋯ 579

16.5   문서에 목록 삽입하기 ⋯⋯⋯⋯⋯⋯⋯⋯⋯⋯⋯⋯⋯⋯ 580

16.6   문서에 R 코드 결과물 출력하기 ⋯⋯⋯⋯⋯⋯⋯⋯⋯⋯ 582

16.7   출력되는 코드와 결과물 제어하기 ⋯⋯⋯⋯⋯⋯⋯⋯⋯ 584

16.8   문서에 그래프 삽입하기 ⋯⋯⋯⋯⋯⋯⋯⋯⋯⋯⋯⋯⋯ 585

16.9   문서에 테이블 삽입하기 ⋯⋯⋯⋯⋯⋯⋯⋯⋯⋯⋯⋯⋯ 589

16.10   문서에 데이터 테이블 삽입하기 ⋯⋯⋯⋯⋯⋯⋯⋯⋯⋯ 591

16.11   문서에 수식 삽입하기 ⋯⋯⋯⋯⋯⋯⋯⋯⋯⋯⋯⋯⋯⋯ 594

16.12   HTML 파일 형식으로 출력하기 ⋯⋯⋯⋯⋯⋯⋯⋯⋯⋯ 595

16.13   PDF 파일 형식으로 출력하기 ⋯⋯⋯⋯⋯⋯⋯⋯⋯⋯⋯ 596

16.14   MS 워드 파일 형식으로 출력하기 ⋯⋯⋯⋯⋯⋯⋯⋯⋯ 600

16.15   프레젠테이션 형식으로 출력하기 ⋯⋯⋯⋯⋯⋯⋯⋯⋯ 607

16.16   파라미터 기반 보고서 생성하기 ⋯⋯⋯⋯⋯⋯⋯⋯⋯⋯ 609

16.17   R 마크다운 작업 흐름 구조화하기 ⋯⋯⋯⋯⋯⋯⋯⋯⋯ 612

         찾아보기 ⋯⋯⋯⋯⋯⋯⋯⋯⋯⋯⋯⋯⋯⋯⋯⋯⋯⋯⋯⋯⋯⋯ 616

옮긴이의 글

《R Cookbook, 1판》이 세상에 빛을 본 지도 벌써 10년이 넘었다. 그동안 변혁의 시 곗바늘은 거침없이 돌았고, 산업과 학계 전반에도 많은 변화가 있었다. 데이터 과학 은 학문으로 자리 잡았고, 데이터 아키텍트와 엔지니어에 대한 수요는 여느 때보다 높아졌다. 공공기관을 포함한 다양한 기관에서 앞다투어 데이터를 공개하고, 기업 들은 이를 이용해 비즈니스 인텔리전스 시스템을 수립하고, 데이터 중심의 비즈니스 모델이나 의사결정 시스템을 완성하기 위해 무수히 많은 데이터 클러스터와 파이프 라인을 구축하고 있다. 더불어 관련 강의와 자격증도 많아진 것 같다.

옮긴이도 그동안 많은 발자취를 남겼다. KAIST 소셜컴퓨팅 랩을 무사히 졸업하고 KAIST 문술미래전략대학원에서 연구원으로 일하면서 국내외 다양한 산업의 기회들 속에서 고민하다 5년 전 데이터 컨설팅 기업을 창업해 지금까지 운영하면서 현업에 서의 데이터 니즈와 솔루션에 대한 경험을 쌓았다. 데이터 관련 책도 5권이나 번역 하였다. KAIST를 비롯한 각종 기관에서 데이터와 머신 러닝 강의를 하며 점점 더 전 문적이고 도메인에 특화된 토픽에 대한 수요가 늘고 있음을 피부로 느끼고 있다. 셀 수도 없이 많은 컨설팅 업무를 통해 각 조직에서 필요로 하는 무수한 유형의 데이터 와 기술 스택들을 접하고 솔루션을 제시해왔다.

그렇다면 그동안 R에 대한 나의 생각은 어떻게 바뀌었을까? 결론은, 기본은 변 하지 않았다는 것이다. R로 구현된 상용프로그램이 거의 없다는 점을 고려했을 때 2021년 현재 아직도 PYPL 지수(*https://pypl.github.io/PYPL.html*) 기준으로 구글에서 입문자들이 7번째로 많이 찾아보는 언어로 꼽힌다는 것은 의미가 있다. 기타 프로그 래밍 언어 중심으로도 크고 작게 R과 견줄 만한 데이터 분석 생태계들이 생겨났지 만, 데이터 프레임을 비롯해 R에서 시작된 기본 개념들을 그대로 차용하고 있다는 점을 주시하자.

4차 산업혁명의 기반이 되는 수많은 응용기술(인공지능, IoT, 핀테크, 스마트 테크 놀로지 등)은 여전히 데이터를 중심으로 움직이고 있으며, 데이터에 대한 심도 있는 이해 없이는 출발점에 설 자격조차 주어지지 않는다. 단순히 자료 구조나 알고리즘 에 대한 논의를 벗어나는 순간, 도메인별로 겪게 되는 다양한 데이터 생성, 수집, 적 재, 정제, 전처리, 후처리, 정규화, 변환, 통합, 학습, 분석, 시각화, 자산화, 제품화 등 모든 프로세스에서 발생할 수많은 문제가 때로는 여러분들을 주눅 들게 할 것이다. 그럴수록 데이터에 대한 튼튼한 기초와 이해는 여러분에게 어느 때보다 강력한 파트너가 될 것이다.

R은 여전히 입문자들에게 친절한 시작점이다. R을 이해하면 수학자와 통계학자들의 사고방식을 이해할 수 있다. 함께 시작하는 누구보다도 빨리 그리고 아름답게 데이터를 분석하고 시각화해 볼 수 있을 것이다. 라이브러리를 불러올 때 데이터세트가 함께 딸려온다는 것이 얼마나 큰 장점인지도 여러분들이 성장하면서 느꼈으면 좋겠다. 이 책이 배움이라는 긴 여정에서 힌트에 목말라 있을 여러분이 언제든지 열어볼 수 있는, 여러분들이 데이터 과학자로 거듭날 때까지 든든한 동료가 되길 바란다.

2021년 4월
이제원

지은이의 글

R은 통계, 그래픽 작업, 통계적 프로그래밍을 하는 데 매우 효과적인 툴이다. 매일 수천수만의 사람들이 R을 사용해서 많은 양의 통계 분석을 수행한다. R은 많은 부지 런한 지성인들의 공동 성과로 이루어낸 무료 오픈소스 시스템이다. R에서는 1만 개 가 넘는 패키지를 사용할 수 있으며, 그래서 상업적인 모든 통계 패키지의 강력한 라 이벌이기도 하다.

하지만 R은 여러분을 좌절시킬 수도 있다. 굉장히 많은 과제를 어떻게 완수해야 할지 감이 잘 잡히지 않을 것이다. 아주 단순한 것들조차 말이다. 일단 어떻게 하는 지를 알게 되면 단순한 과제들은 훨씬 쉬워지겠지만, 그 '어떻게'를 배우는 게 미칠 노릇일 수 있다.

이 책에는 사용자가 단계별로 따라하는(how-to) 레시피가 잔뜩 들어 있는데, 각 레시피는 특정한 "문제"를 다룬다. 레시피에는 문제의 "해결책"에 대한 간단한 소개 가 먼저 나오고, 해결책을 풀어 놓으면서 그 방법이 어떻게 동작하는지에 대한 이해 를 도와주는 "논의" 섹션이 뒤따른다. 책에서 소개하는 레시피들은 유용하고 잘 작동 한다. 이 점은 우리가 실제로 사용하면서 확인하였다.

레시피의 범위는 아주 넓다. 입력과 출력, 일반적인 통계학, 그래픽, 선형회귀로 들어가기에 앞서 기본 과제부터 시작한다. R을 가지고 그 어떤 대단한 작업을 한다 고 해도 여기서 배운 것들의 일부나 전부를 쓰게 될 것이다.

이 책은 만약 여러분이 초보자라면 공부를 더 빨리 시작할 수 있도록 도와줄 것이 며, 중급 사용자라면 여러분의 시야를 넓히고 기억을 더듬는 데 유용할 것이다("정규 분포 검정(Kolmogorov-Smirnov test)을 어떻게 하더라?").

이 책은 R의 튜토리얼이 아니다. 여러분이 레시피를 공부하면서 무언가 배우긴 할 테지만 말이다. 레퍼런스 매뉴얼도 아니지만, 도움이 되는 정보를 많이 담고 있기는 하다. 비록 이 책의 많은 레시피가 R 스크립트 내에서 유용하다고 해도, R에서 프로 그래밍하는 방법에 대한 책 또한 아니다.

마지막으로, 이 책은 통계 입문서도 아니다. 여기에 실린 많은 레시피는 여러분이 그 기저에 깔린 통계적 절차(만약 있다면)에 익숙하며, 그저 그러한 절차가 어떻게 R 에서 사용되는지만 알고 싶어 한다는 가정하에 쓰였다.

레시피

대부분의 레시피는 특정한 문제를 푸는 데 하나 혹은 두 개의 R 함수를 사용한다. 모든 함수를 자세하게 설명하지는 않으며, 주어진 문제를 풀 수 있는 정도로만 다룬다. 거의 모든 함수는 이 책에서 언급하는 것 이상의 기능을 가지고 있고, 그중에서도 일부는 놀랍다고 할 만한 기능을 가지고 있다. 그러니 함수의 도움말 페이지를 읽어볼 것을 강력히 권한다. 값진 걸 배울 확률이 꽤 높다.

각각의 레시피는 특정한 문제를 해결하는 하나의 방법을 제시한다. 당연히 각 문제에서 쓸 만한 해결책은 여러 가지다. 복수의 해결책을 알고 있는 경우에는, 일반적으로 가장 단순한 것을 골랐다. 여러분도 아마 주어진 과제에서 자신만의 대안적인 해결 방법을 여러 개 발견할 수 있을 것이다. 이 책은 조리법(cookbook)이지, 절대적인 진리가 적힌 바이블이 아니다.

특히 R은 말 그대로 수천 개의 애드온 패키지를 다운로드할 수 있는데, 그중 다수에 동일한 문제에 대한 대안으로 사용 가능한 알고리즘 및 통계 방법들이 구현되어 있다. 다만 이 책은 기본적인 배포판에서 접근할 수 있는 핵심 기능들과, tidyverse와 같이 많은 사람에게 알려져 있는 중요한 몇몇 패키지에만 집중한다.

tidyverse의 가장 간결한 정의는 창시자이자 여전히 핵심 유지보수를 맡고 있는 해들리 위컴이 말한 버전이 유명하다(*http://bit.ly/2Rh2tq1*).

> tidyverse란, 데이터의 표현 방식과 API의 설계를 공유하기 때문에 조화롭게 함께 잘 동작하는 패키지 집합을 뜻한다. tidyverse 패키지는 커맨드 하나로 tidyverse로부터 핵심 패키지들을 설치 및 로드하기 쉽게 만들어진 패키지다. tidyverse에 포함된 패키지들에 대해 알아보고 그것들이 어떻게 함께 동작하는지 깊이 있게 배워보고 싶다면 《R을 활용한 데이터 과학(R for Data Science)》(인사이트, 2019)을 읽어보기 바란다.

용어에 대한 설명

모든 레시피의 목표는 문제를 해결하는 것, 그것도 빨리 해결하는 것이다. 따라서 지루하게 서술하느라 애쓰기보다는, 뜻은 통하지만 엄밀히 말해 정확하지는 않은 용어를 사용하여 설명을 간소화했다. 그 좋은 예가 '제네릭 함수'란 용어다. 이 책에서는 print(x)와 plot(x)를 제네릭 함수라고 부르는데, 그 이유는 각 종류를 적절하게 다루면서 많은 종류의 x에 작동하기 때문이다. 컴퓨터 과학자라면 이 용어를 탐탁지 않아 할 텐데, 엄밀히 말해서 이것들은 단순한 '함수'가 아니기 때문이다. 엄밀히 말해, 동적 디스패치를 하는 다형 메서드다. 그렇지만 이같이 기술적인 세부 사항들까지 풀어 쓰게 되면, 실제로 제일 중요한 해결 방법들은 묻혀서 보이지 않게 될 것이다. 그래서 이 책에서는 그냥 더 보기 쉽게 함수라고 부르기로 했다.

또 다른 예는 통계학에서 온 것으로, 통계적 가설 검정(statistical hypothesis testing)의 의미를 둘러싼 복잡한 문제로부터 기인한다. 확률 이론에서 쓰는 정확한 용어를 사용하게 되면 몇몇 검정을 실제로 적용할 때 알아듣기 어려울 여지가 있어, 각각의 통계 검정에 대해 이야기할 때는 조금 더 일상적인 용어를 사용하였다. 레시피에서 가설 검정이 어떤 식으로 사용되는지를 보려면 9장의 도입문을 참고하기 바란다.

이 책의 목적은 쉽게 읽히면서 형식적이지 않은 글을 통해 더 많은 독자가 R의 잠재력을 이용할 수 있도록 하는 것이다. 따라서 책에서 종종 비공식적인 용어를 사용하더라도 각 분야의 전문가들은 양해해 주기를 바란다.

소프트웨어와 플랫폼에 대한 설명

R의 기본 배포판(base distribution)은 정기적으로 예정된 릴리스를 하지만, 언어의 정의와 핵심 구현은 바뀌지 않는다. 이 책의 레시피들은 기본 배포판의 어떠한 최근 릴리스로도 잘 동작한다.

어떤 레시피들은 플랫폼별로 고려해야 할 사항이 있어서 표기해 두었으며, 이러한 레시피들은 대부분 설치와 환경 설정 같은 소프트웨어 이슈를 다룬다. 다른 모든 레시피는 세 가지 주요 R 플랫폼, 즉 윈도우, 맥OS, 리눅스/유닉스에서 잘 작동한다.

다른 참고 자료

더 깊이 공부해 보고 싶다면 다음 자료들을 읽어보기를 추천한다.

웹에 있는 자료들

R에 대한 자료가 가장 많이 수록되어 있는 건 R 프로젝트 사이트다(*http://www.r-project.org*). 여기서 R, 애드온 패키지들, 문서, 소스 코드를 비롯한 많은 리소스를 다운로드할 수 있다.

R 프로젝트 사이트 다음으로는 R만을 다루는 검색 엔진을 추천한다. 대표적으로 사샤 굿맨(Sasha Goodman)이 만든 RSeek(*http://rseek.org*)가 있다. 구글 같은 일반 검색 엔진을 사용해도 되지만, 'R'이라는 검색어로는 관련 없는 결과가 너무 많이 나온다. 웹 검색과 관련한 레시피는 1.11을 참고하라.

블로그를 읽어보는 것도 R을 배우고, 새로 개발되는 것들에 뒤처지지 않는 좋은 방법이다. R을 다루는 블로그는 엄청나게 많은데, 다음의 두 블로그를 추천한다. 탈 갈릴리(Tal Galili)의 R-bloggers(*http://www.r-bloggers.com/*), 그리고 PlanetR(*http://planetr.stderr.org/*)이다. 이들의 RSS 피드를 구독하면 수십 개의 웹사이트에 흥미롭고 유용한 글이 올라오면 알려 준다.

R 관련 책

R에 관한 책은 정말 정말 많다. 개인적으로 유용하다고 생각하는 책을 몇 권만 소개하겠다. R 프로젝트 사이트에 방대한 양의 R 관련 책 목록이 있다는 걸 알아두기 바란다(*https://www.r-project.org/doc/bib/R-books.html*).

해들리 위컴(Hadley Wickham)과 개럿 그롤문드(Garrett Grolemund)의 《R을 활용한 데이터 과학》은 tidyverse 패키지에 대한 훌륭한 개론서이며, 특히 데이터 분석과 통계에 이 패키지를 활용하는 법을 다루고 있다. 원서는 온라인으로도 볼 수 있다(*https://r4ds.had.co.nz/*).

윈스턴 챙(Winston Chang)의 《R Graphics Cookbook, 2nd ed.》(O'Reilly)도 그래픽을 제작하는 데 필수적인 책이다. 해들리 위컴의 《ggplot2: Elegant Graphics for Data Analysis》(Springer)는 이 책에서 사용하는 그래픽스 패키지인 ggplot2에 대한 단연 최고의 레퍼런스다.

R로 진지한 그래픽 작업을 하는 사람이라면 폴 머렐(Paul Murrell)의 《R Graphics, 2nd ed.》(Chapman & Hall/CRC)도 추천할 만하다.

조셉 애들러(Joseph Adler)의 《R in a Nutshell》(O'Reilly)은 옆에 두고 볼 만한 짤막한 튜토리얼과 레퍼런스로 구성되어 있다. 이 책보다 더 많은 주제를 다룬다.

R 프로그래밍 관련 책은 정기적으로 나오는 편이다. 입문서로는 개럿 그롤문드의 《Hands On Programming with R》(O'Reilly)이나, 노멀 매틀로프(Normal Matloff)의 《빅데이터 분석 도구 R 프로그래밍(The Art of R Programming)》(에이콘, 2012)이 괜찮다. 해들리 위컴의 《해들리 위컴의 Advanced R(Advanced R)》(제이펍, 2018)은 출판된 서적도 있고 온라인에 무료로도 공개되어 있으며, 고급 단계의 R 관련 주제의 깊이 있는 내용을 다룬다. 콜린 길레스피(Colin Gillespie)와 로빈 러브레이스(Robin Lovelace)가 쓴 《Efficient R Programming》(O'Reilly) 또한 R 프로그래밍 관련하여 더 깊은 주제들을 학습하기 위한 좋은 지침서가 될 것이다.

월리엄 베나블스(William Venables)와 브라이언 리플리(Brian Ripley)의 《Modern Applied Statistics with S, 4th ed.》(Springer)에서는 R을 사용한 수많은 고급 통계 기법을 보여 준다. 이 책에서 사용하는 함수와 데이터세트들은 MASS 패키지에서 구할 수 있는데, 해당 패키지는 R 기본 배포판에 포함되어 있다.

더 관심 있는 괴짜들은 R Core Team의 "R 언어의 정의(R Language Definition)" (*https://cran.r-project.org/doc/manuals/R-lang.pdf*)를 다운로드해서 살펴보기 바란다. 이 정의서는 아직 작성되고 있는 중이지만, R을 프로그래밍 언어로 사용하면서 생기는 상세한 의문점들을 상당 부분 해소시켜 줄 것이다.

통계학 책

통계를 배우는 데는 존 버자니(John Verzani)의 책《Using R for Introductory Statistics》(Chapman & Hall/CRC)도 훌륭한 방편이다. 이 책은 통계학과 R을 같이 다루면서 통계적 방법을 적용하는 데 필요한 컴퓨터 기술을 가르쳐 준다.

R에서 실행된 통계 검정을 정확하게 해석하려면 쓸 만한 통계학 교재나 참고 서적이 필요할 것이다. 여기서 어느 한 가지를 꼽기에는 괜찮은 책이 너무 많다.

통계학 책 저자들은 방법론을 설명할 때 점점 더 R을 사용하는 추세다. 만약 여러분이 특정 전문 분야에서 일을 하고 있다면, R 프로젝트의 참고 문헌 목록 (*http://www.r-project.org/doc/bib/R-books.html*)에서 유용한 관련 서적을 찾을 수 있을 것이다.

일러두기

이 책에서는 다음과 같은 표기가 사용되었다.

이탤릭체

URL, 이메일 주소, 파일 이름, 파일 경로

고딕체

강조하는 용어

고정폭 글꼴

소스 코드, 문단 내의 프로그램 요소인 변수, 함수 이름, 데이터베이스, 패키지, 데이터 유형, 환경 변수, 명령문 및 키워드 등

고정폭 글꼴 이탤릭체

　명령의 결과, 사용자 제공 값 또는 컨텍스트에 의해 결정된 값으로 대체되어야 하는 텍스트

이 책에 쓰인 표시

팁이나 제안

일반적인 주석

경고나 주의사항

예제 코드 사용하기

보조 자료(코드 예제, 책의 소스 코드, 연습문제 등)는 *http://rc2e.com*에서 다운로드 할 수 있다. 이 책의 자료와 관련된 트위터 계정은 @R_cookbook이다.

　이 책은 여러분이 일을 완수해 낼 수 있도록 도와주는 데 목적을 두고 있다. 일반적인 경우 이 책에 있는 코드는 여러분이 작성한 프로그램과 문서에서 사용할 수 있다. 코드의 대부분을 복제하는 것이 아니라면 허락을 받기 위해 따로 연락하지 않아도 된다. 예를 들면, 이 책에 나온 코드 몇 부분을 프로그램에 사용하는 건 허락을 구하지 않아도 된다는 뜻이다. 하지만 이 책에서 발췌한 예제로 만든 CD-ROM을 팔거나 재배포하는 행동은 허가를 받아야 한다. 반면에 이 책을 인용해서 질문에 답을 하거나, 예제의 코드를 인용할 때에는 허가가 필요 없다. 많은 양의 예제 코드를 이 책에서 가져다가 여러분 제품의 문서에 포함시키는 것은 허가가 필요하다.

　저작자 표시를 해 주면 감사하나, 필수는 아니다. 저작자 표시는 제목, 저자, 출판사, ISBN을 포함하면 된다. 예: "J.D. Long과 Paul Teetor의 R Cookbook, 2nd ed. Copyright 2019 J.D. Long and Paul Teetor, 978-1-492-04068-2."[1]

　만약 예제 코드를 사용할 때 공정 사용 범위나 방금 설명한 허가 범위를 벗어났다고 생각한다면, *permissions@oreilly.com*으로 연락 주기 바란다.

1　(옮긴이) 번역서 정보도 같이 표시해 주면 감사하겠다.

이 책의 정보

이 책(원서)의 웹 페이지에 오탈자, 예제, 추가 정보를 올려두었다.[2] 해당 페이지는 다음과 같다.

http://bit.ly/RCookbook_2e

감사의 말

R 커뮤니티와 특히 R Core Team에 감사의 마음을 전하고 싶다. 그들은 지대한 공헌을 해 주었다. 이분들의 작업 덕분에 통계학이라는 세계가 많은 혜택을 얻었다. R Studio Community Discussion에서 토론에 참여해 준 분들은 아이디어를 다듬는 데, 그리고 설명을 어떻게 할지 결정하는 데 큰 도움을 주었다. 또한 R Studio의 직원들과 임원진들도 적극적으로 크고 작은 지원을 해 주었다. 그분들이 R 커뮤니티에 되돌려 주신 많은 것에 대해 감사히 생각하고 있다.

기술 검토를 해 준 David Curran, Justin Shea 그리고 MAJ Dusty Turner에게도 감사를 표하고 싶다. 편집자 Melissa Potter와 Rachel Monaghan은 상상 그 이상으로 도움을 주었고, 우리의 무지함을 공개적으로 내보일 뻔한 상황에서 여러 번 구해 주었다. 편집장 Kristen Brown은 마크다운과 깃(Git)을 빠르고 능숙하게 사용할 수 있어 수많은 기술분야 작가들의 부러움을 사고 있다.

저자 폴은 책을 쓰는 동안 보내 준 가족의 지지와 인내심에 감사를 보낸다.

저자 J.D.는 책을 쓰느라 노트북에 고개를 처박고 있었던 모든 아침과 주말 동안 인내심을 갖고 기다려 준 아내 Mary Beth와 딸 Ada에게 감사를 전한다.

---

2 (옮긴이) 번역서의 오탈자는 *https://bit.ly/3bbun2l*에서 확인할 수 있다.

1장

R C o o k b o o k

시작하기와 도움 얻기

이 장은 다른 장들을 시작하기 위한 준비 과정이다. 어떻게 R을 다운로드하고, 설치하고, 실행하는지를 다룬다.

그보다 더 중요한 것은, 질문이 생겼을 때 어떻게 답을 구하는지를 알려 준다는 점이다. R 커뮤니티는 수많은 문서와 도움을 제공한다. 여러분은 절대 혼자가 아니다. 여기 도움을 받을 수 있는 몇 가지 일반적인 경로를 나열해 보겠다.

로컬 컴퓨터에 설치된 문서

컴퓨터에 R을 설치하면 산더미 같은 문서도 함께 설치된다. 로컬 문서를 열어보거나(레시피 1.7) 검색이 가능하다(레시피 1.9). 우리 저자들은 답을 찾으려고 인터넷을 뒤지다가, 설치된 문서에 이미 답이 있다는 걸 깨닫고 자주 놀라곤 했다.

태스크뷰

태스크뷰(*http://cran.r-project.org/web/views*)는 통계학 중 계량경제학이나 의료영상학(medical imaging), 심리측정학(psychometrics), 공간통계학과 같은 어느 한 영역에 특화된 패키지를 설명한다. 각 태스크뷰는 해당 영역의 전문가가 관리한다. 이러한 태스크뷰가 35개 이상 있으니 아마 그중 몇 개는 여러분의 관심 영역과 맞닿아 있을 것이다. 모든 초보자가 적어도 하나의 태스크뷰는 찾아 읽어서 R의 응용 가능성을 느낄 수 있었으면 한다(레시피 1.12).

패키지 문서

대부분의 패키지는 읽으면 유용한 문서를 포함하고 있다. 그리고 많은 패키지는

R 커뮤니티에서 비네트(vignettes, 짤막한 문서)라고 불리는 개요와 튜토리얼을 포함하고 있다. 문서는 CRAN(*http://cran.r-project.org/*)과 같은 패키지 저장소에 패키지와 함께 들어 있는데, 패키지를 설치할 때 여러분의 컴퓨터에 자동으로 설치된다.

질의응답(Q&A) 웹사이트

Q&A 사이트에는 누구든 질문을 올릴 수 있으며, 내용을 잘 아는 사람들이 답변을 해 준다. 사용자들이 답변에 투표를 하기 때문에 시간이 지날수록 가장 잘 쓴 답변들이 위로 올라오게 된다. 이 모든 정보는 태그되며 검색을 위해 보관된다. 이 사이트들은 메일링 리스트와 소셜 네트워크의 교차점이라고 볼 수 있는데, Stack Overflow 사이트(*http://stackoverflow.com/*)가 좋은 예다.

웹

웹에는 R에 대한 정보로 넘쳐나기 때문에, R 관련 내용으로 특정하여 웹을 검색하는 도구들이 있다(레시피 1.11). 웹 검색 결과는 시시각각 변하므로, R과 관련한 정보를 검색 및 정리하는 향상된 방법이 새로 나왔는지 주시하고 있어야 한다.

메일링 리스트

R 메일링 리스트에 포스트되는 초보자들의 질문에 자원해서 긴 시간을 쏟아 답을 해 주는 관대한 사람들이 있다. 리스트는 보관되니 질문이 있을 때 아카이브를 검색해 보면 답을 찾을 수 있다(레시피 1.13).

1.1 R 다운로드와 설치

문제

R을 컴퓨터에 설치하고 싶다.

해결책

윈도우와 맥OS 사용자들은 CRAN(Comprehensive R Archive Network)에서 R을 다운로드할 수 있다. 리눅스와 유닉스 사용자는 패키지 관리 도구를 통해 R 패키지를 설치할 수 있다.

윈도우

1. 브라우저에서 *http://www.r-project.org/*를 연다.
2. 'CRAN'을 클릭한다. 국가 순으로 정렬된 미러 사이트 목록이 보일 것이다.
3. 본인과 가까운 국가의 사이트를 선택하거나, 대개의 지역에서 호환되는 '0-Cloud' (최상단에 위치)를 클릭한다(*https://cloud.r-project.org/*).
4. 'Download and Install R' 아래의 'Download R for Windows'를 클릭한다.
5. 'base'를 클릭한다.
6. 가장 최신 버전의 R을 다운로드하는 링크를 클릭한다(*.exe* 파일).
7. 다운로드가 끝나면 *.exe* 파일을 더블클릭하고, 무언가 설치할 때 늘 보이는 질문들에 답을 한다.

맥OS

1. 브라우저에서 *http://www.r-project.org/*를 연다.
2. 'CRAN'을 클릭한다. 국가 순으로 정렬된 미러 사이트 목록이 보일 것이다.
3. 본인과 가까운 국가의 사이트를 선택하거나, 대개의 지역에서 호환되는 '0-Cloud' (최상단에 위치)를 누른다(*https://cloud.r-project.org/*).
4. 'Download R for (Mac) OS X'를 클릭한다.
5. 가장 최신 버전의 R을 다운로드하는 *.pkg* 파일을 클릭하여 다운로드한다.
6. 다운로드가 끝나면 *.pkg* 파일을 더블클릭하고, 무언가 설치할 때 늘 보이는 질문들에 답을 한다.

리눅스나 유닉스

주요 리눅스 배포판은 R 설치 패키지가 나와 있다. 다음은 패키지가 있는 몇 가지 배포판이다.

표 1-1 다양한 리눅스 배포판

배포판	패키지 이름
우분투(Ubuntu)나 데비안(Debian)	r-base
레드햇(Red Hat)이나 페도라(Fedora)	R.i386
수세(SUSE)	R-base

시스템의 패키지 관리자로 패키지를 다운로드하고 설치하면 된다. 일반적으로 루트

암호나 sudo 권한이 필요한데, 만약 없는 경우 시스템 관리자에게 설치를 실행해 달라고 요청해야 한다.

논의

R을 윈도우나 맥OS에서 설치하는 방법은 명확한데, 이 플랫폼들을 위한 바이너리(컴파일된 프로그램)가 이미 만들어져 있기 때문이다. 앞에 설명한 설치 방법을 따라 하기만 하면 된다. CRAN의 웹 페이지에는 FAQ나 특이 상황에 대한 팁("윈도우 비스타/7/8/서버 2008을 쓰는 경우 R을 어떻게 설치하나요?") 등 설치와 관련해 유용하게 참고할 수 있는 링크들이 있다. 리눅스나 유닉스에 R을 설치하는 가장 좋은 방법은 패키지 관리자를 사용해서 R을 패키지로 설치하는 것이다. 배포판 패키지는 초기 설치와 이후 업데이트 모두 간단하기 때문이다.

우분투나 데비안에서는, apt-get을 사용해 R을 다운로드하고 설치한다. sudo하에서 실행해야 설치 시 필요한 권한이 생긴다.

```
$ sudo apt-get install r-base
```

레드햇이나 페도라에서는 yum을 사용한다.

```
$ sudo yum install R.i386
```

대부분의 플랫폼에는 이보다 좀 더 편리한, 그래픽으로 된 패키지 관리자도 있다. 기본 패키지 외에 문서 패키지 또한 설치하기를 권장한다. 우리 필자들은 로컬에 중요한 R 매뉴얼을 설치해 주는 r-doc-html뿐만 아니라 r-base-html도 깔아두었다(하이퍼링크된 문서를 보는 게 편하니까).

```
$ sudo apt-get install r-base-html r-doc-html
```

일부 리눅스 저장소는 CRAN에서 구할 수 있는 R 패키지의 복사본을 이미 포함하고 있다. 그래도 우리 필자들은 그것을 그대로 사용하기보다는 CRAN에서 패키지를 받는 편을 선호한다. CRAN에는 항상 최신 버전이 있기 때문이다.

드문 경우지만 소스 파일에서 R을 빌드해야 될 때도 있다. 잘 알려져 있지 않고 지원되지 않는 유닉스 버전을 쓰거나, 성능이나 환경 설정과 관련하여 특별한 설정을 가지고 있는 경우다. 그래도 리눅스나 유닉스의 빌드 절차는 나름 표준적이다. 우선

CRAN 미러 사이트에서 tar 파일을 다운로드한다. 아마 *R-3.5.1.tar.gz*와 비슷하게 생긴 파일이 올라와 있을 텐데, '3.5.1' 부분이 최신 버전으로 대체되었다는 차이만 있을 것이다. tar 파일의 압축을 풀고, *INSTALL*이라는 파일을 찾은 다음, 지시를 따르면 된다.

더 알아보기

조셉 애들러(Joseph Adler)의 《R in a Nutshell》(O'Reilly, 2010)에는 윈도우와 맥OS 버전을 빌드하는 설명을 포함해 R 다운로드 및 설치 관련 내용이 더 많이 나와 있다. 아마 최고의 가이드는 CRAN에서 받을 수 있는 "R Installation and Administration" (*http://cran.r-project.org/doc/manuals/R-admin.html*)이 아닐까 하는데, 여기서는 여러 종류의 플랫폼에서 R을 빌드하고 설치하는 방법을 설명해 준다.

이 레시피는 기본 패키지를 설치하는 방법이다. CRAN에서 애드온 패키지를 설치하는 방법을 보려면 레시피 3.10을 참고하라.

1.2 RStudio 설치하기

문제

R 기본보다 좀 더 종합적인 통합 개발 환경(IDE)을 원한다. 다시 말하면, RStudio 데스크톱을 설치하고 싶다.

해결책

지난 몇 년간 RStudio는 R에서 가장 널리 사용되는 IDE로 자리잡았다. 우리 필자들은 아주 설득력 있는 다른 이유가 있지 않은 이상, 모든 R 관련 업무를 RStudio 데스크톱 IDE에서 해야 된다고 생각한다. RStudio에서는 다양한 제품을 만드는데, 그중에는 RStudio 데스크톱, RStudio 서버, 그리고 RStudio Shiny 서버 등이 있다. 이 책에서 RStudio라는 말은 RStudio 데스크톱에 한정해서 사용할 예정이다. 그렇지만 대부분의 개념은 RStudio 서버에도 적용된다.

RStudio를 설치하려면 RStudio 웹사이트(*https://www.rstudio.com/products/rstudio/download/*)에서 여러분의 플랫폼에 적합한 최신 인스톨러를 다운로드하자.

RStudio 데스크톱 오픈소스 라이선스 버전은 무료로 다운로드하여 사용할 수 있다.

논의

이 책은 RStudio 버전 1.2.x와 R 버전 3.5.x를 기준으로 쓰였다. 몇 달 간격으로 새로운 RStudio 버전이 나오므로 주기적으로 업데이트하는 것을 잊지 말자. 참고로 RStudio는 어떤 버전의 R을 설치했든 잘 작동하므로, RStudio를 최신 버전으로 업데이트한다고 해서 R이 함께 업데이트되는 것은 아니라는 점도 알아 두자. R은 반드시 따로 업그레이드해야 한다.

RStudio에서의 R 인터랙션은 R의 빌트인 사용자 인터페이스와는 약간 차이가 있다. 이 책에서 우리는 모든 예제에 RStudio를 쓰기로 했다.

1.3 RStudio 시작하기

문제

컴퓨터에서 RStudio를 실행하고 싶다.

해결책

R과 RStudio를 처음 사용하는 사용자들이 하는 흔한 실수는 RStudio를 시작시키고 싶은데 R을 시작시키는 것이다. RStudio를 확실하게 열기 위해서는 데스크톱에서 RStudio를 검색하고, 그런 다음 나중에 찾기 쉬운 곳에 아이콘을 고정시켜 놓으면 되는데, OS별로 이 방법은 조금씩 다를 수 있다.

윈도우

왼쪽 하단 구석에 있는 시작 스크린 메뉴를 클릭한다. 검색 박스에 RStudio를 입력한다.

맥OS

런치패드에서 RStudio 앱을 찾아 실행하거나 Cmd+스페이스바를 누르고(Cmd는 command 또는 ⌘ 키다) 스폿라이트 서치(Spotlight Search)를 사용해 RStudio를 입력한다.

우분투

Alt+F1을 누르고 RStudio를 입력해서 검색한다.

논의

그림 1-1과 같이 R과 RStudio의 아이콘이 유사해서 헷갈리기 쉽다.

그림 1-1 맥OS에서 R과 RStudio 아이콘

R 아이콘을 클릭하면 그림 1-2와 같이 생긴 창이 여러분을 반겨 주는데, 이 화면은 절대 RStudio가 아니라 맥에서 보이는 R 기본 인터페이스다.

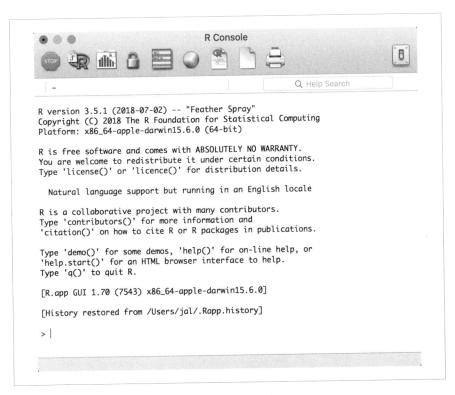

그림 1-2 맥OS의 R 콘솔

RStudio를 시작시키면, 기본 옵션으로 이전에 RStudio로 작업하고 있던 프로젝트가 다시 열린다.

1.4 커맨드 입력하기

문제

RStudio를 시작시켰다. 이제 뭘 할까?

해결책

RStudio를 시작시키면, 좌측에 위치한 창이 R 세션이다. 거기에 직접 상호작용하는 커맨드를 입력하면 된다.

논의

R은 프롬프트 기호 >와 함께 여러분의 표현식 입력을 기다린다. R을 커다란 계산기라고 생각하면 쉽다. 식을 입력하면 R이 평가한 후 결과를 출력해 준다.

```
> 1 + 1
[1] 2
>
```

컴퓨터가 1과 1을 더해서 2를 만든 다음에 결과를 보여 주는 것이다.

2 앞의 [1]이 뭔지 헷갈릴 수 있다. R에서는, 원소가 하나밖에 없는 결과라도 이는 벡터 형식이다. R은 값에 [1]을 붙임으로써 벡터의 첫 번째 원소라는 점을 알려 준다. 이 벡터에서 유일한 원소라는 점을 감안하면, 전혀 놀라운 일이 아니다.

R은 여러분이 완전한 표현식을 입력할 때까지, 입력하라는 프롬프트를 표시한다. max(1, 3, 5)라는 표현식은 완전한 표현식이므로, R이 입력된 것을 읽는 행동을 중지하고 값을 평가할 것이다.

```
> max(1, 3, 5)
[1] 5
>
```

반면에, max(1, 3,은 불완전한 표현식이라서, R은 여러분에게 무언가 더 입력하도록 유도한다. 프롬프트가 닫는 꺾쇠 기호(>)에서 덧셈 기호(+)로 바뀌면서, R이 다른 입력을 기다리고 있다는 것을 알려 준다.

```
> max(1, 3,
+ 5)
[1] 5
>
```

커맨드는 잘못 입력하기 쉬울 뿐만 아니라 다시 입력하려면 여간 귀찮지 않다. 그래서 R은 여러분의 여유로운 삶을 위하여 커맨드 라인 편집 기능을 포함하고 있다. 이 기능은 커맨드를 쉽게 불러오고, 수정하고, 재실행하는 단축키를 정의해 준다. 일반적인 커맨드 라인 상호작용은 다음과 같다.

1. 오타가 들어간 R 표현식을 입력한다.
2. R이 실수에 불평한다.
3. 위쪽 방향키를 눌러 실수한 라인을 불러온다.
4. 왼쪽과 오른쪽 방향키를 눌러 오류로 커서를 가져간다.
5. Delete 키를 사용해 문제가 되는 문자들을 삭제한다.
6. 수정된 문자를 입력해서 커맨드 라인에 삽입되게 한다.
7. 엔터키를 눌러 수정된 커맨드를 재실행한다.

이는 기본 중의 기본이다. 그 외에도 R은 표 1-1에 나와 있는 것처럼 커맨드 라인을 불러오고 편집하는 일반적인 단축키들을 지원한다.

표 1-2 R 커맨드 라인 단축키

키	Ctrl+키 조합	기능
위쪽 방향키	Ctrl+P	커맨드 내역을 되짚어 올라가며 이전 커맨드를 불러온다.
아래쪽 방향키	Ctrl+N	커맨드 내역의 앞쪽으로 이동한다.
Backspace	Ctrl+H	커서 왼쪽에 있는 문자들을 삭제한다.
Delete(Del)	Ctrl+D	커서 오른쪽에 있는 문자들을 삭제한다.
Home	Ctrl+A	커서를 줄의 맨 앞으로 이동시킨다.
End	Ctrl+E	커서를 줄의 맨 끝으로 이동시킨다.
오른쪽 방향키	Ctrl+F	커서를 오른쪽(앞)으로 한 문자 이동시킨다.
왼쪽 방향키	Ctrl+B	커서를 왼쪽(뒤)으로 한 문자 이동시킨다.
	Ctrl+K	커서 위치에서부터 줄의 끝까지에 있는 모든 문자를 삭제한다.
	Ctrl+U	쓸모 없는 줄 전체를 삭제하고 처음부터 다시 한다.
Tab		(일부 플랫폼에서만) 커맨드를 자동 완성한다.

대부분의 OS에서 마우스를 사용해 커맨드를 하이라이트 표시한 후, 복사와 붙여 넣기 명령을 사용해 새로운 커맨드 라인에 텍스트를 붙여 넣을 수 있다.

더 알아보기

레시피 2.12를 참고하라. 윈도우의 메인 메뉴에서, 도움말(Help) → 콘솔(Console)을 따라가면 커맨드 라인 편집 기능과 관련된 유용한 단축키 리스트를 볼 수 있다.

1.5 RStudio 종료하기

문제

RStudio를 종료하려고 한다.

해결책

윈도우와 리눅스 배포판들

메인 메뉴에서 File → Quit Session을 선택한다. 또는 창의 오른쪽 상단 모서리에 위치한 X를 클릭한다.

맥OS

메인 메뉴에서 File → Quit Session을 선택하거나, Cmd+Q를 누르거나, 창의 좌측 상단 모서리에 위치한 빨간색 원을 클릭한다.

모든 플랫폼에서 q 함수(quit의 q를 떠올리자)를 사용해 R과 RStudio를 종료할 수도 있다.

```
q( )
```

빈 괄호에 주의하라. 함수를 호출할 때 빼놓지 말고 입력해야 한다.

논의

종료할 때마다, R은 작업공간을 저장할 것인지 물어본다. 여러분에게는 세 가지 선택권이 있다.

* 작업공간을 저장하고 종료한다.
* 작업공간을 저장하지 않고 종료한다.

- 종료하는 대신, 취소하고 커맨드 프롬프트로 돌아간다.

작업공간을 저장하면, R은 그것을 현재 작업 디렉터리에 *.RData*라는 파일로 쓴다. 작업공간을 저장하면 여러분이 생성한 모든 R 객체도 함께 저장된다. 나중에 R을 동일한 디렉터리에서 시작하면, 작업공간이 자동으로 로딩된다. 다만 기존에 저장되어 있던 작업공간이 있는 경우 그대로 저장하면 덮어쓰게 되니, 작업공간이 변경되는 게 싫다면 저장을 하지 말아야 한다(예: 중대한 데이터를 실수로 지운 경우 등).

종료할 때 절대 작업공간을 저장하지 말고 그 대신 항상 프로젝트, 스크립트, 그리고 데이터를 명확하게 저장하기를 추천한다. 또한 메뉴의 Tools → Global Options (그림 1-3)에 있는 전역 옵션을 변경해서, RStudio 내의 작업공간을 저장하고 자동 복구할지 묻는 프롬프트 창을 꺼두기를 추천한다. 그렇게 하면 R과 RStudio를 종료할 때 작업공간을 저장할 것인지 묻지 않는다. 하지만 생성하고 나서 디스크에 저장하지 않은 모든 객체는 사라질 거라는 점을 유념하자!

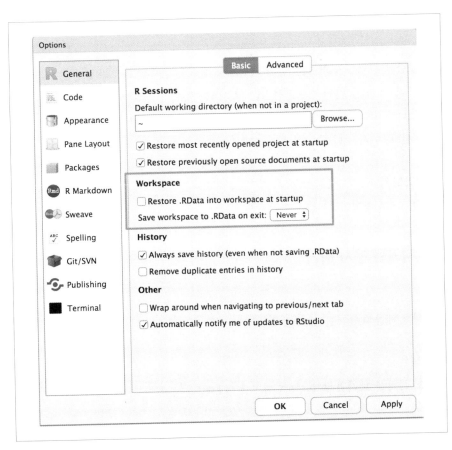

그림 1-3 작업공간 저장 옵션

더 알아보기

현재 작업 디렉터리에 대해 더 알아보려면 레시피 3.1을, 작업공간을 저장하는 것에 대해 더 알아보려면 레시피 3.3을 참고하라. 《R in a Nutshell》에서는 2장을 보면 된다.

1.6 R을 잠깐 중단하기

문제

RStudio를 종료하지는 않으면서 오래 걸리는 계산을 잠깐 중단(interrupt)하고 커맨드 프롬프트로 돌아가고 싶다.

해결책

Esc 키를 누르거나 RStudio에서 Session 메뉴를 클릭한 뒤, 'Interrupt R'을 선택한다. 또는 코드 콘솔 창에서 정지(stop) 아이콘을 클릭해도 된다.

논의

R을 중단한다는 것의 의미는, 현재 커맨드의 실행을 멈추되 메모리에서 변수를 삭제하거나 RStudio를 완전히 종료하지는 않는다는 뜻이다. 그래서 계산이 얼마나 진행되었느냐에 따라 다르지만 R을 일시 중단하게 되면 변수들을 불확실한 상태로 놓아둘 수 있다. 일시 중단한 뒤에는 작업공간을 확인해 보자.

더 알아보기

레시피 1.5를 참고하라.

1.7 제공된 문서 읽기

문제

R과 함께 제공된 문서를 읽고 싶다.

해결책

문서의 목차를 보려면 help.start 함수를 사용한다.

```
help.start()
```

이때 열리는 페이지에서 설치된 모든 문서를 볼 수 있는 링크에 접근이 가능하다. RStudio에서 도움말은 help 보조창에 나타나는데, 기본 설정으로 화면 우측에 있다.

RStudio에서는 Help → R Help를 선택해서 R과 RStudio 둘 다에 대한 도움말 목록을 볼 수 있다.

논의

R의 기본 배포판은 말 그대로 수천 페이지에 달하는, 방대한 문서를 포함하고 있다. 추가 패키지를 설치할 때도 관련 문서들이 함께 설치된다.

`help.start` 함수를 사용하면 문서 목록의 상위 목차가 열린다. `help.start`가 RStudio의 help 보조창에서 어떻게 보이는지는 그림 1-4를 보면 알 수 있다.

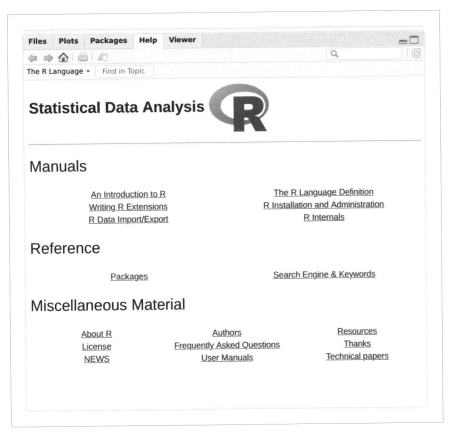

그림 1-4 RStudio help.start

Reference 섹션의 링크 두 개가 특히 유용하다.

패키지(Packages)

기본 배포판과 추가 패키지를 포함해, 설치된 모든 패키지 리스트를 보려면 여기를 클릭하라. 패키지 이름을 클릭해서 함수와 데이터세트 목록을 볼 수 있다.

검색 엔진과 키워드(Search Engine & Keywords)

이곳을 클릭하면 문서를 키워드나 구문으로 검색할 수 있는 간단한 검색 엔진을 사용할 수 있다. 주제별로 정리된, 자주 사용하는(common) 키워드 목록도 있는데, 하나 눌러서 관련 페이지들을 봐도 좋겠다.

help.start로 볼 수 있는 기본 배포판 R 문서는 R을 처음 설치할 때 컴퓨터에 로드된다. 그러나 메뉴 옵션 Help → R Help를 통해 들어갈 수 있는 RStudio의 도움말은 RStudio 웹사이트로의 링크들이 담겨 있는 페이지를 보여 준다. 따라서, RStudio 도움말 링크에 접근하려면 인터넷에 연결되어 있어야 한다.

더 알아보기

로컬 문서는 R 프로젝트 웹사이트(*http://www.r-project.org*)에서 복사되는데, 최근 업데이트가 있을 수도 있으니 확인해 보자.

1.8 함수 도움말 보기

문제

설치된 함수에 대해 더 알고 싶다.

해결책

help를 사용해 그 함수와 관련된 문서를 띄운다.

```
help(함수이름)
```

args를 사용해 함수 인자에 대해 간단하게 살펴본다.

```
args(함수이름)
```

example을 사용해 그 함수를 사용한 예를 찾아본다.

```
example(함수이름)
```

논의

이 책에서는 많은 R 함수를 소개한다. 모든 R 함수에는 일일이 설명하기도 힘든 멋진 부가 기능이 있다. 만약 어떤 함수가 여러분의 흥미를 자극한다면, 그 함수의 도움말 페이지를 읽어볼 것을 강력히 권한다. 그 함수의 멋진 부가 기능 중에서 여러분에게 유용한 것이 있을 수도 있기 때문이다.

여러분이 mean 함수에 대해 더 알고 싶어 한다고 가정하자. 다음과 같이 help 함수를 사용해 보자.

```
help(mean)
```

그러면 RStudio의 help 보조창에서 mean 함수에 대한 도움말 페이지가 열린다. help 커맨드의 단축키는 함수 이름 앞에 ?만 붙이는 것이다.

```
?mean
```

때로는 함수의 인자(argument)들에 대한 정보를 되짚어 보고 싶을 수도 있다. 어떤 함수의 인자들이 뭐 뭐 있었지? 어떤 순서로 나오지? 등등. 그럴 경우 args 함수를 사용한다.

```
args(mean)
#> function (x, ...)
#> NULL

args(sd)
#> function (x, na.rm = FALSE)
#> NULL
```

args 출력의 첫 줄은 함수 호출의 개요다. mean에 대해서, 개요는 하나뿐인 인자인 x를 보여 주는데, 이것은 숫자 벡터다. sd에 대한 개요는 동일한 벡터인 x와 na.rm이라 불리는 선택적 인자를 보여 준다(일반적으로 NULL이 뜨는 출력의 두 번째 줄은 무시해도 된다). RStudio에서는 그림 1-5처럼 함수 이름을 입력했을 때 커서 위에 떠있는 툴 팁으로 arg의 출력값이 보인다.

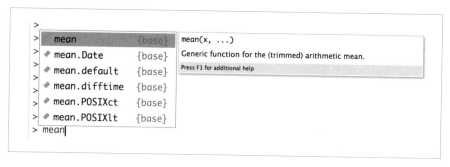

그림 1-5 RStudio 툴 팁

함수를 설명하는 대부분의 문서는 끝부분에 사용 예를 포함하고 있다. R에는 사용 예를 실행해서 함수의 기능을 시범으로 보여 주는 좋은 기능이 있다. 이를테면 mean 함수에 딸린 문서는 사용 예들을 가지고 있지만, 여러분이 그걸 직접 입력할 필요는 없다. 그저 example 함수를 사용하고 실행되는 걸 보기만 하면 된다.

```
example(mean)
#>
#> mean> x <- c(0:10, 50)
#>
#> mean> xm <- mean(x)
#>
#> mean> c(xm, mean(x, trim = 0.1))
#> [1] 8.75 5.50
```

위의 예시에서 example(mean) 이후에 보이는 모든 코드는 R이 만들어 낸 것으로, 도움말 페이지에 있는 사용 예를 실행하고 결과를 보여 주고 있다.

더 알아보기

함수 검색에 대해서는 레시피 1.9를, 검색 경로에 대해서는 레시피 3.6을 참고하라.

1.9 제공된 문서를 검색하기

문제

컴퓨터에 설치된 함수에 대해 더 알아보고 싶지만, help 함수가 해당 함수에 대한 문서가 없다고 보고한다.

그래서 대신 키워드를 사용해서 설치된 문서를 검색하고 싶다.

해결책

help.search를 써서 컴퓨터에서 R 문서를 찾는다.

```
help.search("pattern")
```

'패턴(pattern)'은 함수 이름이나 키워드를 말한다. 키워드는 따옴표 안에 쓴다는 사실을 꼭 기억하자.

여러분의 편의를 위해 더 얘기하자면, 두 개의 물음표로도 검색할 수 있다(이 경우 따옴표는 필요 없다). 함수를 이름으로 검색하는 기능은 물음표 한 개를 사용하는 반면, 텍스트 패턴을 검색하는 것은 물음표 두 개라는 점을 기억해 두자.

```
??pattern
```

논의

함수와 관련된 도움을 요청했지만, R이 아무것도 모른다고 하는 경우에 맞닥뜨릴 수도 있다.

```
help(adf.test)
#> No documentation for 'adf.test' in specified packages and libraries:
#> you could try 'help.search("adf.test")'
```

컴퓨터에 그 함수가 설치되어 있다는 사실을 이미 알고 있는데 R이 발뺌한다면 더욱 실망스럽다. 여기에서 문제는 그 함수의 패키지가 로딩되어 있지 않고, 그 함수가 어느 패키지에 속해 있는지를 모른다는 점이다. 일종의 진퇴양난의 상황으로 볼 수 있다(에러 메시지는 패키지가 현재 검색 경로에 있지 않으며, 그래서 R이 도움말 파일을 찾을 수 없다고 한다. 더 자세한 설명은 레시피 3.6을 참고하라).

해결 방법은 그 함수를 모든 설치된 패키지에서 검색하는 것이다. 에러 메시지에서 추천하는 대로, help.search 함수를 사용하면 된다.

```
help.search("adf.test")
```

검색하면 해당 함수를 포함하는 모든 패키지의 목록이 생성된다.

```
Help files with alias or concept or title matching 'adf.test' using
regular expression matching:

tseries::adf.test Augmented Dickey-Fuller Test

Type '?PKG::FOO' to inspect entry 'PKG::FOO TITLE'.
```

예를 들어 앞의 결과는 tseries 패키지가 adf.test 함수를 포함하고 있다는 사실을 가리킨다. help에 어떤 패키지가 해당 함수를 포함하고 있는지 정확하게 얘기해 주면, 해당 문서를 볼 수 있다.

```
help(adf.test, package = "tseries")
```

또는 콜론 2개 연산자를 사용해서 R에게 특정 패키지 내에서 찾아보라고 할 수도 있다.

```
?tseries::adf.test
```

키워드를 사용해서 더 넓게 검색할 수도 있다. 그러면 R은 그 키워드들을 포함한 모든 문서를 찾는다. ADF(Augmented Dickey-Fuller) 검정을 언급하는 모든 함수를 찾고 싶다고 가정해 보자. 아마 다음과 비슷한 패턴으로 검색할 수 있을 것이다.

```
help.search("dickey-fuller")
```

더 알아보기

문서 브라우저를 통해 로컬 검색 엔진으로도 들어갈 수 있다. 이 과정을 알아보려면 레시피 1.7을 읽도록 하자. 레시피 3.6은 검색 경로에 대해 더 자세히 다루고 있으며, 레시피 1.8에서는 함수 도움말 보기에 대해 더 알아볼 수 있다.

1.10 패키지 도움말 보기

문제

컴퓨터에 설치된 어떤 패키지에 대해서 더 알고 싶다.

해결책

help 함수를 사용하고 패키지 이름을 명시한다(함수 이름은 넣지 않는다).

```
help(package = "패키지이름")
```

논의

패키지에 포함된 내용(함수와 데이터세트들)을 알고 싶을 때도 있다. 특히 새로운 패키지를 다운로드하고 설치했을 때 더 그렇다. 도움말 함수에 패키지 이름을 명시하면 내용 및 기타 다른 정보를 출력해 준다.

다음의 도움말 호출은 기본 배포판의 표준 패키지인 tseries 패키지에 대한 정보를 화면에 보여 준다.

```
help(package = "tseries")
```

출력되는 정보는 설명(description)으로 시작해서 함수와 데이터세트의 색인(index)으로 이어진다. RStudio에서 HTML 형식의 도움말 페이지는 IDE의 help 보조창에 열리게 된다.

일부 패키지에는 소개(introduction), 튜토리얼, 혹은 레퍼런스 카드(reference card) 같은 추가적인 문서인 비네트도 들어 있다. 패키지를 설치할 때 이 문서들은 패키지의 일부로 함께 설치되며, 패키지 도움말 페이지에는 끝부분에 비네트 목록이 포함되어 있다.

vignette 함수를 사용해서 컴퓨터에 설치된 모든 비네트 목록을 볼 수 있다.

```
vignette()
```

RStudio에서 위의 커맨드는 새로운 탭을 열고, 컴퓨터에 설치된 모든 패키지 중 비네트가 포함된 패키지들과 비네트 이름 및 설명이 담긴 리스트를 보여 준다.

특정한 패키지에 속하는 비네트를 보려면 패키지 이름을 같이 입력한다.

```
vignette(package = "패키지이름")
```

특정 비네트를 보고자 할 때는 비네트 이름을 사용한다.

```
vignette("비네트이름")
```

더 알아보기
패키지에 있는 특정한 함수의 도움말을 보는 방법은 레시피 1.8을 참고하라.

1.11 인터넷 검색으로 도움말 보기

문제
R과 관련된 정보 및 문제에 대한 해결책을 찾기 위해 인터넷을 검색하고 싶다.

해결책

R 내부에서 RSiteSearch 함수를 사용해 키워드나 구문으로 검색한다.

```
RSiteSearch("키워드")
```

인터넷 브라우저로 다음과 같은 사이트에 들어가 검색해 본다.

RSeek(*http://rseek.org*)

R을 주로 다루는 웹사이트들을 집중적으로 검색해 주는 구글 맞춤 검색 엔진이다.

Stack Overflow(*http://stackoverflow.com/*)

Stack Exchange 내의 검색 가능한 Q&A 사이트로, 데이터 구조, 코딩, 그래픽을 다루는 웹사이트다. Stack Overflow는 문법 관련 질문이 있을 때 첫 단계로 들르기 좋은 곳이다.

Cross Validated(*https://stats.stackexchange.com/*)

Stack Exchange에 있는 사이트로, 프로그래밍보다는 통계학, 머신 러닝, 데이터 분석에 치중된 곳이다. 어떤 통계적 방법론을 사용하면 좋을지에 대한 질문을 알아볼 때 좋다.

RStudio 커뮤니티(*https://community.rstudio.com/*)

RStudio가 운영하는 의견 교환 포럼이다. 여기에서는 R을 비롯하여 RStudio와 관련 기술들에 대한 주제를 다룬다. RStudio 사이트라서 이 포럼에는 RStudio 직원과 이 소프트웨어를 자주 사용하는 사람들이 방문하는 편이다. 따라서 일반적인 질문들과 Stack Overflow의 문법 중심 형식에 맞지 않는 질문들을 하기에 좋다.

논의

RSiteSearch 함수를 쓰면 브라우저 창을 열고 R 프로젝트 웹사이트(*http://search.r-project.org/*)의 검색 엔진으로 데려갈 것이다. 검색 결과가 처음에 보이며, 검색 범위를 좁힐 수도 있다. 예를 들면, 다음 호출은 '정준상관분석(canonical correlation)'에 대한 검색을 활성화한다.

```
RSiteSearch("canonical correlation")
```

이 방법은 R을 떠나지 않고 빠르게 인터넷 검색을 하기에 꽤나 편리하다. 그러나 검색 범위가 R 문서와 메일링 리스트 아카이브에 국한되어 있다는 단점이 있다.

RSeek 사이트는 더 넓은 범위의 검색을 제공한다. 이곳의 좋은 점은 R과 관련된 사이트들에 초점을 맞춤과 동시에 구글 검색 엔진의 힘을 이용한다는 것이다. 따라서 포괄적인 구글 검색에서 관련 없는 결과가 제거된 결과가 보인다. RSeek의 묘미는 검색 결과를 유용하게 정리해 준다는 데 있다.

그림 1-6은 RSeek를 방문해 'correlation'을 입력한 결과다. 위쪽에 위치한 탭을 통해 여러 다른 종류의 콘텐츠별로 더 찾아볼 수 있다.

그림 1-6 RSeek

- 모두 보기(All)
- R-project(R 프로젝트)
- 비네트(Vignettte)

- 대중적인 패키지(Popular Package)
- 문서(Documentation)
- 함수(Function)
- 심리측정학(Psychometrics)
- 이슈(Issues)
- 위키피디아(Wikipedia)
- 깃허브(Github)
- 패키지(Package)
- 블로그(Blog)

Stack Overflow는 Q&A 사이트로, 누구든 질문을 올릴 수 있고, R에 능숙한 사람들이 질문에 대한 답변을 달아 주는 곳이다. 그래서 종종 하나의 질문에 여러 개의 답변이 달리기도 한다. 독자들이 답변에 투표를 하기 때문에 좋은 답변들이 위로 올라가는 경향이 있다. 그 덕분에 여러분이 검색을 할 수 있는 풍부한 Q&A 데이터베이스가 만들어진다.

Stack Overflow는 문제 중심으로 되어 있으며, 대부분의 주제가 R의 프로그래밍 쪽으로 치우쳐 있다. Stack Overflow는 R뿐만 아니라 여러 프로그래밍 언어에 대한 질문을 다루고 있다. R로 태그된 질문으로 검색의 초점을 맞추려면, 검색할 때 앞에 '[r]'을 붙이고 입력한다. 예를 들어 '[r] standard error'(표준오차)라고 검색하면 R로 태그된 질문만을 선택하면서 파이썬과 C++ 질문은 제외하게 된다.

Stack Overflow에는 R 언어에 대한 온라인상의 자료들을 사용자들이 큐레이션한 훌륭한 위키도 있다.

Stack Exchange(Stack Overflow의 상위 사이트)에는 Cross Validated라고 부르는 통계 분석 관련 Q&A 영역이 있다. 이곳은 프로그래밍보다 통계에 초점이 더 맞춰져 있으니, 특별히 R이라기보다는 일반적인 통계에 대한 해답을 구하고 있다면 이 사이트를 이용할 것을 권한다.

RStudio는 의견을 직접 교환할 수 있는 보드를 운영한다. 이곳은 일반적인 질문들과 Stack Overflow에서 질문하기 곤란한 개념적인 질문을 하기에 좋다.

더 알아보기

검색해서 유용한 패키지를 찾았다면, 레시피 3.10을 참고해 컴퓨터에 설치해 보자.

1.12 적절한 함수와 패키지 찾기

문제

10,000개가 넘는 R 패키지 중에서 어떤 것을 써야 하는지 모르겠다.

해결책

- 특정 분야와 관련된 패키지들을 찾아보려면, CRAN의 태스크뷰(Task Views) 목록을 보자. 여러분이 원하는 분야의 태스크뷰를 선택하면 관련 패키지로 가는 링크와 설명이 나올 것이다. 또는 RSeek에 들어가서 키워드로 검색을 하고 태스크뷰 탭을 누른 뒤 해당되는 태스크뷰를 선택하라.
- crantastic(*http://crantastic.org*)에 들어가서 키워드로 패키지를 검색한다.
- 필요한 함수를 찾으려면 RSeek에 들어간다. 이름이나 키워드로 검색을 하고, 함수(Functions) 탭을 누른다.

논의

초보자들에게 특히나 이 상황은 짜증을 불러일으킬 수 있다. 분명히 R이 문제를 해결해 주기는 할 텐데, 어떤 패키지나 함수를 사용해야 하는지는 전혀 감이 오지 않을 테니까 말이다. 메일링 리스트에서 자주 언급되는 질문 중에 "X라는 문제를 해결해 줄 패키지가 있나요?"가 있다. R에 빠져서 허우적대는 사람들의 소리 없는 아우성인 셈이다.

이 책이 쓰인 시점에, CRAN에서 무료로 다운로드 가능한 패키지는 10,000개 이상이다. 각 패키지에는 패키지 문서로 가는 링크와 짧은 설명이 있는 요약 페이지가 있다. 일단 잠재적으로 괜찮아 보이는 패키지를 찾은 뒤에는, 늘 그렇듯이 '레퍼런스 매뉴얼(Reference manual)' 링크를 눌러 상세 설명이 포함된 PDF 문서를 보게 된다. (요약 페이지에는 패키지를 설치하는 다운로드 링크도 있지만, 그 방법으로 설치하는 경우는 거의 없다. 레시피 3.10을 참고하라.)

때때로 좀 더 포괄적인 범위를 찾고 싶을 때가 있다. 베이지안 분석, 계량경제학, 최적화 또는 그래픽 등, CRAN에는 유용한 패키지들을 설명해 주는 태스크뷰 페이지들이 있다. R로 어떤 작업을 할 수 있는지 개략적으로 알려 주는 태스크뷰 페이지를 먼저 찾아보자. CRAN Task Views(*http://cran.r-project.org/web/views/*)에서 태스크뷰 페이지 목록을 볼 수도 있고, "해결책" 절에서 설명한 것처럼 검색을 해도 된다. CRAN의 태스크뷰에는 다양한 전문영역이 목록으로 나열되어 있으며, 각 분야에서 사용하는 패키지들을 보여 준다. 예를 들어 고성능 컴퓨팅, 유전학, 시계열, 사회학 같은 분야들이 있다.

원하는 패키지의 이름을 알고 있는 경우라고 하자(온라인에서 누가 언급하는 걸 들었다고 해 보자). CRAN(*http://cran.r-project.org/web/packages/*)에 가면 전체 패키지가 알파벳순으로 정리되어 있으며, 각각의 요약 페이지로 갈 수 있는 링크도 있다.

더 알아보기

패키지를 검색하는 sos라는 R 패키지를 설치하는 방법도 있다. SOS(*http://cran.r-project.org/web/packages/sos/vignettes/sos.pdf*)의 비네트를 참고하라.

1.13 메일링 리스트 검색하기

문제

궁금한 점이 생겼는데 메일링 리스트 아카이브를 뒤져 그 질문이 이전에 답변된 적이 있는지를 보려고 한다.

해결책

브라우저에서 Nabble(*http://r.789695.n4.nabble.com/*)을 연다. 키워드를 검색하거나 질문에서 다른 단어를 뽑아서 검색한다. 그러면 메일링 리스트에서 검색된 결과를 보여 줄 것이다.

논의

이 레시피는 레시피 1.11의 단순한 활용이라고 볼 수 있다. 하지만 새 질문을 목록에 올리기 전에 메일링 리스트를 검색해 보는 것이 예의이므로 중요한 레시피다. 여러분이 올리려는 질문은 이미 이전에 누군가 답변해 줬을 가능성이 크다.

더 알아보기

CRAN에는 그 외에도 인터넷 검색과 관련된 내용이 있다. CRAN Search(*http://cran.r-project.org/search.html*)를 참고하라.

1.14 Stack Overflow 또는 다른 커뮤니티에 질문 보내기

문제

온라인에서 답을 찾을 수 없는 질문이 있어 R 커뮤니티에 질문을 하고 싶다.

해결책

온라인에 질문을 하는 첫 걸음은 재현 가능한 예시를 만드는 것부터 시작한다. 온라인에서 도움을 구하려면, 다른 사람이 실행해 보고 여러분이 당면한 문제가 정확히 무엇인지를 알 수 있게 해 주는 예제 코드가 무척 중요하다. 잘 만들어진 코드 예시와 함께 하는 질문은 다음과 같은 세 가지 구성요소를 지닌다.

데이터 예시

만들어 낸 데이터나 실제 데이터의 일부를 제공한다.

코드 예시

코드는 여러분이 시도한 코드 또는 반환된 에러를 보여 주어야 한다.

글로 작성한 설명

현재 상황, 원하는 상태, 무엇을 시도했는지와 무엇에 실패했는지에 대해서 구체적으로 설명한다.

재현 가능한 예시를 만드는 자세한 방법은 "논의" 절에서 다루겠다. 일단 재현 가능한 예시가 있으면, Stack Overflow에 질문을 올리면 된다. 잊지 말고 질문 페이지의 Tags 섹션에서 r 태그를 달도록 하자.

여러분의 질문이 문법 관련이 아니라, 좀더 일반적이거나 특정 개념에 관련된 것이라면 RStudio가 운영하는 RStudio 커뮤니티의 논의 포럼(*https://community.rstudio.com/*)을 방문해 보자. 이 사이트는 여러 개의 주제로 나뉘어져 있으므로 질문에 가장 적합한 카테고리를 선택하면 된다.

또는 R 메일링 리스트에 질문할 수도 있다(하지만 여러 사이트, 메일링 리스트, Stack Overflow 등에 전부 올리지는 말아야 한다. 예의 없는 중복 포스팅으로 간주되는 행동이다).

메일링 리스트 페이지(*http://www.r-project.org/mail.html*)에는 R 도움말 메일링 리스트를 사용하는 데 필요한 일반적인 절차가 쓰여 있다. 진행되는 과정은 보통 다음과 같다.

1. 메인 R 메일링 리스트에서 R 도움말 리스트(*https://stat.ethz.ch/mailman/listinfo/ r-help*)를 구독한다.
2. 질문을 주의해서 올바르게 작성하고 재현 가능한 예시를 포함한다.
3. 질문을 r-help@r-project.org에 메일로 보낸다.

논의

R 도움말 메일링 리스트, Stack Overflow, 그리고 RStudio 커뮤니티 사이트는 좋은 자원이지만 제발 마지막 수단으로 남겨 두자. 먼저 도움말 페이지를 읽고, 문서를 읽고, 도움말 목록 아카이브를 검색하고, 인터넷을 검색해 보는 것이 좋다. 여러분이 생각하는 질문은 이미 답변되었을 가능성이 매우 크기 때문이다. 정말 새로운 질문은 아주 극소수이니 자기 질문은 특별하다고 자만하지 말자.

재현 가능한 예시는 도움을 요청할 때 가장 중요한 항목이다. 예시에 포함되어야 할 첫 번째 요소는 데이터 예시인데, R 함수를 사용해서 데이터를 만들면 편리하다. 다음 예제는 각각 다른 데이터 유형으로 된 세 개의 열로 이루어진 example_df라는 데이터 프레임을 만드는 것이다.

```
set.seed(42)
n <- 4
example_df <- data.frame(
  some_reals = rnorm(n),
  some_letters = sample(LETTERS, n, replace = TRUE),
  some_ints = sample(1:10, n, replace = TRUE)
)
example_df
#>   some_reals some_letters some_ints
#> 1      1.371            R        10
#> 2     -0.565            S         3
#> 3      0.363            L         5
#> 4      0.633            S        10
```

이 예제에서 set.seed 커맨드를 맨 앞에 넣어둔 점에 주목하자. 이렇게 하면 이 코드가 실행될 때마다 항상 동일한 결과가 나오게 된다. n 값은 만들고자 하는 데이터 예시의 행 수이다. 질문을 설명하기 위해서 필요한 최소한의 간단한 데이터 예시로 만들도록 하자.

```
data(mtcars)
head(mtcars)
#>                    mpg cyl disp  hp drat   wt qsec vs am gear carb
#> Mazda RX4         21.0   6  160 110 3.90 2.62 16.5  0  1    4    4
#> Mazda RX4 Wag     21.0   6  160 110 3.90 2.88 17.0  0  1    4    4
#> Datsun 710        22.8   4  108  93 3.85 2.32 18.6  1  1    4    1
#> Hornet 4 Drive    21.4   6  258 110 3.08 3.21 19.4  1  0    3    1
#> Hornet Sportabout 18.7   8  360 175 3.15 3.44 17.0  0  0    3    2
#> Valiant           18.1   6  225 105 2.76 3.46 20.2  1  0    3    1
```

여러분이 보유한 데이터로만 재현이 되는 문제라면, 본인의 데이터 일부를 문자열에 넣기 위해 dput을 사용하면 된다. mtcars 데이터세트의 두 행을 사용해서 설명해 보겠다.

```
dput(head(mtcars, 2))
#> structure(list(mpg = c(21, 21), cyl = c(6, 6), disp = c(160,
#> 160), hp = c(110, 110), drat = c(3.9, 3.9), wt = c(2.62, 2.875
#> ), qsec = c(16.46, 17.02), vs = c(0, 0), am = c(1, 1), gear = c(4,
#> 4), carb = c(4, 4)), row.names = c("Mazda RX4", "Mazda RX4 Wag"
#> ), class = "data.frame")
```

결과로 나오는 structure를 질문에 직접 포함시킬 수 있다.

```
example_df <- structure(list(mpg = c(21, 21), cyl = c(6, 6), disp = c(160,
160), hp = c(110, 110), drat = c(3.9, 3.9), wt = c(2.62, 2.875
), qsec = c(16.46, 17.02), vs = c(0, 0), am = c(1, 1), gear = c(4,
4), carb = c(4, 4)), row.names = c("Mazda RX4", "Mazda RX4 Wag"
), class = "data.frame")

example_df
#>               mpg cyl disp  hp drat   wt qsec vs am gear carb
#> Mazda RX4      21   6  160 110  3.9 2.62 16.5  0  1    4    4
#> Mazda RX4 Wag  21   6  160 110  3.9 2.88 17.0  0  1    4    4
```

재현 가능한 예시의 두 번째 요소는 코드 예시다. 코드 예시는 최대한 간단해야 하고, 여러분의 의도 또는 이미 시도한 코드를 포함해야 한다. 수많은 내용이 담겨 있는 큰 코드 블록이어서는 안 된다. 예시는 정말로 필요한 만큼의 적은 코드로 줄이도록 하자. 패키지를 사용한다면, 코드 초반에 library 호출을 포함해야 한다. 그리고 여러분의 코드를 실행해 볼 다른 사람에게 해를 끼치는 코드는 포함해서는 안 되는데, 이를테면 메모리에 있는 모든 R 객체를 삭제하는 rm(list=ls()) 같은 것을 넣으면 안 된다는 뜻이다. 여러분을 도와주려는 사람의 입장에서 생각해 보자. 자원해서 시간을 내 도움을 주려는 사람이 본인이 사용하는 컴퓨터에서 코드를 실행할 수도 있는 것이다.

여러분이 작성한 예시를 테스트해 보려면 새로운 R 세션을 연 다음 실행해 보자. 코드를 편집한 다음 단계는, 잠재적 답변자들에게 조금 더 많은 정보를 제공할 차례다. 일반 텍스트로 여러분이 달성하고자 하는 과업이 무엇이었는지, 무엇을 시도했고 질문은 무엇인지를 적으면 된다. 마찬가지로 최대한 간결하게 적자. 코드 예시 관련해서는 질문을 읽는 사람과 효과적으로 의사소통하는 것이 목적이니 어떤 R 버전과 어떤 플랫폼(윈도우, 맥, 리눅스)에서 실행했는지와 같은 정보도 넣으면 좋다. 이 정보는 sessionInfo 커맨드로 쉽게 알아낼 수 있다.

R 메일링 리스트에 질문을 보낼 거라면, 메일링 리스트는 여러 개가 있다는 점을 알아 두어야 한다. R 도움말(R-help)은 일반적인 질문을 대상으로 하는 리스트다. 유전학, 금융, R 개발, R 관련 직업 등 특정한 영역에 집중하는 SIG(special interest group) 메일링 리스트들도 있다. 전체 목록은 *https://stat.ethz.ch/mailman/listinfo*에서 볼 수 있다. 만약 질문이 어느 한 영역에 특화된 것이라면 적절한 리스트를 선택하면 더 좋은 답변을 받을 수 있다. R 도움말에 질문을 하기 전에 SIG 목록 아카이브를 주의해서 검색해 보자.

더 알아보기

질문을 하기 전에 에릭 레이먼드(Eric Raymond)와 릭 모엔(Rick Moen)이 쓴 〈똑똑하게 질문하는 방법(How to Ask Questions the Smart Way)〉(*http://www.catb.org/~esr/faqs/smart-questions.html*)이라는 훌륭한 에세이를 읽어보기를 추천한다. 진짜로, 꼭 읽어보기 바란다.[1]

Stack Overflow에는 재현 가능한 예시를 만드는 방법에 관해 자세히 설명한 포스트(*https://stackoverflow.com/q/5963269/37751*)가 있다.

제니 브라이언(Jenny Bryan)은 reprex라고 불리는 훌륭한 R 패키지를 만들었는데, 이 패키지는 재현 가능한 예시를 만드는 것을 도와주면서 Stack Overflow와 같은 사이트들에서 마크다운 텍스트를 작성하는 데 도움이 되는 헬퍼 함수를 제공한다. 그녀의 깃허브 페이지(*https://github.com/tidyverse/reprex*)에서 패키지를 찾을 수 있다.

---

[1] (옮긴이) 번역문은 *https://wiki.kldp.org/Translations/html/Ask-KLDP/*을 참고하기 바란다.

2장

기초 사항들

이번 장의 레시피들은 문제 해결과 튜토리얼의 중간쯤에 위치한다. 사실 일반적인 문제들을 풀기는 한다. 하지만 "해결책" 절들은 이 책을 포함한 대부분의 R 코드에서 공통적으로 쓰이는 기법이나 관용적인 방법(idiom)들을 보여 준다. R을 처음 접한다 면 이 장을 간략히 읽고 넘어가면서 이러한 관용적인 방법들을 숙지하는 게 좋다.

2.1 스크린에 출력하기

문제
변수나 표현식의 값을 보여 주고 싶다.

해결책
커맨드 프롬프트에 변수 이름이나 표현식을 입력하기만 하면 R이 값을 출력한다. 어 떤 객체든지 일반적인 출력을 위해서는 print 함수를 사용하면 된다. 사용자 정의 형 식으로 출력하려면 cat 함수를 사용한다.

논의
아주 간단하게 R에게 출력을 시킬 수 있다. 커맨드 프롬프트에 입력만 하자.

```
pi
#> [1] 3.14
sqrt(2)
#> [1] 1.41
```

이와 같은 식을 입력하면, R이 계산을 한 뒤 자동으로 print 함수를 호출한다. 즉, 위의 함수는 다음과 완전히 동일하다.

```
print(pi)
#> [1] 3.14
print(sqrt(2))
#> [1] 1.41
```

print의 묘미는 어떠한 R 값이든지 출력 형식을 알아서 만들어 주는 데 있으며, 이는 행렬이나 리스트 같이 구조화된 값들도 마찬가지다.

```
print(matrix(c(1, 2, 3, 4), 2, 2))
#>      [,1] [,2]
#> [1,]    1    3
#> [2,]    2    4
print(list("a", "b", "c"))
#> [[1]]
#> [1] "a"
#>
#> [[2]]
#> [1] "b"
#>
#> [[3]]
#> [1] "c"
```

print만 치면 언제나 데이터를 볼 수 있어서 편리하다. 복잡한 데이터 구조일 때도 특별히 출력 로직을 작성할 필요가 없다.

　그렇지만 print 함수는 결정적인 한계가 있다. 한 번에 오로지 하나의 객체만 출력할 수 있다는 점이다. 여러 항목을 print하려고 하면 다음과 같이 사람을 어리둥절하게 만드는 에러 메시지가 나타난다.

```
print("The zero occurs at", 2 * pi, "radians.")
#> Error in print.default("The zero occurs at", 2 * pi, "radians."):
#>     invalid 'quote' argument
```

복수의 항목을 출력하는 유일한 방법은 print를 여러 번 사용해 한 번에 하나씩 출력하는 것이지만, 굳이 그러고 싶지는 않으리라 생각한다.

```
print("The zero occurs at")
#> [1] "The zero occurs at"
print(2 * pi)
#> [1] 6.28
```

```
print("radians")
#> [1] "radians"
```

cat 함수는 print의 대안으로, 여러 개의 항목을 묶어서 연결된 결과로 출력해 준다.

```
cat("The zero occurs at", 2 * pi, "radians.", "\n")
#> The zero occurs at 6.28 radians.
```

각 항목 사이에 cat 함수가 자동으로 빈칸을 삽입하는 것을 보라. 한 줄을 끝내려면 꼭 줄 바꿈 문자(\n)를 넣어야 한다.

cat 함수로는 간단한 벡터도 출력할 수 있다.

```
fib <- c(0, 1, 1, 2, 3, 5, 8, 13, 21, 34)
cat("The first few Fibonacci numbers are:", fib, "...\n")
#> The first few Fibonacci numbers are: 0 1 1 2 3 5 8 13 21 34 ...
```

cat을 사용하면 코드의 결괏값을 입맛대로 제어하는 데 도움이 되는데, 특히 다른 스크립트에서 사용되는 결괏값을 생성하는 R 스크립트에 유용하게 쓸 수 있다. 하지만 심각한 한계가 있는데, 행렬이나 리스트 같은 복합적인 데이터 구조를 출력할 수 없다는 점이다. 그런 것들을 cat으로 출력하려 하면 난해한 에러 메시지에 맞닥뜨리게 된다.

```
cat(list("a", "b", "c"))
#> Error in cat(list("a", "b", "c")): argument 1 (type 'list') cannot
#>     be handled by 'cat'
```

더 알아보기

결괏값의 형식을 제어하는 방법은 레시피 4.2를 참고하라.

2.2 변수 설정하기

문제

변수에 값을 저장하려고 한다.

해결책

대입 연산자(<-)를 사용한다. 변수를 미리 선언할 필요는 없다.

```
x <- 3
```

논의

R을 '계산기 모드'로만 쓰면 오래지 않아 지겨워진다. 곧 여러분은 변수를 정의해서 값을 저장하고 싶어질 것이다. 그러면 타자 수와 시간이 절약되고 코드가 명확해진다.

R에서는 변수를 선언하거나 명시적으로 생성할 필요가 없다. 이름에 값을 대입하기만 하면 R이 그 변수를 생성할 것이다.

```
x <- 3
y <- 4
z <- sqrt(x^2 + y^2)
print(z)
#> [1] 5
```

대입 연산자는 사이에 빈칸 없이 여는 꺾쇠 기호(<)와 하이픈(-)으로 나타낸다.

커맨드 프롬프트에서 변수를 정의하면 작업공간에 저장된다. 작업공간은 컴퓨터의 메인 메모리에 적재되지만 디스크에 저장할 수도 있다. 변수 정의는 삭제하기 전까지 작업공간에 남아 있다.

R은 **동적 타입 언어**(dynamically typed language)다. 즉, 변수의 자료형을 마음대로 바꿀 수 있다는 뜻이다. x를 아래 예시처럼 수치형으로 설정하고 즉시 (예를 들면) 문자열로 이루어진 벡터로 덮어씌울 수 있다. 그래도 R은 불만을 표출하지 않는다.

```
x <- 3
print(x)
#> [1] 3

x <- c("fee", "fie", "foe", "fum")
print(x)
#> [1] "fee" "fie" "foe" "fum"
```

몇 가지 R 함수에는 이상하게 생긴 대입 연산자 <<-를 사용하는 대입문이 있다.

```
x <<- 3
```

이것은 지역 변수가 아닌 전역 변수로 대입하도록 강제하는 효과가 있다. 그러나 유효범위(scope)는 이번 논의의 대상에서 조금 벗어나므로, 자세한 설명은 생략하겠다.

언급한 김에 R이 두 개의 다른 형태의 대입문을 지원한다는 사실도 짚고 넘어가겠다. 등호(=)는 커맨드 프롬프트에서 대입 연산자로 사용될 수 있다. 우측 대입 연산자(->)는 좌측 대입 연산자(<-)가 사용될 수 있는 곳 어디라도 사용 가능하다(그러

나 인자는 반대로 넣어야 한다).

```
foo <- 3
print(foo)
#> [1] 3

5 -> fum
print(fum)
#> [1] 5
```

이러한 형태들은 되도록이면 피할 것을 권한다. 등호 대입 연산자는 논리 연산자를 이용한 등가 검사와 쉽게 헷갈린다. 우측 대입 연산자는 특정한 경우에는 유용할 수도 있으나, 익숙하지 않은 사람들을 혼동시킬 수 있다.

더 알아보기
레시피 2.4, 2.14, 3.3을 보라. assign 함수의 도움말 페이지도 참고하라.

2.3 변수 목록 보기

문제
작업공간에 어떤 변수와 함수가 정의되어 있는지 알고 싶다.

해결책
ls 함수를 사용한다. 각 변수의 자세한 내용을 보려면 ls.str을 쓴다. 다음 레시피에 있는 그림 2-1과 같이 RStudio의 Environment 창에서 여러분의 변수와 함수 들을 볼 수도 있다.

논의
ls 함수는 작업공간에 있는 객체들의 이름을 보여 준다.

```
x <- 10
y <- 50
z <- c("three", "blind", "mice")
f <- function(n, p) sqrt(p * (1 - p) / n)
ls()
#> [1] "f" "x" "y" "z"
```

ls가 문자열로 이루어진 벡터를 반환한다는 것을 알아 두기 바란다. 여기에서 각 문자열은 변수 또는 함수의 이름을 나타낸다. 작업공간이 비어 있는 경우 ls는 빈 벡터를 반환하며, 다음과 같이 무슨 말인지 알아들을 수 없는 결과를 출력한다.

```
ls()
#> character(0)
```

이것은 ls가 길이가 0인 문자열로 이루어진 벡터를 반환했다는 R의 표현 방법이다. 작업공간에 정의된 것이 없기 때문에 빈 벡터를 반환한 것이다.

이름 외의 정보도 보고 싶다면, ls.str을 사용해 보자. 그러면 각 변수에 대해서 더 나타내 준다.

```
x <- 10
y <- 50
z <- c("three", "blind", "mice")
f <- function(n, p) sqrt(p * (1 - p) / n)
ls.str()
#> f : function (n, p)
#> x :   num 10
#> y :   num 50
#> z :   chr [1:3] "three" "blind" "mice"
```

이 함수가 ls.str이라 불리는 이유는 변수 이름을 나열함과 동시에, 그 구조를 보여주는 str 함수를 적용하기 때문이다(레시피 12.13 참고).

보통의 경우에 ls는 마침표(.)로 시작하는 어떠한 이름도 반환하지 않는다. 이런 이름들은 숨겨진 것으로 간주되며 보통은 사용자들의 관심 대상이 아니다(마침표로 시작하는 이름을 나열하지 않는 유닉스의 관습을 반영한 것이다). all.names 인자를 TRUE로 설정함으로써 ls가 모든 것을 나열하도록 할 수 있다.

```
ls()
#> [1] "f" "x" "y" "z"
ls(all.names = TRUE)
#> [1] ".Random.seed" "f"          "x"          "y"
#> [5] "z"
```

RStudio의 Environment 창에서도 마침표로 시작하는 이름은 숨겨져 있다.

더 알아보기

변수를 삭제하는 방법은 레시피 2.4를, 변수의 내부를 확인하는 방법은 12.13을 참고하라.

2.4 변수 삭제하기

문제

필요 없는 변수나 함수를 작업공간에서 삭제하거나 내용을 완전히 삭제하려고 한다.

해결책

rm 함수를 사용한다.

논의

작업을 하다 보면, 작업공간은 빠르게 채워진다. rm 함수는 작업공간에서 하나 혹은 그 이상의 객체를 영구히 제거한다.

```
x <- 2 * pi
x
#> [1] 6.28
rm(x)
x
#> Error in eval(expr, envir, enclos): object 'x' not found
```

'실행 취소'는 없다. 따라서 한번 변수가 사라지면, 영원히 없어진 것이다. 한번에 여러 변수를 제거할 수도 있다.

```
rm(x, y, z)
```

작업공간 전체를 한번에 삭제할 수도 있다. rm 함수는 변수 이름들의 벡터로 이루어진 list 인자에 지정되어 있는 변수들을 삭제한다. ls 함수가 변수 이름들의 벡터를 반환했던 것을 기억하면, rm과 ls를 합쳐서 모든 것을 지울 수 있다는 사실을 금방 알 수 있다.

```
ls()
#> [1] "f" "x" "y" "z"
rm(list = ls())
ls()
#> character(0)
```

다른 방식으로는 그림 2-1에 나와 있는 것처럼, RStudio의 Environment 창의 위쪽에 있는 빗자루 아이콘을 클릭해도 된다.

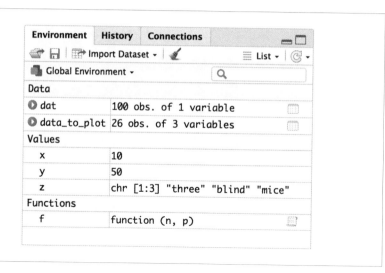

그림 2-1 RStudio의 Environment 창

> 라이브러리 함수라든지, 메일링 리스트나 Stack Overflow에 보내는 샘플 코드 같이 다른 사람들과 공유하는 코드에는 절대로 rm(list = ls())를 넣으면 안 된다. 다른 사람의 작업공간에 있는 변수들을 모두 삭제하는 행동은 무례함의 정도를 넘어서는 짓이며, 그랬다가는 커뮤니티에서 완전히 따돌림 당하게 될지도 모른다.

더 알아보기

레시피 2.3을 보자.

2.5 벡터 생성하기

문제

벡터를 생성하고 싶다.

해결책

c(...)[1] 연산자[2]를 사용해서 주어진 값으로부터 벡터를 구축한다.

---

[1] (옮긴이) Combine Values의 약자다.
[2] (옮긴이) 엄밀히 말하면 R에서 c(...)는 함수로 구현되어 있으나 원문에서 이를 'operator'로 표기하였기에 이에 맞춰 '연산자'로 번역하였다. 수학적으로 혹은 프로그래밍 언어론 측면에서 연산자는 함수의 일종이다. 이를테면 a + b = c라는 등식에서 이항 연산자(binary operator)인 더하기(+)는 다음과 같이 함수 꼴 (prefix)로 표현할 수 있다: +(a, b) = c.

논의

벡터는 단순히 또 하나의 데이터 구조가 아닌, R에서 가장 중심이 되는 요소다. 벡터는 숫자, 문자열 혹은 논릿값 중 한 가지만 포함하며 이들을 섞을 수는 없다.

c(...) 연산자는 간단한 원소들로부터 벡터를 구축할 수 있다.

```
c(1, 1, 2, 3, 5, 8, 13, 21)
#> [1] 1 1 2 3 5 8 13 21
c(1 * pi, 2 * pi, 3 * pi, 4 * pi)
#> [1] 3.14 6.28 9.42 12.57
c("My", "twitter", "handle", "is", "@cmastication")
#> [1] "My"            "twitter"       "handle"        "is"
#> [5] "@cmastication"
c(TRUE, TRUE, FALSE, TRUE)
#> [1]  TRUE  TRUE FALSE  TRUE
```

만약 c(...)의 인자들 자체가 벡터라면, 벡터를 풀어서 하나로 합치게(flatten) 된다.

```
v1 <- c(1, 2, 3)
v2 <- c(4, 5, 6)
c(v1, v2)
#> [1] 1 2 3 4 5 6
```

벡터는 숫자와 문자열 같이 데이터 형식을 섞어서는 만들 수 없다. 만약 형식이 섞인 원소들로 벡터를 생성한다면, R은 둘 중 하나를 변환해서 하나의 데이터 형식으로 통일하려고 할 것이다.

```
v1 <- c(1, 2, 3)
v3 <- c("A", "B", "C")
c(v1, v3)
#> [1] "1" "2" "3" "A" "B" "C"
```

위의 예에서 사용자는 숫자와 문자열이 섞인 벡터를 생성하려고 했다. 이에 R이 벡터를 생성하기 전에 모든 숫자를 문자열로 바꾸었고, 데이터 원소가 모두 호환되도록 바꾸었다. 그리고 그 과정에서 R이 경고나 에러를 표시하지 않았다는 점을 알아두자.

엄밀히 말하면 두 데이터 원소들은 같은 모드일 때만 하나의 벡터에서 같이 존재할 수 있다. 3.1415의 모드는 수치형이고, "foo"의 모드는 문자형이다.

```
mode(3.1415)
#> [1] "numeric"
```

```
mode("foo")
#> [1] "character"
```

모드는 서로 호환이 불가능하다. 이들로부터 벡터를 만들어 내려면, R은 3.1415를 문자형 모드로 변환해서 "foo"와 호환되도록 할 것이다.

```
c(3.1415, "foo")
#> [1] "3.1415" "foo"
mode(c(3.1415, "foo"))
#> [1] "character"
```

> **!** c는 제네릭 연산자인데, 그것은 벡터뿐만이 아니라 다른 많은 데이터 형식과도 작동한다는 뜻이다. 그렇다고 해서 정확히 여러분이 기대하는 방식으로 작동하지는 않을 수 있으니, 다른 데이터 형식이나 객체에 적용하기 전에 꼭 한번 확인하라.

더 알아보기
벡터와 다른 데이터 구조에 대해서 더 알아보려면 5장의 도입문을 참고하라.

2.6 기본적인 통계량 계산하기

문제
산술평균, 중앙값, 표준편차, 분산, 상관계수 또는 공분산을 계산하고 싶다.

해결책
x와 y가 벡터라고 가정하고 다음 함수들 중 하나를 사용한다.

- mean(x)
- median(x)
- sd(x)
- var(x)
- cor(x, y)
- cov(x, y)

논의
여러분이 R을 처음 사용한다면, 이번 레시피를 이해하기 위해 문서 페이지를 열고 거기에서 "표준편차를 계산하는 방법(Procedures for Calculating Standard Deviation)"이라는 제목의 자료를 찾기 시작했을 수 있다. 이처럼 중요한 주제는 한 챕터 전체를 할애해 설명했을 거라고 생각했기 때문일 것이다.

하지만 생각보다 그렇게 많은 분량의 복잡한 내용이 아니다.

표준편차와 다른 기본적인 통계량은 간단한 함수로 계산된다. 이 같은 함수의 인자는 보통 숫자로 이루어진 벡터이며 함수는 계산된 통계량을 반환해 준다.

```
x <- c(0, 1, 1, 2, 3, 5, 8, 13, 21, 34)
mean(x)
#> [1] 8.8
median(x)
#> [1] 4
sd(x)
#> [1] 11
var(x)
#> [1] 122
```

sd 함수는 표본 표준편차를 계산하고, var 함수는 표본 분산을 계산한다. cor과 cov 함수는 각각 두 벡터 사이의 상관계수와 공분산을 계산한다.

```
x <- c(0, 1, 1, 2, 3, 5, 8, 13, 21, 34)
y <- log(x + 1)
cor(x, y)
#> [1] 0.907
cov(x, y)
#> [1] 11.5
```

이 모든 함수는 결측치(not available, NA)가 포함된 값들에 대해서 까다롭게 군다. 벡터 인자에 단 하나의 NA 값만 있더라도, 위 모든 함수에서 NA를 반환하거나 심지어는 무슨 암호 같은 에러와 함께 동작을 멈추고 만다.

```
x <- c(0, 1, 1, 2, 3, NA)
mean(x)
#> [1] NA
sd(x)
#> [1] NA
```

R이 이처럼 조심스러울 때는 다소 불편할 수 있지만, 사실은 이렇게 하는 게 맞다. 상황별로 신중하게 판단해야 하기 때문이다. 데이터에 들어 있는 NA가 통계량을 왜곡시키는가? 그렇다면 R이 옳게 처리한 것이다. 그렇지 않다면, na.rm = TRUE로 설

정함으로써 R이 NA 값을 무시하도록 할 수 있다.

```
x <- c(0, 1, 1, 2, 3, NA)
sd(x, na.rm = TRUE)
#> [1] 1.14
```

R의 기존 버전에서는 mean과 sd를 데이터 프레임에 적용할 때 알아서 똑똑하게 처리 되었다. 데이터 프레임의 각 열이 다른 변수임을 이해하고 각 열별로 통계량을 계산 했다. 그러나 더 이상 그렇게 동작하지 않으며, 따라서 온라인이나 예전에 쓰인 책들 에서(이 책의 1판이라든지) 헷갈리는 코멘트를 읽게 될 수도 있을 것이다. 데이터 프 레임의 각 열별로 함수를 적용하려면 헬퍼 함수를 사용해야 한다. 이러한 작업을 할 수 있는 tidyverse 계열의 헬퍼 함수로는 purrr 패키지가 있다. 다른 tidyverse 패키 지들과 마찬가지로, library(tidyverse)를 실행해야 로딩된다. 예제에서 데이터 프 레임의 열별로 함수를 적용하기 위해 사용할 함수는 map_dbl이다.

```
data(cars)

map_dbl(cars, mean)
#> speed  dist
#> 15.4  43.0
map_dbl(cars, sd)
#> speed  dist
#> 5.29 25.77
map_dbl(cars, median)
#> speed  dist
#>   15    36
```

위의 예제에서 mean과 sd는 데이터 프레임에 의해 정의된 열마다 하나씩, 각각 두 개 씩의 값을 반환하고 있다는 점에 주목하자. (엄밀히 말해서 두 개의 원소로 이루어진 벡터가 반환되는 것으로, 이 벡터의 names 속성이 데이터 프레임의 각 열에서 취해진 것이다.)

var 함수는 매핑 함수의 도움 없이도 데이터 프레임을 이해한다. 이 함수는 데이터 프레임 열들 사이의 공분산을 계산해서 공분산 행렬을 반환한다.

```
var(cars)
#>       speed dist
#> speed    28  110
#> dist    110  664
```

마찬가지로, 만약 x가 데이터 프레임이나 행렬이라면 cor(x)는 상관계수 행렬을 반환하고 cov(x)는 공분산 행렬을 반환한다.

```
cor(cars)
#>       speed  dist
#> speed 1.000 0.807
#> dist  0.807 1.000
cov(cars)
#>       speed dist
#> speed    28  110
#> dist    110  664
```

더 알아보기

레시피 2.14, 5.27, 9.17을 참고하라.

2.7 수열 생성하기

문제

수열을 생성하려고 한다.

해결책

n:m 표현식을 사용해 간단한 수열 *n*, *n* + 1, *n* + 2, ..., *m*을 생성한다.

```
1:5
#> [1] 1 2 3 4 5
```

1이 아닌 수치로 증가하는 수열에는 seq 함수를 사용한다.

```
seq(from = 1, to = 5, by = 2)
#> [1] 1 3 5
```

rep 함수를 사용해 반복되는 값들로 된 수열을 생성한다.

```
rep(1, times = 5)
#> [1] 1 1 1 1 1
```

논의

콜론 연산자(colon operator) (*n:m*)을 사용하면 수열 *n*, *n* + 1, *n* + 2, ..., *m*을 포함하

는 벡터를 생성할 수 있다.

```
0:9
#> [1] 0 1 2 3 4 5 6 7 8 9
10:19
#> [1] 10 11 12 13 14 15 16 17 18 19
9:0
#> [1] 9 8 7 6 5 4 3 2 1 0
```

R이 마지막 식(9:0)을 똑똑하게 처리한 것을 보라. 9가 0보다 크기 때문에, 시작에서 끝 값까지 수를 거꾸로 세었다. 콜론 연산자와 함께 파이프(pipe)를 사용하면 데이터를 직접 다른 함수에 전달해 줄 수 있다.

```
10:20 %>% mean()
```

콜론 연산자는 1씩 증가[3]하는 수열에만 쓰인다. seq 함수도 수열을 만들기는 하지만, 증가분이라는 선택적인 세 번째 인자를 지원한다.

```
seq(from = 0, to = 20)
#> [1] 0 1 2 3 4 5 6 7 8 9 10 11 12 13 14 15 16 17 18 19 20
seq(from = 0, to = 20, by = 2)
#> [1] 0 2 4 6 8 10 12 14 16 18 20
```

이렇게 하는 대신에 수열 결과 값의 길이를 지정할 수도 있는데, 그러면 R이 알아서 필요한 증가분을 계산할 것이다.

```
seq(from = 0, to = 20, length.out = 5)
#> [1] 0 5 10 15 20
seq(from = 0, to = 100, length.out = 5)
#> [1] 0 25 50 75 100
```

증가분이 정수일 필요는 없다. R은 분수로 된 증가분을 가진 수열도 생성할 수 있다.

```
seq(from = 1.0, to = 2.0, length.out = 5)
#> [1] 1.00 1.25 1.50 1.75 2.00
```

똑같은 값이 단순히 반복되는 특별한 '수열'의 경우에는, 첫 인자를 반복하는 rep 함수를 사용해야 한다.

---

3 (옮긴이) 이 책에는 증가(grow)라 표현하였는데, 내용으로 볼 때 증감(증가와 감소)이 옳다.

```
rep(pi, times = 5)
#> [1] 3.14 3.14 3.14 3.14 3.14
```

더 알아보기

날짜 객체의 수열을 생성하는 방법은 레시피 7.13을 참고하라.

2.8 벡터 비교하기

문제

두 개의 벡터를 비교하거나 벡터 전체를 단일값(scalar)과 비교하려고 한다.

해결책

비교 연산자들(==, !=, <, >, <=, >=)로 두 벡터의 원소별 비교를 수행할 수 있다. 이 연산자들은 벡터의 원소를 단일값과도 비교할 수 있다. 그러면 개별 원소끼리의 비교 결과로 이루어진 논리 벡터를 반환한다.

논의

R에는 두 개의 논릿값이 있는데 바로 TRUE와 FALSE다. 이들은 다른 프로그래밍 언어에서는 불 값(Boolean values)이라고도 불린다.

비교 연산자들은 두 개의 값을 비교한 뒤, 비교 결과에 따라서 TRUE 또는 FALSE를 반환한다.

```
a <- 3
a == pi # 값이 같은지 검사한다.
#> [1] FALSE
a != pi # 값이 다른지 검사한다.
#> [1] TRUE
a < pi
#> [1] TRUE
a > pi
#> [1] FALSE
a <= pi
#> [1] TRUE
a >= pi
#> [1] FALSE
```

벡터들의 모든 원소를 한번에 비교해 보면 R의 강점을 깨달을 수 있다. R은 원소끼리 비교를 한 후에 각 비교 건별로 논릿값이 하나씩 나오면, 이들로 이루어진 벡터를 반환한다.

```
v <- c(3, pi, 4)
w <- c(pi, pi, pi)
v == w # 원소 세 개로 이루어진 벡터 두 개를 비교한다.
#> [1] FALSE  TRUE FALSE
v != w
#> [1]  TRUE FALSE  TRUE
v < w
#> [1]  TRUE FALSE FALSE
v <= w
#> [1]  TRUE  TRUE FALSE
v > w
#> [1] FALSE FALSE  TRUE
v >= w
#> [1] FALSE  TRUE  TRUE
```

단일값 하나와 벡터를 비교할 수도 있는데, 그러면 R이 단일값을 늘려서 벡터의 길이로 맞추고 원소들끼리 비교를 수행한다. 앞서 보여 준 예는 다음과 같이 더 간단하게 쓸 수 있다.

```
v <- c(3, pi, 4)
v == pi # 원소 세 개로 이루어진 벡터를 하나의 숫자와 비교한다.
#> [1] FALSE  TRUE FALSE
v != pi
#> [1]  TRUE FALSE  TRUE
```

이것은 레시피 5.3에서 다룰 재활용 규칙(Recycling Rule)의 응용이다.

두 개의 벡터를 비교하고 난 뒤에, 비교 결과들 중 하나라도(any) 참인지 아니면 모두(all)가 참인지를 알고 싶을 수 있다. any와 all 함수로 이러한 테스트를 한다. 두 가지 모두 논리형 벡터를 테스트한다. any 함수는 벡터의 원소가 하나라도 TRUE이면 TRUE를 반환한다. all 함수에서는 벡터의 모든 원소가 TRUE인 경우에만 TRUE를 반환한다.

```
v <- c(3, pi, 4)
any(v == pi) # v의 원소들 중 하나라도 pi에 해당하면 TRUE를 반환한다.
#> [1] TRUE
all(v == 0) # v의 원소들 모두가 0이라면 TRUE를 반환한다.
#> [1] FALSE
```

더 알아보기

레시피 2.9를 참고하라.

2.9 벡터에 있는 원소 선택하기

문제

벡터에서 하나 또는 여러 개의 원소를 추출하고 싶다.

해결책

각자의 상황에 적절한 인덱스 방법을 선택한다.

- 위치를 통해 벡터의 원소를 선택하기 위해 대괄호를 사용한다. 예를 들어 v의 세 번째 원소를 선택하려면 v[3]이라고 쓴다.
- 원소를 제외하고 싶으면 인덱스를 음수로 쓴다.
- 복수의 값을 선택하려면 인덱스의 벡터를 사용한다.
- 조건에 맞는 원소를 선택하려면 논리형 벡터를 사용한다.
- 이름 붙여진 원소에 접근하려면 이름(names)을 사용한다.

논의

벡터에서 원소들을 선택하는 것은 R의 또 다른 강점이다. 기본 선택은 다른 프로그래밍 언어에서와 마찬가지로 대괄호와 간단한 인덱스를 사용하면 된다.

```
fib <- c(0, 1, 1, 2, 3, 5, 8, 13, 21, 34)
fib
#> [1]  0  1  1  2  3  5  8 13 21 34
fib[1]
#> [1] 0
fib[2]
#> [1] 1
fib[3]
#> [1] 1
fib[4]
#> [1] 2
fib[5]
#> [1] 3
```

R에서는 첫 번째 원소가 다른 프로그래밍 언어처럼 인덱스 0이 아닌, 인덱스 1이라는 것에 유의하자.

벡터 인덱스의 멋진 기능 중 한번에 여러 개의 원소를 선택할 수 있는 기능이 있다. 인덱스 자체가 벡터가 되고, 그 인덱스 벡터의 각각의 원소가 데이터 벡터에서 원소를 선택하는 식이다.

```
fib[1:3] # 원소 1에서 3까지를 선택한다.
#> [1] 0 1 1
fib[4:9] # 원소 4에서 9까지를 선택한다.
#> [1]  2  3  5  8 13 21
```

1:3이라는 인덱스는 말 그대로 원소 1, 2, 3을 선택하라는 의미다. 인덱스 벡터는 꼭 단순한 수열이 아니어도 된다. 예시에서처럼, 데이터 벡터 내 어디에서든지 원소를 선택할 수 있다. 이 예에서는 1, 2, 4와 8번째 원소를 선택했다.

```
fib[c(1, 2, 4, 8)]
#> [1] 0 1 2 13
```

R에게 음수로 된 인덱스를 주면, 해당 값을 제외하라는 뜻이 된다. 예를 들어 –1이라는 인덱스는 첫 번째 값을 제외하고 다른 모든 값을 반환하라는 뜻이다.

```
fib[-1] # 첫 번째 원소를 무시한다.
#> [1]  1  1  2  3  5  8 13 21 34
```

이 방법을 확장하면, 인덱스 벡터에 음수 인덱스를 넣어 결괏값을 뭉텅이로 제외할 수도 있다.

```
fib[1:3] # 앞과 동일함
#> [1] 0 1 1
fib[-(1:3)] # 선택이 아니라 제외하기 위해 부호를 바꾸었다.
#> [1]  2  3  5  8 13 21 34
```

또 다른 인덱스 기술로, 논리형 벡터를 사용해 데이터 벡터에서 원소를 선택할 수도 있다. 그러면 논리형 벡터가 **TRUE**인 곳의 원소가 선택된다.

```
fib < 10 # fib이 10보다 작을 때 이 벡터는 TRUE다.
#> [1]  TRUE  TRUE  TRUE  TRUE  TRUE  TRUE FALSE FALSE FALSE FALSE
fib[fib < 10] # 위의 벡터를 사용해 10보다 작은 원소를 선택한다.
#> [1] 0 1 1 2 3 5 8
fib %% 2 == 0 # 이 벡터는 fib이 짝수일 때 TRUE다.
#> [1]  TRUE FALSE FALSE  TRUE FALSE FALSE  TRUE FALSE FALSE  TRUE
fib[fib %% 2 == 0] # 위의 벡터를 사용해 짝수인 원소를 선택한다.
#> [1]  0  2  8 34
```

일반적인 상황에서 논리형 벡터는 각각의 원소를 포함하는지 혹은 제외하는지를 보여 줄 수 있도록 데이터 벡터와 길이가 같아야 한다. (만약 길이가 다르다면 레시피 5.3에서 다루는 재활용 규칙을 이해할 필요가 있다.)

벡터의 비교, 논리 연산자, 벡터의 인덱스를 적절히 합치면, 굉장히 적은 R 코드만 가지고도 매우 효과적으로 원소를 선택할 수 있게 된다.

예를 들면, 중앙값보다 큰 모든 원소를 선택할 수 있다.

```
v <- c(3, 6, 1, 9, 11, 16, 0, 3, 1, 45, 2, 8, 9, 6, -4)
v[ v > median(v)]
#> [1]  9 11 16 45  8  9
```

또는 상하위 5% 안에 있는 모든 원소를 선택할 수 있다.

```
v[ (v < quantile(v, 0.05)) | (v > quantile(v, 0.95)) ]
#> [1] 45 -4
```

이전 예시는 | 연산자를 사용했는데, 이것은 인덱스를 할 때 "OR"로 연산을 하라는 뜻이다. "AND"로 연산을 하려면 & 연산자를 사용하면 된다.

또 다른 예시로, 평균에서 ±1 표준편차를 넘는 모든 원소를 선택한다.

```
v[ abs(v - mean(v)) > sd(v)]
#> [1] 45 -4
```

아니면 NA나 NULL이 아닌 모든 원소를 선택한다.

```
v <- c(1, 2, 3, NA, 5)
v[!is.na(v) & !is.null(v)]
#> [1] 1 2 3 5
```

마지막으로 소개할 인덱스 기능은 이름으로 원소를 선택하는 것이다. 선택하고자 하는 벡터가 names 속성을 가지고 있어서 각 원소에 대해 이름이 정의되어 있다는 가정 하에 가능하다. 이 방법을 위해서는 문자열로 이루어진 벡터를 names 속성에 부여하면 된다.

```
years <- c(1960, 1964, 1976, 1994)
names(years) <- c("Kennedy", "Johnson", "Carter", "Clinton")
years
#> Kennedy Johnson Carter Clinton
#>    1960    1964   1976    1994
```

일단 이름이 정의되면, 이름으로 개별적인 원소를 참조할 수 있다.

```
years["Carter"]
```

```
#> Carter
#>    1976
years["Clinton"]
#> Clinton
#>    1994
```

위 방법을 응용해서, 이름으로 이루어진 벡터를 통해서도 인덱스를 할 수 있다. 그러면 R은 인덱스에서 이름으로 지명된 모든 원소를 반환하게 된다.

```
years[c("Carter", "Clinton")]
#> Carter Clinton
#>   1976    1994
```

더 알아보기

재활용 규칙에 대해 더 알아보려면 레시피 5.3을 참고하라.

2.10 벡터 연산 수행하기

문제

벡터 전체를 한번에 연산하고 싶다.

해결책

흔히 쓰는 산술 연산자는 벡터 전체에 대해서 원소별 연산을 수행할 수 있다. 여러 다른 함수들도 벡터 전체에 대해서 연산을 하고, 벡터로 된 결과를 반환한다.

논의

벡터 연산은 R의 큰 강점 중 하나다. 기본적인 산술 연산자들은 모두 벡터 쌍에 대해 적용이 가능하다. 이러한 연산자들은 각 원소별로 연산을 수행하는데, 다시 말해 양쪽 벡터 내에 있는 서로 대치하는 원소들에 대해서 연산을 적용한다는 뜻이다.

```
v <- c(11, 12, 13, 14, 15)
w <- c(1, 2, 3, 4, 5)
v + w
#> [1] 12 14 16 18 20
v - w
#> [1] 10 10 10 10 10
v * w
#> [1] 11 24 39 56 75
v / w
```

```
#> [1] 11.00  6.00  4.33  3.50  3.00
w^v
#> [1] 1.00e+00 4.10e+03 1.59e+06 2.68e+08 3.05e+10
```

여기에서 결괏값의 길이가 원본 벡터들의 길이와 일치하는 것에 주목하자. 그 이유는 결괏값의 각 원소들이, 입력된 데이터 벡터들에 있는 대치되는 값들의 쌍으로부터 계산되기 때문이다.

만약 하나의 피연산자가 벡터이고 다른 하나가 단일값인 경우라면, 연산은 그 벡터의 모든 원소와 단일값 사이에서 수행된다.

```
w
#> [1] 1 2 3 4 5
w + 2
#> [1] 3 4 5 6 7
w - 2
#> [1] -1  0  1  2  3
w * 2
#> [1]  2  4  6  8 10
w / 2
#> [1] 0.5 1.0 1.5 2.0 2.5
2^w
#> [1]  2  4  8 16 32
```

예를 들어, 원소들에서 평균을 빼는 표현식 하나로 어떤 벡터 전체의 중심을 옮길 (recenter) 수 있다.

```
w
#> [1] 1 2 3 4 5
mean(w)
#> [1] 3
w - mean(w)
#> [1] -2 -1  0  1   2
```

마찬가지로 벡터의 z 점수도 표현식 하나로 계산할 수 있는데, 평균을 뺀 후 표준편차로 나누면 된다.

```
w
#> [1] 1 2 3 4 5
sd(w)
#> [1] 1.58
(w - mean(w)) / sd(w)
#> [1] -1.265 -0.632  0.000  0.632  1.265
```

벡터 수준의 연산은 초급 산술 연산보다 훨씬 많은 곳에 쓰인다. 벡터 연산은 R이라는 언어를 통틀어서 널리 사용되며, 많은 함수가 벡터 전체에 대해서 적용된다. 일례로 sqrt와 log 함수는 벡터의 모든 원소에 적용되고 결괏값으로도 벡터를 반환한다.

```
w <- 1:5
w
#> [1] 1 2 3 4 5
sqrt(w)
#> [1] 1.00 1.41 1.73 2.00 2.24
log(w)
#> [1] 0.000 0.693 1.099 1.386 1.609
sin(w)
#> [1]  0.841  0.909  0.141 -0.757 -0.959
```

벡터 연산에는 두 개의 커다란 장점이 있다. 제일 당연한 장점은 바로 편리함이다. 다른 언어에서 루프(반복)를 필요로 하는 연산도 R에서는 한 줄짜리가 된다. 두 번째 장점은 속도다. 벡터로 된 대부분의 연산은 C 코드로 직접 구현되어 있어 같은 기능을 하는 R 코드를 작성하는 것보다 상당히 빠르다.

더 알아보기

사실 벡터와 단일값 사이의 연산은 재활용 규칙의 특수한 사례다. 레시피 5.3을 참고하라.

2.11 연산자 우선순위 틀리지 않기

문제

여러분이 쓴 R 표현식이 이상한 결과를 내서, 연산자 우선순위 때문에 문제가 생기는 것이 아닌가 고민하고 있다.

해결책

표 2-1에 우선순위가 가장 높은 것부터 낮은 것까지 전체 연산자 목록이 나와 있다. 동일한 우선순위의 연산자들은 따로 지시되지 않은 이상, 왼쪽부터 오른쪽으로 연산 순위가 매겨진다.

표 2-1 연산자 우선순위

연산자	뜻	더 알아보기
[[[	인덱스	레시피 2.9
:: :::	네임스페이스(namespace, Environment)에 있는 변수에 접근하기	
$ @	요소 뽑아내기, 슬롯 뽑아내기	
^	지수	
- +	단항 마이너스와 플러스 부호	
:	수열 생성	레시피 2.7, 레시피 7.13
%any%(%>% 포함)	특수 연산자	이번 레시피의 "논의" 절
* /	곱하기, 나누기	이번 레시피의 "논의" 절
+ -	더하기, 빼기	
== != < > <= >=	비교	레시피 2.8
!	논리 부정	
& &&	논리 "and", 단축(short-circuit) "and"	
| ||	논리 "or", 단축(short-circuit) "or"	
~	식(formula)	레시피 11.1
-> ->>	오른쪽 대입	레시피 2.2
=	대입(오른쪽을 왼쪽으로)*	레시피 2.2
<- <<-	대입(오른쪽을 왼쪽으로)	레시피 2.2
?	도움말	레시피 1.8

* (옮긴이) 다른 프로그래밍 언어의 대입 연산자처럼 등호를 사용해도 효과는 동일하지만, R 문법의 원칙은 아래의 대입 연산자를 사용하는 것이다.

이러한 연산자들의 의미를 모두 아는 것은 중요하지 않다. 여기에 목록을 넣어둔 이유는 다양한 연산자들은 서로 다른 우선순위를 가지고 있다는 사실을 보여 주기 위해서다.

논의

연산자 우선순위를 잘못 쓰는 것은 R에서 흔하게 발생하는 문제다. 필자들도 자주 그런다. 별 생각 없이 식 0:n-1이 정수 0에서부터 $n - 1$까지의 수열을 만들 거라고 받아들이지만, 실제론 그렇지 않다.

```
n <- 10
0:n - 1
#> [1] -1  0  1  2  3  4  5  6  7  8  9
```

이렇게 하면 −1에서 $n − 1$까지의 수열을 생성한다. R이 주어진 식을 (0:n)−1이라고 해석하기 때문이다.

표에 있는 **%any%**라는 표기법이 낯설 수도 있다. R은 퍼센트 기호 사이(**%...%**)의 어떠한 문자라도 이항 연산자로 해석한다. 그러한 연산자 중 몇 가지에는 미리 정의된 뜻이 있다.

%%

나머지 연산자

%/%

정수 나눗셈[4]

%*%

행렬 곱셈

%in%

왼쪽 피연산자가 오른쪽 피연산자에 나타나면 TRUE를 반환, 다른 경우 FALSE를 반환

%>%

왼쪽의 결괏값을 오른쪽 함수에 전달하는 파이프

%...% 표기법을 사용해 다른 이항 연산자를 정의할 수도 있다. 레시피 12.17을 참고하라. 알아 둘 점은 이렇게 정의된 모든 연산자가 동일한 우선순위를 갖는다는 사실이다.

더 알아보기

벡터 연산에 대해서 더 알아보려면 레시피 2.10을, 행렬 연산에 대해 더 알아보려면 레시피 5.15를, 사용자 연산자를 정의하려면 레시피 12.17을 참고하라. 산술 연산과 문법 관련 주제는 R 도움말 페이지와 《R in a Nutshell》의 5장과 6장을 참고하면 된다.

---

4 (옮긴이) 나머지를 버리고 몫만 취하는 나눗셈. 예를 들어 11%/%4는 2다.

2.12 더 적게 입력하고 많이 얻어내기

문제

길게, 특히 같은 커맨드를 반복해서 입력하는 게 슬슬 지겨워진다.

해결책

에디터 창을 열고, 재사용할 수 있는 R 커맨드 블록을 거기에 모아 둔다. 그러고 나서 블록들을 에디터 창에서 바로 실행한다. 간단하거나 일회성인 커맨드를 사용하기 위해 콘솔 창도 남겨 둔다.

끝났으면 모아둔 코드 블록을 추후에 다시 쓸 수 있도록 스크립트 파일로 저장해 두어도 좋다.

논의

전형적인 초보 R 사용자는 식을 하나 입력하고 어떤 결과가 나오는지 지켜본다. 조금 더 익숙해지면서 점점 더 복잡한 식을 입력한다. 그 다음엔 여러 줄로 된 식을 입력하기 시작한다. 곧, 더 복잡한 계산을 하려고 여러 줄로 된 똑같은 식을 계속 입력하게 된다. 어쩌면 약간의 변형을 가미하면서.

숙련된 사용자는 복잡한 식을 다시 잘 입력하지 않는다. 한두 번쯤 같은 식을 입력하곤, 그 식을 다음에 또 쓸 것 같으니 에디터 창에서 잘라내기-붙여넣기를 한다. 그 이후부터는 코드 조각을 실행하려면 다시 입력하는 대신, 에디터 창에서 해당 코드 조각을 선택한 뒤에 R에게 실행하라고 하면 된다. 이러한 테크닉은 코드 조각이 긴 코드 블록으로 진화해감에 따라 더욱 유용해진다.

RStudio에서는 IDE에 있는 단축키들이 이러한 작업 스타일을 가능하게 해 준다. 다만 윈도우와 리눅스 머신은 맥과는 약간 다른 키 조합을 사용하는데, 윈도우/리눅스는 Ctrl과 Alt를 쓰지만 맥에서는 Cmd와 Opt을 사용한다.

에디터 창을 열려면

메인 메뉴에서 File → New File을 선택한 뒤 여러분이 생성하고자 하는 파일의 형식을 고른다. 이 경우에는 R 스크립트(R Script)가 될 것이다. 또는, R 스크립트를 만들기로 이미 결정한 경우라면 Shift+Ctrl+N(윈도우)이나 Shift+Cmd+N(맥)을 곧장 입력해도 된다.

에디터 창에 있는 라인 하나를 실행하려면

커서를 해당 라인에 가져다 놓고 Ctrl+엔터(윈도우)나 Cmd+엔터(맥)를 눌러서 실행한다.

에디터 창에 있는 여러 라인을 실행하려면

마우스를 사용해 실행하려는 라인들을 블록으로 잡고 Ctrl+엔터(윈도우)나 Cmd+엔터(맥)를 눌러서 실행한다.

에디터 창의 내용 전체를 실행하려면

Ctrl+Alt+R(윈도우) 또는 Cmd+Opt+R(맥)을 눌러서 전체 에디터 창을 실행한다. 아니면 메뉴에서 Code → Run Region → Run All을 선택해도 된다.

소개한 키보드 단축키들을 포함해 매우 다양한 팁들이 RStudio에 포함되어 있으므로 Tools → Keyboard Shortcuts Help 메뉴를 선택해서 도움말을 살펴보자.

콘솔 창에 있던 코드들을 에디터 창으로 재현하기 위해서는 복사와 붙여넣기만 할 줄 알면 된다. RStudio를 종료할 때는, 작성한 새 스크립트를 저장할 것인지 물어볼 것이다. 나중에 다시 사용하기 위해 저장하든지 버리든지 할 수 있다.

2.13 함수 호출 파이프라인 만들기

문제

코드를 짜면서 중간 단계의 변수들을 계속 생성하는 것은 매우 지루하고 불필요한 일이며, 그렇다고 R 함수를 중첩해서 쓰면 거의 눈으로 읽을 수가 없다.

해결책

파이프 연산자(%>%)를 사용해서 표현식을 읽고 쓰기 쉽게 만들도록 하자. 스테판 배시(Stefan Bache)가 만들었으며, magrittr 패키지에서 찾을 수 있는 파이프 연산자는 수많은 tidyverse 함수에서도 폭넓게 사용되고 있다.

파이프 연산자를 사용해서, 쓸데 없는 중간 변수 없이 여러 개의 함수를 조합해 함수의 '파이프라인' 하나로 만들어 보자.

```
library(tidyverse)
data(mpg)
```

```
mpg %>%
  filter(cty > 21) %>%
  head(3) %>%
  print()
#> # A tibble: 3 x 11
#>   manufacturer model  displ year   cyl trans drv     cty   hwy fl    class
#>   <chr>        <chr>  <dbl> <int> <int> <chr> <chr> <int> <int> <chr> <chr>
#> 1 chevrolet    Malibu   2.4  2008     4 auto~ f        22    30 r     mids~
#> 2 honda        civic    1.6  1999     4 manu~ f        28    33 r     subc~
#> 3 honda        civic    1.6  1999     4 auto~ f        24    32 r     subc~
```

파이프를 사용하는 편이 임시로 중간 단계의 변수들을 만드는 것보다 훨씬 깔끔하고 읽기가 쉽다.

```
temp1 <- filter(mpg, cty > 21)
temp2 <- head(temp1, 3)
print(temp2)
#> # A tibble: 3 x 11
#>   manufacturer model  displ year   cyl trans drv     cty   hwy fl    class
#>   <chr>        <chr>  <dbl> <int> <int> <chr> <chr> <int> <int> <chr> <chr>
#> 1 chevrolet    Malibu   2.4  2008     4 auto~ f        22    30 r     mids~
#> 2 honda        civic    1.6  1999     4 manu~ f        28    33 r     subc~
#> 3 honda        civic    1.6  1999     4 auto~ f        24    32 r     subc~
```

논의

파이프 연산자가 R에 새로운 기능을 추가하지는 않지만, 코드의 가독성을 확 끌어올려 줄 수 있다. 파이프는 함수의 결괏값이나 객체를 연산자의 좌측에 받아 우측 함수의 첫 번째 인자로 보내는 역할을 한다.

다음과 같은 코드는

```
x %>% head()
```

이것과 기능적으로 동일하다.

```
head(x)
```

두 경우 모두 x는 head의 인자다. 추가적인 인자를 전달할 수도 있지만, x는 언제나 '첫 번째' 인자가 된다. 아래 두 줄 또한 기능적으로 동일한 예시다.

```
x %>% head(n = 10)
```

```
head(x, n = 10)
```

별 차이가 없어 보이지만 예제가 복잡해질수록 이점이 늘어난다. 이를테면 어떤 작업 와중에 filter를 사용해서 데이터를 값으로 한정하고, select를 사용해서 특정 값들만 남겨 두고, ggplot에 보내서 간단한 그래프를 그린다고 할 때 중간 단계의 변수들을 사용할 수도 있다.

```
library(tidyverse)

filtered_mpg <- filter(mpg, cty > 21)
selected_mpg <- select(filtered_mpg, cty, hwy)
ggplot(selected_mpg, aes(cty, hwy)) + geom_point()
```

이런 식으로 하나씩 추가하는 방법도 읽을 만은 하지만, 중간 단계의 데이터 프레임을 많이 생성하게 되고 여러 객체의 상태를 계속 사용자가 인지하고 있어야 해서 인지적인 부하를 줄 수 있다. 그래도 어쨌든 원하는 그래프를 만들어 주기는 한다.

또 다른 방법은 함수들을 내포(nest)하도록 안에 중첩해 집어넣는 것이다.

```
ggplot(select(filter(mpg, cty > 21), cty, hwy), aes(cty, hwy)) + geom_point()
```

이렇게 하면 한 줄로 정리되니 아주 간결하기는 한데, 사용자가 읽고 이해하기 위해서 훨씬 더 주의를 기울여야 한다는 단점이 생긴다. 사용자가 머릿속에서 문법적으로 분석하기 어려운 코드는 에러를 발생시킬 여지가 있고, 향후 유지보수도 어려워진다. 따라서, 파이프 쓰기를 권장한다.

```
mpg %>%
  filter(cty > 21) %>%
  select(cty, hwy) %>%
  ggplot(aes(cty, hwy)) + geom_point()
```

앞의 코드는 mpg 데이터세트로 시작해서 filter 함수로 파이프하며 도심 mpg 값인 cty 변수가 21보다 큰 레코드들만 남겨 둔다. 그리고 그 결과는 다시 select 커맨드로 파이프되면서 cty와 hwy 변수만 남기고, 이후에 ggplot 커맨드로 파이프된다. 그림 2-2는 ggplot의 결과물로 나온 산점도다.

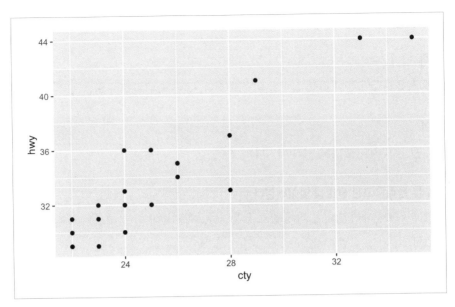

그림 2-2 파이프를 이용한 그래프 예시

만약 대상 함수(우측)의 첫 번째 인자가 아닌 다른 인자에 전달하고 싶다면 점(.) 연산자를 사용하자. 다음 코드는

```
iris %>% head(3)
```

이래 코드와 동일하다.

```
iris %>% head(3, x = .)
```

두 번째 코드 예시에서, 우리는 점 연산자를 사용해서 iris 데이터 프레임을 두 번째의 이름이 있는 인자로 넣었다. 입력 데이터 프레임이 첫 번째가 아닌 다른 위치의 인자에 들어갈 경우, 이와 같은 방식이 유용하게 사용될 수 있다.

이 책을 진행하면서, 여러 단계를 거쳐 데이터를 변형할 때 우리는 파이프를 일관되게 사용할 것이다. 보통 각 파이프 뒤에는 줄바꿈을 넣고, 그다음 줄의 시작은 들여쓰기를 한다. 그러면 코드가 동일한 데이터 파이프라인에 속하는지 쉽게 구분할 수 있기 때문이다.

2.14 흔히 하는 실수

문제

초보 사용자들이 흔히 하는 실수를 피하고 싶다. 물론 숙련자들이 하는 실수도.

논의

손쉽게 사고 치는 방법도 여러 가지다.

함수를 불러오고선 괄호를 잊어버린다

R 함수를 호출하려면 이름 뒤에 괄호를 붙인다. 예를 들어 다음 코드는 ls 함수를 호출한다.

```
ls()
```

하지만 괄호를 빠뜨리면 R은 그 함수를 실행하지 않는다. 그 대신, 절대 여러분이 원할 리 없는 함수의 정의를 보여 준다.

```
ls

# > function (name, pos = -1L, envir = as.environment(pos), all.names = FALSE,
# >     pattern, sorted = TRUE)
# > {
# >     if (!missing(name)) {
# >         pos <- tryCatch(name, error = function(e) e)
# >         if (inherits(pos, "error")) {
# >             name <- substitute(name)
# >             if (!is.character(name))
# >                 name <- deparse(name)
# > # etc.
```

'<-'를 '<(공백)-로' 잘못 입력한다

대입 연산자는 <와 - 사이에 공백이 없는 <-이다.

```
x <- pi # x를 3.1415926...으로 설정한다.
```

실수로 <와 - 사이에 공백을 넣으면 뜻이 완전히 달라진다.

```
x < -pi # 앗 실수! x를 설정하는 대신에 비교하게 되었다.
#> [1] FALSE
```

이제 앞의 식은 x와 -pi(마이너스 π)의 비교(<)가 되었다. 이렇게 되면 x를 바꾸지 않는다. 만약 운이 좋게도 x가 정의되지 않았었다면 R이 불평을 하면서 무언가 이상하다고 알려 줄 것이다.

```
x < -pi
#> Error in eval(expr, envir, enclos): object 'x' not found
```

하지만 x가 정의되어 있다면 R은 두 값을 비교하고 TRUE나 FALSE의 논릿값을 출력할 것이다. 그럼 무언가 잘못되었음을 인식해야 한다. 대입은 일반적으로 아무것도 출력하지 않으니까 말이다.

```
x <- 0 # x를 0으로 초기화한다.
x < -pi # 앗 실수!
#> [1] FALSE
```

여러 줄에 걸쳐 식을 계속 이어갈 때 실수한다

R은 여러분이 완전히 식을 끝낼 때까지, 그게 몇 줄이 걸리든 읽기만 한다. 식이 끝날 때까지 + 프롬프트를 사용해 추가로 입력을 하도록 독려한다. 다음의 예는 식이 두 라인에 걸쳐 나눠져 있는 것이다.

```
total <- 1 + 2 + 3 + # 다음 줄에서 계속
  4 + 5
print(total)
#> [1] 15
```

실수로 식을 너무 빨리 끝맺어 버렸을 때 문제가 생기기 시작한다. 쉽게 일어나는 일이다.

```
total <- 1 + 2 + 3 # 앗 실수! R이 완성된 식으로 인식한다.
+ 4 + 5 # 이것은 새 식이다. R이 값을 출력한다.
#> [1] 9
print(total)
#> [1] 6
```

잘못되었다는 걸 눈치 챌 수 있는 두 가지 단서가 있다. R이 이어지는 프롬프트(+)가 아닌 일반 프롬프트(>)를 보여 주고 있다는 점과 4 + 5의 값을 출력했다는 점이다.

　R을 자주 사용하지 않는 사람들도 이 흔한 실수로 골머리를 앓는다. 하지만 프로그래머에게는 거의 악몽이나 마찬가지다. 찾기 힘든 버그를 R 스크립트에 포함시키

기 때문이다.

== 대신에 =를 사용한다

비교를 위해서는 두 개의 등호 연산자(==)를 사용한다. 만약 실수로 하나의 등호 연산자(=)를 사용하면 변수를 되돌릴 길 없이 덮어씌우게 된다.

```
v <- 1 # v에 1을 대입한다.
v == 0 # v를 0과 비교한다.
#> [1] FALSE
v = 0 # 기존 내용을 덮어쓰며 0을 v에 대입한다.
print(v)
#> [1] 0
```

1:(n+1)을 쓰려고 할 때 1:n+1을 쓴다

1:n+1이 1, 2, ..., n, $n + 1$을 나타내는 수열이라고 생각하기 쉽지만 그렇지 않다. 수열 1, 2, ..., n의 모든 원소에 1이 더해져서 2, 3, ..., n, $n + 1$이 나온다. 이는 R이 1:n+1을 (1:n)+1로 해석하기 때문이다. 정확하게 원하는 결과를 얻으려면 괄호를 사용하자.

```
n <- 5
1:n + 1
#> [1] 2 3 4 5 6
1:(n + 1)
#> [1] 1 2 3 4 5 6
```

재활용 규칙에 이해할 수 없는 결과가 발생한다

벡터 연산과 벡터 비교는 양쪽 벡터의 길이가 같을 때 잘 작동한다. 하지만 피연산자가 서로 길이가 다른 벡터인 경우 결괏값이 당황스러워질 수 있다. 레시피 5.3의 재활용 규칙을 잘 이해하고 기억해서, 이렇게 될 가능성을 없애자.

패키지를 설치하고선 library()나 require()로 불러오지 않는다

패키지를 설치하는 것은 그것을 사용하는 첫걸음이 되지만, 설치만으론 부족하다. library나 require를 사용해서 패키지를 검색 경로에 로드해야 한다. 그렇게 하기 전까지는 R이 해당 패키지에 있는 함수나 데이터세트를 인식하지 못한다. 레시피 3.8을 보자.

```
x <- rnorm(100)
```

```
n <- 5
truehist(x, n)
#> Error in truehist(x, n): could not find function "truehist"
```

하지만, 라이브러리를 먼저 로드하면 코드가 실행되어 그림 2-3에 있는 차트를 그려
준다.

```
library(MASS) # MASS 패키지를 R에 불러온다.
truehist(x, n)
```

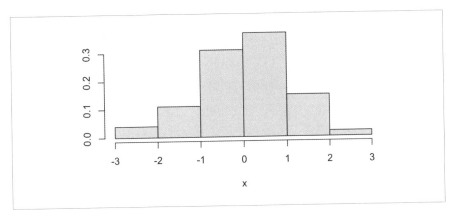

그림 2-3 truehist 예시

필자들은 일반적으로 require보다는 library를 더 많이 쓴다. 그 이유는 library를
사용하는 R 스크립트를 작성한 경우에 해당 패키지가 R에 설치되어 있지 않으면 R
이 오류를 반환하기 때문이다. 반면에, require는 패키지가 설치되어 있지 않으면
FALSE만 반환해 준다.

lst[n]을 써야 되는데 lst[[n]]이라고 쓴다. 혹은 그 반대로 한다

만약 변수 lst에 리스트가 담겨 있다면, 두 가지 방법으로 인덱스할 수 있다.
lst[[n]]은 그 리스트의 *n*번째 원소다. 반면에, lst[n]은 lst의 *n*번째 원소가 유일한
원소인 리스트다. 그 둘에는 큰 차이가 있다. 레시피 5.7을 참고하라.

&& 대신에 &을 쓰거나, 그 반대의 상황. |와 ||에도 마찬가지다

논릿값 TRUE와 FALSE와 관련된 논리식에는 &와 |를 사용한다. 레시피 2.9를 참고
하라.

제어의 흐름(flow-of-control) 식 안의 if와 while 명령문에는 &&와 ||를 사용한다. 다른 프로그래밍 언어에 익숙한 프로그래머들은 반사적으로 &&와 ||가 '더 빠르기 때문에' 모든 곳에 사용하려고 할 것이다. 하지만 이 연산자들은 논릿값으로 이루어진 벡터에 적용되었을 경우 독특한[5] 결과를 내놓으므로, 그걸 원하는 게 아니라면 사용을 피하자.

인자가 하나인 함수에 복수의 인자를 보낸다

mean(9,10,11)의 값은 무엇일까? 10이 아니라 9다. mean 함수는 첫 번째 인자의 평균을 구한다. 둘째와 셋째 인자들은 그와는 달리, 위치 인자로 해석된다. 하나의 인자에 여러 항목을 전달하고 싶으면, c 연산자를 사용해서 벡터에 담도록 하자(레시피 2.5 참고). mean(c(9,10,11))은 여러분이 기대한 것처럼 10을 반환해 준다.

mean 같은 몇몇 함수는 하나의 인자만을 받는다. 다른 함수들, 이를테면 max와 min 같은 것들은 여러 인자들을 받을 수 있으며, 받은 모든 인자에 대해서 적용된다. 어느 함수가 어떤 방식을 따르는지 잘 알아 두는 게 좋다.

max가 pmax처럼 작동한다고 생각하거나, min이 pmin처럼 작동한다고 생각한다

max와 min 함수는 복수의 인자를 가지고 있으며, 하나의 값을 반환한다. 인자들 중 최댓값이나 최솟값을 반환한다.

pmax와 pmin 함수는 복수의 인자를 가지고 있지만, 그 인자들에서 원소별로 계산된 값으로 된 벡터를 반환한다. 레시피 12.8을 참고하라.

데이터 프레임을 이해하지 못하는 함수를 사용하는 실수를 한다

어떤 함수들은 데이터 프레임을 똑똑하게 처리한다. 데이터 프레임의 열별로 적용을 하고 각 열에 대해 결괏값을 계산한다. 하지만 아쉽게도 모든 함수가 그렇게 똑똑하지는 않다. 이런 함수들에는 mean, median, max, min이 있다. 이들은 모든 열의 모든 값을 묶어서 그 전체로부터 결괏값을 계산하거나, 아예 에러를 낸다. 그래서 어떤 함수가 데이터 프레임을 요령 있게 쓸 줄 아는지 잘 파악하고 있어야 한다. 의문이 드는 경우에는 쓰고자 하는 함수의 문서를 읽어보자.

윈도우에서 백슬래시(\)를 하나만 쓴다

R 스크립트에 파일 경로를 복사해서 붙여 넣을 일이 자주 있는데, R을 윈도우에서

---

5 (옮긴이) 두 논리 벡터의 첫째 원소에 대한 논리 연산을 수행하여, 길이가 1인 논리 벡터를 반환한다.

사용하고 있다면 특히 주의해야 한다. 윈도우 파일 탐색기는 파일 경로가 *C:\temp\my_file.csv*라고 보여 줄 테지만 실제로 R에 그 파일을 읽으라고 하면 다음과 같은 아리송한 메시지를 돌려 준다.

```
Error: '\m' is an unrecognized escape in character string starting "'.\temp\m"
```

R이 백슬래시를 특수한 기호로 취급하기 때문이다. 이 문제를 해결하려면 슬래시(/)나 두 개의 백슬래시(\\)를 사용한다.

```
read_csv(`./temp/my_file.csv`)
read_csv(`.\\temp\\my_file.csv`)
```

이 문제는 윈도우에서만 발생하며, 맥과 리눅스에서는 경로 구분자로 슬래시를 사용하기 때문에 상관없다.

답을 검색해 보기 전에 Stack Overflow나 메일링 리스트에 질문부터 한다

시간을 낭비하지 말자. 다른 사람의 시간도 낭비하지 말자. 메일링 리스트나 Stack Overflow에 질문을 올리기 전에 아카이브부터 검색해 보자. 다른 사람이 이미 여러분의 질문에 답을 해 줬을 확률이 높다. 그런 경우, 그 질문에 대한 논의(thread)에서 답을 찾을 수 있을 것이다. 레시피 1.13을 참고하라.

더 알아보기

레시피 1.13, 2.9, 3.8, 5.3, 5.7, 12.8을 참고하라.

3장

R 둘러보기

R과 RStudio는 다른 소프트웨어들보다 훨씬 규모가 크다. 그래서 환경을 설정하고, 커스터마이징을 하고, 업데이트를 하고, 각자의 컴퓨터 환경에 맞추는 등의 작업을 피할 수 없다. 3장은 그 방법을 배우는 장이다. 다시 말하면 수, 통계 또는 그래픽스까지는 다루지 않고 그저 R과 RStudio를 소프트웨어로서 사용하는 방법을 배우는 장이라고 볼 수 있다.

3.1 작업 디렉터리 알아내기와 설정하기

문제

작업 디렉터리를 변경하고 싶다. 아니면 그냥 작업 디렉터리를 알아내고 싶다.

해결책

RStudio

Files 창에서 원하는 디렉터리를 찾아간다. 그러고 나서, 그림 3-1처럼 Files 창에서 More → Set As Working Directory를 선택한다.

콘솔

getwd 함수로 작업 디렉터리를 확인하고, setwd 함수로 변경한다.

```
getwd()
#> [1] "/Volumes/SecondDrive/jal/DocumentsPersonal/R-Cookbook"
setwd("~/Documents/MyDirectory")
```

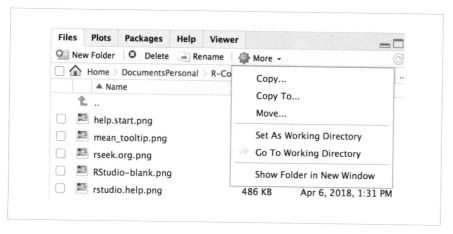

그림 3-1 RStudio: Set As Working Directory 메뉴

논의

'작업 디렉터리'는 데이터 파일 읽고 쓰기, 스크립트 파일 열고 저장하기, 작업공간 이미지 저장하기 등에 사용되는 입력 또는 출력된 모든 파일의 기본 위치이기 때문에 중요하다. 여러분이 파일을 열 때 절대경로를 따로 말해 주지 않으면, R은 그 파일이 작업 디렉터리에 있다고 생각할 것이다.

RStudio 프로젝트를 사용한다면, 기본 작업 디렉터리는 프로젝트의 홈 디렉터리가 된다. RStudio 프로젝트를 생성하는 방법에 대해서는 레시피 3.2를 참고하라.

더 알아보기

윈도우에서 파일 이름을 다루는 법은 레시피 4.5에 있다.

3.2 새로운 RStudio 프로젝트 생성하기

문제

새로운 RStudio 프로젝트를 생성하고 특정 프로젝트와 관련된 모든 파일을 한꺼번에 보관하고 싶다.

해결책

그림 3-2처럼 File → New Project를 선택한다.

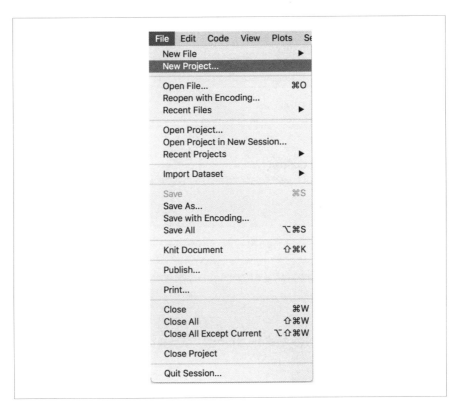

그림 3-2 새 프로젝트 생성하기

그러면 새로운 프로젝트(New Project)라는 이름의 대화상자가 열리면서 어떤 종류의 프로젝트를 생성할지 그림 3-3처럼 물어본다.

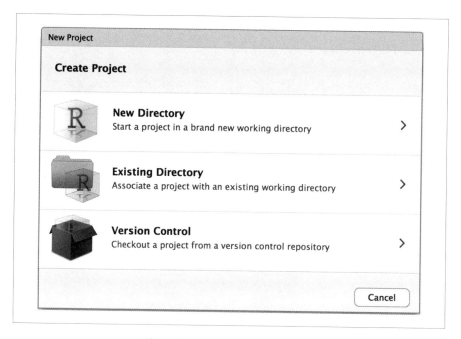

그림 3-3 새로운 프로젝트(New Project) 대화상자

논의

프로젝트란 RStudio에만 있는 편리한 개념이다. 프로젝트를 사용하면 다음과 같은 작업을 쉽게 할 수 있다.

- 작업 디렉터리를 프로젝트 디렉터리로 설정한다.
- RStudio에서 창의 상태를 보존해 둠으로써, 프로젝트에 다시 돌아왔을 때 창이 그대로 유지되도록 해 준다. 여기에는 프로젝트를 마지막으로 저장해 둔 상태에서 열려 있던 모든 파일도 포함된다.
- RStudio 프로젝트 설정을 보존한다.

프로젝트의 설정을 저장해 두기 위해 RStudio는 *.Rproj* 확장자를 가진 프로젝트 파일을 프로젝트 디렉터리에 생성한다. RStudio에서 이 프로젝트 파일을 열면, 해당 프로젝트를 여는 단축키처럼 동작한다. 또한, RStudio는 *.Rproj.user*라는 이름의 숨겨진 디렉터리를 만들어서 여러분의 프로젝트와 관련된 임시 파일들을 저장해 둔다.

R에서 중요한 작업을 하고 있다면 RStudio의 프로젝트 기능을 사용하기를 권한다. 프로젝트를 쓰면 쉽게 워크플로를 만들 수 있고, 정돈된 프로젝트를 유지할 수 있다.

3.3 작업공간 저장하기

문제

메모리에 있는 모든 변수와 함수, 그리고 작업공간을 저장하고 싶다.

해결책

save.image 함수를 호출한다.

```
save.image()
```

논의

작업공간에는 R의 변수와 함수가 들어 있으며, R이 시작될 때 생성된다. 작업공간은 여러분의 컴퓨터 메인 메모리에 적재되어 있으며, R을 종료할 때까지 유지된다. 그림 3-4에서 보이는 RStudio의 Environment 탭에서 쉽게 작업공간 내의 내용물을 볼 수 있다.

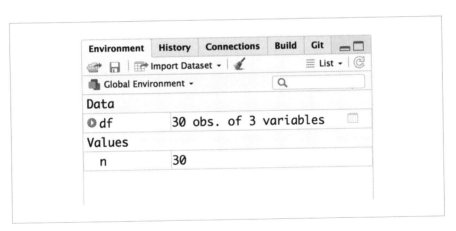

그림 3-4 RStudio의 Environment 창

하지만 R을 종료하지 않으면서 작업공간을 저장하고 싶을 경우도 있을 것이다. 노트북을 덮어서 집에 가져가는 순간, 예상치 못한 안 좋은 일이 일어나곤 하기 때문이다. 이런 경우를 방지하려면 save.image 함수를 사용하자.

작업공간은 작업 디렉터리의 *.RData*라는 파일에 쓰여진다. R은 시작될 때 그 파일을 찾아보고, 만약 찾으면 그것으로 작업공간을 초기화한다.

한 가지 아쉬운 점은 열려 있는 그래프가 작업공간에는 포함되지 않는다는 사실이다. 현재 스크린에 보이는 멋진 그래프는 R을 종료하면 사라지게 된다. 또한 작업 공간에는 창의 위치나 RStudio 설정도 포함되지 않는다. 이것이 R 스크립트를 쓸 때 RStudio 프로젝트를 사용하기를 권하는 이유다. RStudio 프로젝트를 사용하면 생성하는 모든 것을 다시 불러올 수 있다.

더 알아보기

작업공간을 설정하는 방법에 대해서는 레시피 3.1을 참고하라.

3.4 커맨드 히스토리 보기

문제

최근 커맨드들을 보고 싶다.

해결책

목적에 따라 몇 가지 다른 방법으로 이전에 사용한 커맨드를 볼 수 있다. RStudio 콘솔 창에서 작업 중이라면 위쪽 방향키를 눌러 인터랙티브하게 과거 커맨드를 하나씩 스크롤해 볼 수 있다.

만약 기존 커맨드 목록을 보고 싶다면 history 함수를 실행하거나 RStudio의 History 창에서 최근에 입력한 코드를 볼 수 있다.

```
history()
```

RStudio에서 history()를 콘솔에 입력하면 History 창을 열어 보여 준다. 굳이 커맨드를 입력하지 않고도 커서로 클릭해서 볼 수 있다.

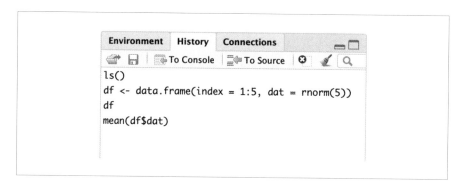

그림 3-5 RStudio의 History 창

논의

history 함수는 가장 최근 커맨드를 보여 준다. RStudio에서 history 커맨드는 History 창을 활성화한다. RStudio 외부에서 R을 실행하고 있다면, history 함수는 가장 최근에 입력한 25줄을 보여 주는데, 이보다 더 많이 보여 주도록 요청할 수도 있다.

```
history(100)        # 100개의 최근 커맨드 라인 히스토리를 보여 준다.
history(Inf)        # 저장된 모든 히스토리를 보여 준다.
```

RStudio 내에서 History 탭은 엄청난 분량의 과거 커맨드를, 맨 아래에 가장 최신 커맨드를 위치시키는 시간순으로 보여 준다. 마우스 커서로 이전 커맨드를 하이라이트 해서 클릭하면 "To Console(콘솔로 보내기)"과 "To Source(소스로 보내기)" 옵션이 있다. 이 옵션들을 누르면 콘솔이나 소스 코드 에디터로 복사할 수 있다. 실시간으로 데이터 분석을 하고 나서, 이전 몇 개의 단계를 소스 파일로 저장해서 나중에 쓰려는 경우 아주 유용한 기능이다.

콘솔에서는 위쪽 방향키를 눌러 뒤로 스크롤하면서 이전 커맨드 히스토리를 볼 수 있다. 이 경우에는 한 번에 한 줄씩, 기존에 입력했던 커맨드들이 나온다.

R이나 RStudio를 종료했어도 여전히 커맨드 히스토리를 볼 수 있다. 작업 디렉터리의 *.Rhistory*라는 파일에 히스토리를 저장하기 때문이다. 텍스트 편집기로 해당 파일을 열고, 맨 밑으로 스크롤하면 최근에 입력한 라인이 보일 것이다.

3.5 이전 커맨드의 결과 저장하기

문제

어떤 값을 계산한 표현식을 R에 입력했지만, 잊어버리고 그 결과를 변수에 저장하지 않았다.

해결책

.Last.value라고 불리는 특별한 변수는 가장 최근에 평가한 식의 값을 저장한다. 다른 걸 입력하기 전에 이 변수를 빨리 변수에 저장해 두자.

논의

긴 표현식을 입력하거나 한참 실행되는 함수를 호출해 놓곤 결괏값을 저장하는 걸 잊어버리는 것만큼 한숨 나오는 일도 없다. 다행히 식을 다시 입력하거나 함수를 다시 불러와야 할 필요는 없다. 결과가 .Last.value 변수에 저장되었기 때문이다.

```
엄청_오래_걸리는_함수()    # 으악! 결과를 저장하는 걸 잊어버렸다.
x <- .Last.value         # 지금 결과를 저장한다.
```

하지만 주의할 점이 있다. .Last.value의 내용은 다른 식을 쓸 때마다 덮어씌워지니, 값을 곧바로 저장해야 한다. 만약 그 이후 다른 식의 값이 평가될 때까지 기억해 내지 못한다면 너무 늦은 것이다.

더 알아보기

커맨드 히스토리를 불러오려면 레시피 3.4를 참고하라.

3.6 검색 경로를 통해 로딩된 패키지 보기

문제

현재 R에 로딩된 패키지 목록을 보고 싶다.

해결책

인자 없이 search 함수를 사용한다.

```
search()
```

논의

검색 경로(search path)는 현재 메모리에 로딩되어 바로 사용할 수 있는 패키지들의 목록을 말한다. 여러분의 컴퓨터에 많은 패키지가 설치되어 있다고 해도 실제로는 항상 그중 일부만이 R 인터프리터에 로딩되어 있다. 그래서 어떤 패키지들이 지금 로딩되어 있는지 궁금할 수 있다.

인자가 없는 search 함수는 로딩된 패키지 목록을 반환한다. 즉, 다음과 같이 출력된다.

```
search()
#>  [1] ".GlobalEnv"        "package:knitr"     "package:forcats"
#>  [4] "package:stringr"   "package:dplyr"     "package:purrr"
#>  [7] "package:readr"     "package:tidyr"     "package:tibble"
#> [10] "package:ggplot2"   "package:tidyverse" "package:stats"
```

```
#> [13] "package:graphics" "package:grDevices" "package:utils"
#> [16] "package:datasets" "package:methods"   "Autoloads"
#> [19] "package:base"
```

어떤 패키지가 설치되어 있느냐에 따라 여러분의 컴퓨터는 다른 값을 반환한다. search가 반환하는 값은 문자열 벡터다. 첫 번째 문자열은 ".GlobalEnv"로, 작업공간을 가리킨다. 대부분의 문자열은 "package:패키지이름"의 형식인데, '패키지이름'이라고 불리는 패키지가 현재 R에 로딩되어 있다는 뜻이다. 위에 로딩된 예시를 보면 purrr, ggplot2, tibble과 같은 tidyverse 패키지들이 많이 설치되어 있다.

R은 검색 경로를 사용해서 함수를 찾는다. 함수의 이름을 입력하면, R이 로딩된 패키지에서 해당 함수를 찾을 때까지 경로를 순서대로 검색한다. 함수를 찾게 되면 실행하고, 못 찾는 경우 에러 메시지를 출력하고 멈춘다. (사실 그보다는 조금 더 복잡하다. 검색 경로는 패키지뿐만 아니라 환경도 포함할 수 있으며, 검색이 패키지 내의 객체에 의해 시작되는 경우엔 검색 알고리즘이 다르기도 하다. 더 자세한 사항은 "R Language Definition"(*https://cran.r-project.org/doc/manuals/R-lang.pdf*)을 보라.)

작업공간(.GlobalEnv)이 목록의 가장 처음에 있으므로, R은 다른 패키지를 검색하기 전에 먼저 작업공간에서 함수를 찾는다. 만약 작업공간과 패키지가 같은 이름으로 된 함수를 가지고 있으면, 작업공간이 패키지의 함수를 숨긴다. 다시 말하면, R이 일단 함수를 찾고 난 뒤에는 그 함수를 더 이상 검색하지 않기 때문에 패키지에 있는 함수는 절대 찾을 수 없다는 뜻이다. 이것은 패키지의 함수를 무시하고 싶은 경우에는 축복받은 기능이겠지만 여전히 패키지의 함수에 접근하고 싶은 경우에는 재앙과 같은 기능이 될 수도 있다. 여러분이 로딩된 패키지에 있는 함수(또는 객체)를 덮어씌워서 재앙이 일어난 경우라면, *환경::이름* 형태의 호출을 통해 로딩된 패키지 환경에서 객체를 불러오면 된다. 예를 들어, dplyr의 count 함수를 호출하려고 한다면 dplyr::count를 사용하는 식이다. 이처럼 이름을 명확하게 작성해서 함수를 호출하게 되면 해당 패키지가 로딩되어 있지 않더라도 함수를 불러올 수 있다. 즉, dplyr가 설치되어 있지만 로딩되지 않은 상황에서 dplyr::count를 호출할 수 있는 것이다.

> ☑ 요즘 온라인상의 예제들에서는 *패키지이름::함수* 형식이 자주 쓰이는 추세다. 그러면 함수를 어떤 패키지에서 불러오는지는 명확해지는 반면에, 코드가 장황해지는 단점이 있다.

R은 '로딩된' 패키지만 검색 경로에 포함시킨다는 사실을 염두에 두자. 따라서 설치는 했으나 로딩하지 않은 패키지의 경우, library(패키지이름)을 통해 로딩하기 전까지

는 검색 경로에 그 패키지는 추가되지 않는다.

R은 이와 비슷한 절차로 검색 경로에서 R 데이터세트(파일이 아니라) 또는 객체를 찾기도 한다.

유닉스와 맥 사용자들에게 당부한다. R 검색 경로와 유닉스 검색 경로(PATH 환경 변수)를 혼동하지 말자. 개념적으로는 비슷하지만 서로 다른 것이다. R 검색 경로는 R 내부로 제한되고 함수와 데이터세트의 위치를 찾는 데에만 사용되는 데 반해, 유닉스 검색 경로는 유닉스에서 실행 가능한 프로그램의 위치를 찾는 데 사용된다.

더 알아보기

R에 패키지를 로딩하는 방법은 레시피 3.8을, 설치된 패키지(로딩된 것뿐만 아니라)의 목록을 보는 방법은 레시피 3.7을 참고하라.

3.7 설치된 패키지 목록 보기

문제

컴퓨터에 어떤 패키지가 설치되었는지 알고 싶다.

해결책

인자 없이 library 함수를 사용해서 기본적인 목록을 얻는다. installed.packages를 사용하면 패키지들에 대한 더 자세한 정보를 볼 수 있다.

논의

인자를 넣지 않은 library 함수는 설치된 패키지들의 목록을 출력한다.

```
library()
```

이 목록은 꽤 길 수도 있다. RStudio에서는 에디터 창의 새로운 탭에서 목록을 볼 수 있다.

더 많은 내용을 알고 싶다면 installed.packages 함수를 쓰면 되는데, 이 함수는 컴퓨터에 설치된 패키지 및 관련 정보를 행렬로 반환해 준다. 행렬의 각 행은 설치된 패키지 하나를 나타낸다. 열에는 패키지 이름, 라이브러리 경로, 버전 등의 정보가 들어 있다. 이 같은 정보는 R에 설치된 패키지의 내부 데이터베이스에서 가져온다.

행렬에서 유용한 정보를 추출해 내려면, 일반적인 인덱스 방법을 사용한다. 다음 코드 조각을 실행하면 installed.packages를 호출하고 Package와 Version 열을 추출 해서, 각 패키지의 어느 버전이 설치되어 있는지를 알 수 있게 해 준다.

```
installed.packages()[1:5, c("Package", "Version")]
#>           Package    Version
#> abind     "abind"    "1.4-5"
#> ade4      "ade4"     "1.7-13"
#> adegenet  "adegenet" "2.1.1"
#> analogsea "analogsea" "0.6.6.9110"
#> ape       "ape"      "5.3"
```

더 알아보기

메모리에 패키지를 로딩하는 법은 레시피 3.8을 참고하라.

3.8 패키지의 함수에 접근하기

문제

여러분의 컴퓨터에 설치된 패키지는 표준 패키지이거나 여러분이 다운로드한 패키지다. 하지만 패키지에 있는 함수를 사용하려고 하니 R이 찾지 못한다.

해결책

library나 require 함수 중 하나를 사용하여 R에 패키지를 로딩한다.

```
library(패키지이름)
```

논의

R에는 표준 패키지가 몇 개 있지만 여러분이 R을 시작할 때 모두 자동으로 로딩되지는 않는다. 마찬가지로, CRAN이나 깃허브에서 유용한 패키지를 아무리 많이 다운로드하고 설치한다고 해도 R을 실행할 때 자동으로 로딩되지는 않는다. MASS 패키지는 R의 표준 패키지(standard packages)에 들어 있지만, 그 안의 lda 함수를 사용하려고 하면 다음과 같은 메시지가 나온다.

```
lda(x)
#> Error in lda(x): could not find function "lda"
```

R이 현재 메모리에 로딩된 패키지들에서 lda 함수를 찾을 수 없다고 불평하고 있다.

library 함수나 require 함수를 사용하면 메모리에 패키지를 로딩하고, 그 내용을 즉각 사용할 수 있다.

```
my_model <-
    lda(cty ~ displ + year, data = mpg)
#> Error in lda(cty ~ displ + year, data = mpg): could not find function "lda"

library(MASS)                                # MASS 라이브러리를 메모리에 로딩한다.
#>
#> Attaching package: 'MASS'
#> The following object is masked from 'package:dplyr':
#>
#>     select
my_model <-
    lda(cty ~ displ + year, data = mpg) # 이제 R이 함수를 찾을 수 있게 되었다.
```

library를 호출하기 전에 R은 함수의 이름을 알아듣지 못했었다. 하지만 호출 이후에 패키지 내용이 사용 가능하게 바뀌면서 lda 함수가 제대로 호출된다.

자세히 보았다면 패키지 이름을 큰따옴표 안에 넣지 않아도 된다는 사실을 알아차렸을 것이다.

require 함수는 library 함수와 거의 동일하면서도, 스크립트를 작성하는 데 편리한 두 가지 기능을 가지고 있다. 첫째는 패키지가 성공적으로 로딩되었다면 TRUE를, 그렇지 않다면 FALSE를 반환하는 것이다. 그리고 로딩에 실패하면 에러를 내보내는 library와는 달리 그저 경고만 내보낸다는 점도 장점이다.

library와 require 두 함수 모두에는 핵심적인 기능이 있다. 이미 로딩된 패키지를 다시 로딩하지 않는다는 것인데, 따라서 같은 패키지를 두 번 호출해도 문제될 것이 없다. 이러한 특성은 특히나 스크립트를 작성할 때 좋다. 이미 로딩된 패키지가 다시 로딩되지 않을 거라는 걸 알고 있으니, 스크립트에서 마음 놓고 필요한 패키지들을 로딩할 수 있다.

detach 함수는 현재 로딩된 패키지를 언로드한다.

```
detach(package:MASS)
```

패키지 이름이 package:MASS와 같이 콜론으로 수식되어야 한다는 점에 주의하자.

패키지를 언로드하는 이유는 패키지에 담긴 함수가 검색 목록의 아래쪽에 있는 동일한 이름을 가진 함수와 충돌할 수 있기 때문이다. 충돌이 일어날 경우 높은 함수가 낮은 함수를 '감춘다(mask)'고 이야기한다. R이 높은 순위의 함수를 찾은 뒤에는 검색을 그만두기 때문에, 낮은 순위의 함수를 볼 수 없게 된다. 따라서 높은 순위의 패키지를 언로드하면 가려졌던 낮은 순위의 함수에 다시 접근할 수 있다.

더 알아보기

레시피 3.6을 참고하라.

3.9 내장된 데이터세트에 접근하기

문제

R에 내장된 데이터세트를 사용하거나, 패키지와 함께 따라오는 데이터세트를 사용하고 싶다.

해결책

datasets 패키지가 이미 검색 경로에 있으므로 R과 함께 배포된 표준 데이터세트는 곧바로 사용할 수 있다. 또한 여러분이 다른 패키지를 로딩했다면, 그 패키지와 함께 따라오는 데이터세트도 검색 경로에 들어 있다.

그 외 다른 패키지의 데이터세트에 접근하려면 데이터세트 이름과 패키지 이름을 넣어 data 함수를 사용한다.

```
data(데이터세트이름, package = "패키지이름")
```

논의

R에는 내장된 데이터세트가 많다. dplyr이나 ggplot2 같은 다른 패키지들에는, 해당 패키지의 도움말 파일에 있는 예제들에서 사용하는 데이터가 함께 들어 있다. 이러한 데이터세트를 사용해서 이것저것 실험해 볼 수 있기 때문에 R을 배울 때 유용하게 쓰인다.

많은 데이터세트는 R과 함께 배포되는 (영문 그대로) datasets 패키지에 담겨 있다. 이 패키지는 검색 경로에 위치하고 있어서 곧바로 패키지 내용에 접근할 수 있다. pressure라는 내장 데이터세트를 사용해 보자.

```
head(pressure)
#>   temperature pressure
#> 1           0   0.0002
#> 2          20   0.0012
#> 3          40   0.0060
```

```
#> 4          60    0.0300
#> 5          80    0.0900
#> 6         100    0.2700
```

pressure에 대해 더 알기 원한다면 help 함수를 쓰면 된다.

```
help(pressure)        # pressure 데이터세트에 관한 도움말 페이지를 가져온다.
```

인자 없이 data 함수를 호출하면 datasets의 목차를 볼 수 있다.

```
data()                # 데이터세트 목록을 가져온다.
```

모든 R 패키지는 datasets에서 제공되는 것들 외에, 추가로 데이터세트들을 포함할 수 있게 되어 있다. 일례로 MASS 패키지에는 재미있는 데이터세트들이 많이 들어 있다. data 함수와 함께 package 인자를 써서 특정 패키지의 데이터세트를 로딩해 보자. MASS는 다음과 같은 방법으로 메모리에 로딩할 수 있는 Cars93이라는 데이터세트를 포함하고 있다.

```
data(Cars93, package = "MASS")
```

이렇게 data를 호출하고 나면 데이터세트인 Cars93을 사용할 수 있다. 이 호출 이후 summary(Cars93), head(Cars93) 등을 실행할 수 있다.

검색 목록에 패키지를 추가하면(예: library(MASS)를 통해서) 굳이 data를 다시 호출할 필요는 없다. 추가된 패키지들의 데이터세트는 자동으로 쓸 수 있도록 제공된다.

MASS 또는 다른 패키지들에 있는 사용 가능한 데이터세트의 목록을 보려면 package 인자와 함께 data 함수를 사용한다. 이때 데이터세트 이름은 넣지 않는다.

```
data(package = "패키지이름")
```

더 알아보기

검색 경로에 대해 더 알아보려면 레시피 3.6을, 패키지와 library 함수에 대해 더 알아보려면 레시피 3.8을 참고하라.

3.10 CRAN에서 패키지 설치하기

문제

CRAN에서 찾은 패키지를 컴퓨터에 설치하려고 한다.

해결책

R 코드

큰따옴표 안에 패키지 이름을 넣은 install.packages 함수를 사용한다.

```
install.packages("패키지이름")
```

RStudio

RStudio에 있는 Packages 창을 사용하면 쉽게 새로운 R 패키지를 설치할 수 있다. 여러분의 컴퓨터에 설치된 모든 패키지 및 패키지에 대한 설명과 버전 정보가 이 창에 나온다. CRAN에서 새로운 패키지를 로딩하려면, 그림 3-6처럼 Packages 창의 위쪽에 위치한 Install 버튼을 클릭하도록 하자.

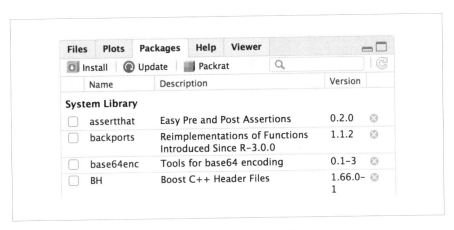

그림 3-6 RStudio의 Packages 창

논의

패키지를 내 컴퓨터에 설치함으로써 패키지 사용의 첫 발자국을 내딛게 된다. RStudio 외부에서 패키지를 설치하고 있는 경우 인스톨러는 패키지 파일들을 다운로드할 미러 사이트를 선택하라고 할 것이다. 그리곤 CRAN 미러 사이트 목록을 보여 준다. 가장 많이 사용하는 CRAN 미러는 0-Cloud인데, 보통은 이게 가장 좋은 선택지다. RStudio가 후원하는 글로벌 미러인 CND(content delivery network)로 연결시켜 주기 때문이다. 만약 다른 미러 사이트를 선택하고 싶다면, 지리적으로 가까운 곳을 고르도록 하자.

공식 CRAN 서버는 오스트리아 빈에 있는 WU Wien의 통계학 및 수학 학부(Department of Statistics and Mathematics)에서 호스팅하는 기기이지만 성능이 그렇게 좋지는 않다. 만약 모든 R 사용자가 공식 서버에서 다운로드하려고 한다면 부하가 생길 것이 뻔하다. RStudio에서는 기본 CRAN 서버가 RStudio CRAN 미러로 설정되어 있다. RStudio CRAN 미러는 RStudio IDE 사용자뿐 아니라 모든 R 사용자들에게 열려 있다.

만약 설치하고자 하는 어떤 새로운 패키지가 내 컴퓨터에 설치되어 있지 않은 다른 패키지에 종속적이라면, R 인스톨러가 자동으로 필요한 패키지를 다운로드하고 설치할 것이다. 이는 사용자가 종속성을 판별하고 해결해야 하는 번거로운 작업을 줄여 주는 엄청 큰 장점이라고 할 수 있다.

리눅스나 유닉스에 설치할 때는 고려해야 할 특이사항이 있다. 시스템 수준의 라이브러리나 개인 라이브러리 중에서 골라 패키지를 설치해야 한다는 것이다. 시스템 수준의 라이브러리에 있는 패키지들은 누구나 사용이 가능하다. 반면에, 개인 라이브러리에 있는 패키지들은 일반적으로 혼자만 사용한다. 그래서 유명하고 테스트가 잘 된 라이브러리는 시스템 수준의 라이브러리에 많이 넣는 편이고, 잘 알려져 있지 않고 테스트도 안 된 패키지는 개인 라이브러리에 넣는 편이다.

install.packages는 기본 설정으로 시스템 수준의 설치를 수행한다. 그러나 시스템 라이브러리 위치에 대한 권한이 없는 경우, R은 사용자 라이브러리에 패키지를 설치할지 물어본다. R이 제안하는 위치가 보통은 좋은 선택지다. 그러나 여러분이 직접 라이브러리 위치의 경로를 지정하고 싶은 경우, install.packages 함수의 lib 인자를 지정하도록 하자.

```
install.packages("패키지이름", lib = "~/lib/R")
```

기본 CRAN 서버를 변경하는 방법은 레시피 3.12에 있다.

더 알아보기

관련된 패키지들을 찾는 방법은 레시피 1.12를, 패키지를 설치한 뒤에 사용하는 방법은 레시피 3.8을 참고하라. 레시피 3.12도 참고하라.

3.11 깃허브에서 패키지 설치하기

문제

사용해 보고 싶은 흥미로운 패키지를 찾았다. 하지만 해당 패키지가 CRAN에는 배포되지 않았고, 깃허브에만 있다. 그래서 깃허브로부터 직접 패키지를 설치하고 싶다.

해결책

devtools 패키지가 설치 및 로딩되어 있는지 확인한다.

```
install.packages("devtools")
library(devtools)
```

그리고 나서 install_github 함수에 설치하고자 하는 패키지가 있는 깃허브 저장소 이름을 인자로 주어 호출한다. 예를 들어, 토마스 린 페더슨(Thomas Lin Pederson)의 tidygraph 패키지를 설치하고자 하는 경우 다음 코드를 실행하면 된다.

```
install_github("thomasp85/tidygraph")
```

논의

devtools 패키지에는 깃허브 같은 원격 저장소들로부터 R 패키지를 설치하게 해 주는 헬퍼 함수들이 들어 있다. 어떤 패키지가 R 패키지로 개발된 다음, 깃허브에서 호스팅되고 있는 경우 설치를 위해서는 깃허브 사용자 이름과 저장소 이름을 문자열 인자로 전달하여 install_github 함수를 사용하면 된다. 깃허브 주소를 보고 사용자 이름과 저장소 이름을 알 수도 있고, 그림 3-7처럼 깃허브 페이지의 상단에서 보고 알아낼 수도 있다.

그림 3-7 깃허브 프로젝트 페이지 예시

3.12 CRAN 미러 사이트 기본 설정하기 또는 변경하기

문제

패키지들을 다운로드하는 중이다. 기본 CRAN 미러 사이트를 설정 또는 변경해서 R
이 매번 귀찮게 미러 사이트를 묻지 않았으면 좋겠다.

해결책

RStudio에서는 그림 3-8처럼 설정 메뉴에서 CRAN 미러 설정을 변경할 수 있다.

그림 3-8 RStudio 패키지 설정 메뉴[1]

RStudio 없이 R을 실행하고 있다면 다음 해결책을 통해 CRAN 미러를 변경할 수 있

---

1 (옮긴이) 상단 Tools → Global Options로 들어가면 그림의 설정 메뉴가 나온다.

다. 이 방법은 레시피 3.16에서 설명할 *.Rprofile* 파일이 있다고 가정한다.

1. chooseCRANmirror 함수를 호출한다.

```
chooseCRANmirror()
```

CRAN 미러 사이트 목록이 나온다.

2. 목록에서 CRAN 미러를 하나 선택하고 OK 버튼을 누른다.

3. 미러 사이트의 URL을 알아내려면 repos 옵션의 첫 번째 원소를 보면 된다.

```
options("repos")[[1]][1]
```

4. 다음의 코드 라인을 *.Rprofile* 파일에 추가한다. RStudio CRAN 미러를 사용하려는 경우 다음과 같이 입력한다.

```
options(repos = c(CRAN = "http://cran.rstudio.com"))
```

다른 CRAN 미러의 주소를 사용해도 된다.

논의

패키지를 설치할 때, 여러분은 아마 항상 같은, 가까운 지역 미러나 RStudio CRAN 미러 중 하나를 썼을 것이다. RStudio가 매번 패키지를 로딩할 때마다 미러를 선택하라고 여러분에게 요청하지 않기 때문이다. 설정 메뉴에 있는 사이트를 자동으로 가져다 쓰게 되어 있다. 하지만 가까운 지역에 위치한 미러로 설정을 바꾸거나, 회사에서 요구하는 대로 미러를 바꾸어야 하는 경우도 생긴다. 이럴 때 이번 레시피의 해결책을 사용해서 R이나 RStudio를 켤 때, 항상 원하는 저장소를 쓸 수 있게 저장소를 변경해 두자.

　repos 옵션은 기본으로 설정한 미러의 이름이다. chooseCRANmirror 함수를 사용해 repos 옵션을 여러분의 선택에 따라 설정하는 경우, 중요한 부작용이 있다. 바로 R이 종료될 때 이 설정을 잊어버리는 탓에, 기본 설정이 영구적으로 저장되지 않는다는 사실이다. 그렇지만 repos를 *.Rprofile*에 설정해 둠으로써 R이 다시 시작할 때마다 저장소 옵션이 복원되게 만들 수 있다.

더 알아보기

.Rprofile 파일과 options 함수에 대해 더 알아보려면 레시피 3.16을 참고하라.

3.13 스크립트 실행하기

문제

R 커맨드들을 텍스트 파일로 저장해 두었다. 이제는 그것을 실행하고 싶다.

해결책

source 함수로 R이 텍스트 파일을 읽어와 내용을 실행하도록 한다.

```
source("myScript.R")
```

논의

자주 사용하거나 길이가 긴 R 코드가 있는 경우에는 텍스트 파일로 저장하자. 그러면 다시 입력하지 않아도 쉽게 코드를 재실행할 수 있다. 이후에 R 콘솔에 입력한 것과 동일한 효과를 가지는 source 함수를 사용해서 코드를 읽고 실행하도록 하자.

예를 들어 *hello.R* 파일에 다음과 같은 익숙한 인사가 쓰여 있다고 해 보자.

```
print("Hello, World!")
```

이 파일을 가져오는 순간 파일의 내용을 실행할 것이다.

```
source("hello.R")
#> [1] "Hello, World!"
```

echo = TRUE로 설정하면 스크립트가 실행되기 전에, 라인별로 R 프롬프트와 함께 출력된다.

```
source("hello.R", echo = TRUE)
#>
#> > print("Hello, World!")
#> [1] "Hello, World!"
```

더 알아보기

GUI에서 R 코드 블록을 실행하는 방법에 대해서는 레시피 2.12를 참고하라.

3.14 일괄 실행 스크립트 실행하기

문제

유닉스나 맥OS의 셸 스크립트 또는 윈도우의 BAT 스크립트 같은 커맨드 스크립트를 작성하고 있다. 이런 종류의 스크립트 내에서 R 스크립트를 실행하고 싶다.

해결책

CMD BATCH 서브 커맨드로 R 프로그램을 실행하면서 스크립트 이름과 출력 파일 이름을 넣는다.

```
R CMD BATCH  스크립트파일  출력파일
```

출력을 표준출력(stdout)으로 보내야 한다거나 커맨드 라인 인자를 스크립트에 전달해야 한다면 Rscript 커맨드를 써 보자.

```
Rscript 스크립트파일 인자1 인자2 인자3
```

논의

R은 인터랙티브 프로그램이라서 보통 때는 사용자에게 입력을 유도하고 그 결과를 보여 준다. 하지만 때때로 R을 스크립트 파일에서 명령을 읽어 오도록 일괄 실행 모드로 실행하게 되는 경우가 있다. 이것은 통계분석을 포함하고 있는 스크립트 등의 셸 스크립트 내에서 특히나 편리한 기능이다.

CMD BATCH 서브 커맨드는 R을 배치 모드로 가동시켜서 '*스크립트파일*'에서 읽어오고 '*출력파일*'로 쓰게 한다. 사용자의 입력을 필요로 하지 않는 것이다.

여러분은 R의 일괄 실행을 사용자의 상황에 맞게 조정하기 위해 커맨드 라인 옵션을 많이 사용하게 될 것이다. 일례로 --quiet를 사용하면 출력된 결과를 어수선하게 만드는 시작 메시지를 없앨 수 있다.

```
R CMD BATCH --quiet myScript.R results.out
```

다음은 일괄 실행 모드에서 사용하기 좋은 옵션이다.

--slave

    이 옵션은 --quiet와 비슷하지만, 스크립트 파일에 담긴 명령들이 화면에 출력되는 것까지 막아 버림으로써 R을 더 조용하게 만든다.

--no-restore

> 시작할 때 작업공간을 복원하지 않는다. 여러분의 스크립트가 R이 빈 작업공간에서 시작하는 것을 전제로 하는 경우 무척 중요하다.

--no-save

> 종료할 때 작업공간을 저장하지 않는다. 이 옵션을 사용하지 않으면 R은 작업공간을 저장하고 작업 디렉터리의 *.RData* 파일에 덮어쓸 것이다.

--no-init-file

> *.Rprofile*이나 *~/.Rprofile* 파일을 읽지 않는다.

CMD BATCH 서브 커맨드는 스크립트가 완료되면 일반적으로 proc.time을 호출해서 실행 시간을 보여 준다. 이게 싫다면 q 함수에 runLast=FALSE를 적용하여 스크립트를 끝내면 proc.time 호출을 막을 수 있다.

하지만 CMD BATCH 서브 커맨드에는 두 가지 한계가 있다. 첫째, 실행 결과가 언제나 파일로 저장된다는 점, 그리고 스크립트에 커맨드 라인 인자들을 전달하기 어렵다는 점이다. 이것이 문제가 된다면 R과 함께 설치된 Rscript 프로그램을 사용해 보자. 첫 커맨드 라인 인자는 스크립트 이름이고, 나머지 인자들은 해당 스크립트로 넘겨진다.

```
Rscript    스크립트파일이름.R 인자1 인자2 인자3
```

스크립트 내부에서 커맨드 라인 인자들에 접근하려면 commandArgs를 호출해 접근한다. 그러면 인자들을 문자열 벡터로 반환해 준다.

```
argv <- commandArgs(TRUE)
```

Rscript 프로그램은 위에 설명한 CMD BATCH와 동일한 커맨드 라인 옵션을 가진다.

출력은 stdout에 쓰여지는데, 당연하게도 R은 셸 스크립트를 호출하면서 이를 상속한다. 일반적인 리다이렉션을 사용해서 해당 출력을 전환할 수 있다.

```
Rscript --slave 스크립트파일이름.R 인자1 인자2 인자3 >results.out
```

다음은 *arith.R*이라는 간단한 R 스크립트다. 이 스크립트는 두 개의 커맨드 라인 인자를 가지며 네 개의 산술 연산을 수행한다.

```
argv <- commandArgs(TRUE)
x <- as.numeric(argv[1])
y <- as.numeric(argv[2])

cat("x =", x, "\n")
cat("y =", y, "\n")
cat("x + y = ", x + y, "\n")
cat("x - y = ", x - y, "\n")
cat("x * y = ", x * y, "\n")
cat("x / y = ", x / y, "\n")
```

스크립트는 다음과 같이 호출된다.

```
Rscript arith.R 2 3.1415
```

그리고 다음을 출력한다.

```
X = 2
y = 3.1415
x + y = 5.1415
x - y = -1.1415
x * y = 6.283
x / y = 0.6366385
```

리눅스, 유닉스, 또는 맥OS에서, Rscrpit 프로그램 경로와 함께 #!를 첫 줄에 넣어서 스크립트가 스스로 실행되게(self-contained) 할 수 있다. Rscript가 여러분 시스템의 /usr/bin/Rscript에 설치되어 있다고 가정하자. 그러면 다음의 라인을 arith.R에 덧붙임으로써 독립된 스크립트로 만들 수 있다.

```
#!/usr/bin/Rscript --slave

argv <- commandArgs(TRUE)
x <- as.numeric(argv[1])
.
. (etc.)
.
```

셸 프롬프트에서 스크립트를 실행 가능하도록 만들자.

```
chmod +x arith.R
```

이제 우리는 Rscript를 앞에 붙이지 않아도 스크립트를 바로 불러올 수 있게 되었다.

```
arith.R 2 3.1415
```

더 알아보기

R 내에서 스크립트를 실행하는 방법은 레시피 3.13을 참고하라.

3.15 R의 홈 디렉터리 찾아내기

문제

환경 설정 및 설치 파일이 보관되는 R의 홈 디렉터리가 어딘지 알아내야 한다.

해결책

R은 Sys.getenv 함수로 접근할 수 있는 R_HOME이라는 환경변수를 만든다.

```
Sys.getenv("R_HOME")
#> [1] "/Library/Frameworks/R.framework/Resources"
```

논의

대다수의 사용자들은 R의 홈 디렉터리를 알 필요가 전혀 없다. 하지만 시스템 관리자나 수준이 높은 사용자는 R 설치 파일을 확인 또는 변경하기 위해서 꼭 알아 둬야 한다.

R이 시작될 때, R의 홈 디렉터리 경로인 R_HOME이라는 '환경'변수가(R 변수가 아니다) 정의된다. Sys.getenv 함수는 이 값을 검색할 수 있다. 다음은 플랫폼별 예시다. 보고되는 값은 여러분이 사용하는 컴퓨터에 따라 달라진다.

- 윈도우에서

  ```
  > Sys.getenv("R_HOME")
  [1] "C:/PROGRA~1/R/R-34~1.4"
  ```

- 맥OS에서

  ```
  > Sys.getenv("R_HOME")
  [1] "/Library/Frameworks/R.framework/Resources"
  ```

- 리눅스 또는 유닉스에서

```
> Sys.getenv("R_HOME")
[1] "/usr/lib/R"
```

윈도우의 결과는 희한하게 생겼다. 옛날 DOS 스타일의 축약된 경로 이름을 보고하기 때문이다. 이 경우 사용자에게 친숙한 전체 경로는 C:\Program Files\R\R-3.4.4이다. 유닉스와 맥OS에서는 셸로 R 프로그램을 실행하고 RHOME 서브 커맨드를 사용해 홈 디렉터리를 보여 주도록 할 수도 있다.

```
R RHOME
# /usr/lib/R
```

유닉스와 맥OS에서는 R의 홈 디렉터리에 설치 파일은 있어도, R 실행 파일은 없을 수도 있다. 예를 들어 실행 파일은 R 홈 디렉터리가 /usr/lib/R일 때 /usr/bin에 위치하고 있을 수도 있는 것이다.

3.16 R 시작 커스터마이징하기

문제
패키지 사전 로딩이나 환경 설정의 옵션을 변경하는 등 R 세션을 커스터마이징하고 싶다.

해결책
본인의 R 세션을 커스터마이징하는 데 사용되는 .Rprofile이라는 스크립트를 만들자. R은 시작할 때 .Rprofile 스크립트를 실행한다. .Rprofile을 넣어 두어야 하는 위치는 사용 중인 플랫폼에 따라 다르다.

맥OS, 리눅스와 유닉스
홈 디렉터리에 저장한다(~/.Rprofile).

윈도우
문서(Documents) 디렉터리에 저장한다.

논의
R은 시작할 때 '프로필 스크립트(profile scripts)'를 실행해서, 여러분이 R 환경 설정

옵션을 수정할 수 있도록 해 준다.

*.Rprofile*이라는 프로필 스크립트를 만들고 홈 디렉터리(맥OS, 리눅스, 유닉스)나 문서(윈도우) 디렉터리에 넣어두자. 그러면 스크립트가 함수들을 불러와 여러분의 세션을 커스터마이징한 설정으로 바꿔 준다. 다음의 예는 두 개의 환경변수를 설정하고 콘솔 프롬프트를 R>로 설정하는 간단한 스크립트다.

```
Sys.setenv(DB_USERID = "my_id")
Sys.setenv(DB_PASSWORD = "My_Password!")
options(prompt = "R> ")
```

프로필 스크립트는 최소한의 기능만 존재하는 환경(bare-bones environment)에서 실행되므로 할 수 있는 일이 제한되어 있다. 예를 들어 그래픽스 창을 열려고 하면 실패하는데, graphics 패키지가 로딩되기 전이기 때문이다. 또한 시간을 오래 잡아먹는 연산을 하려고 하지도 말자.

특정 프로젝트만 커스터마이징하려면 *.Rprofile* 파일을 그 프로젝트 파일이 위치한 디렉터리에 넣는다. 그러면 R이 해당 디렉터리에서 시작될 때 *.Rprofile* 파일을 읽으며, 따라서 그 프로젝트에만 해당되는 커스터마이징 설정이 된다. 사용 예를 들면 콘솔의 프롬프트를 해당 프로젝트명으로 변경하는 경우가 있다. 하지만 R이 지역 프로필을 찾으면 전역 프로필을 읽지 않는다는 단점이 있다. 때때로 무척 거슬리는 일이 될 수 있지만, 다행히 이는 지역 프로필에서 전역 프로필을 source하는 방법으로 쉽게 고칠 수 있다. 예를 들어 유닉스에서 다음과 같은 지역 프로필은, 전역 프로필을 먼저 실행한 다음에 지역 프로필을 실행하게 된다.

```
source("~/.Rprofile")
#
# ... remainder of local .Rprofile...
#
```

옵션 설정하기

커스터마이징 중 일부는 R의 환경 설정 옵션을 변경시켜 주는 options 함수를 호출해서 진행해야 한다. 이러한 옵션들에는 여러 종류가 있는데, 모두 보려면 R 도움말 페이지의 options를 찾자. 전체 목록이 나온다.

```
help(options)
```

다음은 몇 가지 예다.

browser="*path*"

기본 설정된 HTML 브라우저의 경로

digits=*n*

숫자 값을 출력할 때 추천되는 자릿수

editor="*path*"

기본 설정된 텍스트 편집기

prompt="*string*"

입력 프롬프트

repos="*url*"

기본 설정된 패키지 저장소의 URL

warn=*a*

경고 메시지 표시 개수 제어

재현성

많은 개발자가 특정한 패키지를 스크립트에서 지속적으로 사용한다(예를 들어 tidyverse 패키지가 있다). 그래서 .RProfile에 이런 패키지들을 로딩하도록 설정해 두어서 매번 입력하지 않도록 편하게 만들고 싶은 욕망이 생길 수 있다. 사실, 그렇게 하도록 이 책의 1판에서는 권장하기도 했었다. 하지만 .Rprofile에서 패키지를 로딩하는 것의 단점은 재현성(reproducibility)이다. 다른 사람이(또는 여러분 자신이 다른 컴퓨터에서) 여러분이 작성한 스크립트를 실행하려고 하는데, 기존에는 필요한 패키지를 .Rprofile에서 자동으로 로딩했었다는 사실을 모를 수 있다. 그러면 코드를 실행하는 사람이 어떤 패키지를 로딩해 두었느냐에 따라, 스크립트가 동작하지 않을 확률이 생긴다. 따라서 .Rprofile에서 패키지를 로딩하는 게 편리하더라도 협업하는 사람들(또는 미래의 당신)과 함께 일하려면 명시적으로 library(패키지이름)을 R 스크립트 내에서 호출하도록 작성하자.

또한, 사용자들이 .Rprofile을 통해 R의 기본 동작을 변경하는 경우에 재현성 관련해서 생기는 다른 문제도 있다. options(stringsAsFactors = FALSE)가 단적인 예다.

이 옵션은 무척 편리해서 많은 사용자가 기본 옵션으로 선호하기는 한다. 하지만 누군가 이 옵션을 설정하지 않고 스크립트를 실행하게 되면, 다른 결과가 나오거나 전혀 스크립트를 실행할 수 없는 상황도 생긴다. 큰 문제로 이어질 수 있다.

*.Rprofile*에 넣어도 괜찮은 옵션들에 대한 지침은 다음과 같다.

- R의 외형과 느낌을 변경한다(예: 자릿수).
- 여러분의 로컬 환경과 관련된 옵션이다(예: 브라우저).
- 특별한 이유로 스크립트 외부에 있어야 한다(예: 데이터베이스 패스워드).
- 분석의 결과를 변경하지 않는다.

시작되는 순서

R이 시작될 때 어떤 일이 일어나는지 간략하게 써 보았다. (help(Startup)을 입력하면 더 자세하게 볼 수 있다.)

1. R이 *Rprofile.site* 스크립트를 실행한다. 이것은 시스템 관리자가 지역화된 기본값 옵션을 덮어쓸 수 있도록 해 주는 사이트 수준의 스크립트다. 스크립트의 전체 경로는 *R_HOME/etc/Rprofile.site*이다. (R_HOME은 R의 홈 디렉터리를 말한다. 레시피 3.15를 참고하라.)

   R 배포판에는 *Rprofile.site* 파일이 들어 있지 않다. 그래서 필요한 경우 시스템 관리자가 직접 이 파일을 만든다.

2. 작업 디렉터리에 있는 *.Rprofile* 스크립트를 실행한다. 만약 파일이 없으면 홈 디렉터리에 있는 *.Rprofile* 스크립트를 실행한다. 사용자가 R을 용도에 맞게 설정할 수 있는 좋은 기회다. 홈 디렉터리에 있는 *.Rprofile* 스크립트는 전역적인 사용자 설정에 사용된다. 더 하위 수준의 디렉터리에 있는 *.Rprofile* 스크립트는 R이 그곳에서 시작된 경우 특정한 커스터마이징을 수행한다. 예를 들어, 특정 프로젝트의 디렉터리에서 시작하면 그것에 맞는 커스터마이징 설정이 되도록 지정하는 경우 등이 있다.

3. 작업 디렉터리에 *.RData* 파일이 저장된 경우 거기에 저장된 작업공간을 불러온다. R은 *.RData*라는 파일이 존재하는 경우엔 거기에 작업공간을 저장한다. 그리고 그 파일에서 작업공간을 다시 불러와서 지역 변수와 함수를 계속 쓸 수 있게 해 준다. 이 설정은 RStudio의 Tools → Global Options에서 끌 수 있다. 이 옵션은 꺼두고 항상 명시적으로 여러분의 작업을 저장 및 불러오기를 권한다.

4. 미리 정의해 뒀다면 .First 함수를 실행한다. .First 함수는 사용자나 프로젝트가 시

작할 때 사용하는 초기 설정 코드를 정의해 놓기에 좋은 장소다. *.Rprofile*이나 작업공간에서 정의할 수 있다.

5. **.First.sys** 함수를 실행한다. 이 단계에서 기본 설정된 패키지들을 로딩한다. **.First.sys** 함수는 R 내부에서만 사용하는 것이며, 보통은 사용자나 관리자가 변경하지 않는다.

R은 마지막 단계에서 **.First.sys** 함수를 실행할 때가 되어서야 기본 설정한 패키지를 로딩한다. 그 전에는 base 패키지만 로딩된다. 이것을 보면 이전 단계들에서는 base 패키지를 뺀 나머지를 사용할 수 없다는 중요한 사실을 알 수 있다. 또 *.Rprofile* 스크립트에서 왜 그래픽스 창을 열 수 없는지도 설명된다. graphics 패키지가 아직 로딩되지 않았기 때문이다.

더 알아보기

R 시작에 대해 더 알아보려면 R 도움말 페이지의 Startup을 참고하고(help(Startup)), 옵션에 대해서는 R 도움말 페이지의 options를 참고하라(help(options)). 패키지를 로딩하는 방법은 레시피 3.8을 참고하라.

3.17 클라우드에서 R과 RStudio 사용하기

문제

R과 RStudio를 클라우드 환경에서 실행하고 싶다.

해결책

RStudio.cloud 웹서비스를 통해 간편하게 R을 클라우드 환경에서 사용할 수 있다. 이 서비스를 사용하려면 브라우저로 *http://rstudio.cloud*에 접속해서 계정을 개설하거나 구글 또는 깃허브 인증으로 로그인해야 한다.

논의

로그인을 한 후에, New Project를 눌러서 새로운 RStudio 세션을 새로운 작업공간에서 시작할 수 있다. 그림 3-9에서 보는 것처럼, 익숙한 RStudio 화면이 여러분을 맞이한다.

유의할 점은 이 책을 작성하는 시점에 RStudio.cloud 서비스는 알파 테스트 단계에 있다는 것으로, 그래서 백퍼센트 안정화되어 있지는 않다.[2] 여러분의 작업이 로그아웃한 후에도 계속 유지되기는 하지만, 모든 시스템이 그렇듯이 작업물의 백업을 만들어 두는 편이 좋다. 그래서 이 서비스를 사용하면서 RStudio.cloud에 있는 여러분의 프로젝트를 깃허브 저장소에 연결해 두고 RStudio.cloud에서 자주 깃허브로 변경 사항을 푸시하는 것이 흔한 작업 패턴이다. 이러한 워크플로는 이 책에서 계속 사용하게 될 것이다.

깃과 깃허브의 사용법은 이 책에서 다루는 범위를 벗어나지만 관심이 있다면 제니 브라이언(Jenny Bryan)의 웹 출판 서적인 《Happy Git and GitHub for the useR》 (*http://happygitwithr.com/*)을 강력히 추천한다.

알파 버전 동안 RStudio.cloud는 세션을 램 1GB와 드라이브 용량 3GB로 제한하고 있다. 따라서 학습이나 강의 용도로는 적합하지만, 상업적인 목적의 데이터 사이언스 랩을 운용하기에는 아직은 부족한 플랫폼이다. 다만 RStudio 측에서는 플랫폼이 성숙 단계에 이르면 유료 티어 사용자에게 더 높은 성능과 큰 스토리지를 제공할 계획이 있다고 한다.

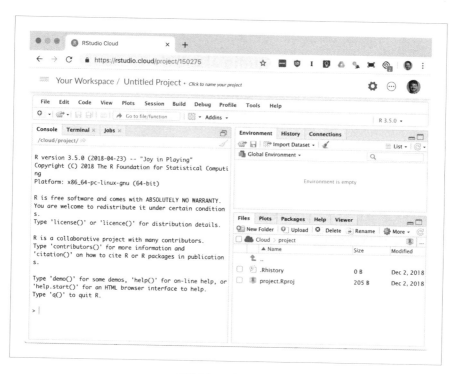

그림 3-9 RStudio.cloud

2 (옮긴이) 번역하는 시점에서는 정식으로 서비스되고 있다.

만약 여러분이 RStudio.cloud에서 제공하는 것보다 더 고성능을 필요로 하고, 유료 서비스를 사용할 계획이 있다면 아마존 웹 서비스(AWS)나 구글 클라우드 플랫폼에서 클라우드 기반 RStudio를 제공하고 있으니 사용해 보기 바란다. 디지털 오션 (Digital Ocean)과 같이 도커를 지원하는 다른 클라우드 플랫폼들도 클라우드 호스팅되는 RStudio의 괜찮은 옵션일 수 있다.

4장

입력과 출력

모든 통계 작업은 데이터로 시작되며, 대부분의 데이터는 파일과 데이터베이스 안에 담겨 있다. 따라서 그 어떤 대단한 통계 프로젝트라 해도 입력을 다루는 것이 구현의 첫걸음이라 할 수 있다.

모든 통계 작업은 고객에게 수치를 보고하는 것으로 끝난다. 비록 여러분 자신이 고객이라고 해도 말이다. 결과물을 만들고 형식을 갖추는 것이야말로 프로젝트의 최대 고비일 것이다.

가벼운 용도로 R을 사용하는 사람들은 read.csv 함수를 사용해서 CSV 파일을 읽는다거나 read.delim으로 좀 더 복잡한 테이블로 된 데이터를 읽는 등, 기본 readr 패키지 함수만 가지고도 입력 문제를 해결할 수 있다. 그 밖에도 print, cat, format으로 간단한 보고서를 만들어 낼 수 있다.

그 이상의 용도로 입력/출력(I/O)이 필요한 사용자들은 CRAN의 *http://cran. r-project.org/doc/manuals/R-data.pdf*에 있는 'R Data Import/Export' 가이드를 읽어볼 것을 강력히 권한다. 이 매뉴얼에는 스프레드시트, 바이너리 파일, 다른 통계 시스템이나 관계형 데이터베이스와 같은 소스에서 데이터를 읽어오는 데 도움이 될 중요한 정보가 들어 있다.

4.1 키보드로 데이터 입력하기

문제

입력 파일을 만들기 귀찮을 정도로 적은 양의 데이터를 가지고 있다. 그래서 작업공간에 데이터를 직접 입력하려고 한다.

해결책

정말 작은 데이터세트를 입력하려고 하는 경우에는 c 벡터 생성자를 사용해서 데이터를 문자로 입력한다.

```
scores <- c(61, 66, 90, 88, 100)
```

논의

간단한 문제를 다룰 때는 R 외부에서 데이터 파일을 생성하고 읽어오는 귀찮은 짓을 하고 싶지가 않다. R에 데이터를 곧바로 입력하는 게 편하니까. 가장 좋은 방법은 "해결책"에서처럼 c 벡터 생성자를 사용하는 것이다.

이 방법은 데이터 프레임에도 사용할 수 있는데, 각 변수(열)를 벡터로 입력하면 된다.

```
points <- data.frame(
   label = c("Low", "Mid", "High"),
   lbound = c( 0, 0.67,  1.64),
   ubound = c(0.674, 1.64,  2.33)
)
```

더 알아보기

다른 애플리케이션으로부터 데이터를 R로 가져와서 잘라내고 붙여넣는 방법에 대해서는, 스크립트에 데이터를 쉽게 붙여넣을 수 있게 하는 RStudio의 추가 기능을 제공하는 패키지 data pasta를 살펴보자.

4.2 자릿수 더 적게(혹은 더 많이) 출력하기

문제

출력된 결과의 자릿수가 너무 많거나 적다. 그래서 자릿수를 변경하고 싶다.

해결책

print에서 digits 인자는 출력되는 자릿수를 조절할 수 있다.

cat에서는 format 함수(마찬가지로 digits 인자를 가지고 있는)로 숫자의 형식을 수정할 수 있다.

논의

R은 일반적으로 부동 소수점 출력을 일곱 개의 자릿수로 표시한다. 이렇게 하면 대부분의 경우에 잘 작동하지만, 좁은 공간에 많은 수치를 출력해야 할 때는 보기에 좋지 않다. 또 숫자들 중 몇 개만 유효 자릿수일 때, R이 자릿수를 7개나 출력해 버리면 헷갈리기도 한다.

이럴 때 print 함수는 여러분이 digits 인자를 사용해서, 출력되는 자릿수를 변경할 수 있도록 해 준다.

```
print(pi, digits = 4)
#> [1] 3.142
print(100 * pi, digits = 4)
#> [1] 314.2
```

cat 함수로는 형식을 바로 조정할 수 없다. 그래서 그 대신 format 함수를 사용해서 cat을 호출하기 전에 숫자들의 형식을 바꿔 줘야 한다.

```
cat(pi, "\n")
#> 3.14
cat(format(pi, digits = 4), "\n")
#> 3.142
```

print와 format 모두 한번에 벡터 전체의 형식을 지정한다. 이런 게 R답다.

```
print(pnorm(-3:3), digits = 2)
#> [1] 0.0013 0.0228 0.1587 0.5000 0.8413 0.9772 0.9987
format(pnorm(-3:3), digits = 2)
#> [1] "0.0013" "0.0228" "0.1587" "0.5000" "0.8413" "0.9772" "0.9987"
```

여기에서 print와 format 모두 벡터 원소들의 형식을 일관성 있게 지정하는 걸 봐두도록 하자. 가장 작은 숫자의 형식을 지정할 만큼의 유효 자릿수를 찾은 다음에, 모든 숫자가 동일한 길이를 가지도록 형식을 지정했다(자릿수가 모두 같을 필요는 없다). 테이블 전체의 형식을 지정할 때 특히나 유용한 기능이다.

```
q <- seq(from = 0, to = 3, by = 0.5)
tbl <- data.frame(Quant = q,
                  Lower = pnorm(-q),
                  Upper = pnorm(q))
tbl                               # 형식이 지정되지 않은 출력
#>   Quant  Lower Upper
#> 1   0.0 0.50000 0.500
```

```
#> 2   0.5 0.30854 0.691
#> 3   1.0 0.15866 0.841
#> 4   1.5 0.06681 0.933
#> 5   2.0 0.02275 0.977
#> 6   2.5 0.00621 0.994
#> 7   3.0 0.00135 0.999
print(tbl, digits = 2)           # 형식이 지정된 출력: 자릿수가 줄었다.
#>    Quant  Lower Upper
#> 1   0.0 0.5000  0.50
#> 2   0.5 0.3085  0.69
#> 3   1.0 0.1587  0.84
#> 4   1.5 0.0668  0.93
#> 5   2.0 0.0228  0.98
#> 6   2.5 0.0062  0.99
#> 7   3.0 0.0013  1.00
```

보이는 것처럼, 벡터 전체 또는 열 전체의 형식이 지정되면, 벡터 또는 열의 모든 원소가 동일하게 지정된다.

options 함수를 사용해서 digits의 기본값을 바꿔 두면, 모든 출력에 대한 형식을 변경할 수 있다.

```
pi
# [1] 3.14
options(digits = 15)
pi
# [1] 3.14159265358979
```

그렇지만 우리의 경험에 비춰 보면 이것은 별로 좋은 기능이 아니었다. 원하지 않아도 R에 내장된 함수들의 출력까지 모두 변경해 버리기 때문이다.

더 알아보기

숫자의 형식을 지정하는 다른 함수들로는 sprint와 formatC가 있다. 자세한 내용은 도움말 페이지를 참고하라.

4.3 출력을 파일에 쓰기

문제

R의 출력을 콘솔에 표기하는 대신 파일로 리다이렉션하고 싶다.

해결책

file 인자를 사용하면 cat 함수의 출력을 리다이렉션할 수 있다.

```
cat("The answer is", answer, "\n", file = "파일이름.txt")
```

sink 함수를 사용하면 print와 cat의 '모든' 출력을 리다이렉션할 수 있다. 파일 이름 인자와 함께 sink를 호출하면 콘솔의 출력이 그 파일로 리다이렉션되기 시작한다. 끝나면 인자가 없는 sink를 사용해 파일을 닫고 출력을 콘솔로 돌린다.

```
sink("파일이름")              # 출력을 파일에 쓰기 시작한다.

# . . . other session work . . .

sink()                        # 출력을 다시 콘솔에 쓰기 시작한다.
```

논의

print와 cat 함수는 보통 콘솔에 결과를 출력한다. cat 함수에 파일 이름이나 연결에 해당하는 file 인자를 넣어 주면, 해당 파일을 사용해 결과물을 만든다. print 함수로는 결과를 리다이렉션할 수 없지만, sink 함수를 쓰면 모든 출력을 파일로 만들 수 있다. sink를 사용하는 대표적인 경우는 R 스크립트의 출력을 담으려고 할 때다.

```
sink("scrpit_output.txt")   # 출력을 파일로 리다이렉션한다.
source("script.R")          # 출력을 저장하면서 스크립트를 실행한다.
sink()                      # 출력을 다시 콘솔에 쓰기 시작한다.
```

반복적으로 cat을 사용하여 하나의 파일에 출력을 넣고 있다면 append = TRUE로 설정하자. 그렇게 하지 않으면 cat을 호출할 때마다 기존의 내용을 덮어쓰게 된다.

```
cat(data, file = "analysisReport.out")
cat(results, file = "analysisRepart.out", append = TRUE)
cat(conclusion, file = "analysisReport.out", append = TRUE)
```

위의 예처럼 파일 이름을 일일이 입력하는 것은 지겹고 오류도 쉽게 발생한다. 두 번째 라인에서 파일 이름에 있는 오타를 발견했는가? 이렇게 파일 이름을 계속 입력하는 것보다, 파일로의 연결을 열고 그 연결에 출력을 쓰는 것이 낫다.

```
con <- file("analysisReport.out", "w")
cat(data, file = con)
cat(results, file = con)
```

```
cat(conclusion, file = con)
close(con)
```

(연결에 쓸 때는 append=TRUE로 할 필요가 없다. 따로 알려 주지 않아도 이미 연결에서의 기본 옵션이기 때문이다.) 이 방법을 사용하면 코드가 더 안정적이고 유지하기가 쉬워지기 때문에 R 스크립트 내에서 쓰기에 무척 편리하다.

4.4 파일 목록 보기

문제

작업 디렉터리에 있는 파일의 목록으로 된 R 벡터를 보고 싶다.

해결책

list.files 함수로 작업 디렉터리의 내용을 보자.

```
list.files()
#> [1] "_book"                  "_bookdown_files"
#> [3] "_bookdown.yml"          "_common.R"
#> [5] "_main.log"              "_main.rds"
#> [7] "_output.yml"            "01_GettingStarted_cache"
#> [9] "01_GettingStarted.md"   "01_GettingStarted.Rmd"
#> # etc.
```

논의

하위 디렉터리에 있는 모든 파일의 이름을 가져오고자 할 때 정말 편리한 함수다. 파일 이름이 기억 나지 않을 때나, 절차상 데이터 파일을 불러오는 등의 태스크를 수행할 때 사용할 수 있다.

list.files에 경로와 패턴을 전달해 주면, 해당 경로에 있는 정규식 패턴에 매칭되는 파일들을 보여 준다.

```
list.files(path = 'data/') # 디렉터리에 있는 파일 보기
#>  [1] "ac.rdata"               "adf.rdata"
#>  [3] "anova.rdata"            "anova2.rdata"
#>  [5] "bad.rdata"              "batches.rdata"
#>  [7] "bnd_cmty.Rdata"         "compositePerf-2010.csv"
#>  [9] "conf.rdata"             "daily.prod.rdata"
#> [11] "data1.csv"              "data2.csv"
#> [13] "datafile_missing.tsv"   "datafile.csv"
#> [15] "datafile.fwf"           "datafile.qsv"
```

```
#> [17] "datafile.ssv"              "datafile.tsv"
#> [19] "datafile1.ssv"             "df_decay.rdata"
#> [21] "df_squared.rdata"          "diffs.rdata"
#> [23] "example1_headless.csv"     "example1.csv"
#> [25] "excel_table_data.xlsx"     "get_USDA_NASS_data.R"
#> [27] "ibm.rdata"                 "iris_excel.xlsx"
#> [29] "lab_df.rdata"              "movies.sas7bdat"
#> [31] "nacho_data.csv"            "NearestPoint.R"
#> [33] "not_a_csv.txt"             "opt.rdata"
#> [35] "outcome.rdata"             "pca.rdata"
#> [37] "pred.rdata"                "pred2.rdata"
#> [39] "sat.rdata"                 "singles.txt"
#> [41] "state_corn_yield.rds"      "student_data.rdata"
#> [43] "suburbs.txt"               "tab1.csv"
#> [45] "tls.rdata"                 "triples.txt"
#> [47] "ts_acf.rdata"              "workers.rdata"
#> [49] "world_series.csv"          "xy.rdata"
#> [51] "yield.Rdata"               "z.RData"
list.files(path = 'data/', pattern = '\\.csv')
#> [1] "compositePerf-2010.csv" "data1.csv"
#> [3] "data2.csv"              "datafile.csv"
#> [5] "example1_headless.csv"  "example1.csv"
#> [7] "nacho_data.csv"         "tab1.csv"
#> [9] "world_series.csv"
```

하위디렉터리들에 있는 모든 파일을 보려면 다음과 같이 쓴다.

```
list.files(recursive = T)
```

그렇지만 list.files는 본의 아니게 여러분을 속이기도 한다. 숨겨진 파일을 무시해 버리기 때문이다. 마침표로 시작하는 파일은 전형적인 숨겨진 파일이다. 보여야 할 파일이 보이지 않는다면 all.files=TRUE로 설정을 해 보자.

```
list.files(path = 'data/', all.files = TRUE)
#>  [1] "."                      ".."
#>  [3] ".DS_Store"              ".hidden_file.txt"
#>  [5] "ac.rdata"               "adf.rdata"
#>  [7] "anova.rdata"            "anova2.rdata"
#>  [9] "bad.rdata"              "batches.rdata"
#> [11] "bnd_cmty.Rdata"         "compositePerf-2010.csv"
#> [13] "conf.rdata"             "daily.prod.rdata"
#> [15] "data1.csv"              "data2.csv"
#> [17] "datafile_missing.tsv"   "datafile.csv"
#> [19] "datafile.fwf"           "datafile.qsv"
#> [21] "datafile.ssv"           "datafile.tsv"
#> [23] "datafile1.ssv"          "df_decay.rdata"
```

```
#> [25] "df_squared.rdata"        "diffs.rdata"
#> [27] "example1_headless.csv"   "example1.csv"
#> [29] "excel_table_data.xlsx"   "get_USDA_NASS_data.R"
#> [31] "ibm.rdata"               "iris_excel.xlsx"
#> [33] "lab_df.rdata"            "movies.sas7bdat"
#> [35] "nacho_data.csv"          "NearestPoint.R"
#> [37] "not_a_csv.txt"           "opt.rdata"
#> [39] "outcome.rdata"           "pca.rdata"
#> [41] "pred.rdata"              "pred2.rdata"
#> [43] "sat.rdata"               "singles.txt"
#> [45] "state_corn_yield.rds"    "student_data.rdata"
#> [47] "suburbs.txt"             "tab1.csv"
#> [49] "tls.rdata"               "triples.txt"
#> [51] "ts_acf.rdata"            "workers.rdata"
#> [53] "world_series.csv"        "xy.rdata"
#> [55] "yield.Rdata"             "z.RData"
```

디렉터리에 있는 파일을 보기만 하고, 파일 이름을 코드에 사용하지 않을 예정이라면, 가장 쉽게 파일을 보는 방법은 RStudio의 우하단 Files 창을 여는 것이다. 하지만 RStudio의 Files 창은 그림 4-1처럼 마침표로 시작하는 파일들을 숨기고 보여 주지 않는다는 사실을 알아 두자.

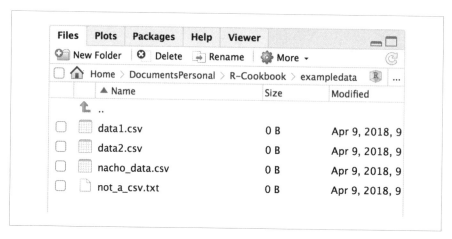

그림 4-1 RStudio의 Files 창

더 알아보기

R은 파일 다루는 것과 관련해 편리한 함수를 많이 보유하고 있다. `help(files)`를 참고하라.

4.5 윈도우에서 나타나는
'Cannot Open File(파일을 열 수 없음)' 해결하기

문제

R을 윈도우에서 실행 중이고 *C:\data\sample.txt*와 같은 파일 이름을 사용하고 있다. R은 파일을 열 수 없다고 말하지만 여러분은 파일이 그 위치에 있다는 걸 확실히 알고 있다.

해결책

파일 경로의 백슬래시가 문제를 일으키고 있는 것이다. 다음의 두 가지 방법 중 하나로 해결할 수 있다.

- 백슬래시를 슬래시로 바꾼다: `"C:/data/sample.txt"`.
- 백슬래시를 쌍으로 바꾼다: `"C:\\data\\sample.txt"`.

논의

R에서 파일을 열 때는 파일 이름을 문자열로 전달한다. 백슬래시(\)가 이름에 포함되어 있으면 문제가 되는데, 백슬래시는 문자열 안에서 특별한 의미를 가지기 때문이다. 백슬래시를 그대로 쓰면 분명 다음과 같은 결과가 나올 것이다.

```
samp <- read.csv("C:\Data\sample-data.csv")
#> Error: '\D' is an unrecognized escape in character string starting ""C:\D"
```

R은 백슬래시 뒤에 오는 모든 문자를 이스케이프 처리한 뒤 남은 백슬래시를 제거한다. 그러고 나면 아무런 의미가 없는 파일 경로가 남는다. 이 예에서는 `C:Datasample-data.csv`처럼 되는 것이다.

가장 간단한 해결책은 백슬래시 대신에 일반 슬래시를 사용하는 것이다. R은 슬래시는 그냥 놔두고, 윈도우는 백슬래시와 똑같이 취급하기 때문이다. 이제 문제가 해결되었다.

```
samp <- read.csv("C:/Data/sample-data.csv")
```

백슬래시를 두 개씩 쓰는 방법도 있다. R은 두 개의 연속된 백슬래시를 보면 하나의 백슬래시로 취급한다.

```
samp <- read.csv("C:\\Data\\sample-data.csv")
```

4.6 고정폭 레코드 읽기

문제

데이터 항목들의 경계가 고정되어 있는 고정폭 레코드에서 데이터를 읽어오고 있다.

해결책

readr 패키지(tidyverse에 포함되어 있다)에 있는 **read_fwf** 함수를 사용한다. 넣어줘야 하는 주요 인자는 파일 이름과 필드에 대한 설명이다.

```
library(tidyverse)
records <- read_fwf("myfile.txt",
                    fwf_cols(col1 = 10,
                             col2 = 7))
records
```

위 형식은 **fwf_cols** 매개변수를 사용해서 열 이름과 너비를 함수에 전달하는 구조다. 열 관련 매개변수들을 다른 방식으로 전달할 수도 있는데, 이 내용은 바로 뒤에서 다룰 것이다.

논의

데이터를 R로 읽어오기 위해서는 readr 패키지를 사용하기를 강력히 권한다. 텍스트 파일을 읽는 R 기본 함수들이 있기는 하지만, readr은 기본 함수보다 더 빠르고, 기본 옵션이 더 낫고, 더 유연하게 쓸 수 있다.

다음 예의 fixed-width.txt와 같이 파일 전체가 고정폭인 레코드를 읽고 싶다고 해보자.

```
Fisher    R.A.       1890 1962
Pearson   Karl       1857 1936
Cox       Gertrude   1900 1978
Yates     Frank      1902 1994
Smith     Kirstine   1878 1939
```

우선 열의 너비를 알아야 한다. 이 경우 열의 정보는 다음과 같다.

- 성, 10글자
- 이름, 10글자
- 출생연도, 5글자
- 사망연도, 5글자

read_fwf를 사용해서 열을 정의하는 방법은 다섯 가지다. 여러분이 쉽게 사용할 수 있는 (기억하기 쉬운) 방법을 고르면 된다.

- read_fwf에 fwf_empty 옵션을 주면, 열 사이에 빈 공백이 있을 때 열의 너비를 추정한다.

```
file <- "./data/datafile.fwf"
t1 <- read_fwf(file,
         fwf_empty(file,
         col_names = c("last", "first", "birth", "death")))
#> 열의 정보를 명시하여 구문 분석
#> cols(
#>   last = col_character(),
#>   first = col_character(),
#>   birth = col_double(),
#>   death = col_double()
#> )
```

- 너비가 원소로 담긴 벡터와, 이름들이 담긴 벡터를 fwf_widths와 함께 사용해 각 열을 정의한다.

```
t2 <- read_fwf(file, fwf_widths(c(10, 10, 5, 4),
                    c("last", "first", "birth", "death")))
#> 열의 정보를 명시하여 구문 분석
#> cols(
#>   last = col_character(),
#>   first = col_character(),
#>   birth = col_double(),
#>   death = col_double()
#> )
```

- 열은 fwf_cols로 정의할 수도 있다. 열 이름과 열의 너비 쌍을 전달해 주면 된다.

```
t3 <-
  read_fwf("./data/datafile.fwf",
         fwf_cols(
             last = 10,
             first = 10,
             birth = 5,
             death = 5
           ))
#> 열의 정보를 명시하여 구문 분석
#> cols(
#>   last = col_character(),
#>   first = col_character(),
```

```
#>    birth = col_double(),
#>    death = col_double()
#> )
```

- 시작 위치와 끝나는 위치를 fwf_cols로 지정해서 열을 정의할 수도 있다.

```
t4 <- read_fwf(file, fwf_cols(
  last = c(1, 10),
  first = c(11, 20),
  birth = c(21, 25),
  death = c(26, 30)
))
#> 열의 정보를 명시하여 구문 분석
#> cols(
#>    last = col_character(),
#>    first = col_character(),
#>    birth = col_double(),
#>    death = col_double()
#> )
```

- 시작 위치로 이루어진 벡터, 끝 위치로 이루어진 벡터, 그리고 열 이름으로 된 벡터를 fwf_positions와 함께 사용해서 열을 정의해도 된다.

```
t5 <- read_fwf(file, fwf_positions(
  c(1, 11, 21, 26),
  c(10, 20, 25, 30),
  c("first", "last", "birth", "death")
))
#> 열의 정보를 명시하여 구문 분석
#> cols(
#>    first = col_character(),
#>    last = col_character(),
#>    birth = col_double(),
#>    death = col_double()
#> )
```

read_fwf 함수는 티블(tibble)이라고 부르는 tidyverse에서 사용되는 데이터 프레임 형식을 반환한다. tidyverse 패키지에 있는 다른 함수들처럼, read_fwf 또한 데이터를 불러오는 기본 R 함수들보다 사용하기 편리한 기본값을 가지고 있는데, 예를 들면 read_fwf는 문자열 필드를 요인(factor, 범주형 변수)[1]이 아닌 문자열로 가져와 줌

---

1 (옮긴이) 요인(factor)이란 독립 변인 중에서 연구자에 의해 조작되지 않고 자연적으로 존재하는 속성(성별, 연령 등)을 지칭하는 포괄적인 용어다. 대개 범주형이거나 질적인 변인으로, R에서는 이러한 범주형 데이터 표현에 사용되는 데이터 구조를 factor라 부른다. 따라서 이 책에서도 이러한 의미를 살려 요인이라 번역하였다.

으로써 혼란을 방지한다.

더 알아보기

텍스트 파일을 읽는 것에 대한 더 많은 정보를 얻으려면 레시피 4.7을 참고하라.

4.7 테이블로 된 데이터 파일 읽기

문제

공백으로 구분된 데이터 테이블을 포함하고 있는 텍스트 파일을 읽으려고 한다.

해결책

티블(tibble)을 반환하는 readr 패키지의 **read_table2** 함수를 사용한다.

```
library(tidyverse)

tab1 <- read_table2("./data/datafile.tsv")
#> 열의 정보를 명시하여 구문 분석
#> cols(
#>   last = col_character(),
#>   first = col_character(),
#>   birth = col_double(),
#>   death = col_double()
#> )

tab1
#> # A tibble: 5 x 4
#>   last    first    birth death
#>   <chr>   <chr>    <dbl> <dbl>
#> 1 Fisher  R.A.      1890  1962
#> 2 Pearson Karl      1857  1936
#> 3 Cox     Gertrude  1900  1978
#> 4 Yates   Frank     1902  1994
#> 5 Smith   Kirstine  1878  1939
```

논의

테이블로 된 데이터 파일은 아주 흔하게 쓰인다. 이들은 간단한 형식의 텍스트 파일들이라고 보면 된다.

- 각 줄이 하나의 레코드를 가진다.
- 하나의 레코드 내에서, 필드(항목)는 스페이스나 탭과 같은 공백 구분 문자로 나

뛰어진다.

- 각 레코드는 동일한 수의 필드를 가지고 있다.

이러한 형식은 고정폭 형식보다는 좀 더 자유로운데, 필드들의 줄을 맞추지 않아도 되기 때문이다. 다음은 레시피 4.6에 있던 데이터 파일을 필드 사이에 탭을 사용한 테이블 형식으로 만든 것이다.

```
Last    first   birth   death
Fisher  R.A.    1890    1962
Pearson Karl    1857    1936
Cox Gertrude    1900    1978
Yates   Frank   1902    1994
Smith   Kirstine    1878    1939
```

read_table2 함수는 여러분의 데이터에 대해 괜찮은 추측을 한다. 데이터의 첫 번째 행에 열 이름이 있을 거라고 가정하고, 구분자를 추측해 내고, 데이터세트의 첫 1,000개 행으로부터 열의 형식을 추측한다. 다음은 스페이스로 구분된 데이터의 예시다.

소스 파일은 다음과 같다.

```
last first birth death
Fisher R.A. 1890 1962
Pearson Karl 1857 1936
Cox Gertrude 1900 1978
Yates Frank 1902 1994
Smith Kirstine 1878 1939
```

이것을 보고 read_table2는 합리적인 추측을 해 준다.

```
t <- read_table2("./data/datafile1.ssv")
#> 열의 정보를 명시하여 구문 분석
#> cols(
#>   last = col_character(),
#>   first = col_character(),
#>   birth = col_double(),
#>   death = col_double()
#> )
print(t)
#> # A tibble: 5 x 4
#>   last    first   birth death
#>   <chr>   <chr>   <dbl> <dbl>
#> 1 Fisher  R.A.     1890  1962
#> 2 Pearson Karl     1857  1936
```

```
#> 3 Cox      Gertrude  1900   1978
#> 4 Yates    Frank     1902   1994
#> 5 Smith    Kirstine  1878   1939
```

read_table2는 대개 올바르게 추측하지만, 많은 다른 불러오기 관련 readr 함수들처럼 매개변수를 지정해 줌으로써 기본값을 덮어씌울 수 있다.

```
t <-
  read_table2(
    "./data/datafile1.ssv",
    col_types = c(
      col_character(),
      col_character(),
      col_integer(),
      col_integer()
    )
  )
```

만약 어떤 필드가 "NA" 문자열을 포함하고 있다면, read_table2는 해당 값이 결측값이라 생각해서 NA로 전환해 버린다. 하지만 여러분의 데이터 파일이 NA가 아니라 다른 문자열로 결측값을 표현하는 경우라면 na 인자를 사용해야 한다. 예를 들어 SAS에서는 마침표 하나(.)로 결측값을 나타내는데, 그 방식으로 쓰인 텍스트 파일은 na="." 옵션을 주어서 읽을 수 있다. 만약 *datafile_missing.tsv* 파일에 다음과 같이 맨 마지막 행에 .로 결측값이 들어 있다고 해 보자.

```
Last    first    birth   death
Fisher  R.A.     1890    1962
Pearson Karl     1857    1936
Cox     Gertrude 1900    1978
Yates   Frank    1902    1994
Smith   Kirstine 1878    1939
Cox     David    1924    .
```

그러면 다음과 같이 불러올 수 있다.

```
t <- read_table2("./data/datafile_missing.tsv", na = ".")
#> 열의 정보를 명시하여 구문 분석
#> cols(
#>   last = col_character(),
#>   first = col_character(),
#>   birth = col_double(),
#>   death = col_double()
#> )
```

```
t
#> # A tibble: 6 x 4
#>   last     first     birth death
#>   <chr>    <chr>     <dbl> <dbl>
#> 1 Fisher   R.A.       1890  1962
#> 2 Pearson  Karl       1857  1936
#> 3 Cox      Gertrude   1900  1978
#> 4 Yates    Frank      1902  1994
#> 5 Smith    Kirstine   1878  1939
#> 6 Cox      David      1924    NA
```

우리는 '데이터 파일에서 자신의 내용을 기술하는(self-describing)' 데이터를 무척 좋아한다. (컴퓨터 과학자의 용어로 말하면, 파일이 자신의 '메타데이터'를 포함하고 있다고 할 수 있다.) read_table2 함수는 여러분의 파일의 첫 줄이 열 이름을 포함하는 헤더 라인이라고 가정한다. 만약 여러분의 파일에 열 이름이 들어 있지 않으면, col_names = FALSE로 변경하도록 하자.

read_table2는 주석 메타데이터 형식도 지원한다. 매개변수 comment를 사용해서 read_table2에 어떤 문자열로 주석 줄을 구별할지 알려 주면 된다. 예를 들어 다음 파일에는 주석이 #으로 시작한다.

```
# 다음은 통계학자 목록이다
last first birth death
Fisher R.A. 1890 1962
Pearson Karl 1857 1936
Cox Gertrude 1900 1978
Yates Frank 1902 1994
Smith Kirstine 1878 1939
```

그러므로 이 파일은 다음과 같이 불러올 수 있다.

```
t <- read_table2("./data/datafile.ssv", comment = '#')
#> 열의 정보를 명시하여 구문 분석
#> cols(
#>   last = col_character(),
#>   first = col_character(),
#>   birth = col_double(),
#>   death = col_double()
#> )
t
#> # A tibble: 5 x 4
#>   last     first     birth death
#>   <chr>    <chr>     <dbl> <dbl>
#> 1 Fisher   R.A.       1890  1962
```

```
#> 2 Pearson Karl      1857  1936
#> 3 Cox     Gertrude  1900  1978
#> 4 Yates   Frank     1902  1994
#> 5 Smith   Kirstine  1878  1939
```

read_table2에는 입력 파일을 어떻게 읽고 해석할지를 제어하는 인자가 많다. 더 자세한 내용은 도움말 페이지(?read_table2)나 readr 비네트(vignette("readr"))에서 보도록 한다. read_table과 read_table2의 차이점이 궁금하다면, 도움말 파일을 보면 되지만, 간단히 설명하면 read_table이 파일 구조와 줄의 길이에 더 엄격하다.

더 알아보기

만약 데이터 항목이 쉼표로 구분되어 있다면 CSV 파일을 읽어오는 방법을 다루는 레시피 4.8을 참고하라.

4.8 CSV 파일에서 읽어오기

문제

쉼표로 구분된 값이 있는(Comma-Separated Values, CSV) 파일에서 데이터를 읽어오려고 한다.

해결책

readr 패키지의 read_csv 함수는 CSV 파일을 읽기 위한 빠른(그리고 사용자 문서에 따르면, 더 재미 있는) 방법이다. CSV 파일에 헤더 라인이 있으면 다음 코드를 사용해 보자.

```
library(tidyverse)

tbl <- read_csv("datafile.csv")
```

만약 CSV 파일이 헤더 라인을 가지고 있지 않다면 col_names 옵션을 FALSE로 설정한다.

```
tbl <- read_csv("datafile.csv", col_names = FALSE)
```

논의

CSV 파일 형식은 R, 엑셀, 다른 스프레드시트 프로그램, 여러 데이터베이스 관리자 그리고 대부분의 통계 패키지들에서 데이터를 가져오고 내보낼 수 있는 형식이기 때문에 널리 쓰이고 있다. 또한 CSV 형식은 테이블 데이터로 이루어진 플랫 파일로, 파일의 각 줄이 데이터의 행에 해당하고, 각 행은 쉼표로 구분된 데이터 항목들을 가지고 있다. 다음은 3개의 행과 3개의 열로 이루어진 굉장히 간단한 CSV 파일이다. (첫 번째 줄은 열의 이름들이 담긴 '헤더 라인'으로, 다른 줄과 마찬가지로 쉼표로 구분되어 있다.)

```
label,lbound,ubound
low,0,0.674
mid,0.674,1.64
high,1.64,2.33
```

read_csv 함수는 데이터를 읽은 다음 티블로 만든다. 이 함수는 따로 알려 주지 않으면 헤더 라인이 있다고 생각해 버린다.

```
tbl <- read_csv("./data/example1.csv")
#> 열의 정보를 명시하여 구문 분석
#> cols(
#>   label = col_character(),
#>   lbound = col_double(),
#>   ubound = col_double()
#> )
tbl
#> # A tibble: 3 x 3
#>   label lbound ubound
#>   <chr> <dbl>  <dbl>
#> 1 low    0     0.674
#> 2 mid    0.674 1.64
#> 3 high   1.64  2.33
```

read_csv가 열 이름을 헤더 라인에서 티블로 가져온 것을 보자. 파일에 헤더가 없는 경우 col_names=FALSE라고 지정해 줘야 하고, 그러면 R이 자동으로 열 이름을 만들어 준다(이 경우 X1, X2, X3).

```
tbl <- read_csv("./data/example1.csv", col_names = FALSE)
#> 열의 정보를 명시하여 구문 분석
#> cols(
#>   X1 = col_character(),
#>   X2 = col_character(),
#>   X3 = col_character()
#> )
```

```
tbl
#> # A tibble: 4 x 3
#>   X1    X2     X3
#>   <chr> <chr>  <chr>
#> 1 label lbound ubound
#> 2 low   0      0.674
#> 3 mid   0.674  1.64
#> 4 high  1.64   2.33
```

가끔은 메타데이터를 파일에 넣는 것이 편리할 때도 있다. 메타데이터가 우물 정자 (#)처럼 흔히 사용되는 문자열인 경우, comment=FALSE 인자를 사용해서 메타데이터 라인을 무시할 수 있다.

read_csv 함수에는 멋진 기능이 많다. 옵션들의 종류와 기본값을 일부 소개한다.

na = c("", "NA")

결측값 또는 NA를 나타내는 값

comment = ""

주석이나 메타데이터로 취급하여 무시할 라인의 형식

trim_ws = TRUE

필드의 시작/끝에서 공백을 없앨 것인지 여부

skip = 0

파일의 시작에서부터 건너뛸 행의 개수

guess_max = min(1000, n_max)

열의 형식을 추측할 때 고려할 행의 개수

가능한 옵션과 정보를 더 보려면 help(read_csv)로 R 도움말 페이지에 들어가 보자. 세미콜론(;)을 구분자로 사용하고, 쉼표를 소수점으로 사용하는 데이터 파일이 있는 경우(북미 외의 지역에서는 흔하다), read_csv2를 사용하자.

더 알아보기

레시피 4.9와 readr:vignette(readr)로 비네트를 참고하라.

4.9 CSV 파일로 쓰기

문제

행렬이나 데이터 프레임을 쉼표로 구분된 값 형식의 파일로 저장하려고 한다.

해결책

tidyverse **readr** 패키지의 `write_csv` 함수로 CSV 파일을 만들 수 있다.

```
library(tidyverse)

write_csv(df, path = "outfile.csv")
```

논의

`write_csv` 함수는 테이블 데이터를 CSV 형식의 ASCII 파일로 쓴다. 데이터의 각 행은 파일로 가면서 쉼표(,)로 구분되는 데이터 항목들이 있는 하나의 라인이 된다. 레시피 4.7에서 생성한 데이터 프레임인 **tab1**으로 실습해 보자.

```
library(tidyverse)

write_csv(tab1, "./data/tab1.csv")
```

위의 예를 실행하면 현재 작업 디렉터리의 하위디렉터리인 *data*에 *tab1.csv*라는 파일이 만들어진다. 그 파일은 다음과 같이 생겼다.

```
last,first,birth,death
Fisher,R.A.,1890,1962
Pearson,Karl,1857,1936
Cox,Gertrude,1900,1978
Yates,Frank,1902,1994
Smith,Kirstine,1878,1939
```

`write_csv` 함수는 기본값이 잘 설정되어 있는 매개변수들을 다수 가지고 있다. 다음은 출력을 조정할 때 필요한 몇몇 매개변수와 그들의 기본값이다.

`col_names = TRUE`
첫 번째 행에 열 이름이 들어 있는지 여부

col_types = NULL

> write_csv가 맨 앞 1,000개의 행(guess_max로 변경 가능)을 살펴보고 각 열에 어떤 데이터 형식을 사용할지 추측한다. 열의 형식을 지정해 주려면 col_types 인자에 열 형식을 원소로 넣은 벡터를 전달하면 된다.

na = c("", "NA")

> 결측값 또는 NA를 나타내는 값

comment = ""

> 주석이나 메타데이터로 취급하여 무시할 라인의 형식

trim_ws = TRUE

> 필드의 시작/끝에서 공백을 없앨 것인지 여부

skip = 0

> 파일의 시작에서부터 건너뛸 행의 개수

guess_max = min(1000, n_max)

> 열의 형식을 추측할 때 고려할 행의 개수

더 알아보기

현재 작업 디렉터리에 대해서는 레시피 3.1을, 데이터를 파일로 저장하는 다른 방법에 대해서는 레시피 4.18을 참고하라. 텍스트 파일을 읽고 쓰는 방법에 대한 정보는 readr 비네트인 vignette(readr)을 찾아보자.

4.10 웹에서 테이블 혹은 CSV 데이터를 읽어오기

문제

웹에서 R의 작업공간으로 직접 데이터를 읽어오고 싶다.

해결책

readr 패키지에 있는 read_csv나 read_table2 함수를 사용하면서 파일 이름 대신에 URL을 넣는다. 이 함수들이 원격 서버에서 데이터를 곧장 읽어올 것이다.

```
library(tidyverse)
```

```
berkley <- read_csv('http://bit.ly/barkley18', comment = '#')
#> 열의 정보를 명시하여 구문 분석
#> cols(
#>   Name = col_character(),
#>   Location = col_character(),
#>   Time = col_time(format = "")
#> )
```

또는 URL을 사용해서 연결을 열고, 연결에서 읽어올 수도 있다. 복잡한 파일들은 이렇게 하는 게 좋다.

논의

웹은 데이터의 보고다. 데이터를 파일로 다운로드한 뒤 R로 해당 파일을 읽어올 수도 있지만, 웹에서 직접 읽는 것이 더 편리하다. read_csv, read_table2 또는 readr의 다른 read 함수(데이터의 형식에 적합한)에 URL을 주면 데이터가 다운로드 및 구문 분석될 것이다. 딱히 번거로울 것도 없다.

URL을 쓴다는 점을 제외하면 이번 레시피는 앞서 언급한 CSV 파일(레시피 4.8 참고)이나 복잡한 파일(레시피 4.15)에서 읽어오는 방법과 다를 게 없다. 그러니 앞의 레시피들에 적용되는 설명은 여기에도 적용된다.

HTTP 서버뿐 아니라 FTP 서버의 URL에도 잘 작동한다는 사실을 기억하자. 즉, R이 FTP 사이트에서 URL을 사용해 데이터를 읽어올 수 있다는 뜻이다.

```
tbl <- read_table2("ftp://ftp.example.com/download/data.txt")
```

더 알아보기

레시피 4.8과 4.15를 참고하라.

4.11 엑셀 데이터 읽어오기

문제

엑셀 파일에서 데이터를 읽어오고 싶다.

해결책

openxlsx 패키지로 엑셀 파일을 쉽게 읽어올 수 있다.

```
library(openxlsx)
df1 <- read.xlsx(xlsxFile = "파일.xlsx",
                 sheet = '시트명')
```

논의

openxlsx 패키지는 R에서 엑셀 파일을 읽고 쓰기 위한 좋은 선택지다. 시트 전체를 읽어오려면, read.xlsx 함수가 가장 간단하다. 파일 이름과, 필요한 경우 불러오고자 하는 시트명만 넣어 주면 된다.

```
library(openxlsx)

df1 <- read.xlsx(xlsxFile = "data/iris_excel.xlsx",
                 sheet = 'iris_data')

head(df1, 3)
#>   Sepal.Length Sepal.Width Petal.Length Petal.Width Species
#> 1          5.1         3.5          1.4         0.2  setosa
#> 2          4.9         3.0          1.4         0.2  setosa
#> 3          4.7         3.2          1.3         0.2  setosa
```

하지만 openxlsx는 그것보다 복잡한 워크플로도 지원한다.

흔히 사용하는 패턴은, 엑셀 파일에서 이름이 지정된 테이블을 읽어서 R 데이터 프레임으로 불러오는 것이다. 이게 약간 더 까다로운 작업이다. 왜냐하면 읽어오려는 시트에는 이름이 지정된 테이블 외의 값들도 포함되어 있을 수 있는데, 우리는 테이블의 범위만 읽고 싶기 때문이다. 그런 경우 openxlsx에 있는 함수들을 사용해서 테이블의 위치를 찾고, 특정 셀의 범위를 읽어서 데이터 프레임으로 가져오면 된다.

일단 워크북 전체를 R로 로드해 보자.

```
library(openxlsx)
wb <- loadWorkbook("data/excel_table_data.xlsx")
```

그리고 나서 getTables 함수로 input_data 시트에 있는 테이블들의 이름과 범위를 알아내어 우리가 원하는 테이블 한 개를 선택한다. 이 예시에서 우리가 찾고자 하는 엑셀 테이블은 example_table이다.

```
tables <- getTables(wb, 'input_data')
table_range_str <- names(tables[tables == 'example_table'])
table_range_refs <- strsplit(table_range_str, ':')[[1]]

# 정규식을 사용해서 행 번호를 추출한다.
```

```
table_range_row_num <- gsub("[^0-9.]", "", table_range_refs)

# 열 번호를 추출한다.
table_range_col_num <- convertFromExcelRef(table_range_refs)
```

이제 벡터 table_range_col_num에는 이름이 지정된 테이블의 열 번호들이 담겨 있고, table_range_row_num에는 테이블의 행 번호가 담겨 있다. 그러면 read.xlsx 함수를 사용해서 우리가 가져오려는 행과 열들만 끌어오면 된다.

```
df <- read.xlsx(
  xlsxFile = "data/excel_table_data.xlsx",
  sheet = 'input_data',
  cols = table_range_col_num[1]:table_range_col_num[2],
  rows = table_range_row_num[1]:table_range_row_num[2]
)
```

위의 코드가 복잡해 보일지라도, 이렇게 설계를 하면 분석가들끼리 굉장히 구조화된, 이름이 지정된 테이블을 포함한 엑셀 파일을 공유할 때 많은 번거로움을 줄일 수 있다.

더 알아보기

openxlsx를 설치하고 vignette('Introduction', package='openxlsx')를 실행해서 비네트를 볼 수 있다.

readxl 패키지(*https://readxl.tidyverse.org/*)는 tidyverse의 일부로, 간단한 엑셀 파일을 읽어오는 속도가 빠른 방법이다. 그러나 현재 readxl은 이름이 지정된 엑셀 테이블을 지원하지 않는다.

writexl 패키지(*https://bit.ly/2F90oYs*)는 엑셀 파일을 쓰는 빠르고 가벼운(타 패키지에 종속성이 없다) 패키지다. 이는 레시피 4.12에서 다룬다.

4.12 데이터 프레임을 엑셀로 쓰기

문제

R 데이터 프레임을 엑셀 파일로 쓰고 싶다.

해결책

openxlsx 패키지를 사용하면 엑셀 파일로 쓰는 작업이 무척 쉽다. openxlsx에 관련 옵션이 굉장히 많지만, 일반적으로 엑셀 파일 이름과 시트명을 지정하는 식으로 사용한다.

```
library(openxlsx)
write.xlsx(df,
          sheetName = "어떤_시트",
          file = "출력_파일.xlsx")
```

논의

openxlsx 패키지는 엑셀 객체 모델의 많은 부분을 제어할 수 있는 다양한 옵션을 가지고 있다. 예를 들면, 셀의 색상을 설정하거나, 이름을 지정한 범위를 정의하거나, 셀의 외곽선을 설정할 수 있다. 또한 write.xlsx처럼 간단한 태스크를 아주 쉽게 할수 있는 헬퍼 함수들도 들어 있다.

기업에서 엑셀을 사용할 때, 모든 입력 데이터를 엑셀 파일 내의 이름이 지정된 엑셀 테이블에 보관하면 좋은데, 그러면 데이터에 접근하기 쉽고 에러가 덜 생기기 때문이다. 하지만 openxlsx를 사용해서 시트 중 하나에 있는 엑셀 테이블을 덮어씌우게 되면, 새로운 데이터가 본래 있던 테이블보다 적은 행을 담고 있을 수도 있는 위험성이 생긴다. 그러면 인접한 행에 기존 데이터와 새 데이터가 위치하게 되면서 에러 발생 가능성이 있다. 이에 대한 해결책으로는, 기존 엑셀 테이블을 먼저 삭제한다음 새로운 데이터를 동일한 위치에 추가하고, 새 데이터를 이름이 지정된 엑셀 테이블에 할당하면 된다. 그렇게 하려면 oepnxlsx에 있는 고급 엑셀 조작 기능을 사용할 줄 알아야 한다.

우선 loadWorkbook을 사용해서 엑셀 워크북 전체를 R로 읽어온다.

```
library(openxlsx)

wb <- loadWorkbook("data/excel_table_data.xlsx")
```

테이블을 삭제하기 전에, 테이블의 시작 행과 열을 추출한다.

```
tables <- getTables(wb, 'input_data')
table_range_str <- names(tables[tables == 'example_table'])
table_range_refs <- strsplit(table_range_str, ':')[[1]]

# 정규식을 사용해서 시작 행 번호를 추출한다.
table_row_num <- gsub("[^0-9.]", "", table_range_refs)[[1]]

# 시작 열 번호를 추출한다.
table_col_num <- convertFromExcelRef(table_range_refs)[[1]]
```

그러고 나서 removeTable 함수를 사용해서 기존에 있던 이름이 지정된 엑셀 테이블을 삭제한다.

```
removeTable(wb = wb,
            sheet = 'input_data',
            table = 'example_table')
```

이제 writeDataTable로 iris 데이터 프레임(R에 기본 탑재된)을 R의 워크북 객체에 쓴다.

```
writeDataTable(
  wb = wb,
  sheet = 'input_data',
  x = iris,
  startCol = table_col_num,
  startRow = table_row_num,
  tableStyle = "TableStyleLight9",
  tableName = 'example_table'
)
```

이 시점에서 우리는 워크북을 저장할 수 있는데, 그러면 테이블이 업데이트될 것이다. 하지만 다른 사람들도 언제 데이터가 갱신되었는지 알 수 있도록, 메타데이터를 함께 저장하는 것이 좋다. 그러기 위해 writeData 함수를 사용하고, 그 다음에 워크북을 파일로 저장해서 기존 파일을 덮어씌우자. 이번 예제에서는 메타데이터 텍스트를 셀 B:5에 넣은 다음, 워크북을 파일로 다시 저장하고, 기존 파일을 덮어씌울 것이다.

```
writeData(
  wb = wb,
  sheet = 'input_data',
  x = paste('example_table refreshed on:', Sys.time()),
  startCol = 2,
  startRow = 5
)

# 워크북을 저장한다.
saveWorkbook(wb = wb,
             file = "data/excel_table_data.xlsx",
             overwrite = TRUE)
```

그 결과로 저장된 엑셀 시트는 그림 4-2에서 볼 수 있다.

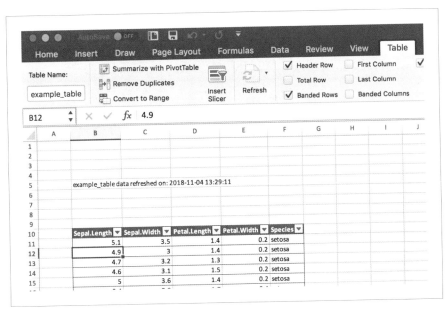

그림 4-2 엑셀 테이블과 메타데이터 텍스트

더 알아보기

openxlsx를 설치하고 vignette('Introduction', package='openxlsx')를 실행하면 비네트를 볼 수 있다.

readxl 패키지는 tidyverse의 일부로, 간단한 엑셀 파일을 읽어오는 속도가 빠른 방법이다(레시피 4.11에서 다룬다).

writexl 패키지는 엑셀 파일을 쓰는 빠르고 가벼운(타 패키지에 종속성이 없다) 패키지다.

4.13 SAS 파일에서 데이터 읽어오기

문제

SAS(Statistical Analysis Software) 데이터세트를 R 데이터 프레임으로 읽어오고 싶다.

해결책

sas7bdat 패키지가 R로 .sas7bdat 파일을 읽어오는 기능을 지원한다.

```
library(haven)

sas_movie_data <- read_sas("data/movies.sas7bdat")
```

논의

SAS V7과 그 이후 모든 버전은 *.sas7bdat* 파일 형식을 지원한다. haven에 들어 있는 **read_sas** 함수는 변수 레이블을 포함하여 *.sas7bdat* 파일 형식을 읽어올 수 있다. 여러분의 SAS 파일에 변수 레이블이 있다면, R로 불러올 경우 데이터 프레임의 **label** 속성에 레이블들이 저장된다. 그러나 출력할 때 기본값으로 레이블이 출력되지는 않으므로, RStudio에서 데이터 프레임을 열거나, 각 열에 대해서 기본 R 함수인 **attributes**를 호출하는 방법을 통해 레이블을 볼 수 있다.

```
sapply(sas_movie_data, attributes)
#> $Movie
#> $Movie$label
#> [1] "Movie"
#>
#>
#> $Type
#> $Type$label
#> [1] "Type"
#>
#>
#> $Rating
#> $Rating$label
#> [1] "Rating"
#>
#>
#> $Year
#> $Year$label
#> [1] "Year"
#>
#>
#> $Domestic__
#> $Domestic__$label
#> [1] "Domestic $"
#>
#> $Domestic__$format.sas
#> [1] "F"
#>
#>
#> $Worldwide__
#> $Worldwide__$label
#> [1] "Worldwide $"
#>
```

```
#> $Worldwide__$format.sas
#> [1] "F"
#>
#>
#> $Director
#> $Director$label
#> [1] "Director"
```

더 알아보기

sas7bdat 패키지는 큰 용량의 파일을 열 때 haven보다 훨씬 느리지만, 파일 속성에 대한 훨씬 정교한 기능을 가지고 있다. 만약 SAS 메타데이터가 중요하다면 sas7bdat::read.sas7bdat를 자세히 읽어보도록 하자.

4.14 HTML 테이블에서 데이터 읽어오기

문제

웹에 있는 HTML로 된 테이블에서 데이터를 읽어오고 싶다.

해결책

rvest 패키지의 read_html과 html_table 함수를 사용한다. 페이지에 있는 모든 테이블을 읽으려면 다음과 같이 코드를 작성하면 된다.

```
library(rvest)
library(tidyverse)

all_tables <-
  read_html("url") %>%
  html_table(fill = TRUE, header = TRUE)
```

rvest는 install.packages('tidyverse')를 실행했을 때 설치되지만, tidyverse 패키지의 핵심 패키지는 아니라는 사실을 알아 두자. 그렇기 때문에 명시적으로 rvest를 로드해 줘야 한다.

논의

웹 페이지는 여러 개의 HTML 테이블을 가지고 있을 수 있다. read_html(url)을 호출한 후 그 결과를 html_table로 파이프하면 페이지에 있는 모든 테이블을 읽어서 리스트로 반환한다. 페이지 전체를 탐색하기에는 좋지만, 테이블 하나만이 필요한 경우라면 꽤나 짜증날 것이다. 이럴 때 extract2(*n*)을 사용해서 원하는 테이블을 선택한다. 그러면 '*n*번째' 테이블만 읽을 수 있다.

예제로, 위키피디아의 문서에서 모든 테이블을 추출해 보자.

```
library(rvest)

all_tables <-
  read_html("https://en.wikipedia.org/wiki/Aviation_accidents_and_incidents") %>%
  html_table(fill = TRUE, header = TRUE)
```

read_html은 HTML 문서에서 나온 모든 테이블을 리스트로 출력한다. 그 리스트에서 하나의 테이블만 꺼내려면, magrittr 패키지의 extract2 함수를 쓰면 된다.

```
out_table <-
  all_tables %>%
  magrittr::extract2(2)

head(out_table)
#>   Year Deaths[53] # of incidents[54]
#> 1 2018      1,040             113[55]
#> 2 2017        399                 101
#> 3 2016        629                 102
#> 4 2015        898                 123
#> 5 2014      1,328                 122
#> 6 2013        459                 138
```

html_table 함수를 사용할 때는 결측값을 NA로 채워 넣어 주는 fill=TRUE와, 첫 번째 행이 헤더 이름이라는 것을 지정하는 header=TRUE 인자를 자주 쓴다.

다음은 위키피디아에서 'World population'이라는 제목을 가진 페이지에 있는 모든 테이블을 로딩하는 예제다.

```
url <- 'http://en.wikipedia.org/wiki/World_population'
tbls <- read_html(url) %>%
  html_table(fill = TRUE, header = TRUE)
```

해놓고 보니 페이지에는 총 23개의 테이블(또는 html_table이 테이블이라고 생각하는 것들)이 있었다.

```
length(tbls)
#> [1] 23
```

4장 입력과 출력

이 사례에서, 우리는 여섯 번째 테이블(인구가 가장 많은 국가순을 나열하는)에만 관심이 있다. 따라서 대괄호를 사용해서 해당 원소에 접근하거나(tbls[[6]]) magrittr 패키지의 extract2 함수로 파이프하자.

```
library(magrittr)
tbl <- tbls %>%
  extract2(6)

head(tbl, 2)
#>   Rank Country / Territory     Population       Date % of world population
#> 1    1      China[note 4] 1,397,280,000 May 11, 2019                 18.1%
#> 2    2              India 1,347,050,000 May 11, 2019                 17.5%
#>   Source
#> 1   [84]
#> 2   [85]
```

extract2 함수는 R의 [[i]] 문법의 '파이프 친화적인' 버전이라고 볼 수 있다. 둘 다 기능은 동일하게, 리스트에서 하나의 원소를 꺼내 준다. extract 함수는 [i]와 동일한데, 원래의 리스트에서 원소 i를 길이 1짜리 리스트로 반환해 준다.

위의 테이블에서, 열 2와 열 3은 각각 국가명과 인구를 나타낸다.

```
tbl[, c(2, 3)]
#>    Country / Territory    Population
#> 1        China[note 4] 1,397,280,000
#> 2                India 1,347,050,000
#> 3        United States   329,181,000
#> 4            Indonesia   265,015,300
#> 5             Pakistan   212,742,631
#> 6               Brazil   209,889,000
#> 7              Nigeria   188,500,000
#> 8           Bangladesh   166,532,000
#> 9        Russia[note 5]  146,877,088
#> 10               Japan   126,440,000
```

곧바로 우리는 데이터에 문제가 있다는 걸 알 수 있다. 중국(China)과 러시아(Russia)에 [note 4]와 [note 5]가 이름 옆에 붙어 있다. 위키피디아 웹사이트에서는 각주 참조를 의미하나, 지금은 그저 필요 없는 텍스트가 되었다. 그것도 모자라서 인구에는 쉼표가 들어 있어 숫자로 변환하기 어렵게 되어 있다. 이 모든 문제는 문자열 처리를 조금 하면 해결되기는 하지만, 문제 하나가 문자열 처리 과정을 한 단계씩 늘린다고 보면 된다.

이 사례는 HTML 테이블을 읽으려고 할 때 넘어야 할 주요 장애물을 잘 표현해 주었다. HTML은 사람에게 정보를 보여 주려고 디자인되었지, 컴퓨터가 대상이 아니다. 따라서 여러분이 HTML 페이지에서 정보를 '긁어' 오면, 사람에게는 유용하지만 컴퓨터에게는 방해가 되는 것들을 가져온다. 그러니 선택권이 있다면 컴퓨터가 이해하기 쉬운 데이터 표현인 XML, JSON 또는 CSV를 쓰도록 하자.

 read_html(*url*)과 html_table 함수는 rvest 패키지의 일부인데, 이 패키지는 크고 복잡하다. 또한 독자가 컴퓨터가 아니라 사람임을 가정하고 만들어진 사이트에서 데이터를 가져오는 경우, 데이터 처리에 앞서 클리닝을 하게 될 거라고 예상해야 한다.

더 알아보기

rvest와 같은 패키지들을 다운로드 및 설치하는 방법에 대해서는 레시피 3.10을 참고하라.

4.15 복잡한 구조를 가진 파일 읽기

문제

복합적이거나 불규칙한 구조를 가진 파일에서 데이터를 읽어오려고 한다.

해결책

readLines 함수를 사용해 개별 라인을 읽는다. 그리고 문자열로 처리해서 데이터 항목을 추출한다.

또는 scan 함수를 사용하여 파일의 내용을 토큰 스트림으로 읽되, what 인자를 사용하여 각 토큰의 형식을 기술하는 방법이 있다. scan 함수는 토큰을 데이터로 변환하고 데이터를 모아 레코드로 만들 수 있다.

논의

데이터 파일이 모두 정상적으로 깨끗하게 구분되는 데이터로 테이블에 예쁘게 정리되어 있다면 인생은 참 편할 것이다. readr 패키지에 있는 함수 중 하나를 사용해서 테이블을 읽어 오고 다시 일상으로 돌아가면 되니까.

불행히도, 우리는 무지개가 만개하고 유니콘이 뛰어다니는 행복한 세상에 살고 있지 않다.

언젠가는 골치 아픈 파일 형식에 맞닥뜨릴 것이고, 여러분은 파일의 내용을 R로 읽어와야 할 것이다. 이때 read.table과 read.csv 함수는 파일 중심이기 때문에 별로 도움이 못 된다. 하지만 readLines와 scan 함수는, 개별 라인과 심지어는 파일의 토큰들까지 처리할 수 있기 때문에 훨씬 쓸모가 있다.

readLines 함수는 상당히 간편하다. 파일에서 라인들을 읽어서 문자열의 목록으로 반환해 준다.

```
lines <- readLines("input.txt")
```

읽어올 라인의 최대 개수를 지정하는 n 인자를 사용해서 라인의 개수를 제한할 수도 있다.

```
lines <- readLines("input.txt", n = 10)      # 10줄만 읽고 멈춘다.
```

scan 함수는 이보다 훨씬 다채롭다. 한 번에 하나의 토큰을 읽어서 여러분의 지시에 따라 처리한다. 첫 번째 인자는 파일 이름이거나 연결이다. 두 번째 인자는 what이라고 불리는데, 입력 파일에서 scan에 들어올 토큰들을 설명한다. 설명이 좀 아리송하기는 하지만 꽤 똑똑하게 기능한다.

what=numeric(0)
다음 토큰을 숫자로 해석한다.

what=integer(0)
다음 토큰을 정수로 해석한다.

what=complex(0)
다음 토큰을 복소수로 해석한다.

what=character(0)
다음 토큰을 문자열로 해석한다.

what=logical(0)
다음 토큰을 논릿값으로 해석한다.

scan 함수는 모든 데이터를 다 읽기 전까지는 주어진 패턴을 계속 적용할 것이다. 여러분의 파일이 다음과 같이 단순한 숫자의 연속이라고 해 보자.

```
2355.09 2246.73 1738.74 1841.01 2027.85
```

"내 파일은 모두 숫자인 토큰의 연속이야"라고 말하려면 what=numeric(0)이라고 쓰면 된다.

```
singles <- scan("./data/singles.txt", what = numeric(0))
singles
#> [1] 2355.09 2246.73 1738.74 1841.01 2027.85
```

scan에서는 what을 여러 유형의 토큰을 포함하는 리스트로도 지원한다. 그러면 scan 함수는 여러분의 파일에서 해당 유형들이 순서대로 반복된다고 가정할 것이다. 예를 들어 파일에 다음과 같이 세 개가 한 쌍인 데이터들이 있다고 하자.

```
15-Oct-87 2439.78 2345.63 16-Oct-87 2396.21 2207.73
19-Oct-87 2164.16 1677.55 20-Oct-87 2067.47 1616.21
21-Oct-87 2081.07 1951.76
```

scan에 토큰 세 개짜리 수열이 들어올 거라고 알려 주기 위해 리스트를 사용한다.

```
triples <-
  scan("./data/triples.txt",
      what = list(character(0), numeric(0), numeric(0)))
triples
#> [[1]]
#> [1] "15-Oct-87" "16-Oct-87" "19-Oct-87" "20-Oct-87" "21-Oct-87"
#>
#> [[2]]
#> [1] 2439.78 2396.21 2164.16 2067.47 2081.07
#>
#> [[3]]
#> [1] 2345.63 2207.73 1677.55 1616.21 1951.76
```

리스트 원소들에 이름을 부여하면 scan이 데이터에 그 이름들을 부여한다.

```
triples <- scan("./data/triples.txt",
                what = list(
                  date = character(0),
                  high = numeric(0),
                  low = numeric(0)
                ))
triples
#> $date
#> [1] "15-Oct-87" "16-Oct-87" "19-Oct-87" "20-Oct-87" "21-Oct-87"
#>
```

```
#> $high
#> [1] 2439.78 2396.21 2164.16 2067.47 2081.07
#>
#> $low
#> [1] 2345.63 2207.73 1677.55 1616.21 1951.76
```

이 형식은 data.frame 커맨드를 사용해서 쉽게 데이터 프레임으로 변환할 수 있다.

```
df_triples <- data.frame(triples)
df_triples
#>        date    high     low
#> 1 15-Oct-87 2439.78 2345.63
#> 2 16-Oct-87 2396.21 2207.73
#> 3 19-Oct-87 2164.16 1677.55
#> 4 20-Oct-87 2067.47 1616.21
#> 5 21-Oct-87 2081.07 1951.76
```

scan 함수에는 많은 멋진 기능들이 있지만, 그중에서도 아래 몇 가지가 특히 유용하다.

n=*number*

이 숫자만큼의 토큰을 읽은 다음에 멈춤(기본: 파일 끝에서 멈춤)

nlines=*number*

이 숫자만큼의 입력 라인을 읽은 다음에 멈춤(기본: 파일 끝에서 멈춤)

skip=*number*

데이터를 읽기 전에 건너뛰는 입력 라인의 개수

na.strings=*list*

NA로 해석될 문자열 리스트

예제

이 레시피를 사용해서 카네기멜론 대학교에서 관리하는 통계 데이터와 소프트웨어 저장소인 StatLib의 데이터세트를 읽어 보자. 제프 위트머(Jeff Witmer)는 1903년부터 지금까지 월드 시리즈[2]의 승패 패턴을 보여 주는 wseries라는 데이터세트를 올려 주었다. 데이터세트는 35라인의 주석 뒤에 23라인의 데이터가 오는 ASCII 파일로 저

---

2 (옮긴이) 매년 아메리칸 리그(American League)와 내셔널 리그(National League)의 승자들이 펼치는 미국 프로야구의 결승전이다.

장되어 있다. 데이터는 다음과 같다.

```
1903   LWLlwwwW     1927   wwWW       1950   wwWW       1973   WLwllWW
1905   wLwWW        1928   WWlw       1951   LWlwwW     1974   wlWWW
1906   wLwLwW       1929   wwLWW      1952   lwLWLww    1975   lwWLWlw
1907   WWlw         1930   WWllwW     1953   WWllwW     1976   WWlw
1908   wWLww        1931   LWWlwLW    1954   WWlw       1977   WLwwlW
.
. (etc.)
.
```

이 데이터는 다음과 같이 풀이한다. L = 홈경기 패배, l = 원정경기 패배, W = 홈경기 승리, w = 원정경기 승리. 데이터가 행 순서가 아닌 열 순서로 되어 있어서 우리를 애먹인다.

다음은 원본 데이터를 읽는 R 코드다.

```
# wseries 데이터세트를 읽는다.
#    - 첫 35줄을 건너뛴다.
#    - 그리고 23줄의 데이터를 읽는다.
#    - 데이터는 쌍으로 나타난다. 연도와 패턴(문자열)
#
world.series <- scan(
  "http://lib.stat.cmu.edu/datasets/wseries",
  skip = 35,
  nlines = 23,
  what = list(year = integer(0),
              pattern = character(0)),
)
```

scan 함수가 리스트를 반환하니까, 우리는 year와 pattern이라는 원소 두 개를 가진 리스트를 얻을 수 있다. 그러나 scan 함수는 왼쪽에서 오른쪽으로 읽는 데 반해, 데이터세트는 열로 정리되어 있어 연도가 이상한 순서로 나타난다.

```
world.series$year
#>  [1] 1903 1927 1950 1973 1905 1928 1951 1974 1906 1929 1952 1975 1907 1930
#> [15] 1953 1976 1908 1931 1954 1977 1909 1932 1955 1978 1910 1933 1956 1979
#> [29] 1911 1934 1957 1980 1912 1935 1958 1981 1913 1936 1959 1982 1914 1937
#> [43] 1960 1983 1915 1938 1961 1984 1916 1939 1962 1985 1917 1940 1963 1986
#> [57] 1918 1941 1964 1987 1919 1942 1965 1988 1920 1943 1966 1989 1921 1944
#> [71] 1967 1990 1922 1945 1968 1991 1923 1946 1969 1992 1924 1947 1970 1993
#> [85] 1925 1948 1971 1926 1949 1972
```

리스트의 원소들을 연도에 따라 정렬해서 이를 해결할 수 있다.

```
perm <- order(world.series$year)
world.series <- list(year    = world.series$year[perm],
                     pattern = world.series$pattern[perm])
```

이제 데이터가 시간순으로 나타난다.

```
world.series$year
#>  [1] 1903 1905 1906 1907 1908 1909 1910 1911 1912 1913 1914 1915 1916 1917
#> [15] 1918 1919 1920 1921 1922 1923 1924 1925 1926 1927 1928 1929 1930 1931
#> [29] 1932 1933 1934 1935 1936 1937 1938 1939 1940 1941 1942 1943 1944 1945
#> [43] 1946 1947 1948 1949 1950 1951 1952 1953 1954 1955 1956 1957 1958 1959
#> [57] 1960 1961 1962 1963 1964 1965 1966 1967 1968 1969 1970 1971 1972 1973
#> [71] 1974 1975 1976 1977 1978 1979 1980 1981 1982 1983 1984 1985 1986 1987
#> [85] 1988 1989 1990 1991 1992 1993
```

```
world.series$pattern
#>  [1] "LWLlwwwW" "wLwWW"    "wLwLwW"   "WWww"     "wWLww"    "WLwlWlw"
#>  [7] "WWwlw"    "lWwWlW"   "wLwWlLW"  "wLwWw"    "wwWW"     "lwWWw"
#> [13] "WWlwW"    "WWllww"   "wlwWLW"   "WWlwwLLw" "wllWWW"   "LlWwLww"
#> [19] "WWwW"     "LwLww"    "LWlwlWW"  "LWllwWW"  "lwWLLww"  "wwWW"
#> [25] "WWww"     "wwLWW"    "WWllwW"   "LWwlwLW"  "WWww"     "WWlww"
#> [31] "wlWLLww"  "LWwwlW"   "lwWWLw"   "WWwlw"    "wwWW"     "WWww"
#> [37] "LWlwlWW"  "WLwww"    "LWww"     "WLww"     "LWlwwW"   "LWLwwlw"
#> [43] "LWlwlww"  "WWllwLW"  "lwWWLw"   "WLww"     "wwWW"     "LWlwwW"
#> [49] "lwLWLww"  "WWllwW"   "WWww"     "llWWWlw"  "llWWWlw"  "lwLWWlw"
#> [55] "llWLWww"  "lwwWLw"   "WLlwwLW"  "WLww"     "wlWLWlw"  "wwWW"
#> [61] "WLlwwLW"  "llWWWlw"  "wwWW"     "wlWWLlw"  "lwLLWww"  "lwWWw"
#> [67] "wwWLW"    "llWWWlw"  "wwLWLlw"  "WLwllWW"  "wlWWW"    "lwWLWlw"
#> [73] "WWww"     "WLwwlW"   "llWWWw"   "lwLLWww"  "WWllwW"   "llWWWw"
#> [79] "LWwllWW"  "LWww"     "wlWWW"    "LLwlwWW"  "LLwwlWW"  "WWlllWW"
#> [85] "WWlww"    "WWww"     "WWww"     "WWlllWW"  "lwWWLw"   "WLwwlW"
```

4.16 MySQL 데이터베이스에서 읽어오기

문제

MySQL 데이터베이스에 저장된 데이터에 접근하려고 한다.

해결책

다음 단계를 밟는다.

1. 컴퓨터에 RMySQL 패키지를 설치하고 사용자와 패스워드를 추가한다.
2. DBI::dbConnect 함수를 사용해 데이터베이스 연결을 연다.
3. dbGetQuery로 SELECT하고 결과 집합을 반환한다.

4. 끝나면 dbDisconnect를 사용해 데이터베이스 연결을 종료한다.

논의

이 레시피는 RMySQL 패키지가 컴퓨터에 설치되어 있어야 한다. 그리고 그 패키지는 다시 MySQL 클라이언트 소프트웨어가 있어야 한다. MySQL 클라이언트 소프트웨어가 시스템에 설치되어 있지 않거나 환경이 설정되어 있지 않다면 MySQL 문서를 참고해 설치하거나 시스템 관리자에게 물어 보자.

dbConnect 함수는 MySQL 데이터베이스로의 연결을 만든다. 그리고 이어 쓰이는 RMySQL 함수 호출들에 사용되는 연결 객체를 반환한다.

```
library(RMySQL)

con <- dbConnect(
    drv = RMySQL::MySQL(),
    dbname = "your_db_name",
    host = "your.host.com",
    username = "userid",
    password = "pwd"
  )
```

사용자 이름, 패스워드, 호스트 매개변수들은 mysql 클라이언트 프로그램을 통해 MySQL에 접근할 때 사용되는 것과 동일한 매개변수다. 여기 주어진 예에서는 dbConnect 호출에 이 매개변수들을 직접 타이핑해 넣었다. 사실 이는 문제의 소지가 있다. 여러분의 패스워드를 일반 텍스트 문서에 넣기 때문에 보안 문제가 생긴다. 또 패스워드나 호스트가 바뀌는 경우 직접 입력해 넣은 값들을 찾아내야 하게 되면서 무척 골치 아파진다. 그래서 그 대신 MySQL의 보안 메커니즘을 사용하기를 강력히 권한다. MySQL의 버전 8에는 더욱 발전한 보안 옵션들이 있지만, 현재 그것들은 RMySQL 클라이언트에는 반영되어 있지 않다. 따라서 여러분의 MySQL 설정 파일에 default-authentication-plugin=mysql_native_password를 설정함으로써 MySQL 네이티브 패스워드를 사용하기를 추천한다. 설정 파일은 유닉스에서는 *$HOME/.my.cnf*에 있고, 윈도우에서는 *C:\my.cnf*에 있다. loose-local-infile=1을 사용해서 데이터베이스 작성 권한이 있도록 설정해 둔다. 설정 파일은 본인 외에는 누구도 읽을 수 없도록 하자. 해당 파일은 [mysqld]와 [client]와 같은 표시자로 섹션이 구분되어 있다. [client] 부분에 매개변수들을 넣어서, 여러분의 환경 설정 파일을 다음과 같도록 만들어 보자.

```
[mysqld]
default-authentication-plugin=mysql_native_password
loose-local-infile=1

[client]
loose-local-infile=1
user="jdl"
password="password"
host=127.0.0.1
port=3306
```

일단 매개변수들이 환경 설정 파일에서 정의되면, 더 이상 dbConnect 호출에는 넣지 않아도 되니 훨씬 간편해진다.

```
con <- dbConnect(
  drv = RMySQL::MySQL(),
  dbname = "여러분의_DB명")
```

dbGetQuery 함수를 써서 SQL을 데이터베이스에 전송하고 결과 집합을 읽는다. 그렇게 하려면 데이터베이스 연결이 열려 있어야 한다.

```
sql <- "SELECT * from SurveyResults WHERE  City = 'Chicago'"
rows <- dbGetQuery(con, sql)
```

굳이 SELECT 문으로만 제한할 필요는 없다. 어떤 SQL이든 결과 집합을 생성하는 명령이라면 괜찮다. 많은 경우 CALL 문을 쓰는데, 이를테면 저장된 프로시저에 SQL이 담겨 있고, 그 프로시저 내부에 SELECT 문이 내장되어 있는 경우가 되겠다.

dbGetQuery를 사용하면 결과 집합을 데이터 프레임으로 포장해서 데이터 프레임을 반환해 주어서 편리하다. 데이터 프레임은 SQL의 결과 집합을 표현하기에 완벽한 구조다. 결과 집합이 데이터 프레임과 마찬가지로 행과 열로 된 테이블 형태의 구조를 갖고 있기 때문이다. 결과 집합의 열은 SQL의 SELECT 절에서 주어진 이름을 사용하며, R이 그것을 가져다 데이터 프레임의 열 이름으로 사용한다.

여러 개의 쿼리를 실행할 때는 dbGetQuery를 반복적으로 호출하자. 다 끝났다면 dbDisconnect로 데이터베이스 연결을 닫는다.

```
dbDisconnect(con)
```

다음은 주식 가격에 관한 데이터베이스에서 세 개의 행을 읽고 출력하는, 하나의 완전한 세션이다. 이 쿼리는 2008년의 마지막 3일 간 IBM 주식의 가격을 선택한다. 여기서 쿼리는 *my.cnf* 파일에 사용자 이름(username), 패스워드(password), 데이터베이스 이름(dbname), 호스트(host)가 매개변수로 정의되어 있다고 가정한다.

```
con <- dbConnect(RMySQL::MySQL())
sql <- paste(
  "select * from DailyBar where Symbol = 'IBM'",
  "and Day between '2008-12-29' and '2008-12-31'"
)
rows <- dbGetQuery(con, sql)

dbDisconnect(con)
print(rows)

##   Symbol        Day       Next OpenPx HighPx LowPx ClosePx AdjClosePx
## 1    IBM 2008-12-29 2008-12-30  81.72  81.72 79.68   81.25      81.25
## 2    IBM 2008-12-30 2008-12-31  81.83  83.64 81.52   83.55      83.55
## 3    IBM 2008-12-31 2009-01-02  83.50  85.00 83.50   84.16      84.16
##   HistClosePx  Volume OpenInt
## 1       81.25 6062600      NA
## 2       83.55 5774400      NA
## 3       84.16 6667700      NA
```

더 알아보기

레시피 3.10과 RMySQL 문서를 참고하라. 이 문서에는 해당 패키지의 환경을 설정하고 사용하는 자세한 방법이 소개되어 있다.

SQL을 작성하지 않고도 SQL 데이터베이스에서 데이터를 가져오는 법에 대해서는 레시피 4.17을 참고하라.

R은 오라클, Sybase, PostgreSQL, SQLite 등의 다른 RDBMS에서도 데이터를 읽어올 수 있다. 더 많은 정보는 기본 배포판(레시피 1.7)에 포함되어 있으며, CRAN (*http://cran.r-project.org/doc/manuals/R-data.pdf*)에서도 찾을 수 있는 'R Data Import/Export' 가이드를 참고하라.

4.17 dbplyr로 데이터베이스 접근하기

문제

데이터베이스에 접근하고 싶지만, 데이터를 조작하고 결과를 R로 반환하는 데 SQL 코드를 쓰고 싶지 않다.

해결책

데이터 조작 관련 문법의 역할 외에도, tidyverse 패키지의 dplyr는 dbplyr 패키지와 함께 사용하면 dplyr의 커맨드를 SQL로 변환해 주는 역할도 한다.

RSQLite로 예제 데이터베이스를 설정해 보자. 그리고 거기에 연결한 후, dplyr과 dbplyr 백엔드를 사용해서 데이터를 추출할 것이다.

일단 msleep 예제 데이터를 메모리 내의 SQLite 데이터베이스로 로딩한다.

```
con <- DBI::dbConnect(RSQLite::SQLite(), ":memory:")
sleep_db <- copy_to(con, msleep, "sleep")
```

이제 데이터베이스에 테이블이 있으니, R에서 그것을 참조하도록 만들 수 있다.

```
sleep_table <- tbl(con, "sleep")
```

sleep_table 객체는 데이터베이스에 있는 해당 테이블에 대한 포인터 또는 별명 (alias)이라고 볼 수 있다. 하지만, dplyr은 그것을 일반적인 tidyverse 티블이나 데이터 프레임으로 취급하는데, 그렇기 때문에 여러분은 dplyr 및 다른 R 커맨드를 사용해서 이 객체에 연산을 할 수 있다. 그럼 세 시간 미만을 자는 동물들을 데이터에서 선택해 보자.

```
little_sleep <- sleep_table %>%
  select(name, genus, order, sleep_total) %>%
  filter(sleep_total < 3)
```

위 커맨드를 실행할 때, dplyr 백엔드가 바로 데이터를 가져오지는 않는다. 다만 쿼리를 만들고 준비할 뿐이다. dplyr로 만든 쿼리를 보려면, show_query를 사용하면 된다.

```
show_query(little_sleep)
#> <SQL>
#> SELECT *
#> FROM (SELECT `name`, `genus`, `order`, `sleep_total`
#> FROM `sleep`)
#> WHERE (`sleep_total` < 3.0)
```

데이터를 로컬로 가져오려면 collect를 사용한다.

```
local_little_sleep <- collect(little_sleep)
local_little_sleep
```

```
#> # A tibble: 3 x 4
#>   name        genus        order         sleep_total
#>   <chr>       <chr>        <chr>               <dbl>
#> 1 Horse       Equus        Perissodactyla        2.9
#> 2 Giraffe     Giraffa      Artiodactyla          1.9
#> 3 Pilot whale Globicephalus Cetacea              2.7
```

논의

`dplyr`을 사용해서 `dplyr` 커맨드로만 SQL 데이터베이스에 접근하려는 경우, 다른 언어로 변경했다가 다시 돌아오지 않아도 되어서 생산성이 높다. R 스크립트 중간에 큰 SQL 코드 블록을 저장하거나, R에서 읽는 파일과 별도로 SQL을 저장해 두는 또 다른 방법도 있다.

`dplyr`에 백그라운드에서 투명하게 SQL을 생성하도록 허용함으로써, 데이터를 추출하기 위해 별도의 SQL 코드를 유지보수할 필요가 없어진다.

`dbplyr` 패키지는 DBI를 사용해서 데이터베이스에 연결하기 때문에, 여러분이 연결하고자 하는 데이터베이스에 맞는 DBI 백엔드 패키지가 필요하다.

다음은 자주 사용되는 DBI 백엔드 패키지다.

`odbc`

ODBC(Open Database Connectivity) 프로토콜을 사용해서 다양한 많은 데이터베이스에 연결한다. 마이크로소프트 SQL 서버에 연결하기 위해서는 가장 좋은 선택지다. ODBC는 윈도우 컴퓨터에서는 명확하게 잘 작동하지만, 리눅스나 맥 OS에서 동작시키려면 꽤 품이 들 수 있다.

`RPostgreSQL`

Postgres와 Redshift에 연결할 때 사용한다.

`RMySQL`

MySQL과 MariaDB에 연결할 때 사용한다.

`RSQLite`

디스크나 메모리상의 SQLite 데이터베이스에 연결할 때 사용한다.

`bigrquery`

구글의 BigQuery에 연결할 때 사용한다.

> 언급된 각각의 DBI 백엔드 패키지는 CRAN에 올라와 있어서 install.packages('*패키지명*') 커맨드로 설치가 가능하다.

더 알아보기

R과 RStudio로 데이터베이스에 연결하는 법에 대한 정보를 더 알아보려면, *https://db.rstudio.com/*을 보자.

dbplyr에서의 SQL 변환에 대해 더 알아보려면 vignette("sql-translation")로 sql-translation 비네트를 보거나 *http://bit.ly/2wVCOKe*에 들어가서 보자.

4.18 객체를 저장하고 전송하기

문제

하나 혹은 그 이상의 R 객체를 파일에 저장했다가 나중에 사용하거나, R 객체를 한 컴퓨터에서 다른 컴퓨터로 복사하고 싶다.

해결책

save 함수를 사용해 객체들을 파일로 쓴다.

```
save(tbl, t, file = "myData.RData")
```

load 함수를 사용해 여러분의 컴퓨터 또는 R을 지원하는 어떤 플랫폼으로든 다시 읽어 들인다.

```
load("myData.RData")
```

save 함수는 바이너리 데이터를 작성한다. ASCII 형식으로 저장하려면 dput이나 dump를 쓰자.

```
dput(tbl, file = "myData.txt")
dump("tbl", file = "myData.txt")  # 변수 이름 앞뒤의 따옴표에 주의한다.
```

논의

다른 작업공간에 크고 복잡한 데이터 객체를 로딩해야 한다거나, R 객체를 여러분이 가지고 있는 리눅스 컴퓨터와 윈도우 컴퓨터 사이에서 옮겨야 한다고 생각해 보자.

load와 save 함수로 이 작업들을 할 수 있다. save는 파일로 객체를 저장해서 컴퓨터에 옮길 수 있도록 해 주며 load는 이런 파일들을 읽을 수 있게 해 준다.

load를 실행하면, 그 자체로는 데이터를 반환하지 않는다. 대신에 작업공간에 변수들을 만들고, 데이터를 그 변수들에 로딩한 다음에 변수 이름들을 벡터로 반환한다. 여러분이 처음 load를 쓴다면, 아마 이렇게 하고 싶을 것이다.

```
myData <- load("myData.RData")    # 주의! 생각대로 되지 않을 것이다.
```

myData가 뭔지 살펴보자.

```
myData
#> [1] "tbl" "t"
str(myData)
#>  chr [1:2] "tbl" "t"
```

myData는 우리의 데이터를 전혀 담고 있지 않아서 혼란스러울 수 있다. 처음 이런 상황을 맞이한다면 몹시 당황할 것이다.

일단 유념해야 할 점들이 몇 가지 있다. 첫째로, save 함수는 파일의 크기를 작게 유지하려고 바이너리 형식으로 작성한다. 그럼에도 가끔은 ASCII 형식으로 쓰고 싶을 때가 있다. 예를 들면, Stack Overflow에 질문을 보낼 때 다른 사람들이 문제를 재현할 수 있도록 ASCII 데이터의 덤프를 첨부하는 경우가 있겠다. 이럴 때는 dput이나 dump를 사용하면 ASCII 형식으로 작성할 수 있다.

또한, 특정한 R 패키지에서 생성된 객체를 저장하고 로딩할 때는 주의해야 한다. 객체를 로딩할 때 R이 자동으로 필요한 패키지도 로딩하지는 않으므로 여러분이 미리 패키지를 로딩해 두지 않으면 R은 그 객체를 제대로 이해하지 못한다. 일례로 zoo 패키지가 만든 z라는 객체가 있다고 하고, 이 객체를 z.RData라는 파일에 저장한다고 해 보자. 다음 함수들을 순서대로 실행하면 혼란이 초래된다.

```
load("./data/z.RData")    # z 변수를 생성하고 파일의 내용을 채워 넣는다.
plot(z)                   # 그래프가 이상하다. zoo 패키지가 로딩되지 않았다.
```

그림 4-3을 보면, 결과로 출력되는 그래프가 있다. 점만 나타나 있다.

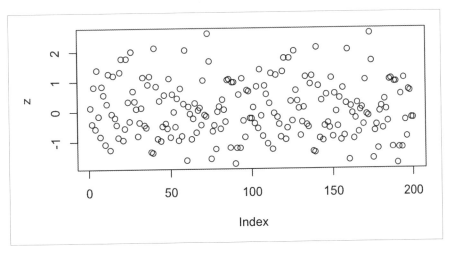

그림 4-3 zoo를 로딩하지 않고 그려진 그래프

zoo 객체를 출력하거나 그래프로 그리기 '전에' zoo 패키지를 로딩했어야 한다. 다음과 같이 말이다.

```
library(zoo)           # zoo 패키지를 메모리에 로딩한다.
load("./data/z.RData") # z 변수를 생성하고 파일의 내용을 채워 넣는다.
plot(z)                # 휴. 이제 그래프가 제대로 그려진다.
```

그림 4-4의 결과 그래프를 보자.

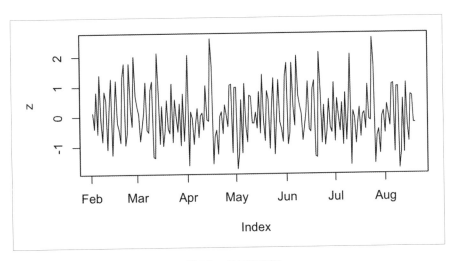

그림 4-4 zoo로 그린 그래프

더 알아보기

하나의 데이터 프레임이나 R 객체만 저장 및 로딩하는 경우라면, write_rds와 read_rds를 고려해 보자. 이 함수들은 load와 같은 '부작용'이 없다.

## 5장

데이터 구조

벡터만 가지고도 R로 할 수 있는 게 꽤 많다. 2장에서 다루었던 내용이다. 하지만 이 번 장은 단순한 벡터를 넘어서 행렬, 리스트, 요인, 데이터 프레임, 그리고 티블(데이 터 프레임의 한 종류다)에 대한 레시피로까지 확대된다. 여러분 중에 데이터 구조에 대해서 이미 어느 정도 개념을 잡고 있는 분들이 있더라도, 여기서는 잠시만 접어놓 기를 바란다. R은 데이터 구조를 여타 언어와는 좀 다르게 사용한다. 이번 장에 있는 레시피를 배우기에 앞서, R에서 지원하는 다양한 데이터 구조에 대해 잠깐 살펴보고 가도록 하자.

　R 데이터 구조의 기술적인 면을 배우고 싶다면《R in a Nutshell》과 "R Language Definition"(*https://cran.r-project.org/doc/manuals/r-release/R-lang.html*)을 읽어보기 바 란다. 이 책에서 소개하는 팁들은 위의 책과 문서에 나온 것보다는 비공식적이지만, 일상적으로 쓸 수 있는 것들이다. 개인적으로, 처음 R을 접했을 때 미리 알았다면 좋 았겠다고 생각한 부분을 다루었으니까 말이다.

벡터

다음은 벡터(vector)의 주요 특성이다.

벡터들은 동질적이다

　한 벡터의 모든 원소는 같은 자료형 또는 R 용어 정의에 따르면, 같은 모드(mode) 여야 한다.

벡터는 위치로 인덱스된다

즉, v[2]는 v의 두 번째 원소를 뜻한다.

벡터는 여러 개의 위치로 인덱스될 수도 있으며, 이때 하위 벡터(subvector)를 반환한다

v[c(2,3)]은 v의 두 번째와 세 번째 원소로 이루어진 하위 벡터다.

벡터 원소들은 이름을 가질 수 있다

벡터에는 원소에 이름을 부여하는, 벡터 자신과 같은 길이의 names 속성이 있다.

```
v <- c(10, 20, 30)
names(v) <- c("Moe", "Larry", "Curly")
print(v)
#>   Moe  Larry  Curly
#>    10     20     30
```

만약 벡터의 원소가 이름을 가지고 있으면 그 이름으로 선택할 수 있다

위의 예에서 이어진다.

```
v["Larry"]
#> [1] 20
```

리스트

다음은 리스트(list)의 주요 특성이다.

리스트는 이질적이다

리스트에는 여러 자료형의 원소들이 포함되어 있을 수 있다. R 용어 정의에 입각하여 말한다면, 리스트의 원소들은 서로 다른 모드(mode)를 가져도 된다. 심지어 리스트나 데이터 프레임 같이 구조화된 다른 객체들도 포함할 수 있다. 이것을 잘 사용하면 재귀적인 데이터 구조를 만드는 것이 가능해진다.

리스트는 위치로 인덱스된다

따라서 lst[[2]]는 lst의 두 번째 원소를 뜻한다. 대괄호가 두 쌍임을 기억하자. 대괄호 두 쌍은 어떤 형식의 원소이든 간에 R이 해당 원소를 반환한다는 뜻이다.

리스트에서 하위 리스트를 추출할 수 있다

lst[c(2,3)]은 lst의 둘째와 셋째 원소로 이루어진 하위 리스트다. 대괄호가 한

쌍인 것을 잘 봐 두자. 한 쌍의 대괄호는 R이 항목들을 리스트에 담아 반환한다는 의미다. 하나의 원소를 대괄호 한 쌍을 사용해 꺼내려는 경우(lst[2]처럼), R은 길 이가 1인 리스트에 담아서 반환해 줄 것이다.

리스트의 원소들은 이름을 가질 수 있다

lst[["Moe"]]와 lst$Moe는 둘 다 'Moe'라는 이름의 원소를 지칭한다.

리스트는 여러 자료형을 포함할 수 있는데다 원소들을 이름으로 불러올 수도 있기 때문에, 다른 프로그래밍 언어에서의 '사전(dictionary)'이나 '해시(hash)', 아니면 '탐색표(lookup table)'(레시피 5.9에서 다룬다)와 유사하다. 하지만 놀랍게도 여타 프로그래밍 언어와는 다르게 R에서는 리스트들이 위치로 인덱스될 수도 있다.

모드: 물리적인 자료형

R에서 모든 객체에는 그것이 메모리에 어떻게 저장되는지를 가리키는 '모드(mode)' 가 있다. 숫자로 저장될 것인가, 문자열, 다른 객체로의 포인터로 된 리스트, 함수, 아니면 기타 다른 것으로 저장될 것인가를 나타내는 게 모드다(표 5-1).

표 5-1 R 객체-모드 간 매핑 표

객체	예	모드
숫자	3.1415	수치형
숫자 벡터	c(2.7182, 3.1415)	수치형
문자열	"Moe"	문자형
문자열 벡터	c("Moe", "Larry", "Curly")	문자형
요인	factor(c("NY", "CA", "IL"))	수치형
리스트	list("Moe", "Larry", "Curly")	리스트
데이터 프레임	data.frame(x=1:3, y=c("NY", "CA", "IL"))	리스트
함수	print	함수

mode 함수로 다음 정보를 알 수 있다.

```
mode(3.1415)                  # 숫자 모드
#> [1] "numeric"
mode(c(2.7182, 3.1415))       # 숫자로 이루어진 벡터 모드
#> [1] "numeric"
mode("Moe")                   # 문자열 모드
```

```
#> [1] "character"
mode(list("Moe", "Larry", "Curly")) # 리스트 모드
#> [1] "list"
```

벡터와 리스트의 가장 큰 차이점은 다음과 같이 요약할 수 있다.

- 벡터의 모든 원소는 같은 모드여야 한다.
- 리스트의 원소들은 서로 다른 모드여도 된다.

클래스: 추상적인 자료형

R에서 모든 객체는 추상 자료형인 '클래스(class)'도 가지고 있다. 이 용어는 객체 지향 프로그래밍에서 빌려온 것이다. 예를 들어 거리, 시간의 특정 시점 또는 무게 등 어떤 숫자 하나로 표현할 수 있는 대상은 무척 다양하다. 이러한 객체들은 모두 숫자로 저장되기 때문에 모드는 '수치형'이지만 각각 해석 방법이 다르므로 클래스는 상이할 수 있다. 이를테면 Date라는 객체는 숫자 하나로 구성된다.

```
d <- as.Date("2010-03-15")
mode(d)
#> [1] "numeric"
length(d)
#> [1] 1
```

이 숫자를 어떻게 해석해야 할지는 Date라는 클래스를 보면 알 수 있다. 여기서는 1970년 1월 1일부터 경과된 날짜 수를 의미한다.

```
class(d)
#> [1] "Date"
```

R은 객체의 클래스를 가지고 어떻게 그 객체를 처리할지 결정한다. 예를 들어 제네릭 함수인 print에는 클래스(data.frame, Date, lm 등)에 따라 객체를 출력하는, 메서드(method)라고 불리는 특화된 버전들이 있다. 그래서 여러분이 어떤 객체를 출력하면 R이 객체의 클래스에 따라서 적절한 print 함수를 호출한다.

단일값

단일값(scalars)과 벡터의 관계에는 조금 별난 면이 있다. 일부 소프트웨어에서는 단일값과 벡터를 다르게 취급하지만, R에서는 대략 같다고 보면 된다. 단일값은 하나의 원소만 가지고 있는 벡터를 말한다. 이 책에서 우리는 '단일값'이라는 말을 종종

사용하는데, 쉽게 말하면 '원소가 하나인 벡터'를 지칭하는 것이다.

내장된 상수 pi를 생각해 보자. 이는 단일값이다.

```
pi
#> [1] 3.14
```

단일값은 원소가 하나인 벡터이므로, pi에도 벡터 함수를 사용할 수 있다.

```
length(pi)
#> [1] 1
```

인덱스도 된다. 첫 번째(그리고 유일한) 원소는 당연히 π다.

```
pi[1]
#> [1] 3.14
```

두 번째 원소를 물어보면 없다고 나온다.

```
pi[2]
#> [1] NA
```

행렬

R에서 행렬(matrix)은 차원을 가진 벡터다. 얼핏 보기엔 이상하지만, 벡터에 차원을 정해 주기만 하면 행렬로 바꿀 수 있다.

벡터에는 dim이라는 속성이 있다. 다음과 같이 처음에는 NULL로 되어 있다.

```
A <- 1:6
dim(A)
#> NULL
print(A)
#> [1] 1 2 3 4 5 6
```

dim 속성을 설정하면 벡터에 차원이 주어진다. 벡터의 차원을 2 × 3으로 한 뒤 출력하면 어떻게 되는지 보자.

```
dim(A) <- c(2, 3)
print(A)
#>      [,1] [,2] [,3]
#> [1,]    1    3    5
#> [2,]    2    4    6
```

짠! 벡터가 2 × 3 행렬로 모양이 바뀌었다.

또한, 리스트를 가지고 행렬을 만들 수도 있다. 벡터와 마찬가지로 리스트도 처음
엔 NULL로 설정되어 있는 dim 속성이 있다.

```
B <- list(1, 2, 3, 4, 5, 6)
dim(B)
#> NULL
```

dim 속성이 설정되면 리스트에 모양이 만들어진다.

```
dim(B) <- c(2, 3)
print(B)
#>      [,1] [,2] [,3]
#> [1,] 1    3    5
#> [2,] 2    4    6
```

짠! 리스트를 2 × 3 행렬로 만들었다.

배열

행렬에서 다루었던 특징은 3차원이나, 더 나아가 'n차원' 구조에도 일반화된다. 주어
진 벡터(또는 리스트)에 더 많은 차원을 부여하면 되는 것이다. 다음 예시에서는 2 ×
3 × 2 크기의 3차원 배열(array)을 생성한다.

```
D <- 1:12
dim(D) <- c(2, 3, 2)
print(D)
#> , , 1
#>
#>      [,1] [,2] [,3]
#> [1,]  1    3    5
#> [2,]  2    4    6
#>
#> , , 2
#>
#>      [,1] [,2] [,3]
#> [1,]  7    9    11
#> [2,]  8   10    12
```

여기서 R은 한 번에 하나의 '단면'만 출력했다. 3차원 구조를 2차원에 표현할 수 없었
기 때문이다.

리스트에 dim 속성만 부여하면 리스트를 행렬로 만들 수 있다는 점이 무척 생소한
데, 갈수록 가관이다.

리스트가 이질성을 띠고 있다는(모드가 섞여 있는) 점을 상기해 보자. 이질적인 리스트로부터 시작해서 차원을 부여, 즉 이질적인 행렬을 생성할 수 있다. 다음 코드 조각은 수치형과 문자형 데이터가 섞인 행렬을 생성한다.

```
C <- list(1, 2, 3, "X", "Y", "Z")
dim(C) <- c(2, 3)
print(C)
#>      [,1] [,2] [,3]
#> [1,] 1    3    "Y"
#> [2,] 2    "X"  "Z"
```

우리가 이 점을 이상하다고 느낀 이유는, 행렬은 보통 수치형으로만 이루어져 있을 뿐, 여러 자료형이 섞여 있다고는 미처 생각지 못했기 때문이다. 보시다시피 R에는 별로 제한이 없다.

이질적인 행렬을 생성할 수 있다는 점은 막강한 기능이기도 하고, 어딘가 멋져 보이기도 한다. 하지만 행렬을 평범하고 일상적인 일에 쓰려면 문제가 생긴다. 예를 들어 위의 예시에 있는 행렬 C가 행렬 곱셈에 사용된다면 어떤 일이 벌어질까? 데이터 프레임으로 변환한다면 어떻게 될까? 답부터 말해 주면, 이상한 일들이 벌어진다.

이 책에서는 이질적 행렬이 포함되면서 그 때문에 문제를 걷잡을 수 없어지는 사례는 웬만하면 무시했다. 여러분이 예쁘고 단순한 행렬만 쓴다고 가정한 것이다. 그래서 행렬과 관련된 몇몇 레시피는 여러분의 데이터에 여러 모드가 섞여 있으면 잘 작동하지 않을 수(아예 안 될 수도) 있다. 그런 행렬은 벡터나 데이터 프레임으로 변환해도 걸림돌이 많다(레시피 5.29 참고).

요인

요인(factor)은 벡터처럼 생겼지만 특별한 속성이 있다. R은 벡터에 있는 고유한 값 (unique value)의 정보를 얻어 내는데, 이 고유 값들을 요인의 수준(level)이라고 한다. 요인은 간단하고 효율적인 형태로 데이터 프레임에 저장된다. 다른 프로그래밍 언어에서는 요인을 '열거형 값(enumerated value)들로 이루어진 벡터'로 표현한다.

다음은 요인의 두 가지 주된 사용처다.

범주형 변수

하나의 요인은 범주형 변수 한 종류를 나타낼 수 있다. 범주형 변수들은 분할표, 선형회귀, 분산분석(ANOVA), 로지스틱 회귀 분석 등 많은 분야에 사용된다.

집단 분류(grouping)

이것은 데이터 항목에다가 집단에 따른 라벨을 붙이거나 태깅을 할 때 쓰는 방법이다. 6장을 참고하라.

데이터 프레임

데이터 프레임(data frame)은 강력하고 유연한 구조다. 대부분의 전문적인 R 애플리케이션은 데이터 프레임을 포함하고 있다. 데이터 프레임은 데이터세트(SAS나 SPSS, 또는 SQL 데이터베이스의 테이블에서 볼 수 있는)를 모방해서 만들어졌다.

데이터 프레임은 테이블로 된(사각형의) 데이터 구조여서 열과 행이 있다. 하지만 행렬로 구현되지는 않는다. 오히려 다음과 같은 특징을 가진 리스트라고 볼 수 있다.

- 데이터 프레임이라는 리스트의 원소는 벡터와(또는) 요인이다.[1]
- 그 벡터와 요인들은 데이터 프레임의 열에 해당한다.
- 그 벡터와 요인들은 동일한 길이여야 한다. 다시 말하면 모든 열은 동일한 높이여야 한다.
- 동일한 높이의 열들은 데이터 프레임을 사각형으로 만든다.
- 열에는 이름이 있어야 한다.

데이터 프레임은 리스트임과 동시에 사각형 구조이기도 해서, R은 그 내용물에 접근할 때 다음과 같은 두 가지 방법을 주로 쓴다.

- 리스트 연산자를 사용해 데이터 프레임에서 열을 추출할 수 있다. df[i], df[[i]], df$*name*처럼 쓰면 된다.
- 행렬과 비슷한 표기법을 써도 된다. df[i,j], df[i,], 또는 df[,j]처럼 말이다.

데이터 프레임을 어떻게 인식하느냐는 각자의 배경지식에 따라 다를 것이다.

통계전문가

데이터 프레임은 관찰된 결과(observations)로 된 테이블이다. 각 행은 하나의 관찰로 이루어진다. 관찰들은 꼭 동일한 종류의 변수들을 가지고 있어야 한다. 이러한 변수들을 열이라고 부르며, 이름으로 이들을 참조할 수도 있다. 또한 행

---

1 데이터 프레임은 벡터, 요인, 행렬이 섞인 것으로도 만들 수 있다. 행렬의 열은 데이터 프레임의 열이 된다. 각 행렬에서 '행'의 수는 벡터와 요인의 '길이'와 맞아야 한다. 다시 말하면, 데이터 프레임의 모든 원소는 동일한 '높이'여야 한다.

렬과 마찬가지로 행 번호나 열 번호로 테이블의 내용을 참조해도 된다.

SQL 프로그래머

데이터 프레임은 테이블이다. 이 테이블 전체가 메모리에 올라가 있지만, 플랫 파일로 저장하고 나중에 불러올 수도 있다. R이 알아서 하므로 열의 자료형을 선언할 필요는 없다.

엑셀 사용자

데이터 프레임은 시트, 혹은 시트 안의 일정 범위와 비슷하다. 하지만 각 열에 자료형이 지정되어 있으므로 그보다는 제한적이라 볼 수 있다.

SAS 사용자

데이터 프레임은 모든 데이터가 메모리에 올라가 있는 SAS 데이터세트와 유사하다. R로 데이터 프레임을 디스크에 읽고 쓸 수 있기는 하지만, 처리 중일 때는 꼭 메모리에 있어야 한다.

R 프로그래머

데이터 프레임은 일부는 행렬이고 일부는 리스트인 하이브리드 데이터 구조다. 열은 숫자, 문자열 또는 요인을 포함할 수 있지만 섞인 것은 안 된다. 그리고 행렬을 인덱스하듯이 데이터 프레임도 인덱스할 수 있다. 데이터 프레임은 원소가 열인 리스트이기도 해서, 리스트 연산자를 써서 열에 접근할 수 있다.

컴퓨터 과학자

데이터 프레임은 사각형 데이터 구조로 되어 있다. 열들은 자료형이 나뉘어 있고, 각 열은 숫자 값이거나, 문자열이거나, 요인이어야 한다. 또 열에는 라벨이 있어야 한다. 행은 라벨이 있어도 되고 없어도 된다. 이와 같은 테이블은 위치, 열 이름 그리고(또는) 행 이름으로 인덱스된다. 리스트 연산자로도 접근할 수 있는데, 그런 경우 R은 데이터 프레임을, 데이터 프레임의 각 열이 원소인 리스트로 취급한다.

기업 경영진

데이터 프레임에는 이름과 숫자들을 넣을 수 있다. 데이터 프레임은 작은 데이터베이스 같다. 직원들은 분명히 데이터 프레임을 기쁘게 사용할 것이다.

티블

티블(tibble)은 해들리 위컴(Hadly Wickham)이 tidyverse에 포함된 핵심 패키지인 tibble 패키지에서 소개한, 데이터 프레임의 현대적인 형태다. 데이터 프레임에 사용할 수 있는 대개의 함수는 티블에도 적용된다. 하지만 그러면서도 티블은 데이터 프레임보다 일은 적게 하면서 불만은 더 많이 표출한다. 비유하면, 가장 평가가 나쁜 직장 동료와도 비슷하다. 하지만 필자들은 티블이 가장 사랑받는 데이터 구조가 될 거라고 생각한다. 일을 적게 하고 불만을 더 가지는 것은 버그가 아니라, 기능이 될 수 있기 때문이다.

데이터 프레임과 다른 점은 다음과 같다.

- 기본 옵션으로 행 번호를 반환하지 않는다.
- 이상하게 생긴, 예상치 못한 열 이름을 반환하지 않는다.
- 데이터를 요인으로 강제 변환하지 않는다(그렇게 하라고 명령하기 전까지는).
- 길이 1짜리 벡터는 재활용하지만, 그 외 다른 길이는 재활용하지 않는다.

기본 데이터 프레임의 기능에 추가되는 티블의 특징은 다음과 같다.

- 최상단 4개의 행과 일부 메타데이터만 기본으로 출력한다.
- 부분집합을 추출할 때(subset) 항상 티블을 반환한다.
- 부분 매칭을 절대 하지 않는다. 즉, 티블에서 열에 접근하고 싶다면 제대로 된 열의 명칭을 사용해야 한다.
- 더 많은 경고와 메시지를 출력해 잔소리를 함으로써 소프트웨어가 무엇을 하고 있는지 이해하기 쉽게 해 준다.

이러한 모든 추가 기능은 여러분을 놀라게 하는 상황을 줄여 주고, 실수를 하지 않도록 만들어 주기 위해 설계되었다.

5.1 벡터에 데이터 추가하기

문제

벡터에 데이터 항목을 추가하고 싶다.

해결책

벡터 생성자(c)를 추가할 데이터 항목과 함께 사용한다.

```
v <- c(1, 2, 3)
newItems <- c(6, 7, 8)
c(v, newItems)
#> [1] 1 2 3 6 7 8
```

항목 한 개를 넣으려면 새 항목을 벡터의 다음 원소로 대입해도 된다. R이 자동으로
벡터를 늘린다.

```
v <- c(1, 2, 3)
v[length(v) + 1] <- 42
v
#> [1] 1 2 3 42
```

논의

벡터에 데이터 항목을 추가하는 방법을 물어보면, 우리 필자들은 추가하지 않는 것
이 좋겠다고 대답할 것이다.

> R은 하나의 데이터 항목보다는, 벡터 전체를 다룰 때 가장 잘 작동한다. 혹시 벡터에 항목을 계
> 속 추가하고 있는가? 만약 그렇다면, 반복문 내에서 사용 중일 가능성이 크다. 작은 벡터일 경우
> 엔 그것도 괜찮지만, 벡터가 크다면 프로그램을 느리게 한다. 여러분이 반복적으로 벡터에 원소
> 하나를 추가하면서 벡터를 늘리면, R의 메모리 관리가 잘 안 된다. 반복문을 사용한 코드를 벡터
> 수준의 작업으로 바꿔 보자. 그러면 여러분은 코드를 적게 작성해도 되고, R의 실행은 더 빨라지
> 는 일석이조의 효과를 얻을 수 있을 것이다.

그래도 종종 벡터에 데이터를 추가할 필요가 있기는 하다. 필자들이 실험해 본 결과,
가장 효율적인 방법은 벡터 생성자(c)를 사용해서 새로운 벡터를 만들고 이전 데이
터와 새 데이터를 합치는 것이었다. 이런 방법으로 원소가 하나든 여러 개든 관계없
이 추가할 수 있다.

```
v <- c(1, 2, 3)
v <- c(v, 4) # v에 새로운 값 하나를 추가한다.
v
#> [1] 1 2 3 4

w <- c(5, 6, 7, 8)
v <- c(v, w) # v에 벡터 전체를 추가한다.
v
#> [1] 1 2 3 4 5 6 7 8
```

또한 "해결책"에 나온 것처럼 벡터의 끝 다음에 오는 위치에 항목을 추가할 수도 있다. 사실 R은 벡터를 늘리는 것에 대해서 상당히 너그럽다. 어떤 원소에든 대입이 가능한데, 여러분이 대입을 하면 R은 거기에 맞춰서 벡터를 늘려 준다.

```
v <- c(1, 2, 3)    # 세 개의 원소로 된 벡터를 생성한다.
v[10] <- 10        # 10번째 원소에 대입한다.
v                  # R이 벡터를 자동으로 늘린다.
#>  [1]  1  2  3 NA NA NA NA NA NA 10
```

R은 첨자가 범위를 벗어나도 불평하지 않는다. 그저 묵묵히 필요한 길이까지 NA를 집어넣으면서 길이를 늘려 준다.

R에는 원래 있는 벡터에 항목을 추가해서 새로운 벡터를 생성하는 append 함수도 있다. 하지만 실험해 본 결과 이 함수는 벡터 생성자와 원소 대입을 쓰는 방법보다 더 느렸다.

5.2 벡터에 데이터 삽입하기

문제

하나 또는 그 이상의 데이터 항목을 벡터에 삽입하고 싶다.

해결책

'덧붙인다'는 뜻을 가진 이름과는 다르게, append 함수는 새로운 항목을 하나나 여러 개 삽입할 지점을 가리키는 after 인자를 사용해서 벡터에 데이터를 삽입한다.

```
append(vec, newvalues, after = n)
```

논의

새로운 항목들은 after가 지정한 위치에 삽입될 것이다. 다음의 예는 99를 수열의 중간에 삽입한다.

```
append(1:10, 99, after = 5)
#>  [1]  1  2  3  4  5 99  6  7  8  9 10
```

after=0이라는 특별한 값은 벡터의 맨 처음에 새로운 항목들을 삽입하라는 뜻이다.

```
append(1:10, 99, after = 0)
#>  [1] 99  1  2  3  4  5  6  7  8  9 10
```

레시피 5.1에서 언급한 사항들은 여기서도 적용된다. 만약 여러분이 벡터에 단일 항목들을 계속 삽입하고 있다면, 이는 원소 수준에서 작업하고 있는 것이다. 그보다는 벡터 수준에서 작업하는 게 코딩도 쉽고 실행도 빨리 된다.

5.3 재활용 규칙 이해하기

문제

서로 길이가 다른 벡터들을 다루는 방법과 관련된, 신비롭고 오묘한 재활용 규칙 (Recycling Rule)이 뭔지 알고 싶다.

논의

벡터의 산술 연산을 할 때, R은 원소별로 연산을 수행한다. 그것은 벡터들이 동일한 길이일 때 잘 작동한다. R은 벡터들의 원소를 쌍으로 묶은 다음에 그 쌍들에 연산을 적용하기 때문이다.

하지만 벡터들이 서로 다른 길이로 되어 있다면 어떨까?

그런 경우, R은 재활용 규칙을 적용한다. 일단 양쪽 벡터의 첫 번째 원소들에서부터 쌍으로 처리한다. 어떤 시점이 되면 긴 벡터 쪽에는 처리되지 않은 원소가 남아 있고, 짧은 벡터에는 원소가 모자라게 된다. 그러면 R은 짧은 벡터의 처음으로 돌아가서 다시 원소들을 '재활용'한다. 긴 벡터에서는 원소를 이어서 가져오고, 연산을 끝낸다. 연산이 완료될 때까지 짧은 벡터의 원소들을 필요한 만큼 재활용하는 것이다.

재활용 규칙을 실제로 그려 보면 편하다. 여기 1:6과 1:3 두 벡터를 나타내는 도표가 있다.

```
1:6     1:3
-----   -----
 1       1
 2       2
 3       3
 4
 5
 6
```

1:6 벡터가 당연히 1:3 벡터보다 더 길다. (1:6) + (1:3)을 사용해 벡터들을 더하기엔 1:3의 원소가 적어 보인다. 하지만 R은 1:3의 원소들을 재활용해서, 다음처럼 두 벡터들을 짝지어 여섯 개의 원소가 있는 벡터를 만들어 낸다.

```
1:6    1:3    (1:6) + (1:3)
-----  -----  ---------------
  1      1          2
  2      2          4
  3      3          6
  4                 5
  5                 7
  6                 9
```

R 콘솔에는 다음과 같이 나온다.

```
(1:6) + (1:3)
#> [1] 2 4 6 5 7 9
```

벡터 연산에만 재활용 규칙이 적용되지는 않는다. 함수도 마찬가지다. 이를테면,
cbind 함수는 열 벡터들을 생성할 수 있는 함수인데, 그것으로 다음의 1:6과 1:3 열
벡터를 만들었다고 하자. 두 열은 당연히 서로 높이가 다르다.

```
cbind(1:6)
```

```
cbind(1:3)
```

위의 열 벡터들을 두 개의 열로 된 행렬로 묶으려고 하면, 길이가 맞지 않는다는 걸
알 수 있다. 이 경우 벡터 1:3이 너무 짧기 때문에 cbind는 재활용 규칙을 발동시켜서
1:3의 원소들을 재활용한다.

```
cbind(1:6, 1:3)
#>      [,1] [,2]
#> [1,]   1    1
#> [2,]   2    2
#> [3,]   3    3
#> [4,]   4    1
#> [5,]   5    2
#> [6,]   6    3
```

만약 긴 벡터의 길이가 짧은 벡터의 일정 배수가 아니라면 R이 경고를 보낸다. 보통
그러한 연산은 의심스러운 구석이 있는데다, 논리에 버그가 있을 확률이 높아서 경
고가 도움이 된다.

```
(1:6) + (1:5) # 앗! 1:5가 원소 하나만큼 짧다.
#> Warning message:In (1:6) + (1:5) :longer object length is not a multiple of
#> shorter object length
#> [1] 2 4 6 8 10 7
```

일단 재활용 규칙을 이해한 이후에는 벡터와 단일값 사이의 연산은 이 규칙의 활용일 뿐이라는 사실을 깨달을 것이다. 즉, 다음의 경우 벡터의 덧셈이 완료될 때까지 10이 계속 재활용된다.

```
(1:6) + 10
#> [1] 11 12 13 14 15 16
```

5.4 요인 생성하기(범주형 변수)

문제

문자열이나 정수로 된 벡터가 있다. R에게 그것을 요인, 즉 R의 용어로는 범주형 변수로 취급하라고 하고 싶다.

해결책

factor 함수는 이산 값 벡터를 요인으로 표현한다.

```
f <- factor(v)    # v는 문자열 또는 정수 벡터다.
```

만약 입력한 벡터에 가능한 모든 값이 아니라 그중 일부만이 부분집합으로 포함되어 있다면, 두 번째 인자를 넣어 해당 요인에서 발생할 수 있는 수준들을 모두 나타내주자.

```
f <- factor(v, levels)
```

논의

R에서는 범주형 변수에서 나올 수 있는 모든 값을 **수준**(level)이라고 부른다. 수준으로 이루어진 벡터가 바로 요인(factor)이다. 요인들은 R에서 벡터를 다루는 방향과 굉장히 잘 맞아 떨어지는 개념으로, 데이터를 처리하고 통계 모델을 만들기 위한 여러 방법들에 사용된다.

대부분의 경우에 범주형 데이터를 요인으로 변환하려면 간단하게 factor 함수를 호출하면 된다. 그러면 범주형 데이터에 들어 있는 서로 다른 수준들을 식별해서 하나의 요인으로 포장해 준다.

```
f <- factor(c("Win", "Win", "Lose", "Tie", "Win", "Lose"))
f
```

```
#> [1] Win  Win  Lose Tie  Win  Lose
#> Levels: Lose Tie Win
```

위의 예시를 보면 요인인 f를 출력했을 때 R은 값들 주위로 따옴표를 넣지 않았다. 이 값들은 수준이지, 문자열이 아니기 때문이다. 또한 요인을 출력하니까 요인 아래로 구별된 수준들을 보여 주었다.

만약 여러분의 벡터에 가능한 모든 수준 중에서 일부만이 들어 있으면, R은 가능한 수준들 전체를 알 길이 없다. 아래처럼 데이터가 관찰된 날의 요일을 말해 주는 wday라는 문자열 값의 변수가 있다고 해 보자.

```
wday <- c("Wed", "Thu", "Mon", "Wed", "Thu",
          "Thu", "Thu", "Tue", "Thu", "Tue")
f <- factor(wday)
f
#>  [1] Wed Thu Mon Wed Thu Thu Thu Tue Thu Tue
#> Levels: Mon Thu Tue Wed
```

R은 월요일, 목요일, 화요일, 수요일만이 나타날 수 있는 수준들이라고 생각한다. 금요일은 나열되지 않았다. 실험실 직원이 금요일에 관찰을 하지 않았기 때문에, R은 금요일이 가능한 값이라는 것을 모르고 있다. 따라서 우리가 wday의 가능한 수준들을 모두 명확하게 열거해 줄 필요가 있다.

```
f <- factor(wday, levels=c("Mon", "Tue", "Wed", "Thu", "Fri"))
f
#>  [1] Wed Thu Mon Wed Thu Thu Thu Tue Thu Tue
#> Levels: Mon Tue Wed Thu Fri
```

이제 R은 f가 다섯 개의 수준이 존재할 수 있는 요인이라는 것을 알게 되었다. 요인들의 적절한 순서도 말이다. 그 전에는 기본 설정인 알파벳순이었기 때문에 목요일(Thursday)이 화요일(Tuesday) 앞이었다. 하지만 지금은 명확하게 정의되어 있는 levels 인자가 요인을 순서에 맞게 정의해 준다.

대개의 경우 factor 함수를 특별히 호출할 필요는 없다. 어떤 R 함수가 요인을 필요로 하면, 보통은 자동으로 데이터를 요인으로 변환하기 때문이다. 예를 들어 table 함수는 요인에 대해서만 작동하므로 사용자에게 따로 물어보지 않고도 입력을 요인으로 늘 변환한다. 하지만 수준들 전체를 명시하고 싶다거나, 수준들의 순서를 조정하고 싶다면 요인 변수를 명확하게 생성해 줘야만 한다.

더 알아보기

연속 데이터를 가지고 요인을 만들려면 레시피 12.5를 참고하라.

5.5 여러 벡터를 합쳐서 하나의 벡터와 요인으로 만들기

문제

각 집단에 대한 벡터가 하나씩 있고, 그러한 집단 데이터가 여러 개다. 벡터들을 하나의 큰 벡터로 합침과 동시에 각 값이 속했던 원래 집단을 알려 주는 상응(parallel) 요인을 만들고 싶다.

해결책

벡터들을 포함하고 있는 목록을 만들자. stack 함수를 써서 목록을 두 열짜리 데이터 프레임으로 결합한다.

```
comb <- stack(list(v1 = v1, v2 = v2, v3 = v3)) # 3개의 벡터를 합친다.
```

이 데이터 프레임의 열은 values와 ind라고 불린다. 첫 번째 열은 데이터를 담고 있고, 두 번째 열은 상응 요인을 담고 있다.

논의

왜 하필 모든 데이터를 하나의 큰 벡터와 상응 요인으로 욱여넣고 싶을까? 그 이유는 간단하다. 중요한 통계 함수 대다수는 데이터가 그러한 형식으로 되어 있어야 쓸 수 있기 때문이다.

대학 신입생(freshmen), 2학년(sophomores), 3학년(juniors)에게 자신감 수준('학교에 있는 시간 중 몇 퍼센트 동안이나 자신감을 느끼는가?')을 가지고 설문조사를 한다고 하자. 그러면 freshmen, sophomores, juniors라는 세 개의 벡터가 생긴다. 그 집단 간 차이에 대해 분산분석(ANOVA)을 수행하고 싶다. 이때 ANOVA 함수 aov는 설문 결과가 담긴 하나의 벡터와 집단을 구별해 주는 상응 요인을 필요로 한다. 이런 경우 stack 함수를 사용하면 집단들을 합칠 수 있다.

```
freshmen <- c(1, 2, 1, 1, 5)
sophomores <- c(3, 2, 3, 3, 5)
juniors <- c(5, 3, 4, 3, 3)

comb <- stack(list(fresh = freshmen, soph = sophomores, jrs = juniors))
```

```
print(comb)
#>     values    ind
#> 1        1 fresh
#> 2        2 fresh
#> 3        1 fresh
#> 4        1 fresh
#> 5        5 fresh
#> 6        3  soph
#> 7        2  soph
#> 8        3  soph
#> 9        3  soph
#> 10       5  soph
#> 11       5   jrs
#> 12       3   jrs
#> 13       4   jrs
#> 14       3   jrs
#> 15       3   jrs
```

이제 여러분은 두 열에 대해서 분산분석을 할 수 있다.

```
aov(values ~ ind, data = comb)
```

리스트를 만들 때는 리스트의 원소들에 태그를 부여해야 한다. (이 예에서 태그는 fresh, soph, jrs다.) stack 함수가 이 태그들을 상응 요인의 수준들로 사용하기 때문에 꼭 필요한 절차다.

5.6 리스트 생성하기

문제
리스트를 만들고 채워 넣으려고 한다.

해결책
개별적인 데이터 항목들을 가지고 리스트를 만들려면 list 함수를 사용한다.

```
lst <- list(x, y, z)
```

논의
숫자 세 개로 된 이 리스트처럼, 리스트는 아주 단순할 수 있다.

```
lst <- list(0.5, 0.841, 0.977)
```

```
lst
#> [[1]]
#> [1] 0.5
#>
#> [[2]]
#> [1] 0.841
#>
#> [[3]]
#> [1] 0.977
```

R이 리스트를 출력할 때는 각 원소의 위치([[1]], [[2]], [[3]])에 따라 원소를 알아낸 뒤, 그 위치에 있는 원소의 값(예: [1] 0.5)을 출력한다.

리스트가 벡터보다 더 유용한 점은, 다른 모드(자료형)로 된 원소들을 가질 수 있다는 것이다. 다음 예시는 단일값, 문자열, 벡터, 함수로 만들어진 끔찍한 혼종의 예시다.

```
lst <- list(3.14, "Moe", c(1, 1, 2, 3), mean)
lst
#> [[1]]
#> [1] 3.14
#>
#> [[2]]
#> [1] "Moe"
#>
#> [[3]]
#> [1] 1 1 2 3
#>
#> [[4]]
#> function (x, ...)
#> UseMethod("mean")
#> <bytecode: 0x7ff04b0bc900>
#> <environment: namespace:base>
```

빈 리스트를 생성하고 채워 넣는 방법으로도 리스트를 만들 수 있다. 앞서 말한 우리의 '극단적인 혼종' 예시를 이 방법으로 만들면 다음과 같다.

```
lst <- list()
lst[[1]] <- 3.14
lst[[2]] <- "Moe"
lst[[3]] <- c(1, 1, 2, 3)
lst[[4]] <- mean
lst
#> [[1]]
#> [1] 3.14
#>
```

```
#> [[2]]
#> [1] "Moe"
#>
#> [[3]]
#> [1] 1 1 2 3
#>
#> [[4]]
#> function (x, ...)
#> UseMethod("mean")
#> <bytecode: 0x7ff04b0bc900>
#> <environment: namespace:base>
```

리스트 원소들에 이름을 붙일 수도 있다. list 함수는 모든 원소에 이름을 부여할 수
있다.

```
lst <- list(mid = 0.5, right = 0.841, far.right = 0.977)
lst
#> $mid
#> [1] 0.5
#>
#> $right
#> [1] 0.841
#>
#> $far.right
#> [1] 0.977
```

더 알아보기

이번 장의 도입문을 보면 리스트에 대해서 더 알 수 있다. 이름이 붙여진 원소를 가
진 리스트를 만들고 사용하는 방법에 대해서는 레시피 5.9를 참고하라.

5.7 위치를 통해 리스트의 원소 선택하기

문제

위치를 통해 리스트의 원소들에 접근하려고 한다.

해결책

다음 중 하나의 방법을 사용한다. 여기서 lst는 리스트 변수다.

lst[[*n*]]

리스트에서 *n*번째 원소를 선택한다.

lst[c(n_1, n_2, ..., n_k)]

위치를 통해 선택된 원소들로 된 리스트를 반환한다.

첫 번째 형식은 하나의 원소를 반환하고, 두 번째 형식은 리스트를 반환한다는 사실을 알아 두자.

논의

years라는 정수 네 개로 된 리스트가 있다고 하자.

```
years <- list(1960, 1964, 1976, 1994)
years
#> [[1]]
#> [1] 1960
#>
#> [[2]]
#> [1] 1964
#>
#> [[3]]
#> [1] 1976
#>
#> [[4]]
#> [1] 1994
```

이중 대괄호 구문을 사용해서 원소에 하나씩 접근할 수 있다.

```
years[[1]]
#> [1] 1960
```

대괄호 한 개로는 하위 리스트를 추출할 수 있다.

```
years[c(1,2)]
#> [[1]]
#> [1] 1960
#>
#> [[2]]
#> [1] 1964
```

이 구문을 쓸 때는 미세한 부분에 주의해야 한다. lst[[n]]과 lst[n]은 서로 다른 의미로, 중요한 차이가 있으니 조심해서 사용하자.

lst[[n]]

이것은 원소이지 리스트가 아니다. lst의 n번째 원소를 뜻한다.

lst[*n*]

> 이것은 리스트이지 원소가 아니다. 이 리스트는 lst의 *n*번째 원소에서 가져온 원소 하나를 포함하고 있다.

> 🔔 두 번째 형식은 *n*이 하나밖에 없기 때문에 c(...) 부분을 생략한 lst[c(n_1, n_2, ..., n_k)]의 특별 케이스라고 보면 된다.

결과의 구조를 조사하면 차이는 명확해진다. 하나는 숫자고, 다른 하나는 리스트다.

```
class(years[[1]])
#> [1] "numeric"

class(years[1])
#> [1] "list"
```

값을 cat해 보면 차이는 더없이 명확하다. cat이 단일값이나 벡터는 출력할 수 있었지만 구조화된 객체를 출력하라고 하면 에러 메시지를 출력했던 것을 기억하는가 (2.1절 참고)?

```
cat(years[[1]], "\n")
#> 1960

cat(years[1], "\n")
#> Error in cat(years[1], "\n"): argument 1 (type 'list')
#> cannot be handled by 'cat'
```

우리는 운이 좋았다. R이 문제가 있다고 미리 알려 줬기 때문이다. 어떤 때는 한참 열심히 작업하고 난 뒤에야 원소를 사용하고 싶었는데 하위 리스트에 접근했다거나, 그 반대의 상황이 된 걸 깨달을 수도 있다.

5.8 이름으로 리스트의 원소 선택하기

문제

리스트에 있는 원소들의 이름을 가지고 원소에 접근하고 싶다.

해결책

다음의 형식들 중 하나를 사용하면 된다. 여기서 lst는 리스트 변수다.

lst[["*name*"]]

    *name*이라는 원소를 선택한다. 그런 이름을 가진 원소가 없으면 NULL을 반환한다.

lst$*name*

    뜻은 위와 동일하지만, 그냥 다른 문법의 표현이다.

lst[c(*name*₁, *name*₂, ..., *name*ₖ)]

    lst 뒤에 나타낸 원소들로 만들어진 리스트를 반환한다.

앞 두 개의 형식은 원소를 반환하고, 세 번째 형식은 리스트를 반환한다는 사실을 알아 두자.

논의

리스트에 있는 각각의 원소는 이름을 가질 수 있다. 이름이 붙여지면 원소를 이름으로 선택할 수 있다. 아래처럼 대입하면 이름이 붙여져 있는 네 개의 정수로 된 리스트를 생성한다.

```
years <- list(Kennedy = 1960, Johnson = 1964,
              Carter = 1976, Clinton = 1994)
```

다음의 두 식은 동일한 값을 반환한다. 'Kennedy'라고 이름 붙여진 원소다.

```
years[["Kennedy"]]
#> [1] 1960
Years$Kennedy
#> [1] 1960
```

다음의 두 식은 years에서 추출한 하위 리스트를 반환한다.

```
years[c("Kennedy", "Johnson")]
#> $Kennedy
#> [1] 1960
#>
#> $Johnson
#> [1] 1964

years["Carter"]
#> $Carter
#> [1] 1976
```

위치를 통해 리스트의 원소를 선택하는 것과 마찬가지로(레시피 5.7 참고), lst[[
"*name*"]]과 lst["*name*"]에는 중요한 차이점이 있다. 둘은 절대 동일하지 않다.

lst[["*name*"]]

이것은 원소이지 리스트가 아니다.

lst["*name*"]

이것은 리스트이지 원소가 아니다.

> 두 번째 형식은 이름이 하나밖에 없기 때문에 c(...) 부분이 필요 없는 lst[c(*name*₁, *name*₂,
> ..., *name*ₖ)]의 특별 케이스라고 보면 된다.

더 알아보기

이름이 아니라 위치를 가지고 원소에 접근하고 싶다면 레시피 5.7을 보라.

5.9 이름/값 연계 리스트 만들기

문제

이름과 값을 연계하는 리스트를 생성하고 싶다. 다른 프로그래밍 언어에서 사전
(dictionary), 해시 또는 탐색표(lookup table)가 하는 역할과 비슷한 것이다.

해결책

list 함수는 원소에 이름을 부여할 수 있게 하면서, 각 이름과 값 사이에 연계를 만
든다.

```
lst <- list(mid = 0.5, right = 0.841, far.right = 0.977)
```

여러분에게 이름으로 된 벡터와 값으로 된 벡터, 이렇게 상응하는 두 개의 벡터가 있
다면 빈 리스트를 만든 다음에 벡터 형식의 대입 명령문으로 채워 넣으면 된다.

```
values <- c(1, 2, 3)
names <- c("a", "b", "c")
lst <- list()
lst[names] <- values
```

논의

리스트의 모든 원소에는 이름을 붙일 수 있으며, 이름으로 원소들을 검색할 수도 있다. 이것으로 이름과 값을 연계시키는 기본적인 프로그래밍 도구가 생긴다.

우리는 리스트를 만들 때, 원소 이름을 부여할 수 있다. list 함수는 *name=value*라는 형식의 인자들을 허용한다.

```
lst <- list(
  far.left = 0.023,
  left = 0.159,
  mid = 0.500,
  right = 0.841,
  far.right = 0.977
)
lst
#> $far.left
#> [1] 0.023
#>
#> $left
#> [1] 0.159
#>
#> $mid
#> [1] 0.5
#>
#> $right
#> [1] 0.841
#>
#> $far.right
#> [1] 0.977
```

원소에 이름을 붙이기 위해, 빈 리스트를 생성한 다음에 대입 명령문을 통해 채워 넣는 방법도 가능하다.

```
lst <- list()
lst$far.left <- 0.023
lst$left <- 0.159
lst$mid <- 0.500
lst$right <- 0.841
lst$far.right <- 0.977
```

때로는 이름이 들어 있는 벡터와 그에 대응되는 값들이 들어 있는 벡터가 따로 있기도 하다.

```
values <- pnorm(-2:2)
names <- c("far.left", "left", "mid", "right", "far.right")
```

이런 경우 빈 리스트를 생성하고 벡터 형식의 대입 명령문을 사용해 값을 채워 넣음으로써 이름과 값을 연계시킬 수 있다.

```
lst <- list()
lst[names] <- values
lst
#> $far.left
#> [1] -2
#>
#> $left
#> [1] -1
#>
#> $mid
#> [1] 0
#>
#> $right
#> [1] 1
#>
#> $far.right
#> [1] 2
```

일단 연계가 만들어지면, 리스트는 간단한 리스트 검색을 통해 이름을 값으로 '번역'한다.

```
cat("The left limit is", lst[["left"]], "\n")
#> The left limit is -1

cat("The right limit is", lst[["right"]], "\n")
#> The right limit is 1

for (nm in names(lst)) cat("The", nm, "limit is", lst[[nm]], "\n")
#> The far.left limit is -2
#> The left limit is -1
#> The mid limit is 0
#> The right limit is 1
#> The far.right limit is 2
```

5.10 리스트에서 원소 제거하기

문제

리스트에서 원소 하나를 제거하고 싶다.

해결책

해당 원소에 NULL을 대입하자. R이 리스트에서 제거할 것이다.

논의

리스트의 원소를 제거하려면, 위치나 이름으로 선택한 다음에 선택된 원소에 NULL을 대입하면 된다.

```
years <- list(Kennedy = 1960, Johnson = 1964,
              Carter = 1976, Clinton = 1994)
years
#> $Kennedy
#> [1] 1960
#>
#> $Johnson
#> [1] 1964
#>
#> $Carter
#> [1] 1976
#>
#> $Clinton
#> [1] 1994
years[["Johnson"]] <- NULL # 'Johnson'이라고 라벨이 붙은 원소를 제거한다.
years
#> $Kennedy
#> [1] 1960
#>
#> $Carter
#> [1] 1976
#>
#> $Clinton
#> [1] 1994
```

다음과 같은 방법으로 여러 개의 원소를 제거할 수도 있다.

```
years[c("Carter", "Clinton")] <- NULL # 두 개의 원소를 제거한다.
years
#> $Kennedy
#> [1] 1960
```

5.11 리스트의 구조를 없애 벡터로 만들기

문제

리스트에 있는 모든 원소의 구조를 없애서 벡터로 만들고 싶다.

해결책

unlist 함수를 사용한다.

논의

벡터가 필요한 상황은 많다. 일례로 기본적인 통계 함수들은 벡터에는 작동하지만 리스트에는 작동하지 않는다. 그래서 만약 **iq.scores**가 숫자 리스트라면, 바로 평균을 계산할 수가 없다.

```
iq.scores <- list(100, 120, 103, 80, 99)
mean(iq.scores)
#> Warning in mean.default(iq.scores): argument is not numeric or logical:
#> returning NA
#> [1] NA
```

따라서 unlist를 써서 리스트의 구조를 없애고 벡터로 만든 뒤에 평균을 계산해야 한다.

```
mean(unlist(iq.scores))
#> [1] 100
```

다음은 또 다른 예다. 단일값이나 벡터는 cat할 수 있지만 리스트는 cat할 수가 없다.

```
cat(iq.scores, "\n")
#> Error in cat(iq.scores, "\n"): argument 1 (type 'list') cannot be
#> handled by 'cat'
```

이를 해결하는 한 가지 방편으로, 출력하기 전에 리스트의 구조를 없애서 벡터로 만드는 것이 있다.

```
cat("IQ Scores:", unlist(iq.scores), "\n")
#> IQ Scores: 100 120 103 80 99
```

더 알아보기

레시피 5.29에서 이와 같은 주제를 더 자세히 다루겠다.

5.12 NULL 원소를 리스트에서 제거하기

문제

리스트에 NULL 값들이 있다. 이를 제거하려고 한다.

해결책

purrr 패키지의 compact 함수로 모든 NULL 원소를 제거할 수 있다.

논의

호기심이 강한 독자는 아마 지금쯤, 리스트에서 원소를 제거할 때 NULL로 설정하는데(레시피 5.10 참고) 어떻게 리스트가 NULL이라는 원소를 가지고 있을 수 있는지 궁금해하고 있을 것이다. 그 해답은 우리는 NULL 원소를 포함하는 리스트를 생성할 수 있다는 데 있다.

```
library(purrr)          # 또는 library(tidyverse)

lst <- list("Moe", NULL, "Curly")
lst
#> [[1]]
#> [1] "Moe"
#>
#> [[2]]
#> NULL
#>
#> [[3]]
#> [1] "Curly"

compact(lst) # NULL 원소를 삭제한다.
#> [[1]]
#> [1] "Moe"
#>
#> [[2]]
#> [1] "Curly"
```

실전에서는 데이터를 일부 변형하고 나서 NULL인 항목들이 생겨날 수 있다.

R에서 NA와 NULL은 다르다는 점을 기억해 두자. compact 함수는 리스트로부터 NULL은 제거하지만 NA는 제거하지 않는다. NA를 제거하는 방법은 레시피 5.13을 참고하라.

더 알아보기

리스트의 원소를 제거하는 방법은 레시피 5.10을, 리스트의 원소들을 조건에 따라
삭제하는 방법은 레시피 5.13을 참고하라.

5.13 조건을 사용해 리스트의 원소 제거하기

문제

조건 검사 결과에 따라 리스트에서 원소를 제거하고 싶다. 예를 들면 정의되지 않았
거나, 음수이거나 기준치보다 작은 원소 등을 제거하려고 한다.

해결책

여러분의 조건이 달성되었을 때 TRUE를 반환하고, 그렇지 않은 경우 FALSE를 반환하
는 함수로부터 시작한다. 그리고 나서 purrr 패키지의 discard 함수를 사용해 조건을
만족하는 값들을 제거한다. 예를 들어, 다음의 짧은 코드는 is.na 함수를 사용해서
lst로부터 NA 값들을 제거한다.

```
lst <- list(NA, 0, NA, 1, 2)

lst %>%
  discard(is.na)
#> [[1]]
#> [1] 0
#>
#> [[2]]
#> [1] 1
#>
#> [[3]]
#> [1] 2
```

논의

discard 함수는 서술부(predicate), 즉 TRUE 또는 FALSE를 반환하는 함수를 사용해서
원소를 리스트로부터 제거한다. 서술부는 리스트의 각 원소에 적용되고, 만약 서술
부가 TRUE를 반환하면 해당 원소는 버려진다. 그 외의 경우에는 유지된다.

lst라는 리스트에서 문자열을 제거하고 싶다고 해 보자. is.character라는 함수는
인자가 문자열이면 TRUE를 반환하는 함수이므로, discard와 함께 사용할 수 있다.

```
lst <- list(3, "dog", 2, "cat", 1)

lst %>%
  discard(is.character)
#> [[1]]
#> [1] 3
#>
#> [[2]]
#> [1] 2
#>
#> [[3]]
#> [1] 1
```

여러분이 직접 본인의 서술부를 정의한 후에 discard와 함께 사용해도 된다. 다음은 is_na_or_null이라는 서술부를 정의해서 NA와 NULL을 동시에 리스트에서 제거하는 예시다.

```
is_na_or_null <- function(x) {
  is.na(x) || is.null(x)
}

lst <- list(1, NA, 2, NULL, 3)

lst %>%
  discard(is_na_or_null)
#> [[1]]
#> [1] 1
#>
#> [[2]]
#> [1] 2
#>
#> [[3]]
#> [1] 3
```

리스트는 단일값뿐만 아니라 복잡한 객체들도 담고 있을 수 있다. mods가 lm 함수로 생성된 선형 모형들이 담겨 있는 리스트라고 해 보자.

```
mods <- list(lm(x ~ y1),
             lm(x ~ y2),
             lm(x ~ y3))
```

filter_r2라는 서술부를 정의해서, R^2값들이 0.7보다 작은 모형들만 판별하도록 만든 다음, 이 서술부를 사용해서 mods에서 해당 모형들을 제거할 수 있다.

```
filter_r2 <- function(model) {
  summary(model)$r.squared < 0.7
}

mods %>%
  discard(filter_r2)
```

discard의 반대는 keep 함수로, 서술부를 사용해서 리스트의 원소들을 제거하는 것이 아니라 '유지한다'.

더 알아보기

레시피 5.7, 5.10, 15.3을 참고하라.

5.14 행렬의 초기 내용 설정하기

문제

행렬을 생성한 뒤 주어진 값으로 초기화하고 싶다.

해결책

벡터나 리스트에 데이터를 담은 후, matrix 함수를 사용해 데이터를 행렬로 바꾼다. 다음 예는 벡터를 2×3(즉, 두 행과 세 열로 된) 행렬로 바꾼다.

```
vec <- 1:6
matrix(vec, 2, 3)
#>      [,1] [,2] [,3]
#> [1,]    1    3    5
#> [2,]    2    4    6
```

논의

matrix의 첫 번째 인자는 데이터고, 두 번째 인자는 행의 개수, 세 번째 인자는 열의 개수다. 행렬이 행순으로 채워지는 게 아니라, 열순으로 채워진다는 사실을 유념하자.

행렬 전체의 초기 내용을 0이나 NA 등 하나의 값으로 설정하는 일은 흔하다. 만약 matrix의 첫 번째 인자가 단일값이라면, R은 재활용 규칙을 적용해서 자동으로 행렬 전체에 그 값을 복제해 채운다.

```
matrix(0, 2, 3) # 모두 0인 행렬을 생성한다.
#>      [,1] [,2] [,3]
#> [1,]    0    0    0
#> [2,]    0    0    0

matrix(NA, 2, 3) # NA로 채워진 행렬을 생성한다.
#>      [,1] [,2] [,3]
#> [1,]   NA   NA   NA
#> [2,]   NA   NA   NA
```

한 줄짜리 코드로도 당연히 행렬을 만들 수 있지만, 그러면 읽기가 힘들다는 단점이 있다.

```
mat <- matrix(c(1.1, 1.2, 1.3, 2.1, 2.2, 2.3), 2, 3)
mat
#>      [,1] [,2] [,3]
#> [1,]  1.1  1.3  2.2
#> [2,]  1.2  2.1  2.3
```

그 외에도 R에서 흔히 쓰이는 관용적 방법 중 하나로, 행렬의 구조를 보여 주는 사각형 모양으로 데이터를 그대로 입력하는 방법도 있다.

```
theData <- c(
  1.1, 1.2, 1.3,
  2.1, 2.2, 2.3
)
mat <- matrix(theData, 2, 3, byrow = TRUE)
mat
#>      [,1] [,2] [,3]
#> [1,]  1.1  1.2  1.3
#> [2,]  2.1  2.2  2.3
```

byrow=TRUE로 설정하면 matrix는 데이터를 열 순서(기본 설정)가 아닌, 행 순서로 배치한다는 의미다. 이를 줄여서 쓰면 다음과 같이 된다.

```
mat <- matrix(c(1.1, 1.2, 1.3,
                2.1, 2.2, 2.3),
              2, 3,
              byrow = TRUE)
```

이렇게 나타내 줌으로써 읽는 사람은 데이터가 두 개의 행과 세 개의 열로 되어 있다는 걸 쉽게 알 수 있다.

　벡터를 간단히 행렬로 변환할 수 있는 방법이 있다. 벡터에 차원을 부여하는 것으로, 앞서 이 장의 도입문에서 언급했었다. 다음 예를 보자. 평범한 벡터를 만든 뒤에 그것을 2 × 3 행렬로 바꾸는 것이다.

```
v <- c(1.1, 1.2, 1.3, 2.1, 2.2, 2.3)
dim(v) <- c(2, 3)
v
#>      [,1] [,2] [,3]
#> [1,]  1.1  1.3  2.2
#> [2,]  1.2  2.1  2.3
```

필자들은 이 방법이 matrix 함수를 쓰는 것만큼 명료하지 않다고 생각한다. 여기엔 byrow 옵션이 없기 때문이다.

더 알아보기

레시피 5.3을 참고하라.

5.15 행렬의 연산 수행하기

문제

행렬의 전치, 역행렬 계산, 행렬 곱셈, 혹은 단위행렬 만들기 등 행렬 연산을 수행하려고 한다.

해결책

다음 함수를 사용해서 연산한다.

t(A)

    A의 전치 행렬

solve(A)

    A의 역행렬

A %*% B

    A와 B의 행렬 곱셈

diag(n)

    $n \times n$ 대각(단위) 행렬 생성

논의

A*B가 원소 수준의 곱셈이고, A%*%B가 행렬 곱셈이었던 것을 기억해 내자(레시피 2.11 참고).

앞서 말한 모든 함수는 행렬을 반환한다. 앞 함수의 인자들은 행렬이나 데이터 프레임이다. 데이터 프레임인 경우, R은 이것들을 먼저 행렬로 변환한다(데이터 프레임이 수치형 값만 갖고 있을 경우에나 유용한 기능이기는 하다).

5.16 행렬의 행과 열에 설명이 담긴 이름 붙이기

문제

행렬의 행과 열에 설명이 담긴 이름을 부여하고 싶다.

해결책

모든 행렬에는 rownames 속성과 colnames 속성이 있다. 해당 속성에 문자열로 된 벡터를 대입하자.

```
rownames(mat) <- c("행이름1", "행이름2", ..., "행이름N")
colnames(mat) <- c("열이름1", "열이름2", ..., "열이름N")
```

논의

R에서는 행렬을 출력할 때 보기 좋도록 행렬의 행과 열에 이름을 부여할 수 있다. R은 이름이 정의되어 있는 경우 이름을 출력해 주기 때문에 출력물의 가독성이 높다. 다음 행렬을 IBM, 마이크로소프트, 구글 주가 사이의 상관관계를 나타내는 행렬이라고 가정하자.

```
print(corr_mat)
#>       [,1]  [,2]  [,3]
#> [1,] 1.000 0.556 0.390
#> [2,] 0.556 1.000 0.444
#> [3,] 0.390 0.444 1.000
```

위와 같은 형식으로 출력된 행렬은 한눈에 해석할 수가 없다. 이 점을 보완하기 위해 행과 열에 의미를 명확하게 해 주는 이름을 붙여 줄 수 있다.

```
colnames(corr_mat) <- c("AAPL", "MSFT", "GOOG")
rownames(corr_mat) <- c("AAPL", "MSFT", "GOOG")
```

```
corr_mat
#>       AAPL  MSFT  GOOG
#> AAPL 1.000 0.556 0.390
#> MSFT 0.556 1.000 0.444
#> GOOG 0.390 0.444 1.000
```

이제 여러분은 어떤 행과 열이 어떤 주식을 의미하는지 한눈에 알 수 있다.

행과 열에 이름을 붙이면 생기는 또 다른 이점은, 이름으로 행렬의 원소를 참조할 수 있다는 것이다.

```
# MSFT와 GOOG 사이의 상관계수는 얼마인가?
corr_mat["MSFT", "GOOG"]
#> [1] 0.444
```

5.17 행렬에서 하나의 행 또는 열을 선택하기

문제

행렬에서 하나의 행 또는 열을 선택하고 싶다.

해결책

이번 해결책은 여러분이 하고 싶은 게 무엇인가에 따라 달라진다. 결과가 간단한 벡터이기를 바란다면 일반적인 인덱스 방법을 사용하자.

```
mat[1, ]       # 첫째 행
mat[, 3]       # 셋째 열
```

결과가 행 하나짜리 행렬 또는 열 하나짜리 행렬이기를 바란다면, drop=FALSE 인자를 넣도록 한다.

```
mat[1, , drop=FALSE]     # 행 하나짜리 행렬의 첫 행
mat[, 3, drop=FALSE]     # 열 하나짜리 행렬의 셋째 열
```

논의

일반적으로 행렬에서 하나의 행이나 열을 선택하면 R은 행렬에 있던 차원을 벗겨내 버린다. 따라서 결과는 차원이 없는 벡터가 된다.

```
mat[1, ]
#> [1] 1.1 1.2 1.3
```

```
mat[, 3]
#> [1] 1.3 2.3
```

하지만 drop=FALSE 인자를 넣어 주면 R은 차원을 유지한다. 이런 경우 행을 선택하면 행 벡터($1 \times n$ 행렬)를 반환한다.

```
mat[1, , drop=FALSE]
#>      [,1] [,2] [,3]
#> [1,]  1.1  1.2  1.3
```

마찬가지로, drop=FALSE로 열을 선택하면 열 벡터($n \times 1$ 행렬)를 반환한다.

```
mat[, 3, drop=FALSE]
#>      [,1]
#> [1,]  1.3
#> [2,]  2.3
```

5.18 열 데이터로 데이터 프레임 만들기

문제

여러 개의 열들로 정리되어 있는 데이터를 데이터 프레임으로 조립하고 싶다.

해결책

데이터가 여러 개의 벡터[2]와(또는) 요인에 담겨 있으면 data.frame 함수를 사용해서 데이터 프레임으로 조립한다.

```
df <- data.frame(v1, v2, v3, f1)
```

만약 여러분의 데이터가 벡터와(또는) 요인을 포함하고 있는 '리스트'에 담겨 있다면 as.data.frame을 쓰도록 하자.

```
df <- as.data.frame(list.of.vectors)
```

논의

데이터 프레임은 각각이 관찰된 변수에 해당하는(프로그래밍이 아니라 통계적인 의

2　(옮긴이) 또한 R에서의 벡터는 수학적으로 행 벡터처럼 보이지만 사실은 열 벡터다. t(1:5)와 t(t(1:5))를 비교하면 알 수 있다.

미에서) 열들의 모음이다. 여러분이 가지고 있는 데이터가 이미 열들로 정리되어 있으면 데이터 프레임을 만들기가 쉬워진다.

data.frame 함수는 각 벡터가 하나의 관찰된 변수에 해당하는 벡터들로부터 데이터 프레임을 만들어 낼 수 있다. 예를 들어 두 개의 수치형 변수, 한 개의 문자열 변수, 한 개의 반응변수가 있다고 해 보자. data.frame 함수는 그 벡터들을 가지고 데이터 프레임을 만들어 낼 수 있다.

```
data.frame(pred1, pred2, pred3, resp)
#>   pred1 pred2 pred3 resp
#> 1  1.75  11.8    AM 13.2
#> 2  4.01  10.7    PM 12.9
#> 3  2.64  12.2    AM 13.9
#> 4  6.03  12.2    PM 14.9
#> 5  2.78  15.0    PM 16.4
```

data.frame은 여러분이 프로그램한 코드상의 변수 이름에서 열 이름을 가져왔다. 따로 열 이름을 지정해 줌으로써 그러한 기본 설정을 덮어쓸 수 있다.

```
data.frame(p1 = pred1, p2 = pred2, p3 = pred3, r = resp)
#>     p1   p2 p3    r
#> 1 1.75 11.8 AM 13.2
#> 2 4.01 10.7 PM 12.9
#> 3 2.64 12.2 AM 13.9
#> 4 6.03 12.2 PM 14.9
#> 5 2.78 15.0 PM 16.4
```

데이터 프레임보다 티블을 만들고 싶다면, tidyverse의 tibble 함수를 사용하면 된다.

```
tibble(p1 = pred1, p2 = pred2, p3 = pred3, r = resp)
#> # A tibble: 5 x 4
#>      p1    p2 p3        r
#>   <dbl> <dbl> <fct> <dbl>
#> 1  1.75  11.8 AM     13.2
#> 2  4.01  10.7 PM     12.9
#> 3  2.64  12.2 AM     13.9
#> 4  6.03  12.2 PM     14.9
#> 5  2.78  15.0 PM     16.4
```

때로는 데이터가 벡터로 정리되어 있기는 하지만, 개별적인 변수가 아니라 다음과 같이 리스트에 들어 있는 경우도 있다.

```
list.of.vectors <- list(p1=pred1, p2=pred2, p3=pred3, r=resp)
```

그런 경우, as.data.frame 함수를 사용해서 리스트로부터 데이터 프레임을 만들면
된다.

```
as.data.frame(list.of.vectors)
#>      p1   p2 p3    r
#> 1 1.75 11.8 AM 13.2
#> 2 4.01 10.7 PM 12.9
#> 3 2.64 12.2 AM 13.9
#> 4 6.03 12.2 PM 14.9
#> 5 2.78 15.0 PM 16.4
```

또는 as_tibble을 사용해서 티블을 만들자.

```
as_tibble(list.of.vectors)
#> # A tibble: 5 x 4
#>      p1    p2 p3        r
#>   <dbl> <dbl> <fct> <dbl>
#> 1  1.75  11.8 AM     13.2
#> 2  4.01  10.7 PM     12.9
#> 3  2.64  12.2 AM     13.9
#> 4  6.03  12.2 PM     14.9
#> 5  2.78  15.0 PM     16.4
```

데이터 프레임에 담긴 요인

데이터 프레임을 만드는 것과 티블을 만드는 것 사이에는 큰 차이가 있다. data.
frame 함수로 데이터 프레임을 생성할 때, R은 문자열을 자동으로 요인으로 변환하
게 된다. 이전의 data.frame 예시에서 pred3의 값은 요인으로 변환되었지만, 출력에
서 그 사실이 명확하게 보이지는 않는다.

반면에 tibble과 as_tibble 함수는 문자열 데이터를 변환하지 않는다. tibble 예
시를 다시 보면, p3 열의 형식이 chr, 즉 문자열임을 알 수 있다.

이러한 차이점을 잘 알고 있어야 한다. 그렇지 않으면 이러한 미묘한 차이로 인
해서 발생되는 문제들을 디버깅하느라 몹시 화가 날 수 있다.

5.19 행 데이터로 데이터 프레임 만들기

문제

여러 개의 행들로 정리되어 있는 데이터를 데이터 프레임으로 조립하고 싶다.

해결책

각 행을 한 행짜리 데이터 프레임에 담자. rbind를 사용해서 행들을 하나의 큰 데이터 프레임으로 묶는다.

```
rbind(행1, 행2, ... , 행N)
```

논의

데이터는 관찰값들의 모음이라는 형태로 들어오곤 한다. '관찰값(observation)'은 하나의 값이 들어 있는 관찰된 변수들을 여러 개 포함하는 레코드(record)나 튜플(tuple)이다. 플랫 파일의 행들이 보통 그렇다. 각 줄이 하나의 레코드고, 각 레코드는 여러 열을 포함하고 있고, 각 열은 서로 다른 변수다(레시피 4.15 참고). 이런 데이터는 '관찰'을 기준으로 정리되어 있지, '변수'로 정리되어 있지 않다. 다시 말하면 행별로 읽는 거지, 열별로 읽는 게 아니란 뜻이다.

이와 같은 행들은 여러 다른 방법으로 저장될 수 있다. 가장 뻔한 방법은 벡터로 저장하는 것이다. 순수하게 수치형 데이터만 있다면 벡터를 사용하자.

하지만 많은 데이터세트는 수치형, 문자형, 범주형 데이터가 혼합되어 있어서 벡터를 쓸 수가 없다. 따라서 그러한 이질적인 행들은 행 하나짜리 데이터 프레임으로 저장하기를 권한다. (각 행을 리스트로 저장할 수도 있지만, 이번 레시피는 그보단 조금 더 복잡하다.)

우리는 행들을 데이터 프레임으로 합쳐야 한다. 딱 rbind 함수가 하는 일이다. 이 함수는 전달받은 인자들을 결과물의 행 한 줄로 취급해서 합친다. 예를 들어, 다음의 세 관찰을 rbind한다면 세 줄짜리 데이터 프레임이 생긴다.

```
r1 <- data.frame(a = 1, b = 2, c = "X")
r2 <- data.frame(a = 3, b = 4, c = "Y")
r3 <- data.frame(a = 5, b = 6, c = "Z")
rbind(r1, r2, r3)
#>   a b c
#> 1 1 2 X
#> 2 3 4 Y
#> 3 5 6 Z
```

행이 아주 많은 경우, 리스트에 저장되어 있을 확률이 높다. 즉, 행들로 이루어진 리스트가 있을 것이다. 이때는 tidyverse 패키지의 dplyr에 있는 bind_rows 함수를 사용하면 된다. 함께 예제를 보도록 하자.

```
list.of.rows <- list(r1, r2, r3)
bind_rows(list.of.rows)
#> Warning in bind_rows_(x, .id): Unequal factor levels: coercing to character
#> Warning in bind_rows_(x, .id): binding character and factor vector,
#> coercing into character vector

#> Warning in bind_rows_(x, .id): binding character and factor vector,
#> coercing into character vector

#> Warning in bind_rows_(x, .id): binding character and factor vector,
#> coercing into character vector
#>   a b c
#> 1 1 2 X
#> 2 3 4 Y
#> 3 5 6 Z
```

불가피하게 데이터의 행들이 한 행짜리 데이터 프레임이 아니라 리스트로 저장되어 있는 경우도 있다. 예를 들어 어떤 함수나 데이터베이스 패키지가 반환한 행들을 다뤄야 하는 상황 같은 것이다. bind_rows는 이러한 상황에도 대처할 수 있다.

```
# 같은 예제 데이터지만, 행이 각각 리스트에 저장되어 있음
l1 <- list(a = 1, b = 2, c = "X")
l2 <- list(a = 3, b = 4, c = "Y")
l3 <- list(a = 5, b = 6, c = "Z")
list.of.lists <- list(l1, l2, l3)

bind_rows(list.of.lists)
#> # A tibble: 3 x 3
#>       a     b c
#>   <dbl> <dbl> <chr>
#> 1     1     2 X
#> 2     3     4 Y
#> 3     5     6 Z
```

데이터 프레임에 담긴 요인

요인 대신 문자열로 취급하고 싶다면, 몇 가지 옵션이 있다. 첫 번째는 data.frame을 호출할 때 stringsAsFactors 매개변수를 FALSE로 설정해 주는 것이다.

```
data.frame(a = 1, b = 2, c = "a", stringsAsFactors = FALSE)
#>   a b c
#> 1 1 2 a
```

데이터를 상속받았고 그것이 본래 데이터 프레임에 요인으로 담겨 있었다면 다음과 같은 레시피로 모든 요인을 문자열로 변환하는 것도 당연히 된다.

```
# 앞의 예시와 동일한 설정
l1 <- list( a=1, b=2, c='X' )
l2 <- list( a=3, b=4, c='Y' )
l3 <- list( a=5, b=6, c='Z' )
obs <- list(l1, l2, l3)
df <- do.call(rbind, Map(as.data.frame, obs))

# 당연히 stringsAsFactors=FALSE를 위에서 써도 되지만,
# data.frame이 이미 요인을 포함해서 왔다고
# 가정하고 있는 것이다.

i <- sapply(df, is.factor)              # 어떤 열이 요인인지 판별
df[i] <- lapply(df[i], as.character) # 요인만 문자열로 변환
```

데이터 프레임 대신 티블을 사용한다면, 문자열이 강제로 요인으로 변환되지 않는다는 점을 기억해 두자.

더 알아보기

데이터가 행이 아니라 열로 정리되어 있다면 레시피 5.18을 참고하라.

5.20 데이터 프레임에 행 추가하기

문제

데이터 프레임에 하나 또는 그 이상의 새로운 행을 추가하고 싶다.

해결책

새로운 행들을 담고 있는 두 번째 데이터 프레임을 임시로 생성한다. 그리고 rbind 함수를 사용해 임시 데이터 프레임을 원래 데이터 프레임에 추가한다.

논의

시카고 근교 도시(Chicago-area suburbs) 데이터 프레임이 있다고 해 보자.

```
suburbs <- read_csv("./data/suburbs.txt")
#> Parsed with column specification:
#> cols(
#>   city = col_character(),
#>   county = col_character(),
#>   state = col_character(),
```

```
#>    pop = col_double()
#> )
```

그리고 거기에 새로운 행을 추가하고 싶다고 해 보자. 우선 새 데이터가 들어 있는
한 행짜리 데이터 프레임을 생성한다.

```
newRow <- data.frame(city = "West Dundee", county = "Kane",
                     state = "IL", pop = 7352)
```

그 다음, rbind 함수를 사용해서 앞서 생성한 한 행짜리 데이터 프레임을 원래 있는
데이터 프레임에 추가한다.

```
rbind(suburbs, newRow)
#> # A tibble: 18 x 4
#>   city    county    state     pop
#>   <chr>   <chr>     <chr>    <dbl>
#> 1 Chicago Cook      IL     2853114
#> 2 Kenosha Kenosha   WI       90352
#> 3 Aurora  Kane      IL      171782
#> 4 Elgin   Kane      IL       94487
#> 5 Gary    Lake(IN)  IN      102746
#> 6 Joliet  Kendall   IL      106221
#> # ... with 12 more rows
```

rbind 함수는 R에게 suburbs에 새로운 열이 아니라, 행을 추가한다고 알려 준다.
newRow에 행(row)이라고 쓰여 있지 열(column)이라고 쓰여 있지 않으니까 우리는
당연하게 받아들이지만, R에게는 그렇지 않다. (열을 추가하고 싶으면 cbind 함수를
사용한다.)

 새로운 행은 데이터 프레임과 동일한 열 이름을 사용해야만 한다. 그렇지 않은 경우, rbind가 실
패한다.

이 두 가지 단계를 하나로 합칠 수도 있다.

```
rbind(suburbs,
      data.frame(city = "West Dundee", county = "Kane",
                 state = "IL", pop = 7352))
#> # A tibble: 18 x 4
#>   city    county    state     pop
#>   <chr>   <chr>     <chr>    <dbl>
#> 1 Chicago Cook      IL     2853114
#> 2 Kenosha Kenosha   WI       90352
```

```
#> 3 Aurora   Kane      IL      171782
#> 4 Elgin    Kane      IL       94487
#> 5 Gary     Lake(IN)  IN      102746
#> 6 Joliet   Kendall   IL      106221
#> # ... with 12 more rows
```

나아가 이 방법을 여러 개의 새로운 행을 추가하는 데 응용할 수도 있다. rbind는 복수의 인자를 허용하기 때문이다.

```
rbind(suburbs,
      data.frame(city = "West Dundee", county = "Kane",
                 state = "IL", pop = 7352),
      data.frame(city = "East Dundee", county = "Kane",
                 state = "IL", pop = 3192)
)
#> # A tibble: 19 x 4
#>   city      county    state      pop
#>   <chr>     <chr>     <chr>     <dbl>
#> 1 Chicago   Cook      IL     2853114
#> 2 Kenosha   Kenosha   WI       90352
#> 3 Aurora    Kane      IL      171782
#> 4 Elgin     Kane      IL       94487
#> 5 Gary      Lake(IN)  IN      102746
#> 6 Joliet    Kendall   IL      106221
#> # ... with 13 more rows
```

앞의 예시들에서 티블과 데이터 프레임을 막힘 없이 합칠 수 있었지만, 그래도 잘 모르고 쓰면 무용지물이다. suburbs는 read_csv라는 tidy 계열 함수를 사용했기 때문에 티블을 만들어 내지만, newRow는 data.frame으로 만들어졌기 때문에 전통적인 R 데이터 프레임을 반환한다. 그리고 알다시피 데이터 프레임은 요인을 포함하고 있고, 티블은 그렇지 않다.

```
str(suburbs) # 티블
#> Classes 'spec_tbl_df', 'tbl_df', 'tbl' and 'data.frame': 17 obs. of
#> 4 variables:
#> $ city  : chr  "Chicago" "Kenosha" "Aurora" "Elgin" ...
#> $ county: chr  "Cook" "Kenosha" "Kane" "Kane" ...
#> $ state : chr  "IL" "WI" "IL" "IL" ...
#> $ pop   : num  2853114 90352 171782 94487 102746 ...
#> - attr(*, "spec")=
#>   .. cols(
#>   ..   city = col_character(),
#>   ..   county = col_character(),
#>   ..   state = col_character(),
#>   ..   pop = col_double()
```

```
#>    .. )
str(newRow) # 데이터 프레임
#> 'data.frame':   1 obs. of  4 variables:
#>  $ city  : Factor w/ 1 level "West Dundee": 1
#>  $ county: Factor w/ 1 level "Kane": 1
#>  $ state : Factor w/ 1 level "IL": 1
#>  $ pop   : num 7352
```

rbind에 들어오는 입력에 data.frame 객체와 tibble 객체가 섞여 있을 때, 그 결과는 rbind의 '첫 번째' 인자와 동일한 형식이 된다. 따라서 다음 코드는 티블을 반환한다.

```
rbind(some_tibble, some_data.frame)
```

반면에 아래 코드는 데이터 프레임을 만든다.

```
rbind(some_data.frame, some_tibble)
```

5.21 위치를 통해 데이터 프레임의 열 선택하기

문제

위치에 따라 데이터 프레임의 열들을 선택하려고 한다.

해결책

select 함수를 사용한다.

```
df %>% select(n₁, n₂, ..., nₖ)
```

여기서 df는 데이터 프레임이고 $n_1, n_2, ..., n_k$는 1부터 전체 행의 개수까지를 나타내는 정수다.

논의

시카고 대도시권에 속하는 16개 주요 도시 인구 데이터세트의 첫 세 행을 가지고 실습해 보자.

```
suburbs <- read_csv("data/suburbs.txt") %>% head(3)
#> Parsed with column specification:
#> cols(
#>   city = col_character(),
#>   county = col_character(),
```

```
#>    state = col_character(),
#>    pop = col_double()
#> )
suburbs
#> # A tibble: 3 x 4
#>   city    county   state    pop
#>   <chr>   <chr>    <chr>    <dbl>
#> 1 Chicago Cook     IL     2853114
#> 2 Kenosha Kenosha  WI       90352
#> 3 Aurora  Kane     IL      171782
```

즉각적으로, 우리는 이 데이터가 티블인지 알 수 있다. 다음 코드로 첫 번째 열만 추출할 수 있다.

```
suburbs %>%
  dplyr::select(1)
#> # A tibble: 3 x 1
#>   city
#>   <chr>
#> 1 Chicago
#> 2 Kenosha
#> 3 Aurora
```

다음 코드로는 다수의 열을 추출할 수 있다.

```
suburbs %>%
  dplyr::select(1, 3, 4)
#> # A tibble: 3 x 3
#>   city    state    pop
#>   <chr>   <chr>    <dbl>
#> 1 Chicago IL     2853114
#> 2 Kenosha WI       90352
#> 3 Aurora  IL      171782
suburbs %>%
  dplyr::select(2:4)
#> # A tibble: 3 x 3
#>   county  state    pop
#>   <chr>   <chr>    <dbl>
#> 1 Cook    IL     2853114
#> 2 Kenosha WI       90352
#> 3 Kane    IL      171782
```

리스트 표현식

select 문법은 tidyverse 패키지 dplyr의 일부다. 기본 R에서도, 비록 조금 더 문법을 배워야 하지만, 열을 선택하는 다양한 방법이 있다. 이러한 방법들 배후에 있는 논리를 이해하기 전까지는, 어떤 방법을 쓸지 선택할 때 혼란스러울 수가 있다.

한 가지 대안으로는 리스트 표현식을 사용하는 방법이 있다. 이는 얼핏 들으면 이상하게 생각될 수 있는데, 데이터 프레임이 결국 여러 개의 열이 담겨 있는 리스트라는 점을 상기한다면 마냥 이상하지도 않다. 리스트 표현식은 바로 그 리스트로부터 열을 선택하는 것이다. 이 설명을 읽으면서 구문에 아주 약간 변화(단일 vs. 이중 대괄호)를 주는 게 표현식의 뜻 자체를 바꿀 수 있다는 점을 알아 두기 바란다.

이중 대괄호([[와]])로 정확히 하나의 열을 선택할 수 있다.

df[[*n*]]

'하나의 벡터'를 반환한다─더 자세하게는, df의 *n*번째 열에 있는 벡터를 반환한다.

단일 대괄호([와])로 하나 혹은 그 이상의 열들을 선택할 수 있다.

df[*n*]

df의 *n*번째 열 단독으로만 구성된 '데이터 프레임'을 반환한다.

df[c(*n*₁, *n*₂, ..., *n*ₖ)]

df의 $n_1, n_2, …, n_k$ 위치에 있는 열들로 만든 '데이터 프레임'을 반환한다.

예를 들어, 리스트 표현식으로 suburbs의 첫 번째 열인 city 열을 다음과 같이 추출한다.

```
suburbs[[1]]
#> [1] "Chicago" "Kenosha" "Aurora"
```

그 열은 문자열 벡터이므로, suburbs[[1]]가 벡터를 반환하게 된다.

하지만 suburbs[1]이나 suburbs[c(1,3)] 같이 단일 대괄호를 사용하게 되면 결과가 변한다. 요청한 열을 받아오는 것은 마찬가지지만, R이 그것들을 데이터 프레임에 넣어서 준다. 다음 코드는 첫 번째 열을 1열짜리 데이터 프레임으로 반환해 준다.

```
suburbs[1]
#> # A tibble: 3 x 1
```

```
#>   city
#>   <chr>
#> 1 Chicago
#> 2 Kenosha
#> 3 Aurora
```

그리고 다음 예시는 첫 번째와 세 번째 열을 데이터 프레임으로 반환해 준다.

```
suburbs[c(1, 3)]
#> # A tibble: 3 x 2
#>   city    state
#>   <chr>   <chr>
#> 1 Chicago IL
#> 2 Kenosha WI
#> 3 Aurora  IL
```

> 👤 사실 suburbs[1]은 suburbs[c(1)]의 축약형이다. *n*이 하나뿐이기 때문에 c(...) 래퍼로 굳이 둘러싸지 않은 것이다.

이 문법이 헷갈리는 가장 큰 이유는 suburbs[[1]]과 suburbs[1]가 모양은 비슷하지만 결과는 다르기 때문이다.

suburbs[[1]]

이 코드는 열 하나를 반환한다.

suburbs[1]

이 코드는 데이터 프레임을 반환하며, 그 데이터 프레임은 정확히 열 하나로 되어 있다.

요점은 '열 하나'와 '열 하나를 담은 데이터 프레임'은 다르다는 것이다. 첫 번째 식은 벡터를 반환한다. 두 번째 식은 데이터 프레임을 반환하는데, 앞의 것과는 확실히 데이터 구조에서 차이가 난다.

행렬 방식의 첨자 인덱스

행렬 방식의 첨자 인덱스를 사용해서, 데이터 프레임으로부터 열들을 선택할 수 있다.

df[, *n*]

> *n*번째 열에서 가져온 '벡터'를 반환한다(*n*이 정확히 하나의 값을 가지고 있다고 가정).

df[, c(n_1, n_2, ..., n_k)]

> n_1, n_2, ..., n_k 위치에 있는 열들로 만든 '데이터 프레임'을 반환한다.

행렬 방식 인덱스의 특이한 메커니즘 때문에 문제가 생길 수도 있다. 행렬 방식의 첨자 인덱스는, 여러분이 사용하는 첨자의 개수에 따라, 그리고 티블이냐 data.frame이냐에 따라 두 가지 다른 자료형(벡터 또는 데이터 프레임)을 반환한다. 티블은 인덱스를 하면 언제나 티블을 반환한다. 반면, data.frame은 인덱스 첨자를 하나만 사용하면 벡터를 반환할 수도 있다.

data.frame에서 벡터가 반환되는, 인덱스가 하나인 단순한 케이스를 보자.

```
# suburbs는 티블이므로 예제를 위해서 변환함
suburbs_df &lt;- as.data.frame(suburbs)
suburbs_df[, 1]
#> [1] "Chicago" "Kenosha" "Aurora"
```

하지만 동일한 행렬 방식의 문법을 사용하더라도 여러 개의 인덱스를 넣으면 데이터 프레임이 반환된다.

```
suburbs_df[, c(1, 4)]
#>      city      pop
#> 1 Chicago 2853114
#> 2 Kenosha   90352
#> 3  Aurora  171782
```

다음의 경우는 문제가 생긴다. 오래된 R 스크립트에서 다음 식을 보았다고 하자.

```
df[, vec]
```

얼른 대답해 보자. 이게 열(벡터)[3]을 반환할까, 아니면 데이터 프레임을 반환할까? 정답은 '경우에 따라 다르다'다. 만약 vec에 하나의 값만 있으면 열이고, 그렇지 않으면 데이터 프레임이다. 구문 하나만 가지고는 판단할 수 없는 것이다.

위와 같은 문제를 피하려면 drop=FALSE를 첨자 영역에 넣으면 된다. 그러면 R이 데

---

3 (옮긴이) R에서 벡터는 열 벡터이며, 데이터 프레임의 열은 벡터(요인)로 되어 있다.

이터 프레임을 반환하도록 강제한다.

```
df[, vec, drop = FALSE]
```

이제 반환되는 데이터 구조가 무엇인지 애매하지 않게 되었다. 명백히 데이터 프레임이다.

이처럼 행렬 방식으로 데이터 프레임에서 열을 선택하는 것은 까다롭다. 그러니 사용할 수 있는 경우라면 select를 사용하도록 하자.

더 알아보기

drop=FALSE를 사용하는 방법에 대해서 더 알고 싶으면 레시피 5.17을 참고하라.

5.22 이름으로 데이터 프레임의 열 선택하기

문제

이름을 가지고 데이터 프레임에서 열을 선택하려고 한다.

해결책

select를 사용하되, 열 이름을 인자로 준다.

```
df %>% select(이름_1, 이름_2, ..., 이름_k)
```

논의

데이터 프레임에 있는 모든 열에는 이름이 있어야 한다. 이름을 알면, 위치가 아닌 이름으로 선택할 수 있어서 좀 더 편리하고 읽기도 좋다. select를 사용할 때는 열의 이름에 따옴표를 붙이지 않는다는 사실에 유념하자.

여기에 설명된 해결책들은 레시피 5.21에서 열을 위치를 통해 선택했을 때와 비슷하다. 유일하게 다른 점은 열 번호 대신에 열 이름을 사용했다는 것이다. 이전 레시피에서 관찰한 특징은 여기에도 동일하게 적용된다.

리스트 표현식

select라는 동사를 사용하는 방식은 tidyverse 패키지의 일부이다. 기본 R에도 다음과 같이 추가적인 문법을 사용하여 열을 이름으로 선택하는 여러 방법이 있다.

하나의 열을 선택하려면, 다음 리스트 표현식 중 하나를 사용하면 된다. 대괄호 두 개([[와]])를 사용한다는 점에 유의하도록 하자.

df[["*name*"]]

> *name*이라는 열 '하나만' 반환한다.

df$*name*

> 위와 동일한 뜻에 문법만 다르다.

하나 혹은 그 이상의 열을 선택한 다음 데이터 프레임으로 포장하려면, 다음과 같은 리스트 표현식을 사용한다. 단일 대괄호([와])를 쓴다.

df["*name*"]

> 데이터 프레임에서 열 하나를 선택한다.

df[c("*name*$_1$", "*name*$_2$", ..., "*name*$_k$")]

> 열 여러 개를 선택한다.

행렬 방식의 첨자 인덱스

기본 R은 이름으로도 행렬 방식의 인덱스를 통해 데이터 프레임에서 하나 혹은 그 이상의 열을 선택할 수 있게 허용한다.

df[, "*name*"]

> 따옴표 안의 이름이 붙여진 열을 반환한다.

dfrm[, c("*name*$_1$", "*name*$_2$", ..., "*name*$_k$")]

> 데이터 프레임에서 열 여러 개를 선택한다.

다시 한번 말하지만, 행렬 방식의 첨자 인덱스는 하나의 열을 선택하느냐, 아니면 복수의 열을 선택하느냐에 따라 두 가지 다른 자료형(열 또는 데이터 프레임)을 반환할 수 있으므로 몇 개의 이름을 넣을 것인지를 조심스럽게 결정하기 바란다. 이 주의 사항과 drop=FALSE를 사용하는 방법에 대해서 더 알아보려면 레시피 5.21을 보자.

더 알아보기

이름 대신 위치를 통해 열을 선택하는 방법은 레시피 5.21을 참고하라.

5.23 데이터 프레임의 열 이름 바꾸기

문제

데이터 프레임의 열 이름을 변경하고 싶다.

해결책

dplyr 패키지의 rename 함수로 쉽게 이름을 바꿀 수 있다.

```
df %>% rename(newname₁ = oldname₁, ... , newnameₙ = oldnameₙ)
```

여기서 df는 데이터 프레임, $oldname_1$은 df에 있는 열들의 이전 이름들, $newname_1$은 변경하고자 하는 새로운 이름들이다.

인자의 순서가 $newname = oldname$이라는 점을 주의해서 보자.

논의

데이터 프레임의 열에는 꼭 이름이 있어야 한다. rename으로 이름을 바꿔 줄 수 있다.

```
df <- data.frame(V1 = 1:3, V2 = 4:6, V3 = 7:9)
df %>% rename(tom = V1, dick = V2)
#>    tom dick V3
#> 1   1    4  7
#> 2   2    5  8
#> 3   3    6  9
```

열 이름들은 colnames라는 속성에 저장되므로, 이 속성을 변경함으로써 열 이름을 바꿔 줄 수도 있다.

```
colnames(df) <- c("tom", "dick", "V2")
df
#>    tom dick V2
#> 1   1    4  7
#> 2   2    5  8
#> 3   3    6  9
```

여러분이 select로 개별 열들을 선택하고 있는 중이라면, 선택과 동시에 이름도 바꿀 수 있다.

```
df <- data.frame(V1 = 1:3, V2 = 4:6, V3 = 7:9)
df %>% select(tom = V1, V2)
#>    tom V2
```

```
#> 1   1   4
#> 2   2   5
#> 3   3   6
```

select로 이름을 변경하는 방법과 rename으로 변경하는 방법의 차이는, rename은 여러분이 명시하는 것의 이름을 바꿔 주면서 다른 모든 열은 건드리지 않고 온전하게 두는 데 반해, select는 여러분이 선택하는 열만 반환한다는 점이다. 앞선 예제에서 V3는 select로 선택되지 않았기 때문에 누락되었다. 또한, select와 rename은 동일한 인자 순서를 가진다. 즉, *newname = oldname*이다.

더 알아보기

레시피 5.29를 참고하라.

5.24 데이터 프레임에서 NA 제거하기

문제

문제를 일으키는 NA 값들이 데이터 프레임에 들어 있다.

해결책

na.omit을 사용해서 NA 값을 가지고 있는 모든 행을 삭제한다.

```
clean_dfrm <- na.omit(dfrm)
```

논의

우리는 데이터 프레임에 몇 개 있지도 않은 NA 값이 모든 걸 망치는 상황에 자주 직면한다. 한 가지 해결책은 NA를 포함하고 있는 모든 행을 지워 버리는 것이다. 바로 na.omit 함수가 하는 일이다.

NA 값들이 들어 있는 데이터 프레임을 살펴보자.

```
df <- data.frame(
  x = c(1, NA, 3, 4, 5),
  y = c(1, 2, NA, 4, 5)
)
df
#>    x  y
#> 1  1  1
#> 2 NA  2
```

```
#> 3  3 NA
#> 4  4  4
#> 5  5  5
```

cumsum 함수는 원래 누적합을 계산하는데, NA가 있어서 실패했다.[4]

```
colSums(df)
#>  x  y
#> NA NA
```

NA 값들을 없애 주면 cumsum이 제대로 누적 합계를 끝낼 수 있다.

```
cumsum(na.omit(df))
#>     x  y
#> 1   1  1
#> 4   5  5
#> 5  10 10
```

하지만 주의하자! na.omit은 NA가 있는 행 '전체'를 삭제해 버린다. NA가 아닌 값을 가지고 있는 행이라도 사라지므로, '누적합'의 의미를 바꾸어 버릴 수 있다.

이 레시피는 벡터와 행렬에서 NA를 제거할 때도 작동하지만, 리스트에서는 작동하지 않는다.

여기에서 위험한 점은 데이터에서 관찰값을 누락시키면 계산적으로나 통계학적으로 결과를 의미 없게 만들어 버릴 수 있다는 데 있다. 여러분 개개인의 상황에서 데이터를 누락시켜도 되는지를 확실히 알고 있도록 하자. 더불어 na.omit은 NA 값만이 아니라 행 전체를 삭제하므로, 유용한 정보가 함께 삭제될 수 있다는 점도 기억해 두자.

5.25 이름으로 열 제외하기

문제

이름을 사용해 데이터 프레임에서 열을 제외하고 싶다.

해결책

dplyr 패키지의 select 함수를 사용하고 제외할 열 이름 앞에 대시(−)를 붙인다.

---

4 (옮긴이) 이 책의 코드에 있는 colSums는 열별로 합계를 계산한다. NA가 있으면 계산이 안 되는 것은 마찬가지다.

```
select(df, -bad)    # bad를 제외한 모든 열
```

논의

변수 이름 앞에 마이너스 부호(-)를 붙이는 것은 select 함수에게 해당 변수를 제외 시키라는 의미다.

이 방법은 여러분이 데이터 프레임의 상관행렬을 계산할 때, 레이블 같은 비(非) 데이터 열을 제외시키기 위해 유용하게 쓸 수 있다.

```
cor(patient_data)
#>             patient_id    pre dosage    post
#> patient_id     1.0000  0.159 -0.0486  0.391
#> pre            0.1590  1.000  0.8104 -0.289
#> dosage        -0.0486  0.810  1.0000 -0.526
#> post           0.3912 -0.289 -0.5262  1.000
```

이 상관계수 행렬에는 환자 ID(patient_id)와 다른 변수들 사이의 의미 없는 '상관 관계'가 포함되어 있어서 혼란스럽다. 결과를 깔끔하게 만들기 위해서는 patient_id 열을 제외시키면 된다.

```
patient_data %>%
  select(-patient_id) %>%
  cor
#>           pre dosage   post
#> pre     1.000  0.810 -0.289
#> dosage  0.810  1.000 -0.526
#> post   -0.289 -0.526  1.000
```

이와 동일한 방법으로 복수의 열을 제외시킬 수도 있다.

```
patient_data %>%
  select(-patient_id, -dosage) %>%
  cor()
#>        pre   post
#> pre  1.000 -0.289
#> post -0.289  1.000
```

5.26 두 데이터 프레임 합치기

문제

두 데이터 프레임의 내용을 합쳐서 하나의 데이터 프레임으로 만들고 싶다.

해결책

두 데이터 프레임의 열을 옆으로 이어 붙이려면 cbind를 사용한다.

```
all.cols <- cbind(df1,df2)
```

두 데이터 프레임의 행을 '쌓으려면' rbind를 사용한다.

```
all.rows <- rbind(df1,df2)
```

논의

다음 두 가지 방법 중 하나로 데이터 프레임들을 합칠 수 있다. 열들을 옆으로 늘어세워 넓은 데이터 프레임을 만들든가, 행들을 쌓아 더 긴 데이터 프레임을 만드는 것이다.

cbind 함수는 다음과 같이 데이터 프레임을 옆으로 늘어세운다.

```
df1 <- data.frame(a = c(1,2))
df2 <- data.frame(b = c(7,8))

cbind(df1, df2)
#>   a b
#> 1 1 7
#> 2 2 8
```

일반적으로는 동일한 높이(동일한 행의 개수를 가진)의 열들을 결합한다. 하지만 엄밀히 말하면 cbind는 꼭 동일한 높이가 아니어도 쓸 수 있다. 만약 데이터 프레임 중 하나가 더 짧으면, 재활용 규칙을 적용해서 필요한 만큼 길이를 늘린다(레시피 5.3 참고). 그게 여러분이 원하는 결과일 수도 있고, 아닐 수도 있지만.

rbind는 다음과 같이 두 데이터 프레임들의 행을 '쌓는다'.

```
df1 <- data.frame(x = c("a", "a"), y = c(5, 6))
df2 <- data.frame(x = c("b", "b"), y = c(9, 10))
rbind(df1, df2)
#>   x       y
#> 1 a       5
#> 2 a       6
#> 3 b       9
#> 4 b      10
```

rbind 함수는 데이터 프레임들이 서로 동일한 너비를 가져야 한다. 그러니까 동일한 개수의 열과, 동일한 열 이름을 가지고 있어야 한다는 것이다. 하지만 굳이 열이 동일한 '순서'로 있을 필요는 없다. rbind가 알아서 정리한다.

끝으로 이번 레시피는 제목에 국한되지 않고 좀 더 다양하게 사용할 수 있다. 이를테면 rbind와 cbind는 복수의 인자를 받아들이므로 두 개 이상의 데이터 프레임을 합칠 수 있다. 또, rbind와 cbind는 벡터, 리스트, 행렬에 대해서도 작동하므로 이번 레시피를 다른 자료형에 적용하는 것도 가능하다.

5.27 하나의 공통된 열로 데이터 프레임 병합하기

문제

공통된 열을 하나 가지고 있는 두 데이터 프레임이 있다. 공통된 열에 맞춰 행들을 하나의 데이터 프레임으로 병합하려고 한다.

해결책

dplyr 패키지의 join 함수를 사용해서 공통된 열을 바탕으로 하나의 새로운 데이터 프레임으로 합친다. 만약 '양쪽' 데이터 프레임에 모두 존재하는 행들만 합치고 싶다면 inner_join을 사용한다.

```
inner_join(df1, df2, by = "col")
```

여기서 "col"은 두 데이터 프레임에 공통으로 등장하는 열 이름이다.

'둘 중 한쪽' 어디에라도 데이터 프레임에 등장하는 모든 행을 합치고 싶다면 full_join을 사용한다.

```
full_join(df1, df2, by = "col")
```

df1에서는 등장하는 모든 행을, df2에서는 일치하는 행만 포함시키고 싶다면 left_join을 사용한다.

```
left_join(df1, df2, by = "col")
```

또는 df2의 모든 레코드를, df1에서는 일치하는 것들만 포함시키려면 right_join을 사용한다.

```
right_join(df1, df2, by = "col")
```

논의

공통 열인 name을 가지고 있는, born과 died라는 두 개의 데이터 프레임이 있다고
하자.

```
born <- tibble(
  name = c("Moe", "Larry", "Curly", "Harry"),
  year.born = c(1887, 1902, 1903, 1964),
  place.born = c("Bensonhurst", "Philadelphia", "Brooklyn", "Moscow")
)

died <- tibble(
  name = c("Curly", "Moe", "Larry"),
  year.died = c(1952, 1975, 1975)
)
```

name을 사용해서 일치하는 행들을 하나의 데이터 프레임으로 합칠 수 있다.

```
inner_join(born, died, by="name")
#> # A tibble: 3 x 4
#>   name  year.born place.born   year.died
#>   <chr>     <dbl> <chr>            <dbl>
#> 1 Moe        1887 Bensonhurst       1975
#> 2 Larry      1902 Philadelphia      1975
#> 3 Curly      1903 Brooklyn          1952
```

inner_join을 쓸 때 행이 정렬되지 않았거나, 심지어는 동일한 순서로 나타나지 않
았어도 상관은 없다. Curly가 서로 다른 위치의 행에 있어도 일치하는 행을 잘 찾아
낸 걸 보면 알 수 있다. 또한, born에만 나온 Harry는 제외시켰다.

이 데이터 프레임들의 full_join은 양쪽에 있는 모든 행을 포함하고 있는데, 그래
서 일치하는 값이 없는 행도 담겨 있다.

```
full_join(born, died, by="name")
#> # A tibble: 4 x 4
#>   name  year.born place.born   year.died
#>   <chr>     <dbl> <chr>            <dbl>
#> 1 Moe        1887 Bensonhurst       1975
#> 2 Larry      1902 Philadelphia      1975
#> 3 Curly      1903 Brooklyn          1952
#> 4 Harry      1964 Moscow              NA
```

데이터 프레임에 일치하는 값이 없을 때, 해당 열은 NA로 채워진다. 그래서 Harry의
year.died 열은 NA가 되었다.

만약 우리가 join 함수에 조인 연산을 할 기준 필드를 주지 않으면, 양쪽 데이터 프레임에 모두 있는 아무 필드나 찾아서 조인하려고 시도한 후에, 어느 필드를 기준으로 조인하고 있는지를 표시해서 반환해 준다.

```
full_join(born, died)
#> Joining, by = "name"
#> # A tibble: 4 x 4
#>   name year.born place.born    year.died
#>   <chr>     <dbl> <chr>            <dbl>
#> 1 Moe        1887 Bensonhurst       1975
#> 2 Larry      1902 Philadelphia      1975
#> 3 Curly      1903 Brooklyn          1952
#> 4 Harry      1964 Moscow              NA
```

또, 양쪽 데이터 프레임에서 동일하지 않은 이름으로 된 필드를 가지고 조인하고자 하는 경우, 매개변수에 등가 연산 벡터를 넣어 줘야 한다.

```
df1 <- data.frame(key1 = 1:3, value=2)
df2 <- data.frame(key2 = 1:3, value=3)

inner_join(df1, df2, by = c("key1" = "key2"))
#>   key1 value.x value.y
#> 1    1       2       3
#> 2    2       2       3
#> 3    3       2       3
```

위의 예시를 보면 두 테이블에 각각 존재하던 value라는 필드가 출력에서 명칭이 바뀌었다. 첫 번째 테이블의 필드는 value.x가 되었고, 두 번째 테이블의 것은 value.y가 되었다. 이처럼 조인되지 않은 열들 간에 이름이 충돌되면 dplyr은 항상 이런 식으로 이름을 변경할 것이다.

더 알아보기

데이터 프레임을 합치는 다른 방법들은 레시피 5.26을 참고하라.

예제에서는 단일 열인 name으로 조인을 수행했지만, 다수의 열에 대해서도 가능하다. 자세한 정보는 ?dplyr::join을 입력해서 함수의 문서를 찾아보라.

이러한 조인 연산은 SQL로부터 왔다. SQL에서와 마찬가지로, dplyr에는 내부(inner), 전체(full), 왼쪽(left), 오른쪽(right), 세미(semi), 안티(anti) 등 다양한 조인 방식이 있다. 다시 말하지만, 함수 문서를 참고하라.

5.28 단일값을 다른 형식으로 변환하기

문제

문자열, 복소수, 실수, 정수, 혹은 논리형 등 단일 자료형인 데이터 값이 있다. 이 값을 다른 자료형으로 변환하고 싶다.

해결책

각 자료형에 대해서, 값들을 그 자료형으로 변환하는 함수가 있다. 자료형 변환 함수에는 다음과 같은 것들이 있다.

- as.character(*x*)

- as.complex(*x*)

- as.numeric(*x*) 또는 as.double(*x*)

- as.integer(*x*)

- as.logical(*x*)

논의

대체로 간단하게 어떤 자료형을 다른 자료형으로 변환할 수 있다. 변환이 잘 먹혔다면 원하는 결과를 얻을 수 있을 것이다. 하지만 그렇지 않다면 NA 값이 나타난다.

```
as.numeric(" 3.14 ")
#> [1] 3.14
as.integer(3.14)
#> [1] 3
as.numeric("foo")
#> Warning message: NAs introduced by coercion
#> [1] NA
as.character(101)
#> [1] "101"
```

단일 자료형으로 된 벡터가 있으면, 다음 함수들은 벡터의 모든 값에 대해서 적용된다. 따라서 단일값을 변환하는 앞선 예시를 토대로 벡터 전체를 변환하는 데까지 쉽게 일반화가 가능하다.

```
as.numeric(c("1", "2.718", "7.389", "20.086"))
#> [1]  1.00  2.72  7.39 20.09
as.numeric(c("1", "2.718", "7.389", "20.086", "etc."))
#> Warning message: NAs introduced by coercion
```

```
#> [1]  1.00  2.72  7.39  20.09   NA
as.character(101:105)
#> [1] "101" "102" "103" "104" "105"
```

R이 논릿값을 숫자값으로 변환할 때는, FALSE를 0으로, TRUE를 1로 바꾼다.

```
as.numeric(FALSE)
#> [1] 0
as.numeric(TRUE)
#> [1] 1
```

이 기능은 논릿값으로 된 벡터에서 TRUE의 개수를 셀 때 유용하다. 예를 들어 logvec
이 논릿값으로 된 벡터라면 sum(logvec)은 내부적으로 논리형을 정수형으로 변환한
다음에 TRUE의 개수를 반환해 준다.

```
logvec <- c(TRUE, FALSE, TRUE, TRUE, TRUE, FALSE)
sum(logvec) ## TRUE의 개수
#> [1] 4
length(logvec) - sum(logvec) ## TRUE가 아닌 것의 개수
#> [1] 2
```

5.29 구조화된 자료형을 다른 형식으로 변환하기

문제

어떤 데이터 구조의 변수를 다른 것으로 바꾸고 싶다. 예를 들어, 벡터를 리스트로
바꾸거나 행렬을 데이터 프레임으로 바꾸려고 한다.

해결책

다음 함수들은 해당하는 데이터 구조로 인자를 변환한다.

- as.data.frame(x)

- as.list(x)

- as.matrix(x)

- as.vector(x)

하지만 이 중 몇몇 변환은 여러분을 놀라게 할 수도 있다. 표 5-2를 확인해 보기 바
란다.

논의

데이터 구조들을 상호 변환하는 건 까다로울 수 있다. 그래도 일부는 생각대로 변환된다. 이를테면 행렬을 데이터 프레임으로 변환한다면 행렬의 행과 열은 데이터 프레임의 행과 열이 된다. 별거 없다.

하지만 그 외의 경우에는 결과를 보고 생각했던 것과 달라 놀랄 수도 있다. 표 5-2에 알아 두면 좋을 만한 예를 요약해 두었다.

표 5-2 데이터 변환

변환	방법	주석
벡터→리스트	as.list(*vec*)	list(*vec*)을 사용하지 말자. 유일한 원소가 *vec*의 복사본인, 원소 한 개짜리 목록을 만든다.
벡터→행렬	열 하나짜리 행렬: cbind(*vec*) 또는 as.matrix(*vec*) 행 하나짜리 행렬: rbind(*vec*) $n \times m$ 행렬: matrix(*vec*,*n*,*m*)	레시피 5.14 참고
벡터→데이터 프레임	열 하나짜리 데이터 프레임: as.data.frame(*vec*) 행 하나짜리 데이터 프레임: as.data.frame(rbind(*vec*))	
리스트→벡터	unlist(*lst*)	as.vector 대신 unlist를 쓰자(주석 1 참고). 레시피 5.11 참고
리스트→행렬	열 하나짜리 행렬: as.matrix(*lst*) 행 하나짜리 행렬: as.matrix(rbind(*lst*)) $n \times m$ 행렬: matrix(*lst*,*n*,*m*)	
리스트→데이터 프레임	목록 원소들이 데이터의 열이면: as.data.frame(*lst*) 리스트 원소들이 데이터의 행이면: 레시피 5.19 참고	
행렬→벡터	as.vector(*mat*)	행렬의 모든 원소를 벡터로 반환한다.
행렬→리스트	as.list(*mat*)	행렬의 모든 원소를 리스트로 반환한다.
행렬→데이터 프레임	as.data.frame(*mat*)	
데이터 프레임→벡터	행 하나짜리 데이터 프레임 변환: df[1,] 열 하나짜리 데이터 프레임 변환: df[,1] 또는 df[[1]]	주석 2 참고
데이터 프레임→리스트	as.list(*df*)	주석 3 참고
데이터 프레임→행렬	as.matrix(*df*)	주석 4 참고

다음은 표 5-2의 주석이다.

1. 리스트를 벡터로 변환할 때는, 리스트가 모두 같은 모드로 된 단일값으로 되어 있으면 변환이 깔끔하다. 하지만 다음 둘 중 하나의 경우엔 상황이 복잡해진다. (a) 리스트에 모드가 섞여 있다(예: 수치형과 문자형). 이 경우 모든 것이 문자열로 변환된다. 또는 (b) 리스트에 하위 리스트나 데이터 프레임 같은, 다른 데이터 구조가 포함되어 있다. 이 경우 이상한 일이 발생하니 변환하지 말자.

2. 데이터 프레임을 벡터로 변환하는 것은 데이터 프레임이 행 하나 또는 열 하나만 가지고 있는 경우에만 말이 된다. 거기에 있는 모든 원소를 하나의 긴 벡터로 추출하려면 as.vector(as.matrix(df))를 사용한다. 하지만 그것조차도 데이터 프레임의 원소가 모두 수치형이거나 모두 문자형일 때만 옳은 것이다. 그렇지 않다면 모든 것이 먼저 문자열로 변환된다.

3. 데이터 프레임은 이미 리스트(즉, 열들의 리스트)이기 때문에 데이터 프레임을 리스트로 변환하는 것은 이상하게 보일 수 있다. as.list를 사용하면 클래스(data.frame)가 제거되고 그 기저에 있는 리스트가 나타난다. 이 방법은 R이 여러분의 데이터 구조를 리스트로 다루게 하고 싶을 때 유용하다. 이를테면 출력이라든가.

4. 데이터 프레임을 행렬로 변환할 때는 조심하자. 만약 데이터 프레임이 숫자값만 가지고 있으면 수치형 행렬이 나온다. 문자값만 가지고 있으면 문자형 행렬이 나온다. 하지만 만약 데이터 프레임이 숫자, 문자 그리고(또는) 요인으로 혼합되어 있다면 모든 값은 먼저 문자로 변환되고 결과는 문자열로 된 행렬이 된다.

행렬의 특수한 고려사항

여기서 자세히 설명한 행렬 변환에서는 행렬이 동질적이라고 가정한다. 즉, 모든 원소가 같은 모드(예: 모두 수치형이거나 모두 문자형)라고 생각하는 것이다. 하지만 행렬이 리스트에서부터 만들어진 경우 이질적일 수도 있다. 만약 그런 경우라면 변환이 지저분해진다. 예를 들어 모드가 섞인 행렬을 데이터 프레임으로 만든다면, 혼합된 데이터에 맞추기 위해서 그 데이터 프레임의 열들은 리스트가 되듯이 말이다.

더 알아보기

자료형을 변환하는 법은 레시피 5.28을 참고하라. 문제의 소지가 있는 변환에 대한 내용은 이번 장의 도입문을 참고하자.

6장

데이터 변형

전통적인 프로그래밍 언어에서는 반복문을 사용하는 데 반해, R은 전통적으로 벡터화된 연산과 apply 계열 함수들을 가지고 일괄 실행함으로써 계산을 간소화해 데이터를 고속으로 처리한다. 여러분이 R에서 데이터를 원하는 대로 나누고, 나뉘어진 데이터에 대하여 각각의 작업을 수행하는 루프를 짜는 것을 막을 수는 없다. 하지만 벡터화된 함수들을 사용하게 되면 대개의 경우 속도가 더 빠르고, 코드가 더 단순하며, 코드를 유지보수하기도 더 쉬워진다.

그러나 최근 들어, tidyverse(특히 purrr와 dplyr 패키지)에서는 R의 이러한 연산을 더 쉽게 배울 수 있고 약간이나마 더 일관성 있게 만들어 주는 새로운 문법을 창안했다. purrr라는 이름은 'Pure R'이라는 문구에서부터 왔는데, '순수한 함수(pure function)'란 결괏값이 그 함수의 입력에 의해서만 결정되고, 다른 부작용을 전혀 낳지 않는 함수를 의미한다. 그러나 여러분이 purrr를 잘 사용하기 위해 이해해야 할 함수형 프로그래밍 관련 개념이 아니긴 하다. purrr에는 dplyr 등의 다른 tidyverse 패키지와 잘 연계할 수 있도록 데이터의 '블록별로' 실행을 할 수 있게 도와주는 함수들이 들어 있다는 사실만 알면 된다.

기본 R에는 수많은 apply 함수들(apply, lapply, sapply, tapply, mapply)과 그것들의 사촌(by와 split)이 있다. 이 함수들은 지난 몇 년간 기본 R의 일꾼이나 다름없었다. 필자들은 이 책에서 기본 R의 apply 함수와, 새로운 '타이디(tidy)'한 접근법에 각각 얼마나 할애할지에 대해 토론을 하였는데, purrr 방식, 기본 R 방식, 그리고 때로는 두 방식을 모두 설명하기로 했다. purrr과 dplyr의 인터페이스는 굉장히 간결하며, 우리는 대부분의 사례에서 직관적이라고 생각한다.

6.1 리스트의 각 원소에 함수 적용하기

문제

리스트가 있고, 리스트의 각 원소에 함수를 적용하고 싶다.

해결책

리스트의 각 원소에 함수를 적용하기 위해 map을 사용한다.

```
library(tidyverse)

lst %>%
  map(fun)
```

논의

리스트의 각 원소별로, 모든 숫자의 평균을 구하는 예시를 살펴보자.

```
library(tidyverse)

lst <- list(
  a = c(1,2,3),
  b = c(4,5,6)
)
lst %>%
  map(mean)
#> $a
#> [1] 2
#>
#> $b
#> [1] 5
```

map 함수는 리스트의 원소마다 여러분의 함수를 호출하게 된다. 여러분의 함수는 하나의 인자를 받아야 하는데, 바로 리스트의 원소 한 개가 되겠다. 그러면 map 함수는 반환된 값들을 모아서 리스트로 반환해 준다.

purrr 패키지는 리스트나 벡터를 받아 입력과 동일한 수의 원소로 이루어진 객체를 반환하는 map 함수 계열 전체를 포함하고 있다. 반환되는 객체의 종류는 어떤 map 함수를 사용하느냐에 따라 달라진다. 관련 함수들의 목록은 map 함수의 도움말 파일을 참고하면 되며, 그중 자주 사용하는 것을 몇 가지 소개하면 다음과 같다.

map

> 항상 리스트를 반환하며, 반환되는 리스트의 원소는 다른 자료형일 수 있다. 기본 R의 `lapply`와 비슷하다.

map_chr

> 문자열 벡터를 반환한다.

map_int

> 정수 벡터를 반환한다.

map_dbl

> 부동 소수점 수치형 벡터를 반환한다.

그럼 예제를 살펴보자. 우리에게 문자열 또는 정수로 결괏값이 반환되는 함수가 있다고 가정하는, 약간은 부자연스러운 사례다.

```
fun <- function(x) {
  if (x > 1) {
    1
  } else {
    "Less Than 1"
  }
}

fun(5)
#> [1] 1
fun(0.5)
#> [1] "Less Than 1"
```

이제 map 함수의 여러 종류가 각각 어떻게 적용되는지를 살펴보기 위해 fun을 매핑할 원소들이 담긴 리스트를 만들어 보자.

```
lst <- list(.5, 1.5, .9, 2)

map(lst, fun)
#> [[1]]
#> [1] "Less Than 1"
#>
#> [[2]]
#> [1] 1
#>
#> [[3]]
```

```
#> [1] "Less Than 1"
#>
#> [[4]]
#> [1] 1
```

map이 혼합된 자료형으로 된 리스트를 만들어 낸 것을 볼 수 있다.

map_chr은 문자열 벡터를 만든 후 숫자들을 문자로 강제 변환해 준다.

```
map_chr(lst, fun)
#> [1] "Less Than 1" "1.000000"    "Less Than 1" "1.000000"

## 또는 파이프를 사용
lst %>%
  map_chr(fun)
#> [1] "Less Than 1" "1.000000"    "Less Than 1" "1.000000"
```

반면에 map_dbl은 문자열을 실수(double)형으로 강제 변환하려고 시도하다가 뻗어 버린다.

```
map_dbl(lst, fun)
#> Error: Can't coerce element 1 from a character to a double
```

기본 R의 lapply 함수도 map과 굉장히 유사하게 동작한다. 또한, 앞에서 언급한 것처럼 기본 R의 sapply 함수는 결괏값을 벡터나 행렬로 단순화하므로 다른 map 함수와 유사하다.

더 알아보기

레시피 15.3을 참고하라.

6.2 데이터 프레임의 모든 행에 함수 적용하기

문제

데이터 프레임의 모든 행에 적용하고 싶은 함수가 있다.

해결책

mutate 함수를 사용하면 벡터 값들에 따라 새로운 변수를 생성해 준다. 하지만 벡터를 입력으로 받아 벡터를 결괏값으로 내지 않는 함수를 사용하고자 한다면, rowwise를 사용해서 한 행씩 연산해 주어야 한다.

다음과 같이 dplyr에게 이후 모든 커맨드를 행별로 처리하라고 명령하기 위해, 파이프를 연계하면서 rowwise를 사용할 수 있다.

```
df %>%
  rowwise() %>%
  row_by_row_function()
```

논의

함수를 만들고, 데이터 프레임의 행마다 해당 함수를 적용해 보자. 우리가 만드는 함수는 a부터 b까지 c 간격으로 된 수열의 합계를 구하는 단순한 함수다.

```
fun <- function(a, b, c) {
  sum(seq(a, b, c))
}
```

위 함수를 적용할 데이터를 만든 다음, rowwise를 사용해서 우리의 함수인 fun을 적용해 보자.

```
df <- data.frame(mn = c(1, 2, 3),
                 mx = c(8, 13, 18),
                 rng = c(1, 2, 3))

df %>%
  rowwise %>%
  mutate(output = fun(a = mn, b = mx, c = rng))
#> Source: local data frame [3 x 4]
#> Groups: <by row>
#>
#> # A tibble: 3 x 4
#>      mn    mx   rng output
#>   <dbl> <dbl> <dbl>  <dbl>
#> 1     1     8     1     36
#> 2     2    13     2     42
#> 3     3    18     3     63
```

우리가 rowwise 없이 이 함수를 실행했다면, seq 함수가 벡터 전체를 처리하지 못해서 다음과 같이 에러가 났을 것이다.

```
df %>%
  mutate(output = fun(a = mn, b = mx, c = rng))
#> Error in seq.default(a, b, c): 'from' must be of length 1
```

6.3 행렬의 모든 행에 함수 적용하기

문제

행렬이 있다. 모든 행에 함수를 적용해서 각 행의 함수 결과를 계산하고 싶다.

해결책

apply 함수를 사용한다. 두 번째 인자를 1로 설정해 함수가 행별로 적용되도록 설정해 준다.

```
results <- apply(mat, 1, fun)    # mat은 행렬이고, fun은 함수다.
```

apply 함수는 fun을 한 번 호출해서 행렬의 각 행에 적용하고, 반환된 값들을 모아서 벡터로 만든 다음 그 벡터를 반환한다.

논의

다른 레시피에서는 purrr 계열도 함께 설명했지만, 여기서는 기본 R의 apply 함수만 설명한 것을 눈치챘는가? 이 책을 쓰는 시점에서, 행렬의 연산은 purrr의 관심 범위 밖이기 때문에 우리는 기본 R의 apply 함수를 사용했다. purrr 문법을 꼭 사용하고 싶다면, 행렬을 데이터 프레임이나 티블로 먼저 변환해 주는 함수를 사용하면 된다. 하지만 행렬의 크기가 큰 경우, purrr를 사용하게 되면 속도가 느려질 것이다.

여러분에게 세로로 된 데이터가 담긴 long이라는 행렬이 있다고 해 보자. 각 행은 피실험자 한 명의 데이터고, 열은 시간에 따른 반복 관찰 결과를 담고 있다.

```
long <- matrix(1:15, 3, 5)
long
#>      [,1] [,2] [,3] [,4] [,5]
#> [1,]    1    4    7   10   13
#> [2,]    2    5    8   11   14
#> [3,]    3    6    9   12   15
```

각 피실험자의 평균 관찰값을 구하려면 행별로 mean 함수를 적용한다. 결과는 벡터로 나온다.

```
apply(long, 1, mean)
#> [1] 7 8 9
```

행렬에 행 이름이 있다면, apply가 해당 이름들을 사용해서 결과 벡터의 원소들을 구별해 준다. 상당히 편리하다.

```
rownames(long) <- c("Moe", "Larry", "Curly")
apply(long, 1, mean)
#>    Moe Larry Curly
#>      7     8     9
```

호출되는 함수는 하나의 인자, 즉 행렬에서 행 하나에 해당하는 벡터 하나를 받아야한다. 이 함수는 단일값 또는 벡터를 반환한다. 벡터인 경우에 apply는 결과들을 모아 행렬로 만든다. range 함수는 최솟값과 최댓값, 이렇게 두 개의 원소로 된 벡터를반환하므로 이 함수를 long에 적용하면 행렬이 반환된다.

```
apply(long, 1, range)
#>      Moe Larry Curly
#> [1,]   1     2     3
#> [2,]  13    14    15
```

이 레시피를 데이터 프레임에도 응용할 수 있다. 데이터 프레임이 동질적(모두 숫자이든가, 모두 문자열이든가)인 경우에 작동한다. 만약 데이터 프레임이 다른 자료형으로 된 열들을 가지고 있으면, 행에서 벡터를 추출하는 건 의미가 없다. 왜냐하면벡터의 원소들은 동질적이어야만 하기 때문이다.

6.4 모든 열에 함수 적용하기

문제
행렬 또는 데이터 프레임이 있고, 그것의 모든 열에 함수를 적용하고 싶다.

해결책
행렬에는 apply 함수를 사용한다. 두 번째 인자를 2로 설정해 함수가 열별로 적용된다는 것을 설정해 준다. 따라서 우리의 행렬 또는 데이터 프레임이 mat이고 fun이라는 함수를 모든 열에 적용하고자 한다면 다음과 같이 코드를 쓴다.

```
apply(mat, 2, fun)
```

데이터 프레임에는, purrr 패키지의 map_df 함수를 사용한다.

```
df2 <- map_df(df, fun)
```

논의

실수로 된 예시 행렬에 mean 함수를 매 열에 적용해 보자.

```
mat <- matrix(c(1, 3, 2, 5, 4, 6), 2, 3)
colnames(mat) <- c("t1", "t2", "t3")
mat
#>      t1 t2 t3
#> [1,]  1  2  4
#> [2,]  3  5  6

apply(mat, 2, mean)  # 매 열의 평균을 계산한다.
#>  t1  t2  t3
#> 2.0 3.5 5.0
```

기본 R에서, apply 함수는 행렬이나 데이터 프레임을 처리하기 위해 만들어졌다. apply의 두 번째 인자는 방향을 결정한다.

- 1은 행별로 처리한다는 뜻이다.
- 2는 열별로 처리한다는 뜻이다.

보기보다 외우기 쉽다. 우리는 행렬을 '행과 열'이라고 부르니까, 행이 먼저고 열이 두 번째다. 각각 1과 2인 것이다.

데이터 프레임은 행렬보다 복잡한 데이터 구조라서 옵션이 더 많다. 간단히 apply를 사용하면 R이 데이터 프레임을 행렬로 변환한 다음 여러분의 함수를 적용한다. 이것은 해당 데이터 프레임이 한 가지 형식의 데이터로만 되어 있으면 작동하나, 어떤 열은 수치형이고 어떤 열은 문자열이라면 작동하지 않을 것이다. 그런 경우 R은 모든 열이 동일한 자료형을 갖도록 여러분이 원치 않는 변환을 실행할 수도 있다.

다행히도 여러 대안이 있다. 데이터 프레임이 일종의 리스트였던 것을 기억해 내자. purrr에는 다양한 종류의 객체를 반환하는 map 계열 함수들이 있었다. 그중 우리가 관심 있는 함수는 map_df로, data.frame(즉, 이름으로는 df)을 반환해 준다.

```
df2 <- map_df(df, fun) # data.frame을 반환
```

fun 함수는 인자 하나를 받는데, 바로 데이터 프레임의 열이다.

흔히 데이터 프레임에 있는 열들의 자료형을 확인하는 데 사용되는 방법은 다음과 같다. 데이터의 batch 열을 후딱 확인해 보면 숫자를 포함하고 있는 걸로 보인다.

```
load("./data/batches.rdata")
head(batches)
#>   batch clinic dosage shrinkage
#> 1     3     KY     IL    -0.307
#> 2     3     IL     IL    -1.781
#> 3     1     KY     IL    -0.172
#> 4     3     KY     IL     1.215
#> 5     2     IL     IL     1.895
#> 6     2     NJ     IL    -0.430
```

하지만 map_df를 사용해 각 열의 클래스를 출력해 보면 batch가 요인인 것을 알 수 있다.

```
map_df(batches, class)
#> # A tibble: 1 x 4
#>   batch  clinic dosage shrinkage
#>   <chr>  <chr>  <chr>  <chr>
#> 1 factor factor factor numeric
```

 출력의 세 번째 줄에 반복적으로 <chr>이라고 쓰여 있는 것을 보자. 그 이유는 class의 결괏값이 데이터 프레임에 담긴 후에 출력되기 때문이다. 중간 과정인 데이터 프레임은 모두 문자열로 되어 있다. 본래의 데이터 프레임에 요인이 3열, 수치형 필드가 1열 있다고 알려 주는 것은 마지막 행이다.

더 알아보기

레시피 5.21, 6.1, 6.3을 참고하라.

6.5 병렬 벡터들 또는 리스트들에 함수 적용하기

문제

여러 개의 인자를 받는 함수가 있다. 이 함수를 벡터의 원소별로 각각 적용해서 벡터로 된 결과를 얻어내고 싶다. 하지만 안타깝게도 이 함수는 '벡터화(vectorized)'되어 있지 않다. 다시 말하면, 단일값에는 작동하지만 벡터에는 안 된다는 뜻이다.

해결책

tidyverse의 핵심 패키지인 purrr에 있는 map 또는 pmap 함수를 사용한다. 가장 일반적인 해결책은 벡터들을 리스트에 넣은 다음, pmap을 사용하는 것이다.

```
lst <- list(v1, v2, v3)
pmap(lst, fun)
```

pmap은 lst의 원소를 가져다 fun의 입력으로 넘겨준다.

만약 함수의 입력으로 사용할 벡터가 두 개뿐이라면, map2 함수 계열을 사용해서 리스트에 벡터를 담는 과정 없이 편리하게 실행할 수 있다. map2는 리스트를 반환해 준다.

```
map2(v1, v2, fun)
```

형식이 지정된 변종 함수들인 map2_chr, map2_dbl 등은 함수 이름에서 풍기는 뉘앙스처럼 해당 형식으로 이루어진 벡터들을 반환한다. 즉, fun이 실수인 double형만 반환한다면, 다음과 같이 map2 중에서 형식이 지정된 변종 함수를 사용하도록 하자.

```
map2_dbl(v1, v2, fun)
```

purrr 함수들 중 형식이 지정된 변종 함수들의 이름은, 입력이 아니라 함수에서 예상되는 '결괏값'에 대해 적용되는 것이다. 이러한 형식이 지정된 변종 함수들은 각자의 형식에 맞는 벡터를 반환하며, 형식이 지정되지 않은 변종 함수들은 다양한 형식이 섞여 있어도 상관없는 리스트를 반환한다.

논의

x + y와 같은 R의 기본 연산자들은 벡터화되어 있다. 즉, 원소별로 계산을 하고, 벡터로 된 결과를 반환한다는 뜻이다. 덧붙여 다른 많은 R 함수들도 벡터화되어 있다. 하지만 모든 함수가 벡터화되어 있지는 않으며, 그런 함수들은 단일값에만 작동한다. 억지로 벡터를 인자로 사용하면, 그나마 좀 나은 경우 에러가 뜨고, 최악의 경우 의미 없는 결과들을 반환한다. 이럴 때는 purrr의 map 함수들로 해당 함수를 효과적으로 벡터화시켜 줄 수 있다.

레시피 15.3에 나오는, 인자를 두 개 받는 gcd 함수를 생각해 보자.

```
gcd <- function(a, b) {
  if (b == 0) {
    return(a)
  } else {
    return(gcd(b, a %% b))
  }
}
```

gcd를 두 개의 벡터에 적용하면, 틀린 답과 함께 에러 메시지 결과가 잔뜩 출력된다.

```
gcd(c(1, 2, 3), c(9, 6, 3))
#> Warning in if (b == 0) {: the condition has length > 1 and only the first
#> element will be used

#> Warning in if (b == 0) {: the condition has length > 1 and only the first
#> element will be used

#> Warning in if (b == 0) {: the condition has length > 1 and only the first
#> element will be used
#> [1] 1 2 0
```

이 함수는 벡터화되지 않았지만 map을 사용하면 벡터화할 수 있다. 이 경우, 우리가 매핑하고자 하는 입력이 두 개이므로 map2 함수를 써야 한다. 이렇게 하면 두 개의 벡터 사이에서 원소별로 최대 공약수(GCD)를 구할 수 있다.

```
a <- c(1, 2, 3)
b <- c(9, 6, 3)
my_gcds <- map2(a, b, gcd)
my_gcds
#> [[1]]
#> [1] 1
#>
#> [[2]]
#> [1] 2
#>
#> [[3]]
#> [1] 3
```

map2 함수가 리스트로 이루어진 리스트를 반환한다는 점에 주목하자. 만약 결괏값을 벡터로 출력하기를 원한다면, 결과에 unlist를 실행하면 된다.

```
unlist(my_gcds)
#> [1] 1 2 3
```

또는 map2_dbl과 같은 형식이 정해진 변종 함수를 사용해도 된다.

purrr의 map 계열 함수들에는 특정한 형식의 결괏값을 반환하는 변종 함수들이 있다. 함수 이름의 접미사를 보면 어떤 자료형으로 된 벡터를 반환하는지를 알 수 있다. map과 map2는 리스트를 반환하는 데 비해, 형식이 지정된 변종 함수들은 동일한 형식의 객체들을 반환하는 것이 보장된 만큼, 그 결괏값들이 기본 원소 벡터(atomic vector)에 담길 수 있다. 예를 들어 map2_chr 함수를 사용해서 R에게 결괏값을 강제

로 문자열로 출력하도록 하거나 map2_dbl을 사용해서 모든 결괏값이 실수가 되도록
할 수도 있다.

```
map2_chr(a, b, gcd)
#> [1] "1.000000" "2.000000" "3.000000"
map2_dbl(a, b, gcd)
#> [1] 1 2 3
```

만약 우리 데이터에 세 개 이상의 벡터가 있거나, 데이터가 이미 리스트에 담겨 있다
면, 리스트를 입력으로 받는 pmap 계열의 함수를 사용하자.

```
lst <- list(a,b)
pmap(lst, gcd)
#> [[1]]
#> [1] 1
#>
#> [[2]]
#> [1] 2
#>
#> [[3]]
#> [1] 3
```

또는 형식이 정해진 벡터를 출력하고 싶은 경우에는 다음과 같은 코드를 쓰자.

```
lst <- list(a,b)
pmap_dbl(lst, gcd)
#> [1] 1 2 3
```

purrr 함수 관련해서, pmap 함수군은 '리스트'를 입력으로 받는 병렬 매핑 함수인데
반해, map2 함수군은 두 개, 딱 두 개의 '벡터'만 입력으로 받는다는 점을 꼭 기억해
두자.

더 알아보기

이번 레시피는 레시피 6.1의 특수한 사례일 뿐이다. map 계열 변종 함수에 대해서
더 알아보려면 해당 레시피를 참고하라. 그에 더해, 제니 브라이언이 깃허브(*https://
jennybc.github.io/purrr-tutorial/*)에 훌륭한 purrr 튜토리얼들을 올려 두었으니 살펴보
면 좋을 것이다.

6.6 데이터 집단에 함수 적용하기

문제

여러분의 데이터 원소가 집단들에 속해 있다. 그래서 데이터를 집단에 따라 처리하고 싶다. 예를 들어, 집단별로 합계를 내거나 집단별로 평균을 구하려 한다.

해결책

집단으로 데이터를 처리하는 가장 쉬운 방법은 dplyr의 goup_by 함수를 summarize와 함께 사용하는 것이다. 우리의 데이터 프레임이 df이고, grouping_var라는 변수를 기준으로 집단을 묶은 뒤, 모든 v1과 v2 조합에 대해서 함수 fun을 적용하고자 할 때 다음과 같이 group_by를 사용할 수 있다.

```
df %>%
  group_by(v1, v2) %>%
  summarize(
    result_var = fun(value_var)
  )
```

논의

다음과 같이 우리의 데이터 프레임인 df에 집단의 기준이 되는 my_group이라는 변수가 있고, 통계량을 계산하고 싶은 대상 값들인 values 필드가 있다고 해 보자.

```
df <- tibble(
  my_group = c("A", "B","A", "B","A", "B"),
  values = 1:6
)

df %>%
  group_by(my_group) %>%
  summarize(
    avg_values = mean(values),
    tot_values = sum(values),
    count_values = n()
  )
#> # A tibble: 2 x 4
#>   my_group avg_values tot_values count_values
#>   <chr>         <dbl>      <int>        <int>
#> 1 A                 3          9            3
#> 2 B                 4         12            3
```

결과를 살펴보면, 집단마다 하나의 레코드가 있으며, 우리가 정의한 세 개의 요약 필드에 대해 계산된 값들이 거기에 담겨 있다.

> :exclamation: summarize 함수가 조용히 group_by에서 사용되는 가장 마지막 집단 분류 변수(grouping variable)를 제거한다는 점을 언급해 두어야겠다. 정의에 따라, 집단을 나누는 기준 변수가 있을 때, 그 어떤 집단도 하나를 초과하는 행을 갖지 않기 때문에 자동으로 그렇게 되는 것이다. 가장 마지막 집단 분류 변수는 집단을 나누는 벡터에서만 누락되고, 데이터 프레임 자체에서 삭제되지는 않는다. 해당 필드는 그대로 남아있으나 집단을 분류할 때만 사용되지 않는 것이다. 이러한 점을 처음 볼 때는 몹시 놀랄 수 있다.

6.7 조건에 따라 새로운 열 만들기

문제

특정한 조건에 따라 데이터 프레임에서 새로운 열을 생성하고 싶다.

해결책

tidyverse dplyr 패키지를 사용해서, mutate로 새로운 데이터 프레임 열을 생성한 다음 case_when으로 조건부 논리를 설정한다.

```
df %>%
  mutate(
    new_field = case_when(my_field == "something" ~ "result",
                          my_field != "something else" ~ "other result",
                          TRUE ~ "all other results")
  )
```

논의

dplyr의 case_when 함수는 SQL의 CASE WHEN이나 엑셀의 중첩 IF 구문과 유사하다. 이 함수는 모든 원소를 검사해서, 참인 조건을 찾으면 ~(물결표) 우측의 값을 반환해 준다.

값을 설명하는 텍스트 필드를 추가하는 예시를 살펴보자. 우선 vals라는 이름을 가진 열이 하나 있는 간단한 예제용 데이터 프레임을 만든다.

```
df <- data.frame(vals = 1:5)
```

이제 new_vals라는 필드를 생성하는 논리를 구현해 보자. 만약 vals가 2보다 작거나 같으면 '2 or less'를 반환하게 한다. 2보다는 크고 4보다는 작거나 같다면 '2 to

4'를, 그리고 다른 경우 'over 4'를 반환하게 만들어 보겠다.

```
df %>%
  mutate(new_vals = case_when(vals <= 2 ~ "2 or less",
                              vals > 2 & vals <= 4 ~ "2 to 4",
                              TRUE ~ "over 4"))
#>   vals  new_vals
#> 1    1 2 or less
#> 2    2 2 or less
#> 3    3    2 to 4
#> 4    4    2 to 4
#> 5    5    over 4
```

예시에서 볼 수 있듯이, ~의 좌측에 조건이 위치하고, 우측에 반환하는 값이 위치한다. 각 조건은 쉼표로 구분되는데, case_when은 각 조건을 평가한 다음 여러 기준 중하나에 TRUE가 반환되는 경우 즉각 멈춘다. 우리 코드의 가장 마지막 줄은 'or else' 구문이다. 이 조건을 TRUE로 설정하게 되면, 무슨 일이 있든 간에, 그 위에 있는 조건중 하나도 TRUE가 반환되지 않으면 무조건 여기에서 TRUE를 반환하게 된다.

더 알아보기

mutate를 사용하는 예시에 대해 더 알아보려면 레시피 6.2를 참고하라.

7장

문자열과 날짜

문자열? 날짜? 통계 프로그래밍 패키지에?

의아할 수도 있다. 하지만 파일을 읽거나 보고서를 출력하고자 하면 문자열이 필요하다. 또 현실 세계의 문제를 다룰 때는 날짜가 필요하다.

R에는 문자열과 날짜를 처리하는 기능들이 있다. 펄(Perl)과 같은 문자열 중심 언어에 비하면 엉성하기 짝이 없지만, 수행하려는 작업에 적합한 도구를 선택해야 되는 문제라서 달리 방법이 없다. 펄에서 로지스틱 회귀분석을 수행하고 싶진 않을 테니까 말이다.

이러한 다소 엉성했던 기능들은 tidyverse 패키지들인 stringr과 lubridate가 생기면서 어느 정도 향상되었다. 이 책의 다른 장들과 마찬가지로, 이번 장의 예제들에서는 기본 R뿐만 아니라 삶을 쉽고, 빠르고, 편리하게 만들어 주는 추가 패키지들도 함께 다룬다.

날짜와 시간을 다루는 클래스

R에는 날짜와 시간을 다루는 데 쓰는 클래스들의 종류가 많다. 선택권이 있는 걸 좋아하는 사람이라면 괜찮고, 그저 편하게 살고 싶은 사람이라면 귀찮을 수 있다. 이러한 클래스들 사이엔 커다란 차이가 있다. 일부는 날짜만 다루는(date-only) 클래스고, 일부는 날짜 및 시간(datetime) 클래스들이다. 모든 클래스는 달력의 날짜(예: 2019년 3월 15일)들을 다룰 수 있지만, 모든 클래스가 날짜 및 시간(2019년 3월 1일 11:45 AM)을 나타낼 수 있는 것은 아니다.

다음 클래스들은 R의 기본 배포판에 포함되어 있다.

Date

Date 클래스는 날짜는 나타낼 수 있지만 시간은 나타내지 못한다. 이 클래스는 날짜 관련 작업을 하는 일반적인 용도의 클래스이며, 변환, 형식 설정, 기본 날짜 연산, 표준시간대 처리 등의 작업을 할 때 사용된다. 이 책에 있는 대부분의 날짜 관련 레시피들은 Date 클래스를 사용한다.

POSIXct

이것은 날짜 및 시간 클래스로, 1초 간격의 정확도로 시간의 순간을 나타낼 수 있다. 내부적으로 날짜시간은 1970년 1월 1일 이후 몇 초나 흘렀는지 기록하는 방식으로 저장되기 때문에 굉장히 간단한 표현이라고 볼 수 있다. 이 클래스는 날짜 시간 정보(예: 데이터 프레임 내)를 저장할 때 쓰기를 추천한다.

POSIXlt

이것도 날짜 및 시간 클래스지만, 그 표현은 연도, 월, 일, 시, 분, 초를 포함하는 아홉 개의 원소로 된 리스트에 저장된다. 이렇게 하면 월 또는 시와 같은 날짜의 부분들을 추출하기 쉽다. 따라서 당연히 POSIXct 클래스보다는 덜 간결하다. 보통은 중간 처리 과정에서 쓰이며, 데이터를 저장하는 데 쓰이지는 않는다.

기본 배포판은 이 표현들 간의 변환을 쉽게 해 주는 함수들을 제공한다. as.Date, as.POSIXct, as.POSIXlt와 같은 것들이다.

다음은 CRAN에서 다운로드할 수 있는 날짜와 시간을 다루는 유용한 패키지들이다.

chron

chron 패키지는 날짜와 시간을 모두 나타낼 수 있으나 복잡한 표준시간대 처리나 일광절약시간 등은 제외된다. 따라서 Date보다는 사용하기 쉽지만 POSIXct나 POSIXlt보다는 성능이 좋지 않다. 계량경제학이나 시계열 분석을 할 때 유용하다.

lubridate

tidyverse 패키지다. 표준시간대 같은 중요한 부가 기능을 유지하면서 날짜와 시간을 다루기 쉽게 설계되었다. 특히 날짜시간 연산이 잘 된다. 이 패키지는 경과 시간, 주기, 간격 등과 같은 유용한 구조들을 제공한다. lubridate는 tidyverse의 일부이므로, install.packages('tidyverse')로 설치할 때 같이 설치되지만 '핵심

(core) tidyvsserse'[1]에 포함되지는 않기 때문에 library(tidyverse)를 실행할 때 함께 로딩되지는 않으므로 주의하자. 즉, library(lubridate)로 개별적으로 로딩해야 한다는 뜻이다.

mondate

날짜를 연도와 일 외에도 추가적으로 월 단위로 다룰 수 있도록 특화된 패키지다. 예를 들면 다달이 계산이 필요한, 회계와 계리(計理) 업무 등의 작업을 할 때 쓰면 도움이 된다.

timeDate

날짜와 시간을 면밀하게 다룰 수 있도록 설계된 기능들이 담긴 고성능 패키지로, 날짜 연산, 평일, 휴일, 변환, 일반화된 표준시간대 처리 등의 기능을 가지고 있다. 금융 모델에서는 날짜와 시간의 정확성이 무척 중요한데, 원래는 거기에 쓰기 위한 Rmetrics 소프트웨어의 일부였다. 날짜 기능이 많이 요구되는 일을 한다면 이 패키지를 고려해 보자.

여러분은 어떤 클래스를 선택하겠는가? 가버 그로텐디크(Gabor Grothendieck)와 토머스 펫졸트(Thomas Petzoldt)가 쓴 "Date and Time Classes in R"(*http://bit.ly/2MNK9q8*)에서 대략적인 조언을 들을 수 있다.

> 어떤 클래스를 사용할지 고민할 때는, 작성 중인 애플리케이션을 지원하는 가장 덜 복잡한 클래스를 고르도록 한다. 즉, 가능하면 **Date**를 쓰고 아니면 **chron**을, 그것도 아니라면 POSIX 클래스들을 사용하라는 것이다. 이런 전략을 고수하면 잠재적인 에러가 엄청나게 줄고 애플리케이션의 안정성도 높아진다.

더 알아보기

help(DateTimeClasses)에 내장 기능과 관련된 더 자세한 정보가 담겨 있다. 그리고 가버 그로텐디크와 토머스 펫졸드가 쓴 2004년 6월 기사 'Date and Time Classes in R'을 보면 날짜와 시간 기능에 대해 무척 잘 설명된 입문글도 있다. 그 외에도 브라이언 리플리(Brian Ripley)와 커트 호닉(Kurt Hornik)의 2011년 6월 기사 'Date-

---

1 (옮긴이) 핵심 tidyverse 패키지에는 일반적인 데이터 분석에 필요한 패키지들이 담겨 있으며, 이러한 패키지들은 tidyverse를 attach했을 때 함께 로딩된다. 반면 비핵심 패키지인 blob, feather, jsonlite, googledrive 등은 함께 설치는 되지만 따로 로딩해야 한다.

Time Classes'에서는 특히 두 POSIX 클래스들에 대해서 다루고 있다.[2] 또, 개럿 그롤문드(Garrett Grolemund)와 해들리 위컴이 쓴 《R을 활용한 데이터 과학(R for Data Science)》(인사이트, 2019)의 13장에는 `lubridate` 패키지가 잘 설명되어 있다.

7.1 문자열의 길이 알아내기

문제

문자열의 길이를 알고 싶다.

해결책

`length` 함수가 아니라 `nchar` 함수를 사용한다.

논의

`nchar` 함수는 문자열을 받아서 문자열에 있는 문자의 개수를 반환한다.

```
nchar("Moe")
#> [1] 3
nchar("Curly")
#> [1] 5
```

`nchar`를 문자열로 된 벡터에 적용하게 되면, 각 문자열의 길이를 반환한다.

```
s <- c("Moe", "Larry", "Curly")
nchar(s)
#> [1] 3 5 5
```

`length` 함수가 문자열의 길이를 반환할 거라고 생각하기 쉽다. 하지만 틀렸다. 이 함수는 '벡터'의 길이를 반환한다. 예를 들어 `length` 함수를 하나의 문자열에 적용하면 R은 그 문자열을 단일 개체 벡터로 보기 때문에 1을 반환한다. 즉, 원소가 하나인 벡터로 인식하는 것이다.

```
length("Moe")
#> [1] 1
length(c("Moe", "Larry", "Curly"))
#> [1] 3
```

---

2 (옮긴이) 해당 기사들은 CRAN에서 발행하는 "R News"(*http://cran.r-project.org/doc/Rnews/*)에서 볼 수 있다. 현재 이 뉴스레터는 'The R Journal'로 대체되었다.

7.2 문자열 연결하기

문제

두 개 이상의 문자열을 하나로 합치고 싶다.

해결책

paste 함수를 사용한다.

논의

paste 함수는 여러 개의 문자열들을 연결해 준다. 다시 말하면 주어진 문자열들을 이어 붙여 새로운 문자열을 생성하는 것이다.

```
paste("Everybody", "loves", "stats.")
#> [1] "Everybody loves stats."
```

paste는 기본 설정으로 문자열 쌍들 사이에 빈칸을 하나 삽입하는데, 여러분이 원하는 것일 수도 아닐 수도 있다. 이 설정을 변경하고 싶은 경우 sep 인자를 사용하면 다른 구분자를 지정할 수 있게 해 준다. 구분자 없이 문자열을 합치려면 빈 문자열(" ")을 사용하면 된다.

```
paste("Everybody", "loves", "stats.", sep = "-")
#> [1] "Everybody-loves-stats."
paste("Everybody", "loves", "stats.", sep = "")
#> [1] "Everybodylovesstats."
```

아예 구분자 없이 문자열을 이어 붙이는 경우도 흔하다. paste0 함수를 사용하면 쉽게 할 수 있다.

```
paste0("Everybody", "loves", "stats.")
#> [1] "Everybodylovesstats."
```

문자열이 아닌 인자를 대할 때도 이 함수는 실로 관대하다. 자기가 알아서 척척 as.character 함수를 써서 그런 인자들을 문자열로 변환하려고 시도한다.

```
paste("The square root of twice pi is approximately", sqrt(2 * pi))
#> [1] "The square root of twice pi is approximately 2.506628274631"
```

만약 하나 또는 그 이상의 인자들이 문자열로 된 벡터라면, paste는 해당 인자들의 모든 조합을 만들어 낸다(재활용 규칙 때문).

```
stooges <- c("Moe", "Larry", "Curly")
paste(stooges, "loves", "stats.")
#> [1] "Moe loves stats."  "Larry loves stats." "Curly loves stats."
```

때때로 그런 조합들까지 다 합쳐서 하나의 큰 문자열로 만들고 싶을 때가 있다. 이런 경우에는 collapse 인자를 사용하면 최고 수준의 구분자를 정의하고, paste에게 생성된 문자열들을 그 구분자를 사용해서 연결하라고 지시한다.

```
paste(stooges, "loves", "stats", collapse = ", and  ")
#> [1] "Moe loves stats, and Larry loves stats, and Curly loves stats"
```

7.3 하위 문자열 추출하기

문제

위치에 따라 문자열의 일부를 추출하려고 한다.

해결책

substr(*string*,*start*,*end*)를 사용해서 *start*에서 시작하고 *end*에서 끝나는 하위 문자열을 추출한다.

논의

substr 함수는 문자열, 시작 지점, 끝나는 지점을 받는다. 그리고 시작 지점과 끝 지점 사이의 하위 문자열을 반환한다.

```
substr("Statistics", 1, 4) # 첫 네 개의 문자를 추출한다.
#> [1] "Stat"
substr("Statistics", 7, 10) # 끝 네 개의 문자를 추출한다.
#> [1] "tics"
```

다른 많은 R 함수처럼 substr은 첫 번째 인자가 문자열로 된 벡터여도 된다. 그런 경우 자신을 모든 문자열에 적용한 다음 하위 문자열로 된 벡터를 반환해 준다.

```
ss <- c("Moe", "Larry", "Curly")
substr(ss, 1, 3) # 각 문자열의 첫 세 글자를 추출한다.
#> [1] "Moe" "Lar" "Cur"
```

사실 모든 인자가 벡터여도 되는데, 그러면 substr은 그들 모두를 서로 대응하는 벡터로 취급한다. 각 문자열로부터, 그것에 대응하는 시작점 벡터와 끝점 벡터의 값을 얻어와서 하위 문자열을 추출한다. 이것으로 몇 가지 요령을 구사할 수 있다. 예를 들어 다음의 코드 조각은 각 문자열에서 마지막 두 문자를 추출한다. 각 하위 문자열은 원본 문자열의 끝에서 두 번째 문자에서 시작해서 마지막 문자에서 끝난다.

```
cities <- c("New York, NY", "Los Angeles, CA", "Peoria, IL")
substr(cities, nchar(cities) - 1, nchar(cities))
#> [1] "NY" "CA" "IL"
```

재활용 규칙을 이용해서, 본래대로라면 무척 지루할 작업에까지 이 요령을 응용할 수도 있지만, 유혹에 넘어가지 않길 바란다.

7.4 구분자로 문자열 분할하기

문제

문자열을 하위 문자열로 분할하려고 한다. 하위 문자열들은 구분자로 나뉘어 있다.

해결책

문자열과 하위 문자열의 구분자, 이렇게 두 개의 인자를 받는 strsplit을 사용한다.

```
strsplit(문자열, 구분자)
```

'구분자'는 간단한 문자열이나 정규표현식이다.

논의

동일한 구분자에 의해 여러 개의 하위 문자열이 나뉘는 것은 문자열에서 흔한 상황이다. 일례로 파일 경로가 있는데, 슬래시(/)에 의해 요소들이 구분된다.

```
path <- "/home/mike/data/trials.csv"
```

구분자 /와 함께 strsplit을 사용해서 이 경로를 개별 요소들로 분할할 수 있다.

```
strsplit(path, "/")
#> [[1]]
#> [1] ""          "home"          "mike"          "data"          "trials.csv"
```

첫 번째 '요소'가 실제로는 빈 문자열인 것을 보자. 첫 번째 슬래시 앞에 아무것도 없기 때문이다.

strsplit은 리스트를 반환하며, 그 리스트의 각 원소는 하위 문자열로 된 벡터다. 이렇게 두 개의 수준으로 된 구조가 필요한 이유는 첫 인자가 문자열로 된 벡터일 수 있기 때문이다. 각 문자열은 자신의 하위 문자열들(벡터)로 분할된다. 그리고 나서 이 벡터들이 리스트로 반환되는 것이다.

만약 단일 문자열을 대상으로 실행하고자 한다면 첫 번째 원소를 다음과 같이 꺼낼 수 있다.

```
strsplit(path, "/")[[1]]
#> [1] ""          "home"          "mike"          "data"          "trials.csv"
```

다음 예는 세 개의 파일 경로를 분할하고 세 개의 원소로 된 리스트를 반환한다.

```
paths <- c(
  "/home/mike/data/trials.csv",
  "/home/mike/data/errors.csv",
  "/home/mike/corr/reject.doc"
)
strsplit(paths, "/")
#> [[1]]
#> [1] ""          "home"          "mike"          "data"          "trials.csv"
#>
#> [[2]]
#> [1] ""          "home"          "mike"          "data"          "errors.csv"
#>
#> [[3]]
#> [1] ""          "home"          "mike"          "corr"          "reject.doc"
```

strsplit의 두 번째 인자('구분자' 인자)는 이 예시들이 보여 주는 것보다 훨씬 강력한 기능을 가지고 있다. 정규표현식을 사용하는 것도 가능해서, 단순한 문자열보다 훨씬 더 복잡한 패턴을 찾을 수 있다. 그러나 기본 설정인 정규표현식 기능을 (그리고 특수문자 해석도) 꺼두려면 fixed=TRUE 인자를 꼭 넣어 줘야 한다.

더 알아보기

R에서 정규표현식을 사용하는 방법에 대해 더 알고 싶다면 regexp의 도움말 페이지를 보자. 정규표현식에 대해 전반적으로 더 알고 싶다면 제프리 프리들(Jeffrey E. F. Friedl)의 《Mastering Regular Expressions》(O'Reilly, 2006)를 참고하라.

7.5 하위 문자열 대체하기

문제

문자열 내에서, 어떤 하위 문자열을 다른 것으로 대체하고 싶다.

해결책

sub를 사용해서 첫 번째 하위 문자열을 대체한다.

```
sub(old, new, string)
```

gsub을 사용해서 모든 하위 문자열을 대체한다.

```
gsub(old, new, string)
```

논의

sub 함수는 string 내의 *old*라는 하위 문자열의 첫 번째 인스턴스를 찾아서 하위 문자열 *new*로 대체한다.

```
str <- "Curly is the smart one. Curly is funny, too."
sub("Curly", "Moe", s)
#> [1] "Moe is the smart one. Curly is funny, too."
```

gsub도 동일한 일을 하지만, 첫 번째만이 아니라 해당 하위 문자열의 모든 인스턴스를 대체한다(전역 대체).

```
gsub("Curly", "Moe", s)
#> [1] "Moe is the smart one. Moe is funny, too."
```

하위 문자열을 한꺼번에 제거하려면, 새로운 하위 문자열을 비워 두면 된다.

```
sub(" and  SAS", "", "For really tough problems, you need R and SAS.")
#> [1] "For really tough problems, you need R."
```

old 인자는 정규표현식이어도 상관없기 때문에 단순한 문자열보다 훨씬 더 복잡한 패턴을 찾을 수 있다. 사실상 정규표현식이 기본 설정이므로 sub과 gsub이 *old*를 정규표현식으로 해석하지 않기를 바란다면 fixed=TRUE로 설정해야 한다.

더 알아보기

R에서 정규표현식을 사용하는 방법에 대해 더 알고 싶다면 regexp의 도움말 페이지를 보라. 정규표현식에 대해 전반적으로 더 알고 싶다면《Mastering Regular Expressions》를 참고하라.

7.6 문자열의 모든 쌍별 조합 만들기

문제

문자열이 두 세트 있고, 이 세트들 간의 모든 조합을 만들고 싶다(이들의 데카르트 곱을 구하고 싶다).

해결책

outer와 paste 함수를 함께 써서 가능한 모든 조합의 행렬을 만든다.

```
m <- outer(문자열1, 문자열2, paste, sep = "")
```

논의

outer는 원래 외적을 계산하기 위한 함수다. 하지만 세 번째 인자에 단순한 곱셈 대신, 다른 함수가 들어갈 수 있게 허용한다. 이 레시피에서 우리는 곱셈 대신 문자열 연결(paste)을 넣을 텐데, 그 결과는 문자열들의 모든 조합이 된다. 예를 들어 네 개의 실험 장소와 세 가지 실험 처리 방법이 있다고 하자.

```
locations <- c("NY", "LA", "CHI", "HOU")
treatments <- c("T1", "T2", "T3")
```

outer와 paste를 적용해서 실험 장소와 처리 방법의 모든 조합을 만들어 낼 수 있다.

```
outer(locations, treatments, paste, sep = "-")
#>       [,1]      [,2]      [,3]
#> [1,] "NY-T1"   "NY-T2"   "NY-T3"
#> [2,] "LA-T1"   "LA-T2"   "LA-T3"
#> [3,] "CHI-T1"  "CHI-T2"  "CHI-T3"
#> [4,] "HOU-T1"  "HOU-T2"  "HOU-T3"
```

outer의 네 번째 인자는 paste에 전달된다. 이 경우 우리는 하이픈을 문자열 사이의 구분자로 정의하기 위해서 sep = "-"를 전달했다.

outer의 결과는 행렬이다. 조합을 행렬 대신 벡터로 나타내고 싶으면, as.vector 함수를 사용해서 행렬의 구조를 없애자.

어떤 세트를 자기 자신과 결합하고 순서가 상관 없는 특수한 경우, 결과는 중복된 조합(duplicate combination)이 된다.

```
outer(treatments, treatments, paste, sep = "-")
#>      [,1]    [,2]    [,3]
#> [1,] "T1-T1" "T1-T2" "T1-T3"
#> [2,] "T2-T1" "T2-T2" "T2-T3"
#> [3,] "T3-T1" "T3-T2" "T3-T3"
```

또는 expand.grid를 사용해서 모든 조합을 나타내는 벡터 쌍을 만들 수도 있다.

```
expand.grid(treatments, treatments)
#>   Var1 Var2
#> 1   T1   T1
#> 2   T2   T1
#> 3   T3   T1
#> 4   T1   T2
#> 5   T2   T2
#> 6   T3   T2
#> 7   T1   T3
#> 8   T2   T3
#> 9   T3   T3
```

하지만 처리 방법의 조합 쌍들이 '고유한' 것만 있었으면 한다고 해 보자. 고유하지 않고 겹치는 복제본들은 아래쪽 삼각형(또는 위쪽 삼각형)만 제거함으로써 없앨 수 있다. lower.tri 함수는 그 삼각형을 식별하므로, 그것의 역을 취하면 아래쪽 삼각형 '외부'의 모든 원소를 식별할 수 있다.

```
m <- outer(treatments, treatments, paste, sep = "-")
m[!lower.tri(m)]
#> [1] "T1-T1" "T1-T2" "T2-T2" "T1-T3" "T2-T3" "T3-T3"
```

더 알아보기

paste를 사용해 문자열의 조합을 만들어 내는 법에 대해서는 레시피 13.3을 참고하라. CRAN의 gtools 패키지(*https://cran.r-project.org/web/packages/gtools/index.html*)에는 combinations와 permutation 함수가 있어 이와 유사한 과업을 수행할 때 도움이 될 수 있으니 참고하자.

7.7 현재 날짜 알아내기

문제

오늘 날짜를 알고 싶다.

해결책

Sys.Date 함수는 현재 날짜를 반환한다.

```
Sys.Date()
#> [1] "2019-05-13"
```

논의

Sys.Date 함수는 Date 객체를 반환한다. 앞선 예시에서는 큰따옴표 안에 출력되어 문자열을 반환한 것처럼 보이지만, 실제로는 Date 객체를 반환하며 R이 그 객체를 출력 목적으로 변환해 준다. Sys.Date에서 나온 결과의 클래스를 확인해 보면 알 수 있다.

```
class(Sys.Date())
#> [1] "Date"
```

더 알아보기

레시피 7.9를 참고하라.

7.8 문자열을 날짜로 변환하기

문제

"2018-12-31"처럼 문자열로 표현된 날짜를 Date 객체로 변환하고 싶다.

해결책

as.Date를 사용할 수 있지만, 그 전에 문자열의 형식을 알아야 한다. as.Date는 기본으로 문자열이 *yyyy-mm-dd*일 거라고 가정한다. 그 외의 다른 형식을 처리하려면 as.Date의 format 인자를 지정해 줘야 한다. 예를 들어 날짜가 미국 스타일로 되어 있다면, format="%m/%d/%Y"를 사용하자.

논의

다음 예는 as.Date가 가정하고 있는 기본 형식을 보여 주는데, 바로 ISO 8601 표준 형식인 *yyyy-mm-dd*이다.

```
as.Date("2018-12-31")
#> [1] "2018-12-31"
```

앞의 레시피에서 본 것처럼 as.Date 함수는 출력을 위해 다시 문자열로 변환되는 Date 객체를 반환한다. 이것으로 출력에 큰따옴표가 있는 게 설명된다.

문자열은 다른 형식이어도 되지만 대신 as.Date가 여러분의 문자열을 해석할 수 있도록 꼭 format 인자를 넣어 줘야 한다. 지원되는 형식에 관해서는 stftime 함수의 도움말 페이지를 참고하자.

필자들은 미국 사람이라서 미국에서 많이 사용하는 날짜 양식(*mm/dd/yyyy*)을 Date 객체로 변환하려고 하는 실수를 이따금씩 한다. 그러면 다음처럼 원치 않는 결과가 나타난다.

```
as.Date("12/31/2010")
#> Error in charToDate(x): character string is not in a standard
#> unambiguous format
```

미국 양식의 날짜를 변환하는 올바른 방법은 다음과 같다.

```
as.Date("12/31/2010", format = "%m/%d/%Y")
#> [1] "2010-12-31"
```

형식 문자열의 Y가 대문자로 쓰이면 네 자리 연도를 가리킨다. 만약 두 자리 연도를 사용하고 있다면 소문자 y를 사용하자.

7.9 날짜를 문자열로 변환하기

문제

Date 객체를 문자열로 변환하고 싶다. 대개는 날짜를 출력하려는 목적이다.

해결책

format이나 as.character를 사용한다.

```
format(Sys.Date())
#> [1] "2019-05-13"
as.character(Sys.Date())
#> [1] "2019-05-13"
```

두 가지 함수 모두 형식을 제어하는 format 인자를 쓸 수 있다. 일례로 미국 양식 날짜를 쓰고 싶으면 format="%m/%d/%Y"를 사용한다.

```
format(Sys.Date(), format = "%m/%d/%Y")
#> [1] "05/13/2019"
```

논의

format 인자는 결과로 나오는 문자열의 모습을 정의해 준다. 슬래시(/)나 하이픈(-) 같이 일반적인 문자들은 그냥 출력 문자열에 복사된다. 하지만 퍼센트 기호(%)와 다음에 오는 문자 하나로 된 두 글자짜리 조합은 특별한 의미를 가진다. 몇 가지 소개하면 다음과 같다.

%b

축약된 월 이름("Jan")

%B

전체 월 이름("January")

%d

두 자리 숫자로 된 일

%m

두 자리 숫자로 된 월

%y

두 자리 숫자로 된 연도(00-99)

%Y

네 자리 숫자로 된 연도

형식을 지정하는 코드의 완전한 목록을 보려면 strftime 함수의 도움말 페이지를 보자.

7.10 연, 월, 일을 날짜로 변환하기

문제

연, 월, 일로 표현된 날짜가 다른 변수들에 저장되어 있다. 이 원소들을 합쳐서 하나의 Date 객체 형식으로 바꾸고 싶다.

해결책

ISOdate 함수를 사용한다.

```
ISOdate(연, 월, 일)
```

결과는 Date 객체로 변환이 가능한 POSIXct 객체가 된다.

```
year <- 2018
month <- 12
day <- 31
as.Date(ISOdate(year, month, day))
#> [1] "2018-12-31"
```

논의

입력 데이터에 연, 월, 일 세 개의 숫자로 인코딩되어 있는 날짜가 포함되는 건 흔한 일이다. ISOdate 함수는 이런 것들을 통합해 POSIXct 객체로 만들 수 있다.

```
ISOdate(2020, 2, 29)
#> [1] "2012-02-29 12:00:00 GMT"
```

POSIXct 형식으로 날짜를 유지할 수도 있다. 하지만 필자들은 순수하게 날짜만 가지고 작업할 때는(날짜와 시간이 아니라), Date 객체로 변환해서 쓰이지 않는 시간 정보의 길이를 줄이곤 한다.

```
as.Date(ISOdate(2020, 2, 29))
#> [1] "2020-02-29"
```

인식 불가능한 날짜를 변환하려고 하면 NA가 뜬다.

```
ISOdate(2013, 2, 29) # 이런! 2013년은 윤년이 아니다.
#> [1] NA
```

ISOdate는 연, 월, 일들로 된 벡터들 전체를 처리할 수 있어서 입력 데이터를 대량으로 변환할 때 매우 편리하다. 다음 예에서는 여러 해의 1월 중 몇몇 일자에 해당하는 연/월/일 숫자들을 모두 합쳐 Date 객체로 만든다.

```
years <- c(2010, 2011, 2012, 2014)
months <- c(1, 1, 1, 1, 1)
days <- c(15, 21, 20, 18, 17)
ISOdate(years, months, days)
#> [1] "2010-01-05 12:00:00 GMT" "2011-01-06 12:00:00 GMT"
#> [3] "2012-01-07 12:00:00 GMT" "2013-01-08 12:00:00 GMT"
#> [5] "2014-01-09 12:00:00 GMT"
as.Date(ISOdate(years, months, days))
#> [1] "2010-01-05" "2011-01-06" "2012-01-07" "2013-01-08" "2014-01-09"
```

혹자는 월 벡터가 불필요하게 중복되므로 마지막 식은 재활용 규칙을 활용해 더 단순하게 만들어야 한다고 할지도 모른다.

```
as.Date(ISOdate(years, 1, days))
#> [1] "2010-01-05" "2011-01-06" "2012-01-07" "2013-01-08" "2014-01-09"
```

이번 레시피는 ISOdatetime 함수를 사용해서 연, 월, 일, 시, 분, 초 데이터를 다루는 데까지 확장될 수 있다(도움말 페이지에서 더 자세히 알아보자).

```
ISOdatetime(year, month, day, hour, minute, second)
```

7.11 율리우스력 날짜 알아내기

문제

주어진 Date 객체에서 율리우스력(Julian date)[3] 날짜를 추출하고 싶다. R에서 율리우스력 날짜는 1970년 1월 1일 이후로 흐른 날 수를 의미한다.

해결책

Date 객체를 정수로 변환하거나 julian 함수를 사용한다.

```
d <- as.Date("2019-03-15")
as.integer(d)
#> [1] 17970
```

---

3 (옮긴이) 로마의 율리우스 시저에 의해 만들어진 역법으로, 현재 보편적으로 사용하는 그레고리력의 기초이다. 1년을 365.25일로 하고, 4년마다 1년을 366일로 하는 윤년을 두는 체계를 뜻한다.

```
jd <- julian(d)
jd
#> [1] 17970
#> attr(,"origin")
#> [1] "1970-01-01"
attr(jd, "origin")
#> [1] "1970-01-01"
```

논의

율리우스력 '날짜'는 임의의 시작 지점에서부터 경과한 일수를 말한다. R의 경우, 유닉스 시스템과 동일한 시작 지점인 1970년 1월 1일부터다. 따라서 여기 나온 것처럼 1970년 1월 1일의 율리우스력 날짜는 0이다.

```
as.integer(as.Date("1970-01-01"))
#> [1] 0
as.integer(as.Date("1970-01-02"))
#> [1] 1
as.integer(as.Date("1970-01-03"))
#> [1] 2
```

7.12 날짜의 일부 추출하기

문제

주어진 Date 객체에서 그 주의 몇째 날인지, 그 해의 몇째 날인지 또는 달력상에서의 일, 달력상에서의 월, 달력상에서의 연도 등 날짜의 일부를 추출하려고 한다.

해결책

Date 객체를 날짜 부분들의 리스트인 POSIXlt 객체로 변환한다. 그 뒤 리스트에서 원하는 부분을 추출한다.

```
d <- as.Date("2019-03-15")
p <- as.POSIXlt(d)
p$mday          # 그 달의 몇째 날인지
#> [1] 15
p$mon           # 월(0 = 1월)
#> [1] 2
p$year + 1900 # 연도
#> [1] 2019
```

논의

POSIXlt 객체는 어떤 날짜를 날짜 부분들의 리스트로 표현한다. as.POSIXlt 함수를
사용해서 여러분의 Date 객체를 POSIXlt로 변환하면 되는데, 그러면 다음과 같은 구
성으로 된 리스트를 얻을 수 있다.

sec

초(0~61)

min

분(0~59)

hour

시(0~23)

mday

해당 달의 몇째 날(1~31)

mon

월(0~11)

year

1900년 이후로 지난 햇수

wday

해당 주의 몇째 날(0~6, 0 = 일요일)

yday

해당 해의 몇째 날(0~365, 0 = 1월 1일)

isdst

서머타임 플래그

이러한 날짜 요소들을 사용하면 2020년 4월 2일이 목요일이고(wday = 4) 그해의 93
번째 날(1월 1일의 yday = 0이므로)이었다는 것을 알 수 있다.

```
d <- as.Date("2020-04-02")
as.POSIXlt(d)$wday
```

```
#> [1] 4
as.POSIXlt(d)$yday
 [1] 92
```

사람들은 연도에 1900을 더하는 걸 잊어버리는 실수를 자주 하는데, 그러면 본의 아니게 옛날 옛적에 살았던 사람이 되어버리니 조심하자.

```
as.POSIXlt(d)$year # 이런!
#> [1] 120
as.POSIXlt(d)$year + 1900
#> [1] 2020
```

7.13 날짜로 된 수열 생성하기

문제
날짜들로 된 수열을 만들고 싶다. 이를테면 일별, 월별, 혹은 연도별 날짜 수열 같은 것이다.

해결책
seq 함수는 Date 객체를 위한 버전이 있는 제네릭 함수다. 이 함수는 숫자들로 된 수열을 만드는 것과 유사하게 Date 수열도 만들 수 있다.

논의
seq의 전형적인 사용법은 시작 날짜(from), 끝나는 날짜(to), 증가분(by)을 지정하는 것이다. 증가분 1은 하루를 나타낸다.

```
s <- as.Date("2019-01-01")
e <- as.Date("2019-02-01")
seq(from = s, to = e, by = 1) # 한 달간의 날짜
#>  [1] "2019-01-01" "2019-01-02" "2019-01-03" "2019-01-04" "2019-01-05"
#>  [6] "2019-01-06" "2019-01-07" "2019-01-08" "2019-01-09" "2019-01-10"
#> [11] "2019-01-11" "2019-01-12" "2019-01-13" "2019-01-14" "2019-01-15"
#> [16] "2019-01-16" "2019-01-17" "2019-01-18" "2019-01-19" "2019-01-20"
#> [21] "2019-01-21" "2019-01-22" "2019-01-23" "2019-01-24" "2019-01-25"
#> [26] "2019-01-26" "2019-01-27" "2019-01-28" "2019-01-29" "2019-01-30"
#> [31] "2019-01-31" "2019-02-01"
```

많이 쓰는 또 다른 방법은 시작 날짜(from), 증가분(by), 날짜 수(length.out)를 지정하는 것이다.

```
seq(from = s, by = 1, length.out = 7) # 일주일간의 날짜
#> [1] "2019-01-01" "2019-01-02" "2019-01-03" "2019-01-04" "2019-01-05"
#> [6] "2019-01-06" "2019-01-07"
```

증가분(by)은 유동적이며 일, 주, 월, 혹은 연으로 지정될 수 있다.

```
seq(from = s, by = "month", length.out = 12)   # 일 년 동안 매월 첫째 날
#>  [1] "2019-01-01" "2019-02-01" "2019-03-01" "2019-04-01" "2019-05-01"
#>  [6] "2019-06-01" "2019-07-01" "2019-08-01" "2019-09-01" "2019-10-01"
#> [11] "2019-11-01" "2019-12-01"
seq(from = s, by = "3 months", length.out = 4) # 일 년 동안 분기별 시작 날짜
#>  [1] "2019-01-01" "2019-04-01" "2019-07-01" "2019-10-01"
seq(from = s, by = "year", length.out = 10)    # 십 년 동안 매해 첫날
#>  [1] "2019-01-01" "2020-01-01" "2021-01-01" "2022-01-01" "2023-01-01"
#>  [6] "2024-01-01" "2025-01-01" "2026-01-01" "2027-01-01" "2028-01-01"
```

월의 끝부분 근처에서 by = "month"를 사용할 땐 조심하자. 다음 예시에서 2월의 마지막이 나와야 할 자리에서 3월로 넘어가는데, 이렇게 되길 원치는 않을 테니.

```
seq(as.Date("2019-01-29"), by = "month", len = 3)
[1] "2019-01-29" "2019-03-01" "2019-03-29"
```

R C o o k b o o k

확률

확률 이론은 통계학의 바탕을 이루며, R에는 확률, 확률분포, 확률변수를 다루는 데 쓰이는 장치가 무척 많다. 이번 장의 레시피에서는 분위수들로부터 확률을 계산하는 법, 반대로 확률에서부터 분위수를 계산하는 법, 확률분포로부터 확률난수들을 생성하는 법, 분포의 그래프를 그리는 법 등을 다루겠다.

분포의 이름

R에는 모든 확률분포(probability distribution)의 축약형 이름이 따로 존재한다. 이름을 가지고 그 분포와 관계된 함수들을 식별해 낼 수 있다. 예를 들어 정규분포(normal distribution)의 이름은 'norm'으로, 다음 표 8-1에 나와 있는 함수 이름들의 어근이기도 하다.

표 8-1 정규분포 함수

함수	용도
dnorm	정규분포 확률 밀도(normal density)
pnorm	정규분포 함수(normal distribution function)
qnorm	정규분포 분위수 함수(normal quantile function)
rnorm	정규분포 난수(normal random variates)

표 8-2는 일반적인 이산분포들을, 표 8-3은 일반적인 연속분포들을 설명하고 있다.

표 8-2 일반적인 이산분포

이산분포 이름	R에서의 이름	매개변수(인자)
이항(binomial)	binom	n = 시행 횟수; p = 시행 한 번당 성공 확률
기하(geometric)	geom	p = 시행 한 번당 성공 확률
초기하(hypergeometric)	hyper	m = 항아리에 든 흰색 공의 개수; n = 항아리에 든 검은 색 공의 개수; k = 항아리에서 꺼낸 공의 개수
음이항(negative binomial, NegBinomial)	nbinom	size = 성공한 시행 횟수; prob = 성공한 시행의 확률 또는 mu = 평균, 둘 중 하나 선택
푸아송(Poisson)	pois	lambda = 평균

표 8-3 일반적인 연속분포

연속분포 이름	R에서의 이름	매개변수(인자)
베타(beta)	beta	shape1; shape2
코쉬(Cauchy)	cauchy	location; scale
카이제곱(Chi-squared, Chisquare)	chisq	df = 자유도
지수(exponential)	exp	rate
F	f	df1와 df2 = 자유도
감마(gamma)	gamma	rate 또는 scale
로그정규(log-normal, Lognormal)	lnorm	meanlog = 로그 척도로 된 평균; sdlog = 로그 척도로 된 표준편차
로지스틱(logistic)	logis	location; scale
정규(normal)	norm	mean; sd = 표준편차
t (TDist)	t	df = 자유도
균등(uniform)	unif	min = 하한; max = 상한
와이블(Weibull)	weibull	shape; scale
윌콕슨(Wilcoxon)	wilcox	m = 첫 표본에 있는 관찰값들의 개수; n = 둘째 표본에 있는 관찰값들의 개수

! 분포와 관련된 모든 함수는 이항분포의 size나 prob, 아니면 기하 분포의 prob 등 관련 인자를 필요로 한다. 여기서 알아 둬야 할 점은 분포의 인자가 꼭 여러분이 생각하는 게 아닐 수 있다는 것이다. 예를 들어 우리는 지수분포가 받는 인자가 평균인 β일 거라고 생각하곤 한다. 하지만 R 용례에서 지수분포는 rate = $1/\beta$로 정의되기 때문에, 결과적으로 틀린 값을 넣게 되기도 한다. 여러분은 필자들의 실수를 교훈 삼아, 분포 관련 함수를 사용하기에 앞서 꼭 도움말 페이지를 공부하기 바란다. 인자를 올바르게 넣었는지 확실히 알고 넘어가자.

확률분포에 대한 도움 얻기

특정한 확률분포와 관련한 R 함수를 보려면 help 커맨드와 함께 그 분포의 축약형이
아닌, 이름 전체를 사용하자. 다음 커맨드는 정규분포와 관련한 함수들을 보여 줄 것
이다.

```
?Normal
```

어떤 분포들은 'Student's t(t 분포)' 같이 help 커맨드로 잘 먹히지 않는 이름을 가지
고 있다. 이들에게는 특수한 도움말용 이름이 따로 있는데, 이는 표 8-2와 8-3에 표
기되어 있다. NegBinomial(음이항), Chisquare(카이제곱), Lognormal(로그정규),
TDist 등이다. 따라서 t 분포에 대한 도움말을 보고 싶다면 다음처럼 입력하면 된다.

```
?TDist
```

더 알아보기

이 외에도 다운로드 가능한 패키지들에 다른 분포들도 많이 구현되어 있다. 확률분
포를 다룬 CRAN의 태스크뷰(*https://cran.r-project.org/web/views/Distributions.html*)를
참고하자. R 기본판의 일부인 SuppDists 패키지에도 추가적인 분포들이 들어 있다.
그리고 기본판에 포함되어 있는 또 다른 패키지인 MASS는 몇몇 일반적인 분포의 최
대우도 적합(maximum-likelihood fitting)뿐만 아니라 다변량 정규분포에서의 표본
추출 등 분포에 대한 추가 지원을 제공한다.

8.1 조합의 개수 세기

문제

전체 n개 항목들 중 한 번에 k개씩 선택하는 조합의 개수를 계산하고 싶다.

해결책

choose 함수를 사용한다.

```
choose(n, k)
```

논의

이산변수들의 확률을 계산할 때 가장 자주 접하는 문제는 '조합의 개수 세기'다. 즉, 전체 n개의 항목에서 만들어질 수 있는, 크기가 k인 개별 부분집합들의 개수를 세는 것을 말한다. $n!/r!(n - r)!$를 계산함으로써 구할 수 있지만 그보다는 choose 함수를 사용하는 게 훨씬 편하다. n과 k가 커지면 커질수록 더 그렇다.

```
choose(5, 3)    # 5개의 항목에서 3개의 항목을 선택하는 방법은 몇 가지인가?
#> [1] 10
choose(50, 3)   # 50개의 항목에서 3개의 항목을 선택하는 방법은 몇 가지인가?
#> [1] 19600
choose(50, 30)  # 50개의 항목에서 30개의 항목을 선택하는 방법은 몇 가지인가?
#> [1] 4.71e+13
```

이 숫자들은 이항계수(binomial coefficient)라고도 알려져 있다.

더 알아보기

이 레시피는 조합의 개수만 셀 뿐이다. 실제로 조합을 만들어 내려면 레시피 8.2를 참고하라.

8.2 조합 생성하기

문제

전체 n개 항목들 중 한 번에 k개씩 선택하는 조합을 모두 생성하고 싶다.

해결책

combn 함수를 사용한다.

```
items <- 2:5
k <- 2
combn(items, k)
#>      [,1] [,2] [,3] [,4] [,5] [,6]
#> [1,]    2    2    2    3    3    4
#> [2,]    3    4    5    4    5    5
```

논의

combn(1:5,3)을 사용해서 1에서 5까지의 숫자를 한 번에 세 개씩 선택하는 모든 조합을 생성할 수 있다.

```
combn(1:5,3)
#>      [,1] [,2] [,3] [,4] [,5] [,6] [,7] [,8] [,9] [,10]
#> [1,]   1    1    1    1    1    1    2    2    2    3
#> [2,]   2    2    2    3    3    4    3    3    4    4
#> [3,]   3    4    5    4    5    5    4    5    5    5
```

이 함수는 숫자에만 국한되지 않고, 문자열들의 조합 또한 생성할 수 있다. 다음은 총 다섯 개의 실험 처리 방법 중에서 한 번에 세 개를 선택하는 모든 조합들이다.

```
combn(c("T1","T2","T3","T4","T5"), 3)
#>      [,1] [,2] [,3] [,4] [,5] [,6] [,7] [,8] [,9] [,10]
#> [1,] "T1" "T1" "T1" "T1" "T1" "T1" "T2" "T2" "T2" "T3"
#> [2,] "T2" "T2" "T2" "T3" "T3" "T4" "T3" "T3" "T4" "T4"
#> [3,] "T3" "T4" "T5" "T4" "T5" "T5" "T4" "T5" "T5" "T5"
```

> 항목의 개수인 n이 증가함에 따라, 조합의 수가 폭발적으로 증가할 수 있다. 특히 k가 1이나 n에 가깝지 않을 경우에 그러하다.

더 알아보기

커다란 집합을 생성하기에 앞서 가능한 조합의 수를 '미리' 세고 시작하려면, 레시피 8.1을 참고하라.

8.3 난수 생성하기

문제

난수(random number)[1]들을 생성하고 싶다.

해결책

0과 1 사이의 균등 난수를 생성하려는 단순한 경우에는 runif 함수를 사용하면 된다. 다음 예제는 균등 난수 하나를 생성한다.

```
runif(1)
#> [1] 0.915
```

---

1 (옮긴이) 이 레시피에서 '난수(random numbers)'는 '확률변수의 값(random variates)'의 일종이라고 보면 된다. 일반적으로 말하는 '난수'는 '균등분포에서 랜덤하게 추출한 확률변수의 값', 즉 모든 확률변수가 동일한 확률을 가지는 특정한 경우다. 따라서 각 값들이 나타날 확률이 동일하지 않다면, 그 분포에 해당하는 난수 생성기 함수를 쓰면 된다.

만약에 여러분이 입 밖으로 runif를 소리 내어 발음하고 있다면, "런 이프(run if)"가 아니라 "알 유니프(r unif)"라고 발음해야 한다. runif라는 단어는 'random uniform'의 합성어이기 때문 이다. "런 이프"라고 발음해서 흐름 제어 함수처럼 들리지 않도록 주의하자.

R은 균등분포가 아닌 다른 분포들로부터도 확률변수의 값(random variates)을 만들어 낼 수 있다. 주어진 분포의 난수 생성기 이름은 그 분포의 축약형 앞에 'r'을 붙인 것이다(예: 정규분포의 난수 생성기는 rnorm). 다음 예는 표준정규분포[2]로부터 하나의 랜덤한 값을 생성한다.

```
rnorm(1)
#> [1] 1.53
```

논의

대부분의 프로그래밍 언어에서 난수 생성기는 0.0에서 1.0 사이에 균일하게 분포된 난수를 만들어 내는 것 하나밖에 없다. 하지만 R은 다르다.

R은 균등분포가 아닌 다른 여러 확률분포들에서도 난수를 생성할 수 있다. 0과 1 사이의 균등 난수를 생성하고자 하는 간단한 경우에는 runif 함수를 사용하면 된다.

```
runif(1)
#> [1] 0.83
```

runif는 생성할 난수의 개수를 인자로 받는다. 이러한 값을 하나 생성하든, 10개로 된 벡터를 생성하든 생성 방법은 동일하게 간단하다.

```
runif(10)
#> [1] 0.642 0.519 0.737 0.135 0.657 0.705 0.458 0.719 0.935 0.255
```

R에는 내장된 모든 분포에 대해서 각각의 난수 생성기가 존재한다. 분포 이름 앞에 'r'을 붙이기만 하면 그 분포에 해당하는 난수 생성기가 된다. 자주 쓰이는 몇 가지 예를 알아보자.

```
runif(1, min = -3, max = 3)      # -3과 +3 사이의 균일분포 난수 한 개
#> [1] 2.49
rnorm(1)                         # 표준정규분포 난수 한 개
#> [1] 1.53
```

2 (옮긴이) 표준정규분포는 평균 0(mean = 0), 표준편차가 1(sd = 1)인 정규분포를 말한다.

```
rnorm(1, mean = 100, sd = 15)    # 평균 100, 표준편차 15인 정규분포 난수 한 개
#> [1] 114
rbinom(1, size = 10, prob = 0.5) # 이항분포 난수 한 개
#> [1] 5
rpois(1, lambda = 10)            # 푸아송분포 난수 한 개
#> [1] 12
rexp(1, rate = 0.1)              # 지수분포 난수 한 개
#> [1] 3.14
rgamma(1, shape = 2, rate = 0.1) # 감마분포 난수 한 개
#> [1] 22.3
```

runif에서 첫 번째 인자는 생성할 랜덤 값의 개수다. 그다음 인자들은 각 해당하는 분포의 모수로, 정규분포에서는 mean과 sd, 이항분포에서는 prob 같은 것들이다. 자세한 내용은 runif 함수의 R 도움말 페이지를 보자.

지금까지의 예들은 분포의 인자로 간단한 단일값들을 사용했다. 벡터를 인자로 줄 수도 있는데, 그런 경우 R은 난수를 생성하기 위해 벡터의 원소를 순차적으로 사용할 것이다. 다음 예는 평균이 각각 $-10, 0, +10$인 분포들(모두 표준편차는 1.0)에서 추출한 세 개의 정규 확률변수 값들이다.

```
rnorm(3, mean = c(-10, 0, +10), sd = 1)
#> [1] -9.420 -0.658 11.555
```

이것은 계층모형과 같이 모수들 자체가 난수일 때 쓰기 좋은 기능이다. 그리고 다음 예는 정규분포로 된 난수를 30번 뽑아 계산하는 예시로, 아래에 있는 평균들 또한 하이퍼 파라미터 $\mu = 0, \sigma = 0.2$를 설정한 분포로부터 무작위로 추출된 것이다.

```
means <- rnorm(30, mean = 0, sd = 0.2)
rnorm(30, mean = means, sd = 1)
#>  [1] -0.5549 -2.9232 -1.2203 0.6962  0.1673 -1.0779 -0.3138 -3.3165
#>  [9]  1.5952  0.8184 -0.1251 0.3601 -0.8142  0.1050  2.1264  0.6943
#> [17] -2.7771  0.9026  0.0389 0.2280 -0.5599  0.9572  0.1972  0.2602
#> [25] -0.4423  1.9707  0.4553 0.0467  1.5229  0.3176
```

많은 숫자의 난수를 생성할 때 그에 비해 인자로 사용하는 벡터의 길이가 짧다면, R은 인자의 벡터에 재활용 규칙을 적용한다.

더 알아보기

이번 장의 도입문을 참고하자.

8.4 재현 가능한 난수 생성하기

문제

난수로 된 수열을 생성하려는데, 여러분의 프로그램이 실행될 때마다 동일한 수열이
다시 만들어졌으면 한다.

해결책

R 코드를 실행하기 전 set.seed 함수를 호출해서 난수 생성기를 알려진 상태로 초기
설정한다.

```
set.seed(42)  # 또는 다른 양수를 아무거나 사용한다.
```

논의

난수를 생성한 다음에, 해당 프로그램이 실행될 때마다 항상 동일한 '무작위' 숫자들
을 다시 만들어 내고 싶은 경우도 종종 있다. 그렇게 하면 매 실행마다 동일한 결과
를 얻을 수 있기 때문이다. 이 책의 저자 중 한 명은, 예전에 커다란 유가증권의 포트
폴리오를 대상으로 하는 복잡한 몬테카를로 분석을 지원한 적이 있었다. 그 당시에
사용자들은 프로그램이 실행될 때마다 약간씩 다르게 나오는 결과에 대해서 불만을
제기했다. 분석은 모두 난수에 기반한 것이라서 당연히 결과엔 임의성이 있었다. 그
에 대한 해결책은 프로그램 시작 시 난수 생성기를 알려진 상태로 설정해 놓는 것이
었는데, 그렇게 함으로써 매번 동일한 난수를 생성하여 일관되고 재현 가능한 결과
를 낼 수 있었다.

R에서 set.seed 함수는 난수 생성기를 알려진 상태로 설정한다. 이 함수는 정수인
인자를 하나 받는다. 어떠한 양수라도 상관은 없으나 동일한 초기 상태로 만들려면
항상 같은 숫자를 사용해야 한다.

이 함수는 아무것도 반환하지는 않지만 내부적으로 난수 생성기를 초기 설정(혹은
재설정)한다. 요점은 같은 시드를 사용하면 난수 생성기를 동일한 위치로 되돌려 놓
는다는 것이다.

```
set.seed(165)   # 난수 생성기를 알려진 상태로 초기 설정한다.
runif(10)       # 열 개의 난수를 생성한다.
#>  [1] 0.116 0.450 0.996 0.611 0.616 0.426 0.666 0.168 0.788 0.442

set.seed(165)   # 동일한 알려진 상태로 재설정한다.
runif(10)       # 동일한 열 개의 '랜덤' 숫자를 생성한다.
#>  [1] 0.116 0.450 0.996 0.611 0.616 0.426 0.666 0.168 0.788 0.442
```

> ⚠️ 시드 값을 설정하고 난수로 된 수열을 고정시켜 버리게 되면, 몬테카를로 시뮬레이션 같은 알고리즘에서 가장 중요한 랜덤성을 원천적으로 없애버리는 것이나 마찬가지다. set.seed를 애플리케이션에서 호출하기 전에 스스로에게 물어보자. '내가 내 프로그램의 가치를 떨어뜨리거나, 어쩌면 프로그램의 논리까지 파괴하고 있는 건 아니겠지?'

더 알아보기

난수를 생성하는 방법에 대해서 더 알고 싶다면 레시피 8.3을 참고하라.

8.5 확률 표본 생성하기

문제

데이터세트에서 랜덤한 표본을 추출하고 싶다.

해결책

sample 함수는 집합 set에서 n개의 항목을 랜덤으로 선택한다.

```
sample(set, n)
```

논의

월드 시리즈라는 데이터에 경기가 있었던 연도로 이루어진 벡터가 들어 있다고 해보자. sample을 사용해서 10개의 연도로 된 확률표본을 추출할 수 있다.

```
world_series <- read_csv("./data/world_series.csv")
sample(world_series$year, 10)
#>  [1] 2010 1961 1906 1992 1982 1948 1910 1973 1967 1931
```

항목들은 무작위로 선택되기 때문에 sample을 다시 실행해 봤자 (대체로) 다른 결과가 나온다.

```
sample(world_series$year, 10)
#>  [1] 1941 1973 1921 1958 1979 1946 1932 1919 1971 1974
```

sample 함수는 보통 '비복원으로' 표본을 추출하는데, 이는 동일한 항목을 다시 선택하지 않는다는 뜻이다. 하지만 어떤 통계 절차들은(특히 부트스트랩 기법) '복원' 추출을 써야 하는 것도 있으며, 이는 표본에서 한 항목이 여러 번 나타날 수 있다는 말이 된다. 표본을 복원 추출하려면 replace=TRUE로 지정해 주자.

복원 추출을 사용해서 쉽게 간단한 부트스트랩을 구현할 수 있다. 우리에게 평균 4, 표준편차 10인 정규분포로부터 추출한 1,000개의 난수가 담긴 벡터 x가 있다고 해 보자.

```
set.seed(42)
x <- rnorm(1000, 4, 10)
```

다음 코드 조각은 데이터세트 x로부터 표본을 1,000번 추출한 후 표본들의 중앙값을 계산하는 예시다.

```
medians <- numeric(1000)    # 1000개의 숫자로 이루어진 빈 벡터
for (i in 1:1000) {
  medians[i] <- median(sample(x, replace = TRUE))
}
```

부트스트랩 추정치를 가지고 우리는 중앙값의 신뢰구간을 추정할 수 있다.

```
ci <- quantile(medians, c(0.025, 0.975))
cat("95% confidence interval is (", ci, ")\n")
#> 95% confidence interval is ( 3.16 4.49 )
```

x가 평균이 4인 정규분포로부터 만들어졌으니, 표본의 중앙값 또한 4여야 한다(예시와 같은 대칭 분포에서는 평균과 중앙값이 동일하다). 살펴보면 신뢰구간 내에 어렵지 않게 해당 값이 포함되어 있다.

더 알아보기

벡터로 순열을 만드는 방법에 대해서는 레시피 8.7을, 부트스트랩 방법에 대해서는 레시피 13.8을 참고하라. 레시피 8.4에서는 랜덤하게 보이는, 재현 가능한 난수들을 만들기 위해 시드를 설정하는 법을 다룬다.

8.6 랜덤 수열 생성하기

문제

일련의 동전 던지기 시뮬레이션, 아니면 베르누이 시행을 시뮬레이션한 수열 등 랜덤한 수열을 생성하고 싶다.

해결책

sample 함수를 사용한다. 가능한 값들의 집합에서 표본을 추출하며 replace=TRUE로
설정한다.

```
sample(set, n, replace = TRUE)
```

논의

sample 함수는 어떤 집합에서 랜덤으로 항목들을 선택한다. 보통은 동일한 항목을
두 번 선택하지 않는 비복원 표본추출을 하고, 집합에 있는 것보다 많은 수를 추출
하려고 하면 에러를 반환한다. sample 함수가 같은 항목들을 여러 번 선택할 수 있게
하려면 replace = TRUE로 준다. 이렇게 하면 선택된 항목들로 이루어진, 길고 랜덤
한 수열들을 생성할 수 있다.

다음 예는 동전을 10번 던진 시뮬레이션으로 랜덤 수열을 생성한다.

```
sample(c("H", "T"), 10, replace = TRUE)
#>  [1] "H" "T" "H" "T" "T" "T" "H" "T" "T" "H"
```

그리고 다음 예는 20번의 '베르누이 시행', 즉 성공 혹은 실패가 무작위로 발생하는
수열을 생성한다. 성공은 TRUE로 표시된다.

```
sample(c(FALSE, TRUE), 20, replace = TRUE)
#>  [1] TRUE FALSE TRUE  TRUE FALSE TRUE FALSE FALSE  TRUE  TRUE FALSE
#> [12] TRUE  TRUE FALSE  TRUE  TRUE FALSE FALSE FALSE FALSE
```

sample은 집합의 원소들이 선택될 확률이 동일하게 기본 설정되어 있기 때문에 TRUE
또는 FALSE 둘 중 어떤 하나를 볼 확률은 0.5다. 하지만 sample의 prob 인자를 사용해
서 표본을 편향시킬 수도 있다. 이 인자는 집합의 원소에 각각 하나씩 부여되는, 확
률들로 이루어진 벡터다. 성공 확률 $p = 0.8$로 20번의 베르누이 시행을 하고 싶다고
가정해 보자. FALSE의 확률을 0.2로 하고 TRUE의 확률을 0.8로 하면 된다.

```
sample(c(FALSE, TRUE), 20, replace = TRUE, prob = c(0.2, 0.8))
#>  [1] TRUE  TRUE FALSE TRUE  TRUE  TRUE  TRUE  TRUE  TRUE  TRUE  TRUE
#> [12] TRUE  TRUE  TRUE  TRUE  TRUE FALSE FALSE  TRUE  TRUE
```

결과로 나온 수열은 확실히 TRUE 쪽으로 편향되어 있다. 이 예는 일반적으로 쓰이는
기법을 명료하게 잘 보여 주고 있다. 이진값으로 된 수열을 쓰는 특수한 경우에는 이

항 난수 생성기인 rbinom을 쓰면 된다.

```
rbinom(10, 1, 0.8)
#> [1] 1 0 1 1 1 1 1 0 1 1
```

8.7 랜덤으로 벡터의 순열 만들기

문제

어떤 벡터의 랜덤 순열을 생성하고 싶다.

해결책

v가 여러분의 벡터라면, sample(v)는 랜덤 순열을 반환한다.

논의

우리는 일반적으로 sample 함수를 큰 데이터세트들의 표본추출에 사용한다고 생각
한다. 하지만 이 함수의 기본 인자들을 사용해서 랜덤하게 데이터세트를 재배열할
수도 있다. sample(v)라는 함수 호출은 다음과 동일한 의미이기 때문이다.

```
sample(v, size = length(v), replace = FALSE)
```

즉, "v의 모든 원소를 랜덤한 순서로 선택하면서, 각 원소는 정확히 한 번만 사용해
라. 그것이 랜덤 순열이다"라는 뜻이다. 일례로 다음과 같이 1, ..., 10의 랜덤 순열을
생성할 수 있다.

```
sample(1:10)
#>  [1]  7  3  6  1  5  2  4  8 10  9
```

더 알아보기

sample 함수에 대해 더 알아보려면 레시피 8.5를 참고하라.

8.8 이산분포의 확률 계산하기

문제

이산 확률변수와 관련된 확률 또는 누적확률을 계산하고 싶다.

해결책

확률 $P(X = x)$에는 밀도 함수를 사용한다. 내장된 모든 확률분포에는 밀도 함수가 있는데, 분포 이름 앞에 'd'가 붙어 있다. 예를 들어 dbinom은 이항분포의 밀도 함수다.

누적확률 $P(X \leq x)$에는 분포 함수를 사용한다. 내장된 모든 확률분포에는 분포 함수가 있는데, 분포 이름 앞에 'p'가 붙어 있다. 따라서 pbinom은 이항분포의 분포 함수다.

논의

성공의 확률이 1/2인 베르누이 시행을 10번 시행할 때 성공의 개수를 의미하는 이항 확률변수 X가 있다고 하자. 우리는 dbinom을 호출해서 $x = 7$을 관찰할 확률을 계산할 수 있다.

```
dbinom(7, size = 10, prob = 0.5)
#> [1] 0.117
```

0.117 정도의 확률이 계산되었다. R은 dbinom을 밀도 함수(density function)라고 부른다. 일부 교재에서는 **확률 질량 함수**(probability mass function)[3] 또는 **확률 함수**(probability function)라고도 한다. 하지만 필자들은 밀도 함수라고 부르는 게 이산분포와 연속분포와의 사이에서 용어의 일관성을 유지해 준다고 본다(레시피 8.9 참고).

누적확률 $P(X \leq x)$는 **분포 함수**로부터 계산되는데, 이 함수는 **누적확률 함수**(distribution function)라고 불리기도 한다. 이항분포의 분포 함수는 pbinom이다. 다음은 $x = 7$인 누적확률이다(즉, $P(X \leq 7)$).

```
pbinom(7, size = 10, prob = 0.5)
#> [1] 0.945
```

여기서 $X \leq 7$이 관찰될 확률은 0.945로 나타난다.

표 8-4는 몇몇 일반적인 이산분포의 밀도 함수와 분포 함수다.

3 (옮긴이) 이산 확률분포에서는 확률 질량 함수(probability mass function)라는 용어가 옳지만, 저자의 의견대로 이 책에서는 밀도 함수라 부르겠다.

표 8-4 이산분포

분포	밀도 함수: $P(X = x)$	분포 함수: $P(X \le x)$
이항	dbinom(x, size, prob)	pbinom(x, size, prob)
기하	dgeom(x, prob)	pgeom(x, prob)
푸아송	dpois(x, lambda)	ppois(x, lambda)

누적확률의 보함수는 생존함수 $P(X > x)$다. 간단하게 lower.tail = FALSE를 지정하면 모든 분포 함수에서 이 같은 오른쪽 꼬리 확률을 찾을 수 있다.

```
pbinom(7, size = 10, prob = 0.5, lower.tail = FALSE)
#> [1] 0.0547
```

이로써 우리가 $X > 7$을 관찰할 확률이 0.055라는 걸 알 수 있다.

구간확률 $P(x_1 < X \le x_2)$는 x_1과 x_2 사이에서 X를 관찰할 확률이다. 이것은 두 누적확률의 차이로 계산된다. 즉, $P(X \le x_2) - P(X \le x_1)$를 말한다. 다음은 우리의 이항확률변수에서 $P(3 < X \le 7)$을 계산한 것이다.

```
pbinom(7, size = 10,prob = 0.5) - pbinom(3, size = 10, prob = 0.5)
#> [1] 0.773
```

R에서는 앞서 말한 함수들에 x 값들을 여러 개 지정할 수도 있으며, 그 값들에 상응하는 확률로 이루어진 벡터가 반환된다. 다음 예시에서는 pbinom 호출 한 번으로 $P(X \le 3)$과 $P(X \le 7)$, 두 개의 누적확률을 계산한다.

```
pbinom(c(3, 7), size = 10, prob = 0.5)
#> [1] 0.172 0.945
```

위의 코드에서 한 발짝 더 나아가 구간확률을 계산하는 한 줄짜리 코드를 만들 수 있다. diff 함수는 어떤 벡터의 순차적인 원소들 사이의 차이를 계산한다. 그래서 이 함수를 pbinom의 출력에 적용하면 누적확률의 차이를 얻을 수 있는데, 다른 말로 하면 구간확률을 구하는 것이 된다.

```
diff(pbinom(c(3, 7), size = 10, prob = 0.5))
#> [1] 0.773
```

더 알아보기

이번 장의 도입문에 내장 확률분포에 대해 더 자세한 설명이 있다.

8.9 연속분포의 확률 계산하기

문제

연속 확률변수의 '분포 함수(distribution function, DF)' 또는 '누적분포 함수 (cumulative distribution function, CDF)'를 계산하고 싶다.

해결책

$P(X \leq x)$를 계산하는 분포 함수를 사용한다. 모든 내장 확률분포는 그 분포의 축약형 앞에 'p'가 붙은 것을 분포 함수로 가지고 있다. 이를테면 정규분포의 pnorm 등이다.

예를 들면, 우리는 표준정규분포로부터 무작위로 추출된 값이 0.8 이하일 확률을 다음과 같이 구할 수 있다.

```
pnorm(q = .8, mean = 0, sd = 1)
#> [1] 0.788
```

논의

확률분포를 다루는 R 함수들은 일관된 패턴을 따르기 때문에, 이번 레시피의 해결책은 사실 근본적으로 이산 확률변수의 해결책(레시피 8.8 참고)과 동일하다. 가장 큰 차이점은 연속변수들은 어떤 점에서의 '확률' $P(X = x)$ 값이 없다는 것이다. 대신에 밀도가 있다.

이 일관성으로부터, 레시피 8.8에서 논의한 분포 함수들은 여기에도 적용할 수 있다. 다음 표 8-5는 몇몇 연속분포들을 다루는 분포 함수를 나타낸다.

표 8-5 연속분포

분포	분포 함수: $P(X \leq x)$
정규	pnorm(x, mean, sd)
t	pt(x, df)
지수	pexp(x, rate)
감마	pgamma(x, shape, rate)
카이제곱(χ^2)	pchisq(x, df)

pnorm을 사용해 남성의 신장이 평균 70인치, 표준편차 3인치의 정규분포로 되어 있다고 가정하면서 어떤 남자가 66인치보다 작을 확률을 계산할 수 있다. 수학적으로 말하면 $X \sim N(70, 3)$[4]이 주어졌을 때 $P(X \leq 66)$를 구하고 싶은 것이다.

```
pnorm(66, mean = 70, sd = 3)
#> [1] 0.0912
```

마찬가지로 pexp를 사용해서 평균이 40일 때 지수분포의 확률변수가 20보다 작을 확률을 구할 수 있다.

```
pexp(20, rate = 1/40)
#> [1] 0.393
```

이산확률과 유사하게 연속확률의 함수들도 lower.tail=FALSE를 사용해서 생존함수, $P(X > x)$를 지정할 수 있다. 이렇게 pexp를 호출하면 동일한 지수분포의 확률변수가 50보다 클 확률을 보여 준다.

```
pexp(50, rate = 1/40, lower.tail = FALSE)
#> [1] 0.287
```

이산확률과 또 유사한 점은, 연속 확률변수의 구간확률 $P(x_1 < X < x_2)$가 두 누적 확률의 차 $P(X < x_2) - P(X < x_1)$로 계산된다는 점이다. 다음은 앞에서와 동일한 지수분포의 확률변수에 대해 $P(20 < X < 50)$, 즉 확률변수가 20과 50 사이의 값일 확률이다.

```
pexp(50, rate = 1/40) - pexp(20, rate = 1/40)
#> [1] 0.32
```

더 알아보기

이번 장의 도입문에 내장 확률분포에 대한 더 자세한 설명이 있다.

8.10 확률을 분위수로 변환하기

문제

확률 p와 분포가 주어졌을 때, p에 상응하는 '분위수', 즉 $P(X \leq x) = p$인 x 값을 확인

---

4 (옮긴이) 엄밀히 말하자면 $X \sim N(\mu, \sigma^2) = N(70, 3^2)$이다.

하고 싶다.

해결책

내장된 모든 분포에는 확률을 분위수로 변환해 주는 분위수 함수가 있다. 그 함수의
이름은 각 분포의 이름 앞에 'q'를 붙인 것이다. 따라서 예를 들면 qnorm은 정규분포
의 분위수 함수다.

분위수 함수의 첫 번째 인자는 확률이다. 나머지 인자들은 해당 분포의 모수인데,
mean, shape, 아니면 rate 같은 것이다.

```
qnorm(0.05, mean = 100, sd = 15)
#> [1] 75.3
```

논의

일반적으로 신뢰구간의 상하한을 계산할 때 분위수를 많이 계산하게 된다. 이를테면
표준정규 변수의 95% 신뢰구간($\alpha = 0.05$)을 알고 싶은 경우에, $\alpha/2 = 0.025$와 $(1 -
\alpha)/2 = 0.975$인 확률을 토대로 나온 분위수가 필요하다.

```
qnorm(0.025)
#> [1] -1.96
qnorm(0.975)
#> [1] 1.96
```

사실 R이 진짜 좋은 이유는, 분위수 함수의 첫 번째 인자가 확률로 이루어진 벡터여
도 되며, 그런 경우 분위수로 된 벡터가 결과로 나온다는 데 있다. 또한 위의 예시를
한 줄짜리 코드로 단순하게 바꿀 수도 있다.

```
qnorm(c(0.025, 0.975))
#> [1] -1.96 1.96
```

R의 모든 내장 확률분포에는 그에 해당하는 분위수 함수가 제공된다. 다음 표 8-6은
몇 가지 일반적인 이산분포들의 분위수 함수다.

표 8-6 이산 분위수 분포

분포	분위수 함수
이항	qbinom(p, size, prob)
기하	qgeom(p, prob)
푸아송	qpois(p, lambda)

그리고 다음 표 8-7은 몇 가지 일반적인 연속분포들의 분위수 함수다.

표 8-7 연속 분위수 분포

분포	분위수 함수
정규	qnorm(p, mean, sd)
t	qt(p, df)
지수	qexp(p, rate)
감마	qgamma(p, shape, rate) 또는 qgamma(p, shape, scale)
카이제곱(χ^2)	qchisq(p, df)

더 알아보기

데이터세트의 분위수를 확인하는 방법은 분포의 분위수를 확인하는 방법과는 다르다. 레시피 9.5를 참고하라.

8.11 밀도 함수 그래프 그리기

문제

확률분포의 밀도 함수를 그래프로 나타내고 싶다.

해결책

관심 영역을 나타내는 벡터 x를 정의한다. 해당 분포의 밀도 함수를 x에 적용하고, 그 결과를 그린다. 만약 x가 여러분이 그리고자 하는 영역을 커버하는 점들로 이루어진 벡터라면, d_____ 밀도 함수 중 한 가지를 사용해서 밀도를 계산한다. 이를테면 dlnorm으로 로그정규분포 함수를, dnorm으로 정규분포 함수를 계산할 수 있다.

```
dens <- data.frame(x = x,
                   y = d_____(x))
ggplot(dens, aes(x, y)) + geom_line()
```

다음은 −3부터 +3까지 구간에 대해 표준정규분포를 그리는 예시다.

```
library(ggplot2)

x <- seq(-3, +3, 0.1)
dens <- data.frame(x = x, y = dnorm(x))
```

```
ggplot(dens, aes(x, y)) + geom_line()
```

그림 8-1은 부드럽게 평활된 밀도 함수다.

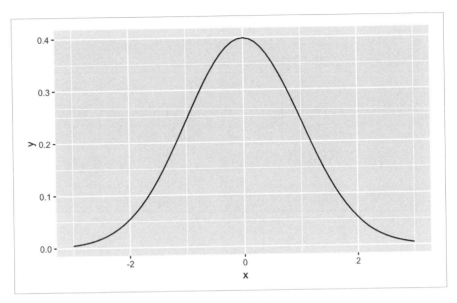

그림 8-1 평활된 밀도 함수

논의

내장된 모든 확률분포는 밀도 함수를 가지고 있다. 밀도 함수를 쓰려면 해당 분포 이름 앞에 'd'를 붙이면 된다. 정규분포의 밀도 함수는 dnorm, 감마분포의 밀도 함수는 dgamma 등이다.

만약 밀도 함수의 첫 인자가 벡터라면, 함수는 각 지점의 밀도를 계산한 다음에 밀도들로 된 벡터를 반환해 준다.

다음 코드는 그림 8-2에 보이는 네 개의 확률밀도, 2 × 2 그래프를 생성한다.

```
x <- seq(from = 0, to = 6, length.out = 100) # 확률밀도 영역을 정의한다.
ylim <- c(0, 0.6)

# 여러 분포의 밀도 함수를 담은 data.frame을 만든다.
df <- rbind(
  data.frame(x = x, dist_name = "Uniform"=, y = dunif(x, min = 2, max = 4)),
  data.frame(x = x, dist_name = "Normal"=, y = dnorm(x, mean = 3, sd = 1)),
  data.frame(x = x, dist_name = "Exponential", y = dexp(x, rate = 1 / 2)),
  data.frame(x = x, dist_name = "Gamma"=, y = dgamma(x, shape = 2, rate = 1)) )
```

```
# 이전과 마찬가지로 선 그래프를 그리지만, facet_wrap을 사용해서 그리드를 생성한다.
ggplot(data = df, aes(x = x, y = y)) +
  geom_line() +
  facet_wrap(~dist_name)    # dist_name에 따라 면(facet)과 테두리(wrap)를 만든다.
```

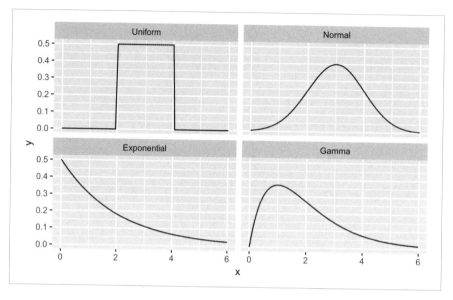

그림 8-2 다수의 밀도 그래프

그림 8-2는 네 개의 밀도 그래프를 보여 준다. 그러나 가공하지 않은 밀도 그래프는 거의 쓸 일이 없고, 보통은 각자 필요한 부분에 음영을 넣는다.

그림 8-3은 75부터 95퍼센타일까지 음영을 넣은 표준정규분포를 보여 준다.

이 그래프를 만들 때는 밀도를 먼저 그린 다음에 ggplot2의 geom_ribbon 함수를 사용해서 음영 부분을 처리하면 된다.

우선 첫 단계로, 데이터를 생성하고 그림 8-4에 보이는 것 같은 확률밀도 곡선을 그려 보자.

```
x <- seq(from = -3, to = 3, length.out = 100)
df <- data.frame(x = x, y = dnorm(x, mean = 0, sd = 1))

p <- ggplot(df, aes(x, y)) +
  geom_line() +
  labs(
    title = "Standard Normal Distribution",
    y = "Density",
    x = "Quantile"
  )
p
```

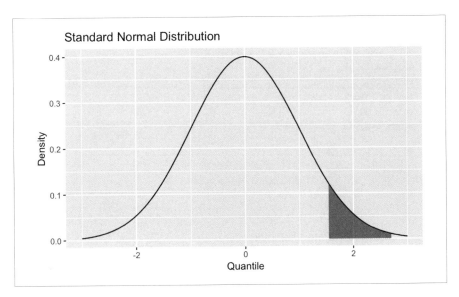

그림 8-3 음영이 들어간 표준정규분포

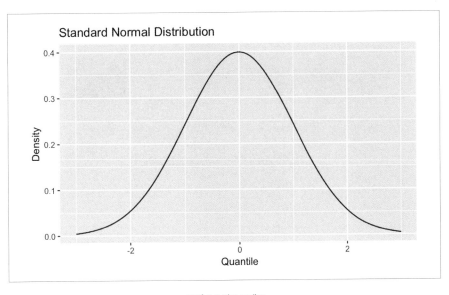

그림 8-4 밀도 그래프

그 다음 우리가 관심 있는 분위수의 x 값들을 계산해서 영역을 정의한다. 마지막으로, geom_ribbon을 사용해서 원 데이터의 부분집합을 추가해 색상을 입힌다.

```
q75 <- quantile(df$x, .75)
q95 <- quantile(df$x, .95)
```

```
p +
  geom_ribbon(
    data = subset(df, x > q75 & x < q95),
    aes(ymax = y),
    ymin = 0,
    fill = "blue",
    color = NA,
    alpha = 0.5
  )
```

그 결과 나오는 그래프는 그림 8-5에서 볼 수 있다.

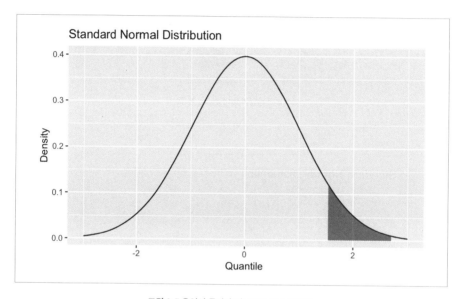

그림 8-5 음영이 들어간 정규분포 밀도 그래프

## 9장

R   C   o   o   k   b   o   o   k

일반 통계

R로 중요한 작업을 할 때 통계, 모형 또는 그래픽스를 빼놓고 말할 수 없다. 이번 장에서는 그중에서도 통계를 다룰 것이다. 일부 레시피들은 상대도수(relative frequency) 등 여러 통계량을 어떻게 계산하는지를 간단히 설명해 준다. 나머지 레시피들 대부분은 통계검정(statistical tests) 또는 신뢰구간과 관련된 내용이다. 여기서 통계검정은 여러분이 두 가지 경쟁하는 가설 중에서 하나를 선택하는 것이라 할 수 있다. 이 개념은 조금 뒤에 다시 설명하겠다. 그리고 신뢰구간은 모수의 범위인 것으로 예상되는 부분을 나타내는데, 여러분의 데이터 표본을 바탕으로 계산된다.

귀무가설, 대립가설, p-값

이번 장에서 다루는 다수의 통계검정들은 오랜 시간을 거쳐 입증된 통계적 추론 방식을 사용한다. 이러한 방식에는 하나 또는 두 개의 데이터 표본을 사용한다. 또한 두 가지 경쟁 가설이라는 개념도 접하게 되는데, 그 가설들 중에서 하나를 논리적인 참으로 보는 것이 타당할 것이다.

귀무가설(null hypothesis)이라고 불리는 가설은 '아무것도 일어나지 않은' 케이스다. '평균이 변하지 않았다', '처치에 효과가 없었다', '예상한 결과를 얻었다', '모형이 개선되지 않았다' 등의 뜻이다.

이에 반대되는 가설인, 대립가설(alternative hypothesis)은 '무언가 일어난' 케이스다. '평균이 상승했다', '처치를 함으로써 환자의 건강이 향상되었다', '예상치 못한 결과가 나왔다', '모형이 더 잘 들어맞는다' 등의 뜻이다.

우리는 데이터에 비추어 어떤 가설이 더 그럴듯한지를 결정하려고 한다. 어떻게 하는지 알아보도록 하자.

1. 처음에는 귀무가설이 참이라고 가정한다.

2. 검정통계량(test statistic)을 계산한다. 표본의 평균처럼 단순한 것일 수도 있고, 꽤나 복잡해질 수도 있다. 어떤 경우라도 해당 통계의 분포는 꼭 알아야 한다. 중심 극한 정리(Central Limit Theorem)를 적용하면 표본평균의 분포를 알 수도 있다.

3. 통계량과 그것의 분포로부터 우리는 p-값을 계산해 낼 수가 있는데, 이는 귀무가설이 참이라고 가정할 때, 검정통계량이 극단이거나 우리가 관찰한 것보다 더 극단에 있을 확률이다.

4. 만약 p-값이 매우 작다면 귀무가설에 반대되는 강력한 증거라고 볼 수 있다. 이것은 '귀무가설 기각'이라고 불린다.

5. 만약 p-값이 작지 않다면 위의 사실을 뒷받침하는 증거가 없다고 본다. 이것은 '귀무가설 기각 실패'라고 한다.

여기에서 한 가지 결정을 내려야 한다. '매우 작은' p-값은 과연 얼마일까?

 이 책에서, 우리는 일반적인 관례를 따라 $p < 0.05$일 때 귀무가설을 기각하고 $p > 0.05$일 때 귀무가설 기각에 실패하는 것으로 했다. 통계학 용어로는 $\alpha = 0.05$의 '유의수준(significance level)'으로 귀무가설에 반대되는 강력한 증거와 그렇지 못한 증거를 나누는 경계를 정립했다고 보면 된다.

하지만 사실 정답은 '때에 따라 다르다'. 여러분이 선택하는 유의수준은 문제의 영역에 따라 달라진다. 많은 문제에 관습적으로 쓰이는 $p < 0.05$ 경계를 그대로 사용해도 된다. 필자들의 작업 데이터는 특히 더 노이즈가 많아서, 대체로 $p < 0.10$이면 만족스러운 결과가 나오기도 한다. 하지만 고위험 분야에서 일하는 사람들에게는 $p < 0.01$ 또는 $p < 0.001$이 필요할지도 모른다.

레시피들에 p-값이 포함되는 검정들이 나오는 경우엔 따로 언급하고 넘어감으로써 여러분이 자신이 선택한 유의수준 α와 그것을 비교해 볼 수 있도록 했다. 그리고 비교 결과를 해석해 보기 쉽도록 레시피들이 가지는 의미를 말로 풀어서 썼다. 다음은 두 요인의 독립성 검정인, 레시피 9.4를 풀어 쓴 것이다.

통상적으로 0.05보다 작은 p-값은 해당 변수들이 서로 독립적이지 않다고 보는 반면, 0.05보다 큰 p-값은 그러한 증거를 제시하지 못한다고 본다.

다시 말하면 다음 설명을 간단히 줄여 쓴 것이다,

- 귀무가설은 해당 변수들이 서로 독립적이라고 말한다.
- 대립가설은 해당 변수들이 서로 독립적이지 않다고 말한다.
- $\alpha = 0.05$일 때, 만약 $p < 0.05$이면 귀무가설을 기각하고, 변수들이 서로 독립적이지 않다는 강력한 증거로 볼 수 있다. 만약 $p > 0.05$라면, 귀무가설을 기각하는 데 실패한 것이다.
- 당연히 본인이 α를 마음대로 정해도 상관없지만 그러면 가설의 기각 유무에 차이가 생긴다.

레시피들은 검정 결과의 '비공식적인 해석'을 해 주지, 철저하게 수학적인 해석을 해 주는 것이 아님을 기억해 두자. 우리는 여러분이 좀 더 현실적으로 이해하고 검정을 적용할 수 있기를 바라는 마음에서 일상적인 문장을 사용하는 것이다. 만약 여러분이 일을 하는 데 있어서 가설검정(hypothesis testing)의 정확한 의미를 알아야 한다면, "더 알아보기"에 인용되어 있는 레퍼런스나, 다른 좋은 통계 교재들을 참고할 것을 권하는 바이다.

신뢰구간

가설검정은 익히 알려진 수학 절차지만, 완전하지는 않다. 첫째, 의미가 모호하다. 이 검정으로는 분명하고 쓸모 있는 결론을 내리지 못한다. 귀무가설에 반하는 강력한 증거를 얻을 수는 있지만, 거기서 끝이다. 둘째, 수치를 제시해 주지 못하고 증거만 보여 준다.

수치를 얻고 싶다면, 주어진 신뢰수준에서 모수의 추정치 경계를 나타내 주는 신뢰구간을 사용하자. 이번 장에 있는 레시피들에서는 평균, 중앙값, 모집단의 비율에 대한 신뢰구간을 계산할 것이다.

예를 들어 레시피 9.9는 표본 데이터를 가지고 모집단의 평균에 대한 95%의 신뢰구간을 계산해 준다. 그 구간은 $97.16 < \mu < 103.98$로, 모집단의 평균인 μ가 97.16과 103.98 사이에 있을 확률이 95%라는 뜻이다.

더 알아보기

통계 용어와 관례는 쓰는 사람에 따라 다를 수 있다. 이 책은 일반적으로《Mathe-
matical Statistics with Applications, 6th ed.》(Duxbury Press, 2005)의 관례를 따랐
다. 이번 장에 나오는 통계검정들에 대해 더 배우고자 한다면, 위의 책을 추천한다.

9.1 데이터 요약 보기

문제

여러분이 가지고 있는 데이터에 관한 기본적인 통계 정보들의 요약을 보고 싶다.

해결책

summary 함수는 벡터, 행렬, 요인(factor), 데이터 프레임에 대한 몇 가지 유용한 통계
량을 보여 준다.

```
summary(vec)
#>    Min. 1st Qu.  Median   Mean 3rd Qu.   Max.
#>     0.0     0.5     1.0    1.6     1.9   33.0
```

논의

"해결책"은 어떤 벡터의 요약을 보여 주고 있다. 요약에 나타난 1st Qu.와 3rd Qu.는
각각 첫 번째와 세 번째 사분위수를 말한다. 또 중앙값과 평균 둘 다를 보여 주고 있
는데, 이러면 비대칭 정도를 빠르게 알 수 있어서 좋다. 예를 들어 위에 있는 "해결책"
을 보면 평균이 중앙값보다 크다. 이를 통해, 로그정규분포처럼 그래프가 오른쪽으
로 기울어졌다는 것을 알 수 있다.

행렬의 요약은 열 단위로 표시된다. 다음은 mat이라는 행렬의 요약인데, Samp1,
Samp2, Samp3 이렇게 열이 총 세 개 있다.

```
summary(mat)
#>     Samp1          Samp2            Samp3
#> Min.   :   1.0  Min.   :-2.943  Min.   : 0.04
#> 1st Qu.: 25.8  1st Qu.:-0.774  1st Qu.: 0.39
#> Median : 50.5  Median :-0.052  Median : 0.85
#>
#> Mean   : 50.5  Mean   :-0.067  Mean   : 1.60
#> 3rd Qu.: 75.2  3rd Qu.: 0.684  3rd Qu.: 2.12
#> Max.   :100.0  Max.   : 2.150  Max.   :13.18
```

요인을 요약하면 수준별 도수(counts)를 보여 준다.

```
summary(fac)
#> Maybe    No   Yes
#>    38    32    30
```

문자열 벡터를 요약하는 것은 별로 쓸모가 없다. 벡터의 길이만 알려 준다.

```
summary(char)
#>    Length     Class      Mode
#>       100 character character
```

데이터 프레임을 요약하면 위의 모든 기능을 다 사용한다. 열별로 표시되면서, 열의
형식에 맞는 요약을 보여 주는 것이다. 수치형 값은 통계 요약으로 나타나고, 요인은
도수로 나타난다(문자열은 요약되지 않는다).

```
suburbs <- read_csv("./data/suburbs.txt")
summary(suburbs)
#>       city            county            state
#> Length:17        Length:17        Length:17
#> Class :character  Class :character  Class :character
#> Mode  :character  Mode  :character  Mode  :character
#>
#>
#>
#>       pop
#> Min.   :   5428
#> 1st Qu.:  72616
#> Median :  83048
#> Mean   : 249770
#> 3rd Qu.: 102746
#> Max.   :2853114
```

리스트의 '요약'은 상당히 이상한데, 각 리스트 원소의 자료형을 보여 준다. 다음은
벡터로 이루어진 리스트를 summary한 것이니 한번 들여다 보자.

```
summary(vec_list)
#>   Length Class  Mode
#> x 100    -none- numeric
#> y 100    -none- numeric
#> z 100    -none- character
```

벡터로 된 리스트에 담긴 데이터를 요약하려면, summary를 리스트의 각 원소에 매핑

하도록 한다.

```
library(purrr)
map(vec_list, summary)
#> $x
#>    Min. 1st Qu.  Median    Mean 3rd Qu.    Max.
#>  -2.572  -0.686  -0.084  -0.043   0.660   2.413
#>
#> $y
#>    Min. 1st Qu. Median    Mean 3rd Qu.    Max.
#>  -1.752  -0.589  0.045   0.079   0.769   2.293
#>
#> $z
#>   Length    Class     Mode
#>      100 character character
```

불행히도 summary 함수로는 표준편차나 중앙절대편차(median absolute deviation, MAD) 등 어떠한 산포도(measure of variability)[1]도 계산할 수 없다. 이런 단점 때문에 우리는 보통 summary 직후에 sd나 mad를 연이어 호출한다.

더 알아보기

레시피 2.6과 6.1을 참고하라.

9.2 상대도수 계산하기

문제

여러분의 표본에 있는 특정 관찰들의 상대도수(relative frequency)를 구하고 싶다.

해결책

논리식을 사용해서 관심 있는 관찰들을 파악한다. 그 후에 찾아낸 관찰들의 비율을 mean 함수로 계산한다. 예를 들어 *x*라는 벡터가 주어졌을 때, 다음과 같은 방법으로 양의 값들의 상대도수를 알아낼 수 있다.

```
mean(x > 3)
#> [1] 0.12
```

---

1 (옮긴이) 대표적인 요약 척도 중 하나로 자료의 퍼져 있는 정도를 나타내는 지표들을 말한다. 대푯값(평균이나 중앙값 등)의 신뢰도를 추정하는 수단으로 사용된다.

논의

$x > 3$과 같은 논리식은 x의 각 원소에 대해서 논릿값들(TRUE와 FALSE)로 된 벡터를 하나씩 만들어 낸다. mean 함수는 이 값들을 1과 0으로 각각 변환하고 평균을 계산해 준다. 이렇게 하면 TRUE인 값들의 비율, 다시 말하면 관심 있는 값들의 상대도수를 알아낼 수 있다. "해결책"에 있는 예시에선 3보다 큰 값들의 상대도수였다.

개념 자체는 무척 단순하지만, 여기서 까다로운 부분은 적당한 논리식을 만들어 내는 것이다. 몇 가지 예시를 보자.

```
mean(lab == "NJ")
```

lab 값들 중 New Jersey가 차지하는 비율

```
mean(after > before)
```

효과가 증가하는 비율

```
mean(abs(x-mean(x)) > 2*sd(x))
```

평균에서부터 표준편차 2를 초과하는 관찰들의 비율

```
mean(diff(ts) > 0)
```

시계열에서 이전 관찰보다 큰 값을 갖는 관찰들의 비율

9.3 요인의 도수분포표 만들기와 분할표 생성하기

문제

요인 하나를 도수분포표로 만들거나, 여러 요인들로부터 분할표(contingency table)를 만들어 내고 싶다.

해결책

table 함수는 하나의 요인의 도수분포(수준별 데이터 개수)를 구한다.

```
table(f1)
#> f1
#> a  b  c  d  e
#> 14 23 24 21 18
```

두 개 혹은 그 이상의 요인으로 분할표(교차표)들을 만들어 낼 수도 있다.

```
table(f1, f2)
#>    f2
#> f1  f  g  h
#>  a  6  4  4
#>  b  7  9  7
#>  c  4 11  9
#>  d  7  8  6
#>  e  5 10  3
```

table은 요인뿐만 아니라 문자열에도 작동한다.

```
t1 <- sample(letters[9:11], 100, replace = TRUE)
table(t1)
#> t1
#>  i  j  k
#> 20 40 40
```

논의

table 함수는 한 요인이 가지고 있는 수준들이나 문자열의 합계를 내는데, 예를 들면 다음과 같이 initial과 outcome(둘 다 요인인)의 수준별 개수를 계산한다.

```
set.seed(42)
initial <- factor(sample(c("Yes", "No", "Maybe"), 100, replace = TRUE))
outcome <- factor(sample(c("Pass", "Fail"), 100, replace = TRUE))

table(initial)
#> initial
#> Maybe    No   Yes
#>    39    31    30

table(outcome)
#> outcome
#> Fail Pass
#>   56   44
```

table의 더 막강한 기능은 '분할표'를 생성하는 것으로, 이것은 '교차표(cross tabulation)'라고도 알려져 있다. 분할표의 각 셀은 해당 행-열 조합이 몇 번이나 일어났는지를 센 것이다.

```
table(initial, outcome)
#>         outcome
#> initial Fail Pass
#>   Maybe   23   16
#>   No      20   11
#>   Yes     13   17
```

이 표를 보면 initial = Yes와 outcome = Fail의 조합이 13번 일어났고, initial = Yes와 outcome = Pass의 조합이 17번 일어났다는 등의 사실을 알 수 있다.

더 알아보기

xtabs 함수로도 분할표를 만들어 낼 수 있다. 식(formula) 형식의 인터페이스로 되어 있어 일부 사용자들은 이쪽을 선호하기도 한다.

9.4 범주형 변수의 독립성 검정하기

문제

요인으로 표현되는 두 개의 범주형 변수가 있다. 카이제곱 검정을 사용해서 이들의 독립성을 검정하고 싶다.

해결책

table 함수를 사용해서 두 요인들로부터 분할표를 생성한다. 그 뒤 summary 함수로 해당 분할표의 카이제곱 검정을 수행한다. 이번 예제에서는, 앞의 레시피에서 생성한 두 벡터(요인 값들이 담긴)를 가지고 실습하겠다.

```
summary(table(initial, outcome))
#> Number of cases in table: 100
#> Number of factors: 2
#> Test for independence of all factors:
#>   Chisq = 3, df = 2, p-value = 0.2
```

출력된 결과에는 p-값이 포함되어 있다. 관습적으로 0.05보다 낮은 p-값은 해당 변수들이 서로 독립적이지 않다는 사실을 가리키는 반면에, 0.05를 넘는 p-값은 그러한 증거를 제시하지 못한다는 뜻이다.

논의

다음 예시는 레시피 9.3에 있는 분할표에 대해 카이제곱 검정을 수행하고 0.2라는 p-값을 계산해 낸 것이다.

```
summary(table(initial, outcome))
#> Number of cases in table: 100
#> Number of factors: 2
#> Test for independence of all factors:
#>   Chisq = 3, df = 2, p-value = 0.2
```

큰 p-값은 두 요인들, 즉 initial과 outcome이 아마 서로 독립적일 거라는 사실을 나타낸다. 사실상 우리는 두 변수들 사이에 어떤 연관성이 없다는 결론을 내릴 수 있다. 이것은 말이 된다. 왜냐하면 예제에서 사용하고 있는 데이터는 이전 레시피에서 sample 함수를 사용해서 무작위로 추출한 데이터이기 때문이다.

더 알아보기

chisq.test 함수도 이 검정을 수행할 수 있다.

9.5 데이터세트의 분위수 및 사분위수 계산하기

문제

비율(fraction) f가 주어졌을 때, 데이터에서 그에 상응하는 분위수(quantile)를 알아내고 싶다. 즉, x 값보다 작은 값을 가지는 관찰들의 비율이 f가 되는 지점의 x라는 관찰값을 찾고 싶은 것이다.

해결책

quantile 함수를 사용한다. 두 번째 인자는 비율 f이다.

```
quantile(vec, 0.95)
#>   95%
#>  1.43
```

사분위수인 경우 그냥 두 번째 인자를 빼버리면 된다.

```
quantile(vec)
#>     0%     25%     50%     75%    100%
#> -2.0247 -0.5915 -0.0693  0.4618  2.7019
```

논의

vec이 0과 1 사이의 값으로 된 1,000개의 관찰로 이루어져 있다고 하자. quantile 함수는 어떤 관찰이 데이터의 하위 5% 범위를 벗어나는지 알려 준다.

```
vec <- runif(1000)
quantile(vec, .05)
#>    5%
#> 0.0451
```

quantile의 문서를 보면 두 번째 인자를 '확률'이라고 하는데, 확률을 상대도수라는 뜻에서 생각하면 자연스럽다.

진정한 R 스타일로 코드를 작성하고자 하는 경우, 두 번째 인자에 확률로 된 벡터를 주어도 된다. 이때 quantile은 각 확률에 상응하는 분위수로 이루어진 벡터를 반환해 준다.

```
quantile(vec, c(.05, .95))
#>     5%     95%
#> 0.0451 0.9363
```

이렇게 하면 관찰들의 중간 90%를 (이번 예시에선) 판별하기에 편하다.

확률 부분 전체를 생략해 버리면 R은 여러분이 0, 0.25, 0.50, 0.75, 1.0, 즉 사분위수를 원한다고 생각하고 그렇게 반환한다.

```
quantile(vec)
#>       0%       25%       50%       75%       100%
#> 0.000405 0.235529 0.479543 0.737619 0.999379
```

quantile 함수는 놀랍게도 분위수를 계산하는 아홉 개(정말 아홉 개 맞다)의 서로 다른 알고리즘을 구현하고 있다. 그러니 기본 설정된 알고리즘이 본인에게 잘 맞는다고 단정짓기 전에 도움말 페이지를 공부해 보자.

9.6 역분위수 구하기

문제
여러분의 데이터에 x라는 값의 관찰값이 있는데, 그것에 상응하는 분위수를 알고 싶다. 다시 말하면 데이터 중 x보다 작은 값들의 비율이 얼마나 되는지 알고 싶다.

해결책
여러분의 데이터가 vec이라는 벡터로 되어 있다고 하자. 이 데이터를 관찰값과 비교한 다음, mean을 사용해서 x보다 작은 값들의 상대도수를 계산한다. 아래 예시에서는, 1.6보다 작은 값들이 되겠다.

```
mean(vec < 1.6)
#> [1] 0.948
```

논의

vec < x라는 식은 vec의 모든 원소를 x와 비교해서 논릿값으로 된 벡터를 반환하며, 여기서 vec[n] < x인 경우 이 'n번째' 논릿값은 TRUE가 된다. mean 함수는 이렇게 나온 논릿값들을 0과 1로 변환하는데 FALSE는 0, TRUE는 1이다. 모든 1과 0을 평균 내면 vec에서 x보다 작은 것들의 비율이 된다. 즉, x의 역분위수(inverse quantile)가 되는 것이다.

더 알아보기

레시피 9.2에서 설명한 일반적인 방법을 응용한 것이다.

9.7 데이터를 z 점수로 변환하기

문제

데이터세트가 하나 있고, 모든 데이터 원소에 대해 각각에 상응하는 'z 점수'를 계산해 내고 싶다(가끔은 이것을 데이터 정규화(normalizing)라고 부르기도 한다).

해결책

scale 함수를 사용한다.

```
scale(x)
#>             [,1]
#>  [1,]  0.8701
#>  [2,] -0.7133
#>  [3,] -1.0503
#>  [4,]  0.5790
#>  [5,] -0.6324
#>  [6,]  0.0991
#>  [7,]  2.1495
#>  [8,]  0.2481
#>  [9,] -0.8155
#> [10,] -0.7341
#> attr(,"scaled:center")
#> [1] 2.42
#> attr(,"scaled:scale")
#> [1] 2.11
```

이 함수는 벡터, 행렬, 데이터 프레임에 대해 작동한다. 벡터의 경우에 scale은 정규화된 값들로 이루어진 벡터를 반환한다. 행렬과 데이터 프레임의 경우에 scale은 각 열을 독립적으로 정규화시킨 뒤 정규화된 값으로 이루어진 열들을 행렬로 반환해 준다.

논의

데이터세트 x에 대한 하나의 y 값을 정규화하고 싶을 수도 있다. 다음과 같이 벡터화된 연산을 사용하면 가능하다.

```
(y - mean(x)) / sd(x)
#> [1] -0.633
```

9.8 표본을 이용한 모평균 검정(t 검정)

문제

모집단에서 나온 표본이 있다. 이 표본이 주어졌을 때, 모집단의 평균이 합리적으로 특정 값 m일 수 있는지 알고 싶다.

해결책

표본 x에 인자 mu = m을 넣어 t.test 함수를 적용한다.

```
t.test(x, mu = m)
```

출력에는 p-값이 포함되어 있다. 통상적으로 $p < 0.05$이면 모집단의 평균은 m일 개연성이 작은 반면, $p > 0.05$이면 그러한 증거를 제시하지 못한다.

표본의 크기인 n이 작을 경우, t 검정으로 의미 있는 결과를 얻기 위해서는 모집단은 근본적으로 정규분포여야 한다. 그리고 '작은' 것은 어림잡아 $n < 30$일 때를 의미한다.

논의

t 검정은 통계에서 굉장히 많이 쓰이는데, 여기서 설명하는 것이 가장 기본적인 사용예 중 하나라고 보면 된다. 바로 표본을 가지고 모집단에 대한 추론을 하는 것이다. 다음 예는 평균 $\mu = 100$인 정규 모집단에서의 표본추출이다. t 검정을 사용해 모집단 평균이 95일 수 있는지 알아보았는데, t.test는 0.005라는 p-값을 보고했다.

```
x <- rnorm(75, mean = 100, sd = 15)
t.test(x, mu = 95)
```

```
#>
#>   One Sample t-test
#>
#> data:  x
#> t = 3, df = 70, p-value = 0.005
#> alternative hypothesis: true mean is not equal to 95
#> 95 percent confidence interval:
#>   96.5 103.0
#> sample estimates:
#> mean of x
#>      99.7
```

p-값이 작으니 95가 모집단의 평균일 개연성은 낮다(표본의 데이터에 기반했을 때).

비공식적으로 우리는 낮은 p-값을 다음과 같이 해석할 수 있다. 만약 모집단 평균이 정말로 95였다면, 우리의 검정통계량이 관찰될 확률($t = 2.8898$ 혹은 그보다 더 극단)은 고작 0.005가 된다. 그건 굉장히 일어날 법하지 않은 일인데, 그래도 값은 관찰되었다. 따라서 우리는 귀무가설이 틀리다고 결론지을 수 있다. 그러므로 표본 데이터는 모집단의 평균이 95라는 주장을 지지하지 않는다.

이와는 확연히 대조적으로, 평균 100으로 검사해 보면 p-값이 0.9가 나온다.

```
t.test(x, mu = 100)
#>
#>   One Sample t-test
#>
#> data:  x
#> t = -0.2, df = 70, p-value = 0.9
#> alternative hypothesis: true mean is not equal to 100
#> 95 percent confidence interval:
#>   96.5 103.0
#> sample estimates:
#> mean of x
#>      99.7
```

p-값이 크면, 표본이 모집단의 평균 μ가 100이라는 가정과 일치한다고 본다. 통계 용어로 말하면, 데이터는 실제 평균이 100인 것에 대해서 반대되는 증거를 제시하지 못하는 것이다.

일반적인 경우엔 평균 0에 대해서 검사한다. 이때 mu 인자를 생략하면, 기본 설정인 0으로 계산한다.

더 알아보기

t.test는 아주 쓰임새가 많은 함수다. 레시피 9.9와 9.15에 다른 사용법이 나와 있다.

9.9 모평균의 신뢰구간 구하기

문제

모집단에서 나온 표본이 있다. 그 표본이 주어졌을 때, 모평균(population's mean) 에 대한 신뢰구간을 확인하고 싶다.

해결책

t.test 함수를 표본 x에 적용한다.

```
t.test(x)
```

출력에는 신뢰수준 95%에서의 신뢰구간이 들어 있다. 다른 신뢰수준의 신뢰구간을 보고 싶으면 conf.level 인자를 사용하자.

레시피 9.8에서처럼 표본의 크기 n이 작다면, 의미 있는 신뢰구간이 되기 위해서 는 근본적으로 모집단이 정규분포여야 한다. 다시 말하지만, '작다'는 건 어림잡아 $n < 30$이라는 뜻이다.

논의

t.test 함수를 벡터에 적용하면 출력되는 결과가 무척 많다. 신뢰구간은 그 많은 출 력 사이에 묻혀 있다.

```
t.test(x)
#>
#>  One Sample t-test
#>
#> data:  x
#> t = 50, df = 50, p-value <2e-16
#> alternative hypothesis: true mean is not equal to 0
#> 95 percent confidence interval:
#>   94.2 101.5
#> sample estimates:
#> mean of x
#>      97.9
```

이번 예에서 신뢰구간은 대략 94.2 < μ < 101.5인데, 간단히 (94.2, 101.5)라고 쓰기도 한다.

conf.level = 0.99로 설정하면 신뢰수준을 99%로 높일 수 있다.

```
t.test(x, conf.level = 0.99)
#>
#>  One Sample t-test
#>
#> data:  x
#> t = 50, df = 50, p-value <2e-16
#> alternative hypothesis: true mean is not equal to 0
#> 99 percent confidence interval:
#>   92.9 102.8
#> sample estimates:
#> mean of x
#>      97.9
```

이렇게 변화를 주면 신뢰구간이 92.9 < μ < 102.8로 늘어난다.

9.10 중앙값에 대한 신뢰구간 구하기

문제

데이터 표본이 주어지고, 중앙값에 대한 신뢰구간을 알아내고 싶다.

해결책

conf.int = TRUE로 설정하고, wilcox.test 함수를 사용한다.

```
wilcox.test(x, conf.int = TRUE)
```

출력에 중앙값에 대한 신뢰구간이 들어 있을 것이다.

논의

평균의 신뢰구간을 계산하는 작업은 정의가 명확하고, 널리 알려져 있다. 하지만 안타깝게도 중앙값에 대해서는 그렇지 않다. 중앙값의 신뢰구간을 계산하는 절차는 몇 가지가 있다. 그것들 중 특정한 것 하나가 제일 좋다고 콕 찍어 말할 수는 없지만, 윌콕슨(Wilcoxon) 부호순위 검정(signed rank test)이 그나마 표준이라고 할 수 있다.

wilcox.test 함수는 그 절차를 구현한다. 출력된 결과 중에는 95% 신뢰구간이 끼어 있는데, 다음의 경우 대략 (−0.102, 0.646)이다.

```
wilcox.test(x, conf.int = TRUE)
#>
#>  Wilcoxon signed rank test
#>
#> data:  x
#> V = 200, p-value = 0.1
#> alternative hypothesis: true location is not equal to 0
#> 95 percent confidence interval:
#>  -0.102  0.646
#> sample estimates:
#> (pseudo)median
#>        0.311
```

conf.level을 설정함으로써 신뢰수준을 변경할 수 있다. 예를 들어 conf.level = 0.99 등이며 다른 값들을 넣어도 된다.

출력에는 '의사 중앙값(pseudomedian)'이라는 것도 포함되는데, 도움말 페이지에 정의되어 있다. 중앙값과 같을 거라고 지레 짐작하지 말자. 아래 결과처럼 차이가 있다.

```
median(x)
#> [1] 0.314
```

더 알아보기

부트스트랩 방법도 중앙값의 신뢰구간을 추정하는 데 유용하다. 레시피 8.5와 13.8을 참고하라.

9.11 표본비율을 이용한 모비율 검정

문제

성공과 실패로 구성된 모집단으로부터의 표본이 있다. 여러분은 성공이 차지하는 실제 비율이 p라고 믿고 있고, 표본 데이터를 사용해서 그 가설을 검정하고 싶다.

해결책

prop.test 함수를 사용한다. 표본의 크기가 n이며, 해당 표본이 x번의 성공을 포함하고 있다고 가정한다.

```
prop.test(x, n, p)
```

출력에는 p-값이 들어 있다. 통상적으로 0.05보다 작은 p-값은 실제 비율이 p일 개연성이 작은 반면, 0.05보다 큰 p-값은 그러한 증거를 제시하지 못한다.

논의

잘난체하는 시카고 컵스[2] 팬과 야구 시즌 초에 마주쳤다고 생각해 보라. 컵스 팀은 20경기를 치렀고 그중 11개, 즉 55%를 이겼다. 이 사실에 비추어 볼 때 그 팬은 컵스가 올해 경기의 절반 이상을 이길 거라고 '굉장히 자신'했다. 그렇게 자신감에 넘쳐도 되는 걸까?

prop.test 함수로 그 팬의 논리를 평가할 수 있다. 여기서, 관찰 횟수 $n = 20$, 성공한 수 $x = 11$, p는 한 경기에서 이길 실제 확률이다. 우리는 이 데이터에 기반해서, $p > 0.5$라고 결론을 내리는 게 합당한지 알아보고 싶다. 일반적으로 prop.test는 $p \neq 0.5$인 경우를 검정하지만 alternative = "greater"로 설정함으로써 $p > 0.5$를 검정할 수 있다.

```
prop.test(11, 20, 0.5, alternative = "greater")
#>
#>   1-sample proportions test with continuity correction
#>
#> data: 11 out of 20, null probability 0.5
#> X-squared = 0.05, df = 1, p-value = 0.4
#> alternative hypothesis: true p is greater than 0.5
#> 95 percent confidence interval:
#>  0.35 1.00
#> sample estimates:
#>    p
#> 0.55
```

prop.test의 출력은 0.55로 p-값이 크기 때문에 귀무가설을 기각할 수 없다. 즉, p가 1/2보다 크다고 합리적으로 결론을 내릴 수가 없는 것이다. 그 컵스 팬은 적은 데이터를 가지고 괜히 자신에 차 있었던 것이다. 그다지 놀랍지는 않다.

---

2 미국 메이저리그 소속 프로야구팀 중 하나다. 1945년 염소와 함께 야구장에 들어가려다 경비원에게 저지당한 한 사람이, 컵스가 다시는 월드시리즈에서 우승하지 못할 거라고 저주한 '염소의 저주' 사건으로 유명하다. 컵스는 이후부터 2016년까지 우승과는 거리가 멀었다.

9.12 모비율의 신뢰구간 구하기

문제

성공과 실패로 구성된 모집단으로부터 추출한 표본이 있다. 표본 데이터에 기반해서 모집단에서 성공이 차지하는 비율에 대한 신뢰구간을 구하고 싶다.

해결책

prop.test 함수를 사용한다. 표본의 크기가 n이고 해당 표본이 x번의 성공을 포함하고 있다고 하자.

```
prop.test(x, n)
```

함수의 출력에는 p에 대한 신뢰구간이 들어 있다.

논의

우리는 주식시장 뉴스레터를 구독한다. 기사들은 잘 작성되었지만, 그중에서 앞으로 오를 거라고 예상되는 주식을 찾아준다고 주장하는 부분이 있다. 해당 주식의 가격에서 특정한 패턴을 찾아내서 예측을 한다는 것이다. 예를 들면 최근에 특정 주식이 어떠한 패턴을 따르고 있다고 썼다. 또한 그 패턴이 나타난 아홉 번 중에 여섯 번 가격이 올랐다고 했다. 따라서 작성자는 그 주식이 다시 오를 확률은 6/9 또는 66.7%라고 결론지었다.

prop.test 함수를 사용해서 우리는 패턴이 일어난 뒤 그 주식이 오르는 횟수의 실제 비율에 대한 신뢰구간을 얻을 수 있다. 여기서 관찰 횟수 $n = 9$이며 성공의 개수 $x = 6$이다. 출력된 결과는 95% 신뢰수준에서 (0.309, 0.910)의 신뢰구간을 나타낸다.

```
prop.test(6, 9)
#> Warning in prop.test(6, 9): Chi-squared approximation may be incorrect
#>
#>  1-sample proportions test with continuity correction
#>
#> data:  6 out of 9, null probability 0.5
#> X-squared = 0.4, df = 1, p-value = 0.5
#> alternative hypothesis: true p is not equal to 0.5
#> 95 percent confidence interval:
#>  0.309 0.910
#> sample estimates:
```

```
#>    p
#> 0.667
```

작성자가 주식이 오를 확률이 66.7%라고 말한 건 아주 어리석은 짓이다.[3] 그것으로 독자들이 불리한 베팅을 하도록 유도했을 수 있다.

prop.test는 기본 설정으로 95% 신뢰수준에서의 신뢰구간을 계산한다. conf. level 인자를 사용하면 다른 신뢰수준으로 바꿀 수 있다.

```
prop.test(x, n, p, conf.level = 0.99)   # 99% 신뢰수준
```

더 알아보기

레시피 9.11을 참고하라.

9.13 정규성 검정

문제

여러분이 가지고 있는 표본 데이터가 정규분포로 된 모집단에서 나온 것인지 통계 검정을 통해 확인하고 싶다.

해결책

shapiro.test 함수를 사용한다.

```
shapiro.test(x)
```

출력은 p-값을 포함한다. 통상적으로 $p < 0.05$이면 모집단이 정규분포가 아닐 개연성이 큰 반면, $p > 0.05$이면 그러한 증거를 제시하지 못한다.

논의

다음 예시는 x에 대해 0.4의 p-값을 보고한다.

```
shapiro.test(x)
#>
#>  Shapiro-Wilk normality test
```

---

3 (옮긴이) 아주 작은 데이터를 사용했기 때문에 신뢰구간의 범위가 매우 넓게 분포하고 있다. 결과를 보면 다시 오를 확률이 90%로 높을 수도 있지만, 30%로 아주 낮을 수도 있기 때문이다. 즉, 표본 n이 작으면 불확실성이 높아진다고 할 수 있다.

```
#>
#> data:  x
#> W = 1, p-value = 0.4
```

큰 p-값은 근본적으로 모집단이 정규분포를 따름을 시사한다. 다음 예는 y에 대한 아주 작은 p-값을 보고하므로, 해당 표본이 정규 모집단에서 왔을 개연성이 작은 것이다.

```
shapiro.test(y)
#>
#>  Shapiro-Wilk normality test
#>
#> data:  y
#> W = 0.7, p-value = 7e-13
```

우리가 샤피로-윌크(Shapiro-Wilk) 검정을 사용하라고 한 이유는 표준 R 함수이기 때문이었다. 그 대신에 패키지 전체가 정규성 검정에 할애된 nortest 패키지를 따로 설치해도 된다. 이 패키지에는 다음 검정들이 포함되어 있다.

- 앤더슨-달링(Anderson-Darling) 검정(ad.test)
- 크레이머-폰 미제스(Cramer-von Mises) 검정(cvm.test)
- 릴리포스(Lilliefors) 검정(lillie.test)
- 정규성 복합가설을 검사하는 피어슨 카이제곱(Pearson chi-squared) 검정 (pearson.test)
- 샤피로-프란치아(Shapiro-Francia) 검정(sf.test)

이 모든 검정들의 문제는 그것들의 귀무가설에 있다. 모집단이 정규분포가 아니라고 검증되기 전까지는 정규분포라고 가정하는 것이다. 그 결과로, p-값이 작다고 판명되고 여러분이 귀무가설을 기각할 수 있으려면 모집단이 확실히 정규분포가 아니어야 한다. 검정들이 꽤나 보수적이어서, 정규성 쪽으로 판별되는 실수가 나는 경향이 있다.

그래서 데이터의 정규성을 평가할 때는 통계검정에 완전히 의존하는 것보다는 히스토그램(레시피 10.19)과 분위수-분위수 그래프(Q-Q plot, Quantile-Quantile plot, 레시피 10.21)도 함께 사용할 것을 권한다. 꼬리가 너무 뚱뚱하지는 않은가? 꼭대기가 지나치게 뾰족하지는 않은가? 여러분의 판단이 통계검정을 한 번 돌리는 것보다 나을 것이다.

더 알아보기

nortest 패키지를 설치하는 방법에 대해서는 레시피 3.10을 참고하라.

9.14 런(runs) 검정

문제

여러분의 데이터는 이진값들로 이루어진 수열이다. 다시 말하면, 예-아니오, 0-1, 참-거짓 등 서로 다른 두 가지 값으로 이루어진 데이터다. 여러분은 이 수열이 랜덤인지 알고 싶다.

해결책

tseries 패키지는 runs.test 함수를 가지고 있는데, 이 함수는 수열의 랜덤성을 확인한다. 그러려면 수열은 두 가지 수준으로 된 요인이어야 한다.

```
library(tseries)
runs.test(as.factor(s))
```

runs.test 함수는 p-값을 보고한다. 통상적으로 0.05보다 작은 p-값은 그 수열이 랜덤이 아닐 개연성이 큰 반면, 0.05를 넘는 p-값은 그러한 증거를 제시하지 못한다.

논의

'런(run)'은 모두 1 또는 모두 0처럼, 동일한 값들로 이루어진 부분수열이다. 랜덤한 수열은 런이 너무 많지 않으면서, 제대로 섞여 있어야 한다. 런이 너무 '적어도' 안 된다. 정확히 하나씩 번갈아 나오는 값들로 이루어진 수열(0, 1, 0, 1, 0, 1, ...)에는 런이 없는데, 그걸 랜덤이라고 말할 수 있을까?

runs.test 함수는 여러분의 수열에 있는 런들의 횟수를 확인해 준다. 만약 런이 너무 많거나 적다면, 작은 p-값을 보고한다.

첫 번째 예시는 0과 1들로 된 랜덤 수열을 생성한 다음에 해당 수열의 런에 대해 검사한다. 예상과 다르지 않게 runs.test는 큰 p-값을 보고하는데, 이는 그 수열이 랜덤일 개연성이 높다는 뜻이다.

```
s <- sample(c(0, 1), 100, replace = T)
runs.test(as.factor(s))
#>
#>   Runs Test
```

```
#>
#> data:  as.factor(s)
#> Standard Normal = 0.1, p-value = 0.9
#> alternative hypothesis: two.sided
```

하지만 다음 수열은 세 개의 런으로 이루어져 있고, 그래서 보고된 *p*-값이 아주 작다.

```
s <- c(0, 0, 0, 0, 1, 1, 1, 1, 0, 0, 0, 0)
runs.test(as.factor(s))
#>
#>  Runs Test
#>
#> data:  as.factor(s)
#> Standard Normal = -2, p-value = 0.02
#> alternative hypothesis:  two.sided
```

더 알아보기

레시피 5.4와 8.6을 참고하라.

9.15 두 모집단의 평균 비교하기

문제

두 모집단에서 나온 표본이 각각 하나씩 있다. 여러분은 두 모집단의 평균이 동일할 수도 있는지 알고 싶다.

해결책

t.test 함수를 호출해서 *t* 검정을 수행한다.

```
t.test(x, y)
```

t.test는 기본 설정으로 여러분의 관찰들이 서로 대응되지 않는다고 가정한다. 만약 관찰들이 대응하고 있다면(다시 말해, 각각의 x_i가 하나의 y_i와 묶여 있다면), paired = TRUE라고 명시해 주면 된다.

```
t.test(x, y, paired = TRUE)
```

두 경우 모두 t.test는 *p*-값을 계산해 줄 것이다. 통상적으로 $p < 0.05$이면 평균은 다를 개연성이 큰 반면, $p > 0.05$이면 그러한 증거를 제시하지 못한다.

- 만약 둘 중 하나의 표본이라도 크기가 작으면, 모집단들은 정규분포를 따라야 한다. 여기서 '작다'는 의미는 20개의 데이터점 미만을 뜻한다.
- 만약 두 모집단의 분산이 동일하다면, `var.equal = TRUE`라고 명시해서 조금 덜 보수적으로 검정을 수행할 수 있다.

논의

우리는 t 검정을 사용해서 두 모집단 평균 사이의 차이를 대략적으로 알아보곤 한다. 그러려면 표본들이 충분히 크거나(즉, 두 개의 표본 모두 20개 또는 그 이상의 관찰) 근본적으로 모집단이 정규분포를 따라야 한다. 사실 '정규분포' 부분을 그렇게 심각하게 받아들이지 않아도 된다. 종모양이면서 합리적으로 대칭이기만 하면 충분하다.

여기서 중요하게 구분해야 할 점이 있다. 여러분의 데이터가 대응하는 관찰들로 되어 있는가 아닌가로, 두 경우의 결과는 달라질 수 있다. 아침에 마시는 커피가 SAT 시험 점수를 향상시키는지 알고 싶다고 하자. 우리는 두 가지 방법으로 실험을 진행할 수 있다.

- 사람들을 한 집단 랜덤으로 선택한다. 그들에게 SAT 시험을 두 번 보게 하면서, 한 번은 아침에 커피를 주고 한 번은 주지 않는다. 각각의 사람에 대해서 우리는 두 번의 SAT 점수 데이터가 생긴다. 이것이 '대응 관찰'이다.
- 사람들을 두 집단 랜덤으로 선택한다. 한 집단에는 아침에 커피를 주고 SAT 시험을 보게 한다. 다른 집단은 그냥 시험을 보게 한다. 우리는 각 사람에 대해 한 번씩의 점수를 얻어냈지만, 그 점수들은 어떤 면에서도 서로 묶이지 않는다.

통계적으로 볼 때, 이 실험들 사이에는 상당한 차이가 있다. 실험 1번에서는 각각의 사람에 대해서 두 개의 관찰이 있고(카페인과 무카페인) 그것들은 통계적으로 독립적이지 않다. 그러나 실험 2번에서 데이터는 서로 독립적이다.

만약 여러분이 대응 관찰 데이터를 가지고 있는데(실험 1) 대응 관찰이 아닌 것으로(실험 2) 잘못 분석했다면, 다음과 같이 p-값은 0.3이라는 결과가 나온다.

```
load("./data/sat.rdata")
t.test(x, y)
#>
#>  Welch Two Sample t-test
#>
#> data:  x and y
```

```
#> t = -1, df = 200, p-value = 0.3
#> alternative hypothesis: true difference in means is not equal to 0
#> 95 percent confidence interval:
#>  -46.4  16.2
#> sample estimates:
#> mean of x mean of y
#>       1054      1069
```

큰 *p*-값은 집단들 사이에 차이가 없다는 결론을 내리게 한다. 동일한 데이터를, 대응된 데이터라고 제대로 구별해 주고 나서 분석한 것과 대조해 보자.

```
t.test(x, y, paired = TRUE)
#>
#>   Paired t-test
#>
#> data:  x and y
#> t = -20, df = 100, p-value <2e-16
#> alternative hypothesis: true difference in means is not equal to 0
#> 95 percent confidence interval:
#>  -16.8 -13.5
#> sample estimates:
#> mean of the differences
#>                  -15.1
```

p-값은 2e-16으로 확 떨어지며, 우리는 정반대의 결론을 내릴 수 있다.

더 알아보기

모집단이 정규분포(종모양)로 되어 있지 않거나 표본이 작은 경우에는, 레시피 9.16에 설명된 윌콕슨-만-휘트니(Wilcoxon-Mann-Whitney) 검정을 고려해 보자.

9.16 비모수적으로 두 표본의 위치 비교하기

문제

두 개의 모집단에서 나온 표본들이 있다. 여러분은 모집단의 분포를 모르지만, 그들이 서로 비슷한 모양으로 되어 있다는 건 안다. 이제 한 모집단이 다른 것과 비교해서 왼쪽 또는 오른쪽으로 치우쳐 있는지를 알고 싶다.

해결책

wilcox.test 함수에 구현되어 있는 비모수적 검정인 윌콕슨-만-휘트니 검정을 사용한다. 대응 관찰들(모든 x_i가 y_i와 쌍을 이루는)에는 paired = TRUE로 설정한다.

```
wilcox.test(x, y, paired = TRUE)
```

쌍이 아닌 관찰들에는 paired를 기본 설정인 FALSE로 놔두자.

```
wilcox.test(x, y)
```

검정 결과에는 p-값이 포함된다. 통상적으로 0.05보다 작은 p-값은 두 번째 모집단이 첫 번째 모집단에 비해 왼쪽 혹은 오른쪽으로 치우쳐 있을 개연성이 큰 반면, 0.05보다 작은 p-값은 그러한 증거를 제시하지 못한다.

논의

모집단의 분포와 관련된 가정을 하지 않게 되면서, 우리는 '비모수적 통계'에 발을 들여놓게 된다. 윌콕슨-만-휘트니 검정은 비모수적이라서, 데이터가 정규분포를 따라야 하는(작은 표본일 경우) t 검정보다 많은 데이터세트에 적용될 수 있다. 이 검정의 유일한 가정은 두 모집단이 같은 모양이라는 것이다.

이번 레시피에서, 우리는 다음과 같은 질문을 하게 된다. 두 번째 모집단이 첫 번째에 비해서 왼쪽 또는 오른쪽으로 치우쳐 있는가? 이는 두 번째 모집단의 평균이 첫 번째보다 큰지 또는 작은지 묻는 것과 비슷하다. 하지만 윌콕슨-만-휘트니 검정은 이와는 사뭇 다른 질문에 대한 대답을 해 준다. 두 모집단의 중심 위치가 크게 다른지, 혹은 동일한지, 상대도수가 다른지를 알려 주는 것이다.

한 집단의 직원들을 랜덤으로 선택해서 각 직원에게 두 가지 다른 상황하에 동일한 작업을 시킨다고 해 보자. 선호하는 조건과 선호하지 않는 조건 두 가지, 이를 테면 시끄러운 환경 같은 것을 설정한다. 두 가지 조건하에 작업 완수 시간을 측정하며, 따라서 각 직원마다 두 개의 측정치가 생긴다. 우리는 두 개가 서로 크게 차이 나는지 알고 싶지만 그것이 정규분포를 따르리라고 생각할 수는 없다.

대응하는 관찰들이므로 paired = TRUE로 설정해야 된다.

```
load(file = "./data/workers.rdata")
wilcox.test(fav, unfav, paired = TRUE)
#>
#>  Wilcoxon signed rank test
```

```
#>
#> data:   fav and unfav
#> V = 10, p-value = 1e-04
#> alternative hypothesis: true location shift is not equal to 0
```

결과에서의 *p*-값은 거의 0이다.[4] 통계적으로 말하면 우리는 완수 시간이 동일하다는 가정을 기각한다. 대체로 말해서 두 시간 사이에 차이가 있었다고 합리적인 결론을 내릴 수 있다.

이번 예시에서는 paired = TRUE로 설정하는 것이 큰 비중을 차지한다. 관찰들이 서로 독립적이지 않기 때문에, 데이터를 대응 관찰이라고 처리해야 한다. 그렇지 않으면 이상한 결과가 나올 것이다. paired = FALSE로 이 예시를 실행하면 0.1022라는 *p*-값이 나오는데, 그러면 틀린 결론이 유도된다.

더 알아보기

모수적 검정에 대해 알아보려면 레시피 9.15를 참고하라.

9.17 모상관계수의 유의성 검정하기

문제

두 변수들 사이의 상관관계를 계산했는데, 그 상관계수가 통계적으로 유의미한지 잘 모르겠다.

해결책

cor.test 함수는 상관계수의 *p*-값과 신뢰구간을 둘 다 계산할 수 있다. 만약 변수들이 정규분포를 따르는 모집단에서 나왔다면 기본 설정된 상관관계 측정법인 피어슨 (Pearson) 방법을 사용한다.

```
cor.test(x, y)
```

정규분포가 아닌 모집단에 대해서는 스피어만(Spearman) 방법을 사용한다.

```
cor.test(x, y, method = "spearman")
```

---

4 (옮긴이) R에서 가장 작은 부동 소수점 숫자는 2.220446e-16이다. 이 값의 반올림은 0으로 예제의 *p*-값은 R 에서 표현 가능한 부동 소수점 이하보다 작은 값을 취하기 때문에 0으로 간주한 것이다. .Machine 명령어로 출력되는 리스트 객체의 double.eps 원소를 참고하라.

이 함수는 유의성 검정에서 나온 *p*-값을 포함하여 여러 값을 반환한다. 통상적으로 $p < 0.05$이면 상관계수가 유의미할 개연성이 크다는 걸 가르키는 반면, $p > 0.05$이면 그렇지 않다는 뜻이다.

논의

필자들의 경험상 사람들은 상관계수의 유의성을 잘 확인하지 않는다. 사실, 많은 사람은 상관계수가 유의미하지 않을 수도 있다는 점을 모른다. 그들은 데이터를 컴퓨터에 욱여넣고, 상관계수를 계산한 다음에 맹목적으로 그 결과를 신뢰한다. 그런 사람들은 다음과 같은 질문을 해 볼 필요가 있다. 데이터가 충분했는지? 상관관계의 정도가 충분히 컸는지? 다행히도 cor.test 함수가 여러분 대신 답을 해 줄 수 있다. 정규 모집단에서 나온 값들로 된 두 개의 벡터, x와 y가 있다고 하자. 이들의 상관 계수가 0.83보다 크니까 왠지 뿌듯할 것이다.

```
cor(x, y)
#> [1] 0.751
```

하지만 순진한 생각이다. cor.test를 실행해 보면, 0.09라는 비교적 큰 *p*-값을 보고한다.

```
cor.test(x, y)
#>
#>  Pearson's product-moment correlation
#>
#> data:  x and y
#> t = 2, df = 4, p-value = 0.09
#> alternative hypothesis: true correlation is not equal to 0
#> 95 percent confidence interval:
#>  -0.155  0.971
#> sample estimates:
#>   cor
#> 0.751
```

여기서 *p*-값은 0.05라는 통용되는 한계보다 높으므로, 우리는 상관계수가 유의미할 개연성이 작다고 결론 내릴 수 있다.

신뢰구간을 사용해 상관계수를 확인할 수도 있다. 이 예시에서 신뢰구간은 (−0.155, 0.971)이다. 구간에 0이 포함되니 상관계수가 0일 가능성도 있다는 뜻이고, 그런 경우 아예 상관관계가 없는 것이다. 다시 말하지만 보고된 상관계수가 유의미하리라는 보장이 없다.

cor.test의 출력은 cor가 보고한 추정치도 포함하고 있어서(맨 아래쪽에 'sample estimates'라고 이름 붙여진 부분) cor를 추가적으로 실행하지 않아도 되게 해 준다. 기본 설정으로 cor.test는 피어슨 상관관계를 계산하는데, 이는 근본적인 모집단들이 정규분포를 따른다고 가정한다. 반면에 스피어만 방법은 비모수적이라서 그러한 가정을 하지 않는다. 정규분포가 아닌 데이터로 작업하는 경우에는 method="spearman"을 쓰도록 하자.

더 알아보기
단순 상관계수를 계산하는 경우엔 레시피 2.6을 참고하라.

9.18 집단들이 동일 비율로 되어 있는지 검정하기

문제
둘 또는 그 이상의 집단에서 나온 표본들이 있다. 집단의 원소들은 이진값으로 되어 있는데, '성공' 또는 '실패' 둘 중 하나다. 여러분은 각 집단이 동일한 성공의 비율을 가지고 있는지 알고 싶다.

해결책
두 벡터 인자를 넣어 prop.test 함수를 사용한다.

```
ns <- c(48, 64)
nt <- c(100, 100)
prop.test(ns, nt)
#>
#>   2-sample test for equality of proportions with continuity
#>   correction
#>
#> data:  ns out of nt
#> X-squared = 5, df = 1, p-value = 0.03
#> alternative hypothesis: two.sided
#> 95 percent confidence interval:
#>   -0.3058  -0.0142
#> sample estimates:
#> prop 1 prop 2
#>   0.48   0.64
```

위의 벡터들은 서로 대응된다. 첫 번째 벡터인 ns는 각 집단에 있는 성공의 개수를 나타낸다. 두 번째 벡터인 nt는 대응 집단의 크기(종종 '시행 횟수'라고도 불린다)를 나타낸다.

출력에는 *p*-값이 포함되어 있다. 통상적으로 0.05보다 작은 *p*-값은 집단들의 비율이 다를 거라고 예상하는 반면, 0.05보다 큰 *p*-값은 그러한 증거를 제시하지 못한다.

논의

레시피 9.11에서 우리는 표본 하나에 근거해 비율을 검사했다. 하지만 여기서는 여러 집단으로부터 추출된 표본들이 있고, 우리는 모집단의 비율을 비교하고 싶은 것이다.

필자는 최근에 38명의 학생에게 통계를 가르치고 그중 14명에게 A 학점을 주었다. 다른 교수는 40명의 학생들에게 같은 강의를 하고 10명에게만 A를 주었다. 필자는 그 교수보다 확연히 A를 많이 줌으로써 성적 인플레이션을 조장하고 있는 건가?

정말 그런지 알기 위해 prop.test를 사용해 보았다. '성공(Success)'은 A를 준 것을 의미하니까, 성공으로 이루어진 벡터는 필자가 준 개수와 동료 교수가 준 개수라는 두 개의 원소를 담고 있다.

```
successes <- c(14, 10)
```

시행 횟수(trials)는 이와 대응되는 반의 학생 수를 가리킨다.

```
trials <- c(38, 40)
```

prop.test의 출력은 0.4라는 *p*-값을 내놓는다.

```
prop.test(successes, trials)
#>
#>   2-sample test for equality of proportions with continuity
#>   correction
#>
#> data:  successes out of trials
#> X-squared = 0.8, df = 1, p-value = 0.4
#> alternative hypothesis: two.sided
#> 95 percent confidence interval:
#>  -0.111  0.348
#> sample estimates:
#> prop 1 prop 2
#>  0.368  0.250
```

상대적으로 큰 *p*-값은 우리가 귀무가설을 기각할 수 없단 뜻이다. 그러니까 저자와 동료 교수님의 채점 방식 간에 차이가 있다는 증거가 없는 것이다.

더 알아보기

레시피 9.11을 참고하라.

9.19 집단의 모평균을 쌍별로 비교하기

문제

여러 개의 표본이 있고, 그 표본의 평균들을 쌍별로 비교하고 싶다. 다시 말하면 모든 표본의 평균에 대해서 자신을 제외한 다른 모든 표본의 평균과 비교하려는 것이다.

해결책

모든 데이터를 벡터 하나에 넣은 다음, 집단을 판별할 수 있도록 대응 요인을 생성한다. pairwise.t.test를 사용해서 평균들의 비교를 쌍별로 수행한다.

```
pairwise.t.test(x, f)    # x는 데이터, f는 집단 분류 요인이다.
```

출력에는 p-값 테이블이 들어 있는데, 각 집단 쌍에 해당하는 값이 하나씩 있다. 통상적으로 $p < 0.05$이면 두 집단은 다른 평균을 가질 개연성이 큰 반면, $p > 0.05$이면 그러한 증거를 제시하지 못한다.

논의

이번 레시피는 두 표본의 평균을 비교했던 레시피 9.15보다 더 복잡하다. 이번에는 여러 개의 표본이 있고, 우리는 모든 표본의 평균을 자신을 제외한 다른 모든 표본의 평균과 비교하고 싶은 것이다.

통계적인 관점에서 쌍별 비교는 조금 까다롭다. 단순히 가능한 모든 쌍에 t 검정을 수행하는 것과는 다르기 때문이다. p-값들이 수정되어야 하는데, 그렇지 않으면 지나치게 긍정적인 결과가 나온다. pairwise.t.test와 p.adjust의 도움말 페이지를 보면 R에서 사용할 수 있는 수정 알고리즘이 설명되어 있다. 심각한 목적을 가지고 쌍별 비교를 하고자 하는 사람이라면, 도움말 페이지를 확인해 보거나 이 주제에 대한 교재를 찾아 읽어보기 바란다.

레시피 5.5에 있는 좀 더 큰 표본 데이터인, 대학 1학년(freshmen), 2학년(sophomores), 3학년생(juniors)들의 데이터를 합쳐 만든 comb라는 데이터 프레임을 사용한다고 가정해 보자. 이 데이터 프레임에는 두 개의 열이 있다. 데이터가 있는 열은

values라고 불리며, 집단 분류 요인이 있는 열은 ind라고 불린다. pairwise.t.test를 사용하면 집단들 간의 쌍별 비교를 수행할 수 있다.

```
pairwise.t.test(comb$values, comb$ind)
#>
#>  Pairwise comparisons using t-tests with pooled SD
#>
#> data:  comb$values and comb$ind
#>
#>      fresh soph
#> soph 0.001 -
#> jrs  3e-04 0.592
#>
#> P value adjustment method: holm
```

p-값으로 된 테이블을 보자. 3학년 대 1학년을 비교한 것과 2학년 대 1학년을 비교한 것은 각각 0.001과 0.0003으로 작은 p-값이 나왔다. 따라서 우리는 이 집단들 사이에 큰 차이가 있다고 결론 내릴 수 있다. 하지만 2학년 대 3학년의 비교에서는 (상대적으로) 큰 p-값인 0.592가 나왔으므로, 그들 사이에는 유의미한 차이가 없다.

더 알아보기

레시피 5.5와 9.15를 참고하라.

9.20 두 표본이 동일 분포에서 왔는지 검사하기

문제

두 개의 표본이 동일한 분포에서 온 것인지가 궁금하다.

해결책

골모고로프-스미르노프(Kolmogorov-Smirnov) 검정은 두 개의 표본을 비교해서 같은 분포에서 추출된 것인지 검정한다. ks.test 함수가 이 검정을 구현하고 있다.

```
ks.test(x, y)
```

출력에는 p-값이 포함된다. 통상적으로 0.05보다 작은 p-값은 두 표본(x와 y)이 서로 다른 분포에서 추출된 거라는 사실을 나타내는 반면, 0.05보다 큰 p-값은 그러한 증거를 제시하지 못한다.

논의

골모고로프-스미르노프 검정은 두 가지 이유에서 아주 훌륭하다고 볼 수 있다. 첫째, 비모수적 검정이므로 근본적인 모집단에 대한 어떠한 가정도 필요가 없다. 모든 분포에 대해서 잘 작동하는 것이다. 둘째, 표본에 근거하여 위치, 산포도, 모집단의 모양까지 확인해 준다는 점이다. 만약 이러한 특성들이 일치하지 않는다면 그걸 잡아내서, 근본적인 분포가 다르다고 결론을 내릴 수 있게 해 준다.

x와 y라는 벡터들이 다른 분포에서 왔다는 의심이 든다고 해 보자. 여기서 ks.test는 0.04라는 *p*-값을 보고한다.

```
ks.test(x, y)
#>
#>  Two-sample Kolmogorov-Smirnov test
#>
#> data:  x and y
#> D = 0.2, p-value = 0.04
#> alternative hypothesis: two-sided
```

작은 *p*-값이니 우리는 해당 표본들이 서로 다른 분포에서 왔다고 결론지을 수 있다. 반면에 x를 또 다른 표본 z에 대해 검정해 보면, *p*-값은 훨씬 크다(0.6). 이 사실로부터 x와 z는 근본적으로 동일한 분포에서 왔으리라고 추측할 수 있다.

```
z <- rnorm(100, mean = 4, sd = 6)
ks.test(x, z)
#>
#>  Two-sample Kolmogorov-Smirnov test
#>
#> data:  x and z
#> D = 0.1, p-value = 0.6
#> alternative hypothesis: two-sided
```

10장

R C o o k b o o k

그래픽스

그래픽스는 R의 크나큰 강점이라고 할 수 있다. graphics 패키지는 표준 배포판의 일부로, 다양한 그래픽을 만드는 데 필요한 유용한 함수들을 많이 담고 있다. 그리고 tidyverse 패키지의 일부인 ggplot2로 인해 R에서의 그래픽 관련 기능이 크게 확장되었다. 이번 장에서는 ggplot2를 사용한 예제에 초점을 맞출 것이지만, 간간히 다른 패키지도 추천할 것이다. 또, "더 알아보기"에서는 여러 가지 다른 방법으로도 레시피와 동일한 작업을 완수할 수 있도록 레시피에서 제시된 것 이외의 패키지에 있는 함수들도 언급한다. 그러므로 기본 함수나 ggplot2가 제공하는 함수들이 만족스럽지 않다면 "더 알아보기"에 있는 대안을 살펴보도록 하자.

그래픽스는 생각보다 광범위한 주제라서 여기서는 겉핥기밖에 할 수가 없다. 오라일리의 쿡북 시리즈 중 하나인 윈스턴 챙(Winston Chang)의 《R Graphics Cookbook, 2nd ed.》은 ggplot2에 초점을 맞춘 유용한 레시피들은 소개해 주는 책이니 참고하자. 더 깊이 파고 싶은 사람들은 폴 머렐(Paul Murrell)의 《R Graphics》(Chapman & Hall, 2018)를 읽어보자. 이 책은 R 그래픽스 기저의 패러다임을 논하면서 그래픽스 함수들을 어떻게 사용하는지를 설명하고, 그와 함께 수많은 예시를 보여 준다. 물론 예시들을 따라 해 볼 수 있도록 코드도 포함되어 있다. 상당히 잘 만들어진 예시들이 들어 있는 책이다.

일러스트

이번 장에 있는 그래프들은 대부분 평범하고, 전혀 꾸며져 있지 않다. 일부러 밋밋하게 둔 것이다. 다음처럼 ggplot 함수를 호출하면,

```
library(tidyverse)

df <- data.frame(x = 1:5, y = 1:5)
ggplot(df, aes(x, y)) +
  geo m_point()
```

그림 10-1에서 볼 수 있듯이 x와 y를 나타내는 장식 없는 그래픽 표현이 나타난다.

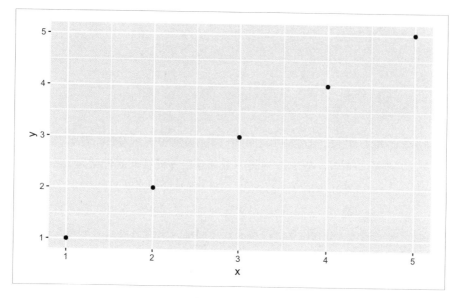

그림 10-1 단순한 그래프

거기에 색깔, 제목, 레이블, 범례, 텍스트 등을 추가해 꾸밀 수도 있지만 그러자면 ggplot 호출은 점점 더 복잡해지고, 이는 본래의 의도와 맞지 않는다.

```
ggplot(df, aes(x, y)) +
  geom_point() +
  labs(
    title = "Simple Plot Example",
    subtitle = "with a subtitle",
    x = "x-values",
    y = "y-values"
  ) +
  theme(panel.background = element_rect(fill = "white", color = "grey50"))
```

코드의 결과로 나오는 그래프는 그림 10-2에서 볼 수 있다. 우리는 레시피들을 깔끔하게 유지하고 싶으므로 우선은 기본 그래프를 강조하고, 그 이후에 차차 장식을 넣는 법을 보여 주려고 한다(레시피 10.2 참고).

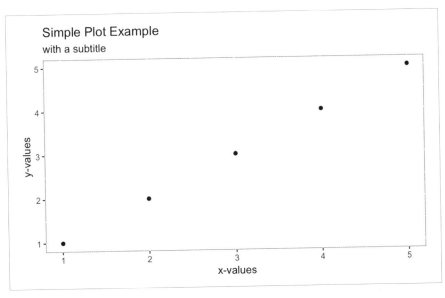

그림 10-2 약간 더 복잡한 그래프

ggplot2 기본 설명

비록 패키지의 이름이 ggplot2지만 이 패키지 내에서 그래프를 그리는 주요 함수는 ggplot이라고 불린다. 여러분은 ggplot 그래프의 기본적인 요소들을 알아 두어야 한다. 앞의 예제들에서 ggplot에 데이터를 전달한 다음, 그래프의 특성들을 표현하는 작은 코드 절들을 겹쳐 쌓아서 그래프를 정의하고 생성하는 과정을 보았을 것이다. 이렇게 코드 절을 쌓는 것이 '그래픽스 문법(grammar of graphics)'이라고 불리는 정신으로, gg의 약자가 여기에서 온 것이다. 더 공부해 보고 싶다면 ggplot의 고안자인 해들리 위컴(Hadley Wickham)의 "A Layered Grammar of Graphics"(*http://bit.ly/2If6eJz*)를 읽어보자. 이 개념은 리랜드 윌킨슨(Leland Wilkinson)의 의미 원소 (primivites; 예: 동사와 명사)들의 집합으로부터 그래픽을 만드는 아이디어에서 출발했다. ggplot에서, 여러 그래픽 형식으로 표현되기 위해 그 근간에 있는 데이터가 변형될 필요는 없다. 일반적으로 데이터는 그대로 유지되고, 데이터를 시각적으로 다르게 표현하도록 사용자가 문법을 약간 변경해 줄 뿐이다. 이 과정은 시각화를 위해서 데이터의 모양을 변형해야 하는 기본 그래픽 패키지보다 훨씬 일관성이 있다.

 ggplot의 그래픽스에 대해 이야기하고 있으니, ggplot 그래프 요소에 대해서도 정의하고 넘어가자.

도형 객체 함수(geometric object function)

만들어지는 그래프의 종류를 결정하는 도형 객체들이다. 이들의 이름은 geom_으로 시작하는데, 예시로는 geom_line, geom_boxplot, geom_point를 포함하여 수십 개의 종류가 더 있다.

에스테틱(aesthetic)[1]

에스테틱 또는 에스테틱 매핑은 ggplot과 의사소통해서 소스 데이터에 있는 필드들을 그래픽의 어떠한 시각적 요소에 매핑하여야 하는지를 결정하는 역할을 한다.

스탯(stat)[2]

스탯은 데이터를 보여 주기 전에 가하는 통계적인 변형을 의미한다. 모든 그래프에 stat 인자가 포함되어 있지는 않지만, 흔히 사용되는 스탯들로는 stat_ecdf(경험누적분포 함수)와 ggplot에게 데이터에 통계적 변형을 가하지 말고 넘기라는 뜻의 stat_identity가 있다.

면 분할 함수(facet function)

면 분할(facet)은 각각이 데이터의 하위 집단을 나타내는 하위 그래프들을 표현해 준다. 면 분할 함수들에는 facet_wrap과 facet_grid가 있다.

테마(theme)

테마는 데이터에 제약되어 있지는 않은 그래프의 시각적인 요소들을 말한다. 여기에는 제목, 여백, 목차의 위치, 폰트 등이 포함된다.

레이어(layer)

레이어는 데이터, 에스테틱, 도형 객체, 스탯 등 여러 옵션들의 조합으로, ggplot 그래픽의 시각적인 레이어를 만들어 낸다.

ggplot에서 '긴' 데이터 vs. '넓은' 데이터

ggplot을 새로 접하는 사용자들은 데이터를 그래프로 그리기 전에 '넓은(wide)' 데이

---

1 (옮긴이) 원문에서 aesthetic이라는 용어를 사용하고 있어 통일한다. 그래프를 그릴 때 ggplot() 함수 외부에서 사용되는, 미적인 형태를 결정하는 인자라고 보면 된다. 축약형으로 aes()를 쓴다.
2 (옮긴이) statistics의 약자다.

터로 모양을 변형하려는 경향이 있으며, 거기에서부터 많이들 혼란스러워한다. '넓다'는 의미는 그들이 그래프로 그리고자 하는 모든 변수가 데이터 프레임에서 각각의 열을 가지고 있는 상태를 의미한다. 대개 엑셀을 사용하면서 이러한 접근법을 익히게 되고, 그것을 R로 가져온다. 그러나 ggplot은 '긴' 형태의 데이터에 가장 쉽게 적용된다. 긴 형식의 데이터란, 추가적인 변수들이 데이터 프레임의 열이 아닌 행으로 저장되어 있는 것을 말한다. 추가적인 측정단위들을 행에 넣으면 좋은 점은, 제대로 구성된 ggplot 그래프라면 코드의 변경 없이도 새로운 데이터를 반영하여 자동으로 업데이트한다는 데 있다. 각각의 추가적인 변수가 열에 추가된다면, 그래프를 그리는 코드에도 새로운 변수를 명시하도록 변경되어야 한다. 이번 장의 나머지 부분을 읽어보면 '긴' vs. '넓은' 데이터의 개념이 조금 더 명확하게 잡힐 것이다.

다른 패키지에 있는 그래픽스

R은 프로그래밍하기가 좋아 많은 사람이 추가 기능을 붙여서 R의 그래픽스 시스템을 확장해 왔다. 그중에 자체적인 결과와 객체를 그래프로 그릴 수 있도록 특화된 함수들이 담긴 패키지들이 꽤 여럿 있다. 예를 들어 zoo 패키지는 시계열 객체를 구현한다. 여러분이 zoo 객체인 z를 생성한 다음에 plot(z)를 호출하면, zoo 패키지가 그래프를 담당한다. 시계열을 표시하는 데 적합하게 설정된 그래픽을 만드는 것이다.

새로운 그래픽스 패러다임을 가지고 R을 확장하는 데만 치중한 패키지들도 있다. lattice 패키지는 기존의 그래픽스에 대한 대안이다. 이 패키지는 정보를 그래픽으로 더 쉽게 생성할 수 있도록 해 주는 강력한 그래픽스 패러다임을 사용하는데, 대개 그 결과는 모양도 기본보다 더 예쁘다. 개발자인 디피얀 사카르(Deepayan Sarkar)는 이 패키지의 설명과 사용법을 다루는 《Lattice: Multivariate Data Visualization with R》(Springer)을 쓰기도 했다. lattice 함수는 《R in a Nutshell》에도 설명되어 있다.

해들리 위컴과 개럿 그롤문드의 훌륭한 저서 《R을 활용한 데이터 과학》에는 그래픽을 다루는 챕터가 두 개 있다. 7장 "탐색적 데이터 분석"은 ggplot2를 사용해 데이터를 탐색하는 데 치중하며, 28장 "커뮤니케이션을 위한 그래프를 통한 의사소통"은 그래픽으로 다른 사람들과 커뮤니케이션하는 방법에 대해 탐구한다.

10.1 산점도 그리기

문제

(x_1, y_1), (x_2, y_2), ..., (x_n, y_n)이라는 대응 관찰들이 있다. 이들 쌍의 산점도를 그리고 싶다.

해결책

ggplot을 호출한 후, 데이터 프레임을 전달하고 점 도형 함수를 불러와 데이터를 그래프로 그릴 수 있다.

```
ggplot(df, aes(x, y)) +
  geom_point()
```

이 예에서 데이터 프레임의 이름은 df이고, x와 y 데이터는 x와 y라는 이름의 필드에 들어 있다. 우리는 aes(x, y) 호출을 통해 에스테틱에 x와 y를 전달한다.

논의

산점도는 새로운 데이터세트를 봤을 때 흔히들 제일 먼저 써 보는 방법이다. x와 y가 서로 관계 있다는 가정하에, 빠르게 그 관계를 파악하기에도 좋다.

ggplot으로 그래프를 그리기 위해서는 ggplot에게 어떤 데이터 프레임을 사용할지, 어떤 종류의 그래프를 그릴 것인지와 어떤 에스테틱 매핑(aes)을 쓸 것인지를 알려 주어야 한다. 이 경우 aes는 df에 있는 어떤 필드가 그래프의 어떤 축에 들어가는지를 정의한다. 그 다음, geom_point라는 명령문이 여러분이 원하는 그래프가 선이나 다른 종류의 그래프가 아닌, 점그래프라는 사실을 전달해 주는 것이다.

내장 데이터세트인 mtcars로 마력(hp)을 x축에, 연비(mpg)를 y축에 그려보도록 하자.

```
ggplot(mtcars, aes(hp, mpg)) +
  geom_point()
```

그 결과는 그림 10-3의 그래프다.

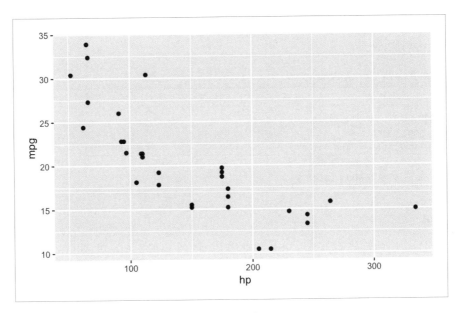

그림 10-3 산점도

더 알아보기

제목과 레이블을 추가하는 방법은 레시피 10.2를 참고하라. 격자와 범례를 추가하는 방법은 각각 레시피 10.3과 10.6을 참고하라. 여러 개의 변수를 그래프로 그리려면 레시피 10.8을 참고하라.

10.2 제목과 레이블 추가하기

문제

그래프에 제목을 추가하거나 축에 레이블을 더하고 싶다.

해결책

ggplot에서는 labs 엘리먼트가 제목과 축의 레이블을 제어한다.

ggplot에서 labs를 호출할 때, 다음 인자들을 지정해 주자.

title

　사용하고자 하는 제목 텍스트

x

　x축 레이블

y

   y축 레이블

예를 들면 다음과 같이 쓴다.

```
ggplot(df, aes(x, y)) +
  geom_point() +
  labs(title = "The Title",
       x = "X-axis Label",
       y = "Y-axis Label")
```

논의

레시피 10.1에 있는 그래픽은 다소 밋밋하다. 제목과 라벨을 더하면 좀 더 흥미롭고
해석에도 도움이 될 것 같다.

   ggplot에서 엘리먼트들을 쌓아갈 때는, 각각을 더하기 표시(+)로 잇는다. 다시 말
해, 그래픽 요소들을 추가하기 위해서 구문들을 결합시키는 것이다. 다음 코드를 보
면 더 확실히 알 수 있다. mtcars 데이터세트를 사용해 마력과 연비를 산점도로 그리
는 예시로, 결과는 그림 10-4다.

```
ggplot(mtcars, aes(hp, mpg)) +
  geom_point() +
  labs(title = "Cars: Horsepower vs. Fuel Economy",
       x = "HP",
       y = "Economy (miles per gallon)")
```

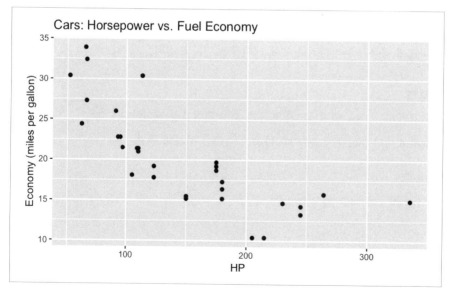

그림 10-4 축과 제목 레이블

10.3 격자 추가(또는 제거)하기

문제

그래프의 배경을 바꾸거나 격자를 추가하고 싶다.

해결책

앞선 레시피에서 보았듯이, ggplot의 배경 격자는 기본 옵션이다. 그러나 theme 함수를 사용해서 배경 격자를 변경하거나, 미리 정의된 테마를 그래프에 적용할 수 있다.

theme를 사용해서 그래픽의 배경 패널을 수정해 보자. 다음 예시는 그림 10-5와 같이 배경을 제거한다.

```
ggplot(df) +
  geom_point(aes(x, y)) +
  theme(panel.background = element_rect(fill = "white", color = "grey50"))
```

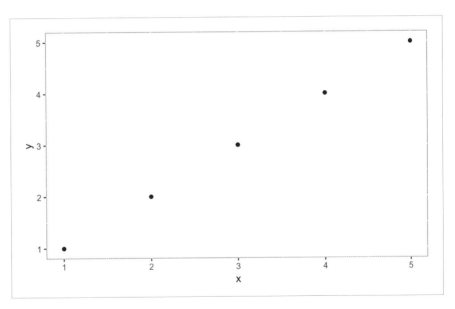

그림 10-5 흰색 배경

논의

ggplot은 기본 옵션으로 배경을 회색 격자로 채운다. 하지만 여러분은 그 격자를 제거하거나, 아예 다른 것으로 바꾸고 싶을 수 있다. ggplot 그래픽을 만든 다음, 배경 스타일을 하나씩 변경해 보자.

ggplot+ 객체를 생성한 후에, 해당 객체를 호출하고 +를 뒤에 덧붙여 그래픽의 요소들을 추가하거나 변경할 수 있다. ggplot 그래픽의 배경 음영색은 실제로는 세 개의 그래프 엘리먼트로 구성되어 있다.

panel.grid.major

주 격자의 기본 옵션은 흰색이고 두껍다.

panel.grid.minor

보조 격자의 기본 옵션은 흰색이고 얇다.

panel.background

배경색은 기본 옵션으로 회색이다.

그림 10-4의 배경을 자세히 살펴보면 이러한 엘리먼트들을 확인할 수 있을 것이다.

만약 element_blank로 배경을 설정하면, 주/보조 격자선은 여전히 그려져 있으나 배경색이 흰색이므로 그림 10-6처럼 구분이 되지 않는다.

```
g1 <- ggplot(mtcars, aes(hp, mpg)) +
  geom_point() +
  labs(title = "Cars: Horsepower vs. Fuel Economy",
       x = "HP",
       y = "Economy (miles per gallon)") +
  theme(panel.background = element_blank())
g1
```

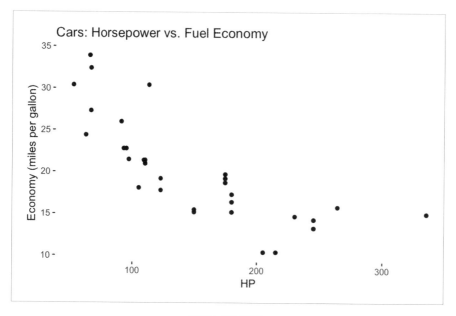

그림 10-6 빈 배경색

앞의 예시에서 ggplot 그래프를 g1이라는 변수에 저장한 점을 눈여겨보자. 그 뒤에 g1을 호출해서 그래픽을 출력했다. g1에 그래프를 담아 두게 되면, 그래프를 다시 만들지 않고도 추가적인 그래픽 요소들을 덧붙일 수 있다.

만약 도식의 이해를 위해 배경 격자에 패턴을 주길 원한다면, 다음 예시(그림 10-7)처럼 요소에 색깔을 주거나 선의 유형을 쉽게 바꿀 수 있다.

```
g2 <- g1 + theme(panel.grid.major =
                 element_line(color = "black", linetype = 3)) +
# linetype = 3은 대시선
theme(panel.grid.minor =
      element_line(color = "darkgrey", linetype = 4))
# linetype = 4는 점선
g2
```

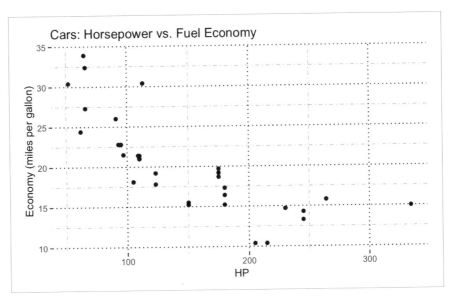

그림 10-7 주 격자선과 보조 격자선

그림 10-7은 시각적으로 예쁘지는 않지만, 검은색 점선이 주 격자선이고 회색 대시선이 보조 격자선이라는 점은 명확히 알 수 있다.

또는 조금 덜 현란하도록, g1의 ggplot 객체를 가져다 흰 배경에 회색 격자선으로 만들 수도 있다(그림 10-8).

```
g1 +
  theme(panel.grid.major = element_line(color = "grey"))
```

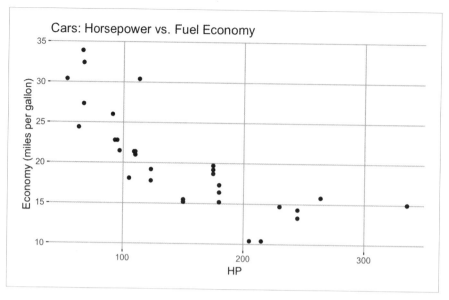

그림 10-8 회색 주 격자선

더 알아보기

사전 정의된 테마 전체를 그래프에 적용하는 방법은 레시피 10.4를 참고하라.

10.4 ggplot 그래프에 테마 적용하기

문제

사전에 지정된 색상, 스타일, 형식으로 그래프를 설정하고 싶다.

해결책

ggplot은 설정 모음인 테마(theme)를 지원한다. 테마 중 하나를 사용하려면 여러분의 ggplot 객체에 +를 사용해서 원하는 theme 함수를 추가하면 된다.

```
ggplot(df, aes(x, y)) +
  geom_point() +
  theme_bw()
```

ggplot2 패키지에는 다음과 같은 테마들이 있다.

```
theme_bw()
theme_dark()
```

```
theme_classic()
theme_gray()
theme_linedraw()
theme_light()
theme_minimal()
theme_test()
theme_void()
```

논의

간단한 그래프로 시작해서, 내장 테마들을 사용하면 어떻게 보이는지 살펴보자. 그림 10-9는 테마가 적용되지 않은 단순한 그래프다.

```
p <- ggplot(mtcars, aes(x = disp, y = hp)) +
  geom_point() +
  labs(title = "mtcars: Displacement vs. Horsepower",
       x = "Displacement (cubic inches)",
       y = "Horsepower")
p
```

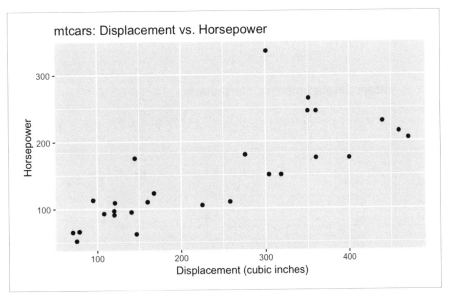

그림 10-9 시작 그래프

그럼 동일한 그래프에 각각 다른 테마를 적용해서 여러 번 그려 보도록 하자. 그림 10-10은 흑백 테마를 적용한 그래프다.

```
p + theme_bw()
```

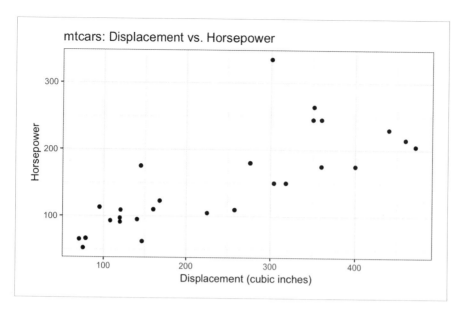

그림 10-10 theme_bw

그림 10-11은 클래식 테마다.

```
p + theme_classic()
```

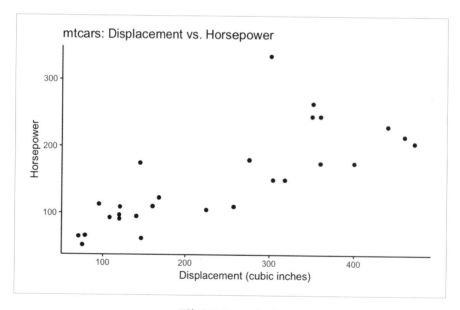

그림 10-11 theme_classic

그림 10-12는 미니멀 테마를 보여 준다.

```
p + theme_minimal()
```

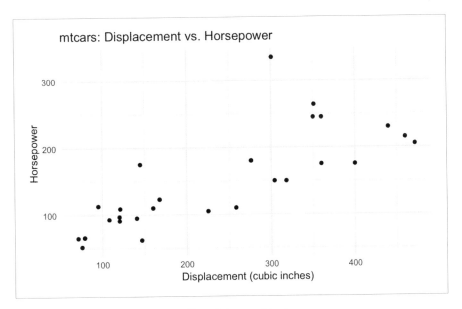

그림 **10-12** theme_minimal

그림 10-13은 보이드 테마다.

```
p + theme_void()
```

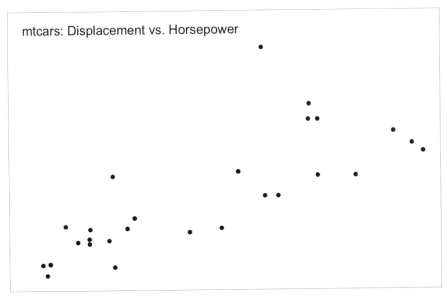

그림 **10-13** theme_void

ggplot2에 포함된 테마들 말고도, ggtheme 같은 패키지에서 여러분의 그래프를 Stata 나 〈이코노미스트〉지의 출간물 같이 보이도록 해 주는 테마들을 찾을 수 있다.

더 알아보기

하나의 테마 엘리먼트를 변경하는 방법은 레시피 10.3을 참고하라.

10.5 여러 집단의 산점도 생성하기

문제

데이터 프레임에 레코드별로 다수의 관찰들이 담겨 있다. 즉 *x*, *y*, 그리고 그들의 집 단을 나타내는 요인 *f*가 있다. 이때 집단들을 구분하여 *x*와 *y* 산점도를 만들고 싶다.

해결책

ggplot에서 모양을 요인 f에 매핑할 수 있다. shape = f를 aes 함수에 전달해 주면 된다.

```
ggplot(df, aes(x, y, shape = f)) +
   geom_point()
```

논의

여러 개의 집단을 하나의 산점도에 그리는 것은, 집단을 구별해 주지 않는 이상 정보 를 제대로 나타내지 못하므로 쓸모가 없다. 그러니 의미 있게 만들려면 ggplot에서 aes 함수의 shape 매개변수를 설정함으로써 집단을 구분해 주자.

다음 iris 데이터세트는 Petal.Length와 Petal.Width의 측정값들을 묶어서 담고 있다.[3] 각 측정값에 있는 Species 속성은 측정된 꽃의 품종을 나타낸다. 이 데이터 를 구분 없이 한꺼번에 그래프로 그려 버리면, 그림 10-14와 같은 산점도가 나오게 된다.

```
ggplot(data = iris,
       aes(x = Petal.Length,
           y = Petal.Width)) +
   geom_point()
```

---

3 (옮긴이) iris는 붓꽃, Petal.Length는 꽃잎의 길이, Petal.Width는 꽃잎의 너비 측정값이다.

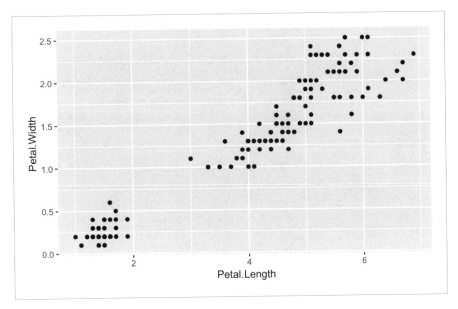

그림 10-14 붓꽃: 길이 대 너비

하지만 품종별로 점들을 구분해 준다면 그래프의 정보 가치가 훨씬 높아질 것이다. 품종을 점의 모양으로만 구분하는 대신, 색상으로도 차이를 줄 수 있다. shape = Species와 함께 color = Species를 aes 호출에 추가하여 각 품종들이 다른 점의 모양과 색상을 지니도록 그림 10-15의 그래프를 만들어 보자.

```
ggplot(data = iris,
       aes(
         x = Petal.Length,
         y = Petal.Width,
         shape = Species,
         color = Species
       )) +
  geom_point()
```

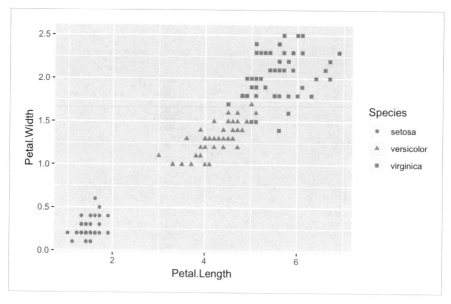

그림 10-15 붓꽃: 모양과 색상

ggplot이 편리하게도 범례를 자동으로 나타내 준다.

더 알아보기

범례를 추가하는 방법은 레시피 10.6을 참고하라.

10.6 범례 추가(또는 제거)하기

문제

그래프 안에 **범례**, 즉 그래픽의 내용을 해독할 수 있게 해 주는 작은 박스가 들어 있었으면 한다.

해결책

대부분의 경우 이전의 예시처럼 ggplot은 범례를 자동으로 추가해 준다. 하지만 aes 함수에서 명시적으로 집단이 매핑되지 않은 경우, ggplot이 자동으로 범례를 보여 주지는 않는다. 만약 우리가 ggplot이 범례를 보여 주도록 강제하기를 원한다면 모양 또는 선 종류를 정수로 설정하자. 그러면 ggplot이 하나의 그룹에 대해서도 범례를 보여 줄 것이다. ggplot 범례에 레이블을 붙이기 위해서는 guides를 사용하면 된다.

iris 산점도를 통해 자세히 살펴보자.

```
g <- ggplot(data = iris,
       aes(x = Petal.Length,
           y = Petal.Width,
           shape="Observation")) +
  geom_point() +
  guides(shape=guide_legend(title="My Legend Title"))
g
```

그림 10-16은 shape를 문자열 값으로 설정한 뒤 guides를 이용해서 재레이블링한 결과를 보여 준다.

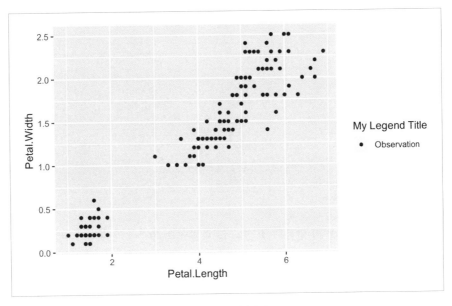

그림 10-16 범례 추가

범례를 끄고 싶은 경우가 더 흔하다. 그럴 때는 legend.position = "none"으로 theme를 호출하자. 그림 10-17을 보면 이전 레시피의 iris 그래프에 이 호출을 추가한 결과를 알 수 있다.

```
g <- ggplot(data = iris,
       aes(
           x = Petal.Length,
           y = Petal.Width,
           shape = Species,
           color = Species
```

```
          )) +
  geom_point() +
  theme(legend.position = "none")
g
```

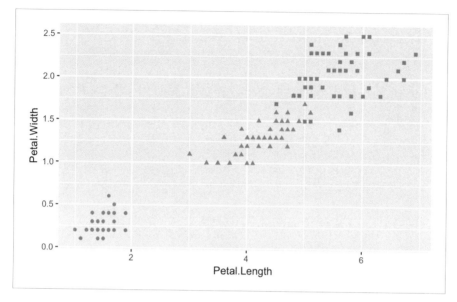

그림 10-17 범례 제거

논의

연습문제에서처럼 집단이 나뉘어 있지 않은데 범례를 추가하는 방법은, aes의 집단 분류 매개변수에 문자열을 전달함으로써 범례를 표시하도록 ggplot을 '속이는' 사례 다. 이렇게 하면 집단이 변경되지는 않으며 (하나의 집단밖에 없으므로) 이름이 붙 은 범례가 생긴다.

그 다음, guides를 사용해서 범례의 제목을 변경할 수 있다. 데이터에 대해서는 그 어떤 것도 변경하지 않았고, ggplot이 본래라면 보여 주지 않았을 범례를 보여 주도 록 만들기 위해 설정을 편의대로 조작했을 뿐이라는 점은 알아 두도록 하자.

ggplot의 가장 큰 장점 중 하나는 기본 설정이 잘 되어 있다는 것이다. 레이블과 점의 형식들 간에 위치와 대응 관계는 자동으로 만들어지지만, 필요한 경우 이 설 정을 덮어씌울 수 있다. 범례를 아예 삭제하려면 theme 매개변수에 theme(legend. position = "none")로 옵션을 주자. 또는 legend.position을 "left", "right", "bottom", "top"으로 설정하거나, 원소 2개짜리 숫자 벡터로 줄 수도 있다. 특정한 좌표에 범례를 위치시키고자 하는 경우에 해당 좌표를 넣어 원소가 2개인 숫자 벡터를 넣어 주면 된다. 이때 값들은 0과 1 사이여야 하며 x, y 순이다.

그림 10-18은 legend.position을 조정하여 범례가 아래쪽에 있게 된 그래프다.

```
g + theme(legend.position = "bottom")
```

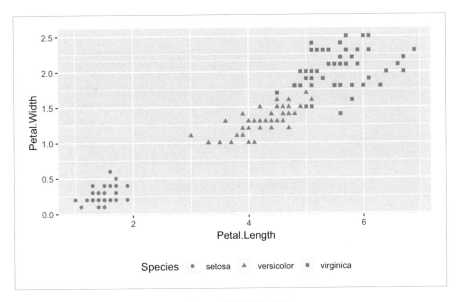

그림 10-18 아래쪽에 있는 범례

원소가 두 개인 숫자 벡터로 위치를 지정하면 그림 10-19처럼 된다. 다음 예시는 범례의 중심을 우방향으로 80%, 아래에서부터 20% 위에 놓은 것이다.

```
g + theme(legend.position = c(.8, .2))
```

범례 외에도 다양한 요소들에 대하여 ggplot은 적절한 기본값들을 가지고 있지만, 수정을 할 수 있는 유연성도 있다. 범례와 관련된 ggplot의 옵션들에 대해 더 알고 싶다면 **?theme**를 입력하거나 ggplot 온라인 레퍼런스(*http://ggplot2.tidyverse.org/reference/theme.html*)에서 도움말을 찾아보자.

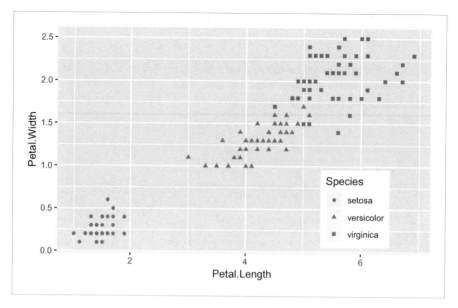

그림 10-19 특정 지점에 위치한 범례

10.7 산점도의 회귀선 그리기

문제

데이터 쌍들을 그래프에 찍고 있는데, 그들의 선형회귀(linear regression)를 보여 주는 선을 그려 넣고 싶다.

해결책

ggplot에서는 R의 lm 함수로 먼저 선형 모형을 계산할 필요가 없다. 그 대신, geom_smooth 함수를 써서 ggplot 호출 내에서 선형회귀를 계산하면 된다.

데이터가 df라는 데이터 프레임에 담겨 있고, x와 y 데이터는 각각 x와 y라는 이름의 열에 들어 있다면 다음과 같이 회귀선을 그릴 수 있다.

```
ggplot(df, aes(x, y)) +
  geom_point() +
  geom_smooth(method = "lm",
              formula = y ~ x,
              se = FALSE)
```

se = FALSE 인자는 ggplot이 회귀선 주위에 표준오차 밴드(error band)를 넣지 않도록 해 주는 역할이다.

논의

faraway 패키지의 strongx 데이터세트를 가지고 모델링을 한다고 해 보자. R의 내장 함수인 lm 함수로 선형 모형을 만들 수 있다. 변수 crossx를 energy에 대한 선형 함수로 예측할 수 있는 것이다. 우선, 데이터를 산점도로 나타내 보자(그림 10-20).

```
library(faraway)
data(strongx)

ggplot(strongx, aes(energy, crossx)) +
  geom_point()
```

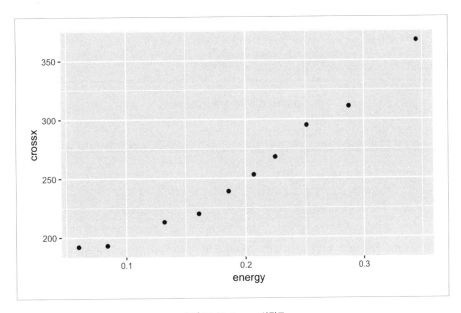

그림 10-20 strongx 산점도

ggplot은 손쉽게 선형 모형을 계산한 다음 데이터와 함께 회귀선을 그려 준다(그림 10-21).

```
g <- ggplot(strongx, aes(energy, crossx)) +
  geom_point()

g + geom_smooth(method = "lm",
                formula = y ~ x)
```

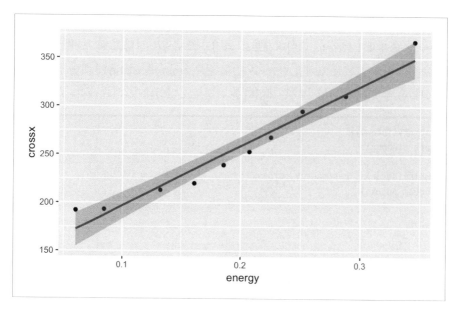

그림 10-21 간단한 선형 모형 ggplot

se = FALSE로 옵션을 줌으로써 그림 10-22와 같이 신뢰구간 밴드를 없앨 수 있다.

```
g + geom_smooth(method = "lm",
                formula = y ~ x,
                se = FALSE)
```

geom_smooth에서 변수 이름 대신 x와 y를 사용한 것을 눈치챘는가? ggplot은 에스테 틱에 맞추어 그래프의 x와 y를 결정하기 때문이다. 또한, geom_smooth는 다양한 평활 법을 지원한다. 이러한 여러 옵션을 살펴보고 싶다면 **?geom_smooth**를 입력해서 도움 말을 보자.

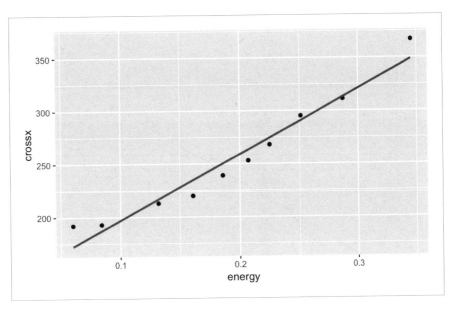

그림 10-22 se(표준오차)를 뺀 단순한 선형 모형 ggplot

다른 R 객체에 저장되어 있는 선을 그래프에 나타내고 싶다면, geom_abline으로 그래프에 해당 선을 나타낼 수 있다. 다음 예시는 회귀 모형 m으로부터 절편항과 기울기를 가져와서 그래프에 추가하는 것이다(그림 10-23).

```
m <- lm(crossx ~ energy, data = strongx)

ggplot(strongx, aes(energy, crossx)) +
  geom_point() +
  geom_abline(
    intercept = m$coefficients[1],
    slope = m$coefficients[2]
  )
```

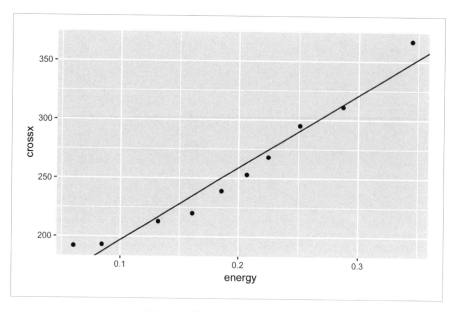

그림 10-23 기울기와 절편으로 그린 간단한 선

이 방법을 사용하면 그림 10-22와 무척 유사한 그래프가 그려진다. geom_abline 방법은 여러분이 단순한 선형 모형이 아닌, 다른 출처로부터 선을 가져다 그리고자 할 때 편리하게 사용할 수 있다.

더 알아보기

선형회귀와 lm 함수에 대해 더 알아보려면 11장을 참고하자.

10.8 모든 변수들 간 그래프 그리기

문제

여러분의 데이터세트에 여러 가지 수치형 값들이 있다. 모든 변수 쌍에 대한 산점도를 보고 싶다.

해결책

ggplot은 쌍별 그래프를 생성해 주는 내장 함수를 가지고 있지 않다. 그러나 GGally 패키지에서 ggpairs라는 함수로는 가능하다.

```
library(GGally)
ggpairs(df)
```

논의

변수들이 많은 경우는 그들의 상관관계를 찾기 어렵다. 이럴 때 쓸 만한 기술 하나는 모든 변수 쌍에 대해 산점도를 들여다 보는 것이다. 정석대로 쌍별로 하나씩 생성하려면 무척이나 지겨운 작업이겠지만, GGally 패키지의 ggpairs 함수가 쉽게 그 모든 산점도를 볼 수 있는 방법을 제공한다.

다음 iris 데이터세트는 수치형 변수 네 개와 범주형 변수 하나를 가지고 있다.[4]

```
head(iris)
#>   Sepal.Length Sepal.Width Petal.Length Petal.Width Species
#> 1          5.1         3.5          1.4         0.2  setosa
#> 2          4.9         3.0          1.4         0.2  setosa
#> 3          4.7         3.2          1.3         0.2  setosa
#> 4          4.6         3.1          1.5         0.2  setosa
#> 5          5.0         3.6          1.4         0.2  setosa
#> 6          5.4         3.9          1.7         0.4  setosa
```

수치형 열들 사이에 관계가 존재하는가? 만약 존재한다면, 어떤 관계인가? 이 네 개의 열들을 ggpairs 그래프로 그려서 그림 10-24에 있는 여러 산점도를 얻을 수 있다.

```
library(GGally)
ggpairs(iris)
```

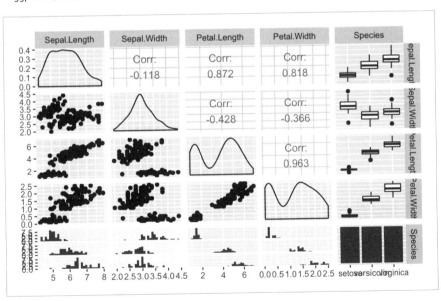

그림 10-24 iris 데이터로 그린 ggpairs 그래프

---

4 (옮긴이) 1열부터 4열까지는 각각 꽃받침 길이, 꽃받침 너비, 꽃잎 길이, 꽃잎 너비를 나타내는 수치형 변수이며, 5번째 열은 품종을 나타내는 범주형 변수다.

ggpairs 함수는 보기에는 예쁘지만, 속도가 아주 빠르지는 않다. 만약 실시간으로 작업을 하면서 빠르게 데이터를 살펴보고자 하는 용도라면, 기본 R plot 함수가 더 빠르게 결과물을 출력해 준다(그림 10-25 참고).

```
plot(iris)
```

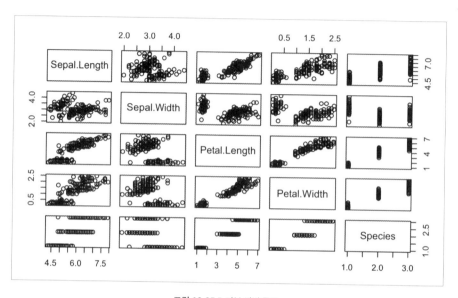

그림 10-25 R 기본 쌍별 플롯

ggpairs 함수가 기본 R plot 함수만큼 빠르지는 않지만, 대각선에는 밀도 그래프를, 위쪽 삼각형에는 상관계수를 보여 준다는 장점이 있다. 또, 요인이나 문자열로 된 열이 담겨 있는 경우 ggpairs는 아래쪽 삼각형에 히스토그램을, 위쪽 삼각형에 박스플롯을 그려 준다. 이러한 기능은 데이터 내에 있는 변수들의 관계를 이해하는 데 도움을 준다.

10.9 집단별 산점도 하나씩 생성하기

문제

여러분의 데이터세트는 (적어도) 두 개의 변수와, 집단을 정의하는 하나의 요인 또는 문자열 필드를 가지고 있다. 수치형 변수들을 여러 개의 산점도로, 즉 요인의 수준 또는 문자열 필드당 하나씩의 산점도로 만들려고 한다.

해결책

이러한 종류의 그래프인 **조건화 그래프**(conditioning plot)를 ggplot에서 만들려면 그 래프에 facet_wrap을 더하면 된다. 이번 예시에서는 3개의 열 x, y, f가 있는 df라는 데이터 프레임을 사용할 것이다. 여기에서 f는 요인 또는 문자열이다.

```
ggplot(df, aes(x, y)) +
  geom_point() +
  facet_wrap( ~ f)
```

논의

조건화 그래프(coplot)는 데이터에 포함된 요인의 효과를 알아보거나 여러 집단을 서로 비교해 보는 또 다른 좋은 방법이다.

Cars93 데이터세트에는 1993년 시점에서의 93개의 자동차 모델 데이터가 27개의 변수로 들어 있다. 변수 중 수치형 데이터 두 가지로는 시내에서 갤런당 주행 마일을 뜻하는 MPG.city와, 엔진 마력인 Horsepower가 있다. 그리고 범주형 변수 중에서 Origin은 해당 모델이 만들어진 국가에 따라 미국(USA)과 미국이 아닌 나라(non-USA)로 나뉜다.

갤런당 주행 마일과 마력 사이의 관계를 살피면서, '미국 모델과 비미국 모델들에서 이 관계가 다르게 나타나는가?' 하는 질문이 떠오를 수 있다.

면 분할(facet) 플롯을 통해 이 질문에 답해 보자(그림 10-26).

```
data(Cars93, package = "MASS")
ggplot(Cars93, aes(MPG.city, Horsepower)) +
  geom_point() +
  facet_wrap( ~ Origin)
```

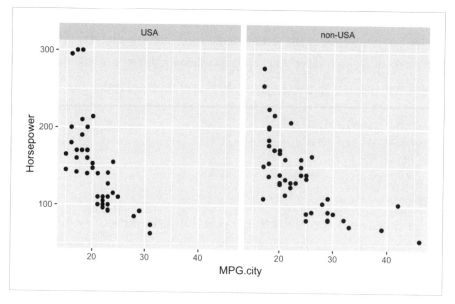

그림 10-26 면 분할을 적용한 Cars93 데이터

결과 그래프는 몇 가지 통찰을 준다. 300마력짜리 괴물을 사길 원한다면 미국에서 생산된 차를 사야 한다. 하지만 높은 연비가 더 끌린다면 비미국 모델들에 더 많은 선택지가 있다. 물론 통계분석으로도 시간을 들이면 알아낼 수 있는 사실이지만, 시각화한다면 훨씬 더 빠르게 알아낼 수 있다.

facet을 사용하게 되면 x와 y축이 동일한 하위 그래프가 나타난다. 이러한 기능은 축이 달라짐으로 인해 데이터의 시각적인 분석에 오해가 생기지 않도록 하는 역할을 해 준다.

더 알아보기

추가적인 패키지를 설치하지 않고 기본 R 그래픽스 함수인 coplot으로도 비슷한 그래프를 그릴 수 있다.

10.10 막대그래프 그리기

문제

막대그래프를 그리고 싶다.

해결책

흔한 상황으로 하나의 열이 집단을 나타내고, 다른 열에는 해당 집단에 대한 측정값이 있는 데이터를 가지고 있을 때가 있다. 이러한 형식을 '긴' 데이터라고 부르는데, 데이터가 각 집단별 열로 이루어진 것이 아닌, 수직으로 구성되어 있기 때문이다.

ggplot의 geom_bar 함수를 사용하면 높이를 막대로 그릴 수 있다. 데이터가 이미 집계된 상태라면, stat = "identity"를 추가해서 ggplot이 그래프를 그리기에 앞서 집단별 집계를 하지 않도록 하면 된다.

```
ggplot(data = df, aes(x, y)) +
  geom_bar(stat = "identity")
```

논의

Cars93 데이터 중 포드(Ford)사의 차들을 사용해서 예제를 진행해 보자.

```
ford_cars <- Cars93 %>%
  filter(Manufacturer == "Ford")

ggplot(ford_cars, aes(Model, Horsepower)) +
  geom_bar(stat = "identity")
```

그림 10-27에서 위 코드의 결과 그래프를 볼 수 있다.

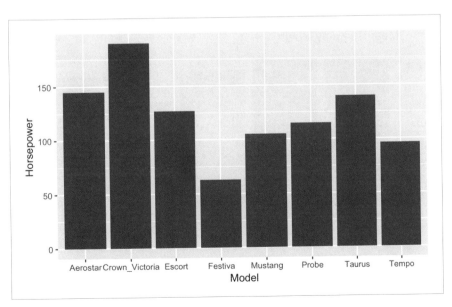

그림 10-27 포드 자동차를 나타낸 막대그래프

예시는 stat = "identity"를 사용했는데, 이 옵션은 막대들의 길이가 편리하게 하나의 필드에 담겨서, 막대 하나마다 하나의 레코드씩만 저장되어 있을 거라는 가정을 한다. 하지만 항상 데이터가 그렇지는 않다. 때로는 수치형 데이터로 된 벡터와 그 데이터를 집단으로 나누는 대응 요인 또는 문자열이 있고, 집단의 평균이나 집단의 합계를 가지고 막대그래프를 그리고 싶을 수도 있다.

특정 지역의 기온을 5달 동안 매일 관찰한 내장 데이터세트 airquality를 사용한 예시를 보자. 이 데이터 프레임에는 수치형인 Temp 열과 Month 열이 담겨 있다. ggplot으로 월별 평균 기온을 그래프로 그리고 싶다면, 평균을 사전에 계산할 필요가 없다. 단지 ggplot에게 명령만 잘하면 된다. 평균을 계산하라고 하고 싶으면, stat = "summary", fun.y = "mean"을 geom_bar 커맨드에 전달한다. 또한, 숫자로 된 월 변수를 날짜로 만들기 위해, 월의 축약형 이름이 들어 있는 month.abb를 사용해 보자.

```
ggplot(airquality, aes(month.abb[Month], Temp)) +
  geom_bar(stat = "summary", fun.y = "mean") +
  labs(title = "Mean Temp by Month",
       x = "",
       y = "Temp (deg. F)")
```

그림 10-28에 결과 그래프가 있다. 그러나 월의 순서가 알파벳순으로 되어 있다. 우리가 평소 원하는 순서는 아닐 것이다.

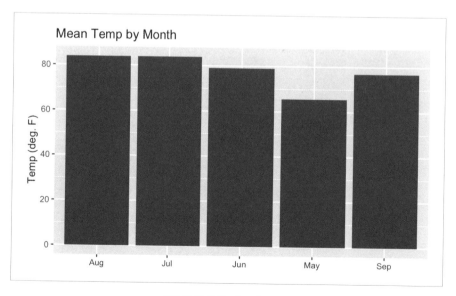

그림 10-28 막대그래프: 월별 기온

이러한 문제는 dplyr의 함수 몇 개와 tidyverse 중 forcats 패키지의 fct_inorder를 함께 사용해서 고칠 수 있다. 월을 제대로 된 순서로 가져오기 위해, 데이터 프레임을 월의 숫자인 Month로 먼저 정렬한다. 그러고 나서 fct_inorder를 적용해서 요인들이 데이터에서 등장하는 순서대로 정렬한다. 그림 10-29를 보면 이제 제대로 정렬되었다.

```
library(forcats)

aq_data <- airquality %>%
  arrange(Month) %>%
  mutate(month_abb = fct_inorder(month.abb[Month]))

ggplot(aq_data, aes(month_abb, Temp)) +
  geom_bar(stat = "summary", fun.y = "mean") +
  labs(title = "Mean Temp by Month",
       x = "",
       y = "Temp (deg. F)")
```

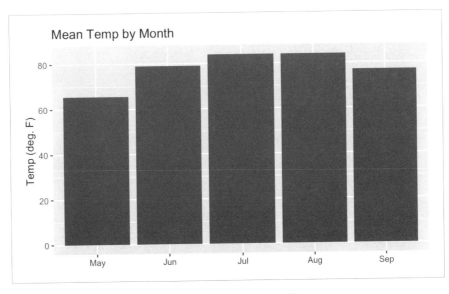

그림 10-29 제대로 정렬된 막대그래프

더 알아보기

신뢰구간을 추가하는 방법은 레시피 10.11을, 색을 추가하는 방법은 레시피 10.12를 참고하라.

ggplot의 막대그래프에 대한 도움말을 보려면 **?geom_bar**를 입력하자.

기본 R의 barplot 또는 lattice 패키지의 barchart 함수를 사용해도 된다.

10.11 막대그래프에 신뢰구간 추가하기

문제

신뢰구간을 추가해서 막대그래프를 더 효과적으로 만들고 싶다.

해결책

우리에게 데이터 프레임인 df가 있고, 거기에 group(집단명), stat(통계량), 그리고 lower와 upper(각각 신뢰구간의 한계)라는 열들이 들어 있다고 가정해 보자. 우리는 geom_bar 함수와 geom_errorbar 함수를 조합하여 stat을 나타내는 막대그래프를 group별로 신뢰구간과 함께 나타낼 수 있다.

```
ggplot(df, aes(group, stat)) +
  geom_bar(stat = "identity") +
  geom_errorbar(aes(ymin = lower, ymax = upper), width = .2)
```

그림 10-30은 신뢰구간이 추가된 막대그래프다.

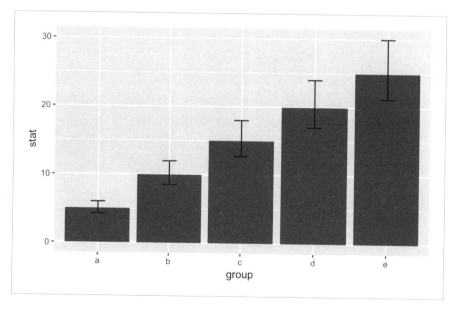

그림 10-30 신뢰구간이 추가된 막대그래프

논의

대부분의 막대그래프는 막대들의 길이로 점추정치를 표시하면서, 신뢰구간은 거의 보여 주지 않는다. 우리 마음 속의 통계학자는 여기에 격하게 반대한다. 점추정치는 이야기의 절반에 불과하기 때문이다. 그래프가 온전해지려면 신뢰구간도 있어야 한다.

다행히도 ggplot을 사용하면 오차막대와 함께 막대그래프를 그릴 수 있다. 여기서 어려운 부분은 구간을 계산하는 것이다. 앞의 예시에서 사용한 데이터에는 −15%와 +20%의 구간이 간단하게 이미 들어 있었다. 그러나 레시피 10.10에서는 그래프를 그리기 전에 집단의 평균부터 계산했었다. 이처럼 ggplot에게 계산을 맡기는 경우라면, 내장 함수인 mean_se를 stat_summary와 함께 써서 평균값의 표준오차를 얻어낼 수 있다.

이전에 썼던 airquality 데이터를 다시 사용해 보자. 이전 레시피에서 했던 것처럼, 먼저 요인을 정렬해서 월의 이름을 원하는 순서로 변경한다.

이제 다음과 같은 방법으로 신뢰구간이 들어 있는 기본적인 막대그래프를 생성할 수 있다.

```
aq_data <- airquality %>%
  arrange(Month) %>%
  mutate(month_abb = fct_inorder(month.abb[Month]))
```

이제 그림 10-31처럼 표준오차와 함께 막대를 그래프로 그려보자.

```
ggplot(aq_data, aes(month_abb, Temp)) +
  geom_bar(stat = "summary",
           fun.y = "mean",
           fill = "cornflowerblue") +
  stat_summary(fun.data = mean_se, geom = "errorbar") +
  labs(title = "Mean Temp by Month",
       x = "",
       y = "Temp (deg. F)")
```

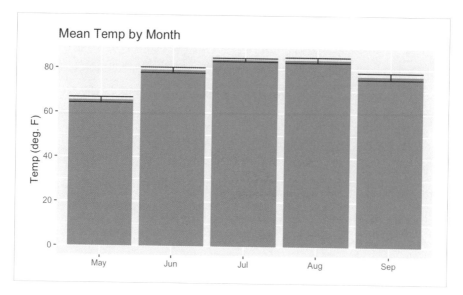

그림 10-31 오차막대가 들어간 월별 평균 기온

때로는 그림 10-32처럼 막대들의 높이에 따라 내림차순으로 열을 정렬하고 싶을 수도 있다. ggplot 내에서 요약 통계량을 사용하는 경우 약간 헷갈릴 수 있는 절차지만, mean을 reorder 구문 내에 넣어 사용함으로써 온도(temp)의 평균순으로 요인을 정렬하면 어렵지 않다.

```
ggplot(aq_data, aes(reorder(month_abb, -Temp, mean), Temp)) +
  geom_bar(stat = "summary",
           fun.y = "mean",
           fill = "tomato") +
  stat_summary(fun.data = mean_se, geom = "errorbar") +
  labs(title = "Mean Temp by Month",
       x = "",
       y = "Temp (deg. F)")
```

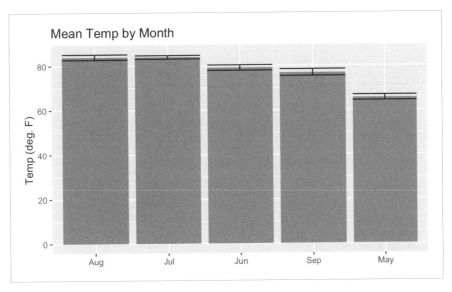

그림 10-32 내림차순으로 정렬된 월별 평균 기온

이 예시와 그림 10-32의 결과를 보면서 여러분은, '왜 첫 번째 예시에서 forcats::fct_inorder로 월을 올바른 순서로 정렬하는 대신 그냥 편하게 reorder(month_abb, Month)를 쓰지 않았지?'라고 생각할 수 있다. 사실 그랬어도 된다. 하지만 fct_inorder로 정렬하는 쪽이 좀 더 복잡한 작업을 하고자 할 때 훨씬 유연하게 동작한다. 게다가 스크립트 내에서 읽기도 편하다. reorder를 aes 내에서 사용하게 되면 코드가 밀집되어 있어서 읽기가 어렵다는 단점이 있다. 하지만 어느 쪽이든 합리적인 방법이긴 하다.

더 알아보기

t.test에 대해서는 레시피 9.9를 참고하라.

10.12 막대그래프 칠하기

문제

막대그래프의 막대에 색을 칠하거나 음영을 넣고 싶다.

해결책

ggplot에서 fill 매개변수를 aes 호출에 추가한 다음 ggplot이 우리를 대신해 색을 선정하도록 할 수 있다.

```
ggplot(df, aes(x, y, fill = group))
```

논의

ggplot에게 어떤 필드를 기준으로 색을 넣을지 알려 주기 위해 aes 안에 매개변수 fill을 사용한다. ggplot에 수치형 필드를 전달하면 연속적인 그래이디언트 색상이 적용되고, fill에 요인이나 문자열 필드를 전달하면 집단마다 대비가 되는 색상을 적용할 수 있다. 다음 코드에서는 문자열로 된 열 이름들을 매개변수 fill에 전달한다.

```
aq_data <- airquality %>%
  arrange(Month) %>%
  mutate(month_abb = fct_inorder(month.abb[Month]))

ggplot(data = aq_data, aes(month_abb, Temp, fill = month_abb)) +
  geom_bar(stat = "summary", fun.y = "mean") +
  labs(title = "Mean Temp by Month",
       x = "",
       y = "Temp (deg. F)") +
  scale_fill_brewer(palette = "Paired")
```

결과로 나오는 막대그래프(그림 10-33)의 색상은 scale_fill_brewer(palette= "Paired")를 통해 정의한다. 여기에 사용된 "Paired" 컬러 팔레트는 다른 많은 팔레트와 함께 RColorBrewer 패키지에 들어 있다.

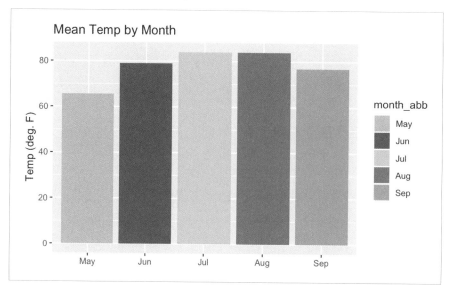

그림 10-33 색을 입힌 월별 기온 막대그래프

만약 기온에 따라 막대의 색을 변경하고 싶다면, `fill = Temp`로 설정해서는 안 된다 (직관적으로 보이긴 하더라도 말이다). 왜냐하면 `ggplot`은 월별로 집단을 나눈 후에, 각 월들의 평균 기온을 그래프로 그리고 싶다는 사실을 이해하지 못하기 때문이다. 이 문제는 그래프 내의 `..y..`라는, y축의 계산된 값을 의미하는 특정한 필드에 접근함으로써 해결할 수 있다. 그러나 범례에 `..y..`으로 표기되는 것을 원치는 않을 테니 `labs` 호출에 `fill = "Temp"`를 추가하여 범례의 이름을 변경하도록 하자. 결과는 그림 10-34에서 볼 수 있다.

```
ggplot(airquality, aes(month.abb[Month], Temp, fill = ..y..)) +
  geom_bar(stat = "summary", fun.y = "mean") +
  labs(title = "Mean Temp by Month",
       x = "",
       y = "Temp (deg. F)",
       fill = "Temp")
```

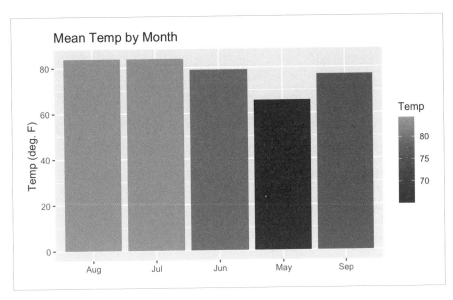

그림 **10-34** 값에 따라 색 음영이 들어간 막대그래프

색상 스케일을 반전하고 싶다면, 음수 부호(–)를 추가하면 된다. `fill=-..y..`처럼 말이다.

더 알아보기

막대그래프를 만드는 방법은 레시피 10.10을 참고하라.

10.13 x와 y점으로 선 그리기

문제

(x_1, y_1), (x_2, y_2), ..., (x_n, y_n)처럼 쌍으로 된 관찰들이 데이터 프레임에 들어 있다. 각 데이터 점을 연결하는 연속적인 선분들을 그리고 싶다.

해결책

ggplot에서 점을 나타내기 위해서는 geom_point를 사용한다.

```
ggplot(df, aes(x, y)) +
  geom_point()
```

ggplot의 그래픽은 요소가 겹쳐서 생성되므로, 두 종류의 도형을 함께 생성하는 방법으로 쉽게 점과 선을 함께 넣을 수 있다.

```
ggplot(df, aes(x , y)) +
  geom_point() +
  geom_line()
```

논의

설명을 위해, ggplot2 패키지에 따라오는 미국 경제와 관련된 데이터를 사용한 예제를 따라해 보자. 첫 번째 데이터 프레임에는 x축에 넣을 date라는 이름의 열과, 실업자 수를 나타내는 unemploy라는 필드가 담겨 있다.

```
ggplot(economics, aes(date , unemploy)) +
  geom_point() +
  geom_line()
```

그림 10-35는 코드의 결과를 보여 주는 차트로, 두 종류의 도형을 사용했기 때문에 선과 점을 모두 보여 주고 있다.

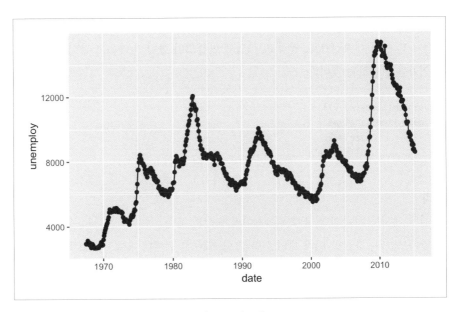

그림 10-35 선 그래프

더 알아보기

레시피 10.1을 참고하라.

10.14 선의 유형, 두께, 색상 변경하기

문제

선을 그리는 중인데 그 선의 유형, 두께 또는 색상을 바꾸고 싶다.

해결책

ggplot 함수는 선의 외형을 조절하는 매개변수들을 가지고 있다. 옵션은 다음과 같다.

- 실선(기본): linetype="solid" 또는 linetype=1
- 대시선: linetype="dashed" 또는 linetype=2
- 점선: linetype="dotted" 또는 linetype=3
- 점대시선: linetype="dotdash" 또는 linetype=4
- 긴 대시선: linetype="longdash" 또는 linetype=5
- 이중 대시선: linetype="twodash" 또는 linetype=6
- 없음(그리기를 막음): linetype="blank" 또는 linetype=0

linetype, col, size 등을 geom_line에 인자로 전달해서 선의 유형을 변경할 수 있다. 예를 들면 선을 대시선으로, 빨갛고, 두껍게 만들고자 한다면 다음과 같이 geom_line에 인자를 전달하는 것이다.

```
ggplot(df, aes(x, y)) +
  geom_line(linetype = 2,
            size = 2,
            col = "red")
```

논의

"해결책"에서는 하나의 선을 그릴 때 어떻게 선의 유형, 두께 또는 색상을 지정하는지 알아보았다. 하지만 여러 개의 선을 그릴 때는 각 선마다 유형, 두께, 색상이 다른 경우도 흔하다.

많은 사용자가 ggplot에서 이러한 난관에 봉착한다. 문제는 이번 장의 도입문에서 언급했듯이, ggplot이 '넓은' 데이터 대신 '긴' 데이터와 궁합이 잘 맞는다는 데서 기인한다.

예시로 사용할 데이터를 우선 만들어 보자.

```
x <- 1:10
y1 <- x**1.5
y2 <- x**2
y3 <- x**2.5
df <- data.frame(x, y1, y2, y3)
```

우리의 데이터 프레임은 총 네 개의 열을 가지고 있는 넓은 형식이다.

```
head(df, 3)
#>   x  y1 y2    y3
#> 1 1 1.00  1  1.00
#> 2 2 2.83  4  5.66
#> 3 3 5.20  9 15.59
```

tidyverse 핵심 패키지인 tidyr의 gather 함수를 사용하면 이 같은 넓은 데이터를 긴 데이터로 바꿀 수 있다. 다음 코드를 통해 우리는 gather를 써서 x와 y 변수들은 그대로 유지하면서 bucket이라는 새로운 열을 만들고 열의 이름들을 그곳에 담을 것이다.

```
df_long <- gather(df, bucket, y, -x)
head(df_long, 3)
```

```
#>    x bucket    y
#> 1 1      y1 1.00
#> 2 2      y1 2.83
#> 3 3      y1 5.20
tail(df_long, 3)
#>      x bucket    y
#> 28  8      y3 181
#> 29  9      y3 243
#> 30 10      y3 316
```

그러면 이제 bucket을 col 인자에 전달해 서로 색이 다른 여러 개의 선을 만들 수 있다.

```
ggplot(df_long, aes(x, y, col = bucket)) +
  geom_line()
```

그림 10-36은 변수들이 서로 다른 색으로 표현된 그래프다.

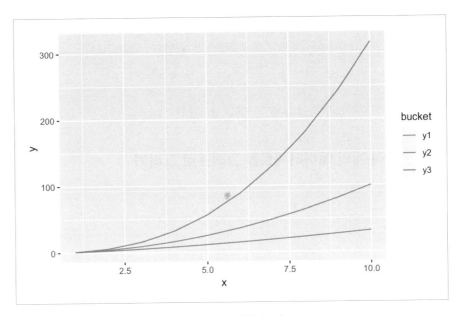

그림 **10-36** 여러 개의 선 그래프

한 변수의 값에 따라 선의 두께를 변경하는 것은 꽤 손쉽게 할 수 있다. size에 매핑하고자 하는 수치형 변수를 전달하면 된다.

```
ggplot(df, aes(x, y1, size = y2)) +
  geom_line() +
  scale_size(name = "Thickness based on y2")
```

그림 10-37은 결과로 나온, x의 값과 함께 두께가 변하는 그래프다.

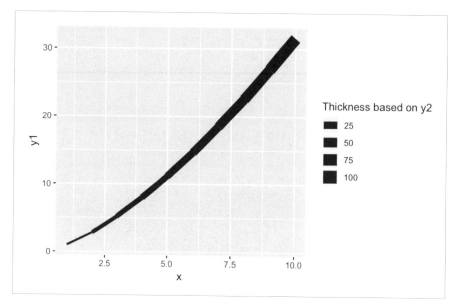

그림 10-37 x의 함수로 변화하는 선의 두께

더 알아보기

기본적인 선을 그리는 방법은 그림 10-13을 참고하라.

10.15 여러 개의 데이터세트를 그래프로 그리기

문제

하나의 그래프에 여러 개의 데이터세트를 보여 주고 싶다.

해결책

빈 그래프를 만들고 두 개의 다른 도형을 추가하는 방법으로 ggplot 개체에 여러 데이터 프레임을 추가할 수 있다.

```
ggplot() +
  geom_line(data = df1, aes(x1, y1)) +
  geom_line(data = df2, aes(x2, y2))
```

위의 코드는 geom_line을 썼지만, 다른 도형을 사용해도 상관없다.

논의

dplyr 패키지의 조인 함수들 중 하나를 사용해서, 데이터를 하나의 데이터 프레임으로 합친 다음에 그래프로 그려도 된다. 그렇지만 그 방법은 접어 두고, 다음 예시에서는 두 개의 독립된 데이터 프레임을 생성한 다음에 ggplot 그래프에 각각을 추가해 보도록 하겠다.

```
# 예시 데이터
n <- 20

x1 <- 1:n
y1 <- rnorm(n, 0, .5)
df1 <- data.frame(x1, y1)

x2 <- (.5 * n):((1.5 * n) − 1)
y2 <- rnorm(n, 1, .5)
df2 <- data.frame(x2, y2)
```

보통은 데이터 프레임을 ggplot 함수 호출 내에 직접 전달한다. 그러나 우리는 두 개의 다른 데이터 소스로부터 두 개의 도형을 만들어 내려는 것이므로, ggplot으로 먼저 그래프를 하나 초기화한 뒤 각각의 데이터 소스로부터 geom_line을 총 두 번 호출할 것이다.

```
ggplot() +
  geom_line(data = df1, aes(x1, y1), color = "darkblue") +
  geom_line(data = df2, aes(x2, y2), linetype = "dashed")
```

ggplot은 필요하다면 여러 개의 데이터 소스로부터 서로 다른 geom_ 계열 함수들을 여러 번 호출할 수 있게 허용한다. 호출을 하고 나면 ggplot은 우리가 표현하려는 모든 데이터를 살펴본 후, 모든 데이터를 수용할 수 있도록 범위를 조절해 준다.

그림 10-38은 이렇게 범위가 확장된 그래프다.

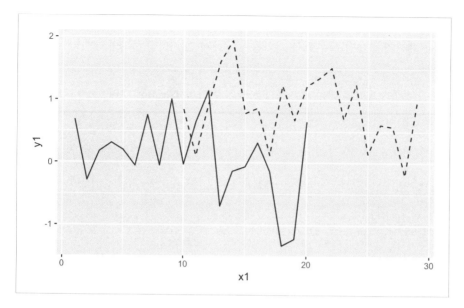

그림 10-38 하나의 그래프에 그린 두 개의 선

10.16 수직선 또는 수평선 추가하기

문제

원점을 통과하는 축 등의 수직선 또는 수평선을 그래프에 추가하고 싶다.

해결책

ggplot 함수들 중에서 geom_vline과 geom_hline은 각각 수직, 그리고 수평선을 만들어 준다. 이 함수는 color, linetype 그리고 size 인자를 받을 수 있어서 이것으로 선의 스타일을 바꿀 수 있다.

```
# 이전 예시에서 사용한 df1 데이터 프레임을 재사용
ggplot(df1) +
  aes(x = x1, y = y1) +
  geom_point() +
  geom_vline(
    xintercept = 10,
    color = "red",
    linetype = "dashed",
    size = 1.5
  ) +
  geom_hline(yintercept = 0, color = "blue")
```

그림 10-39는 그래프에 추가된 수직선과 수평선을 보여 준다.

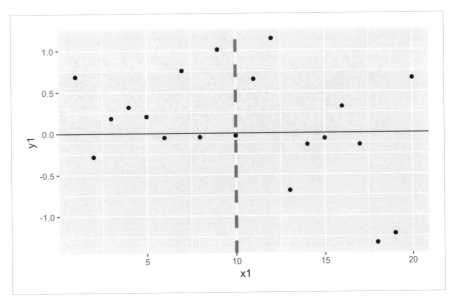

그림 **10-39** 수직선과 수평선

논의

일정한 간격으로 선을 그리는 것이 선의 일반적인 용도일 것이다. 예를 들면, samp라는 점들의 표본이 있다고 하자. 일단 평균을 지나는 실선을 포함한 그래프를 그린다. 그러고 나서 표준편차를 계산한 뒤에 평균에서부터 표준편차가 ±1과 ±2인 지점에 점선을 그릴 수 있다. 선을 추가할 때는 geom_hline을 쓰면 된다.

```
samp <- rnorm(1000)
samp_df <- data.frame(samp, x = 1:length(samp))

mean_line <- mean(samp_df$samp)
sd_lines <- mean_line + c(-2, -1, +1, +2) * sd(samp_df$samp)

ggplot(samp_df) +
  aes(x = x, y = samp) +
  geom_point() +
  geom_hline(yintercept = mean_line, color = "darkblue") +
  geom_hline(yintercept = sd_lines, linetype = "dotted")
```

그림 10-40은 평균 및 표준편차 선과 함께 표본 데이터를 나타낸 그래프다.

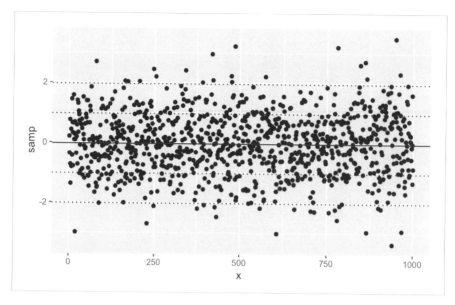

그림 10-40 그래프에 표현된 평균과 표준편차 밴드

더 알아보기

선 유형을 바꾸는 방법에 대해 더 알고 싶으면 레시피 10.14를 참고하라.

10.17 박스플롯 그리기

문제

데이터로 박스플롯(상자-수염 그래프)을 그리고 싶다.

해결책

ggplot의 geom_boxplot을 사용해서 ggplot 그래픽에 박스플롯 도형을 추가한다. 이전 레시피에서 나왔던 데이터 프레임 samp_df를 재사용해서 x 열 값들에 대한 박스플롯을 만들어 보자. 결과 그래프는 그림 10-41에 있다.

```
ggplot(samp_df) +
  aes(y = samp) +
  geom_boxplot()
```

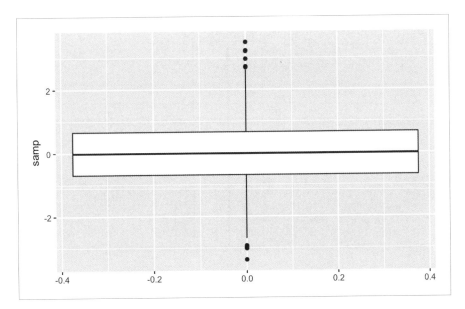

그림 10-41 한 개의 박스플롯

논의

박스플롯은 데이터세트를 빠르고 쉽게 시각적으로 요약해 준다.

- 중간에 있는 두꺼운 선이 중앙값이다.
- 중앙값을 둘러싸고 있는 박스는 제1사분위수와 제3사분위수를 가리킨다. 박스의 바닥이 Q1이고, 박스의 천장이 Q3이다.
- 박스 위아래의 '수염'은 이상치를 제외한 데이터의 범위를 나타낸다.
- 동그라미들은 판별된 이상치다. 기본 설정으로 박스로부터 $1.5 \times IQR$을 넘는 모든 값은 이상치라고 정의된다(IQR은 **사분위수 범위**(interquartile range) 또는 Q3 − Q1을 뜻한다). 이 예시에는 이상치가 몇 개 보인다.

좌표를 뒤집어서 박스플롯을 회전시킬 수도 있다. 그림 10-42처럼, 그렇게 하는 것이 더 시각적으로 보기 좋은 경우도 있으니 참고하자.

```
ggplot(samp_df) +
  aes(y = samp) +
  geom_boxplot() +
  coord_flip()
```

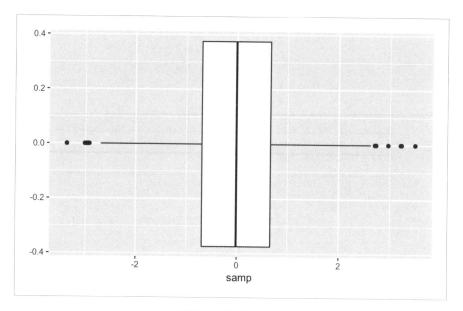

그림 10-42 뒤집힌 박스플롯

더 알아보기

박스플롯 하나로는 심심하다. 레시피 10.18에 박스플롯을 여러 개 만드는 방법이 나와 있다.

10.18 각 요인 수준별 박스플롯 하나씩 그리기

문제

데이터세트에 수치형 변수와 요인(또는 다른 범주형 텍스트)이 있다. 이 수치형 변수들을 수준별로 나눠 박스플롯을 여러 개 그리고 싶다.

해결책

ggplot에서는 범주형 변수의 이름을 aes 호출 내의 x 인자에 넣는다. 그 결과로 나오는 박스플롯은 범주형 변수의 값에 따라 그룹화되어 있을 것이다.

```
ggplot(df) +
  aes(x = factor, y = values) +
  geom_boxplot()
```

논의

이번 레시피도 두 변수 사이의 관계를 눈으로 직접 보기에 좋은 방법이다. 다음 예시의 경우, 우리는 수치형 값들이 카테고리의 수준에 따라 변화하는지를 알고 싶다.

MASS 패키지의 UScereal 데이터세트는 아침식사로 먹는 시리얼과 관련된 변수들을 많이 담고 있다. 그중 하나는 일회 섭취량당 들어 있는 설탕량(Sugar, grams per portion)이며, 또 하나는 선반(shelf)의 위치(바닥부터 센)다. 시리얼 제조사들은 잠재적으로 자사의 제품이 가장 잘 팔릴 만한 선반의 위치를 협상할 수 있다. 필자들은 궁금했다. 그 사람들은 당분이 높은 시리얼들을 어디에 둘까? 이 문제를 해결하려면 그림 10-43과 같은 그래프를 생성해서 선반당 박스플롯 하나씩을 그려 살펴보면 된다.

```
data(UScereal, package = "MASS")

ggplot(UScereal) +
  aes(x = as.factor(shelf), y = sugars) +
  geom_boxplot() +
  labs(
    title = "Sugar Content by Shelf",
    x = "Shelf",
    y = "Sugar (grams per portion)"
  )
```

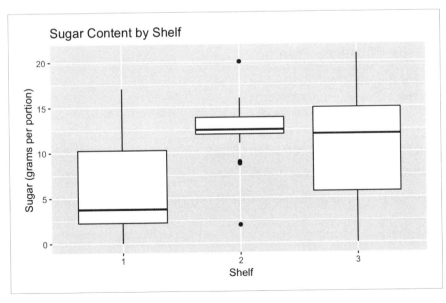

그림 10-43 선반 번호별 박스플롯

박스플롯들이 말해 주기로는 2번 선반에 가장 고당분의 시리얼이 위치해 있다. 혹시 이 높이의 선반이 어린아이들의 눈높이에 있어서, 부모들의 시리얼 선택에 영향을 미치는 것은 아닐까?

 aes 호출에서 ggplot에게 선반 번호를 요인으로 취급하라고 한 점을 유의하자. 그렇지 않으면, ggplot이 선반 번호를 그룹화 변수로 사용하지 않고 하나의 박스플롯만 그려 주게 된다.

더 알아보기

기본 박스플롯을 만드는 방법은 레시피 10.17을 참고하라.

10.19 히스토그램 그리기

문제

데이터로 히스토그램을 그리고 싶다.

해결책

geom_histogram을 사용하되 x를 수치형 값으로 이루어진 벡터로 준다.

논의

그림 10-44는 Cars93 데이터세트에서 가져온 MPG.city 열의 히스토그램이다.

```
data(Cars93, package = "MASS")

ggplot(Cars93) +
  geom_histogram(aes(x = MPG.city))
#> `stat_bin()` using `bins = 30`. Pick better value with `binwidth`.
```

geom_histogram 함수를 쓸 때는 데이터를 채울 셀(묶음막대, bin)을 몇 개나 만들 건지 결정해야 한다. 이 예시에서는 알고리즘의 기본 설정인 30개가 선택되었다. 더 적은 수를 원한다면 geom_histogram에 원하는 막대의 개수를 알려 줄 bins 인자를 넣어 주면 된다.

```
ggplot(Cars93) +
  geom_histogram(aes(x = MPG.city), bins = 13)
```

그림 10-45의 히스토그램은 13개의 막대로 이루어져 있다.

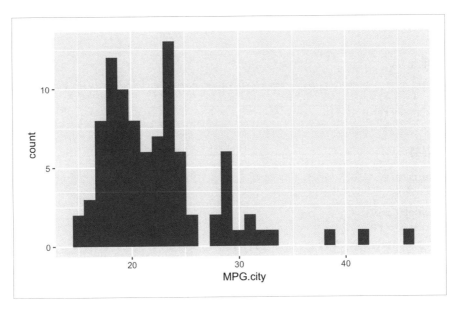

그림 10-44 MPG에 따른 집계 히스토그램

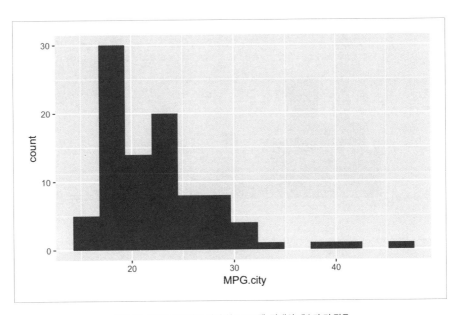

그림 10-45 MPG에 따른 집계 히스토그램, 막대의 개수가 더 적음

더 알아보기

기본 R 함수인 hist도 거의 같은 기능을 제공하며, lattice 패키지의 histogram 함수를 대신 써도 된다.

10.20 히스토그램에 추정 밀도 추가하기

문제

데이터 표본으로 만든 히스토그램이 있는데, 여기에 추정된 밀도를 나타내기 위해서
곡선을 추가하고 싶다.

해결책

geom_density 함수를 사용해서 표본 밀도의 근사치를 선으로 그린다(그림 10-46).

```
ggplot(Cars93) +
  aes(x = MPG.city) +
  geom_histogram(aes(y = ..density..), bins = 21) +
  geom_density()
```

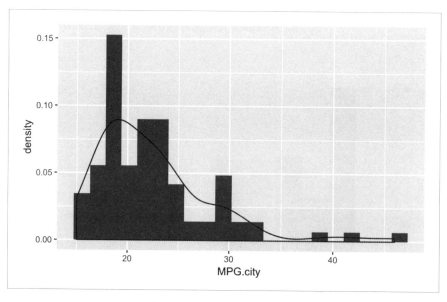

그림 10-46 밀도 곡선과 함께 그린 히스토그램

논의

히스토그램이 보여 주는 데이터의 밀도 함수는 매끄럽지 못하다. 좀 더 매끈한 추정
치가 있으면 분포를 눈으로 보는 데 도움이 될 것이다. 그런 의미에서, 커널 밀도 추정
(Kernel Density Estimation, KDE)은 단변량 데이터를 더욱 매끄럽게 보여 주는 역
할을 한다.

ggplot에서 geom_histogram 함수에게 geom_density 함수를 사용하라고 명령하려면, aes(y = ..density..)를 전달하자.

다음 예시는 감마분포를 가진 표본을 가져다 히스토그램과 추정 밀도를 그린 것이다. 그림 10-47에 그 결과가 나와 있다.

```
samp <- rgamma(500, 2, 2)

ggplot() +
  aes(x = samp) +
  geom_histogram(aes(y = ..density..), bins = 10) +
  geom_density()
```

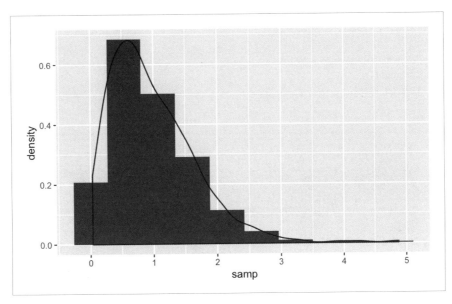

그림 10-47 히스토그램과 밀도 곡선: 감마 분포

더 알아보기

geom_density 함수는 비모수적으로 밀도의 모양을 근사치로 구한다. 만약 여러분이 근사치가 아닌 실제 분포를 알고 있다면, 레시피 8.11을 써서 밀도 함수를 그리자.

10.21 정규분포의 분위수-분위수 그래프 그리기

문제

데이터의 분위수-분위수(Q-Q) 그래프를 생성하고 싶다. 일반적으로 데이터가 정규분포와 얼마나 다른지 알고 싶은 경우에 많이 사용한다

해결책

ggplot에서 stat_qq와 stat_qq_line 함수를 사용해서 관찰값을 나타내는 점들과 함께 Q-Q 선이 들어 있는 분위수-분위수(Q-Q) 그래프를 그릴 수 있다. 그림 10-48에 결과 그래프가 있다.

```
df <- data.frame(x = rnorm(100))

ggplot(df, aes(sample = x)) +
  stat_qq() +
  stat_qq_line()
```

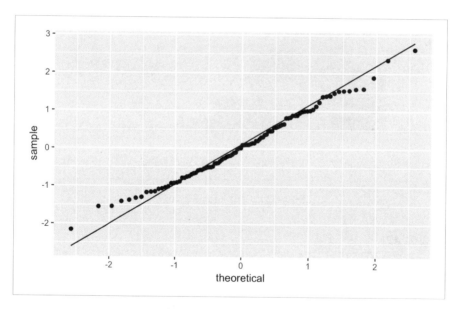

그림 10-48 분위수-분위수(Q-Q) 그래프[5]

---

5 Sample Quantile은 표본의 실제 분위수, Theoretical Quantile은 정규분포를 따를 때 이론적으로 나와야 하는 분위수를 뜻한다.

논의

데이터가 정규분포인지 아닌지를 아는 게 중요할 때가 있다. 이럴 때 Q-Q 그래프로 가장 먼저 확인해 보면 된다.

Cars93 데이터세트에는 가격(Price) 열이 들어 있다. 이것이 정규분포일까? 다음 코드 조각을 쓰면 그림 10-49에 있는 가격의 Q-Q 그래프가 생성된다.

```
ggplot(Cars93, aes(sample = Price)) +
  stat_qq() +
  stat_qq_line()
```

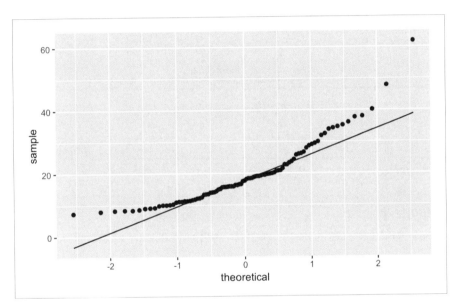

그림 10-49 자동차 가격의 Q-Q 그래프

데이터가 완벽히 정규분포 형태라면, 점들은 정확하게 대각선 위에 있을 것이다. 하지만 이 그래프를 보면 많은 점이 중간 부분에서는 대각선과 가깝지만, 양쪽 끝에서는 꽤 떨어져 있다. 너무 많은 점이 선 위쪽에 위치해 있기 때문에, 분포가 왼쪽으로 기울어졌다는 걸 알 수 있다.

왼쪽으로 기울어진 것은 로그 변환(logarithm transformation)으로 고칠 수 있다. log(Price)를 그래프로 그리면 그림 10-50의 그래프가 나온다.

```
ggplot(Cars93, aes(sample = log(Price))) +
  stat_qq() +
  stat_qq_line()
```

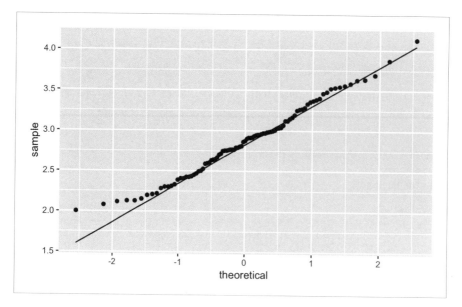

그림 10-50 로그를 취한 자동차 가격의 Q-Q 그래프

새로운 그래프에 있는 점들은 왼쪽 꼬리를 제외하고는 선에 가깝게 붙어서 보기 좋다. log(Price)는 대략 정규분포인 것으로 보인다.

더 알아보기

다른 분포에 대해 Q-Q 그래프를 생성하는 방법은 레시피 10.22에 있다. 정규 Q-Q 그래프를 응용해 선형회귀를 진단하는 방법은 레시피 11.16에서 다룬다.

10.22 다른 분포의 분위수-분위수 그래프 그리기

문제

데이터의 분위수-분위수 그래프를 보고 싶지만, 해당 데이터는 정규분포가 아니다.

해결책

이 레시피를 사용하려면 모집단의 근본 분포(underlying distribution)에 대해 당연히 어느 정도는 알고 있어야 한다. 해결책은 다음 단계들을 거친다.

1. ppoints 함수로 0과 1 사이 점들로 된 수열을 생성한다.
2. quantile 함수를 써서 이 점들을 예상되는 분포의 분위수로 변형한다.

3. 표본 데이터를 정렬한다.

4. 정렬된 데이터를 계산된 분위수들에 대비시켜 그래프를 그린다.

5. abline을 사용해 대각선을 그린다.

R 코드 두 줄이면 이 작업을 할 수 있다. 여러분의 데이터 y가 자유도가 5인 t 분포를 따른다고 가정해 보자. t 분포에 대한 분위수 함수는 qt이고 그것의 두 번째 인자가 자유도였던 걸 기억해 내자.

먼저 예제용 데이터를 만들어 보겠다.

```
df_t <- data.frame(y = rt(100, 5))
```

Q-Q 그래프를 생성하기 위해서는 그리고자 하는 분포를 나타내는 매개변수들부터 추정해야 한다. 우리 데이터는 스튜던트(Student)의 t 분포를 따르므로 자유도만 추정하면 된다. 사실 우리는 실제 자유도가 5라는 사실을 알고 있지만, 대개의 경우에는 그렇지 않으므로 계산을 해야 한다. 그럼 MASS::fitdistr 함수를 사용해서 자유도를 추정해 보자.

```
est_df <- as.list(MASS::fitdistr(df_t$y, "t")$estimate)[["df"]]
est_df
#> [1] 19.5
```

예상한 대로 우리가 생성한 데이터와 유사하게 나왔으니, 이제 추정된 자유도를 Q-Q 함수에 전달하고 그림 10-51을 생성하자.

```
ggplot(df_t) +
  aes(sample = y) +
  geom_qq(distribution = qt, dparams = est_df) +
  stat_qq_line(distribution = qt, dparams = est_df)
```

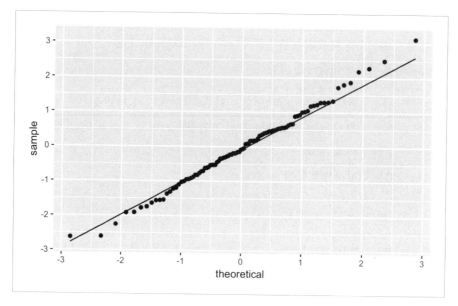

그림 10-51 *t* 분포의 Q-Q 그래프

논의

이번 해결책은 일견 복잡해 보이지만, 핵심은 분포를 선택하고, 매개변수들을 계산하고, 그것을 ggplot의 Q-Q 함수에 전달하는 것일 뿐이다.

평균이 10인 (또는 1/10의 변화율을 가진) 지수분포로부터 추출한 확률 표본을 가지고 이번 레시피를 설명해 보겠다.

```
rate <- 1 / 10
n <- 1000
df_exp <- data.frame(y = rexp(n, rate = rate))

est_exp <- as.list(MASS::fitdistr(df_exp$y, "exponential")$estimate)[["rate"]]
est_exp
#> [1] 0.101
```

지수분포에서 우리가 추정하는 매개변수는 *t* 분포에서처럼 df가 아니라 rate(변화율)라는 점을 눈여겨봐 두자.

지수분포에 대한 분위수 함수는 qexp로, rate 인자를 받는다. 그림 10-52는 이론적인 지수분포를 사용한 Q-Q 그래프를 보여 준다.

```
ggplot(df_exp) +
  aes(sample = y) +
  geom_qq(distribution = qexp, dparams = est_exp) +
  stat_qq_line(distribution = qexp, dparams = est_exp)
```

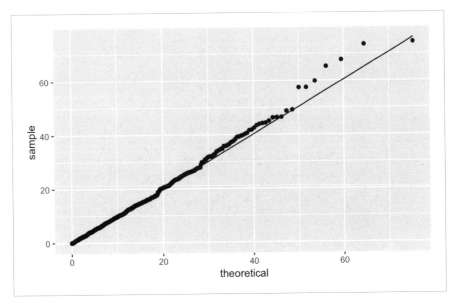

그림 10-52 지수분포의 Q-Q 그래프

10.23 변수를 다양한 색상으로 그리기

문제

그래프의 데이터를 여러 색깔로 표기하고 싶다. 그래프가 정보전달적이고, 읽기 쉽도록 만들고 싶을 때 사용한다.

해결책

geom_ 계열 함수에 색깔 이름을 전달한다(그림 10-53 참고).

```
df <- data.frame(x = rnorm(200), y = rnorm(200))

ggplot(df) +
  aes(x = x, y = y) +
  geom_point(color = "blue")
```

책에서는 그래프가 흑백으로 보이겠지만, 컴퓨터에서는 실제 색상이 보일 것이다.

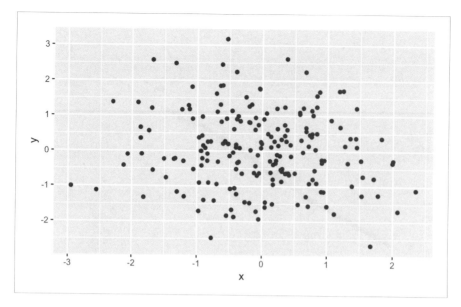

그림 10-53 컬러로 출력된 데이터 점들

color의 값은 다음 것들이 될 수 있다.

- 색상 하나. 이 경우 모든 데이터 점이 해당 색상으로 표현된다.
- 색상으로 이루어진, x와 동일한 길이의 벡터. 이 경우 각각의 x 값들은 그에 상응하는 색깔이 된다.
- 짧은 벡터. 이 경우 색상 벡터는 재활용된다.

논의

ggplot의 기본은 검은색이다. 별로 예쁘지는 않지만, 검은색은 색상 대비가 크고 거의 누구든지 볼 수 있는 색이다.

하지만 단색상이 아니라 데이터가 돋보이게 색상을 바꾸어 가며 쓴다면 훨씬 유용하고 보기에도 좋을 것이다. 두 가지 다른 방법으로 그래프를 그려서 설명해 보겠다. 하나는 흑백으로, 다른 하나는 간단한 음영을 넣었다.

다음 코드는 그림 10-54의 기본적인 흑백 그래프를 만들어 낸다.

```
df <- data.frame(
  x = 1:100,
  y = rnorm(100)
)
```

```
ggplot(df) +
  aes(x, y) +
  geom_point()
```

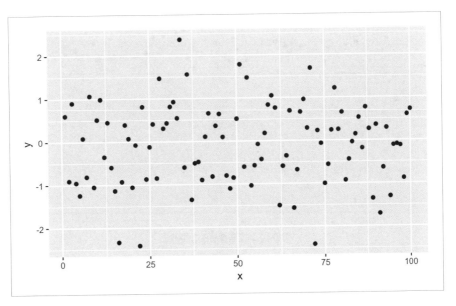

그림 10-54 단순한 점그래프

그럼 이제, 그림 10-55처럼 x의 부호에 따라 색상을 구분해 그래프를 그려 좀 더 흥미롭게 만들어 보자. "gray"와 "black"이라는 값들로 이루어진 벡터를 사용해서 만들 수 있다.

```
shade <- if_else(df$y >= 0, "black", "gray")

ggplot(df) +
  aes(x, y) +
  geom_point(color = shade)
```

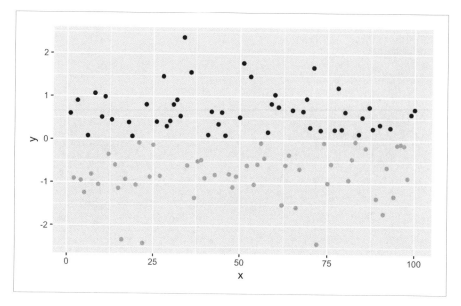

그림 10-55 음영을 넣은 점그래프

음의 값들은 shade에서 그에 상응하는 원소가 "gray"이기 때문에 회색으로 칠해진 것이다.

더 알아보기

재활용 규칙 관련해서는 레시피 5.3을 참고하라. colors()를 실행하면 사용 가능한 색상의 목록이 나오고, ggplot의 geom_segment 함수를 쓰면 여러 색상으로 선분들을 그릴 수 있다.

10.24 함수를 그래프로 그리기

문제

어떤 함수의 값을 그래프로 그리고 싶다.

해결책

ggplot의 stat_function 함수는 정해진 범위에 대해 함수를 그려 준다. −3부터 3까지 범위에 대해 사인 함수를 그려보면 그림 10-56과 같다.

```
ggplot(data.frame(x = c(-3, 3))) +
  aes(x) +
```

```
stat_function(fun = sin)
```

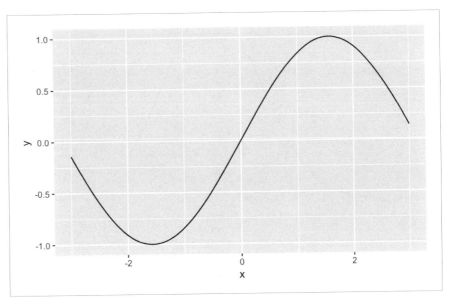

그림 10-56 사인 함수 그래프

논의

특정 범위에 대해서 정규분포와 같은, 통계 함수를 그려야 하는 일이 종종 있다. ggplot의 stat_function은 그것을 가능하게 해 준다. 데이터 프레임에 x 값의 한계들만 담아 주면 stat_function에서 y 값을 계산하고 그림 10-57처럼 그래프로 그려 줄 것이다.

```
ggplot(data.frame(x = c(-3.5, 3.5))) +
  aes(x) +
  stat_function(fun = dnorm) +
  ggtitle("Standard Normal Density")
```

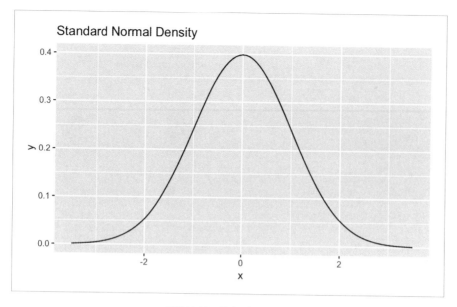

그림 10-57 표준정규밀도 그래프

ggtitle을 통해 제목을 설정한 것을 주목하자. 여러 개의 텍스트 요소를 ggplot에 설정할 거라면 labs를 사용하지만, 제목만 추가할 때는 ggtitle을 쓰는 편이 labs (title='Standard Normal Density')라고 쓰는 것보다 훨씬 간결하다.

하나의 인자를 받아서 하나의 값을 반환하는 함수라면 stat_function으로 어떤 함수든 그릴 수 있다. 함수를 하나 만든 다음에 그것을 그래프로 그려 보자. 우리가 만들 함수는 감쇠 사인파로, 0에서부터 멀어지면서 진폭이 감소하는 사인파를 의미한다.

```
f <- function(x) exp(-abs(x)) * sin(2 * pi * x)
```

```
ggplot(data.frame(x = c(-3.5, 3.5))) +
  aes(x) +
  stat_function(fun = f) +
  ggtitle("Dampened Sine Wave")
```

코드의 결과 그래프는 그림 10-58이다.

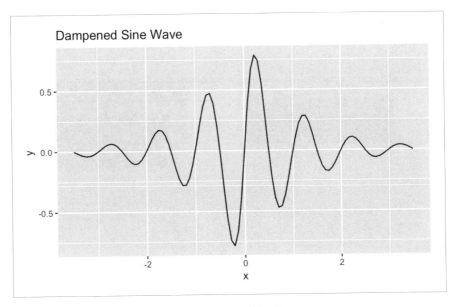

그림 10-58 감쇠 사인파 그래프

더 알아보기

함수를 정의하는 방법은 레시피 15.3을 참고하라.

10.25 한 페이지에 그래프 여러 개 그리기

문제

한 페이지에 여러 개의 그래프를 나란히 놓고 싶다.

해결책

ggplot 그래픽들을 그리드에 넣는 방법은 여러 가지지만, 가장 쉬운 방법은 토머스 린 페데르센(Thomas Lin Pedersen)의 patchwork를 이해하고 사용하는 것이다. patchwork는 현재 CRAN에는 올려져 있지 않지만, devtools를 사용해 깃허브에서 설치할 수 있다.

```
devtools::install_github("thomasp85/patchwork")
```

패키지를 설치한 후, ggplot 객체들 사이에 +를 넣어 다수의 그래프를 그린 다음 plot_layout을 호출해서 이미지들을 그리드로 정렬할 수 있다(그림 10-59). 예시 코드에는 네 개의 ggplot 객체를 사용했다.

```
library(patchwork)
p1 + p2 + p3 + p4
```

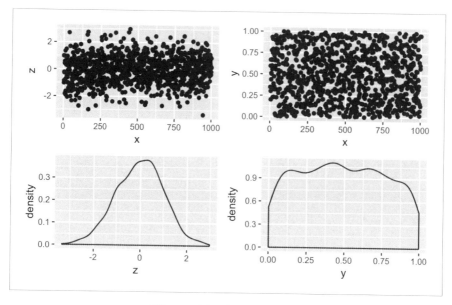

그림 10-59 패치워크(patchwork) 그래프

patchwork에는 괄호로 그래프들을 묶고 /로 해당 다른 요소 밑에 해당 그룹을 배치하는 기능도 있다. 그림 10-60을 보자.

```
p3 / (p1 + p2 + p4)
```

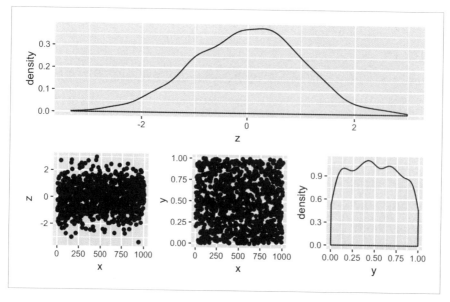

그림 10-60 1/2 패치워크 그래프

논의

네 개의 베타분포를 합친 그래프를 나타내 보자. ggplot과 patchwork 패키지를 사용해서 네 개의 그래프 객체를 생성하고 patchwork의 + 문법을 통해 출력하는 방식으로 2 × 2 레이아웃 효과를 낼 수 있다.

```
library(patchwork)

df <- data.frame(x = c(0, 1))

g1 <- ggplot(df) +
  aes(x) +
  stat_function(
    fun = function(x)
      dbeta(x, 2, 4)
  ) +
  ggtitle("First")

g2 <- ggplot(df) +
  aes(x) +
  stat_function(
    fun = function(x)
      dbeta(x, 4, 1)
  ) +
  ggtitle("Second")

g3 <- ggplot(df) +
  aes(x) +
  stat_function(
    fun = function(x)
      dbeta(x, 1, 1)
  ) +
  ggtitle("Third")

g4 <- ggplot(df) +
  aes(x) +
  stat_function(
    fun = function(x)
      dbeta(x, .5, .5)
  ) +
  ggtitle("Fourth")

g1 + g2 + g3 + g4 + plot_layout(ncol = 2, byrow = TRUE)
```

결과는 그림 10-61을 보자.

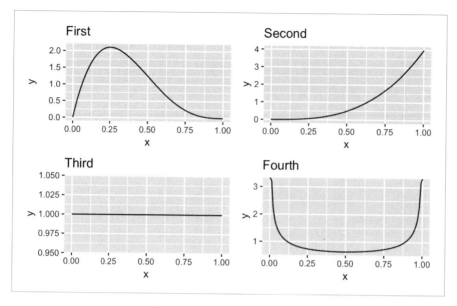

그림 10-61 패치워크를 사용한 네 개의 그래프

이미지를 열 순서로 놓으려면 byrow=FALSE를 plot_layout에 전달하면 된다.

```
g1 + g2 + g3 + g4 + plot_layout(ncol = 2, byrow = FALSE)
```

더 알아보기

레시피 8.11에도 이와 유사하게 밀도 함수들을 그리는 예시가 나와 있다.

레시피 10.9에는 면 분할(facet) 함수로 그래프 행렬을 생성하는 방법이 나와 있다.

grid 패키지와 lattice 패키지에도 기본 그래픽으로 다중 그래프 레이아웃을 만드는 방법과 관련한 추가적인 도구가 있다.

10.26 그래프를 파일에 쓰기

문제

그래픽들을 PNG, JPEG 또는 PostScript 등의 파일로 저장하고 싶다.

해결책

ggplot에서 출력된 이미지들은 ggsave를 통해 파일로 저장할 수 있다. 파일 이름만 지정하면, ggsave는 자동으로 크기와 파일 형식을 유추하여 저장한다.

```
ggsave("filename.jpg")
```

파일의 형식은 ggsave에 전달한 파일 이름으로부터 추출되며, 크기, 파일 형식 그리고 비율은 ggsave에 인자를 전달하여 조정할 수 있다. 구체적인 내용은 **?ggsave**를 통해 살펴보자.

논의

RStudio에서 빠르게 저장하기 위해서는 그래프(Plots) 창에서 Export를 클릭한 다음, "Save as Image(이미지로 저장)", "Save as PDF(PDF로 저장)", "Copy to Clipboard(클립보드로 복사)"를 클릭하면 된다. 그러면 저장 옵션이 뜨면서 파일을 저장하기에 앞서, 파일의 형식과 파일 이름을 지정하라고 한다. "Copy to Clipboard" 옵션은 프레젠테이션이나 워드 문서에 수동으로 복사 및 붙여넣기를 할 때 유용하다.

다만, 파일은 작업 디렉터리에 저장되므로(절대파일 경로를 사용하지 않는 이상) savePlot을 호출하기 전에 현재 여러분의 작업 디렉터리가 어디인지 알아 두자.

인터랙티브하지 않은, ggplot을 사용하는 스크립트 내에서는 화면에 출력할 필요 없이 ggsave에 그래프 객체들을 직접 전달해 저장할 수 있다. 이전 레시피에서 g1이라는 객체를 만들었는데, 그것을 다음과 같이 저장할 수 있다.

```
ggsave("g1.png", plot = g1, units = "in", width = 5, height = 4)
```

ggsave의 height와 width의 단위는 units 인자와 함께 지정되어야 한다. 위의 예시에서 우리는 in을 명시하여 인치로 지정했는데, ggsave는 mm과 cm도 지원한다.

더 알아보기

현재 작업 디렉터리를 알아보는 방법은 레시피 3.1에 있다.

## 11장

R C o o k b o o k

선형회귀와 분산분석

통계학은 모형의 적합에서부터 본격적으로 시작된다고 할 수 있다. 모형은 우리가 가지고 있는 변수들 간의 관계를 수량화해 주며, 우리가 예측을 할 수 있도록 해 주는 역할도 한다.

단순선형회귀(simple linear regression)는 가장 단순한 모형이다. 두 개의 변수로만 이루어져 있고, 오차항이 있는 선형 관계로 모형을 적합하는 것이다.

$$y_i = \beta_0 + \beta_1 x_i + \varepsilon_i$$

x와 y의 데이터는 주어진다. 우리의 목적은 모형을 적합시키는 것으로, 그러면 β_0와 β_1에 대해 최적의 추정치를 얻을 수 있다(레시피 11.1 참고).

이는 관계식의 우변에 여러 개의 변수들이 있는, 다중선형회귀에도 당연히 적용된다(레시피 11.2 참고).

$$y_i = \beta_0 + \beta_1 u_i + \beta_2 v_i + \beta_3 w_i + \varepsilon_i$$

통계학자들은 u, v, w를 **예측변수**, y를 **반응변수**라고 부른다. 당연하게도 이 모형은 예측변수와 반응변수들 사이에 어느 정도 선형 관계가 있는 경우에만 쓸모가 있지만, 그 관계는 여러분이 생각하는 것만큼 엄격하게 들어맞지 않아도 된다. 레시피 11.12에서는 변수들을 선형 관계로 변형(원래 선형 관계이던 것을 더 선형에 일치하게 만드는 걸 포함해서)하는 법을 다루는데, 이렇게 함으로써 선형회귀에서 쓸 수 있는 잘 만들어진 기능들을 사용할 수 있다.

R의 묘미는 누구나 이러한 선형 모형을 만들 수 있다는 것이다. lm이라는 함수를

쓰면 모형 객체가 만들어진다. 이 객체로부터 계수들(β_i)과 회귀통계량을 얻을 수 있다. 꽤 쉽다. 진짜로.

반면에 R이 공포스러운 이유 또한 누구나 이러한 모형을 만들 수 있다는 데 있다. 어떤 모형이 통계적으로 유의한지는커녕 타당한 모형인지조차 필수적으로 확인하게 하는 장치가 없다. 모형을 무턱대고 믿기 전에 꼭 확인해 보자. 이때 필요한 정보 대부분은 회귀 요약에 나와 있다(레시피 11.4 참고).

모형이 통계적으로 유의미한가?

요약의 아래쪽에 있는 F 통계량을 확인한다.

계수들이 유의미한가?

요약에서 해당 계수의 t 통계량과 p-값 또는 이들의 신뢰구간을 확인한다(레시피 11.14 참고).

모형이 유용한가?

요약의 아래쪽에 있는 R^2을 확인한다.

모형이 데이터를 잘 적합하고 있는가?

잔차(residuals)를 그래프로 그리고 회귀진단을 한다(레시피 11.15와 11.16 참고).

데이터가 선형회귀가 전제하고 있는 가정을 만족시키는가?

회귀진단을 통해 선형 모형이 여러분의 데이터에 적합한지 확인해 보자(레시피 11.16 참고).

분산분석

분산분석(analysis of variance, ANOVA)은 성능이 아주 좋은 통계 기법이다. 또, 매우 중요하기 때문에 통계학 석사과정 1년차는 거의 입학하자마자 분산분석의 이론 및 실제를 모두 배운다. 하지만 필자들은 통계학 외 분야의 사람들이 이 기법을 사용하는 목적이나, 이것의 가치를 잘 알고 있지 못한 것을 볼 때 종종 놀라곤 한다.

회귀는 모형을 만들어 내며, 분산분석은 그러한 모형들을 평가하는 한 가지 방법이다. 분산분석의 계산은 회귀 계산과 얽혀 있어서 통계학자들은 보통 그 둘을 묶어서 생각한다. 우리는 여기서 그 전통을 따르도록 하겠다.

분산분석은 공통적인 수리 분석으로 이어져 있는 여러 기법을 총칭하는 말이다.

이번 장에서는 분산분석의 여러 가지 적용 방법을 다룬다.

일원분산분석

가장 쉬운 분산분석이다. 여러 모집단으로부터 추출된 데이터 표본들이 있고, 이들 모집단의 평균이 서로 다른지 알아내고 싶다고 하자. 일원분산분석으로 답을 구할 수 있다. 만약 모집단이 정규분포라면 oneway.test 함수를 사용한다(레시피 11.21 참고). 그렇지 않은 경우 비모수적 버전인 kruskal.test 함수를 사용한다(레시피 11.24 참고).

모형 비교

예측변수를 선형회귀에 추가하거나 삭제할 때, 이러한 변화가 모형을 향상시켰는지 그렇지 않은지를 알고 싶다. anova 함수는 두 선형 모형을 비교해서 그들이 유의미하게 차이가 나는지를 보고해 준다(레시피 11.25 참고).

분산분석표

anova 함수는 해당 모형의 통계적 유의성을 측정하는 데 필요한 F 통계량을 포함하는, 선형회귀 모형의 분산분석표도 만들 수 있다(레시피 11.3 참고). 이 표는 회귀와 관련된 거의 모든 교재에서 다루고 있을 정도로 중요하다.

예제 데이터

이번 장의 많은 예제에서 우리는 R의 의사 난수(pseudorandom) 생성 기능을 이용해 데이터를 만들게 될 것이다. 따라서 레시피의 맨 앞에 다음과 같이 생긴 코드가 있을 수 있다.

```
set.seed(42)
x <- rnorm(100)
e <- rnorm(100, mean=0, sd=5)
y <- 5 + 15 * x + e
```

set.seed로 무작위 난수 생성 시드를 설정하는 이유는 여러분이 각자의 컴퓨터에서 예제 코드를 실행해도 모두 동일한 답이 나오도록 하기 위해서다. 위 코드에서, x는 표준정규분포(mean=0, sd=1)로부터 100개의 숫자를 추출하여 담은 벡터다. 그리고 나서 mean=0이고 sd=5인 정규분포에서 약간의 랜덤한 노이즈를 만들었다. 그 다음 y를 5 + 15 * x + e로 계산했다. 이처럼 '실제 세상'의 데이터를 사용하지 않고 '장난감' 데이터를 만드는 이유는, 만드는 데이터의 계수와 매개변수들을 바꾸어 가면서 그 차이가 어떻게 모형의 결과에 반영되는지를 다양하게 실험해 볼 수 있기 때문이다. 예를 들어, 예제 데이터에서 e의 표준편차를 증가시키면 여러분의 모형의 R^2에 어떠한 영향을 미치는지 살펴볼 수 있다.

더 알아보기

선형회귀에 대한 좋은 책이 많다. 필자들이 특히 좋아하는 책 중에 마이클 커트너(Michael Kutner), 크리스토퍼 나흐트샤임(Christopher Nachtsheim), 존 니터(John Neter)의 《Applied Linear Regression Models, 4th ed.》(McGraw-Hill/Irwin)이 있다. 이번 장에서는 일반적으로 이 책의 용어와 관례를 따랐다.

줄리안 패러웨이(Julian Faraway)의 《Linear Models with R》(Chapman & Hall/CRC)도 좋다. R을 사용한 회귀분석을 설명해 주는데, 잘 읽히는 편이다. 이 책의 초기 버전은 온라인(*http://bit.ly/2WJvrjo*)에서 무료로 다운로드할 수 있다.

11.1 단순선형회귀 실시하기

문제

쌍으로 묶인 관찰들 $(x_1, y_1), (x_2, y_2), ..., (x_n, y_n)$인 두 벡터 x와 y가 있다. 여러분은 x와 y 사이에 선형 관계가 있다고 생각하고 있고, 그 관계를 보여 주는 회귀 모형을 만들고 싶다.

해결책

lm 함수는 선형회귀를 수행하고 계수들을 보고해 준다. 여러분의 데이터가 벡터에 담겨 있다면 말이다.

```
lm(y ~ x)
```

데이터가 데이터 프레임의 열에 담겨 있다면 다음과 같이 입력한다.

```
lm(y ~ x, data = df)
```

논의

'단순선형회귀'에는 두 개의 변수가 있다. 하나는 x라고도 종종 불리는 예측변수(또는 독립변수)이고, 다른 하나는 y라고도 불리는 반응변수(또는 종속변수)이다. 이 회귀 방법은 **보통최소제곱**(ordinary least-squares, OLS) 알고리즘을 사용해서 선형 모형을 적합시킨다.

$$y_i = \beta_0 + \beta_1 x_i + \varepsilon_i$$

여기서 β_0와 β_1은 회귀계수이며, ε_i는 오차항이다.

lm 함수로 선형회귀를 실시할 수 있다. 주요 인자로는 y ~ x 같은 '모형식(model formula)'이 있다. 이 식에서 물결표(~) 왼쪽에는 반응변수가 있고, 오른쪽에는 예측변수가 있다. lm은 회귀계수인 β_0와 β_1을 추정한 다음, 이들을 각각 절편과 x의 계수로 보고해 주는 함수다.

```
set.seed(42)
x <- rnorm(100)
e <- rnorm(100, mean = 0, sd = 5)
y <- 5 + 15 * x + e

lm(y ~ x)
#>
#> Call:
#> lm(formula = y ~ x)
#>
#> Coefficients:
#> (Intercept)           x
#>        4.56       15.14
```

이 경우 회귀방정식은 다음과 같다.

$$y_i = 4.56 + 15.14x_i + \varepsilon_i$$

데이터가 데이터 프레임에 담겨 있는 경우도 많은데, 이럴 때는 데이터 프레임의 두 열 간에 회귀분석을 실시한다. 여기서 x와 y는 데이터 프레임 dfrm의 열이다.

```
df <- data.frame(x, y)
head(df)
#>        x      y
#> 1  1.371  31.57
#> 2 -0.565   1.75
#> 3  0.363   5.43
#> 4  0.633  23.74
#> 5  0.404   7.73
#> 6 -0.106   3.94
```

lm 함수에서 data 인자를 사용하면 데이터 프레임을 지정할 수 있다. 그러면 이 함수는 여러분의 작업공간이 아닌 데이터 프레임에서 변수들을 가져온다.

```
lm(y ~ x, data = df)          # df에서 x와 y를 가져온다.
#>
#> Call:
#> lm(formula = y ~ x, data = df)
#>
#> Coefficients:
#> (Intercept)              x
#>        4.56          15.14
```

11.2 다중선형회귀 실시하기

문제

여러 개의 예측변수(예: u, v 그리고 w)와 하나의 반응변수 y가 있다. 여러분은 예측변수와 반응변수 사이에 선형 관계가 있다고 생각하고 있으며, 따라서 데이터에 선형회귀를 실시하려고 한다.

해결책

lm 함수를 사용한다. 식의 오른쪽에 플러스 부호(+)로 구분한 여러 개의 예측변수들을 명시해 준다.

```
lm(y ~ u + v + w)
```

논의

'다중선형회귀'는 단순선형회귀와 단어가 비슷한 것에서 알 수 있듯이, 단순선형회귀의 응용이라고 보면 된다. OLS를 쓴다는 점은 동일하지만, 한 개의 예측변수 대신 여러 개의 예측변수를 사용하면서 선형방정식의 계수들을 계산한다. 조금 전에 이야기한 변수가 세 개인 회귀는 다음의 선형 모형이다.

$$y_i = \beta_0 + \beta_1 u_i + \beta_2 v_i + \beta_3 w_i + \varepsilon_i$$

R에서는 단순 및 다중 선형회귀 모두에 lm 함수를 사용한다. 모형식의 우변에 변수들을 추가하면 된다. 적합된 모형의 계수들을 보여 주는 출력은 다음과 같다. rnorm 함수를 사용해서 예제로 쓸 데이터를 정규분포에서 무작위로 추출하자.

```
set.seed(42)
u <- rnorm(100)
v <- rnorm(100, mean =  3, sd = 2)
w <- rnorm(100, mean = -3, sd = 1)
e <- rnorm(100, mean =  0, sd = 3)
```

그러고 나서 우리가 이미 알고 있는 계수들을 사용해서 식을 만들어 y 값을 계산하자.

```
y <- 5 + 4 * u + 3 * v + 2 * w + e
```

이제 선형회귀를 실시하면, R이 계수를 계산해 내는 것을 볼 수 있는데, 이렇게 나온 값들은 우리가 실제로 사용한 값들과 상당히 유사할 것이다.

```
lm(y ~ u + v + w)
#>
#> Call:
#> lm(formula = y ~ u + v + w)
#>
#> Coefficients:
#> (Intercept)           u           v           w
#>        4.77        4.17        3.01        1.91
```

특히 변수의 개수가 증가하는 경우에는 lm의 data 인자를 사용하면 좋은데, 여러 변수들을 나눠서 보관하는 것보다 하나의 데이터 프레임에 합쳐서 보관하는 편이 더욱 편리하기 때문이다. 여러분의 데이터가 다음 df 변수처럼 데이터 프레임에 담겨 있다고 해 보자.

```
df <- data.frame(y, u, v, w)
head(df)
#>        y       u     v      w
#> 1 16.67   1.371 5.402  -5.00
#> 2 14.96  -0.565 5.090  -2.67
#> 3  5.89   0.363 0.994  -1.83
#> 4 27.95   0.633 6.697  -0.94
#> 5  2.42   0.404 1.666  -4.38
#> 6  5.73  -0.106 3.211  -4.15
```

lm의 data 인자에 df를 넣으면, R은 해당 데이터 프레임의 열들에서 회귀변수를 찾는다.

```
lm(y ~ u + v + w, data = df)
```

```
#>
#> Call:
#> lm(formula = y ~ u + v + w, data = df)
#>
#> Coefficients:
#> (Intercept)            u            v            w
#>        4.77         4.17         3.01         1.91
```

더 알아보기

단순선형회귀는 레시피 11.1을 참고하라.

11.3 회귀통계량 알아내기

문제

R^2, F 통계량, 계수들의 신뢰구간, 잔차(residuals), 분산분석표 등 여러분의 회귀 모형에 대한 중요한 통계량과 정보를 알고 싶다.

해결책

회귀 모형을 변수에 저장하고 이것을 m이라고 해 보자.

```
m <- lm(y ~ u + v + w)
```

다음 함수들을 사용해서 모형으로부터 회귀통계량과 정보를 추출한다.

anova(m)

　　분산분석표

coefficients(m)

　　모형의 계수들

coef(m)

　　coefficients(m)과 동일하다.

confint(m)

　　회귀계수들의 신뢰구간

deviance(m)

　　잔차제곱합

effects(m)

> 직교효과들로 이루어진 벡터

fitted(m)

> 적합된 y 값으로 이루어진 벡터

residuals(m)

> 모형의 잔차

resid(m)

> residuals(m)과 동일하다.

summary(m)

> R^2, F 통계량, 잔차의 표준오차(σ) 등 주요 통계량

vcov(m)

> 주 매개변수들의 분산-공분산 행렬

논의

필자들이 R을 처음 사용할 때 읽은 문서에는 lm 함수를 사용해서 선형회귀를 실시하라고 써 있었다. 그 말을 따라 다음과 같이 코드를 작성했더니 레시피 11.2에 나와 있는 결과가 출력됐다.

```
lm(y ~ u + v + w)
#>
#> Call:
#> lm(formula = y ~ u + v + w)
#>
#> Coefficients:
#> (Intercept)            u           v           w
#>        4.77         4.17        3.01        1.91
```

실망스럽기 그지없다. SAS 등 여타 통계 패키지들에 비해 너무 보잘것없기 때문이다. R^2은 어디 있나? 계수들의 신뢰구간은? F 통계량, 그것의 p-값, 분산분석표는 어디로 사라진 거지?

당연히 모두 볼 수 있다. 물어 봐야 한다. 다른 통계 시스템들은 모든 정보를 한꺼번에 쏟아놓고 사용자들이 알아서 헤집어 보겠지 한다. 이에 비해 R은 미니멀리즘을

추구하는 경향이 있다. 무척 간단한 결과만 출력하고, 여러분이 더 원하는 게 있으면 따로 요청하게 만드는 것이다.

lm 함수는 변수에 대입할 수 있는 구조의 '모형 객체(model object)'를 반환해 준다.

```
m <- lm(y ~ u + v + w)
```

특화된 함수들을 사용하면 모형 객체로부터 중요한 정보를 추출할 수 있다. 가장 중요한 함수는 summary다.

```
summary(m)
#>
#> Call:
#> lm(formula = y ~ u + v + w)
#>
#> Residuals:
#>    Min    1Q Median    3Q    Max
#> -5.383 -1.760 -0.312  1.856  6.984
#>
#> Coefficients:
#>             Estimate Std. Error t value Pr(>|t|)
#> (Intercept)    4.770      0.969    4.92  3.5e-06 ***
#> u              4.173      0.260   16.07  < 2e-16 ***
#> v              3.013      0.148   20.31  < 2e-16 ***
#> w              1.905      0.266    7.15  1.7e-10 ***
#> ---
#> Signif. codes: 0 '***' 0.001 '**' 0.01 '*' 0.05 '.' 0.1 ' ' 1
#>
#> Residual standard error: 2.66 on 96 degrees of freedom
#> Multiple R-squared: 0.885, Adjusted R-squared: 0.882
#> F-statistic: 247 on 3 and 96 DF, p-value: <2e-16
```

요약에는 추정된 계수들과 중요한 통계량들(R^2나 F 통계량 등)이 담겨 있다. 잔차의 표준오차인 σ의 추정치도 보여 준다. 이러한 중요성 때문에, 여러분이 요약에 대해 좀 더 잘 이해할 수 있도록 레시피 하나를 통째로 할애했다(레시피 11.4).

그 외에도 다음과 같이 중요한 정보를 추출하는 데 특화된 함수들이 더 있다.

모형 계수(점추정치)

```
coef(m)
#> (Intercept)       u       v       w
#>         .77    4.17    3.01    1.91
```

모형 계수들의 신뢰구간

```
confint(m)
#>             2.5 % 97.5 %
#> (Intercept) 2.85   6.69
#> u           3.66   4.69
#> v           2.72   3.31
#> w           1.38   2.43
```

모형의 잔차

```
resid(m)
#>       1        2        3        4        5        6        7        8        9
#> -0.5675   2.2880   0.0972   2.1474  -0.7169  -0.3617   1.0350   2.8040  -4.2496
#>      10       11       12       13       14       15       16       17       18
#> -0.2048  -0.6467  -2.5772  -2.9339  -1.9330   1.7800  -1.4400  -2.3989   0.9245
#>      19       20       21       22       23       24       25       26       27
#> -3.3663   2.6890  -1.4190   0.7871   0.0355  -0.3806   5.0459  -2.5011   3.4516
#>      28       29       30       31       32       33       34       35       36
#>  0.3371  -2.7099  -0.0761   2.0261  -1.3902  -2.7041   0.3953   2.7201  -0.0254
#>      37       38       39       40       41       42       43       44       45
#> -3.9887  -3.9011  -1.9458  -1.7701  -0.2614   2.0977  -1.3986  -3.1910   1.8439
#>      46       47       48       49       50       51       52       53       54
#>  0.8218   3.6273  -5.3832   0.2905   3.7878   1.9194  -2.4106   1.6855  -2.7964
#>      55       56       57       58       59       60       61       62       63
#> -1.3348   3.3549  -1.1525   2.4012  -0.5320  -4.9434  -2.4899  -3.2718  -1.6161
#>      64       65       66       67       68       69       70       71       72
#> -1.5119  -0.4493  -0.9869   5.6273  -4.4626  -1.7568   0.8099   5.0320   0.1689
#>      73       74       75       76       77       78       79       80       81
#>  3.5761  -4.8668   4.2781  -2.1386  -0.9739  -3.6380   0.5788   5.5664   6.9840
#>      82       83       84       85       86       87       88       89       90
#> -3.5119   1.2842   4.1445  -0.4630  -0.7867  -0.7565   1.6384   3.7578   1.8942
#>      91       92       93       94       95       96       97       98       99
#>  0.5542  -0.8662   1.2041  -1.7401  -0.7261   3.2701   1.4012   0.9476  -0.9140
#>     100
#>  2.4278
```

잔차제곱합

```
deviance(m)
#> [1] 679
```

분산분석표

```
anova(m)
#> Analysis of Variance Table
#>
#> Response: y
#>           Df Sum Sq Mean Sq F value  Pr(>F)
#> u          1   1776    1776   251.0 < 2e-16 ***
#> v          1   3097    3097   437.7 < 2e-16 ***
```

```
#> w           1    362    362    51.1 1.7e-10 ***
#> Residuals 96    679      7
#> ---
#> Signif. codes: 0 '***' 0.001 '**' 0.01 '*' 0.05 '.' 0.1 ' ' 1
```

변수에 모형을 저장하는 게 귀찮다면 다음과 같이 한 줄짜리 코드를 써도 무방하다.

```
summary(lm(y ~ u + v + w))
```

또는 magrittr 패키지의 파이프를 사용해도 된다.

```
lm(y ~ u + v + w) %>%
  summary
```

더 알아보기

레시피 11.4를 참고하라. 모형 진단과 관련된 회귀통계량은 레시피 11.17을 참고하라.

11.4 회귀 모형의 요약 결과 이해하기

문제

선형회귀 모형인 m을 만들었다. 하지만 summary(m)의 결과를 이해하지 못하겠다.

논의

모형 요약을 잘 봐야 하는 이유는 가장 중요한 회귀통계량을 보여 주기 때문이다. 다음은 레시피 11.3에 있던 모형의 요약이다.

```
summary(m)
#>
#> Call:
#> lm(formula = y ~ u + v + w)
#>
#> Residuals:
#>    Min    1Q Median    3Q   Max
#> -5.383 -1.760 -0.312  1.856  6.984
#>
#> Coefficients:
#>             Estimate Std. Error t value Pr(>|t|)
#> (Intercept)    4.770     0.969    4.92 3.5e-06 ***
#> u              4.173     0.260   16.07 < 2e-16 ***
#> v              3.013     0.148   20.31 < 2e-16 ***
```

```
#> w                1.905      0.266    7.15  1.7e-10 ***
#> ---
#> Signif. codes:  0 '***' 0.001 '**' 0.01 '*' 0.05 '.' 0.1 ' ' 1
#>
#> Residual standard error: 2.66 on 96 degrees of freedom
#> Multiple R-squared: 0.885, Adjusted R-squared: 0.882
#> F-statistic:  247 on 3 and 96 DF,  p-value: <2e-16
```

이 요약을 부분별로 나눠보자. F 통계량처럼 제일 중요한 것이 맨 아래에 있지만, 그래도 위에서부터 순서대로 읽어 보겠다.

Call(호출)

```
#> lm(formula = y ~ u + v + w)
```

이 부분은 lm이 해당 모형을 생성했을 때 어떻게 호출되었는지를 보여 준다. 요약을 올바른 맥락에서 이해하기 위해서 알아야 한다.

Residuals Statistics(잔차 통계량)

```
#> Residuals:
#>    Min       1Q  Median      3Q     Max
#> -5.383  -1.760  -0.312   1.856   6.984
```

이상적으로 회귀 잔차는 완벽한 정규분포를 따르게 된다. 하지만 이 통계량을 보면 정규분포에서 벗어날 수도 있는 편차들을 확인하는 데 도움이 된다. OLS 알고리즘을 쓰면 평균이 0인 잔차들이 만들어지는 것이 수학적으로 보장된다.[1] 따라서 중앙값의 부호는 그래프가 기울어진 방향을 나타내고, 중앙값의 크기는 그 정도를 가리킨다. 이 경우 중앙값이 음수이므로 왼쪽으로 일정 부분 기울어졌음을 시사한다.

만약 잔차가 예쁘게 종 모양으로 분포되어 있다면, 제1사분위수(1Q)와 제3사분위 수(3Q)는 거의 비슷한 크기[2]일 것이다. 이번 예시에서 3Q 대 1Q(1.856 대 1.76) 중 3Q가 크다는 사실로부터 우리의 데이터는 오른쪽으로 살짝 기울어졌다는 것을 알 수 있는데, 중앙값이 음수라는 점도 있기 때문에 확답을 내리기는 힘들다.

잔차의 Min과 Max를 보면 데이터에 있는 극단적인 이상치들을 빠르게 발견할

---

1 절편항 없이 선형회귀를 수행하지 않은 이상은 말이다(레시피 11.5 참고).
2 (옮긴이) 중앙값이 0이라면 1Q과 3Q의 절댓값의 크기가 비슷한 것이다. 이것은 Q1과 Q3의 합이 0과 비슷해짐을 의미하기도 한다.

수 있다. 극단적인 이상치는 (반응변수에 있는) 큰 잔차를 만들기 때문이다.

Coefficients(계수들)

```
#> Coefficients:
#>              Estimate Std. Error t value Pr(>|t|)
#> (Intercept)    4.770      0.969     4.92  3.5e-06 ***
#> u              4.173      0.260    16.07  < 2e-16 ***
#> v              3.013      0.148    20.31  < 2e-16 ***
#> w              1.905      0.266     7.15  1.7e-10 ***
```

Estimate라는 열에는 보통최소제곱으로 계산한, 회귀계수들의 추정치가 들어 있다.

이론적으로는 어떤 변수의 계수가 0이면 그 변수는 쓸모가 없다. 모형에 아무런 영향도 미치지 않는 것이다. 그렇지만 여기에 나와 있는 계수들은 모두 추정치이며, 정확하게 0이 될 리는 절대 없다. 따라서 이런 질문을 할 수가 있다. 통계학적으로 말했을 때 실제 계수가 0일 확률은 얼마일까? 그것을 알아내는 게 t 통계량과 p-값의 역할로, 요약에는 각각 t value와 Pr(>|t|)이라고 이름이 붙어 있다.

p-값은 확률이다. 이 값은 어떤 계수가 유의미하지 '않을' 개연성을 판단하며, 따라서 작은 편이 더 좋다. 값이 크면 유의미하지 않을 개연성이 크다는 것을 나타낸다. 이 예시에서 u 계수에 대한 p-값은 거의 0.00106이므로 u가 유의미할 개연성이 크다. 하지만 w에 대한 p-값은 0.05744로, 통상적인 한계인 0.05를 넘으므로 w는 유의미하지 않을 개연성이 크다.[3] 큰 p-값이 나타나는 변수들은 제거해야 할 후보군이다.

유의미한 변수들은 빨리 알아볼 수 있도록 R이 따로 표시한다. 별표 세 개(***)가 있는 맨 오른쪽 열이 보이는가? 그 외에 나타날 수 있는 다른 값들은 별표 두 개(**), 별표 한 개(*), 그리고 마침표(.)이며, 이 열은 유의미한 변수들을 강조해 준다. Coefficients 섹션의 아래쪽에 Signif.codes라고 붙어 있는 줄은 해당 기호들의 뜻을 알려 준다. 다음과 같이 기호를 해석하면 된다.

---

3   α = 0.05의 신뢰수준은 이 책에서 사용하는 관례다. 여러분의 코드는 α = 0.10, α = 0.01 또는 다른 값을 사용해도 된다. 9장의 도입문을 참고하자.

유의성 표기	뜻
***	0과 0.001 사이의 p-값
**	0.001과 0.01 사이의 p-값
*	0.01과 0.05 사이의 p-값
.	0.05와 0.1 사이의 p-값
(공백)	0.1과 1.0 사이의 p-값

Std.Error라는 열은 추정된 계수의 표준오차다. 그리고 t value라는 열은 p-값이 계산된 곳에서 나온 t 통계량이다.

Residual standard error(잔차 표준오차)

```
# Residual standard error: 2.66 on 96 degrees of freedom
```

여기서는 잔차의 표준오차(σ), 즉 ε의 표본 표준편차를 보고해 준다.

R^2(결정계수)

```
# Multiple R-squared:  0.885,    Adjusted R-squared: 0.882
```

R^2은 모형의 질을 측정한 것이다. 큰 값이 더 좋은 것이다. 수학적으로, 이것은 회귀 모형에 의해 설명되는 y의 변동량의 비율을 말한다. 모형으로 설명이 되지 않는 변동량의 나머지 부분은 다른 요인들(알려지지 않은 변수나 표집에서의 변이성) 때문일 것이다. 이 예시의 경우 모형은 y의 변동량 중 0.885(88.5%)를 설명하고 있으며, 나머지 0.115(11.5%)는 설명되지 않는다.

　말이 나와서 말인데, 기본 R^2보다는 수정된 R^2 사용을 권한다.[4] 수정된 값은 여러분의 모형에 있는 변수의 개수도 함께 고려하므로 변수들의 효과를 더욱 실질적으로 평가한다. 그러니까 이 경우엔, 0.882 대신에 0.885를 쓰면 된다.

F-statistic(F 통계량)

```
# F-statistic: 246.6 on 3 and 96 DF,  p-value: < 2.2e-16
```

F 통계량은 해당 모형이 유의미한지 그렇지 않은지를 알려 준다. 계수들 중 하나라도 0이 아닌 것이 있다면 그 모형은 유의미하다(즉, 일부 i에 대해서 $\beta_i \neq 0$이

4　수정 결정계수(수정된 R^2)의 사용을 권장하는 이유는 예측변수들의 개수가 증가할수록 점점 더 커지는 R^2의 성질 때문이다. 이 점을 보완한 것이 수정 결정계수다.

면). 모든 계수가 0이면 유의미하지 않다($\beta_1 = \beta_2 = \ldots = \beta_n = 0$).

통상적으로 0.05보다 작은 p-값은 모형이 유의미할 가능성이 크다는 것을 가리키며(하나 혹은 그 이상의 β_i가 0이 아닌 경우), 반면에 0.05를 초과하는 값들은 그 모형이 유의미하지 않을 가능성이 크다는 뜻이다. 여기서 우리가 사용한 모형이 유의미하지 않을 확률은 2.2e-16밖에 안 된다. 좋은 결과다.

대부분의 사람들은 R^2 통계량을 먼저 본다. 그러나 통계학자는 현명하게 F 통계량을 보면서 모형이 유의미한지 따져 보는데, 모형이 유의미하지 않다면 다른 것들은 봐 봤자 아무런 소용도 없기 때문이다.

더 알아보기

통계량과 정보를 모형 객체에서 추출하는 방법은 레시피 11.3을 참고하라.

11.5 절편이 없는 선형회귀 실시하기

문제

절편이 0인 선형회귀를 만들고 싶다.

해결책

여러분의 회귀식 우변에 "+ 0"을 추가한다. 그러면 lm이 절편을 0으로 하고 모형을 적합시키도록 강제하는 효과가 있다.

```
lm(y ~ x + 0)
```

이것이 나타내는 회귀부등식은 다음과 같다.

$$y_i = \beta x_i + \varepsilon_i$$

논의

선형회귀는 보통은 절편항을 포함하기 때문에 R에서는 그게 기본 설정으로 되어 있다. 하지만 드물게 절편이 0이라고 가정하면서 데이터를 적합시키고 싶을 때가 있다. 이럴 경우 x가 0인 곳은 y도 0이어야 한다고 모형 적합 시에 가정을 하는 것이다.

절편을 0으로 억지로 만들면 lm의 결과에는 여기에 나타난 것처럼 x의 계수는 포함되지만, y의 절편은 들어 있지 않게 된다.

```
lm(y ~ x + 0)
#>
#> Call:
#> lm(formula = y ~ x + 0)
#>
#> Coefficients:
#>    x
#> 4.3
```

진행하기 전에 모형 적합의 가정을 꼭 확인해 보기를 바란다. 절편을 가지도록 회귀를 한번 실행해 보고, 절편이 0이어야 타당할지를 알아보는 것이다. 그러기 위해 해당 절편의 신뢰구간을 확인해 보자. 이 예시에서 신뢰구간은 $(6.26, 8.84)$이다.

```
confint(lm(y ~ x))
#>              2.5 % 97.5 %
#> (Intercept)  6.26   8.84
#> x            2.82   5.31
```

신뢰구간에 0이 포함되지 않으므로, 통계적으로 보아 절편이 0일 수 있는 것이 타당하지 않다. 따라서 이 경우, 절편을 0으로 하고 다시 회귀를 실행하면 합리적이지 못한 판단이 된다.

11.6 종속변수와 상관성이 높은 변수들만 회귀 모형에 포함시키기

문제

변수의 종류가 많은 데이터 프레임을 가지고 있으며, 반응(종속) 변수와 상관성이 높은 변수들만 가지고 다항 회귀분석을 하고 싶다.

해결책

df라는 데이터 프레임에 반응(종속) 변수와 모든 예측(독립) 변수가 함께 들어 있고, dep_var이 반응변수라고 한다면 가장 좋은 예측변수들을 찾아낸 다음 그것들을 선형회귀분석에 사용할 수 있다. 가장 좋은 변수 4개를 뽑아서 사용하려고 한다면 다음과 같이 입력하자.

```
best_pred <- df %>%
  select(-dep_var) %>%
  map_dbl(cor, y = df$dep_var) %>%
  sort(decreasing = TRUE) %>%
  .[1:4] %>%
```

```
    names %>%
    df[.]

  mod <- lm(df$dep_var ~ as.matrix(best_pred))
```

이 레시피는 책의 다른 장들에서 사용되는 방법을 여러 가지 혼합한 것이다. 한 단계씩 설명한 후, 뒤의 "논의" 절에서 예제 데이터를 사용해 보겠다.

우선 파이프 체인에서 반응변수를 제외하여 데이터 작업 플로우에 네 개의 예측변수만을 남긴다.

```
  df %>%
    select(-dep_var)
```

그리고 나서 purrr 패키지의 map_dbl을 사용해서 반응변수에 대한 모든 열의 쌍별 상관계수를 구한다.

```
  map_dbl(cor, y = df$dep_var) %>%
```

그 다음 결과로 나온 상관계수 값들을 내림차순으로 정렬한다.

```
  sort(decreasing = TRUE) %>%
```

우리는 상관성이 높은 상위 4개의 변수들만 원하므로, 결과 벡터에서 상위 4개만 선택한다.

```
  .[1:4] %>%
```

또한 우리는 상관계수의 값이 아닌 행의 이름들만 필요하므로, 기존 데이터 프레임인 df의 변수 이름들을 가져온다.

```
  names %>%
```

그런 다음, 이렇게 얻어낸 변수 이름들을 가지고, 이름과 매칭되는 부분집합을 추출하기 위해서 대괄호에 전달해 준다.

```
  df[.]
```

이 파이프 체인은 결과로 나오는 데이터 프레임을 best_pred에 대입해 준다. 그러고 나면 우리는 best_pred를 회귀분석의 예측변수로 사용하고, df$dep_var를 반응변수로 쓸 수 있다.

```
mod <- lm(df$dep_var ~ as.matrix(best_pred))
```

논의

레시피 6.4에서 다루었던 매핑 함수들을 조합해서 상관성이 낮은 변수들을 예측변수 집합에서 제거하고 상관성이 높은 변수들만 회귀분석에 활용할 수 있다.

우리가 가지고 있는 예제 데이터 프레임에는 pred1부터 pred6까지 총 여섯 개의 예측변수가 담겨 있다. 반응변수는 resp라는 이름으로 되어 있다. 이제 이 데이터 프레임을 사용해서 작업을 해 보자.

데이터를 로딩하고 resp 변수를 제외하는 것은 비교적 쉬우므로, cor 함수를 매핑한 결과부터 들여다 보도록 하자.

```
# 데이터 프레임을 로딩한다.
load("./data/pred.rdata")

pred %>%
  select(-resp) %>%
  map_dbl(cor, y = pred$resp)
#> pred1 pred2 pred3 pred4 pred5 pred6
#> 0.573 0.279 0.753 0.799 0.322 0.607
```

결과로는 값들이 들어 있는 벡터가 나오는데, 각 값들의 이름은 변수 이름으로 되어 있다. 담겨 있는 값들은 반응변수인 resp와 각각의 예측변수들 간의 쌍별 상관계수다.

이 벡터를 정렬하면 상관계수가 내림차순으로 변경된다.

```
pred %>%
  select(-resp) %>%
  map_dbl(cor, y = pred$resp) %>%
  sort(decreasing = TRUE)
#> pred4 pred3 pred6 pred1 pred5 pred2
#> 0.799 0.753 0.607 0.573 0.322 0.279
```

부분집합 추출(subset)을 활용하면 상위 4개의 레코드만 선택할 수 있다. '.' 연산자는 파이프에게 이전 단계의 결과를 어디에 놓아야 하는지 알려 주는 역할을 하는 특수 연산자다.

```
pred %>%
  select(-resp) %>%
  map_dbl(cor, y = pred$resp) %>%
```

```
  sort(decreasing = TRUE) %>%
  .[1:4]
#> pred4 pred3 pred6 pred1
#> 0.799 0.753 0.607 0.573
```

그러고 나서 names 함수로 벡터의 이름을 추출한다. 추출하려는 이름은 우리가 궁극적으로 독립변수들로 사용하길 원하는 열들의 이름이다.

```
pred %>%
  select(-resp) %>%
  map_dbl(cor, y = pred$resp) %>%
  sort(decreasing = TRUE) %>%
  .[1:4] %>%
  names
#> [1] "pred4" "pred3" "pred6" "pred1"
```

이름으로 이루어진 벡터를 pred[.]에 전달하면, 거기에 담긴 이름들은 pred 데이터 프레임의 열을 선택하는 데 사용된다. 그러고 나서 보기 편하도록 head를 사용해서 제일 위 6개의 행만 살펴보자.

```
pred %>%
  select(-resp) %>%
  map_dbl(cor, y = pred$resp) %>%
  sort(decreasing = TRUE) %>%
  .[1:4] %>%
  names %>%
  pred[.] %>%
  head
#>    pred4  pred3  pred6  pred1
#> 1  7.252 1.5127  0.560  0.206
#> 2  2.076 0.2579 -0.124 -0.361
#> 3 -0.649 0.0884  0.657  0.758
#> 4  1.365 -0.1209  0.122 -0.727
#> 5 -5.444 -1.1943 -0.391 -1.368
#> 6  2.554 0.6120  1.273  0.433
```

그럼 이제 모두 합친 후 데이터를 회귀분석에 사용해 보자.

```
best_pred <- pred %>%
  select(-resp) %>%
  map_dbl(cor, y = pred$resp) %>%
  sort(decreasing = TRUE) %>%
  .[1:4] %>%
  names %>%
  pred[.]
```

```
mod <- lm(pred$resp ~ as.matrix(best_pred))

summary(mod)
#>
#> Call:
#> lm(formula = pred$resp ~ as.matrix(best_pred))
#>
#> Residuals:
#>    Min     1Q Median     3Q    Max
#> -1.485 -0.619  0.189  0.562  1.398
#>
#> Coefficients:
#>                           Estimate Std. Error t value Pr(>|t|)
#> (Intercept)                  1.117      0.340    3.28   0.0051 **
#> as.matrix(best_pred)pred4    0.523      0.207    2.53   0.0231 *
#> as.matrix(best_pred)pred3   -0.693      0.870   -0.80   0.4382
#> as.matrix(best_pred)pred6    1.160      0.682    1.70   0.1095
#> as.matrix(best_pred)pred1    0.343      0.359    0.95   0.3549
#> ---
#> Signif. codes:  0 '***' 0.001 '**' 0.01 '*' 0.05 '.' 0.1 ' ' 1
#>
#> Residual standard error: 0.927 on 15 degrees of freedom
#> Multiple R-squared:  0.838,  Adjusted R-squared:  0.795
#> F-statistic: 19.4 on 4 and 15 DF,  p-value: 8.59e-06
```

11.7 상호작용 항을 넣어 선형회귀 실시하기

문제

회귀분석에 상호작용 항을 포함시키고 싶다.

해결책

회귀식과 관련한 R 문법을 보면 상호작용 항을 지정할 수 있게 되어 있다. 두 변수 u와 v의 상호작용은 그것들의 이름 사이에 별표(*)를 넣어 구분하면 된다.

```
lm(y ~ u * v)
```

이것은 1차(first-order) 상호작용 항인 $\beta_3 u_i v_i$이 포함되어 있는 모형 $y_i = \beta_0 + \beta_1 u_i + \beta_2 v_i + \beta_3 u_i v_i + \varepsilon_i$와 동일하다.

논의

회귀에서, 두 예측변수들의 곱 또한 유의미한 예측변수이면(즉, 원래 예측변수들에 추가적으로) '상호작용(interaction)'이 발생한다. 두 예측변수인 u와 v가 있고, 그들의 상호작용을 회귀에 포함시키고 싶다고 해 보자. 이것은 다음과 같은 방정식으로 표현할 수 있다.

$$y_i = \beta_0 + \beta_1 u_i + \beta_2 v_i + \beta_3 u_i v_i + \varepsilon_i$$

여기서 곱셈항인 $\beta_3 u_i v_i$는 '상호작용 항'이라고 불린다. 이에 대한 R 식은 다음과 같다.

```
y ~ u * v
```

y ~ u * v라고 쓰면, R은 자동으로 u, v, 그것의 곱을 모형에 포함시킨다. 여기에는 이유가 있다. 회귀이론에 따르면 만약 어떤 모형이 $\beta_3 u_i v_i$ 같은 상호작용 항을 포함한다면, 그 모형에는 구성 변수들인 u_i와 v_i 또한 들어 있어야 한다.

마찬가지로, 세 개의 예측변수가 있고(u, v, w) 그들 사이의 상호작용을 모두 식에 넣고 싶다면 별표로 구분해서 집어넣는다.

```
y ~ u * v * w
```

이것을 회귀식으로 쓰면 다음과 같다.

$$y_i = \beta_0 + \beta_1 u_i + \beta_2 v_i + \beta_3 w_i + \beta_4 u_i v_i + \beta_5 u_i w_i + \beta_6 v_i w_i + \beta_7 u_i v_i w_i + \varepsilon_i$$

이제 모든 1차 상호작용들과 하나의 2차 상호작용($\beta_7 u_i v_i w_i$)이 들어 있다.

하지만 때때로 가능한 상호작용들이 모두 필요하지는 않은 경우도 있다. 그런 경우에는 콜론 연산자(:)를 사용해서 명시적으로 원하는 곱만 지정해 줄 수도 있다. 예를 들어, u:v:w는 다른 모든 가능한 상호작용들은 배제하고 $\beta u_i v_i w_i$라는 곱셈 항만을 의미한다. 그래서 다음 R 식은

```
y ~ u + v + w + u:v:w
```

아래의 회귀식과 동일한 의미다.

$$y_i = \beta_0 + \beta_1 u_i + \beta_2 v_i + \beta_3 w_i + \beta_4 u_i v_i w_i + \varepsilon_i$$

콜론(:)이 순수한 곱셈이고 별표(*)가 곱셈에다 구성 항들까지 포함시키라는 뜻인 게 이상해 보일 수도 있다. 다시 말하지만, 이것은 우리가 일반적으로 상호작용을 넣을 때 구성 변수들까지 포함시키기 때문으로, 별표의 기본 설정을 그렇게 하는 것이

이해가 가는 대목이다.

여러 상호작용을 쉽게 지정할 수 있는 문법이 더 있다.

(u + v + ... + w)^2

모든 변수(u, v, . ., w)와 그것들의 1차 상호작용을 포함시킨다.

(u + v + ... + w)^3

모든 변수와 그것들의 1차 상호작용, 모든 2차 상호작용을 포함시킨다.

(u + v + ... + w)^4

모든 변수와 그것들의 1차 상호작용, 2차 상호작용, 모든 3차 상호작용을 포함시킨다.

별표(*)와 콜론(:) 모두 '분배 법칙'을 따르므로, 다음 표기법도 작동한다.

x*(u + v + ... + w)

x*u + x*v + ... + x*w와 동일하다(더 풀어 쓰면 x + u + v + ... + w + x:u + x:v + ... + x:w)..

x:(u + v + ... + w)

x:u + x:v + ... + x:w와 동일하다.

이렇게 여러 가지 문법이 있으니 식을 쓸 때 조금 유연하게 사용할 수 있다. 다음 예에 나온 식 세 가지는 모두 동일한 식이다.

```
y ~ u * v
y ~ u + v + u:v
y ~ (u + v) ^ 2
```

다시 말하지만, 이 식들은 모두 동일한 회귀식 $y_i = \beta_0 + \beta_1 u_i + \beta_2 v_i + \beta_3 u_i v_i + \varepsilon_i$를 정의한다.

더 알아보기

이번 레시피에서 다루고 있는 것보다 훨씬 다채로운 식 관련 문법들이 있으니 《R in a Nutshell》이나 "R Language Definition"(*http://bit.ly/2XLiQgX*)을 참고하자.

11.8 최선의 회귀변수 선택하기

문제

새로운 회귀 모형을 만들거나 기존 모형의 성능을 향상시키려는 중이다. 회귀변수는 충분히 많지만, 그것들 중에서 최적의 부분집합을 선택하고 싶다.

해결책

step 함수를 사용해서 앞으로 또는 뒤로 가는 방향으로 단계별 회귀를 실행할 수 있다. '후진 단계별 회귀(backward stepwise regression)'[5]는 여러 개의 변수에서부터 출발해서 결과가 안 좋은 변수들을 제거하는 방법이다.

```
full.model <- lm(y ~ x1 + x2 + x3 + x4)
reduced.model <- step(full.model, direction = "backward")
```

'전진 단계별 회귀(forward stepwise regression)'[6]는 소수의 변수들에서부터 시작해서 새로운 것들을 추가하면서 모형의 성능이 더 향상될 수 없을 때까지 진행하는 방법이다.

```
min.model <- lm(y ~ 1)
fwd.model <-
  step(min.model,
      direction = "forward",
      scope = (~ x1 + x2 + x3 + x4))
```

논의

예측변수들이 많을 때는 가장 나은 변수들의 부분집합을 선택하기가 상당히 어렵다. 개별적인 변수들을 추가하거나 빼면 전체 결과에 영향을 미치기 때문에, '최선'을 찾으려면 지겹도록 반복해야 한다.

step 함수를 사용하면 그러한 과정을 자동화해 준다. 후진 단계별 회귀가 가장 쉬운 방법이다. 우선 모든 예측변수를 포함하는 모형을 가지고 시작한다. 그것을 우리는 전체 모형(full model)이라고 부른다. 다음 전체 모형의 요약을 보면 모든 예측변

---

5 (옮긴이) 후진 제거법(backward elimination)으로 더 많이 알려져 있다. 가능한 모든 회귀변수로부터 출발하여 회귀 모형에 기여도가 적은 변수들을 제거하고 나머지 예측변수를 이용하는 방법이다.

6 (옮긴이) 전진 선택법(forward selection)으로 더 많이 알려져 있다. 절편항만 포함한 가장 작은 회귀 모형부터 시작해서 회귀 모형에 기여도가 큰 예측변수들을 선택해 나가면서 더 이상 선택할 변수가 없을 때 종료하는 방법이다.

수가 통계적으로 유의미하지는 않다는 사실을 알 수 있다.

```
# 예제 데이터
set.seed(4)
n <- 150
x1 <- rnorm(n)
x2 <- rnorm(n, 1, 2)
x3 <- rnorm(n, 3, 1)
x4 <- rnorm(n,-2, 2)
e <- rnorm(n, 0, 3)
y <- 4 + x1 + 5 * x3 + e

# 모형 만들기
full.model <- lm(y ~ x1 + x2 + x3 + x4)
summary(full.model)
#>
#> Call:
#> lm(formula = y ~ x1 + x2 + x3 + x4)
#>
#> Residuals:
#>    Min     1Q Median     3Q    Max
#> -8.032 -1.774  0.158  2.032  6.626
#>
#> Coefficients:
#>             Estimate Std. Error t value Pr(>|t|)
#> (Intercept)  3.40224    0.80767    4.21 4.4e-05 ***
#> x1           0.53937    0.25935    2.08   0.039 *
#> x2           0.16831    0.12291    1.37   0.173
#> x3           5.17410    0.23983   21.57 < 2e-16 ***
#> x4          -0.00982    0.12954   -0.08   0.940
#> ---
#> Signif. codes:  0 '***' 0.001 '**' 0.01 '*' 0.05 '.' 0.1 ' ' 1
#>
#> Residual standard error: 2.92 on 145 degrees of freedom
#> Multiple R-squared: 0.77, Adjusted R-squared: 0.763
#> F-statistic: 121 on 4 and 145 DF, p-value: <2e-16
```

유의미하지 않은 변수들을 제거하고 싶으므로, **step**을 사용해서 결과가 좋지 않은 것들을 점점 제거해 나가자. 그 결과는 **축소 모형**(reduced model)이라고 불린다.

```
reduced.model <- step(full.model, direction="backward")
#> Start:  AIC=327
#> y ~ x1 + x2 + x3 + x4
#>
#>        Df Sum of Sq  RSS AIC
#> - x4    1         0 1240 325
#> - x2    1        16 1256 327
#> <none>              1240 327
```

```
#> - x1     1         37 1277 329
#> - x3     1       3979 5219 540
#>
#> Step:  AIC=325
#> y ~ x1 + x2 + x3
#>
#>        Df Sum of Sq  RSS AIC
#> - x2     1         16 1256 325
#> <none>             1240 325
#> - x1     1         37 1277 327
#> - x3     1       3988 5228 539
#>
#> Step:  AIC=325
#> y ~ x1 + x3
#>
#>        Df Sum of Sq  RSS AIC
#> <none>             1256 325
#> - x1     1         44 1300 328
#> - x3     1       3974 5230 537
```

step이 분석한 모형들은 출력에 순서대로 나타난다. 이 경우, step은 x2와 x4를 제거하고 x1과 x3만을 최종(축소된) 모형에 남겨 두었다. 축소된 모형의 요약을 통해 유의미한 예측변수들만 담고 있다는 것을 볼 수 있다.

```
summary(reduced.model)
#>
#> Call:
#> lm(formula = y ~ x1 + x3)
#>
#> Residuals:
#>    Min     1Q Median     3Q    Max
#> -8.148 -1.850 -0.055  2.026  6.550
#>
#> Coefficients:
#>             Estimate Std. Error t value Pr(>|t|)
#> (Intercept)    3.648      0.751    4.86   3e-06 ***
#> x1             0.582      0.255    2.28   0.024 *
#> x3             5.147      0.239   21.57  <2e-16 ***
#> ---
#> Signif. codes:  0 '***' 0.001 '**' 0.01 '*' 0.05 '.' 0.1 ' ' 1
#>
#> Residual standard error: 2.92 on 147 degrees of freedom
#> Multiple R-squared:  0.767,  Adjusted R-squared:  0.763
#> F-statistic:  241 on 2 and 147 DF,  p-value: <2e-16
```

후진 단계별 회귀가 쉽기는 하지만, 후보가 되는 변수들이 너무 많아 '모든 변수'를 넣은 채로 시작하기가 원천적으로 불가능할 때도 있다. 이런 경우 아무것도 없이 시작해서 점차 변수들을 추가해 회귀를 향상시키는 전진 단계별 회귀를 사용한다. 이 방법은 더 이상 성능 향상이 불가능해지면 멈춘다.

'아무것도 없이' 시작하는 모형은 처음에는 왠지 좀 어색하다.

```
min.model <- lm(y ~ 1)
```

이것은 반응변수(y)는 있지만 예측변수는 없는 모형이다. (y에 대해 적합된 모든 값은 단순히 y의 평균으로, 쓸 수 있는 예측변수가 없는 경우에 추측해 보는 값이다.)

step에게 어떤 후보 변수들이 모형에 포함될 수 있는지 이야기해 줘야 한다. 이것이 scope 인자의 역할이다. scope는 물결표(~)의 좌변에는 아무것도 없고, 우변에는 후보 변수들이 들어가는 식이다.

```
fwd.model <- step(
  min.model,
  direction = "forward",
  scope = (~ x1 + x2 + x3 + x4),
  trace = 0
)
```

여기서 x1, x2, x3, x4가 모두 포함될 후보인 것을 알 수 있다. (trace = 0을 넣으면 step의 결과가 엄청나게 길게 나오는 걸 방지한다.) 결과로 나오는 모형에는 두 개의 유의미한 예측변수들이 있고, 유의미하지 않은 예측변수는 빠져 있다.

```
summary(fwd.model)
#>
#> Call:
#> lm(formula = y ~ x3 + x1)
#>
#> Residuals:
#>    Min    1Q Median     3Q    Max
#> -8.148 -1.850 -0.055  2.026  6.550
#>
#> Coefficients:
#>             Estimate Std. Error t value Pr(>|t|)
#> (Intercept)    3.648      0.751    4.86    3e-06 ***
#> x3             5.147      0.239   21.57   <2e-16 ***
#> x1             0.582      0.255    2.28    0.024 *
#> ---
#> Signif. codes:  0 '***' 0.001 '**' 0.01 '*' 0.05 '.' 0.1 ' ' 1
#>
#> Residual standard error: 2.92 on 147 degrees of freedom
```

```
#> Multiple R-squared:  0.767, Adjusted R-squared:  0.763
#> F-statistic:  241 on 2 and 147 DF,  p-value: <2e-16
```

단계별 전진 알고리즘은 x1과 x3를 포함하지만 x2와 x4를 제외시키면서, 단계별 후진 알고리즘과 동일한 모형을 결과로 냈다. 이 예는 아주 간단하여 결과가 놀랍지는 않다. 실제 적용할 때는 전진과 후진 회귀 모두를 사용해 본 다음에 두 결과를 비교해 보기를 권한다. 결과가 달라 놀랄지도 모른다.

마지막으로, 단계별 회귀에 너무 집착하지 말자. 절대로 만병통치약이 아니다. 좋지 않은 데이터를 순식간에 의미 있게 탈바꿈시킬 수도 없고, 또 이걸 사용한다고 해서 절대로 예측변수를 조심스럽고 현명하게 고르지 않아도 된다는 말이 아니다. 여러분은 이렇게 생각할 수도 있다. "우와! 내 모형에 가능한 모든 상호작용을 만들어 낸 다음에 step한테 최선을 골라달라고 하면 되겠구나! 엄청난 모형이 나오겠군!" 그렇다면 다음 코드와 비슷하게, 가능한 모든 상호작용으로 시작해서 모형을 축소하는 방법을 염두에 두고 있는 건 아닌지 생각해 보자.

```
full.model <- lm(y ~ (x1 + x2 + x3 + x4) ^ 4)
reduced.model <- step(full.model, direction = "backward")
#> Start: AIC=337
#> y ~ (x1 + x2 + x3 + x4)^4
#>
#>                 Df Sum of Sq  RSS AIC
#> - x1:x2:x3:x4   1     0.0321 1145 335
#> <none>                       1145 337
#>
#> Step:  AIC=335
#> y ~ x1 + x2 + x3 + x4 + x1:x2 + x1:x3 + x1:x4 + x2:x3 + x2:x4 +
#>     x3:x4 + x1:x2:x3 + x1:x2:x4 + x1:x3:x4 + x2:x3:x4
#>
#>              Df Sum of Sq  RSS AIC
#> - x2:x3:x4   1      0.76 1146 333
#> - x1:x3:x4   1      8.37 1154 334
#> <none>                   1145 335
#> - x1:x2:x4   1     20.95 1166 336
#> - x1:x2:x3   1     25.18 1170 336
#>
#> Step:  AIC=333
#> y ~ x1 + x2 + x3 + x4 + x1:x2 + x1:x3 + x1:x4 + x2:x3 + x2:x4 +
#>     x3:x4 + x1:x2:x3 + x1:x2:x4 + x1:x3:x4
#>
#>              Df Sum of Sq  RSS AIC
#> - x1:x3:x4   1      8.74 1155 332
#> <none>                   1146 333
#> - x1:x2:x4   1     21.72 1168 334
```

```
#> - x1:x2:x3    1      26.51 1172 334
#>
#> Step:  AIC=332
#> y ~ x1 + x2 + x3 + x4 + x1:x2 + x1:x3 + x1:x4 + x2:x3 + x2:x4 +
#>     x3:x4 + x1:x2:x3 + x1:x2:x4
#>
#>              Df Sum of Sq  RSS AIC
#> - x3:x4       1      0.29 1155 330
#> <none>                    1155 332
#> - x1:x2:x4    1     23.24 1178 333
#> - x1:x2:x3    1     31.11 1186 334
#>
#> Step:  AIC=330
#> y ~ x1 + x2 + x3 + x4 + x1:x2 + x1:x3 + x1:x4 + x2:x3 + x2:x4 +
#>     x1:x2:x3 + x1:x2:x4
#>
#>              Df Sum of Sq  RSS AIC
#> <none>                    1155 330
#> - x1:x2:x4    1      23.4 1178 331
#> - x1:x2:x3    1      31.5 1187 332
```

이렇게는 잘 작동되지 않는다. 대부분의 상호작용 항은 아무런 의미가 없다. step 함수는 어찌할 바를 모르고 유의미하지도 않은 항들을 여러분에게 잔뜩 남겨 줄 것이다.

더 알아보기

레시피 11.25를 참고하라.

11.9 데이터의 부분집합에 대해 회귀분석하기

문제

가지고 있는 데이터 전체가 아닌, 부분집합에 대해 선형 모형을 적합시키고 싶다.

해결책

lm 함수에는 어떤 데이터 원소들을 적합에 사용할 것인지 지정해 주는 subset 인자가 있다. 이 인자의 값은 여러분의 데이터를 인덱스할 수 있는 어떠한 인덱스 표현식이라도 가능하다. 다음은 처음 100개의 관찰만을 사용한 적합을 보여 준다.

```
lm(y ~ x, subset=1:100)        # x[1:100]만 사용한다.
```

논의

데이터의 일부분만 회귀분석하고 싶을 때도 종종 있다. 예를 들면, 표본 내의 데이터로 모형을 생성한 다음에 표본 밖의 데이터로 검증하고 싶을 때가 있을 수 있다. lm 함수에 있는 subset이라는 인자로 적합에 사용되는 관찰들을 선택할 수 있다. subset의 값은 벡터다. 인덱스 값들로 이루어진 벡터일 수도 있는데, 그런 경우 lm은 데이터 중에서 지시된 관찰들만 선택하게 된다. 또는 여러분의 데이터와 동일한 길이의 논리형 벡터일 수도 있는데, 그런 경우 lm은 이 벡터에 상응하는 관찰의 값이 TRUE인 것들만 선택한다.

1,000개의 (x, y) 쌍 관찰이 있고, 이들 중 앞의 절반만 사용해서 모형을 적합시키고 싶다고 가정해 보자. subset 인자를 1:500으로 해서 lm에게 1에서 500까지의 관찰들만 사용하라고 지시하면 된다.

```
## 예제 데이터
n <- 1000
x <- rnorm(n)
e <- rnorm(n, 0, .5)
y <- 3 + 2 * x + e
lm(y ~ x, subset = 1:500)
#>
#> Call:
#> lm(formula = y ~ x, subset = 1:500)
#>
#> Coefficients:
#> (Intercept)            x
#>           3            2
```

더 일반화시키고 싶으면, 1:floor(length(x)/2)라는 표현식을 사용해서 크기에 상관없이 앞의 절반을 선택할 수 있다.

```
lm(y ~ x, subset = 1:floor(length(x) / 2))
#>
#> Call:
#> lm(formula = y ~ x, subset = 1:floor(length(x)/2))
#>
#> Coefficients:
#> (Intercept)            x
#>           3            2
```

또 다른 예시로, 여러분이 가지고 있는 데이터가 여러 랩에서 수집되었기 때문에 어떤 랩에서 온 데이터인지를 나타내는 lab이라는 요인으로 구분된다고 가정해 보자.

조건에 해당되는 값들만 TRUE를 반환하는 논리형 벡터를 사용하면, 회귀 모형의 적합을 뉴저지(New Jersey)에서 수집한 관찰들로 한정할 수 있다.

```
load('./data/lab_df.rdata')
lm(y ~ x, subset = (lab == "NJ"), data = lab_df)
#>
#> Call:
#> lm(formula = y ~ x, data = lab_df, subset = (lab == "NJ"))
#>
#> Coefficients:
#> (Intercept)            x
#>        2.58         5.03
```

11.10 회귀식 내에서 표현식 사용하기

문제

단순 변수들이 아니라 계산된 값들에 대해 회귀분석을 실시하고 싶지만 회귀식의 문법이 이를 허용하지 않는 것처럼 보인다.

해결책

I(…) 연산자 안에 계산할 값들에 대한 표현식을 끼워 넣는다. 그렇게 하면 R이 해당 표현식을 계산한 다음에 계산된 값으로 회귀분석을 수행한다.

논의

u와 v의 합에 대해 회귀분석을 하고 싶은 경우, 회귀식은 다음과 같다.

$$y_i = \beta_0 + \beta_1(u_i + v_i) + \varepsilon_i$$

그럼 이 등식을 어떻게 회귀식으로 써야 할까? 다음 코드처럼 쓰면 제대로 작동하지 않을 것이다.

```
lm(y ~ u + v)      # 틀렸다.
```

여기서 R은 u와 v를, 각각 회귀계수를 가지고 있는 두 개의 서로 다른 예측변수들로 해석한다. 만들고자 하는 회귀식이 다음과 같다고 해도 마찬가지다.

$$y_i = \beta_0 + \beta_1 u_i + \beta_2 u_i^2 + \varepsilon_i$$

이렇게 하면 작동하지 않는다.

```
lm(y ~ u + u ^ 2)        # 이것은 상호작용 항이지, 이차항이 아니다.
```

R은 u^2를 상호작용 항으로 해석하지(레시피 11.7 참고) u의 제곱으로 보지 않는다.

해결책은 표현식을 I(...) 연산자로 둘러싸는 것이다. 그러면 표현식이 회귀식으로 해석되는 걸 억제할 수 있다. R은 이것을 회귀식으로 보지 않고, 표현식의 값을 계산한 다음에 이 값을 회귀분석에 직접 포함시킨다. 따라서 첫 예시를 제대로 쓰면 다음과 같다.

```
lm(y ~ I(u + v))
```

이 명령을 보면 R은 u + v를 계산한 다음, 합계에 대해 y를 회귀식으로 추정한다. 두 번째 예시를 제대로 써보면 다음과 같다.

```
lm(y ~ u + I(u ^ 2))
```

여기서 R은 u의 제곱을 계산한 다음에 u + u ^ 2에 대해서 회귀분석을 한다.

> 💡 모든 기본 이항 연산자(+, −, *, /, ^)는 회귀식 내에서 특별한 의미를 가진다. 그 때문에 회귀식에 계산된 값들을 포함시키려고 하는 경우에는 항상 I(...) 연산자를 써야 한다.

이렇게 변환을 끼워 넣으면 좋은 이유는, R이 그것을 기억해 뒀다가 그 모형으로부터 예측을 하는 경우에 동일하게 적용하기 때문이다. 두 번째 예에서 설명했던 이차 모형을 생각해 보자. 거기서는 u와 u^2를 사용하는데, 우리가 u의 값만 말해 주면, 나머지 귀찮은 일은 R이 알아서 처리해 준다. 우리가 u의 제곱을 계산할 필요가 없는 것이다.

```
load('./data/df_squared.rdata')
m <- lm(y ~ u + I(u ^ 2), data = df_squared)
predict(m, newdata = data.frame(u = 13.4))
#>   1
#> 877
```

더 알아보기

다항식을 회귀분석하는 특수한 경우는 레시피 11.11을 참고하라. 다른 데이터 변환들을 회귀분석에 포함시키는 방법에 대해서는 레시피 11.12를 참고하라.

11.11 다항식 회귀분석하기

문제

x의 다항식에 대해 y를 회귀식으로 추정하고 싶다.

해결책

회귀식 안에 poly(x, n) 함수를 사용해, x의 'x차' 다항식에 대해 회귀분석한다. 다음에는 x의 삼차 함수인 y 모형을 만든다.

```
lm(y ~ poly(x, 3, raw = TRUE))
```

이번 예시의 식은 다음 삼차 회귀식과 같은 뜻이다.

$$y_i = \beta_0 + \beta_1 x_i + \beta_2 x_i^2 + \beta_3 x_i^3 + \varepsilon_i$$

논의

처음 R에서 다항식 모형을 사용할 때, 사람들은 다음과 같이 미숙한 행동을 하곤 한다.

```
x_sq  <- x ^ 2
x_cub <- x ^ 3
m    <- lm(y ~ x + x_sq + x_cub)
```

이 표현은 썩 마음에 들지 않는데, 작업공간을 필요 없는 변수들로 지저분하게 만들어 놓기 때문이다.

다음과 같이 사용하는 게 훨씬 쉽다.

```
m <- lm(y ~ poly(x, 3, raw = TRUE))
```

raw = TRUE는 넣어 줘야 한다. 이 인자 없이는 poly 함수가 단순 다항식 대신 직교 다항식을 계산하게 된다.

단순히 편리함을 떠나서, 모형으로부터 예측을 할 때(레시피 11.19 참고), R이 x의 모든 거듭제곱을 계산해 준다는 커다란 장점도 있다. 이게 없으면 모형을 사용할 때마다 x^2과 x^3을 매번 계산하고 있을 것이다.

poly를 사용해야 하는 다른 좋은 이유는 또 있다. 다음과 같이 회귀식을 쓸 수는 없기 때문이다.

```
lm(y ~ x + x^2 + x^3)        # 생각대로 되지 않을걸?
```

R은 x^2과 x^3을 상호작용 항으로 해석하지, x의 거듭제곱으로 취급하지 않는다. 그래서 결과로 나오는 모형은 여러분의 기대를 완전히 저버리고 항이 하나뿐인 선형회귀가 된다. 회귀식을 제대로 쓰면 다음과 같다.

```
lm(y ~ x + I(x^2) + I(x ^ 3))
```

그렇지만 이러면 식이 장황해지므로 그냥 poly를 사용하자.

더 알아보기
상호작용 항에 대해서는 레시피 11.7에 좀 더 자세한 설명이 있다. 회귀 데이터와 관련된 다른 변환들은 레시피 11.12를 참고하라.

11.12 변형된 데이터로 회귀분석하기

해결책
x와 y에 대한 회귀 모형을 만들고 싶으나, 이들은 선형 관계가 아니다.

해결책
회귀식 안에 필요한 변환 과정을 끼워 넣으면 된다. 예를 들어 y가 $\log(y)$로 꼭 변환되어야 한다면, 회귀식은 다음과 같이 쓰인다.

```
lm(log(y) ~ x)
```

논의
lm 함수는 변수들이 선형 관계여야 한다는 중요한 가정을 하고 있다. 이 가정 자체가 거짓이라면, 결과로 나온 회귀 모형은 아무런 쓸모가 없다.

다행히도 많은 데이터세트는 lm을 적용하기 전에 선형 관계로 변환시킬 수 있다.

그림 11-1은 지수형 감쇠 예시를 보여 주고 있다. 왼쪽 그래프는 원본 데이터 z를 나타낸다. 점선은 원본 데이터의 선형회귀 모형인데, 이는 한눈에 보기에도 명백히 형편없이 적합되어 있다.

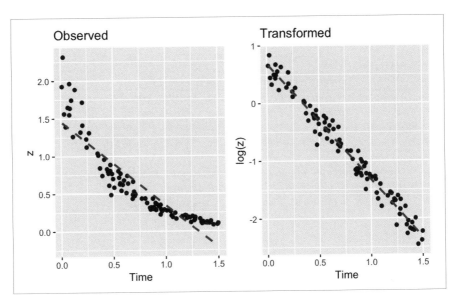

그림 11-1 데이터 변환의 예시

데이터가 실제로 지수형이라면 가능한 모형은 다음과 같다.

$$z = \exp[\beta_0 + \beta_1 t + \varepsilon]$$

여기서 t는 시간이고 exp[]는 지수함수(e^x)다. 당연히 선형이 아니지만, 로그를 취함으로써 이것을 선형으로 만들 수 있다.

$$\log(z) = \beta_0 + \beta_1 t + \varepsilon$$

R에서 이러한 회귀분석은 의외로 간단하다. 로그 변환을 직접 회귀식에 끼워 넣을 수 있기 때문이다.

```
# 예제 데이터 읽기
load(file = './data/df_decay.rdata')
z <- df_decay$z
t <- df_decay$time

# 데이터 변환과 모형
m <- lm(log(z) ~ t)
summary(m)
#>
#> Call:
#> lm(formula = log(z) ~ t)
#>
#> Residuals:
```

```
#>       Min      1Q  Median      3Q     Max
#> -0.4479 -0.0993  0.0049  0.0978  0.2802
#>
#> Coefficients:
#>             Estimate Std. Error t value Pr(>|t|)
#> (Intercept)   0.6887     0.0306    22.5   <2e-16 ***
#> t            -2.0118     0.0351   -57.3   <2e-16 ***
#> ---
#> Signif. codes:  0 '***' 0.001 '**' 0.01 '*' 0.05 '.' 0.1 ' ' 1
#>
#> Residual standard error: 0.148 on 98 degrees of freedom
#> Multiple R-squared:  0.971,  Adjusted R-squared:  0.971
#> F-statistic: 3.28e+03 on 1 and 98 DF,  p-value: <2e-16
```

그림 11-1의 오른쪽은 시간 대비 $\log(z)$의 그래프를 보여 주는데, 그 위에는 회귀선이 놓여 있다. 이 적합이 원본보다 훨씬 더 잘 맞아 보인다. 원본 선형회귀의 0.82와 비교해서, 변환된 그래프의 $R^2 = 0.97$을 보면 확실히 알 수 있다.

식에 다른 함수들을 끼워 넣을 수도 있다. 관계가 이차라고 생각된다면, 제곱근 변환을 사용하면 된다.

```
lm(sqrt(y) ~ month)
```

당연히 식의 양변에 있는 변수들 모두에 변환을 적용할 수도 있다. 다음 식은 x의 제곱근에 대해 y를 회귀시키는 것이다.

```
lm(y ~ sqrt(x))
```

다음 식은 x와 y 사이의 로그-로그 관계를 회귀분석하는 것이다.

```
lm(log(y) ~ log(x))
```

더 알아보기

레시피 11.13을 참고하라.

11.13 최적의 거듭제곱 변형 찾기(박스-콕스 절차)

문제

반응변수에 거듭제곱 변환을 적용해서 여러분이 가지고 있는 선형 모형을 향상시키고 싶다.

해결책

MASS 패키지의 boxcox 함수로 구현되어 있는 박스-콕스 절차(Box-Cox procedure)를 사용한다. 이 절차를 사용하면 y를 y^λ로 변환해서 모형의 적합을 향상시키는, 거듭제곱 λ를 찾아 준다.

```
library(MASS)
m <- lm(y ~ x)
boxcox(m)
```

논의

박스-콕스 변환을 설명하기 위해, 일단 ε이 오차항인 등식 $y^{-1.5} = x + \varepsilon$을 사용해서 인공적인 데이터를 생성해 보자.

```
set.seed(9)
x <- 10:100
eps <- rnorm(length(x), sd = 5)
y <- (x + eps) ^ (-1 / 1.5)
```

그 다음 (실수로) 단순선형회귀를 사용해서 데이터를 모형으로 만들고, 수정된 R^2 값 0.637을 얻어낸다.

```
m <- lm(y ~ x)
summary(m)
#>
#> Call:
#> lm(formula = y ~ x)
#>
#> Residuals:
#>      Min       1Q   Median       3Q      Max
#> -0.04032 -0.01633 -0.00792  0.00996  0.14516
#>
#> Coefficients:
#>              Estimate Std. Error t value Pr(>|t|)
#> (Intercept)  0.166885   0.007078    23.6   <2e-16 ***
#> x           -0.001465   0.000116   -12.6   <2e-16 ***
#> ---
#> Signif. codes:  0 '***' 0.001 '**' 0.01 '*' 0.05 '.' 0.1 ' ' 1
#>
#> Residual standard error: 0.0291 on 89 degrees of freedom
#> Multiple R-squared:  0.641,  Adjusted R-squared:  0.637
#> F-statistic:  159 on 1 and 89 DF,  p-value: <2e-16
```

적합된 값들에 잔차들을 대비시켜 그래프를 그려 보면, 무언가 잘못되었다는 사실을 알 수 있다. ggplot의 잔차 그래프를 broom 라이브러리를 사용해서 그릴 수 있다. broom의 augment 함수가 우리의 잔차(외 다른 것들도)를 그래프로 그리기 쉽게 데이터 프레임에 담아 줄 것이다. 그리고 나면 ggplot을 사용하여 그래프를 그린다.

```
library(broom)
augmented_m <- augment(m)

ggplot(augmented_m, aes(x = .fitted, y = .resid)) +
  geom_point()
```

결과는 그림 11-2에 나와 있다.

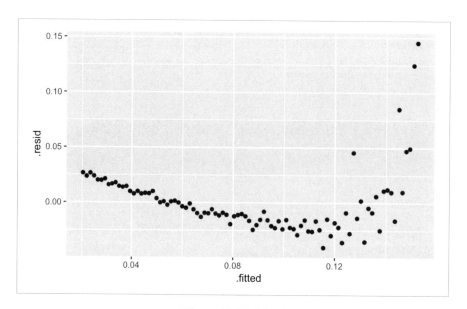

그림 11-2 적합값들 대비 잔차

만약 잔차 그래프만 잠깐 보고 싶으며, 결과가 ggplot 그래프가 아니어도 되는 경우에는 모형 객체 m을 기본 R의 plot에 전달하여 간단한 그래프로 그려도 된다.

```
plot(m, which = 1) # which = 1로 하면 fitted vs. residuals 그래프만 그려준다.
```

그림 11-2의 그래프는 명확히 포물선 모양이다. 이것을 고치기 위한 방법 중 하나로 y에 제곱근 변환을 가할 수 있으므로, 박스-콕스 절차를 실행한다.

```
library(MASS)
#>
#> Attaching package: 'MASS'
#> The following object is masked from 'package:dplyr':
#>
#>     select
bc <- boxcox(m)
```

boxcox 함수는 그림 11-3처럼 λ값들 대비 결과 모형의 로그우도(log-likelihood)를 그래프로 그린다. 우리는 이 로그우도를 최대로 하고 싶은 것이고, 따라서 이 함수는 최적의 값과 그것의 신뢰구간 한계에 선들을 그려 준다. 이 경우 최적의 값은 -1.5 근처, 신뢰구간은 대략 $(-1.75, -1.25)$인 것으로 보인다.

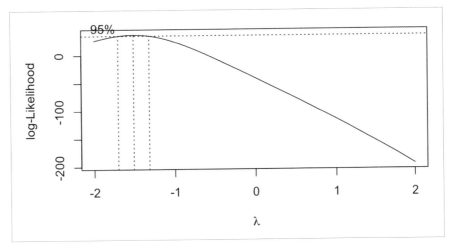

그림 11-3 모형(m)에 대한 박스-콕스 결과

이상하게도 boxcox 함수는 λ의 최적의 값을 반환해 주지는 않는다. 그 대신에 그래프에 표시된 (x, y) 쌍을 보여 준다. 그러나 가장 큰 로그우도 y값을 산출하는 λ의 값을 찾는 것은 어렵지 않다. which.max 함수를 사용하면 된다.

```
which.max(bc$y)
#> [1] 13
```

이렇게 하면 상응하는 λ의 위치를 알려 준다.

```
lambda <- bc$x[which.max(bc$y)]
lambda
#> [1] -1.52
```

이 함수는 최적의 λ값이 −1.52라고 보고한다. 실제 응용 시에는 쓸 때는 이 숫자를 해석한 다음, 가장 의미가 있는 거듭제곱 값을 고르기를 권한다. 여기 나온 '최적의' 값을 맹목적으로 수용하기보다 말이다. 그래프로 해석을 돕자. 여기서 우리는 그냥 −1.52로 진행하겠다.

거듭제곱 변환을 y에 적용한 다음에 수정된 모형을 적합한다. 이렇게 하면 0.967로, 훨씬 나은 R^2 값이 나온다.

```
z <- y ^ lambda
m2 <- lm(z ~ x)
summary(m2)
#>
#> Call:
#> lm(formula = z ~ x)
#>
#> Residuals:
#>     Min      1Q  Median      3Q     Max
#> -13.459  -3.711  -0.228   2.206  14.188
#>
#> Coefficients:
#>             Estimate Std. Error t value Pr(>|t|)
#> (Intercept)  -0.6426     1.2517   -0.51     0.61
#> x             1.0514     0.0205   51.20   <2e-16 ***
#> ---
#> Signif. codes:  0 '***' 0.001 '**' 0.01 '*' 0.05 '.' 0.1 ' ' 1
#>
#> Residual standard error: 5.15 on 89 degrees of freedom
#> Multiple R-squared:  0.967,  Adjusted R-squared:  0.967
#> F-statistic: 2.62e+03 on 1 and 89 DF,  p-value: <2e-16
```

한 줄짜리 코드를 선호하는 사람들을 위해서 알려 주면, 이러한 변환도 수정된 회귀식에 바로 끼워 넣을 수 있다.

```
m2 <- lm(I(y^lambda) ~ x)
```

 boxcox는 기본 설정으로, −2에서 +2의 범위에서 λ값들을 찾는다. lambda 인자를 통해 이 설정을 바꿀 수 있다. 자세한 내용은 도움말 페이지를 참고하자.

박스-콕스 결과를 확정적인 결과가 아닌, 일종의 시작점으로 보기를 추천한다. 만약 λ에 대한 신뢰구간이 1.0을 포함한다면 실제로 어떤 거듭제곱 변환도 도움이 되지 않을 가능성이 있다. 늘 그렇듯이 변환 전후의 잔차를 살펴보자. 정말로 성능이 향상된 걸까?

그림 11-4(변환된 데이터)와 그림 11-2(변환되지 않은 데이터)를 비교해 보자.

```
augmented_m2 <- augment(m2)

ggplot(augmented_m2, aes(x = .fitted, y = .resid)) +
  geom_point()
```

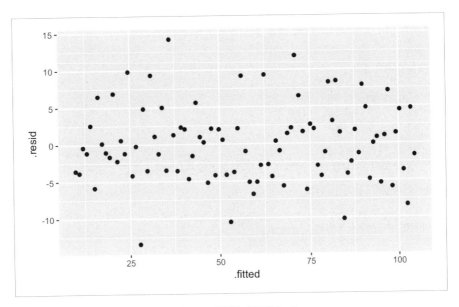

그림 11-4 적합값들 대비 잔차: m2

더 알아보기

레시피 11.12와 11.16을 참고하라.

11.14 회귀계수의 신뢰구간 구하기

문제

선형회귀를 수행하고 있으며, 회귀계수에 대한 신뢰구간이 필요하다.

해결책

회귀 모형을 객체에 저장한 다음 confint 함수를 사용해서 신뢰구간을 추출한다.

```
load(file = './data/conf.rdata')
m <- lm(y ~ x1 + x2)
confint(m)
```

```
#>               2.5 %  97.5 %
#> (Intercept) -3.90    6.47
#> x1          -2.58    6.24
#> x2           4.67    5.17
```

논의

"해결책"은 $y = \beta_0 + \beta_1(x_1)_i + \beta_2(x_2)_i + \varepsilon_i$ 모형을 사용한다. confint 함수는 절편(β_0), x_1의 계수(β_1), x_2의 계수(β_2)에 대한 신뢰구간을 반환해 준다.

```
confint(m)
#>               2.5 %  97.5 %
#> (Intercept) -3.90    6.47
#> x1          -2.58    6.24
#> x2           4.67    5.17
```

기본 설정으로 confint는 95%의 신뢰수준을 사용한다. 다른 수준을 선택하려면 level 인자를 사용하면 된다.

```
confint(m, level = 0.99)
#>               0.5 %  99.5 %
#> (Intercept) -5.72    8.28
#> x1          -4.12    7.79
#> x2           4.58    5.26
```

더 알아보기

arm 패키지의 coefplot 함수로 회귀계수들의 신뢰구간을 그래프로 그릴 수 있다.

11.15 회귀 잔차 그래프 그리기

문제

회귀 잔차를 시각적으로 보고 싶다.

해결책

broom을 사용해서 모형의 결과를 데이터 프레임에 넣고, ggplot으로 모형 객체의 그래프를 그릴 수 있다.

가능한 그래프들 중 잔차 그래프를 선택해서 모형 객체를 그리면 된다.

```
m <- lm(y ~ x1 + x2)
```

```
library(broom)
augmented_m <- augment(m)

ggplot(augmented_m, aes(x = .fitted, y = .resid)) +
  geom_point()
```

논의

이전 레시피에서 사용한 선형 모형 m을 사용해서 간단한 잔차 그래프를 만들어 보겠다.

```
library(broom)
augmented_m <- augment(m)

ggplot(augmented_m, aes(x = .fitted, y = .resid)) +
  geom_point()
```

결과는 그림 11-5와 같다.

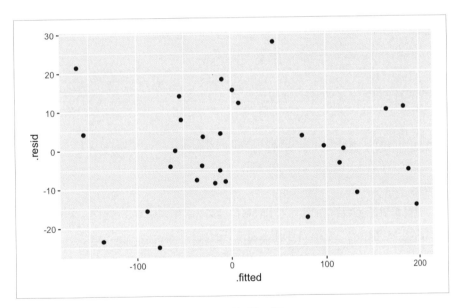

그림 11-5 모형 잔차 그래프

기본 R의 plot을 사용해서 간단하게 그래프를 볼 수도 있지만, ggplot 그래프가 아닌 일반 R 그래픽으로 된 그래프가 나온다.

```
plot(m, which = 1)
```

더 알아보기

잔차 그래프와 다른 진단 그래프들의 예시가 나와 있는 레시피 11.16을 참고하라.

11.16 선형회귀 진단하기

문제

선형회귀를 실시했다. 이제 진단 검사를 실행해서 그 모형이 좋은 모형인지를 확인하고 싶다.

해결책

모형 객체를 기본 R 그래픽스의 그래프로 출력하면 여러 개의 진단 그래프를 얻을 수 있다.

```
m <- lm(y ~ x1 + x2)
plot(m)
```

그 다음, 잔차의 진단 그래프들을 들여다 보거나, car 패키지에 든 outlierTest 함수를 사용해서 있을 수 있는 이상치들을 찾아낸다.

```
library(car)
outlierTest(m)
```

끝으로 지나치게 영향력이 큰 관찰들을 확인한다(레시피 11.17 참고).

논의

R은 선형회귀가 쉽다는 느낌이 들게 한다. 그냥 lm 함수만 사용하면 되니까. 하지만 데이터를 적합시키는 것은 시작일 뿐이다. 적합된 모형이 실제로 작동하는지, 또 정말로 잘 작동하는지를 결정하는 건 여러분의 몫이다.

무엇보다도 먼저, 모형이 통계적으로 유의미해야 한다. 모형 요약(레시피 11.4)에서 F 통계량을 확인해 보고, p-값이 목적에 맞게 충분히 작은지 보는 것도 잊지 말자. 통상적으로는 0.05보다 작아야 하는데, 그렇지 않으면 그 모형은 별 의미가 없을 가능성이 크다.

단순하게 모형 객체를 그래프로 그리게 되면 여러 가지 유용한 진단 그래프들(그림 11-6)이 생긴다.

```
m <- lm(y ~ x1 + x2)
par(mfrow = (c(2, 2))) # 2x2 그래프를 만들어 준다.
plot(m)
```

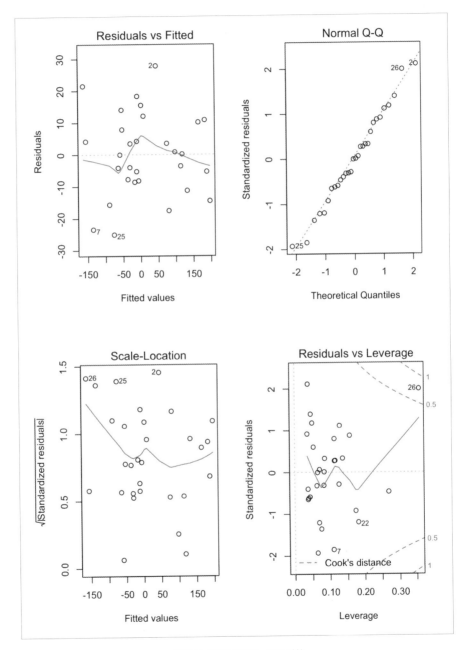

그림 11-6 진단 그래프 – 좋은 적합

그림 11-6은 꽤 잘 적합된 회귀 진단 그래프들을 보여 주는데, 그 이유는 다음과 같다.

- 잔차(Residuals) 대 적합된(Fitted) 데이터 그래프의 점들은 별다른 패턴 없이 무작위로 퍼져 있다.
- 정규 Q-Q 그래프의 점들은 어느 정도 선에 맞게 분포하므로, 잔차들이 정규분포를 따른다는 사실을 알려 준다.
- 척도-위치(Scale-Location) 그래프와 잔차 대 지렛대값(Residuals vs Leverage) 그래프를 보면 점들이 중심에서 크게 멀리 떨어지지는 않게 모여 있다.

이에 비해, 그림 11-7은 별로 좋지 않은 회귀 진단을 보여 준다.

```
load(file = './data/bad.rdata')
m <- lm(y2 ~ x3 + x4)
par(mfrow = (c(2, 2)))        # 2x2 그래프를 만들어 준다.
plot(m)
```

잔차 대 적합된 데이터 그래프가 명확한 포물선 모양인 걸 보자. 여기서 이 모형이 불완전하다는 점을 알 수 있다. y의 변동을 더 설명해 줄 수 있는 이차 요인이 빠져 있다. 잔차에 있는 다른 패턴들은 또 다른 문제들을 제시한다. 예를 들어 뒤집은 원뿔 모양은 y가 이분산적(nonconstant variance)일 것이라는 뜻이 될 수 있다. 이러한 패턴들을 해석하는 건 예술적인 경지가 조금 필요하니, 잔차 그래프를 평가할 때는 선형회귀에 대한 좋은 책을 찾아 읽어보면서 진행하기를 추천한다.

적합이 잘 안 된 회귀 진단 그래프에는 다른 문제들도 보인다. 정규 Q-Q는 좋은 회귀 그래프보다 선에서 벗어난 점들이 더 많다. 척도-위치 그래프와 잔차 대 지렛대값 그래프 또한 중심에서 더 멀리 점들이 흩뿌려져 있는데, 이를 토대로 몇몇 점이 과도한 지렛대값이 될 수 있음을 알 수 있다.

또 다른 패턴으로 28번 점이 모든 그래프에서 두드러지게 벗어났다는 사실이 있다. 이 관찰에 무언가 이상한 점이 있다는 경고다. 이를테면 이 점이 이상치일 수 있다. 이러한 직감을 검증해 보려면 car 패키지에 든 outlierTest 함수를 쓰면 된다.

```
library(car)
outlierTest(m)
#>     rstudent unadjusted p-value Bonferonni p
#> 28    4.46        7.76e-05          0.0031
```

outlierTest는 해당 모형에서 가장 특출난 관찰값을 판별해 준다. 이 경우 28번 관찰값이 나왔으므로 그것이 이상치일 수 있다는 점이 확인됐다.

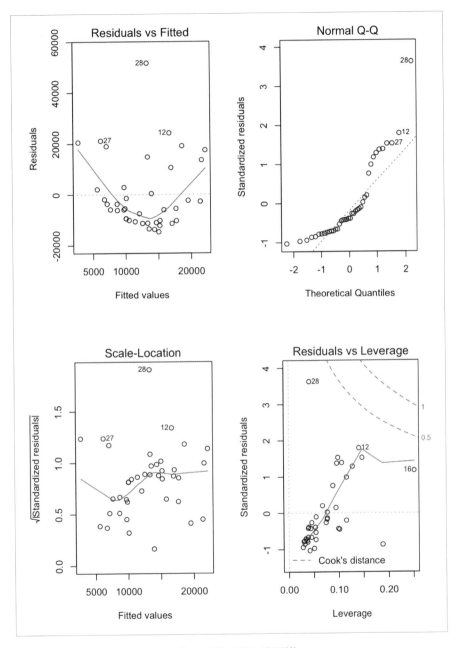

그림 11-7 진단 그래프 – 나쁜 적합

더 알아보기

레시피 11.4와 11.17을 참고하라. car 패키지는 R 기본 배포판에 들어 있지 않다. 설치하는 방법은 레시피 3.10을 참고하라.

11.17 영향력이 큰 관찰 판별하기

문제

회귀 모형에서 가장 영향력이 큰 관찰값(영향치)들을 판별하고 싶다. 데이터와 관련해서 있을 수도 있는 문제들을 진단하는 데 유용한 방법이다.

해결책

influence.measures 함수를 사용하면 영향력이 큰 관찰값들을 인식하기 위한 쓸 만한 통계량들이 반환되며, 유의미한 것들은 별표(*)로 표시된다. 이 함수의 주 인자는 여러분이 가지고 있는 회귀 모형 객체다.

```
influence.measures(m)
```

논의

이번 레시피의 제목을 "지나치게 영향력이 큰 관찰 판별하기"라고 할 수도 있었지만, 그러면 불필요하게 단어를 추가하는 일이 되었을 것이다. 모든 관찰은 아주 조금일지라도 회귀 모형에 영향을 미친다. 통계학자가 어떤 관찰이 '영향이 있다'고 말할 때, 그 관찰을 제거하면 적합된 회귀 모형을 크게 바꿔놓는 경우를 말한다. 우리가 이러한 관찰들을 판별하려는 이유는 모형을 왜곡하는 이상치들일 가능성이 있기 때문이다. 분석을 하면서 우리는 그러한 것들을 조사할 의무가 있다.

influence.measures 함수는 다음과 같은 여러 통계량들을 보고해 준다. DFBETA, DFFIT, 공분산비(covariance ratio), 쿡의 거리(Cook's distance), 해트 행렬(hat matrix) 값들이다. 만약 이 가운데 어떠한 기준이라도 특정 관찰이 영향력이 있다는 결과가 나오면, 함수는 해당 관찰 오른쪽에 별표(*)로 표시된다.

```
influence.measures(m)
#> Influence measures of
#>   lm(formula = y2 ~ x3 + x4) :
#>
#>     dfb.1_   dfb.x3   dfb.x4   dffit cov.r  cook.d   hat inf
#> 1  -0.18784  0.15174  0.07081 -0.22344 1.059 1.67e-02 0.0506
```

```
#> 2    0.27637 -0.04367 -0.39042   0.45416 1.027 6.71e-02 0.0964
#> 3   -0.01775 -0.02786  0.01088 -0.03876 1.175 5.15e-04 0.0772
#> 4    0.15922 -0.14322  0.25615   0.35766 1.133 4.27e-02 0.1156
#> 5   -0.10537  0.00814 -0.06368 -0.13175 1.078 5.87e-03 0.0335
#> 6    0.16942  0.07465  0.42467   0.48572 1.034 7.66e-02 0.1062
#> 7   -0.10128 -0.05936  0.01661 -0.13021 1.078 5.73e-03 0.0333
#> 8   -0.15696  0.04801  0.01441 -0.15827 1.038 8.38e-03 0.0276
#> 9   -0.04582 -0.12089 -0.01032 -0.14010 1.188 6.69e-03 0.0995
#> 10  -0.01901  0.00624  0.01740 -0.02416 1.147 2.00e-04 0.0544
#> 11  -0.06725 -0.01214  0.04382 -0.08174 1.113 2.28e-03 0.0381
#> 12   0.17580  0.35102  0.62952   0.74889 0.961 1.75e-01 0.1406
#> 13  -0.14288  0.06667  0.06786 -0.15451 1.071 8.04e-03 0.0372
#> 14  -0.02784  0.02366 -0.02727 -0.04790 1.173 7.85e-04 0.0767
#> 15   0.01934  0.03440 -0.01575  0.04729 1.197 7.66e-04 0.0944
#> 16   0.35521 -0.53827 -0.44441  0.68457 1.294 1.55e-01 0.2515     *
#> 17  -0.09184 -0.07199  0.01456 -0.13057 1.089 5.77e-03 0.0381
#> 18  -0.05807 -0.00534 -0.05725 -0.08825 1.119 2.66e-03 0.0433
#> 19   0.00288  0.00438  0.00511  0.00761 1.176 1.99e-05 0.0770
#> 20   0.08795  0.06854  0.19526  0.23490 1.136 1.86e-02 0.0884
#> 21   0.22148  0.42533 -0.33557  0.64699 1.047 1.34e-01 0.1471
#> 22   0.20974 -0.19946  0.36117  0.49631 1.085 8.06e-02 0.1275
#> 23  -0.03333 -0.05436  0.01568 -0.07316 1.167 1.83e-03 0.0747
#> 24  -0.04534 -0.12827 -0.03282 -0.14844 1.189 7.51e-03 0.1016
#> 25  -0.11334  0.00112 -0.05748 -0.13580 1.067 6.22e-03 0.0307
#> 26  -0.23215  0.37364  0.16153 -0.41638 1.258 5.82e-02 0.1883     *
#> 27   0.29815  0.01963 -0.43678  0.51616 0.990 8.55e-02 0.0986
#> 28   0.83069 -0.50577 -0.35404  0.92249 0.303 1.88e-01 0.0411     *
#> 29  -0.09920 -0.07828 -0.02499 -0.14292 1.077 6.89e-03 0.0361
#> # etc.
```

이것은 레시피 11.16에서 가져온 모형으로, 우리는 28번 관찰값이 이상치일 거라 의심했었다. 그 관찰값에 실제로 별표가 붙어 있는 것으로 지나치게 영향력이 크다는 걸 확인할 수 있다.

> 이번 레시피로 영향력이 있는 관찰들을 판별할 수 있지만, 그렇다고 곧바로 그것들을 삭제하면 안 된다. 몇 가지 판단을 해 봐야 된다. 이 관찰들이 여러분의 모형을 향상시키고 있는 걸까 아니면 망가뜨리고 있는 걸까?

더 알아보기

레시피 11.16을 참고하라. `help(influence.mearsures)`를 사용해서 영향력 기준들 목록과 몇 가지 관련된 함수를 알아보자. 다양한 영향력 기준을 어떻게 해석하는지는 회귀에 대한 교재를 읽어보자.

11.18 잔차의 자기상관 검정하기(더빈-왓슨 검정)

문제

선형회귀를 수행했는데, 잔차에 자기상관(autocorrelation)이 있는지 확인하고 싶다.

해결책

더빈-왓슨(Durbin-Watson) 검정은 잔차의 자기상관을 확인할 수 있다. 이 검정은 lmtest 패키지의 dwtest 함수로 구현되어 있다.

```
library(lmtest)
m <- lm(y ~ x)        # 모형 객체를 생성한다.
dwtest(m)             # 모형의 잔차를 검정한다.
```

출력에는 p-값이 포함되어 있다. 통상적으로 $p < 0.05$이면 잔차들은 유의미한 상관관계가 있는 반면, $p > 0.05$이면 상관관계라는 증거를 제시하지 못한다.

잔차들의 자기상관 함수(ACF)를 그래프로 만들어서 자기상관을 시각적으로 확인할 수도 있다.

```
acf(m)                # 모형 잔차의 ACF를 그래프로 그린다.
```

논의

더빈-왓슨 검정은 시계열 분석에서 종종 사용되는데, 원래 만들어졌을 때는 회귀 잔차들의 자기상관을 진단하려는 목적이었다. 잔차에 자기상관이 있으면 회귀계수들에 대한 F 통계량이나 t 통계량 같은 회귀통계량을 왜곡시키기 때문에 골치가 아프다. 상관관계가 나타난다면 여러분의 모형이 무언가 유용한 예측변수를 빼먹었거나, 추세나 계절지수 같은 시계열 성분을 포함해야 한다는 뜻이다.

이 첫 번째 예는 단순회귀 모형을 만든 다음, 자기상관에 대해 잔차 검정을 수행한다. 이 검정을 통해 0보다 한참 큰 p-값이 반환되는데, 유의미한 자기상관이 없다고 해석할 수 있다.

```
library(lmtest)
load(file = './data/ac.rdata')
m <- lm(y1 ~ x)
dwtest(m)
#>
#>  Durbin-Watson test
```

```
#>
#> data: m
#> DW = 2, p-value = 0.4
#> alternative hypothesis: true autocorrelation is greater than 0
```

두 번째 예에서는 잔차의 자기상관이 드러난다. *p*-값이 거의 0에 가까우므로, 자기상관이 양의 값일 가능성이 크다.

```
m <- lm(y2 ~ x)
dwtest(m)
#>
#>   Durbin-Watson test
#>
#> data: m
#> DW = 2, p-value = 0.01
#> alternative hypothesis: true autocorrelation is greater than 0
```

dwtest는 기본 설정으로 단측검정(one-side test)을 수행하고, 다음과 같은 질문에 답을 낸다. 잔차들의 자기상관이 0보다 큰가? 만약 여러분의 모형이 음의 자기상관(그래, 이것도 가능하다)을 드러낼 수 있는 종류라면, alternative 옵션을 사용해서 양측검정을 해야 한다.

```
dwtest(m, alternative = "two.sided")
```

더빈-왓슨 검정은 car 패키지의 durbinWatsonTest 함수로도 구현되어 있다. 우리가 dwtest 함수를 추천한 주된 이유는 출력이 읽기 쉽기 때문이다.

더 알아보기

lmtest 패키지와 car 패키지 모두 R 기본 배포판에는 들어 있지 않다. 레시피 3.8과 3.10을 참고하여 이들을 설치하고 함수에 접근하는 법을 알아보자. 자기상관 검정과 관련해서는 레시피 14.13과 14.16에 더 많은 정보가 있다.

11.19 새로운 값들 예측하기

문제

회귀 모형을 통해 새로운 값들을 예측하고 싶다.

해결책

예측변수를 새로운 데이터 프레임에 저장한다. predict 함수를 사용하며 newdata 인자를 해당 데이터 프레임으로 설정한다.

```
load(file = './data/pred2.rdata')

m <- lm(y ~ u + v + w)
preds <- data.frame(u = 3.1, v = 4.0, w = 5.5)
predict(m, newdata = preds)
#>  1
#> 45
```

논의

선형 모형이 있으면 예측을 하는 것은 쉽다. predict 함수가 귀찮은 일들을 알아서 해 주기 때문이다. 한 가지 거슬리는 점이 있다면 데이터를 데이터 프레임에 넣어야 한다는 것이다.

predict 함수는 벡터를 반환하는데, 여기에는 데이터의 모든 행에 대해 각각 하나씩의 예측된 값이 들어 있다. 해결책에 나와 있는 예시는 행을 하나만 가지고 있으므로 predict는 값을 한 개 반환했다.

만약 여러분이 가지고 있는 예측변수 데이터가 여러 행으로 되어 있으면, 행당 하나씩의 예측 값이 생겨난다.

```
preds <- data.frame(
  u = c(3.0, 3.1, 3.2, 3.3),
  v = c(3.9, 4.0, 4.1, 4.2),
  w = c(5.3, 5.5, 5.7, 5.9)
)
predict(m, newdata = preds)
#>    1    2    3    4
#> 43.8 45.0 46.3 47.5
```

혹시 몰라서 이야기하는데, 새로운 데이터에는 반응변수 값들은 넣을 필요가 없고 예측변수 값들만 넣으면 된다. 어찌되었든 반응변수는 여러분이 '계산하려고' 하는 대상이니까, R이 여러분이 처음부터 그걸 입력하리라고 기대할 리는 만무하다.

더 알아보기

이렇게 하면 예측들의 점추정치(point estimates)만 나온다. 신뢰구간에 대해서는 레시피 11.20을 참고하라.

11.20 예측구간 구하기

문제

선형회귀 모형을 사용해 예측을 하고 있다. 예측구간, 즉 예측의 분포 범위를 알고
싶다.

해결책

predict 함수를 사용하고 interval = "prediction"으로 지정한다.

```
predict(m, newdata = preds, interval = "prediction")
```

논의

이번 레시피는 predict 함수를 사용하기 위해 데이터를 데이터 프레임으로 포장하는
내용을 다루었던 레시피 11.19에서 이어진다. 이번에는 interval = "prediction"을
추가해서 예측구간을 알아내는 것이다.

다음은 레시피 11.19에 있던 예시에 예측구간을 추가한 것이다. 새롭게 나온 lwr
과 upr 열은 각각 구간의 하한과 상한이다.

```
predict(m, newdata = preds, interval = "prediction")
#>    fit  lwr  upr
#> 1 43.8 38.2 49.4
#> 2 45.0 39.4 50.7
#> 3 46.3 40.6 51.9
#> 4 47.5 41.8 53.2
```

predict는 기본 설정으로 0.95의 신뢰수준을 사용하는데 level 인자를 통해 변경할
수 있다.

하지만 주의할 점이 있다. 이러한 예측구간들은 정규성으로부터의 편차에 극도로
민감하다. 만약 반응변수가 정규분포가 아니라는 의심이 든다면, 부트스트랩(레시
피 13.8 참고) 같은 비모수적 방법으로 예측구간을 구하기를 추천한다.

11.21 일원분산분석 수행하기

문제

여러분의 데이터는 두 집단으로 나뉘어 있으며, 이 집단들은 정규분포로 되어 있다. 이들이 유의미하게 서로 다른 평균을 가지고 있는지 알고 싶다.

해결책

요인을 사용해 집단을 정의한다. 그 다음 oneway.test 함수를 적용한다.

```
oneway.test(x ~ f)
```

여기서 x는 수치형 값들로 이루어진 벡터고, f는 집단을 판별하는 요인이다. 출력에는 p-값이 포함되어 있다. 통상적으로 0.05보다 작은 p-값은 둘 혹은 그 이상의 집단들이 유의미하게 서로 다른 평균을 가지고 있다는 뜻이고, 반대로 0.05를 초과하는 값은 그러한 증거가 없다는 뜻이다.

논의

우리는 흔히 집단들의 평균을 비교한다. 일원분산분석(one-way ANOVA)으로 이러한 비교를 수행할 수 있고, 이들이 통계적으로 동일할 확률도 계산할 수 있다. 작은 p-값은 둘 혹은 그 이상의 집단들이 서로 다른 평균을 가지고 있다는 것을 나타낸다. ('모든' 집단이 다른 평균을 가지고 있다는 뜻은 아니다.)

기본적인 분산분석 검정은 여러분의 데이터가 정규분포이거나, 적어도 꽤 종 모양에 가깝다고 가정한다. 그렇지 않다면 크러스칼-월리스(Kruskal-Wallis) 검정을 써야 한다(레시피 11.24 참고).

주식시장의 역사를 다루는 데이터로 분산분석을 설명해 보겠다. 주식시장이 다른 달들에 비해 특정 달에 더 수익을 많이 내는가? 예를 들어, 떠도는 얘기로 10월은 주식 투자자들에게 나쁜 달이라는 미신이 있다.[7] 우리는 이 문제를 탐구하기 위해 r과 mon이라는 열을 가진 데이터 프레임 GSPC_df를 생성했다. 요인 r은 S&P 500 지수(널리 쓰이는 주식시장의 실적 척도)의 일간 수익률을 담고 있다. 요인 mon은 그 수익률이 일어난 달을 가리킨다. 1월, 2월, 3월 등이다. 이 데이터의 기간은 1950년부터 2009년까지다.

---

7 마크 트웨인(Mark Twain)은 "10월은 주식투자를 하기에는 아주 위험한 달이다. 그리고 그 다음으로 위험한 달은 7월, 1월, 9월, 4월, 11월, 5월, 3월, 6월, 12월, 8월, 2월이다"라는 말을 남겼다.

일원분산분석을 하면 0.03347이라는 *p*-값이 나온다.

```
load(file = './data/anova.rdata')
oneway.test(r ~ mon, data = GSPC_df)
#>
#>  One-way analysis of means (not assuming equal variances)
#>
#> data:  r and mon
#> F = 2, num df = 10, denom df = 7000, p-value = 0.03
```

따라서 우리는 주식시장이 월에 따라 크게 변화했다고 결론지을 수 있다.

득달같이 중개인에게 달려가 포트폴리오를 월별로 바꿔달라고 하기 전에, 우리가 확인해 봐야 할 게 있다. 혹시 이 패턴이 최근에 변화했나? subset 인자를 지정해서 분석을 최근 데이터로만 한정할 수 있다. lm 함수와 마찬가지로 oneway.test에도 잘 작동한다. subset에는 분석할 관찰들의 인덱스가 들어 있다. 물론 다른 모든 관찰은 무시된다. 여기서 우리는 거의 10년치에 해당하는 2,500개의 가장 최근 관찰들 인덱스를 넣었다.

```
oneway.test(r ~ mon, data = GSPC_df, subset = tail(seq_along(r), 2500))
#>
#>  One-way analysis of means (not assuming equal variances)
#>
#> data:  r and mon
#> F = 0.7, num df = 10, denom df = 1000, p-value = 0.8
```

이럴 수가! 지난 10년을 거치면서 월별 차이가 사라져 버렸다. *p*-값이 0.8인 것을 보니 최근에는 월에 따라 변화가 일어나지 않았음을 가리킨다. 보아하니 차이가 나던 것은 오래전 일이었던 듯싶다.

oneway.test의 출력에 나온 '(not assuming equal variances)'를 눈여겨보자. 만약 집단들이 등분산(equal variance)이라는 사실을 알고 있다면, var.equal = TRUE로 지정하여 덜 보수적인 검정을 할 수 있다.

```
oneway.test(x ~  f, var.equal = TRUE)
```

다음과 같이 aov 함수를 사용해서 일원분산분석을 수행할 수도 있다.

```
m <- aov(x ~ f)
summary(m)
```

하지만 aov 함수는 언제나 등분산이라는 가정을 하기 때문에 oneway.test보다 유연성이 조금 떨어진다.

더 알아보기

평균들이 유의미하게 차이가 났다면, 레시피 11.23을 사용해서 실제 차이를 알아보자. 데이터가 분산분석이 요구하는 대로 정규분포가 아니라면 레시피 11.24를 사용하라.

11.22 상호작용 그래프 생성하기

문제

둘 또는 그 이상의 범주형 변수를 예측변수로 사용하는, 다원분산분석을 수행하고 있다. 예측변수들 사이에 있을 수 있는 상호작용을 눈으로 확인하고 싶다.

해결책

interaction.plot 함수를 사용한다.

```
interaction.plot(pred1, pred2, resp)
```

여기서 pred1과 pred2는 범주형 예측변수이며, resp는 반응변수다.

논의

분산분석은 선형회귀의 한 형태이므로 이상적으로는 모든 예측변수와 반응변수 사이에 선형 관계가 있다. 하지만 비선형성이 생기는 이유 중 하나는 두 예측변수 사이의 '상호작용'이다. 하나의 예측변수 값이 바뀜에 따라서, 다른 어떤 예측변수와 반응변수 사이의 관계도 변하는 것이다. 예측변수들 사이의 상호작용을 확인하는 것은 기본 진단에 속한다.

    faraway 패키지에는 rats라는 데이터세트가 들어 있다. 그 안에는 treat와 poison이라는 범주형 변수들과 time이라는 반응변수가 있다. poison을 time에 대해서 그래프로 그릴 때, 우리는 선형 관계를 뜻하는 쭉 뻗고 평행한 선들을 기대한다. 하지만 interaction.plot 함수를 사용해 보면(그림 11-8) 무언가 잘못되었다는 사실을 알 수 있다.

```
library(faraway)
data(rats)
interaction.plot(rats$poison, rats$treat, rats$time)
```

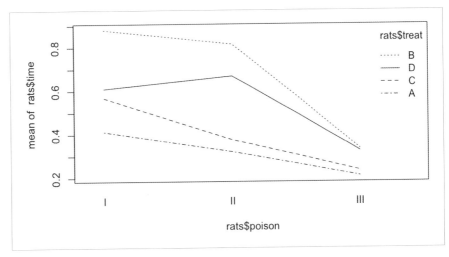

그림 11-8 상호작용 그래프

각각의 선은 poison 대비 time을 그려내고 있다. 선들 간에 차이가 있는 이유는, 각 선들이 서로 다른 treat 값을 나타내고 있기 때문이다. 선들은 서로 평행해야 하지만 맨 위의 두 개는 그다지 평행해 보이지 않는다. 그래프를 보면 treat의 값이 달라짐에 따라 선들이 꺾어졌다는 사실을 알 수 있고, 그것은 poison과 time 관계에 비선형성이 있다는 뜻이 된다.

즉, 상호작용이 있을 수도 있기 때문에 확인해 봐야 하는 것이다. 이 데이터의 경우에는 상호작용이 있다는 건 맞지만, 그것이 통계적으로 유의미하지는 않다. 교훈은 명확하다. 시각적으로 확인해 보면 좋지만, 그것만으론 안전하지 않다. 그러니 통계적인 확인도 함께 하자.

더 알아보기
레시피 11.7을 참고하라.

11.23 집단 평균 간의 차이 알아내기

문제
데이터가 두 집단으로 나뉘어 있으며, 분산분석 검정을 통해 해당 집단들이 유의미하게 서로 다른 평균을 가지고 있다는 사실을 알았다. 이제 모든 집단 평균 간의 차이를 알고 싶다.

해결책

모형 객체를 반환하는 aov 함수로 분산분석을 수행한다. 그 다음 TukeyHSD 함수를 객체에 적용한다.

```
m <- aov(x ~ f)
TukeyHSD(m)
```

여기서 x는 여러분의 데이터고, f는 집단 분류 요인이다. TukeyHSD의 결과를 그래프로 그려서 차이들을 시각화할 수 있다.

```
plot(TukeyHSD(m))
```

논의

분산분석 검정이 중요한 이유는 집단들의 평균이 다른지 그렇지 않은지를 알려 주기 때문이다. 하지만 이 검정으로 '어떤' 집단들이 다른지는 알 수 없으며, 그 차이 또한 보고해 주지 않는다.

TukeyHSD 함수는 이러한 차이들을 계산하고 그중 가장 큰 것들을 판별하는 데 도움을 준다. 이 함수는 존 터키(John Tukey)가 개발한 **정직유의차**(honest significant differences, HSD)라는 방법을 사용한다.

일별 주식시장 변화를 월에 따른 집단으로 묶었던, 레시피 11.21의 예시를 다시 사용해서 TukeyHSD를 설명하도록 하겠다. 이번에는 wday라는 요인을 사용해서 변화가 일어난 요일별(월요일, ..., 금요일)로 집단을 나눌 것이다. 첫 2,500개의 관찰을 사용할 텐데, 대략 기간은 1950년에서 1960년까지다.

```
load(file = './data/anova.rdata')
oneway.test(r ~ wday, subset = 1:2500, data = GSPC_df)
#>
#>   One-way analysis of means (not assuming equal variances)
#>
#> data:  r and wday
#> F = 10, num df = 4, denom df = 1000, p-value = 5e-10
```

p-값은 거의 0으로, 요일에 따라 평균이 유의미하게 변화한다는 사실을 가리킨다.

TukeyHSD 함수를 사용하기 위해서 먼저 모형 객체를 반환하는 aov 함수로 분산분석을 수행했고, 그 다음에 TukeyHSD 함수를 그 객체에 적용했다.

```
m <- aov(r ~ wday, subset = 1:2500, data = GSPC_df)
TukeyHSD(m)
#>    Tukey multiple comparisons of means
#>      95% family-wise confidence level
#>
#> Fit: aov(formula = r ~ wday, data = GSPC_df, subset = 1:2500)
#>
#> $wday
#>               diff        lwr         upr p adj
#> Mon-Fri -0.003153 -4.40e-03 -0.001911 0.000
#> Thu-Fri -0.000934 -2.17e-03  0.000304 0.238
#> Tue-Fri -0.001855 -3.09e-03 -0.000618 0.000
#> Wed-Fri -0.000783 -2.01e-03  0.000448 0.412
#> Thu-Mon  0.002219  9.79e-04  0.003460 0.000
#> Tue-Mon  0.001299  5.85e-05  0.002538 0.035
#> Wed-Mon  0.002370  1.14e-03  0.003605 0.000
#> Tue-Thu -0.000921 -2.16e-03  0.000314 0.249
#> Wed-Thu  0.000151 -1.08e-03  0.001380 0.997
#> Wed-Tue  0.001072 -1.57e-04  0.002300 0.121
```

출력 테이블에 들어 있는 각 라인에는 두 집단 평균의 차이(diff)뿐만 아니라 그 차이에 대한 신뢰구간의 하한과 상한(lwr과 upr)도 포함되어 있다. 예를 들어 테이블의 첫째 줄은, Mon 집단과 Fri 집단을 비교한다. 이들 평균의 차이는 0.003이고 신뢰구간은 (−0.0044, −0.0019)이다.

테이블을 훑어보면서 우리는 Wed-Mon 비교에 나타난 차이가 0.00237로 가장 큰 걸 알 수 있다.

TukeyHSD에는 이러한 차이들을 시각적으로 보여 줄 수도 있는 유용한 기능도 있다. 단지 함수의 반환값을 그리기만 하면 된다(그림 11-9).

```
plot(TukeyHSD(m))
```

수평선들은 각 쌍에 대해 신뢰구간을 그려내고 있다. 이렇게 시각적인 표현을 통해 빠르게 몇몇 신뢰구간이 0을 포함한다는 사실을 눈으로 확인할 수 있으며, 그렇다는 건 차이가 유의미하지 않을 수도 있다는 뜻이다. 또한 그래프에서 신뢰구간이 가장 오른쪽으로 치우쳐 있는 것으로부터 Wed-Mon 쌍의 차이가 가장 크다는 점을 알 수 있다.

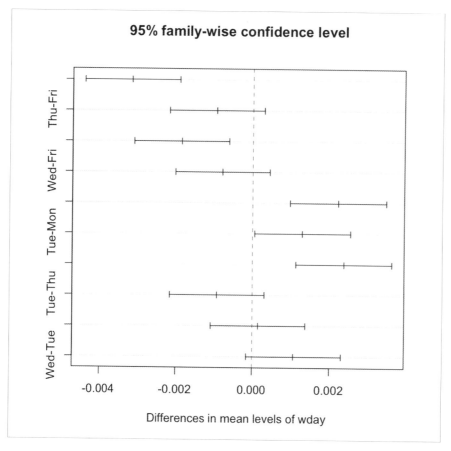

그림 11-9 TukeyHSD 그래프

더 알아보기

레시피 11.21을 참고하라.

11.24 로버스트 분산분석(크러스칼-월리스 검정) 수행하기

문제

여러분의 데이터는 집단으로 나뉘어 있다. 이 집단들은 정규분포는 아니지만 서로 비슷한 모양의 분포로 되어 있다. 여러분은 분산분석과 비슷한 검정을 실시하고 싶다. 집단의 중앙값들이 유의미하게 차이가 나는지 알고 싶은 것이다.

해결책

집단들의 데이터를 정의하는 요인을 생성한다. 그리고 크러스칼-월리스 검정을 구현하는 kruskal.test 함수를 사용한다. 분산분석 검정과는 다르게 이 검정은 데이터의 정규성에 의존하지 않는다.

```
kruskal.test(x ~ f)
```

여기서 x는 데이터의 벡터고 f는 집단 분류 요인이다. 출력에는 p-값이 들어 있다. 통상적으로, $p < 0.05$이면 둘 혹은 그 이상의 집단들의 중앙값 사이에 유의미한 차이가 있는 반면, $p > 0.05$이면 그러한 증거를 제시하지 못한다는 뜻이다.

논의

일반 분산분석은 데이터가 정규분포일 거라는 가정을 한다. 정규성에서 일부 편차가 있더라도 허용하기는 하지만, 극단적인 편차로는 p-값이 의미가 없어진다.

크러스칼-월리스 검정은 분산분석의 비모수적 버전이다. 다시 말해 정규성을 가정하지 않는다는 뜻이다. 하지만 동일한 모양의 분포라는 가정은 한다. 데이터의 분포가 정규가 아니거나, 단순히 분포를 알지 못하는 경우에도 크러스칼-월리스 검정을 사용해야 한다.

여기서 귀무가설은 모든 집단의 중앙값이 동일하다는 것이다. 귀무가설을 기각한다고 해서($p < 0.05$로) '모든' 집단이 다르다는 결론을 내릴 수는 없으나, 둘 또는 그 이상의 집단들이 서로 다르다고 할 수는 있다.

어느 해인가 필자 중 한 명인 폴은 학부생 94명에게 경영통계학을 가르친 적이 있다. 그 강의에는 중간고사 한 번과 시험 전에 네 번의 과제가 있었다. 폴이 알고 싶었던 것은 다음과 같다. 과제를 제출하는 것과 시험의 관계는 어떠할까? 만약 관계가 없다면, 학생들에게 과제를 내는 걸 재고해 봐야 했다.

그는 학생당 하나씩 성적이 담긴 벡터를 생성했다. 그리고 해당 학생이 제출한 과제의 개수를 담은 대응 요인도 생성했다. 해당 데이터는 student_data라는 데이터 프레임에 들어 있다.

```
load(file = './data/student_data.rdata')
head(student_data)
#> # A tibble: 6 x 4
#>   att.fact hw.mean midterm hw
#>   <fct>      <dbl>   <dbl> <fct>
#> 1 3          0.808   0.818 4
```

```
#> 2 3        0.830    0.682 4
#> 3 3        0.444    0.511 2
#> 4 3        0.663    0.670 3
#> 5 2        0.9      0.682 4
#> 6 3        0.948    0.954 4
```

hw 변수가 수치형으로 보이지만, 실제로는 요인인 것을 눈여겨보자. 이 요인은 각각의 중간고사 성적을, 해당 학생이 몇 개의 과제를 제출했는지에 따라 다섯 개의 집단 중 하나로 넣어 준다.

시험 성적의 분포는 전혀 정규분포가 아니다. 학생들이 가진 수학 능력의 범위가 넓어서 A와 F 성적의 개수가 특이하다. 따라서 일반 분산분석을 쓰기엔 적절치 않다. 대신에 크러스칼-월리스 검정을 사용해서 거의 0에 해당하는(4×10^{-5} 또는 0.00004) p-값을 얻었다.

```
kruskal.test(midterm ~ hw, data = student_data)
#>
#>  Kruskal-Wallis rank sum test
#>
#> data:  midterm by hw
#> Kruskal-Wallis chi-squared = 30, df = 4, p-value = 4e-05
```

과제를 제출한 학생과 그렇지 않은 학생들 사이에는 유의미한 성과 차이가 뚜렷하게 나타난다. 그러면 폴이 실제로 어떻게 결론을 내려야 하나? 처음에 그는 과제가 무척 효과적이라는 사실에 만족했다. 하지만 나중에, 이것은 고전적인 통계적 추론 오류라는 게 분명해졌다. 그는 상관관계가 인과성을 암시한다고 생각해 버린 것이다. 당연히 그렇지 않다. 어쩌면 동기부여가 강한 학생들은 게으른 학생들보다 과제와 시험 모두에서 성과를 올릴 수도 있다. 그 경우 인과 요인은 동기부여의 정도이지, 과제 선택을 얼마나 훌륭하게 했느냐가 아니다. 결국 폴은 무척 단순한 결론을 내릴 수밖에 없었다. 과제를 제출하는 학생들이 중간고사를 잘 볼 확률이 높기는 하지만, 사실 그게 왜인지는 모른다는 것이다.

11.25 분산분석을 사용해서 모형 비교하기

문제

동일한 데이터로 만든 두 개의 모형이 있는데, 그 모형들이 다른 결과를 산출하는지 알고 싶다.

해결책

anova 함수는 두 모형을 비교할 수 있는데, 만약 그들이 유의미하게 차이가 난다면 *p*-값으로 보고한다.

```
anova(m1, m2)
```

여기서 m1과 m2는 둘 다 lm이 반환하는 모형 객체다. anova의 출력에는 *p*-값이 포함되어 있다. 통상적으로, 0.05보다 작은 *p*-값은 해당 모형들이 유의미하게 차이가 난다는 뜻이고, 0.05보다 큰 값은 그러한 증거를 제시하지 못한다는 뜻이다.

논의

레시피 11.3에서 우리는 anova 함수로 하나의 회귀 모형에 대한 분산분석표를 출력했었다. 이번에는 인자를 두 개 넣어서 모형 두 개를 비교할 것이다.

모형을 두 개 비교할 때, anova 함수에 꼭 필요한 조건이 있다. 모형 하나가 다른 모형 내에 포함되어 있어야 한다는 것이다. 즉, 작은 모형의 모든 항이 큰 모형에 나타나야 한다. 그렇지 않으면 비교는 불가능하다.

분산분석은 선형회귀의 *F* 검정과 유사한 *F* 검정을 수행한다. 분산분석에서는 두 모형 간 검정을 하는 데 반해, 회귀의 *F* 검정은 회귀 모형을 사용한 것과 아무 모형도 사용하지 않은 것을 비교한다는 차이가 있다.

항을 추가하여 y의 모형을 세 개 만든다고 해 보자.

```
load(file = './data/anova2.rdata')
m1 <- lm(y ~ u)
m2 <- lm(y ~ u + v)
m3 <- lm(y ~ u + v + w)
```

정말 m2가 m1이랑 다를까? anova를 사용해서 이들을 비교할 수 있는데, 결과로 0.0091이라는 *p*-값이 나왔다.

```
anova(m1, m2)
#> Analysis of Variance Table
#>
#> Model 1: y ~ u
#> Model 2: y ~ u + v
#>   Res.Df RSS Df Sum of Sq    F Pr(>F)
#> 1     18 197
#> 2     17 130  1      66.4 8.67 0.0091 **
#> ---
#> Signif. codes:  0 '***' 0.001 '**' 0.01 '*' 0.05 '.' 0.1 ' ' 1
```

작은 *p*-값은 모형들이 유의미하게 차이가 난다는 뜻이다. 하지만 m2와 m3를 비교해 보면 0.055라는 *p*-값이 나온다.

```
anova(m2, m3)
#> Analysis of Variance Table
#>
#> Model 1: y ~ u + v
#> Model 2: y ~ u + v + w
#>   Res.Df RSS Df Sum of Sq    F Pr(>F)
#> 1     17 130
#> 2     16 103  1      27.5 4.27  0.055 .
#> ---
#> Signif. codes:  0 '***' 0.001 '**' 0.01 '*' 0.05 '.' 0.1 ' ' 1
```

딱 경계에 있는 값이다. 엄밀히 말하면 0.05보다 작아야 한다는 우리의 기준을 통과하지 못하지만, 우리가 모형이 '충분히 다르다'고 판단할 만큼은 된다.

이번 예시는 약간 부자연스러워서, anova의 크나큰 힘을 보여 주기에는 부족한 감이 있다. anova는 복잡한 모형을 가지고 실험할 때 여러 개의 항들을 추가하거나 빼면서, 새로운 모형이 정말 원래 것과 차이가 나는지 알아야 하는 경우에 사용한다. 다시 말하면, 새로운 항들을 추가했음에도 불구하고 새로운 모형이 변한 게 없다면, 추가된 항들은 괜히 복잡하게 붙어 있을 이유가 없다는 것이다.

12장

쓸만한 요령들

이번 장의 레시피들에는 어려운 숫자 계산이나 통계학을 깊이 파고들어야 하는 기법이 없으니 안심하라. 오히려 한 번쯤은 쓰이게 되는 유용한 함수와 관용적 기법 들을 다룰 것이다.

12.1 데이터 조금만 보기

문제
방대한 데이터가 있다. 한번에 보기 너무 많은 양이지만 그래도 데이터의 일부를 봐야 한다.

해결책
head를 사용해서 맨 앞의 데이터 값들 또는 행들을 본다.

```
head(x)
```

tail을 사용해서 맨 뒤의 데이터 값들 또는 행들을 본다.

```
tail(x)
```

또는 RStudio에서 상호작용형 뷰어로 전체를 볼 수도 있다.

```
View(x)
```

논의

큰 데이터세트를 그대로 출력하는 건 의미가 없다. 모든 자료가 스크린에 그대로 밀려 올라가기 때문이다. 데이터를 조금만 보려면 head를 사용하자(기본은 6줄이다).

```
load(file = './data/lab_df.rdata')
head(lab_df)
#>          x lab      y
#> 1  0.0761  NJ  1.621
#> 2  1.4149  KY 10.338
#> 3  2.5176  KY 14.284
#> 4 -0.3043  KY  0.599
#> 5  2.3916  KY 13.091
#> 6  2.0602  NJ 16.321
```

마지막 몇 개의 행과 행의 개수를 보려면 tail을 쓰면 된다.

```
tail(lab_df)
#>         x lab      y
#> 195  7.353  KY 38.880
#> 196 -0.742  KY -0.298
#> 197  2.116  NJ 11.629
#> 198  1.606  KY  9.408
#> 199 -0.523  KY -1.089
#> 200  0.675  KY  5.808
```

head와 tail 함수 둘 다, 숫자를 전달함으로써 반환되는 행의 개수를 설정할 수 있다.

```
tail(lab_df, 2)
#>         x lab      y
#> 199 -0.523  KY -1.09
#> 200  0.675  KY  5.81
```

RStudio에는 내장된 상호작용형 뷰어가 있다. 콘솔이나 스크립트에서 뷰어를 호출할 수 있다.

```
View(lab_df)
```

또는 뷰어에 객체를 파이프로 연결할 수도 있다.

```
lab_df %>%
  View()
```

View에 파이프로 연결할 때 살펴보면, View 탭의 이름이 .(마침표 하나)로 설정된 것을 볼 수 있다. 좀 더 정보전달적인 이름으로 설정하려면, 따옴표를 써서 설정하도록 하자.

```
lab_df %>%
    View("lab_df test from pipe")
```

그 결과로 반환되는 RStudio 뷰어는 그림 12-1과 같다.

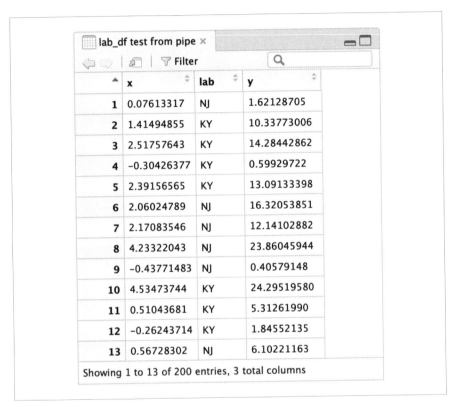

그림 12-1 RStudio 뷰어

더 알아보기

여러분이 가지고 있는 변수에 담긴 내용의 구조를 보려면 레시피 12.13을 참고하라.

12.2 대입 결과 출력하기

문제

변수에 값을 대입하면서 그 값을 보고 싶다.

해결책

대입문 주위에 괄호를 넣으면 된다.

```
x   <- 1/pi       # 아무것도 출력하지 않는다.
(x <- 1/pi)       # 대입된 값을 출력한다.
#> [1] 0.318
```

논의

R은 여러분이 단순 대입문을 입력하면 출력을 하지 않게 되어 있다. 하지만 대입문에 괄호를 치면, 그것은 더 이상 단순 대입문이 아니라서 R이 그 값을 출력해 준다. 이 기능을 활용하면 스크립트 내에서 디버깅을 손쉽게 할 수 있다.

더 알아보기

출력 방법에 대해 더 알고 싶으면 레시피 2.1을 참고하라.

12.3 행과 열 합계 내기

문제

행렬이나 데이터 프레임의 행들 또는 열들의 합계를 내고 싶다.

해결책

행의 합계를 내려면 rowSums를 사용한다.

```
rowSums(m)
```

열의 합계를 내려면 colSums를 사용한다.

```
colSums(m)
```

논의

이번 레시피는 지루하긴 해도 워낙 많이 쓰이는 것이라서 언급하고 넘어가겠다. 각 열의 합계가 들어 있는 보고서를 만들 때 이 레시피를 사용하곤 한다. 다음 예에서 daily.prod는 공장의 이번 주 생산품 데이터가 담긴 레코드인데, 우리는 제품별 그리고 일별 합계를 내려고 한다.

```
load(file = './data/daily.prod.rdata')
daily.prod
#>     Widgets Gadgets Thingys
#> Mon     179     167     182
#> Tue     153     193     166
#> Wed     183     190     170
#> Thu     153     161     171
#> Fri     154     181     186
colSums(daily.prod)
#> Widgets Gadgets Thingys
#>     822     892     875
rowSums(daily.prod)
#> Mon Tue Wed Thu Fri
#> 528 512 543 485 521
```

이 함수들은 벡터를 반환한다. 열 합계를 내는 이번 예시의 경우, 반환되는 벡터를 행렬에 덧붙여서 예쁘게 데이터와 합계를 같이 출력할 수 있다.

```
rbind(daily.prod, Totals=colSums(daily.prod))
#>        Widgets Gadgets Thingys
#> Mon        179     167     182
#> Tue        153     193     166
#> Wed        183     190     170
#> Thu        153     161     171
#> Fri        154     181     186
#> Totals     822     892     875
```

12.4 열의 형태로 데이터 출력하기

문제

서로 상응하는 데이터로 이루어진 여러 개의 데이터 벡터가 있는데, 그것을 여러 개의 열 형태로 출력하고 싶다.

해결책

데이터를 열로 결합하려면 cbind를 사용한다. 그 다음, 결과를 출력한다.

논의

서로 상응하는 벡터들이 있는 경우, 따로따로 출력하면 그들의 관계를 알아보기 힘들다.

```
load(file = './data/xy.rdata')
print(x)
#> [1] -0.626  0.184 -0.836  1.595  0.330 -0.820  0.487  0.738  0.576 -0.305
print(y)
#> [1]  1.5118  0.3898 -0.6212 -2.2147  1.1249 -0.0449 -0.0162 0.9438
#> [9]  0.8212  0.5939
```

출력하면 해당 데이터의 구조를 보여 줄 수 있도록, cbind 함수를 사용하여 다수의
열 형태로 데이터를 만든다.

```
print(cbind(x,y))
#>            x       y
#>  [1,] -0.626  1.5118
#>  [2,]  0.184  0.3898
#>  [3,] -0.836 -0.6212
#>  [4,]  1.595 -2.2147
#>  [5,]  0.330  1.1249
#>  [6,] -0.820 -0.0449
#>  [7,]  0.487 -0.0162
#>  [8,]  0.738  0.9438
#>  [9,]  0.576  0.8212
#> [10,] -0.305  0.5939
```

출력에 표현식도 넣을 수 있다. 태그를 사용해서 열 제목을 붙여 주자.

```
print(cbind(x, y, Total = x + y))
#>            x       y Total
#>  [1,] -0.626  1.5118  0.885
#>  [2,]  0.184  0.3898  0.573
#>  [3,] -0.836 -0.6212 -1.457
#>  [4,]  1.595 -2.2147 -0.619
#>  [5,]  0.330  1.1249  1.454
#>  [6,] -0.820 -0.0449 -0.865
#>  [7,]  0.487 -0.0162  0.471
#>  [8,]  0.738  0.9438  1.682
#>  [9,]  0.576  0.8212  1.397
#> [10,] -0.305  0.5939  0.289
```

12.5 데이터 묶기

문제

벡터가 있고, 데이터를 구간에 따라 여러 집단으로 나누고 싶다. 통계학자들은 이 과
정을 데이터 묶기(binning)라고 한다.

해결책

cut 함수를 사용한다. 구간들의 범위를 알려 주는 벡터를 꼭 정의해야 하는데, 이를 breaks라고 해 보자. cut 함수는 여기서 나눈 구간들에 따라 여러분의 데이터를 묶는다. 이 함수를 사용하면 각각의 데이터가 어느 집단인지를 알려 주는 수준들(원소들)로 이루어진 요인을 반환해 준다.

```
f <- cut(x, breaks)
```

논의

다음 예는 정규분포를 따르는 1,000개의 난수를 생성한다. 그리고 표준편차 ±1, ±2, ±3에 해당하는 구간을 정의함으로써 여섯 개의 집단으로 나누고 있다.

```
x <- rnorm(1000)
breaks <- c(-3, -2, -1, 0, 1, 2, 3)
f <- cut(x, breaks)
```

그 결과는 집단들을 구분해 주는 요인 f다. summary 함수를 사용하면 수준별 원소의 개수가 나오는데, R은 수학적으로 구간들을 표기하면서 그것으로 각 수준에 이름을 붙여 준다.

```
summary(f)
#> (-3,-2] (-2,-1]  (-1,0]   (0,1]   (1,2]   (2,3]   NA's
#>      25     147     341     332     132      18      5
```

결과는 우리가 rnorm 함수에게 기대했던 그대로 종 모양이다. 그리고 값이 정의된 구간 밖으로 나갔다는 사실을 알 수 있는 NA 값이 다섯 개 있다.

labels 인자를 쓰면 이상하게 합성된 이름들 대신, 예쁘게 미리 정의된 집단 이름 여섯 개를 사용할 수 있다.

```
f <- cut(x, breaks, labels = c("Bottom", "Low", "Neg", "Pos", "High", "Top"))
```

이제 summary 함수는 우리가 말해 준 이름을 사용한다.

```
summary(f)
#> Bottom     Low     Neg     Pos    High     Top    NA's
#>     25     147     341     332     132      18       5
```

'묶기'는 히스토그램 같은 요약본을 만들 때 유용하다. 하지만 결과적으로 정보 손실을 가져오는 방법이기 때문에 모형을 만드는 데는 좋지 않다. 연속변수를 두 가지 값 즉 '높음'과 '낮음'으로 묶는다고 생각해 보자. 묶인 데이터는 가능한 값이 두 개밖에 없게 되므로, 여러분은 풍부한 정보를 1비트로 대체해 버린 것이다. 연속변수라면 예측을 잘 할지도 모르는 상황에서, 묶인 변수는 최대라고 해 봤자 두 가지 상태로만 구별을 할 수 있으므로 원래 성능의 극히 일부밖에 발휘하지 못하게 된다. 묶기를 사용하기 전에 손실이 적은 변환을 먼저 고려해 보기 바란다.

12.6 특정 값의 위치 찾기

문제

벡터가 하나 있다. 여러분은 그 안에 특정한 값이 담겨 있다는 사실은 이미 알고 있으며, 단지 그 값의 위치를 알고 싶을 뿐이다.

해결책

match 함수는 특정한 값을 벡터에서 찾아서 그 위치를 반환해 준다.

```
vec <- c(100, 90, 80, 70, 60, 50, 40, 30, 20, 10)
match(80, vec)
#> [1] 3
```

여기서 match는 3을 반환하는데, 이는 vec 내에서 80의 위치다.

논의

최소 및 최댓값의 위치를 찾는 특수한 함수들도 있다. which.min과 which.max다.

```
vec <- c(100, 90, 80, 70, 60, 50, 40, 30, 20, 10)
which.min(vec)            # 가장 작은 원소의 위치
#> [1] 10
which.max(vec)            # 가장 큰 원소의 위치
#> [1] 1
```

더 알아보기

이 기법은 레시피 11.13에서 사용되었다.

12.7 벡터의 매 n번째 원소 선택하기

문제

어떤 벡터의 매 *n*번째 원소를 선택하고 싶다.

해결책

매 *n*번째 원소가 TRUE인 논리 인덱스 벡터를 생성한다. *n*으로 나눈 나머지가 0이 나오는 모든 첨자를 찾는 것도 한 방법이다.

```
v[seq_along(v) %% n == 0]
```

논의

계통 표본추출을 할 때 이와 같은 문제가 생긴다. 매 *n*번째 원소마다 선택을 해서 데이터세트로부터 표본추출을 해야 하기 때문이다. 이럴 때 seq_along(v) 함수를 사용하면 v를 인덱스할 수 있는 정수로 된 수열을 생성한다. 이는 1:length(v)과 동일하다. 그런 다음, 각 인덱스 값을 가지고 다음 식처럼 *n* 나머지 연산을 사용해서 계산한다.

```
v <- rnorm(10)
n <- 2
seq_along(v) %% n
#> [1] 1 0 1 0 1 0 1 0 1 0
```

그리고 0이 나오는 값들을 찾는다.

```
seq_along(v) %% n == 0
#> [1] FALSE  TRUE FALSE  TRUE FALSE  TRUE FALSE  TRUE FALSE  TRUE
```

결과는 v와 동일한 길이에 매 *n*번째 원소마다 값이 TRUE인 논리형 벡터가 된다. 이를 통해 v를 인덱스해서 원하는 원소들을 선택할 수 있다.

```
v
#> [1]  2.325  0.524  0.971  0.377 -0.996 -0.597  0.165 -2.928 -0.848  0.799
v[ seq_along(v) %% n == 0 ]
#> [1]  0.524  0.377 -0.597 -2.928  0.799
```

만약 매 두 번째 원소 같이 간단한 걸 선택하고 싶다면 재활용 규칙으로 꼼수를 쓸 수도 있다. 다음과 같이 원소가 두 개인 논리형 벡터로 v를 인덱스하자.

```
v[c(FALSE, TRUE)]
#> [1]  0.524  0.377 -0.597 -2.928  0.799
```

v가 두 개 이상의 원소를 가지고 있는 경우 인덱스 벡터가 너무 짧다. 따라서 R은 재활용 규칙을 발동해서 인덱스 벡터의 내용을 재활용해 v의 길이만큼 늘인다. 그러면 인덱스 벡터는 FALSE, TRUE, FALSE, TRUE, FALSE, TRUE 등으로 계속된다. 짠! 성공적으로 v의 매 두 번째 원소를 인덱스하게 되었다.

더 알아보기

재활용 규칙에 대해서는 레시피 5.3을 참고하라.

12.8 원소쌍의 최솟값 또는 최댓값 찾기

문제

v와 w라는 벡터 두 개가 있는데, 원소쌍별 최솟값 또는 최댓값을 찾으려고 한다. 즉, 다음을 계산하려는 것이다.

$$\min(v_1, w_1), \min(v_2, w_2), \min(v_3, w_3), \ldots$$

또는

$$\max(v_1, w_1), \max(v_2, w_2), \max(v_3, w_3), \ldots$$

해결책

R은 이것을 **병렬 최솟값**(parallel minimum)과 **병렬 최댓값**(parallel maximum)이라고 부른다. 각각 pmin(v,w)과 pmax(v,w)로 계산한다.

```
pmin(1:5, 5:1)     # 원소별 최솟값을 찾는다.
#> [1] 1 2 3 2 1
pmax(1:5, 5:1)     # 원소별 최댓값을 찾는다.
#> [1] 5 4 3 4 5
```

논의

초보 R 사용자는 원소쌍별 최솟값 또는 최댓값을 찾으려는 경우 흔히 min(v,w) 또는

max(v,w)라고 쓰는 실수를 한다. 이것들은 쌍별 연산이 아니다. min(v,w)는 v와 w를 통틀어 단일한 최솟값을 반환한다. 마찬가지로 max(v,w)도 v와 w를 통틀어서 단일한 값을 반환한다.

반면에 pmin과 pmax 값들은 자신의 인자들을 병렬로 비교하면서, 각 첨자에 대해 최솟값 또는 최댓값을 골라낸다. 이 함수들은 입력과 동일한 길이의 벡터를 반환하는 것이다.

pmin과 pmax에 재활용 규칙을 합쳐서 괜찮은 꼼수를 쓸 수 있다. 벡터 v가 양수와 음수를 모두 담고 있는데, 음수를 모두 0으로 바꾸고 싶다고 해 보자. 다음과 같이 쓰면 해결된다.

```
v <- c(-3:3)
v
#> [1] -3 -2 -1 0 1 2 3
v <- pmax(v, 0)
v
#> [1] 0 0 0 0 1 2 3
```

재활용 규칙에 따라, R은 0 값인 단일값을 v와 동일한 길이의 0으로 된 벡터로 확장한다. 그러면 pmax가 0과 v의 모든 원소를 비교해서 큰 값을 취한다.

사실 pmin과 pmax는 "해결책"에서 제시한 것보다 훨씬 요긴하게 쓸 수 있다. 이 함수들로 두 개 이상의 벡터를 받아서 모든 벡터를 병렬로 비교할 수도 있다.

pmin 또는 pmax를 사용해서 여러 필드에 기반을 둔 새로운 변수를 계산하는 경우도 흔하다. 다음 예시를 살펴보자.

```
df <- data.frame(a = c(1,5,8),
                 b = c(2,3,7),
                 c = c(0,4,9))
df %>%
  mutate(max_val = pmax(a,b,c))
#>   a b c max_val
#> 1 1 2 0       2
#> 2 5 3 4       5
#> 3 8 7 9       9
```

입력된 세 개의 열 중에서 행별로 최댓값을 찾아 새로운 열인 max_val에 담은 것을 볼 수 있다.

더 알아보기

재활용 규칙에 대해서는 레시피 5.3을 참고하라.

12.9 여러 요인의 모든 조합 생성하기

문제

두 개 또는 그 이상의 요인이 있다. 데카르트곱(Cartesian product)이라고도 알려져 있는, 해당 요인들이 가지고 있는 수준들의 가능한 모든 조합을 생성하려고 한다.

해결책

expand.grid 함수를 사용한다. 여기서 f와 g는 벡터다.

```
expand.grid(f, g)
```

논의

다음 코드 조각은 벡터 두 개를 생성한다. sides는 동전의 양면을 말하고, faces는 주사위의 여섯 면을 말한다(주사위에 있는 작은 점들은 'pip'이라고 부른다).

```
sides <- c("Heads", "Tails"))
faces <- c("1 pip", paste(2:6, "pips")))
```

expand.grid로 주사위를 한 번 굴리는 경우와 동전을 한 번 던지는 경우의 모든 조합을 알아낼 수 있다.

```
expand.grid(faces, sides)
#>       Var1  Var2
#> 1    1 pip Heads
#> 2   2 pips Heads
#> 3   3 pips Heads
#> 4   4 pips Heads
#> 5   5 pips Heads
#> 6   6 pips Heads
#> 7    1 pip Tails
#> 8   2 pips Tails
#> 9   3 pips Tails
#> 10  4 pips Tails
#> 11  5 pips Tails
#> 12  6 pips Tails
```

이와 유사하게, 주사위 두 개의 모든 조합도 알아낼 수 있다. 그러나 36줄이나 되므로, 여기에 결괏값을 출력하지는 않겠다.

```
expand.grid(faces, faces)
```

expand.grid의 결과로는 데이터 프레임이 나온다. R은 여기에 행과 열 이름을 자동으로 붙여 준다. 이번 "해결책"과 예시에서 두 벡터의 데카르트곱을 보여 주긴 했지만, expand.grid로는 세 개 또는 그 이상의 요인도 다룰 수 있다.

더 알아보기

만약 여러분이 문자열을 가지고 작업 중이며 그들의 조합을 합치고자 한다면, 레시피 7.6을 사용해서 조합을 생성할 수도 있다.

12.10 데이터 프레임의 구조 없애기

문제

수치형 값들로 이루어진 데이터 프레임이 있다. 여러분은 독립된 열들이 아니라, 데이터 프레임 전체의 원소를 한꺼번에 처리하고 싶다. 예를 들어 모든 값의 평균을 구한다거나 하는 경우다.

해결책

해당 데이터 프레임을 행렬로 변환한 다음에 행렬을 처리한다. 다음 예는 데이터 프레임인 dfrm의 모든 원소의 평균을 알아내는 코드다.

```
mean(as.matrix(dfrm))
```

그 이후에 행렬을 벡터로 변환해야 하는 상황이라면 as.vector(as.matrix(dfrm))을 쓰면 된다.

논의

레시피 12.3에 나왔던 공장 생산품 데이터가 든 데이터 프레임을 가지고 연습해 보자.

```
load(file = './data/daily.prod.rdata')
daily.prod
```

```
#>      Widgets Gadgets Thingys
#> Mon      179     167     182
#> Tue      153     193     166
#> Wed      183     190     170
#> Thu      153     161     171
#> Fri      154     181     186
```

모든 날짜와 제품을 통틀어 평균 일일 생산량을 알고 싶다고 해 보자. 다음과 같이 해서는 알 수 없다.

```
mean(daily.prod)
#> Warning in mean.default(daily.prod): argument is not numeric or logical:
#> returning NA
#> [1] NA
```

mean 함수는 데이터 프레임을 가지고 무엇을 어떻게 해야 하는지 모르므로, 에러를 던질 뿐이다. 모든 값에 대해 평균을 내고자 한다면 데이터 프레임을 행렬로 만들어야 한다.

```
mean(as.matrix(daily.prod))
#> [1] 173
```

이 레시피는 데이터 프레임이 모두 수치형 데이터로 이루어진 경우에만 사용이 가능하다. 혼합 데이터 프레임(수치형 열과 문자형 열 혹은 요인이 섞인)을 행렬로 변환하면 모든 열이 문자로 바뀐다는 사실을 기억하자.

더 알아보기
자료형들 간 변환에 대해서는 레시피 5.29를 참고하라.

12.11 데이터 프레임 정렬하기

문제
데이터 프레임이 있다. 어떤 열 하나를 정렬키로 사용해서 데이터 프레임의 내용을 정렬하고 싶다.

해결책
dplyr 패키지의 arrange 함수를 사용한다.

```
df <- arrange(df, key)
```

여기서 df는 데이터 프레임이고, key는 정렬키에 해당하는 열이다.

논의

sort 함수는 벡터에는 유용하지만 데이터 프레임에는 효과가 없다. 다음과 같은 데이터 프레임이 있고, 이것을 월(month) 순서로 정렬하고 싶다고 해 보자.

```
load(file = './data/outcome.rdata')
print(df)
#>    month day outcome
#> 1      7  11     Win
#> 2      8  10    Lose
#> 3      8  25     Tie
#> 4      6  27     Tie
#> 5      7  22     Win
```

arrange 함수는 월을 오름차순으로 재배열한 후 데이터 프레임 전체를 반환한다.

```
library(dplyr)
arrange(df, month)
#>    month day outcome
#> 1      6  27     Tie
#> 2      7  11     Win
#> 3      7  22     Win
#> 4      8  10    Lose
#> 5      8  25     Tie
```

데이터 프레임을 재배열하고 나면, month 열은 우리가 원하던 대로 오름차순으로 정렬된다. 만약 데이터를 내림차순으로 정렬하고 싶다면, 정렬을 원하는 열의 앞에 -를 붙이면 된다.

```
arrange(df,-month)
#>    month day outcome
#> 1      8  10    Lose
#> 2      8  25     Tie
#> 3      7  11     Win
#> 4      7  22     Win
#> 5      6  27     Tie
```

여러 열을 기준으로 정렬하고 싶다면, arrange 함수에 키를 추가하면 된다. 다음 예시는 월을 먼저 정렬하고, 그 다음에 일(day)을 정렬한 것이다.

```
arrange(df, month, day)
#>   month day outcome
#> 1     6  27     Tie
#> 2     7  11     Win
#> 3     7  22     Win
#> 4     8  10    Lose
#> 5     8  25     Tie
```

7월과 8월 내에서, 이제 일도 오름차순으로 정렬되었다.

12.12 변수에서 속성 제거하기

문제

어떤 변수가 오래된 속성들을 그대로 가지고 있다. 그 일부 또는 전체를 제거하고 싶다.

해결책

모든 속성을 제거하려면 변수의 attributes 속성에 NULL을 대입한다.

```
attributes(x) <- NULL
```

속성을 하나만 제거하려면, attr 함수로 해당 속성을 선택한 다음에 NULL로 설정한다.

```
attr(x, "attributeName") <- NULL
```

논의

R에 있는 모든 변수는 속성을 가질 수 있다. 속성(attribute)은 단순한 이름/값 쌍을 말하는데, 변수는 속성을 많이 가져도 된다. 흔히 속성에 저장되는 것으로 행렬 변수의 차원이 있다. 이 속성의 이름은 dim이고 속성의 값은 원소 두 개로 이루어진 벡터로, 각각 행과 열의 개수를 나타낸다.

attributes(x) 또는 str(x)를 출력함으로써 변수 x의 속성을 볼 수 있다.

가끔 여러분이 생각하기에는 그냥 숫자였으면 좋겠는데 R이 군이 속성으로 나타내겠다고 고집을 부릴 때가 있다. 일례로 단순선형회귀를 적합시키고, 두 번째 회귀계수인 기울기를 추출하려고 할 때 일어나는 일이다.

```
load(file = './data/conf.rdata')
m <- lm(y ~ x1)
slope <- coef(m)[2]
slope
#>  x1
#>  -11
```

slope를 출력하라고 하면 R은 "x1"도 함께 출력한다. 이것은 lm에 의해 계수에 주어진 이름 속성이다. 기울기가 x1 변수의 계수이기 때문이다. slope의 내부를 출력해서 "names" 속성이 들어 있는 걸 보면 이 같은 사실을 확실히 알 수 있다.

```
str(slope)
#>  Named num -11
#>  - attr(*, "names")= chr "x1"
```

다음과 같이 기울기 값이 단순히 숫자가 되도록, 손쉽게 속성을 모두 제거해 버릴 수 있다.

```
attributes(slope) <- NULL     # 모든 속성을 제거한다.
str(slope)                    # 이제 'names' 속성이 없어졌다.
#>  num -11

slope                         # 라벨 없이 깨끗하게 숫자가 출력된다.
#> [1] -11
```

이 방법 외에도 다음과 같은 방법으로 마음에 안 드는 속성을 제거해도 된다.

```
attr(slope, "names") <- NULL
```

> ⚠ 행렬은 dim 속성이 있는 벡터(또는 리스트)라는 걸 기억하자. 행렬에서 속성을 제거해 버리면 모든 차원도 함께 제거되어 단순한 벡터(또는 리스트)가 되어버린다. 게다가 객체에서 속성들을 제거하면(특히 S3 객체) 객체가 아주 쓸모 없어질 수도 있다. 그러니 속성을 제거할 때는 조심하자.

더 알아보기

속성을 보는 방법에 대해서는 레시피 12.13을 참고하라.

12.13 객체의 구조 알아내기

문제

뭔가 반환하는 함수를 호출했다. 반환된 결과에 대해 좀 더 알아보고 싶다.

해결책

해당 결과의 객체 클래스를 확인하려면 class를 사용한다.

```
class(x)
```

객체 지향적인 특성을 제거하고 그 기저에 있는 구조를 드러내려면 mode를 사용한다.

```
mode(x)
```

내부 구조와 내용을 보려면 str을 사용한다.

```
str(x)
```

논의

어떤 함수를 호출한 다음, 뭔가 결과로 나온 걸 보고는 "도대체 이게 뭔 소리야?"라는 말이 절로 나올 때가 많다. 함수의 문서에 반환된 값이 뭔지 이론적으로는 설명되어 있지만, 우리는 두 눈으로 똑똑히 구조와 내용을 봐야 속이 편하다. 특히나 객체 내에 객체가 있는 중첩된 구조인 경우에 더 그렇다.

레시피 11.1의 단순선형회귀 레시피에 있던, lm(선형 모형 함수)이 반환한 값을 전격 해부해 보자.

```
load(file = './data/conf.rdata')
m <- lm(y ~ x1)
print(m)
#>
#> Call:
#> lm(formula = y ~ x1)
#>
#> Coefficients:
#> (Intercept)              x1
#>        15.9           -11.0
```

항상 결과물의 클래스를 확인하는 것부터 시작한다. 클래스는 그것이 벡터인지, 행렬인지, 리스트인지, 데이터 프레임인지 또는 객체인지를 알려 준다.

```
class(m)
#> [1] "lm"
```

흠. m은 lm 클래스의 객체인 것으로 보인다. 이것만으로는 이해가 안 간다. 모든 객체 클래스는 내장된 데이터 구조(벡터, 행렬, 리스트 또는 데이터 프레임)를 기반으로 만들어졌다는 사실을 알고 있으니 mode를 써서 객체의 외관을 벗겨내어 그 아래에 있는 구조를 드러나게 해 보자.

```
mode(m)
#> [1] "list"
```

아하! m은 리스트 구조를 기반으로 만들어졌다. 이제 리스트 함수와 연산자 들로 이 안의 내용을 뒤져 볼 수 있다. 우선은 리스트 원소들의 이름을 알고 싶다.

```
names(m)
#> [1] "coefficients"  "residuals"    "effects"      "rank"
#> [5] "fitted.values" "assign"       "qr"           "df.residual"
#> [9] "xlevels"       "call"         "terms"        "model"
```

첫 번째 원소는 "coefficients"라는 것이다. 아마 이게 회귀계수들일 것이다. 더 자세히 들여다 보자.

```
m$coefficients
#> (Intercept)          x1
#>        15.9       -11.0
```

그래, 회귀계수가 맞다. 이 값들이 기억난다.

m의 목록 구조를 더 파헤쳐 볼 수도 있지만 지겨울 것 같다. str 함수는 어떠한 변수의 내부 구조라도 잘 드러내 준다.

```
str(m)
#> List of 12
#> $ coefficients : Named num [1:2] 15.9 -11
#>  ..- attr(*, "names")= chr [1:2] "(Intercept)" "x1"
#> $ residuals    : Named num [1:30] 36.6 58.6 112.1 -35.2 -61.7 ...
#>  ..- attr(*, "names")= chr [1:30] "1" "2" "3" "4" ...
#> $ effects      : Named num [1:30] -73.1 69.3 93.9 -31.1 -66.3 ...
#>  ..- attr(*, "names")= chr [1:30] "(Intercept)" "x1" "" "" ...
#> $ rank         : int 2
```

```
#> $ fitted.values: Named num [1:30] 25.69 13.83 -1.55 28.25 16.74 ...
#>  ..- attr(*, "names")= chr [1:30] "1" "2" "3" "4" ...
#> $ assign       : int [1:2] 0 1
#> $ qr           :List of 5
#>  ..$ qr  : num [1:30, 1:2] -5.477 0.183 0.183 0.183 0.183 ...
#>  .. ..- attr(*, "dimnames")=List of 2
#>  .. .. ..$ : chr [1:30] "1" "2" "3" "4" ...
#>  .. .. ..$ : chr [1:2] "(Intercept)" "x1"
#>  .. ..- attr(*, "assign")= int [1:2] 0 1
#>  ..$ qraux: num [1:2] 1.18 1.02
#>  ..$ pivot: int [1:2] 1 2
#>  ..$ tol  : num 1e-07
#>  ..$ rank : int 2
#>  ..- attr(*, "class")= chr "qr"
#> $ df.residual  : int 28
#> $ xlevels      : Named list()
#> $ call         : language lm(formula = y ~ x1)
#> $ terms        :Classes 'terms', 'formula' language y ~ x1
#>  .. ..- attr(*, "variables")= language list(y, x1)
#>  .. ..- attr(*, "factors")= int [1:2, 1] 0 1
#>  .. .. ..- attr(*, "dimnames")=List of 2
#>  .. .. .. ..$ : chr [1:2] "y" "x1"
#>  .. .. .. ..$ : chr "x1"
#>  .. ..- attr(*, "term.labels")= chr "x1"
#>  .. ..- attr(*, "order")= int 1
#>  .. ..- attr(*, "intercept")= int 1
#>  .. ..- attr(*, "response")= int 1
#>  .. ..- attr(*, ".Environment")=<environment: R_GlobalEnv>
#>  .. ..- attr(*, "predvars")= language list(y, x1)
#>  .. ..- attr(*, "dataClasses")= Named chr [1:2] "numeric" "numeric"
#>  .. .. ..- attr(*, "names")= chr [1:2] "y" "x1"
#> $ model        :'data.frame':  30 obs. of 2 variables:
#>  ..$ y : num [1:30] 62.25 72.45 110.59 -6.94 -44.99 ...
#>  ..$ x1: num [1:30] -0.8969 0.1848 1.5878 -1.1304 -0.0803 ...
#>  ..- attr(*, "terms")=Classes 'terms', 'formula' language y ~ x1
#>  .. .. ..- attr(*, "variables")= language list(y, x1)
#>  .. .. ..- attr(*, "factors")= int [1:2, 1] 0 1
#>  .. .. .. ..- attr(*, "dimnames")=List of 2
#>  .. .. .. .. ..$ : chr [1:2] "y" "x1"
#>  .. .. .. .. ..$ : chr "x1"
#>  .. .. ..- attr(*, "term.labels")= chr "x1"
#>  .. .. ..- attr(*, "order")= int 1
#>  .. .. ..- attr(*, "intercept")= int 1
#>  .. .. ..- attr(*, "response")= int 1
#>  .. .. ..- attr(*, ".Environment")=<environment: R_GlobalEnv>
#>  .. .. ..- attr(*, "predvars")= language list(y, x1)
#>  .. .. ..- attr(*, "dataClasses")= Named chr [1:2] "numeric" "numeric"
#>  .. .. .. ..- attr(*, "names")= chr [1:2] "y" "x1"
#> - attr(*, "class")= chr "lm"
```

str은 m의 모든 원소를 보여 준 다음에 재귀적으로 각 원소의 내용과 속성까지 덤프한다. 너무 긴 벡터나 목록은 출력이 감당할 수 있을 정도로만 끊어 보여 준다.

R 객체를 파헤치는 것도 일종의 기술이다. class, mode, str로 층층이 잘 살펴보자. str은 때로 여러분이 알고 싶어하는 것을 모두 알려 주며, 어떤 경우에는 그것보다 훨씬 많은 정보를 주기도 한다!

12.14 코드 시간 재기

문제

코드를 실행하는 데 시간이 얼마나 걸리는지 알고 싶다. 코드를 최적화하느라 개선 전후의 수치가 필요한 경우 유용하다.

해결책

tictoc 패키지에 코드 블록의 시간을 쉽게 재고 레이블할 수 있게 해 주는 방법이 들어 있다. tic 함수는 타이머를 시작하고 toc 함수는 타이머를 종료한 후에 실행 시간을 보고해 준다.

```
library(tictoc)
tic('Optional helpful name here')
aLongRunningExpression()
toc()
```

실행 시간의 단위는 초로 반환된다.

논의

10,000,000개의 정규 확률변수 값을 랜덤으로 생성하고 합을 구하는 데 시간이 얼마나 걸리는지 알고 싶다고 가정하자.

```
library(tictoc)
tic('making big numbers')
total_val <- sum(rnorm(1e7))
toc()
#> making big numbers: 0.794 sec elapsed
```

toc 함수는 tic에서 설정한 메시지와 함께 실행 시간을 초로 반환해 준다.

toc의 결과를 객체에 대입하면, 숨겨져 있던 시작 시간, 종료 시간, 그리고 메시지에도 접근이 가능하다.

```
tic('two sums')
sum(rnorm(10000000))
#> [1] -84.1
sum(rnorm(10000000))
#> [1] -3899
toc_result <- toc()
#> two sums: 1.373 sec elapsed

print(toc_result)
#> $tic
#> elapsed
#>    2.64
#>
#> $toc
#> elapsed
#>    4.01
#>
#> $msg
#> [1] "two sums"
```

결과를 분(또는 시간!)으로 보고하고 싶다면 결괏값의 원소들로부터 시작 시간과 종료 시간을 가져와 계산하자.

```
print(paste('the code ran in',
            round((toc_result$toc - toc_result$tic) / 60, 4),
            'minutes'))
#> [1] "the code ran in 0.0229 minutes"
```

Sys.time 호출로도 동일한 결과를 얻을 수 있지만, tictoc에 비해 레이블링이나 문법에서 덜 명확하고 편리성이 떨어진다.

```
start <- Sys.time()
sum(rnorm(10000000))
#> [1] 3607
sum(rnorm(10000000))
#> [1] 1893
Sys.time() - start
#> 1.37초의 시간 차이
```

12.15 경고와 에러 메시지 숨기기

문제

함수가 귀찮게 에러 메시지나 경고 메시지를 띄운다. 이런 메시지를 보고 싶지 않다.

해결책

해당 함수 호출을 suppressMessage(...) 또는 suppressWarnings(...)로 둘러싼다.

```
suppressMessage(annoyingFunction())
suppressWarnings(annoyingFunction())
```

논의

ADF(Augmented Dickey-Fuller) 검정인 **adf.test**는 흔히 사용되는 시계열 함수다. 이 함수는 p-값이 0.01보다 작은 경우, 출력의 끝에 다음 예에 나온 것처럼 보기 싫은 경고 메시지를 표시한다.

```
library(tseries)
load(file = './data/adf.rdata')
results <- adf.test(x)
#> Warning in adf.test(x): p-value smaller than printed p-value
```

suppressWarnings(...) 안에서 이 함수를 호출하는 방법을 쓰면 입을 막아버릴 수 있으니 다행이다.

```
results <- suppressWarnings(adf.test(x))
```

경고 메시지가 사라졌다. 하지만 아예 없어진 건 아니고, R이 내부적으로는 유지하고 있다. warnings 함수를 사용하면 편할 때 그 메시지를 꺼내볼 수 있다.

```
warnings()
```

몇몇 함수는 R 용어로 '메시지(message)'라는 것도 표시하는데, 이것들은 경고보다 더 지독하다. 일반적으로 이러한 메시지들은 필요한 정보를 담고 있는 경우는 거의 없고, 그렇다고 문제를 보고해 주지도 않는다. 메시지가 여러분을 귀찮게 한다면, 함수를 suppressMessages(...) 안에서 호출함으로써 사라지게 만들 수 있다.

더 알아보기

에러 보고 및 경고 메시지를 제어하는 다른 방법은 options 함수를 참고하라.

12.16 리스트에서 함수 인자 꺼내기

문제

데이터가 리스트 구조에 담겨 있다. 이 데이터를 어떤 함수로 전달하고 싶지만, 그 함수는 리스트를 받지 않는다.

해결책

일반적인 경우에는 리스트를 벡터로 변환한다. 좀 더 복잡한 경우에는 do.call 함수로 리스트를 개별 인자들로 분해한 다음에 여러분이 쓰려는 함수를 호출하면 된다.

```
do.call(function, list)
```

논의

데이터가 벡터에 담겨 있는 경우, 대부분의 R 함수는 예상대로 작동하므로 그리 어렵지 않다.

```
vec <- c(1, 3, 5, 7, 9)
mean(vec)
#> [1] 5
```

하지만 데이터가 리스트에 담겨 있는 경우에 몇몇 함수는 불만을 제기하면서, 다음 예에 나온 것처럼 쓸모 없는 결과를 반환한다.

```
numbers <- list(1, 3, 5, 7, 9)
mean(numbers)
#> Warning in mean.default(numbers): argument is not numeric or logical:
#> returning NA
#> [1] NA
```

numbers는 하나의 수준을 가진 단순한 리스트다. 따라서 이 경우 그냥 이 리스트를 벡터로 변환한 다음에 해당 함수를 호출하면 된다.

```
mean(unlist(numbers))
#> [1] 5
```

리스트 안에 리스트가 든 다수준(multilevel) 리스트 구조인 경우에는 골치가 아프다. 이런 방식은 복합 데이터 구조 내에 나타날 수 있다. 다음은 각각의 하위 리스트가 데이터의 열에 해당하는, 리스트 내의 리스트다.

```
my_lists <-
  list(col1 = list(7, 8),
       col2 = list(70, 80),
       col3 = list(700, 800))
my_lists
#> $col1
#> $col1[[1]]
#> [1] 7
#>
#> $col1[[2]]
#> [1] 8
#>
#>
#> $col2
#> $col2[[1]]
#> [1] 70
#>
#> $col2[[2]]
#> [1] 80
#>
#>
#> $col3
#> $col3[[1]]
#> [1] 700
#>
#> $col3[[2]]
#> [1] 800
```

이 데이터를 행렬로 만들고 싶다고 해 보자. 원래 cbind 함수는 데이터 열을 생성해야 하지만, 리스트 구조가 나오니 제대로 알아듣지를 못하고 이상한 걸 반환한다.

```
cbind(my_lists)
#>      my_lists
#> col1 List,2
#> col2 List,2
#> col3 List,2
```

그렇다고 데이터를 unlist하면 그냥 하나의 크고 긴 열이 되어 버리는데, 이 또한 우리가 원하는 결과는 아니다.

```
cbind(unlist(my_lists))
```

```
#>        [,1]
#> col11    7
#> col12    8
#> col21   70
#> col22   80
#> col31  700
#> col32  800
```

해결책은 do.call을 사용하는 것인데, 그러면 리스트를 개별 항목으로 나눈 다음에 그 항목들에 대해서 cbind를 호출한다.

```
do.call(cbind, my_lists)
#>      col1 col2 col3
#> [1,] 7    70   700
#> [2,] 8    80   800
```

위의 방식으로 do.call을 사용하는 것과 cbind를 다음 예시와 같이 호출하는 것은 기능적으로 완전히 동일하다고 보면 된다.

```
cbind(my_lists[[1]], my_lists[[2]], my_lists[[3]])
#>      [,1] [,2] [,3]
#> [1,] 7    70   700
#> [2,] 8    80   800
```

> ❗ 리스트 원소들에 이름이 있다면 주의해야 한다. 그런 경우 do.call은 원소 이름들을 함수의 인자 이름이라고 해석해서 문제가 될 수 있다.

이번 레시피는 do.call의 가장 기본적인 사용법만 다루었지만, 이 함수는 상당히 강력해서 다른 용도로도 많이 쓰인다. 더 자세한 내용은 도움말 페이지를 참고하라.

더 알아보기

자료형들 간 변환에 대한 내용은 레시피 5.29를 참고하라.

12.17 자신만의 이항 연산자 정의하기

문제

R 코드를 더 능률적이고 읽기 쉽게 만들기 위해서 사용자 이항 연산자를 정의하고 싶다.

해결책

R은 퍼센트 기호 사이에 있는(%...%) 모든 텍스트를 이항 연산자로 인식한다. 여기에 인자가 두 개인 함수를 대입해서 새로운 이항 연산자를 생성 및 정의하면 된다.

논의

R에는 자기만의 이항 연산자를 정의할 수 있도록 해 주는 흥미로운 기능이 있다. 두 개의 퍼센트 기호 사이에 있는(%...%) 모든 텍스트는 R에서 자동으로 이항 연산자로 해석된다. R은 이러한 연산자 몇 개를 미리 정의해 두었는데, 정수 나눗셈 %/%나 행렬 곱셈 %*%, 그리고 magrittr 패키지에 있는 파이프 %>%가 그것이다.

여러분은 함수를 대입함으로써 새로운 이항 연산자를 생성할 수 있다. 다음 예시에서는 새로운 연산자 %+-%를 만들고 있다.

```
'%+-%' <- function(x, margin)
  x + c(-1, +1) * margin
```

x %+-% m이라는 식은 x ± m을 계산한다. 여기서 이 식은 표준 IQ 테스트의 2 표준편차 범위인 $100 \pm (1.96 \times 15)$를 계산한다.

```
100 %+-% (1.96 * 15)
#> [1]  70.6 129.4
```

이항 연산자를 정의할 때는 따옴표 안에 넣었지만, 사용할 때는 그렇게 하지 않은 걸 잘 봐 두자.

사용자 정의로 자신만의 연산자를 정의하면 자주 사용하는 연산들을 간결한 구문으로 표현할 수 있다. 만약 여러분의 코드에 두 개의 문자열을 공백 없이 이어 붙이는 일이 잦다면 이를 손쉽게 해결하기 위해 이항 연결 연산자를 정의할 수도 있다.

```
'%+%' <- function(s1, s2)
  paste(s1, s2, sep = "")
"Hello" %+% "World"
#> [1] "HelloWorld"
"limit=" %+% round(qnorm(1 - 0.05 / 2), 2)
#> [1] "limit=1.96"
```

개인 연산자를 정의할 때 위험한 점은 다른 환경으로 코드를 포팅하기 어려워진다는 것이다. 그러니 포팅을 위해 코드를 가져올 때, 연산자 정의도 함께 가져오자. 그렇지 않으면 R은 연산자가 정의되지 않았다고 할 것이다.

모든 사용자 정의 연산자들은 우선순위가 동일하며, 표 2-1의 %any%에 한꺼번에 포함되어 있다. 이 연산자들의 우선순위는 꽤 높다. 곱셈과 나눗셈보다는 높고, 지수와 수열 생성보다는 아래다. 그 때문에 원치 않게 잘못 표현될 여지가 있다. 만약 %+-% 예시에서 괄호를 빠뜨린다면 다음과 같이 예상치 않은 결과가 나올 것이다.

```
100 %+-% 1.96 * 15
#> [1] 1471 1529
```

R은 해당 식을 (100 %+-% 1.96) * 15로 해석했다.

더 알아보기

연산자 우선순위에 대해서는 레시피 2.11을, 함수를 정의하는 방법에 대해서는 레시피 15.3을 참고하라.

12.18 시작 메시지 숨기기

문제

커맨드 프롬프트 또는 셸 스크립트에서 R을 실행할 때, R의 수다스러운 시작 메시지를 보는 데 지쳤다.

해결책

커맨드라인 또는 셸 스크립트에서 R을 실행할 때, 커맨드라인 옵션 --quiet를 사용한다.

논의

R의 시작 메시지는 R 프로젝트 및 도움을 얻는 방법 등에 대한 정보를 제공하므로 초보자들에게는 편리하다. 그러나 여러분이 R을 셸 프롬프트에서 열어서 하루 종일 계산기로 사용한다면, 신기함도 잠시뿐이다. 더더군다나 RStudio에서만 R을 사용한다면 별로 도움도 되지 않는다.

셸 프롬프트에서 R을 사용하는 경우라면 --quiet 옵션으로 시작 메시지를 숨기자.

```
R --quiet
```

리눅스 또는 맥에서는 다음과 같이 R의 alias를 지정하면 시작 메시지를 다시는 보지 않을 수 있다.

```
alias R="/usr/bin/R --quiet"
```

12.19 환경변수 알아내기 및 설정하기

문제

환경변수의 값을 보거나 변경하고 싶다.

해결책

Sys.getenv 함수로 값을 보고 Sys.putenv로 변경한다.

```
Sys.setenv(DB_PASSWORD = "My_Password!")
Sys.getenv("DB_PASSWORD")
#> [1] "My_Password!"
```

논의

환경변수는 소프트웨어를 설정 및 제어하는 데 주로 사용된다. 프로세스들에는 각각의 환경변수 집합이 있는데, 이들은 부모 프로세스로부터 상속되는 것이다. 여러분이 R 프로세스의 행동을 이해하기 위해서는 환경변수 설정을 보아야 할 때가 있다. 마찬가지로 행동을 변경하기 위해서 환경변수를 변경해야 하기도 한다.

흔한 사용 예로 원격 데이터베이스나 클라우드 서비스에 접속하기 위해 사용자명이나 패스워드를 저장하는 경우가 있다. 프로젝트 스크립트에 텍스트 그대로 패스워드를 저장해 두는 것은 바보 같은 일이다. 스크립트에 패스워드를 저장하지 않는 한 가지 방법은, R이 시작할 때 환경변수에 패스워드를 저장해 두는 것이다.

R에 로그인할 때마다 패스워드와 사용자명을 제대로 가져오도록 하기 위해서는, 여러분의 홈 디렉터리에 있는 .Rprofile 파일에 Sys.setenv 호출을 추가해 두면 된다. .Rprofile은 R이 시작될 때마다 실행되는 R 스크립트다.

예를 들어, 다음과 같은 코드를 여러분의 .Rprofile에 추가해 두면 된다.

```
Sys.setenv(DB_USERID = "Me")
Sys.setenv(DB_PASSWORD = "My_Password!")
```

그리고 나서 다음과 같이 스크립트에 저장된 환경변수들을 가져와서 아마존 레드시프트 데이터베이스(예시)에 로그인할 수 있다.

```
con <- DBI::dbConnect(
  RPostgreSQL::PostgreSQL(),
  dbname   = "my_database",
  port     = 5439,
  host     = "my_database.amazonaws.com",
  user     = Sys.getenv("DB_USERID"),
  password = Sys.getenv("DB_PASSWORD")
)
```

더 알아보기

레시피 시작 설정을 변경하는 방법은 레시피 3.16을 참고하라.

12.20 코드 섹션 사용하기

문제

스크립트가 길어서 하나의 코드 섹션에서 다음 섹션으로 넘어가기 어렵다.

해결책

코드 섹션을 사용하면 에디터의 옆쪽에 있는 개요 창에 섹션 디바이더가 생긴다. 코드 섹션을 사용하려면, 주석을 #으로 시작하고 ---- 또는 #### 또는 ====로 끝내면 된다.

```
# My First Section      -----
x <- 1

# My Second Section      ####
y <- 2

# My Third Section       ====
z <- 3
```

RStudio 에디터 창에서는 우측에서 개요를 볼 수 있다(그림 12-2 참고).

그림 12-2 코드 섹션

논의

코드 섹션은 #으로 시작하는 R 주석의 특수한 형식이다. 따라서 RStudio가 아닌 다른 에디터로 코드를 연다면 단순 주석으로 취급된다. 하지만 RStudio는 이 특수한 코드 주석을 섹션 헤더로 인식해, 에디터의 옆 창에 유용한 개요 정보를 생성해 준다.

> 코드 섹션을 처음 사용하는 경우, Source 버튼 우측에 있는 개요(Outline) 아이콘을 클릭해서 개요를 열어야 한다.

*.R 스크립트가 아닌 R 마크다운을 쓰고 있다면 마크다운의 제목(heading)과 부제목(subheading)이 개요 창에 나올 것이므로, 이를 통해 문서를 더 쉽게 탐색할 수 있다.

더 알아보기

레시피 R 마크다운 문서의 섹션 제목을 사용하는 방법은 레시피 16.4를 참고하라.

12.21 R을 로컬에서 병렬 실행하기

문제

실행에 오래 걸리는 코드가 있어서 로컬 컴퓨터의 코어를 추가로 더 사용하여 속도를 빠르게 하고 싶다.

해결책

가장 쉬운 방법은 furrr 패키지를 사용하는 것으로, 이 패키지는 future 패키지를 사용해서 purrr 패키지와 유사한 함수들을 병렬로 처리해 준다.

이 책을 쓰는 시점에서 해당 패키지는 여전히 활발히 개발 중이므로, 깃허브에서 최신 버전을 다운로드하자.

```
devtools::install_github("DavisVaughan/furrr")
```

코드를 병렬 처리하기 위해 furrr를 사용하려면, 레시피 6.1에서 다루었던 purrr::map 함수 대신 furrr::future_map 함수로 대체하면 된다. 하지만 그 전에 우선 furrr에게 우리가 어떤 식으로 병렬화하고 싶은지를 알려 주어야 한다. 이 경우 우리는 로컬 프로세서들을 모두 사용하는 multiprocess 병렬 처리를 하고 싶은 것이므로, plan(multiprocess)를 호출해서 설정해 준다. 그리고 나서 future_map을 사용하여 리스트의 모든 원소에 함수를 적용한다.

```
library(furrr)

plan(multiprocess)

future_map(my_list, some_function)
```

논의

병렬 처리를 설명하기 위해서 예시로 시뮬레이션을 하나 다루어 보겠다. 고전적인 확률 시뮬레이션 중 하나로 2 × 2 박스에서 무작위 점들을 추출하여 몇 개의 점이 박스의 가운데로부터 하나의 단위 내에 들어오는지를 보는 것이 있다. 이때 단위 안에 있는 점들의 개수/전체 점의 개수 곱하기 4는 파이(pi)의 추정치다. 다음 함수는 하나의 입력 n_iterations만 받는 함수로, 이 매개변수는 시뮬레이션하고자 하는 무작위 점의 개수를 뜻한다. 그러면 함수는 결과로 나오는 파이 값의 평균 추정치를 반환해 준다.

```
simulate_pi <- function(n_iterations) {
  rand_draws <- matrix(runif(2 * n_iterations, -1, 1), ncol = 2)
  num_in <- sum(sqrt(rand_draws[, 1]**2 + rand_draws[, 2]**2) <= 1)
  pi_hat <- (num_in / n_iterations) * 4
  return(pi_hat)
}
simulate_pi(1000000)
#> [1] 3.14
```

여러분도 볼 수 있듯, 1,000,000번의 시뮬레이션은 소수점 두어 자리까지만 정확하다. 파이 값을 추정하기에 아주 효율적인 방법은 아니지만, 설명을 위해서는 좋은 예시니까 계속 보도록 하자.

비교를 위해서 파이 시뮬레이터를 200번 실행하되 각 실행에서 5,000,000개의 점을 추출하도록 해 보자. 각 원소의 값이 5,000,000인 200개의 원소를 가진 리스트를 생성해서 simulate_pi에 전달하면 된다. 그리고 tictoc 패키지로 코드의 시간을 재 보자.

```
library(purrr) # `map`을 가져오기 위해서
library(tictoc) # 코드 시간을 재기 위해서

draw_list <- as.list(rep(5000000, 200))

tic("simulate pi - single process")
sims_list <- map(draw_list, simulate_pi)
toc()
#> simulate pi - single process: 90.772 sec elapsed

mean(unlist(sims_list))
#> [1] 3.14
```

이 코드는 2분 미만으로 실행된 후에, 10억 번의 시뮬레이션(5백만 × 200)에 기반한 파이 값의 추정치를 반환해 준다.

이제 완전히 동일한 R 함수인 simulate_pi를 가지고 future_map으로 병렬 실행해 보자.

```
library(furrr)
#> Loading required package: future
#>
#> Attaching package: 'future'
#> The following object is masked from 'package:tseries':
#>
#>     value
plan(multiprocess)

tic("simulate pi - parallel")
sims_list <- future_map(draw_list, simulate_pi)
toc()
#> simulate pi - parallel: 26.33 sec elapsed
mean(unlist(sims_list))
#> [1] 3.14
```

앞의 예시는 물리적 코어가 4개이고 각 물리 코어당 가상 코어가 2개씩인 맥북 프로에서 실행되었다. 병렬로 코드를 실행하게 되면, 최선의 시나리오는 1/(물리 코어의 개수)만큼 실행 시간이 단축되는 것이다. 예시를 보면 4개의 물리 코어로 진행한 병렬 실행 시간이 단일 코어 버전보다 훨씬 빠른 것을 알 수 있지만, 단일 코어에 비해 사분의 일로 줄어들지는 않았다. 이는 데이터를 이리저리 옮기는 처리시간 때문으로, 여러분이 항상 최선의 시나리오 수준의 향상을 기대하면 안 된다는 사실을 알려준다. 그리고 반복 시마다 생성되는 데이터가 많을수록 병렬 처리로 줄일 수 있는 시간이 훨씬 적다.

더 알아보기

레시피 12.22를 참고하라.

12.22 원격으로 R 병렬 실행하기

문제

여러 개의 원격 컴퓨터를 가지고 있으며, 여러분의 코드를 여기에 병렬로 실행하고 싶다.

해결책

여러 기기를 넘나드는 코드를 병렬 처리하는 작업은 초반 설정이 까다로운 편이다. 그러나 시작 시에 몇 가지 주요 전제 조건이 충족된다면 성공 확률이 아주 높다.

　시작 전제 조건은 다음과 같다.

- 메인 컴퓨터에서 각 원격 노드로 패스워드 없이 기존에 생성된 SSH 키를 가지고 ssh로 접속한다.
- 원격 노드들에 모두 R이 설치되어 있다(이상적으로는 동일한 버전의 R).
- 경로들이 SSH에서 Rscript를 실행할 수 있도록 설정되어 있다.
- 원격 노드들에 furrr 패키지가 설치되어 있다(이 패키지가 future도 함께 설치한다).
- 원격 노드들에 이미 여러분이 배포한 코드에 필요한 패키지가 모두 설치되어 있다.

작업 노드들의 설정이 완료되어 준비가 되면, future 패키지에 있는 makeCluster

PSOCK를 호출해서 클러스터를 생성하자. 그리고 나서 그 클러스터를 furrr의 future_map 함수와 함께 사용한다.

```
library(furrr) # future가 필수적으로 함께 로드된다.

workers <- c("node_1.domain.com", "node_2.domain.com")

cl <- makeClusterPSOCK(
  worker = workers
)

plan(cluster, workers = cl)

future_map(my_list, some_function)
```

논의

예를 들어 우리에게 von-neumann12와 von-neumann15라는 두 개의 큰 리눅스 머신이 있고, 그것을 사용해서 수치 모델링을 하고자 한다고 가정하겠다. 이 머신들은 앞에 언급한 요건을 전부 갖추어서 우리 백엔드의 furrr/future 클러스터를 사용할 수 있는 좋은 후보들이라고 하자. 이전 레시피에서 simulate_pi 함수로 실행했던 파이 값 시뮬레이션을 다시 해 보자.

```
library(tidyverse)
library(furrr)
library(tictoc)

my_workers <- c('von-neumann12','von-neumann15')

cl <- makeClusterPSOCK(
  workers = my_workers,
  rscript = '/home/anaconda2/bin/Rscript', # 여러분의 경로는 다를 수 있다.
  verbose=TRUE
)

draw_list <- as.list(rep(5000000, 200))

plan(cluster, workers = cl)

tic('simulate pi - parallel map')
sims_list_parallel <- draw_list %>%
  future_map(simulate_pi)
toc()
#> simulate pi - parallel map: 116.986 sec elapsed
```

```
mean(unlist(sims_list_parallel))
#> [1] 3.14167
```

이 결과는 초당 ~8.5백만 번의 시뮬레이션을 한 것이다.

우리의 애드 혹 클러스터에 있는 두 개의 노드는 각각 32개의 프로세서와 128GB의 램을 가지고 있다. 하지만 이 코드의 실행 시간을 이전 레시피의 초라한 맥북프로에 비교해 본다면, 여러분은 맥북프로가 총 64개의 프로세스로 이루어진 멀티 CPU 리눅스 클러스터와 동일한 시간에 코드를 실행했다는 사실을 볼 수 있다! 이러한 비직관적인 결과는 앞의 코드가 클러스터 노드당 하나의 CPU에서만 실행되어, 총 두 개의 CPU만 썼다는 데에서 기인한다. 맥북은 네 개의 CPU를 전부 사용했는데 말이다.

그렇다면 클러스터에서 코드를 병렬로 실행하면서, 동시에 여러 개의 CPU 코어에도 병렬로 실행하려면 어떻게 해야 될까? 그러려면 코드에 다음과 같은 세 가지 변화를 주어야 한다.

1. cluster와 multiprocess를 '모두' 사용하는 중첩 병렬 처리 플랜을 만든다.
2. 입력으로 주는 리스트를 중첩 리스트로 만든다. 각 클러스터의 머신은 상위 리스트로부터 원소를 가져갈 것이고, 그 안에는 하위 리스트에 원소들이 들어 있게 된다. 그러면 클러스터에서 그것들을 CPU들에 나누어 병렬 처리할 수 있다.
3. 중첩 호출을 통해서 future_map을 두 번 호출한다. 바깥쪽의 future_map은 클러스터 노드들에 항목들을 병렬 처리하게 할 것이고, 안쪽의 future_map은 CPU들에 병렬 처리하도록 할 것이다.

중첩 병렬 처리 플랜을 만들기 위해 우리는 멀티파트 플랜을 생성할 텐데, 그러기 위해 plan 함수를 사용해서 두 개의 플랜으로 이루어진 리스트를 다음과 같이 전달하자.

```
plan(list(tweak(cluster, workers = cl), multiprocess))
```

두 번째 변경점은 반복(iteration)을 할 수 있는 중첩 리스트를 생성하는 것이다. split 함수에 기존 리스트와 벡터 1:4를 다음과 같이 전달하자.

```
split(draw_list, 1:4)
```

그러면 입력한 리스트를 네 개의 하위 리스트로 분할해 주므로, 결과로 나오는 리스트에는 네 개의 원소가 들어 있게 된다. 각각의 하위 리스트에는 우리의 최종 simulate_pi 함수에 입력할 50개의 값이 들어 있다.

코드의 세 번째 변경점은 우리의 리스트 원소 네 개를 작업 노드에 각각 전달하여, 이후에 하위 리스트의 원소별로 반복할 수 있도록 future_map을 중첩 호출하도록 하는 것이다. 다음과 같이 중첩할 수 있다.

```
future_map(draw_list, ~future_map(.,simulate_pi))
```

~는 R에게 첫 번째 future_map 호출에서 익명함수를 예상하도록 설정해 주며, .는 R에게 리스트 원소를 어디에 넣을지 알려 주는 역할을 한다. 이 예시에서 익명함수는 노드마다 실행되는 별개의 future_map 호출이다.

이상 세 가지 변경점들을 다음과 같이 코드에 적용했다.

```
# 중첩 병렬 처리 플랜 – 첫 번째 부분은 클러스터 호출
# 그 다음은 멀티프로세스
plan(list(tweak(cluster, workers = cl), multiprocess))

# draw_list를 더 적은 수의 원소를 가진 중첩 리스트로 분리
draw_list_nested <- split(draw_list, 1:4)

tic('simulate pi – parallel nested map')
sims_list_nested_parallel <- future_map(
  draw_list_nested, ~future_map(.,simulate_pi)
)
toc()
#> simulate pi – parallel nested map: 15.964 sec elapsed
mean(unlist(sims_list_nested_parallel))
#> [1] 3.14158
```

이전 예시에 비해서 실행 시간이 무척 단축된 것을 볼 수 있다. 노드별로 32개의 프로세서를 사용했으나 32배 빨라지진 않았는데, 이는 각 노드에 시뮬레이션을 50개씩만 전달했기 때문이다. 각 노드는 첫 번째 전달받은 32세트의 시뮬레이션을 수행한 후에, 두 번째는 18세트만 전달받았기 때문에 절반의 CPU는 쉬고 있었다.

그럼 총 시뮬레이션 횟수를 10억에서 250억으로 증가시켜서 CPU를 좀 더 바쁘게 해 보자. 500개의 작업 블록으로 나누어서 두 작업 노드에 뿌려 줄 것이다.

```
draw_list <- as.list(rep(5000000, 5000))
draw_list_nested <- split(draw_list, 1:50)

plan(list(tweak(cluster, workers = cl), multiprocess))
```

```
tic('simulate pi - parallel nested map')
sims_list_nested_parallel <- future_map(
  draw_list_nested, ~future_map(.,simulate_pi)
)
toc()
#> simulate pi - parallel nested map: 260.532 sec elapsed
mean(unlist(sims_list_nested_parallel))
#> [1] 3.14157
```

이렇게 하면 초당 ~9600만 번의 시뮬레이션을 할 수 있다.

더 알아보기

future 패키지 관련 훌륭한 비네트가 다수 있다. 중첩된 plan 호출에 대해서 더 깊이 알고자 한다면, vignette('future-3-topologies',package = 'future')로 시작하면 좋다.

furrr 패키지에 대한 더 많은 정보는 깃허브 페이지(*https://github.com/Davis Vaughan/furrr*)에서 확인할 수 있다.

13장

고급 수치 연산과 통계

이번 장에서는 응용통계 전공의 대학원 1년 또는 2년차가 맞닥뜨릴 법한 고급 기법 들을 다룬다.

이 장의 레시피들은 대부분 기본 배포판에 들어 있는 함수를 사용한다. 그러나 추가 패키지들을 찾아보면 세계에서 가장 발전된 통계 기법이라고 해도 과언이 아닐 만한 것도 많이 제공되고 있다. 이는 통계학 분야 연구자들이 현재 R을 **공용어**(lingua franca)처럼 취급해, R을 통해 자신들의 최신 연구를 발표하기 때문이다. 그러니 최첨단을 걷는 통계 기법을 알아보고 싶은 사람이라면 CRAN과 웹에 구현되어 있는 것들을 검색해 보자.

13.1 단일 매개변수 함수를 최대화 또는 최소화하는 값 찾기

문제

매개변수가 하나인 함수 f에서, f가 최소 또는 최대가 되는 지점을 찾고 싶다.

해결책

단일 매개변수 함수의 최솟값을 찾으려면 optimize를 사용한다. 최솟값을 찾을 함수 와 그 영역(x)의 한계를 지정한다.

```
optimize(f, lower = lowerBound, upper = upperBound)
```

최댓값을 찾고 싶으면 maximum = TRUE로 설정하면 된다.

```
optimize(f,
        lower = lowerBound,
        upper = upperBound,
        maximum = TRUE)
```

논의

optimize 함수는 인자가 하나인 함수들을 다룰 수 있다. 이 함수에는 검색할 영역을 제한할 수 있도록 x의 상한과 하한을 넣어 줘야 한다. 다음 예시에서는 $3x^4 - 2x^3 + 3x^2 - 4x + 5$라는 다항식의 최솟값을 찾는다.

```
f <- function(x)
  3 * x ^ 4 - 2 * x ^ 3 + 3 * x ^ 2 - 4 * x + 5
optimize(f, lower = -20, upper = 20)
#> $minimum
#> [1] 0.597
#>
#> $objective
#> [1] 3.64
```

그러면 원소가 두 개인 리스트가 반환된다. 원소 minimum은 해당 함수를 최소화하는 x값을 뜻하고, objective는 그 지점에서 해당 함수의 값이다.

lower와 upper의 범위가 좁다면, 검색될 영역이 좁다는 뜻이므로 최적화가 빨라진다. 하지만 여러분이 한계를 얼마로 지정해야 할지 모르는 경우, 크면서도 어느 정도 합리적이라고 판단되는 lower = -1000과 upper = 1000 정도의 값을 쓰면 된다. 대신 그 범위에 최솟값이 여러 개 들어 있지 않아야 한다는 점만 명심하자. optimize 함수는 최솟값이 여러 개면 그중 하나만 찾아서 반환한다.

더 알아보기

레시피 13.2를 참고하라.

13.2 다중 매개변수 함수를 최소화 또는 최대화하는 값 찾기

문제

매개변수를 여러 개 가지는 함수 f에서, f가 최소 또는 최대가 되는 지점을 찾고 싶다.

해결책

다중 매개변수 함수의 최솟값을 찾으려면 optim을 사용한다. 그리고 시작 지점 (startingPoint), 다시 말하면 초기 인자들로 구성된 벡터를 f에 입력해 줘야 한다.

```
optim(startingPoint, f)
```

최댓값을 찾으려면 control 인자를 지정한다.

```
optim(startingPoint, f, control = list(fnscale = -1))
```

논의

optim 함수는 다중 매개변수 함수들을 다루기 때문에, optimize 함수(레시피 13.1 참고)보다 좀 더 일반적이라고 할 수 있다. 어떤 함수의 값을 특정 지점에서 평가하려고 하면, optim은 해당 지점의 좌표들을 벡터로 만든 다음에 그 벡터를 가지고 해당 함수를 호출한다. 그러면 단일값을 반환해 준다. 그러니까 optim을 쓰면 여러분이 지정한 시작점에서 시작해서 매개변수가 펼쳐진 공간을 지나면서 해당 함수의 최솟값을 검색하는 것이다.

다음은 optim으로 비선형 모형을 적합시키는 예다. 쌍으로 묶인 관찰 z와 x가, $z_i = (x_i + \alpha)^\beta + \varepsilon_i$라는 관계라고 예상하고 있다고 하자. 여기서 α와 β는 알려지지 않은 매개변수고, ε_i는 비정규분포인 노이즈 항을 뜻한다. 로버스트 거리(robust metric), 즉 절대편차의 합을 최소화함으로써 모형을 적합시키자.

$$\sum |z - (x + a)^b|$$

우선은 최솟값을 찾을 함수를 정의한다. 함수의 형식인자(formal parameter)는 원소 두 개로 이루어진 하나의 벡터다. 실제로 값을 평가할 매개변수인 a와 b는 그 벡터의 1번과 2번 위치에 들어 있다.

```
load(file = './data/opt.rdata')  # loads x, y, z

f <-
  function(v) {
    a <- v[1]
    b <- v[2]                      # v를 '풀어서' a와 b를 드러낸다.
    sum(abs(z - ((x + a)^b)))       # 오차를 계산 및 반환한다.
  }
```

다음처럼 optim을 호출하면 (1, 1)에서 시작해서 f가 최소가 되는 지점을 검색해 나간다.

```
optim(c(1, 1), f)
#> $par
#> [1] 10.0  0.7
#>
#> $value
#> [1] 1.26
#>
#> $counts
#> function gradient
#>      485       NA
#>
#> $convergence
#> [1] 0
#>
#> $message
#> NULL
```

반환된 값에는 convergence라는, 성공 또는 실패를 나타내는 지표가 들어 있다. 이것이 0이면 optim이 최솟값을 성공적으로 찾은 것이고, 0이 아니라면 못 찾은 것이다. 이 같은 수렴(convergence) 지표는 반환된 것들 중에서 가장 중요한 값으로, 만약 여기서 쓰인 알고리즘이 수렴하지 않았다면 다른 값들은 모두 쓸모가 없어지기 때문이다.

반환된 리스트에는 우리 함수를 최솟값으로 만드는 매개변수들인 par, 그 지점에서의 f 값에 해당하는 value도 들어 있다. 이 경우에 optim은 수렴했고, 대략 $a = 10.0$과 $b = 0.7$인 점에서 최소였다.

 optim에는 상한이나 하한이 따로 없고, 여러분이 지정해 주는 시작 지점만 있다. 그래서 시작 지점을 잘 추측하면 더 빠르게 최솟값을 찾을 수 있다.

optim 함수는 몇 가지 다른 최소화 함수들도 제공하니 그중에서 선택하면 된다. 기본 설정된 알고리즘이 마음에 들지 않는다면 도움말 페이지에서 다른 것을 찾아보자. 다차원 최솟값 찾기에는 전형적인 문제점으로 알고리즘이 지역 최솟값에서 막혀서 더 낮은, 전역적인 최솟값을 찾지 못한다는 것이 있다. 대체로 더 강력한 성능을 가진 알고리즘은 이렇게 중간에 막힐 가능성이 훨씬 적지만, 모든 면에서 좋을 수는 없다. 실행 속도가 훨씬 느리기 때문이다.

더 알아보기

R 커뮤니티에 최적화를 위한 도구가 많이 구현되어 있다. CRAN에서 "Optimization and Mathematical Programming"(*http://cran.r-project.org/web/views/Optimization.html*)이라는 태스크뷰를 보면 다양한 해결 방법을 찾을 수 있을 것이다.

13.3 고윳값과 고유벡터 계산하기

문제

어떤 행렬의 고윳값(eigenvalue) 또는 고유벡터(eigenvector)들을 계산하고 싶다.

해결책

eigen 함수를 사용한다. 그러면 두 개의 원소 values와 vectors로 이루어진 리스트를 반환하는데, 여기에 고윳값과 고유벡터가 들어 있다.

논의

피보나치 등의 행렬이 있다고 가정하자.

```
fibmat <- matrix(c(0, 1, 1, 1), 2, 2)
fibmat
#>      [,1] [,2]
#> [1,]    0    1
#> [2,]    1    1
```

행렬이 주어지면 eigen 함수는 고윳값과 고유벡터로 된 목록을 반환한다.

```
eigen(fibmat)
#> eigen() decomposition
#> $values
#> [1]  1.618 -0.618
#>
#> $vectors
#>       [,1]   [,2]
#> [1,] 0.526 -0.851
#> [2,] 0.851  0.526
```

eigen(fibmat)$values 또는 eigen(fibmat)$vectors로 해당 리스트에서 필요한 값을 선택하면 된다.

13.4 주성분 분석 수행하기

문제

변수가 여러 개인 데이터세트에서 주성분을 알아내고 싶다.

해결책

prcomp 함수를 사용한다. 첫 인자는 우변에는 변수들이 플러스 부호로 구분되어 있고 좌변은 비어 있는 식을 사용한다.

```
r <- prcomp( ~ x + y + z)
summary(r)
#> Importance of components:
#>                          PC1     PC2     PC3
#> Standard deviation      1.894 0.11821 0.04459
#> Proportion of Variance 0.996 0.00388 0.00055
#> Cumulative Proportion  0.996 0.99945 1.00000
```

논의

R의 기본 배포판에는 주성분 분석 관련 함수가 두 개, 즉 prcomp와 princomp가 들어 있다. prcomp가 더 나은 수치형 속성을 가지고 있다고 문서에 쓰여 있으니, 여기에서는 그 함수를 쓰도록 하겠다.

주성분 분석(principle components analysis, PCA)은 데이터세트의 차원수 (demensionality)를 줄일 때 많이 사용한다. 여러분의 데이터에 N개의 많은 변수가 들어 있다고 해 보자. 이상적으로, 모든 변수는 어느 정도 독립적이고 동일한 분량의 기여를 해야 한다. 하지만 어떤 변수들이 불필요하다는 의심이 들면 PCA를 써서 변동량에 영향을 주는 원인들의 개수를 알아낼 수 있다. 만약 그 수가 N보다 작다면, 여러분의 데이터는 더 작은 차원수로 줄여도 되는 것이다.

PCA는 여러분의 데이터를 벡터공간으로 재구성하는데, 여기서 첫 차원이 대부분의 변동량을 담고 있고, 둘째 차원이 두 번째로 많은 변동량을 담고 있고, 이런 식으로 계속 이어진다. prcomp의 결과를 출력해 보면 실제로 필요한 벡터 회전을 시킨 객체가 나온다.

```
load(file = './data/pca.rdata')
r <- prcomp(~ x + y)
print(r)
#> Standard deviations (1, .., p=2):
#> [1] 0.393 0.163
```

```
#>
#> Rotation (n x k) = (2 x 2):
#>       PC1    PC2
#> x -0.553  0.833
#> y -0.833 -0.553
```

하지만 우리 저자들은 이보다는 PCA의 요약을 훨씬 유용하게 쓴다. 여기서는 각 성분에 담겨 있는 변동량의 비율을 보여 준다.

```
summary(r)
#> Importance of components:
#>                          PC1    PC2
#> Standard deviation     0.393  0.163
#> Proportion of Variance 0.853  0.147
#> Cumulative Proportion  0.853  1.000
```

이번 예시에서, 첫 성분은 변동량의 85%를 담고 있었고 두 번째 성분은 15%만 담고 있었으니까 우리는 첫 번째 성분이 대부분의 변동량을 설명한다는 걸 알 수 있다. prcomp를 호출한 다음 plot(r)을 쓰면 주성분들의 변동량을 나타내는 막대그래프를 볼 수 있고, predict(r)을 사용하면 여러분의 데이터를 주성분으로 회전(rotate)시킬 수 있다.

더 알아보기

주성분 분석을 사용하는 예는 레시피 13.9에 있다. R에서 이 이상의 PCA를 사용하는 방법은 베너블스(W. N. Venables)와 리플리(B. D. Ripley)가 쓴 《Modern Applied Statistics with S-Plus》(Springer)에서 다루고 있다.

13.5 단순 직교회귀 실시하기

문제

x와 y의 변동량이 대칭으로 다뤄지는 직교 회귀분석을 사용해서 선형회귀 모형을 생성하고 싶다.

해결책

prcomp를 사용해서 x와 y에 대해 주성분 분석을 수행한다. 회전된 결과에서 기울기와 절편을 계산한다.

```
r <- prcomp(~ x + y)
slope <- r$rotation[2, 1] / r$rotation[1, 1]
intercept <- r$center[2] - slope * r$center[1]
```

논의

직교회귀는 **토탈최소제곱법**(total least squares, TLS)이라고도 알려져 있다.

보통최소제곱(OLS) 알고리즘에는 비대칭이라는 이상한 특성이 있다. 즉, lm(y ~ x)를 계산하는 것은 lm(x ~ y)를 계산하는 것의 수학적인 역이 아니라는 뜻이다. 그 이유는 OLS가 x 값들은 상수, y 값들은 확률변수들이라고 가정하며, 따라서 모든 변동량이 y에서 기인하고 x에서는 아무것도 기인하지 않는다고 보기 때문이다.

이러한 비대칭성은 그림 13-1에 잘 나와 있다. 윗줄 왼쪽은 lm(y ~ x)를 적합시킨 것이다. OLS 알고리즘은 수직 거리를 최소화하려고 하며, 이는 점선으로 나와 있다.

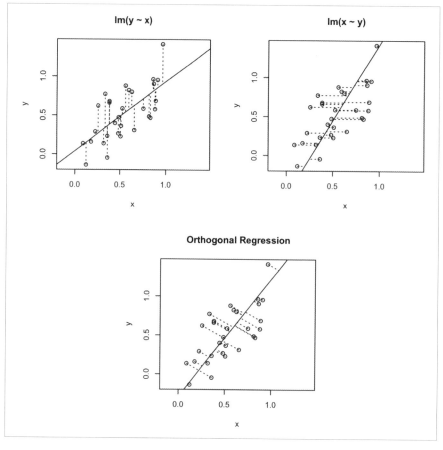

그림 13-1 보통최소제곱과 직교회귀

반면에 윗줄 오른쪽에는 동일한 데이터세트로 lm(x ~ y)를 적합시킨 것이 있는데, 이때 알고리즘은 수평인 점선들을 최소화하려고 한다. 그래서 어떤 거리를 최소화하려고 하는지에 따라 다른 결과가 나타난다.

하지만 그림 13-1의 아래쪽 그래프는 사뭇 양상이 다르다. 여기서는 PCA로 직교회귀(orthogonal regression)를 구현했다. 이제는 데이터 점에서 회귀선까지의 직교거리들을 최소화한다. 이렇게 하니까 대칭이 되었는데, 즉 *x*와 *y*의 역할을 뒤집어도 최소화하는 거리 자체는 바뀌지 않는 것이다.

R에서는 쉽게 기본적인 직교회귀를 구현할 수 있다. 우선 PCA를 수행한다.

```
load(file = './data/pca.rdata')
r <- prcomp(~ x + y)
```

그 다음, 회전을 사용해서 기울기를 계산한다.

```
slope <- r$rotation[2, 1] / r$rotation[1, 1]
```

그리고 기울기로부터 절편을 계산한다.

```
intercept <- r$center[2] - slope * r$center[1]
```

우리가 이것을 '기본적인' 회귀라고 부르는 이유는 이 방법이 신뢰구간은 없이, 기울기와 절편의 점추정치만 결과로 주기 때문이다. 회귀통계량도 나오면 당연히 더 좋다. 레시피 13.8에서는 부트스트랩 알고리즘을 사용해서 신뢰구간을 추정하는 방법을 소개하겠다.

더 알아보기

주성분 분석은 레시피 13.4에 설명되어 있다. 그림 13-1의 그래픽은 빈센트 주네킨드(Vincent Zoonekynd)의 작업물과 그가 작성한 회귀분석 튜토리얼(*http://zoonek2. free.fr/UNIX/48_R/09.html*)에서 영감을 받아 만든 것임을 밝혀 둔다.

13.6 데이터에서 군집 찾기

문제

데이터에 '군집(cluster)', 즉 서로 가까이에 있는 점들로 이루어진 집단들이 있는 것 같다. 이러한 군집들을 찾아내고 싶다.

해결책

여러분이 가지고 있는 데이터세트는 벡터, 데이터 프레임 아니면 행렬이어도 된다. 그럼 *n*개의 군집을 찾아내고 싶다고 해 보자.

```
d <- dist(x)                # 관찰들 사이의 거리를 계산한다.
hc <- hclust(d)             # 계층적 군집들을 형성한다.
clust <- cutree(hc, k=n)    # 계층적 군집들을 가장 큰 n개의 군집들로 정리한다.
```

결과로 나오는 clust는 1과 *n* 사이의 숫자들로 이루어진 벡터인데, 이들은 x에 있는 각각의 관찰에 대해서 부여된 숫자다. 이 숫자들은 각 관찰을 군집 *n*개 중 해당하는 곳으로 분류하는 역할을 한다.

논의

dist 함수는 모든 관찰 간의 거리를 계산한다. 기본 설정은 여러 다른 곳에서도 잘 작동하는 유클리드 거리로 되어 있는데, 이것 외에 다른 거리 측정 방법들도 있다.

hclust 함수는 이 거리들을 이용해서 관찰들을 가지고 계층적 군집 트리(hierar-chical tree of cluster)를 만든다. hclust의 결과를 그래프로 그리면 그림 13-2처럼 계층을 시각적으로 보여 주는 덴드로그램(dendrogram)이라는 것을 생성할 수 있다.

마지막으로, cutree는 이 트리에서 군집들을 추출한다. 군집을 몇 개나 만들고 싶은지 또는 어느 높이(height)에서 잘라야 할지를 지정해 주어야 한다. 군집의 수를 미리 알고 있지 못하는 경우도 많은데, 이럴 때는 각자의 상황에 적절하게 군집을 만들 수 있도록 데이터세트를 좀 더 자세히 들여다 볼 필요가 있다.

임의로 만든 데이터세트를 군집으로 나누면서 설명해 보겠다. 우선 평균이 −3, 0, +3 중에 하나인 정규분포에서 랜덤으로 선택한 확률변수 값들을 99개 생성한다.

```
means <- sample(c(-3,0,+3), 99, replace = TRUE)
x <- rnorm(99, mean = means)
```

궁금할까 봐 미리 이야기하는데, 지금은 원래의 군집들에서 실제 평균을 계산할 수 있다. (실제 상황에서는 means 요인이 없을 거고 이러한 계산도 불가능할 것이다.) 그래서 집단들의 평균이 −3, 0, +3에 꽤 가깝다는 걸 확인할 수 있다.

```
tapply(x, factor(means), mean)
#>     -3      0      3
#> -3.015 -0.224  2.760
```

군집들을 찾아내기 위해서 우선 모든 점 간의 거리를 계산한다.

```
d <- dist(x)
```

그 다음 계층적 군집들을 생성한다.

```
hc <- hclust(d)
```

그러고 나서 hc 객체에 대해 plot을 호출해서 계층적 군집 덴드로그램을 그릴 수 있다(그림 13-2).

```
plot(hc,
     sub = "",
     labels = FALSE)
```

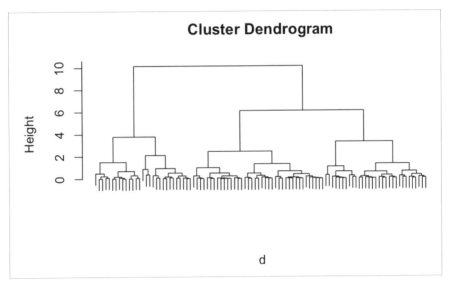

그림 13-2 계층적 군집 덴드로그램

이제 크기가 가장 큰 세 개의 군집들을 추출할 수 있다.

```
clust <- cutree(hc, k=3)
```

우리는 이미 실제 군집들의 개수를 알고 있기 때문에 엄청난 이점이 있다. 현실은 이처럼 호락호락하지 않다. 하지만 우리가 군집의 개수를 몰랐더라도, 덴드로그램을 살펴보면 데이터에 3개의 큰 군집이 존재한다는 단서는 얻을 수 있을 것이다.

clust는 1에서 3까지의 정수로 이루어진 벡터로, 표본에 있는 관찰 하나당 정수가
하나 부여되어 각 관찰들을 군집으로 배정해 준다. 다음은 첫 20개 숫자의 군집 배정
결과다.

```
head(clust, 20)
#>  [1] 1 2 2 2 1 2 3 3 2 3 1 3 2 3 2 1 2 1 1 3
```

군집 번호를 요인으로 취급함으로써 우리는 각각의 통계 군집의 평균을 계산할 수
있다(레시피 6.6 참고).

```
tapply(x, clust, mean)
#>      1      2      3
#>  3.190 -2.699  0.236
```

R은 데이터를 군집들로 꽤 잘 나누어 넣었다. 평균들이 뚜렷하게 구분이 간다. 하나
는 −2.7 근처, 하나는 0.27 근처, 또 하나는 +3.2 근처로 나왔다. (당연히 추출된 평
균들의 순서가 원래 집단들의 순서와 일치할 필요는 없다.) 추출된 평균들은 유사하
기는 하지만 원래의 평균과 완전히 똑같지는 않다. 나란히 놓인 박스플롯들이 그 이
유를 설명해 준다(그림 13-3 참고).

```
library(patchwork)

df_cluster <- data.frame(x,
                         means = factor(means),
                         clust = factor(clust))

g1 <- ggplot(df_cluster) +
  geom_boxplot(aes(means, x)) +
  labs(title = "Original Clusters", x = "Cluster Mean")

g2 <- ggplot(df_cluster) +
  geom_boxplot(aes(clust, x)) +
  labs(title = "Identified Clusters", x = "Cluster Number")

g1 + g2
```

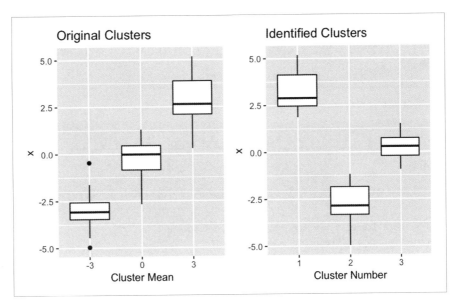

그림 13-3 군집들에 대한 박스플롯들

군집화 알고리즘은 데이터를 전혀 겹치지 않는 집단으로 완벽하게 분리해 줬다. 원래의 군집들은 겹치는 부분이 있는 반면, 우리가 찾아낸 군집들은 그렇지 않다.

이번 예시에서는 1차원 데이터를 사용했지만, dist 함수는 데이터 프레임 또는 행렬에 저장된 다차원 데이터에도 잘 작동한다. 데이터 프레임이나 행렬에 있는 각 행은 다차원 공간에서 하나의 관찰로 다뤄지며, dist는 이 관찰들 간의 거리를 계산한다.

더 알아보기

이번 예시는 기본 패키지에 들어 있는 군집화 기능을 사용했다. mclust 등 다른 패키지들은 이외에 다른 군집화 메커니즘도 제공한다.

13.7 이진값으로 된 변수 예측하기(로지스틱 회귀)

문제

이진형 이벤트의 발생 확률을 예측하는 회귀 모형인 로지스틱 회귀분석(logistic regression)을 수행하고 싶다.

해결책

`family = binomial`로 `glm` 함수를 호출해서 로지스틱 회귀를 수행한다. 결과로는 모형 객체가 나온다.

```
m <- glm(b ~ x1 + x2 + x3, family = binomial)
```

여기서 b는 수준이 두 개인 요인이며(예: TRUE와 FALSE, 0과 1) x1, x2, x3는 예측변수들이다.

모형 객체 m과 predict 함수를 사용해서 새로운 데이터의 확률을 예측한다.

```
df <- data.frame(x1 = value, x2 = value, x3 = value)
predict(m, type = "response", newdata = dfrm)
```

논의

모델링에서는 흔히 이진값으로 된 결과를 예측한다. 처치가 효과적일까 아닐까? 가격이 올라갈까 내려갈까? 팀 A와 팀 B 중 누가 이길 것인가? 로지스틱 회귀는 이러한 상황을 모델링하는 데 유용하다. 진정한 의미에서 통계는 '성공한다'거나 '실패한다'라는 대답을 내놓지 않는다. 대신 두 가지 가능한 결과들에 대한 확률을 계산해 준다.

우리는 predict를 호출하면서 type = "response"로 설정해서 predict가 확률을 반환하도록 할 것이다. 그렇게 하지 않으면 로그 확률을 반환하기 때문에 대부분의 사람들에게는 비직관적인 결과가 될 것이다.

줄리안 패러웨이(Julian Faraway)는 《Practical Regression and ANOVA Using R》이라는 출간되지 않은 책에서, 다음과 같은 이진값 변수를 예측하는 예시를 보여 주었다. 데이터세트 pima의 변수 test는 환자가 당뇨에 양성 반응이 나오면 참 값을 가진다. 예측변수들은 혈압과 신체 용적 지수(body mass index, BMI)다. 패러웨이는 선형회귀를 사용했는데, 우리는 그 대신 로지스틱 회귀를 사용해 보자.

```
data(pima, package = "faraway")
b <- factor(pima$test)
m <- glm(b ~ diastolic + bmi, family = binomial, data = pima)
```

결과로 나오는 모형의 요약 m을 보면 diastolic과 bmi 변수들의 p-값이 각각 0.8과 (거의) 0이라는 걸 알 수 있다. 따라서 우리는 bmi 변수만 유의미하다고 결론을 내릴 수 있다.

```
summary(m)
#>
#> Call:
#> glm(formula = b ~ diastolic + bmi, family = binomial, data = pima)
#>
#> Deviance Residuals:
#>    Min     1Q  Median     3Q     Max
#> -1.913  -0.918  -0.685   1.234   2.742
#>
#> Coefficients:
#>              Estimate Std. Error z value Pr(>|z|)
#> (Intercept) -3.62955    0.46818   -7.75  9.0e-15 ***
#> diastolic   -0.00110    0.00443   -0.25      0.8
#> bmi          0.09413    0.01230    7.65  1.9e-14 ***
#> ---
#> Signif. codes:  0 '***' 0.001 '**' 0.01 '*' 0.05 '.' 0.1 ' ' 1
#>
#> (Dispersion parameter for binomial family taken to be 1)
#>
#>     Null deviance: 993.48 on 767 degrees of freedom
#> Residual deviance: 920.65 on 765 degrees of freedom
#> AIC: 926.7
#>
#> Number of Fisher Scoring iterations: 4
```

여기서 bmi 변수만 유의미하기 때문에, 우리는 다음처럼 축소된 모형을 만들어 낼 수 있다.

```
m.red <- glm(b ~ bmi, family = binomial, data = pima)
```

이 모형을 사용해서 평균적인 BMI(32.0) 수치를 가진 사람이 당뇨에 양성 반응이 나올 확률을 계산해 보자.

```
newdata <- data.frame(bmi = 32.0)
predict(m.red, type = "response", newdata = newdata)
#>     1
#> 0.333
```

모형에 따르면 확률은 33.3% 정도 된다. 백분위가 90쯤 되는 사람에 대해서는 54.9%의 확률이 계산되어 나온다.

```
newdata <- data.frame(bmi = quantile(pima$bmi, .90))
predict(m.red, type = "response", newdata = newdata)
#>    90%
#> 0.549
```

더 알아보기

로지스틱 회귀를 사용하면 모형의 유의성을 판단하기 위해서 편차를 해석하는 과정이 들어간다. 따라서 여러분이 회귀에서 어떠한 결론을 이끌어 내기 전에 미리 로지스틱 회귀에 대한 책을 훑어볼 것을 추천한다.

13.8 통계량 부트스트랩하기

문제

통계량을 계산해 내기 위한 함수와 데이터세트가 있다. 그 통계량에 대한 신뢰구간을 추정하려고 한다.

해결책

boot 패키지를 사용한다. 해당 통계량의 부트스트랩 반복을 계산하기 위해 boot 함수를 적용한다.

```
library(boot)
> bootfun <- function(data, indices) {
  # . . . calculate statistic using data[indices] . . .
  return(statistic)
}

reps <- boot(data, bootfun, R = 999)
```

여기서 data는 원본 데이터세트인데, 벡터 또는 데이터 프레임 둘 중 하나로 저장되어 있을 것이다. 해당 통계 함수(이 경우 bootfun)는 두 개의 인자를 받는다. data는 원본 데이터세트고, indices는 data에서 부트스트랩 표본을 선택하는 정수로 이루어진 벡터다.

그 다음 boot.ci 함수를 사용해서 반복 추출된 것들의 신뢰구간을 추정한다.

```
boot.ci(reps, type = c("perc", "bca"))
```

논의

누구나 통계량을 계산할 수 있지만 쉽게 계산되는 건 점 추정치뿐이다. 하지만 우리는 그 이상, 즉 신뢰구간을 알고 싶다. 일부 통계량들에 대해서는 신뢰구간(CI)을 해석적으로 계산해 낼 수 있다. 일례로 평균의 신뢰구간은 t.test 함수로 계산된다.

하지만 안타깝게도 평균만 예외이지 항상 그렇게 쉽게 계산되지는 않는다. 대부분의 통계량에 대해서 신뢰구간을 수학적으로 계산하려면 무척 복잡하거나 계산법이 아예 알려져 있지 않으며, 신뢰구간에 대한 알려진 폐쇄형(closed-form) 계산 또한 없다.

부트스트랩 알고리즘은 폐쇄형 계산이 가능하지 않은 경우에도 신뢰구간을 추정할 수 있다. 이 알고리즘은 다음과 같이 동작한다. 크기가 N인 표본과, 해당 통계량을 계산해 내는 함수가 있다고 가정한다.

1. 표본에서 N개의 원소를 복원추출(sampling with replacement) 방법으로 랜덤으로 선택한다. '복원추출'을 한다. 이러한 원소들의 집합이 **부트스트랩 표본**(bootstrap sample)이다.
2. 함수를 부트스트랩 표본에 적용해서 통계량을 계산해 낸다. 이 값은 **부트스트랩 반복**(bootstrap replication)이라고 부른다.
3. 1단계와 2단계를 많이(보통 수천 번) 반복해서 부트스트랩 반복을 얻어낸다.
4. 부트스트랩 반복들로부터 신뢰구간을 계산한다.

마지막 단계가 어려워 보일 수 있으나, 신뢰구간을 계산하는 알고리즘은 여러 가지 있으니 걱정하지 않아도 된다. 제일 간단한 알고리즘은 반복들의 백분위를 사용하는데, 이를테면 2.5 백분위수와 97.5 백분위수를 취해서 95%의 신뢰구간을 만드는 식이다.

필자들은 매일 모호한 통계량들을 다루기 때문에 부트스트랩 방법을 굉장히 좋아한다. 모호한 통계량을 다룰 때는 신뢰구간을 아는 것이 중요한데, 신뢰구간을 구하는 공식은 알려져 있지 않기 때문이다. 부트스트랩을 쓰면 괜찮은 근사치가 나온다.

예제를 한번 풀어보자. 레시피 13.4에서 우리는 직교 회귀를 사용해서 기울기를 추정했었다. 그렇게 하면 점추정치가 나오는데, 그렇다면 신뢰구간은 어떻게 구할 수 있을까? 우선 기울기 계산을 함수 하나에 압축해 넣는다.

```
stat <- function(data, indices) {
  r <- prcomp(~ x + y, data = data, subset = indices)
  slope <- r$rotation[2, 1] / r$rotation[1, 1]
  return(slope)
}
```

이 함수가 indices로 정의된 부분집합을 선택하고, 정확히 그 부분집합으로부터 기울기를 계산한다는 것을 잘 봐 두자.

그 다음, 우리는 해당 기울기의 반복을 999번 계산한다. 원래 레시피에 *x*와 *y*, 두 개의 벡터가 있었던 것을 기억하는가? 여기서는 그 둘을 데이터 프레임으로 합친다.

```
load(file = './data/pca.rdata')
library(boot)
set.seed(3) # 데이터의 재현을 위해

boot.data <- data.frame(x = x, y = y)
reps <- boot(boot.data, stat, R = 999)
```

첫 시도로 999번 반복을 선택한 건 잘한 일이다. 언제든지 부트스트랩을 더 반복하면서 결과가 크게 변화하는지를 볼 수 있으니까.

boot.ci 함수는 반복들로부터 CI(신뢰구간)를 추정할 수 있다. 이 함수는 몇 가지 다른 알고리즘을 구현하고 있으며, type 인자로 어떤 알고리즘을 수행할지 고를 수 있다. boot.ci는 선택된 각각의 알고리즘에 대해 추정된 결과를 반환해 준다.

```
boot.ci(reps, type = c("perc", "bca"))
#> BOOTSTRAP CONFIDENCE INTERVAL CALCULATIONS
#> Based on 999 bootstrap replicates
#>
#> CALL :
#> boot.ci(boot.out = reps, type = c("perc", "bca"))
#>
#> Intervals :
#> Level      Percentile           BCa
#> 95%   ( 1.07,  1.99 )   ( 1.09,  2.05 )
#> Calculations and Intervals on Original Scale
```

여기서 우리는 type = c("perc","bca")로 설정함으로써 알고리즘 두 개, 즉 백분위수(percentile)와 BCa를 골랐다. 결과로 나오는 추정치 두 가지는 각 알고리즘의 이름 아래 나타난다. 다른 알고리즘도 사용할 수 있으니 도움말 페이지를 참고하자.

결과를 보면, 신뢰구간이 각각 (1.068, 1.992)와 (1.086, 2.050)으로 약간 차이가 생기는 점을 관찰할 수 있다. 썩 마음에 들지는 않지만, 두 개의 다른 알고리즘을 사용했으므로 피할 수 없는 결과다. 딱히 어느 쪽이 더 나은지 확정할 수 있는 방법은 없다. 만약 알고리즘을 선택하는 게 무척 중요한 문제가 되는 경우라면 레퍼런스를 공부해서 각각의 차이점을 확실하게 알아야 한다. 그 전까지는 보수적으로, 더 넓은 구간을 사용하기를 권한다. 그러니까 이 경우엔 (1.068, 2.050)이다.

기본 설정으로 boot.ci는 95%의 신뢰구간을 추정한다. 다음과 같이 conf 인자를 사용하면 바꿀 수 있다.

```
boot.ci(reps, type = c("perc","bca"), conf = 0.90)
```

더 알아보기

기울기 계산 관련해서는 레시피 13.4에 더 많은 내용이 있다. 부트스트랩 알고리즘에 관한 튜토리얼 및 레퍼런스로 사용하기 좋은 책으로 브래들리 에프론(Bradley Efron)과 로버트 팁시라니(Robert Tibshirani)가 쓴 《An Introduction to the Bootstrap》(Chapman & Hall/CRC)이 있다.

13.9 요인분석

문제

데이터세트에 요인분석을 수행하고 싶다. 일반적으로 변수들의 공통점이 무엇인지 알고 싶을 때 사용한다.

해결책

factanal 함수를 사용한다. 그러려면 데이터세트와 요인[1]들의 개수 추정치가 있어야 한다.

```
factanal(data, factors = n)
```

결과에는 n개의 요인이 포함되어 있는데, 입력된 변수의 각 요인에 대한 적재(loading)값을 보여 준다.

출력에는 p-값도 들어 있다. 통상적으로 0.05보다 작은 p-값은 요인의 수가 너무 작으며, 따라서 데이터세트의 전체 차원수를 담지 못한다는 뜻이다. 0.05보다 큰 p-값은 요인이 충분한(충분한 정도보다 더 많거나) 개수일 개연성이 크다는 뜻이다.

논의

요인분석을 하면 '요인(factor)'이라고 불리는, 여러분이 가지고 있는 변수들의 선형 결합이 생성되며, 이것은 변수의 기저에 있는 공통 개념을 추출해 준다. 만약 가지고

---

1 (옮긴이) 여기에서의 요인은 R의 데이터 객체로서의 요인이 아니다.

있는 n개의 변수들이 완벽하게 서로 독립적이라면 전혀 공통되는 것이 없다는 뜻으로, 이들을 설명하기 위해서 n개의 요인이 모두 필요하다. 하지만 변수들이 어느 정도 공통성을 가지고 있다면, 더 적은 요인으로 대부분의 변동량을 설명할 수 있으므로 n개보다 적은 수의 요인만 필요하게 된다.

우리는 각 요인과 변수에 대해서 상관관계를 계산한 다음, 이것을 적재값(loading)이라고 부른다. 적재값이 큰 변수들은 해당 요인으로 잘 설명된다는 의미다. 적재값을 제곱하면 그 변수의 전체 변동량의 어느 정도가 해당 요인으로 설명되는지를 알 수 있다.

요인분석은 적은 수의 요인이 변수들 대부분의 변동량을 담아내고 있다는 사실을 알려 줄 때 가장 쓸모가 있다. 즉, 데이터에 불필요한 부분이 있다고 경고해 주는 경우 말이다. 그렇게 판명된다면 서로 밀접하게 관련되어 있는 변수들을 합치거나 중복된 변수들을 한꺼번에 제거해 버림으로써 데이터세트를 축소할 수 있다.

조금 더 영리하게 요인분석을 사용하는 방법은 요인들을 해석해서 변수들 간의 상호관계를 찾아내는 것이다. 만약 두 개의 변수가 동일한 요인에 대해서 둘 다 큰 적재값을 가지고 있다면, 이들에 뭔가 공통적인 부분이 있다고 추측할 수 있다. 그럼 그게 무엇일까? 수학적으로는 답을 찾을 수 없다. 이럴 땐 데이터와 그 의미를 들여다 봐야 한다.

요인분석에는 까다로운 점이 두 가지 있다. 첫 번째는 요인의 개수를 정하는 것이다. 다행히도 주성분 분석을 사용하면 처음에 쓸 요인 개수를 괜찮게 추정할 수 있다. 두 번째 까다로운 점은 요인을 해석하는 부분이다.

주식 가격, 더 정확히는 주식 가격의 변화로 요인분석을 설명해 보겠다. 데이터세트에는 12개 회사의 6개월 치 주식 가격 변화가 담겨 있다. 모든 회사는 석유와 휘발유 산업과 관련되어 있다. 유사한 경제 및 시장의 힘에 영향을 받기 때문에, 아마도 그들의 주식 가격은 같이 움직일 것이다. 이제 궁금한 것은, '이 변화를 설명하는 데 요인이 몇 개나 필요한가?'이다. 만약 요인이 하나만 필요하다면 모든 주식 가격은 똑같을 것이다. 하지만 요인이 많이 필요하다면, 주식을 여러 종류 보유하고 있으면 분산 투자를 할 수 있다는 의미가 된다.

이를 알아보려면 우선은 가격 변화량을 담고 있는 데이터 프레임인 diffs에 주성분 분석을 한다. PCA 결과를 그래프로 그려보면 각 성분이 어느 정도의 변동량을 설명하는지가 눈에 보인다(그림 13-4).

```
load(file = './data/diffs.rdata')
plot(prcomp(diffs))
```

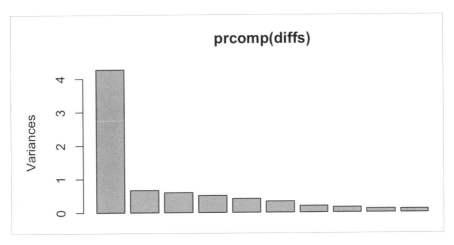

그림 13-4 주성분 분석 그래프

그림 13-4에서 그래프를 볼 수 있다. 첫 번째 성분이 변동량을 많이 설명한다는 사실을 알 수 있지만, 추가적인 성분들도 필요할 수 있다. 그래서 일단은 초기 요인분석은 요인이 두 개 필요하다고 가정하고 해 보겠다.

```
factanal(diffs, factors = 2)
#>
#> Call:
#> factanal(x = diffs, factors = 2)
#>
#> Uniquenesses:
#>   APC    BP   BRY   CVX   HES   MRO   NBL   OXY   ETP   VLO   XOM
#> 0.307 0.652 0.997 0.308 0.440 0.358 0.363 0.556 0.902 0.786 0.285
#>
#> Loadings:
#>     Factor1 Factor2
#> APC 0.773   0.309
#> BP  0.317   0.497
#> BRY
#> CVX 0.439   0.707
#> HES 0.640   0.389
#> MRO 0.707   0.377
#> NBL 0.749   0.276
#> OXY 0.562   0.358
#> ETP 0.283   0.134
#> VLO 0.303   0.350
#> XOM 0.355   0.767
```

```
#>
#>                 Factor1 Factor2
#> SS loadings      2.98    2.072
#> Proportion Var   0.27    0.188
#> Cumulative Var   0.27    0.459
#>
#> Test of the hypothesis that 2 factors are sufficient.
#> The chi square statistic is 62.9 on 34 degrees of freedom.
#> The p-value is 0.00184
```

끝부분에 있는 *p*-값이 거의 영이므로(0.00184) 이 출력 대부분을 무시해도 된다. 작은 *p*-값은 두 개의 요인으로는 충분하지 않았다는 뜻이므로, 분석이 잘 되지 않은 것이다. 요인이 더 필요하니 세 개로 다시 시도해 보자.

```
factanal(diffs, factors = 3)
#>
#> Call:
#> factanal(x = diffs, factors = 3)
#>
#> Uniquenesses:
#>   APC    BP   BRY   CVX   HES   MRO   NBL   OXY   ETP   VLO   XOM
#> 0.316 0.650 0.984 0.315 0.374 0.355 0.346 0.521 0.723 0.605 0.271
#>
#> Loadings:
#>     Factor1 Factor2 Factor3
#> APC  0.747   0.270   0.230
#> BP   0.298   0.459   0.224
#> BRY                  0.123
#> CVX  0.442   0.672   0.197
#> HES  0.589   0.299   0.434
#> MRO  0.703   0.350   0.167
#> NBL  0.760   0.249   0.124
#> OXY  0.592   0.357
#> ETP  0.194           0.489
#> VLO  0.198   0.264   0.535
#> XOM  0.355   0.753   0.190
#>
#>                 Factor1 Factor2 Factor3
#> SS loadings      2.814   1.774   0.951
#> Proportion Var   0.256   0.161   0.086
#> Cumulative Var   0.256   0.417   0.504
#>
#> Test of the hypothesis that 3 factors are sufficient.
#> The chi square statistic is 30.2 on 25 degrees of freedom.
#> The p-value is 0.218
```

큰 *p*-값(0.218)으로부터 요인이 세 개면 충분하다는 점을 확인할 수 있으므로, 이 분석 결과를 사용할 수 있다.

여기 보이는 것처럼 출력에는 설명된 분산 표가 있다.

```
                 Factor1 Factor2 Factor3
SS loadings       2.814   1.774   0.951
Proportion Var    0.256   0.161   0.086
Cumulative Var    0.256   0.417   0.504
```

이 표는 각 요인으로 설명되는 변동량의 비율이 각각 0.256, 0.161, 0.086이라는 것을 보여 준다. 누적해 보면 세 개를 합쳐 변동량의 0.504만큼이 설명되므로 $1 - 0.504 = 0.496$이 설명되지 않고 남는다.

그 다음, 요인을 해석해야 하는데, 이는 과학보다는 좀 미신[2]에 가깝다. 다음 적재값들을 살펴보자.

```
Loadings:
     Factor1 Factor2 Factor3
APC   0.747   0.270   0.230
BP    0.298   0.459   0.224
BRY                   0.123
CVX   0.442   0.672   0.197
HES   0.589   0.299   0.434
MRO   0.703   0.350   0.167
NBL   0.760   0.249   0.124
OXY   0.592   0.357
ETP   0.194           0.489
VLO   0.198   0.264   0.535
XOM   0.355   0.753   0.190
```

행 각각은 변수 이름(주식 기호)인 APC, BP, BRY 등으로 라벨이 붙여져 있다. 첫 요인에는 큰 적재값들이 많이 들어 있어서, 이 요인이 많은 주식의 분산을 설명한다는 점을 알 수 있다. 요인분석에서는 흔한 현상이다. 서로 연관이 있는 변수들을 살펴보면, 대부분 첫 번째 요인이 그들의 가장 기본적인 관계를 담아낸다. 이 예시에서는 주식을 다루고 있는데, 대부분의 주식은 시장 전체와 일제히 같이 움직인다. 아마 이것이 첫 번째 요인으로 포착되었을 것이다.

두 번째 요인은 조금 덜 명확하다. CVX(0.67)와 XOM(0.75)의 적재값이 지배적

---

2 (옮긴이) 요인분석의 해석은 해당 요인의 변수들의 의미를 이해하는 지식과 그 상호관계로부터 논리적으로 판단하기 때문에 분석가의 주관적인 견해가 많이 들어가므로, 과학의 객관성을 100% 담보하기 어렵다.

이고 BP가 멀지 않은 곳에 있지만(0.46), 나머지 주식들은 적재값이 훨씬 작은 것을 보자. 이것은 CVX, XOM, 그리고 BP의 연관성을 나타낸다. 아마도 이들은 공통 영역(예: 다국적 에너지 사업)에서 영업을 하고, 그래서 함께 움직이는 경향이 있는 것일 수 있다.

세 번째 요인에도 두 개의 지배적인 적재값들이 있다. VLO, ETP, HES이다. 이들은 두 번째에서 보았던 세계적인 기업들에 비해서는 더 작은 회사들이다. 아마도 이들 셋은 동일한 시장과 리스크를 공유하기 때문에 주가가 함께 움직이는 것일 터다.

요약하면, 여기엔 세 개의 주식 집단이 있는 것으로 보인다.

- CVX, XOM, BP
- VLO, ETP, HES
- 나머지 모두

요인분석은 예술이자 과학이다. 이 분석 방법을 사용하기 전에 다변량 분석과 관련된 책을 읽기를 추천한다.

더 알아보기
주성분 분석에 대해서는 레시피 13.4를 참고하라.

14장

시계열 분석

시계열 분석(time series)은 계량 금융학과 증권 자동거래가 유망해짐에 따라 중요한 화두가 되었다. 그래서 이번 장에서 다루는 기능들 중에는 금융, 증권거래, 자산관리 분야의 전문가 및 연구자들이 개발한 것이 다수 있다.

R에서 시계열 분석을 하기에 앞서, 결정해야 할 중요한 사항은 데이터의 표현 방식(객체의 클래스)이다. R과 같은 객체 지향적 언어에서 특히 중요시되는 부분인데, 단순히 데이터가 저장되는 방식 이상의 영향을 미치기 때문이다. 클래스는 어떤 함수(메서드)로 데이터를 로딩하고, 처리하고, 분석하고, 출력하고, 그래프로 그릴 수 있는지까지 좌우한다. 다들 처음 R을 사용할 때는 시계열 데이터를 단순하게 벡터에 저장하곤 한다. 그때는 벡터가 자연스러워 보이기 때문이다. 하지만 곧, 단순 벡터로는 멋진 시계열 분석 방법을 사용할 수 없다는 사실을 알게 된다. 이후 사용자들이 시계열 분석을 위해 만들어진 객체 클래스로 바꾸어 사용하기 시작하면, 그제야 비로소 중요한 함수들과 분석 방법들에 입문하게 되곤 한다.

이번 장의 첫 번째 레시피는 시계열 데이터를 표현하기 위해서 zoo 또는 xts 패키지를 사용할 것을 권한다. 여기에는 대부분의 사용자가 필요로 하는 일반적인 내용이 담겨 있다. 이어지는 레시피 대부분도 여러분이 이 두 가지 표현을 사용할 거라는 가정하에 쓰였다.

 xts 패키지는 zoo를 그대로 포함하면서 범위가 더 넓게 구현되어 있어 zoo가 할 수 있는 대부분의 일을 동일하게 할 수 있다. 이번 장에서 어떤 레시피가 zoo 객체에 작동한다면, 여러분은 안전하게(달리 언급이 없는 한) 그것이 xts 객체에도 동일하게 작동한다고 생각해도 된다.

그 외의 표현 방식

R의 세계에서 시계열 데이터를 표현하는 방법으로 다른 것들도 있다.

- fts 패키지
- tseries 패키지의 irts 클래스
- timeSeries 패키지
- 기본 배포판의 ts 클래스
- 시계열 분석을 위한 tidyverse 스타일의 패키지인 tsibble 패키지

사실 tsbox라고 부르는, 표현 방식들 간에 변환을 해 주는 툴킷도 있다.

위의 표현 방식들 중에서도 다음 두 가지는 좀 더 상세한 설명이 필요하기에 여기에서 다루도록 하겠다.

ts (기본 배포판)

R의 기본 배포판에는 ts라는 시계열 클래스가 포함되어 있다. 하지만 이 표현은 일반적인 상황에는 추천하지 않는데, 클래스의 사용이 너무 한정적이고 제한적이기 때문이다.

그러나 기본 배포판에는 ts에 종속되는 몇몇 중요한 시계열 분석 함수들이 있다. 자기상관 함수(acf)와 교차상관 함수(ccf) 같은 것들이다. 이러한 기본 함수를 xts 데이터에 대해 사용하려면, 호출 전에 to.ts 함수를 써서 데이터를 ts 클래스로 '변환하자'. 예를 들어, 만약 x가 xts 객체라면 다음과 같이 자기상관을 계산할 수 있다.

```
acf(as.ts(x))
```

tsibble 패키지

tsibble 패키지는 tidyverse에 최근에 추가된 패키지로, tidyverse 방식 내에서 시계열 데이터를 다루기 위해 고안되었다. 이 패키지는 '횡단 데이터', 다시 말해 관찰들이 날짜별로 묶여 있는 데이터를 다루는 데 유용하며, 이는 특히 '여러 날짜에 걸쳐서'가 아닌 '날짜 내에서' 분석을 수행하고 싶은 경우를 의미한다.

날짜(Date)와 날짜시간(Datetime)

시계열의 모든 관찰에는 연관된 날짜 또는 시간이 있다. 이번 장에서 사용되는 객체 클래스들인 zoo와 xts는 해당 데이터의 시간 요소를 표현하는 데 있어서 여러분이

날짜(date) 또는 날짜시간(datetime) 중 하나를 선택할 수 있게 해 준다. 일별, 주별, 월별 또는 연도별 데이터를 표현하기 위해서는 당연히 날짜를 사용할 것이다. 이런 경우에 날짜는 해당 관찰이 발생한 날을 나타낸다. 반면에 날짜와 관찰이 일어난 시간이 모두 필요한, 하루 동안에 일어나는 데이터에는 날짜시간을 사용할 것이다.

이번 장의 레시피들을 설명할 때 계속 '날짜 또는 날짜시간'이라고 말하기는 좀 번거로울 것 같다. 그래서 우리는 여러분의 데이터가 날짜별로 되어 있다고 가정하고, 이 긴 단어를 줄여서 그냥 날짜라고 부르겠다. 하지만 날짜보다 작은 시간 단위를 써도 무방하다는 사실은 기억해 두자.

더 알아보기

R에는 시계열 분석을 위한 유용한 함수와 패키지들이 많이 있다. "Time Series Analysis"(*http://cran.r-project.org/web/views/TimeSeries.html*)의 태스크뷰에 가 보면 찾을 수 있다.

14.1 시계열 데이터 표현하기

문제

시계열 데이터를 표현할 수 있는 R 데이터 구조를 찾고 싶다.

해결책

zoo와 xts 패키지를 추천한다. 이 패키지들은 시계열 분석을 위한 데이터 구조를 정의해 주며, 시계열 분석을 하는 데 유용한 함수도 많이 포함하고 있다. 다음과 같이 zoo 객체를 생성하면 된다. 여기서 x는 벡터, 행렬, 또는 데이터 프레임이고, dt는 이에 상응하는 날짜 또는 날짜시간으로 이루어진 벡터다.

```
library(zoo)
ts <- zoo(x, dt)
```

다음과 같이 xts 객체를 생성한다.

```
library(xts)
ts <- xts(x, dt)
```

as.zoo와 as.xts를 사용해서 시계열 데이터 형식 간 변환을 한다.

```
as.zoo(ts)
```

ts를 zoo 객체로 변환한다.

```
as.xts(ts)
```

ts를 xts 객체로 변환한다.

논의

R에는 시계열 데이터를 표현하는 적어도 여덟 개의 다른 시계열 객체 클래스가 있다. 필자들조차 모두 다 사용해 보지는 않았지만, 그중에서 zoo와 xts는 시계열 데이터를 다루기에 아주 좋은 패키지라고 생각한다. 적어도 우리가 써본 다른 것들보다는 훨씬 나았다.

이러한 형식들은 벡터가 두 개, 즉 관찰들로 이루어진 벡터(데이터)와 이 관찰들의 날짜 또는 시간으로 이루어진 벡터가 있다고 가정한다. zoo 함수를 사용하면 이 두 벡터를 zoo 객체로 합쳐 준다.

```
library(zoo)
#>
#> Attaching package: 'zoo'
#> The following objects are masked from 'package:base':
#>
#> as.Date, as.Date.numeric
x <- c(3, 4, 1, 4, 8)
dt <- seq(as.Date("2018-01-01"), as.Date("2018-01-05"), by = "days")

ts <- zoo(x, dt)
print(ts)
#> 2018-01-01 2018-01-02 2018-01-03 2018-01-04 2018-01-05
#>          3          4          1          4          8
```

xts 함수도 비슷하게 xts 객체를 반환한다.

```
library(xts)
#>
#> Attaching package: 'xts'
#> The following objects are masked from 'package:dplyr':
#>
#> first, last
ts <- xts(x, dt)
print(ts)
#>            [,1]
#> 2018-01-01    3
#> 2018-01-02    4
```

```
#> 2018-01-03    1
#> 2018-01-04    4
#> 2018-01-05    8
```

데이터 x는 수치형이어야 한다. 날짜 또는 날짜시간 벡터인 dt는 '인덱스'라고 부른다. 허용되는 인덱스는 패키지별로 차이가 있다.

zoo

이 경우 인덱스는 순서가 있는 어떠한 값이어도 된다. 예를 들면 Date 객체, POSIXct 객체, 정수 또는 부동 소수점 값 등이 있다.

xts

이 경우 인덱스는 꼭 지원되는 날짜 또는 시간 클래스여야 한다. 여기에는 Date, POSIXct, chron 객체가 포함된다. 이들은 다른 애플리케이션에도 통용되는 것들이고, 그 외에도 yearmon, yearqtr, datetime 객체를 사용할 수도 있다. xts 함수는 시간에 기반한 인덱스가 요구되는 강력한 연산들을 구현하고 있어서 zoo보다 제한적일 수밖에 없다.

다음 예시는 2010년의 연초부터 5일간의 IBM 주식 가격을 담고 있는 zoo 객체를 생성한다. 인덱스로는 Date 객체를 사용하고 있다.

```
prices <- c(132.45, 130.85, 130.00, 129.55, 130.85)
dates <- as.Date(c(
  "2010-01-04", "2010-01-05", "2010-01-06",
  "2010-01-07", "2010-01-08"
))
ibm.daily <- zoo(prices, dates)
print(ibm.daily)
#> 2010-01-04 2010-01-05 2010-01-06 2010-01-07 2010-01-08
#>        132        131        130        130        131
```

이와는 대조적으로 다음 예시는 일초 간격의 IBM 주식 가격을 담고 있다. 여기서는 시간을 자정으로부터 흐른 한 시간 단위의 개수로 표현하고 있으며, 데이터의 시작은 오전 9:30부터이다(1초 = 약 0.00027778시간).

```
prices <- c(131.18, 131.20, 131.17, 131.15, 131.17)
seconds <- c(9.5, 9.500278, 9.500556, 9.500833, 9.501111)
ibm.sec <- zoo(prices, seconds)
print(ibm.sec)
#>  10  10  10  10  10
#> 131 131 131 131 131
```

앞 두 가지 예시에서는 데이터가 하나의 벡터로부터 온 단일 시계열을 사용했다. 하지만 zoo와 xts는 시계열이 여러 개 들어 있는 병렬 시계열도 처리할 수 있다. 이 경우 해당 시계열들을 행렬이나 데이터 프레임에 담은 다음에 zoo(또는 xts) 함수를 호출해서 다변량 시계열을 생성하면 된다.

```
ts  <- zoo(dfrm, dt)  # 또는 ts <- xts(dfrm, dt)
```

함수의 두 번째 인자는 각 관찰에 대한 날짜(또는 날짜시간)로 이루어진 벡터다. 시계열이 여러 개라도 날짜 벡터는 하나뿐이다. 다시 말하면 행렬 또는 데이터 프레임의 각 행에 있는 모든 관찰은 동일한 날짜를 가져야 한다는 뜻이다. 여러분의 데이터에 일치하지 않는 날짜가 있다면 레시피 14.5를 참고하자.

일단 데이터가 zoo 또는 xts 객체에 담기면, coredata를 사용해서 순수한 데이터를 추출할 수 있다. 그러면 단일 벡터(또는 행렬)가 반환된다.

```
coredata(ibm.daily)
#> [1] 132 131 130 130 131
```

그리고 index 함수를 통해 날짜 또는 시간 부분을 추출할 수 있다.

```
index(ibm.daily)
#> [1] "2010-01-04" "2010-01-05" "2010-01-06" "2010-01-07" "2010-01-08"
```

xts 패키지는 zoo와 굉장히 비슷하다. 하지만 속도에 최적화되어 있어 많은 데이터량을 처리하기에 특히 좋다. 그리고 시계열 표현들의 상호 간 변환도 용이하다.

zoo 또는 xts 객체에 데이터를 담으면 출력, 그래프, 차분, 병합, 주기적 표본추출, 롤링 함수(rolling function) 적용 외에도 기타 유용한 연산을 포함한 특수 목적 함수를 사용할 수 있다는 이점이 있다. 특수 목적 함수에는 심지어 ASCII 파일로부터 시계열 데이터를 읽어 들이는 용도로만 사용되는 read.zoo 함수도 존재한다.

xts 패키지로는 zoo 패키지로 할 수 있는 모든 게 가능하니, 이번 장의 어느 곳에서든 zoo 객체에 대한 이야기가 나온다면 xts 객체로 대체할 수 있다는 걸 기억해 두자.

여러분이 시계열 데이터를 업무 등 심각한 용도로 사용하는 사람이라면 위 패키지들의 문서를 먼저 공부하기를 강력히 권한다. 유용한 기능이 아주 많은 패키지들이므로 배워 두면 좋겠다.

더 알아보기

zoo(*http://cran.r-project.org/web/packages/zoo/*)와 xts(*https://cran.r-project.org/web/packages/xts/*)에 관한 문서는 CRAN에 있다. 문서에는 레퍼런스 매뉴얼, 비네트, 빠르게 볼 수 있는 레퍼런스 카드 등이 포함되어 있다. 해당 패키지들이 이미 컴퓨터에 설치되어 있다면 vignette 함수로 문서를 열어보면 된다.

```
vignette("zoo")
vignette("xts")
```

timeSeries 패키지에도 시계열 객체가 잘 구현되어 있다. 이 패키지는 금융공학을 위한 Rmetrics 프로젝트의 일부분이다.

14.2 시계열 데이터 그래프로 그리기

문제

하나 또는 그 이상의 시계열을 그래프로 그리고 싶다.

해결책

하나 또는 여러 개의 시계열을 담고 있는 zoo와 xts 객체에 모두 작동하는 plot(x)를 사용한다.

시계열 관찰이 담긴 단순 벡터 v에는 plot(v,type = "l") 또는 plot.ts(v)를 쓰면 된다.

논의

제네릭 함수인 plot에는 zoo 객체 및 xts 객체에 사용할 수 있는 버전이 있다. 이 함수를 사용하면 단일 시계열이나 다중 시계열이 담긴 객체들을 그래프로 만들 수 있다. 다중 시계열의 경우, 그래프를 각각 따로 그릴 수도, 하나의 그래프에 모두 합쳐서 그릴 수도 있다.

ibm.infl이 시계열 두 개를 담은 zoo 객체라고 해 보자. 하나는 2000년 1월부터 2017년 12월까지 시세에 따른 IBM 주식 가격을 나타내고, 나머지 하나는 동일한 가격을 인플레이션을 반영해 조정한 것이다. 이 객체를 그래프로 그리면 R은 그림 14-1과 같이 하나의 그래프에 두 시계열을 그려 준다.

```
load(file = "./data/ibm.rdata")
```

```
library(xts)

main <- "IBM: Historical vs. Inflation-Adjusted"
lty <- c("dotted", "solid")

# xts 객체를 그린다.
plot(ibm.infl,
  lty = lty, main = main,
  legend.loc = "left"
)
```

그림 14-1 xts 그래프 예시

xts의 plot 함수는 xts 객체의 이름을 기본 제목으로 지정한다. 그래서 예시와 같이, main 인자에 좀 더 의미 있는 제목을 넣어 주면 좋다.

위의 코드는 구별이 쉽게 두 선이 각각 다른 스타일로 그려지도록 선의 종류(lty)를 두 개 지정했다. 또한 분리되어 있는 두 그래프의 y값 한계를 동일하게 설정함으로써 시각적으로 비교하기 쉽게 만들어 주었다.

더 알아보기

금융 데이터를 가지고 작업을 할 때 쓰기 좋은 패키지로 quantmod가 있는데, 이 패키지는 그래프와 관련된 특수한 함수들이 있어서 예쁘면서 양식이 지정된 그래프를 만들어 준다.

14.3 가장 오래전 또는 가장 최근 관찰 추출하기

문제

시계열에서 가장 오래전 또는 가장 최근 관찰만 보고 싶다.

해결책

head를 사용해서 가장 오래된 관찰들을 찾는다.

```
head(ts)
```

tail을 사용해서 가장 최근 관찰들을 찾는다.

```
tail(ts)
```

논의

head와 tail 함수는 제네릭 함수라서 여러분의 데이터가 단순 벡터, zoo 객체, xts 객체 중 어디에 저장되어 있든지 잘 작동한다.

이전 레시피에서 본 것과 같이 여러 해 분량의 IBM 주식가격이 xts 객체에 들어 있다고 해 보자. 화면에 다 들어가지 않아서 이 데이터세트 전체를 볼 수는 없다. 하지만 초기 관찰들은 다음과 같이 볼 수 있다.

```
ibm <- ibm.infl$ibm # 예시를 위해 열을 하나만 추출
head(ibm)
#>               ibm
#> 2000-01-01 78.6
#> 2000-01-03 82.0
#> 2000-01-04 79.2
#> 2000-01-05 82.0
#> 2000-01-06 80.6
#> 2000-01-07 80.2
```

그리고 마지막 관찰들도 볼 수 있다.

```
tail(ibm)
#>               ibm
#> 2017-12-21 148
#> 2017-12-22 149
#> 2017-12-26 150
#> 2017-12-27 150
#> 2017-12-28 151
#> 2017-12-29 150
```

head와 tail은 기본 설정으로 각각 여섯 개의 가장 오래된 데이터와 가장 최근 데이터를 보여 준다. tail(ibm, 20)처럼 둘째 인자에 값을 넣으면 더 많은 관찰을 볼 수도 있다.

xts 패키지에는 관찰의 개수 대신에 달력 기준 기간을 사용할 수 있는 first와 last 함수도 들어 있다. first와 last를 사용하면 일, 주, 월, 연도의 수를 기준으로 데이터를 선택할 수 있다.

```
first(ibm, "2 week")
#>                ibm
#> 2000-01-01 78.6
#> 2000-01-03 82.0
#> 2000-01-04 79.2
#> 2000-01-05 82.0
#> 2000-01-06 80.6
#> 2000-01-07 80.2
```

결과를 처음 살펴보면 조금 헷갈릴 수 있다. 우리가 '2주'를 요청했으나 xts는 6일만을 반환했다. 그 이유는 2000년 1월 달력을 보면 이해할 수 있다(그림 14-2).

```
         January 2000
Su Mo Tu We Th Fr Sa
                    1
 2  3  4  5  6  7  8
 9 10 11 12 13 14 15
16 17 18 19 20 21 22
23 24 25 26 27 28 29
30 31
```

그림 14-2 2000년 1월 달력

달력에서 보듯이 2000년의 첫 번째 주는 1일 하루밖에 없었다. 그리고 두 번째 주는 2일부터 8일까지다. 우리 데이터에 8일 날짜로 된 데이터는 없으므로, first 함수에게 맨 앞 '2주'를 요청하면 달력 기준 2주간의 모든 값을 반환해 주는 것이다. 우리가 사용한 예제 데이터세트에서 달력 기준 2주간은 6개의 값밖에 없다.

이와 유사하게, last에 마지막 달의 데이터를 달라고 할 수도 있다.

```
last(ibm, "month")
#>            ibm
#> 2017-12-01 152
#> 2017-12-04 153
#> 2017-12-05 152
#> 2017-12-06 151
#> 2017-12-07 150
#> 2017-12-08 152
#> 2017-12-11 152
#> 2017-12-12 154
#> 2017-12-13 151
#> 2017-12-14 151
#> 2017-12-15 149
#> 2017-12-18 150
#> 2017-12-19 150
#> 2017-12-20 150
#> 2017-12-21 148
#> 2017-12-22 149
#> 2017-12-26 150
#> 2017-12-27 150
#> 2017-12-28 151
#> 2017-12-29 150
```

여기에서 우리가 zoo 객체를 사용하고 있었다면, first나 last는 xts 함수이므로 객체를 전달하기 전에 xts 객체로 변환해 주어야 한다.

더 알아보기

help(first.xts)와 help(last.xts)를 보면 first와 last 함수에 대한 자세한 내용이 나와 있다.

 tidyverse 패키지 dplyr에도 first와 last라고 불리는 함수가 있다. 여러분의 작업 흐름상 xts 와 dplyr 패키지를 둘 다 쓰게 된다면, 패키지::함수 표기를 사용해서 여러분이 어떤 함수를 호출하고 있는지 명시적으로 지정하자(예를 들어, xts::first).

14.4 시계열 부분집합 만들기

문제

어떤 시계열에서 하나 또는 그 이상의 원소를 선택하고 싶다.

해결책

zoo 또는 xts 객체를 위치로 인덱스한다. 해당 객체가 하나의 시계열을 담고 있는지,

다중 시계열인지에 따라 하나 혹은 두 개의 첨자를 사용하면 된다.

ts[_i_]

> 단일 시계열에서 _i_번째 관찰을 선택한다.

ts[_j_,_i_]

> 다중 시계열 중 _j_번째 시계열에서 _i_번째 관찰을 선택한다.

날짜를 사용해서 시계열을 인덱스할 수 있다. 가지고 있는 시계열의 인덱스와 동일한 형식의 객체를 사용한다. 다음 예시는 해당 인덱스가 **Date** 객체를 담고 있다고 가정한 것이다.

```
ts[as.Date("yyyy-mm-dd")]
```

날짜로 이루어진 수열로 인덱스할 수도 있다.

```
dates <- seq(시작일, 종료일, 증가분)
ts[dates]
```

window 함수로는 시작과 종료 날짜로 범위를 선택할 수 있다.

```
window(ts, start = 시작일, end = 종료일)
```

논의

이전 레시피에서 언급한, 물가 상승이 반영된 IBM 주식 가격 표본인 xts 객체를 떠올려 보자.

```
head(ibm)
#>             ibm
#> 2000-01-01 78.6
#> 2000-01-03 82.0
#> 2000-01-04 79.2
#> 2000-01-05 82.0
#> 2000-01-06 80.6
#> 2000-01-07 80.2
```

벡터에서 원소를 선택하듯이(레시피 2.9 참고), 위치로 관찰을 선택할 수 있다.

```
ibm[2]
#>             ibm
#> 2000-01-03 82
```

위치로 여러 개의 관찰을 선택할 수도 있다.

```
ibm[2:4]
#>                 ibm
#> 2000-01-03 82.0
#> 2000-01-04 79.2
#> 2000-01-05 82.0
```

어떤 때는 날짜로 선택하는 게 더 편하기도 하다. 그런 경우, 날짜 자체를 인덱스로
사용하자.

```
ibm[as.Date("2010-01-05")]
#>                 ibm
#> 2010-01-05 103
```

우리의 ibm 데이터는 xts 객체이므로, 날짜와 비슷하게 생긴 형식을 사용해서 데이
터의 부분집합을 추출할 수도 있다(zoo 객체에는 이러한 유연성이 없다).

```
ibm['2010-01-05']
```

```
ibm['20100105']
```

또는 Date 객체들로 이루어진 벡터를 사용해 데이터를 선택할 수도 있다.

```
dates <- seq(as.Date("2010-01-04"), as.Date("2010-01-08"), by = 2)
ibm[dates]
#>                 ibm
#> 2010-01-04 104
#> 2010-01-06 102
#> 2010-01-08 103
```

연이은 날짜 범위를 선택할 때는 window 함수가 더 편하다.

```
window(ibm, start = as.Date("2010-01-05"), end = as.Date("2010-01-07"))
#>                 ibm
#> 2010-01-05 103
#> 2010-01-06 102
#> 2010-01-07 102
```

yyyymm 형식으로도 연/월 조합으로 데이터의 부분집합을 추출할 수 있다.

```
ibm['201001'] # 2010년 1월
```

/를 사용해서 연도 범위를 선택할 수도 있다.

```
ibm['2009/2011'] # 2009-2011 전체
```

또는 /와 연월을 함께 사용해서 범위를 선택할 수도 있다.

```
ibm['2009/201001'] # 2009년 전체 및 2010년 1월
ibm['200906/201005'] # 2009년 6월부터 2010년 5월
```

더 알아보기

xts 패키지는 시계열을 인덱스하는 다른 방법도 많이 제공한다. 해당 패키지 문서를 참고하자.

14.5 여러 시계열 병합하기

문제

둘 또는 그 이상의 시계열이 있는데 그것들을 하나의 시계열 객체로 병합하려고 한다.

해결책

zoo 객체 또는 xts 객체를 사용해서 시계열을 표현한다. 그 다음 merge 함수로 합친다.

```
merge(ts1, ts2)
```

논의

두 개의 시계열을 합칠 때 이들의 타임스탬프가 다르면 무척이나 골치가 아파진다. 두 가지 시계열, 즉 1999년에서 2017년까지 일별 IBM 주식 가격과 동일한 기간 동안의 소비자 물가 지수(Consumer Price Index, CPI)를 생각해 보자.

```
load(file = "./data/ibm.rdata")
head(ibm)
#>            ibm
#> 1999-01-04 64.2
#> 1999-01-05 66.5
#> 1999-01-06 66.2
```

```
#> 1999-01-07 66.7
#> 1999-01-08 65.8
#> 1999-01-11 66.4
head(cpi)
#>                cpi
#> 1999-01-01 0.938
#> 1999-02-01 0.938
#> 1999-03-01 0.938
#> 1999-04-01 0.945
#> 1999-05-01 0.945
#> 1999-06-01 0.945
```

보이는 것처럼 두 시계열 중 하나는 일별 데이터고, 하나는 월별 데이터라서 서로 타임스탬프가 다르다. 설상가상으로 CPI 데이터는 매월 첫째 날로 타임스탬프가 찍혀 있는데, 심지어 해당 날짜가 공휴일이거나 주말인 경우에도(예: 새해) 그렇다.

다행히도 merge 함수가 다른 날짜들을 합칠 때 생기는 자질구레한 문제들을 처리해 준다.

```
head(merge(ibm, cpi))
#>               ibm   cpi
#> 1999-01-01    NA 0.938
#> 1999-01-04 64.2    NA
#> 1999-01-05 66.5    NA
#> 1999-01-06 66.2    NA
#> 1999-01-07 66.7    NA
#> 1999-01-08 65.8    NA
```

merge 함수는 기본 설정으로 모든 날짜의 '합집합'을 찾아 준다. 그러니까 결과에는 입력의 모든 날짜가 들어가고, 이 중 관찰이 없는 곳은 NA 값들로 채워진다. zoo 패키지의 na.locf 함수를 사용하면 이 NA 값들을 가장 최근 관찰값으로 대체할 수 있다.

```
head(na.locf(merge(ibm, cpi)))
#>               ibm   cpi
#> 1999-01-01    NA 0.938
#> 1999-01-04 64.2 0.938
#> 1999-01-05 66.5 0.938
#> 1999-01-06 66.2 0.938
#> 1999-01-07 66.7 0.938
#> 1999-01-08 65.8 0.938
```

여기서 locf는 'last observation carried forward(최근 관찰이 이월됨)'이라는 뜻이다. 결과를 보면 NA들이 대체된 것을 알 수 있다. 유의할 점은 na.locf가 IBM 주식 가격이 없는, 결측값 NA를 갖는 첫 번째 관찰(1999-01-01)에는 NA를 그대로 남겨 두었다는 것이다.

all = FALSE로 설정하면 모든 날짜의 '교집합'을 알아낼 수도 있다.

```
head(merge(ibm, cpi, all = FALSE))
#>              ibm   cpi
#> 1999-02-01 63.1 0.938
#> 1999-03-01 59.2 0.938
#> 1999-04-01 62.3 0.945
#> 1999-06-01 79.0 0.945
#> 1999-07-01 92.4 0.949
#> 1999-09-01 89.8 0.956
```

이제 양쪽 파일에서 '공통된' 관찰들로 출력이 한정되었다.

하지만 교집합이 1월 1일이 아니라 2월 1일부터 시작한다는 점에 주목하자. 1월 1일이 휴일이기 때문에 그 날짜에는 IBM 주식 가격이 없고, 따라서 CPI 데이터와의 교집합이 생기지 않는다. 이 문제를 수정하려면 레시피 14.6을 참고하라.

14.6 시계열 끼워 넣기 또는 채우기

문제

여러분이 가지고 있는 시계열 데이터에 관찰이 몇 개 빠져 있다. 데이터에 빠져 있는 날짜/시간을 끼워 넣거나(pad) 값을 채워 넣고(fill) 싶다.

해결책

빠진 날짜/시간을 넣어 너비가 0인(데이터가 없는) zoo 또는 xts 객체를 생성한다. 그리고 데이터와 너비가 0인 이 객체를 병합하면서 모든 날짜의 합집합을 취한다.

```
empty <- zoo(, dates) # 'dates'는 빠진 날짜들로 된 벡터다.
merge(ts, empty, all = TRUE)
```

논의

zoo 패키지에 있는 zoo 객체 생성자에는 편리한 기능이 들어 있다. 데이터를 생략하고 '너비가 0인' 객체를 만들 수 있는 것이다. 이러한 객체는 데이터 없이 날짜만 들어 있다. 우리는 이렇게 임의로 만들어 낸 객체들을 가지고 다른 시계열 객체들을 끼워 넣거나(pad) 값을 채워 넣는(fill) 작업을 할 수 있다.

이전 레시피에서 사용했던 CPI 데이터를 다운로드했다고 해 보자. 이 데이터는 매월 첫째 날로 타임스탬프가 찍혀 있다.

```
head(cpi)
#>            cpi
#> 1999-01-01 0.938
#> 1999-02-01 0.938
#> 1999-03-01 0.938
#> 1999-04-01 0.945
#> 1999-05-01 0.945
#> 1999-06-01 0.945
```

우리에게는 해당 달의 다른 날짜들에 대한 관찰이 없다. 하지만 각 월초의 CPI 값이 월말까지 계속 적용된다는 것을 알고 있다. 따라서 우선은 데이터 없이, 십 년간의 모든 날짜를 담고 있는 너비 0짜리 객체를 만든다.

```
dates <- seq(from = min(index(cpi)), to = max(index(cpi)), by = 1)
empty <- zoo(, dates)
```

min(index(cpi))와 max(index(cpi))를 사용하는 이유는 cpi 데이터에서 최솟값 및 최댓값의 인덱스를 얻기 위해서다. 즉, 결과로 나오는 empty 객체는 우리의 cpi 데이터와 동일한 범위에 대해, 일별 인덱스가 담겨 있는 거라고 이해하면 쉽다.

그 뒤에 CPI 데이터와 너비 0인 객체의 합집합을 취해서 NA 값으로 채워진 데이터 세트를 만들어 낸다.

```
filled.cpi <- merge(cpi, empty, all = TRUE)
head(filled.cpi)
#>            cpi
#> 1999-01-01 0.938
#> 1999-01-02  NA
#> 1999-01-03  NA
#> 1999-01-04  NA
#> 1999-01-05  NA
#> 1999-01-06  NA
```

결과로 나오는 시계열은 달력의 모든 날짜가 들어 있고, 관찰이 없는 곳에는 NA 값이 채워져 있다. 여기까지가 원하던 결과일 수도 있다. 하지만 각 NA 값을 해당 날짜 시점에서의 가장 최근 관찰로 대체하는 것이 일반적이다. zoo 패키지의 na.locf 함수를 쓰면 그렇게 만들 수 있다.

```
filled.cpi <- na.locf(merge(cpi, empty, all = TRUE))
head(filled.cpi)
#>              cpi
#> 1999-01-01 0.938
#> 1999-01-02 0.938
#> 1999-01-03 0.938
#> 1999-01-04 0.938
#> 1999-01-05 0.938
#> 1999-01-06 0.938
```

1월 값인 1이 2월 1일 전까지 이월되었고, 이 시점부터 2월의 값으로 대체되었다. 이제 모든 날짜에 해당 시점의 최신 CPI 값이 배정되었다. 데이터세트에서 CPI는 1999년 1월 1일 = 100% 기준으로 다른 모든 날짜가 이에 대한 상대 값으로 계산되어 있다는 점을 알아 두자.

```
tail(filled.cpi)
#>              cpi
#> 2017-11-26 1.41
#> 2017-11-27 1.41
#> 2017-11-28 1.41
#> 2017-11-29 1.41
#> 2017-11-30 1.41
#> 2017-12-01 1.41
```

이 레시피를 사용하면 레시피 14.5에서 언급된 문제를 수정할 수 있다. 거기서는 일부 날짜에 IBM의 일별 주식 가격과 월별 CPI 데이터의 교집합이 존재하지 않는 문제가 있었다. 여러 가지 방법으로 이것을 수정할 수 있다. 일단 한 가지는 IBM 데이터에 CPI에 있는 날짜들을 끼워서 넣고, CPI와의 교집합을 취하는 것이다(index(cpi)가 CPI 시계열의 모든 날짜를 반환한다는 사실을 상기하자).

```
filled.ibm <- na.locf(merge(ibm, zoo(, index(cpi))))
head(merge(filled.ibm, cpi, all = FALSE))
#>              ibm  cpi
#> 1999-01-01   NA 0.938
#> 1999-02-01 63.1 0.938
#> 1999-03-01 59.2 0.938
#> 1999-04-01 62.3 0.945
#> 1999-05-01 73.6 0.945
#> 1999-06-01 79.0 0.945
```

그러면 월별 관찰이 나온다. 또 다른 방법은 CPI 데이터를 채워 넣고(앞서 말한 것처럼) IBM 데이터와의 교집합을 취하는 것이다. 그러면 다음과 같이 일별 관찰이 나온다.

```
filled_data <- merge(ibm, filled.cpi, all = FALSE)
head(filled_data)
#>               ibm   cpi
#> 1999-01-04 64.2 0.938
#> 1999-01-05 66.5 0.938
#> 1999-01-06 66.2 0.938
#> 1999-01-07 66.7 0.938
#> 1999-01-08 65.8 0.938
#> 1999-01-11 66.4 0.938
```

그 외에도 빈 값을 채우기 위해 사용하는 방법으로 큐빅 스플라인(cubic spline)이라는 테크닉이 있는데, 이 방법은 알고 있는 데이터로부터 부드러운 곡선으로 중간값들을 보간해 준다. zoo 패키지의 **na.approx** 함수를 사용하면 큐빅 스플라인을 이용한 보간을 할 수 있다.

```
combined_data <- merge(ibm, cpi, all = TRUE)
head(combined_data)
#>               ibm   cpi
#> 1999-01-01   NA 0.938
#> 1999-01-04 64.2   NA
#> 1999-01-05 66.5   NA
#> 1999-01-06 66.2   NA
#> 1999-01-07 66.7   NA
#> 1999-01-08 65.8   NA

combined_spline <- na.spline(combined_data)
head(combined_spline)
#>               ibm   cpi
#> 1999-01-01  4.59 0.938
#> 1999-01-04 64.19 0.938
#> 1999-01-05 66.52 0.938
#> 1999-01-06 66.21 0.938
#> 1999-01-07 66.71 0.938
#> 1999-01-08 65.79 0.938
```

cpi와 ibm의 결측치들이 모두 채워진 것을 볼 수 있다. 그러나 자세히 살펴보면 1999년 1월 1일에 채워진 ibm 열의 값은 1월 4일의 관찰에서 많이 벗어나 있다는 점을 알수 있다. 이는 큐빅 스플라인의 문제점 중 하나다. 값이 시계열의 극 초반 또는 극 후반에서 보간되는 경우, 불안정할 수 있다. 이러한 문제를 피하려면 1999년 1월 1일이전의 몇 개의 데이터 점을 찾아와서 **na.spline**을 사용하거나, 아예 다른 보간법을 선택하면 된다.

14.7 시계열 늦추기

문제

시계열의 시간을 앞으로 또는 뒤로 옮기고 싶다.

해결책

lag 함수를 사용한다. 두 번째 인자인 k는 데이터를 옮길 기간의 개수다.

```
lag(ts, k)
```

데이터를 당기려면(내일 데이터가 오늘 데이터가 됨) 양의 값 k를 사용한다. 데이터를 미루려면(어제 데이터가 오늘 데이터가 됨) 음의 값 k를 사용한다.

논의

레시피 14.1에 나왔던 5일간의 IBM 주식 가격이 담긴 zoo 객체를 떠올려 보자.

```
ibm.daily
#> 2010-01-04 2010-01-05 2010-01-06 2010-01-07 2010-01-08
#>        132        131        130        130        131
```

날짜를 하루 앞으로 옮겨 데이터를 당기려면 k = +1을 사용한다.

```
lag(ibm.daily, k = +1, na.pad = TRUE)
#> 2010-01-04 2010-01-05 2010-01-06 2010-01-07 2010-01-08
#>         NA        132        131        130        130
```

na.pad = TRUE로 설정해서 뒤에 남는 날짜들을 NA로 채운다. 그렇지 않으면 데이터가 누락되어 시계열이 짧아진다.

날짜를 하루 뒤로 옮겨 데이터를 밀려면 k = -1을 사용한다. 다시 말하지만 na.pad = TRUE를 사용해서 앞을 NA로 채워 넣는다.

```
lag(ibm.daily, k = -1, na.pad = TRUE)
#> 2010-01-04 2010-01-05 2010-01-06 2010-01-07 2010-01-08
#>         NA        132        131        130        130
```

k의 부호 표기 때문에 헷갈린다면, 여러분만 그런 게 아니니 걱정하지 말자.

> ❗ 이 함수는 lag(늦춰지다)라고 불리지만 양의 값 k는 사실 데이터를 늦추는 게 아니라 '앞서게 (lead)' 한다. '늦춰진' 데이터를 얻고 싶으면 음의 값 k를 사용하자. 이상한 건 안다. 어쩌면 함수 를 lead라고 이름 붙였어야 되는지도 모르겠다.

dplyr 패키지에도 똑같이 lag라는 이름의 함수가 포함되어 있으니 유의해야 한다. dplyr::lag의 인자들은 기본 R lag 함수와 약간 다르긴 하다. dplyr는 k 대신 n을 사용한다.

```
dplyr::lag(ibm.daily, n = 1)
#> 2010-01-04 2010-01-05 2010-01-06 2010-01-07 2010-01-08
#>         NA        132        131        130        130
```

> ❗ dplyr를 함께 로딩하고 싶으면, 여러분이 사용할 lag 함수가 어느 것인지를 네임스페이스에서 명확하게 표현해야 한다. 기본 R 함수는 stats::lag이며, dplyr의 함수는, 다행히 dplyr::lag 이다.

14.8 연속차분 계산하기

문제

시계열 x가 주어졌을 때 연속된 관찰들 사이의 차이를 계산하고 싶다. $(x_2 - x_1)$, $(x_3 - x_2)$, $(x_4 - x_3)$, ...

해결책

diff 함수를 사용한다.

```
diff(x)
```

논의

diff는 제네릭 함수라서 단순 벡터, xts 객체, zoo 객체 모두에 작동한다. 벡터 대신 zoo 또는 xts 객체의 차분을 구할 때의 장점은, 결과 또한 본래의 객체로 나오는 데 다, 각 차분이 올바른 날짜를 갖는다는 것이다. 다음 예시에서 우리는 연속적인 IBM 주식 가격의 차를 계산하려고 한다.

```
ibm.daily
#> 2010-01-04 2010-01-05 2010-01-06 2010-01-07 2010-01-08
```

— R

```
#>         132         131         130         130         131
diff(ibm.daily)
#> 2010-01-05 2010-01-06 2010-01-07 2010-01-08
#>      -1.60       -0.85       -0.45       1.30
```

2010-01-05라고 라벨이 붙은 차분은 이전 날(2010-01-04)로부터의 변화량으로, 대부분의 경우 이런 식으로 결과가 나오기를 바랄 것이다. 그리고 당연히 2010-01-04의 변화량은 계산할 수 없기 때문에, 차분된 시계열은 원래의 시계열보다 원소 하나가 짧다.

diff는 기본 설정으로 연속차분을 계산한다. lag 매개변수를 사용하면 좀 더 넓은 간격으로 된 차분을 계산할 수도 있다. 예를 들어 월별 CPI 데이터가 있는데, 이전 12개월로부터의 변화량을 계산해서 1년 건너 변화량을 알고 싶다고 해 보자. lag를 12로 지정하자.

```
head(cpi, 24)
#>            cpi
#> 1999-01-01 0.938
#> 1999-02-01 0.938
#> 1999-03-01 0.938
#> 1999-04-01 0.945
#> 1999-05-01 0.945
#> 1999-06-01 0.945
#> 1999-07-01 0.949
#> 1999-08-01 0.952
#> 1999-09-01 0.956
#> 1999-10-01 0.957
#> 1999-11-01 0.959
#> 1999-12-01 0.961
#> 2000-01-01 0.964
#> 2000-02-01 0.968
#> 2000-03-01 0.974
#> 2000-04-01 0.973
#> 2000-05-01 0.975
#> 2000-06-01 0.981
#> 2000-07-01 0.983
#> 2000-08-01 0.983
#> 2000-09-01 0.989
#> 2000-10-01 0.990
#> 2000-11-01 0.992
#> 2000-12-01 0.994
head(diff(cpi, lag = 12), 24) # 1년 건너 변화량을 계산한다.
#>            cpi
#> 1999-01-01  NA
#> 1999-02-01  NA
```

```
#> 1999-03-01     NA
#> 1999-04-01     NA
#> 1999-05-01     NA
#> 1999-06-01     NA
#> 1999-07-01     NA
#> 1999-08-01     NA
#> 1999-09-01     NA
#> 1999-10-01     NA
#> 1999-11-01     NA
#> 1999-12-01     NA
#> 2000-01-01  0.0262
#> 2000-02-01  0.0302
#> 2000-03-01  0.0353
#> 2000-04-01  0.0285
#> 2000-05-01  0.0296
#> 2000-06-01  0.0353
#> 2000-07-01  0.0342
#> 2000-08-01  0.0319
#> 2000-09-01  0.0330
#> 2000-10-01  0.0330
#> 2000-11-01  0.0330
#> 2000-12-01  0.0330
```

14.9 시계열 데이터에 계산 수행하기

문제

시계열 데이터에 산술 연산 및 일반적인 함수를 사용하고 싶다.

해결책

문제없다. R은 zoo 및 xts 객체 연산을 아주 잘 수행한다. 산술 연산(+, −, *, / 등)뿐만 아니라 일반적인 함수(sqrt, log 등)도 사용할 수 있으며, 대개의 경우 원하는 결과를 얻을 수 있다.

논의

zoo 또는 xts 객체에 산술 연산을 수행하면, R은 결과를 이해하기 쉽도록 날짜에 맞춰 나란하게 객체들을 정렬해 준다. 예를 들어 우리가 IBM 주식에서 퍼센트 변화량을 계산하고 싶다고 해 보자. 일일 변화량을 가격으로 나눠야 하지만, 그 두 가지 시계열은 자동으로 줄이 맞춰져 있지 않다. 시작 시간도 다르고, 길이도 다르기 때문이다. zoo 객체를 사용한 예시를 보자.

```
ibm.daily
#> 2010-01-04 2010-01-05 2010-01-06 2010-01-07 2010-01-08
#>        132        131        130        130        131
diff(ibm.daily)
#> 2010-01-05 2010-01-06 2010-01-07 2010-01-08
#>      -1.60      -0.85      -0.45       1.30
```

다행히도 어떤 시계열을 다른 것으로 나눌 때, R은 똑똑하게 해당 시계열들의 줄을 맞추고 zoo 객체를 반환해 준다.

```
diff(ibm.daily) / ibm.daily
#> 2010-01-05 2010-01-06 2010-01-07 2010-01-08
#>   -0.01223   -0.00654   -0.00347    0.00994
```

이제 그 결과를 100으로 나눠서 변화량의 백분율을 계산하면 되는데, 그 결과 또한 zoo 객체가 된다.

```
100 * (diff(ibm.daily) / ibm.daily)
#> 2010-01-05 2010-01-06 2010-01-07 2010-01-08
#>     -1.223     -0.654     -0.347      0.994
```

함수들도 이와 마찬가지로 잘 작동된다. zoo 객체의 로그나 제곱근을 계산하면 그 결과도 zoo 객체가 되며 타임스탬프도 보존된다.

```
log(ibm.daily)
#> 2010-01-04 2010-01-05 2010-01-06 2010-01-07 2010-01-08
#>       4.89       4.87       4.87       4.86       4.87
```

투자관리 분야에서는 가격에 로그를 취한 값의 차분을 구하는 경우가 상당히 흔하다. R에서는 그것도 식은 죽 먹기다.

```
diff(log(ibm.daily))
#> 2010-01-05 2010-01-06 2010-01-07 2010-01-08
#>   -0.01215   -0.00652 -  0.00347    0.00998
```

더 알아보기

연속차분을 계산하는 특수한 경우는 레시피 14.8을 참고하라.

14.10 이동평균 계산하기

문제

어떤 시계열의 이동평균을 계산하고 싶다.

해결책

zoo 패키지의 rollmean 함수를 사용해서 'k-기간'의 이동평균을 구한다.

```
library(zoo)
ma <- rollmean(ts, k)
```

여기서 ts는 zoo 객체에 담긴 시계열 데이터고, k는 단위 기간의 길이다.

금융 관련 애플리케이션을 만들 때는 일반적으로 rollmean이 과거 기록된 데이터만 사용해서 평균을 계산하도록 하고 싶을 것이다. 즉, 매일 해당 날짜 시점에 접근이 가능한 데이터만 사용하는 것이다. 그렇게 하려면 align = right로 지정한다. 그렇지 않으면 rollmean은 '부정행위'를 해서 실제로는 그 시점에 구할 수 없었던 미래의 데이터를 사용하게 된다.

```
ma <- rollmean(ts, k, align = "right")
```

논의

트레이더들은 가격 변동성을 평활하여 부드럽게 만들기 위해서 평균들을 이동하곤 한다. 이것의 공식적인 이름은 **롤링 평균**(rolling mean)이다. 레시피 14.12에서 다루는 것처럼 rollapply 함수와 mean 함수를 합쳐서 롤링 평균을 계산할 수 있지만, 그보다는 rollmean이 훨씬 빠르다.

속도 외에도 rollmean의 좋은 점은 본래 입력받은 것과 동일한 객체가 반환된다는 것이다(즉, xts 또는 zoo). 이 객체에 담긴 원소들의 날짜는 평균이 계산된 '그 시점'의 해당 날짜를 의미한다. 그리고 결과가 시계열 객체라는 장점 덕에 손쉽게 원본 데이터와 이동평균을 병합해서 그림 14-3처럼 함께 그래프로 그릴 수 있다.

```
ibm_year <- ibm["2016"]
ma_ibm <- rollmean(ibm_year, 7, align = "right")
ma_ibm <- merge(ma_ibm, ibm_year)
plot(ma_ibm)
```

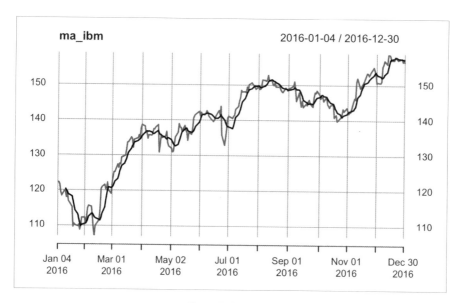

그림 14-3 롤링 평균 그래프

출력된 결과에는 초기 데이터 점이 몇 개 빠져 있는데, 이는 rollmean이 평균을 계산하려면 한 주기, k에 속한 관찰 전체가 필요하기 때문이다. 따라서 출력된 결과는 입력보다 짧아진다. 이것이 문제가 된다면 na.pad = TRUE로 지정하자. 그러면 rollmean이 초기 출력 부분을 늘려 NA 값을 끼워 넣는다.

더 알아보기

align 매개변수에 대해 더 알고 싶으면 레시피 14.12를 참고하라.

이번에 설명한 이동평균은 단순이동평균(simple moving average)이다. quantmod, TTR, fTrading 패키지에는 단순평균을 포함해 여러 가지 종류의 이동평균을 계산하고 그래프로 그릴 수 있는 함수들이 들어 있다.

14.11 달력 주기로 함수 적용하기

문제

주어진 시계열의 달력 주기(예: 주, 월 또는 연도)를 가지고 데이터를 집단으로 나눈 다음, 각 집단에 함수를 적용하고 싶다.

해결책

xts 패키지에는 시계열을 일, 주, 월, 분기 또는 연도로 처리할 수 있는 함수들이 들어 있다.

```
apply.daily(ts, f)
apply.weekly(ts, f)
apply.monthly(ts, f)
apply.quarterly(ts, f)
apply.yearly(ts, f)
```

여기서 ts는 xts 시계열이고, f는 각 일, 주, 월, 분기 또는 연도에 적용할 함수다. 만약 시계열이 zoo 객체로 되어 있다면, 다음과 같이 xts 객체로 변환해서 위의 함수들을 사용할 수 있도록 만들자.

```
apply.monthly(as.xts(ts), f)
```

논의

달력 주기로 데이터를 처리하는 것은 흔한 일이다. 하지만 달력으로 된 주기를 찾아서 적용하자면 무척 번거롭고 어려우니 함수들이 대신하게 하자.

5년간의 IBM 주식 가격이 xts 객체에 저장되어 있다고 해 보자.

```
ibm_5 <- ibm["2012/2017"]
head(ibm_5)
#>            ibm
#> 2012-01-03 152
#> 2012-01-04 151
#> 2012-01-05 150
#> 2012-01-06 149
#> 2012-01-09 148
#> 2012-01-10 148
```

apply.monthly와 mean을 함께 사용하면 월별 평균 가격을 계산할 수 있다.

```
ibm_mm <- apply.monthly(ibm_5, mean)
head(ibm_mm)
#>            ibm
#> 2012-01-31 151
#> 2012-02-29 158
#> 2012-03-30 166
#> 2012-04-30 167
#> 2012-05-31 164
#> 2012-06-29 159
```

IBM 데이터가 처음부터 xts 객체에 담겨 있었던 부분에 주목하자. 만약 데이터가 zoo 객체에 저장되어 있었다면, as.xts를 사용해서 변환했어야 한다.

이보다 더 흥미로운 예시는 변동성을 월별로 계산하는 것인데, 변동성은 일일 로그 수익률의 표준편차로 측정한다. 일일 로그 수익률은 다음과 같이 계산한다.

```
diff(log(ibm_5))
```

그리고 일일 수익률들의 월별 표준편차를 다음과 같이 계산한다.

```
apply.monthly(as.xts(diff(log(ibm_5), sd)
```

그림 14-4처럼 일일 수치의 크기를 조정(scale)해서 연간으로 환산된 변동성을 추정할 수 있다.

```
ibm_vol <- sqrt(251) * apply.monthly(as.xts(diff(log(ibm_5))), sd)
plot(ibm_vol,
  main = "IBM: Monthly Volatility"
)
```

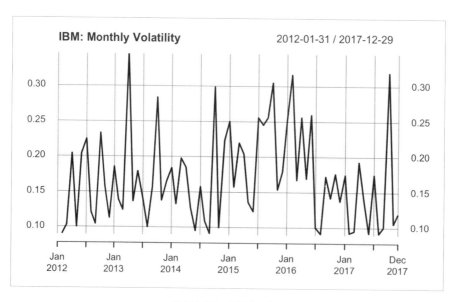

그림 14-4 IBM 변동성 그래프

14.12 롤링 함수 적용하기

문제

시계열에 롤링(rolling) 방식으로 함수를 적용하고 싶다. 즉, 어떤 데이터 점에서 주변 시간 범위에 대해 해당 함수를 계산하고, 다음 데이터 점으로 넘어가서 그 점에서 함수를 계산하고, 그 다음 데이터 점으로 넘어가는 식이다.

해결책

zoo 패키지의 rollapply 함수를 사용한다. width는 시계열(ts) 중 해당 함수(f)에 의해 각 점에서 계산될 데이터 점의 개수를 정의하는 인자다.

```
library(zoo)
rollapply(ts, width, f)
```

대개 여러분은 f가 해당 시점에서 접근이 불가능한 데이터 레코드를 계산하는 걸 방지하기 위해서 align = "right"로 두게 될 것이다.

```
rollapply(ts, width, f, align = "right")
```

논의

rollapply 함수는 시계열의 데이터에서 일정 '기간(window)'을 추출해서 그 데이터를 가지고 함수를 호출하고, 결과를 저장한 뒤 그다음 기간으로 넘어간다. 그리고 입력 전체에 대해서 이 패턴을 반복한다. 예시로 width = 21로 지정한 rollapply를 생각해 보자.

```
rollapply(ts, 21, f)
```

rollapply는 다음과 같이 기간을 이동하면서 반복적으로 함수 f를 호출한다.

1. f(ts[1:21])
2. f(ts[2:22])
3. f(ts[3:23])
4. ... etc. ...

이 함수가 값들로 이루어진 벡터 하나를 인자로 받은 것을 살펴보자. rollapply는 반환된 값들을 먼저 저장하고 나서, 모든 값에 대한 타임스탬프와 함께 zoo 객체에 넣는다. 타임스탬프는 rollapply에 주어지는 align 인자에 따라 달라진다.

align="right"

가장 오른쪽 값에서 타임스탬프를 가져온다.

align="left"

가장 왼쪽 값에서 타임스탬프를 가져온다.

align="center"(기본 설정)

중간에 있는 값에서 타임스탬프를 가져온다.

rollapply는 달리 지정하지 않으면, 연속되는 데이터 점들에서 함수를 계속 계산한다. 그러나 여러분은 매 n번째 데이터 점마다 함수를 계산하고 싶을 수도 있다. 이런 경우 by = n 인자를 사용해서 rollapply를 매 함수 호출 이후에 n개의 점만큼 앞으로 이동하도록 하면 된다. 일례로 어떤 시계열의 롤링 표준편차를 계산할 때, 우리는 데이터가 겹치지 않고 따로 분리되어 있는 것을 선호하므로 by 값을 기간의 길이와 동일하게 설정하곤 한다.

```
ibm_sds <- rollapply(ibm_5, width = 30, FUN = sd, by = 30, align = "right")
ibm_sds <- na.omit(ibm_sds)
head(ibm_sds)
```

rollapply 함수는 기본적으로 입력 데이터와 동일한 수의 관찰이 담긴 객체를 반환하는데, 결측치는 자동으로 NA로 채워 넣어진다. 앞선 예제에서 우리는 na.omit로 NA 값들을 제외시켜서, 우리가 값을 가지고 있는 날짜들만 남겨진 객체를 만들었다.

14.13 자기상관 함수 그리기

문제

시계열의 자기상관 함수(autocorrelation function, ACF)를 그래프로 그리고 싶다.

해결책

acf 함수를 사용한다.

```
acf(ts)
```

논의

자기상관 함수는 시계열 내부의 상호관계를 드러내 주는 중요한 도구다. $k = 1, 2, 3,$ ...일 때 ρ_k는 상관관계들의 모음을 뜻하는데, 여기서 ρ_k는 정확히 k단계 떨어진 데이터 점 쌍들 간의 상관관계를 말한다.

자기상관은 그냥 나열하는 것보다는 눈으로 보는 게 훨씬 유용하다. 그렇기 때문에 acf 함수는 각 k값에 대해서 자기상관을 그래프로 그려 준다. 다음 예시에서는 두 개의 시계열에 대한 자기상관 함수가 나타나 있는데, 하나는 자기상관이 있는 것(그림 14-5)이고 다른 하나는 없는 것(그림 14-6)이다. 점선으로 유의미한 상관과 유의미하지 않은 상관의 경계를 나누고 있다. 선의 위쪽이 유의미한 값이다(선의 높이는 데이터량에 따라 결정된다). 그래프는 다음과 같이 그릴 수 있다.

```
load(file = "./data/ts_acf.rdata")

acf(ts1, main = "Significant Autocorrelations")

acf(ts2, main = "Insignificant Autocorrelations")
```

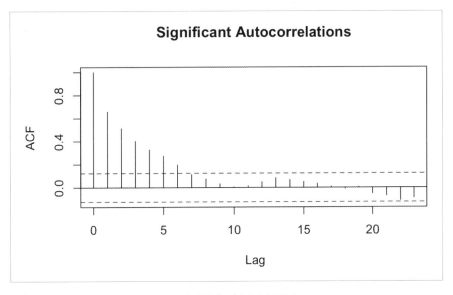

그림 14-5 각 시차값(lag)에서의 자기상관: ts1

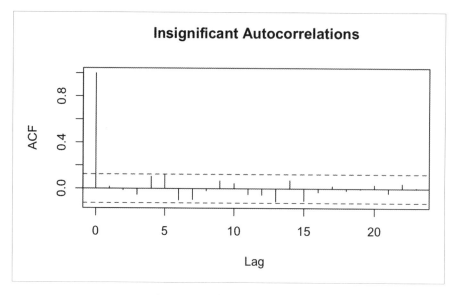

그림 14-6 각 시차값(lag)에서의 자기상관: ts2

자기상관이 존재한다면 자기회귀 누적이동평균(autoregressive integrated moving average, ARIMA) 모형으로 시계열을 모델링할 수 있다. ACF로부터 유의미한 자기 상관의 수를 셀 수 있는데, 이는 해당 모형에 있는 이동평균(MA) 계수들의 추정 개수를 뜻한다. 예를 들어, 그림 14-5는 일곱 개의 유의미한 자기상관을 보여 주고 있으므로, 이 데이터에 대한 ARIMA 모델은 일곱 개의 MA 계수(MA(7))가 필요하다고 예상할 수 있다. 하지만 이 추정치는 시작일 뿐이며, 해당 모형의 적합도와 진단을 통해 확인되어야 한다.

14.14 시계열의 자기상관 검정하기

문제

시계열에 자기상관이 있는지 검사하고 싶다.

해결책

자기상관을 검사하는 박스-피어스(Box-Pierce) 검정을 구현한 **Box.test** 함수를 사용한다.

```
Box.test(ts)
```

출력에는 *p*-값이 들어 있다. 통상적으로, 0.05보다 작은 *p*-값은 데이터에 유의미한 자기상관이 들어 있다는 의미이며, 0.05보다 큰 *p*-값은 그러한 증거를 제시하지 못한다.

논의

자기상관 함수 그래프는 여러분이 가지고 있는 데이터를 파헤쳐 보기에 좋은 도구다. 하지만 때때로 자세한 다른 내용 없이, 데이터에 자기상관이 있느냐 없느냐만 알고 싶을 수도 있다. 그런 경우 박스-피어스 검정 같은 통계검정을 사용하면 답을 얻을 수 있다.

레시피 14.13에서 자기상관 함수를 그래프로 그렸던 데이터에 박스-피어스 검정을 적용해 보겠다. 두 시계열의 검사 결과에는 각각 거의 0의 *p*-값과 0.8의 *p*-값이 계산된다.

```
Box.test(ts1)
#>
#> Box-Pierce test
#>
#> data: ts1
#> X-squared = 100, df = 1, p-value <2e-16

Box.test(ts2)
#>
#> Box-Pierce test
#>
#> data: ts2
#> X-squared = 0.07, df = 1, p-value = 0.8
```

0인 *p*-값은 첫 번째 시계열이 유의미한 자기상관을 가지고 있다는 사실을 보여 준다. (우리는 어떤 자기상관이 유의미한지는 모른다. 그저 존재한다는 사실만 알 뿐이다.) 0.8이라는 *p*-값은 두 번째 시계열에서는 자기상관을 감지하지 못했다는 의미다.

Box.test 함수로는 작은 표본에 적합한 융-박스(Ljung-Box) 검정도 수행할 수 있다. 이 검정은 박스-피어스의 *p*-값과 동일하게 해석되는 *p*-값을 계산해 낸다.

```
Box.test(ts, type = "Ljung-Box")
```

더 알아보기

자기상관 함수를 그래프로 그려서 자기상관을 시각적으로 확인하려면 레시피 14.13을 참고하라.

14.15 부분 자기상관 함수 그리기

문제

여러분이 가지고 있는 시계열의 부분 자기상관 함수(partial autocorrelation function, PACF)를 그래프로 그리고 싶다.

해결책

pacf 함수를 사용한다.

```
pacf(ts)
```

논의

부분 자기상관 함수는 시계열 내의 상호관계를 드러내는 데 좋은 또 다른 도구다. 부분 자기상관의 정의는 통계학 교재에 맡기고 설명은 따로 하지 않겠다. 여기서는 쉽게 말해 두 확률변수 X와 Y 사이의 부분 상관(partial correlation)은, X와 Y에 의해 다른 모든 변수에 나타난 상관관계를 설명하고 난 이후에도 여전히 남아 있는 상관관계라고 하겠다. 시계열의 경우 '시차 k에서의 부분 자기상관(partial autocorrelation at lag k)은 k 단계들 사이에 있는 데이터를 가지고 상관관계를 설명하고 난 이후에도 여전히 남아 있는 상관을 뜻하는데, 다시 말하면 정확히 그 k단계만큼 떨어져 있는 모든 데이터 점들 간의 상관이다.

PACF의 실용적인 가치는 ARIMA 모델에 들어 있는 자기회귀(AR) 계수들의 개수를 확인하게 도와준다는 데서 드러난다. 다음 예시에는 레시피 14.13에서 사용했던 두 시계열에 대한 PACF가 나타나 있다. 하나는 부분 자기상관이 있고, 다른 하나는 없다. 점선을 넘는 시차값들은 통계적으로 유의미한 것이다. 첫 번째 시계열(그림 14-7)에는 $k = 1$과 $k = 2$, 두 개의 값이 점선을 넘으므로 우리의 초기 ARIMA 모델은 두 개의 AR 계수(AR(2))를 갖는다. 하지만 자기상관과 관련해서는, 이것은 그저 초기 추정치일 뿐이므로 꼭 해당 모델을 적합 및 진단해서 확인해야 한다. 두 번째 시계열(그림 14-8)에서는 이러한 자기상관 패턴이 보이지 않는다. 다음과 같이 그래프로 그려볼 수 있다.

```
pacf(ts1, main = "Significant Partial Autocorrelations")

pacf(ts2, main = "Insignificant Partial Autocorrelations")
```

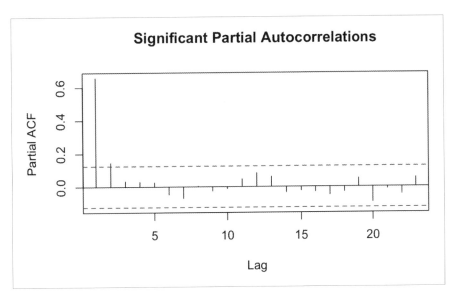

그림 14-7 각 시차값에서의 자기상관: ts1

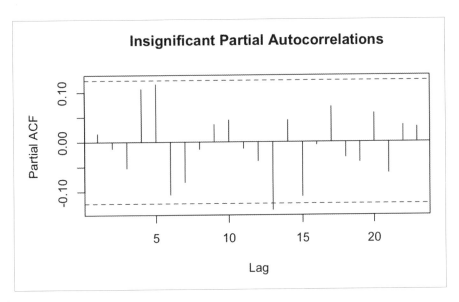

그림 14-8 각 시차값에서의 자기상관: ts2

더 알아보기

레시피 14.13을 참고하라.

14.16 두 시계열 사이의 시차상관 찾아내기

문제

두 시계열 사이에 시차가 있는 상관관계가 있는지 궁금하다.

해결책

forecast 패키지의 Ccf 함수를 사용해서 시차가 있는 상관관계를 드러내 보여 줄 교차상관 함수를 그린다.

```
library(forecast)
Ccf(ts1, ts2)
```

논의

교차상관 함수는 두 시계열 사이의 시차상관을 발견할 수 있도록 도와준다. '시차상관(lagged correlation)'은 한 시계열에 있는 오늘의 값이 다른 시계열의 과거 또는 미래의 값과 상관관계가 있을 때 발생한다.

원자재 가격과 채권 가격 사이의 관계를 생각해 보자. 일부 애널리스트들은 원자재 가격 변화가 인플레이션의 지표이며, 채권 가격은 인플레이션에 영향을 받기 때문에 이들 사이에 관계가 있다고 믿는다. 우리가 이들 사이의 상관관계를 밝혀낼 수 있을까?

그림 14-9에 일일 채권 가격의 변화량과 원자재 가격 인덱스로부터 생성된 교차상관 함수가 있다.[1]

```
library(forecast)
load(file = "./data/bnd_cmty.Rdata")
b <- coredata(bonds)[, 1]
c <- coredata(cmdtys)[, 1]

Ccf(b, c, main = "Bonds vs. Commodities")
```

---

[1] 더 자세히는, bonds 변수는 뱅가드 장기채권 인덱스 펀드(VBLTX)의 로그 수익률이며, cmdtys 변수는 인베스코 DB 원자재 추종 펀드(DBC)다. 이 데이터는 2007-01-01에서 2017-12-31의 기간에 수집되었다.

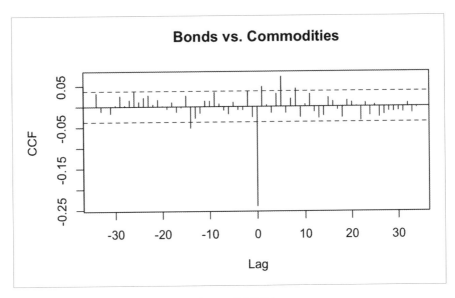

그림 14-9 교차상관 함수

우리가 풀고 있는 예제의 데이터가 담긴 bonds와 cmdtys는 xts 객체이므로, coredata ()[1]을 사용해서 벡터로 추출해 내야 한다. Ccf 함수가 단순 벡터로 입력을 받기 때문이다.

모든 수직선은 x축을 따라 표시된 것처럼, 특정 시차일 때의 두 시계열 사이의 상관관계를 나타낸다. 상관이 점선 위 또는 아래로 넘어가면 통계적으로 유의미한 것이 된다.

시차 0에서 상관이 −0.24인 것을 보자. 이는 변수들 간의 단순상관이다.

```
cor(b, c)
#> [1] -0.24
```

훨씬 흥미로운 것은 시차 1, 5, 8에서 나타나는 상관들로, 전부 통계적으로 유의미하다. 오늘의 변화가 내일의 변화와 상관관계가 있기 때문에, 채권과 원자재의 일별 가격에는 일종의 '파급 효과'가 나타나는 것으로 보인다. 이런 종류의 관계를 발견하게 되면 시장분석가나 채권 트레이더들 같이 단기간 예측을 하는 사람들에게 유용하게 쓰인다.

14.17 시계열의 추세 제거하기

문제

시계열 데이터에 제거하고 싶은 추세가 들어 있다.

해결책

선형회귀를 사용해서 추세 성분을 파악하자. 그 다음 원래의 시계열에서 추세 성분을 뺀다. 다음 코드 두 줄에서는 zoo 객체인 ts의 추세를 없애고 그 결과를 detr에 담는 방법을 보여 주고 있다.

```
m <- lm(coredata(ts) ~ index(ts))
detr <- zoo(resid(m), index(ts))
```

논의

일부 시계열 데이터에는 추세가 들어 있는데, 추세란 시간이 지남에 따라 시계열이 서서히 위로 또는 아래로 기울어진다는 개념이다. 여러분의 시계열 객체 yield(이 경우 zoo 객체라고 하자)가 그림 14-10의 그래프와 같은 추세를 나타내고 있다고 가정해 보자.

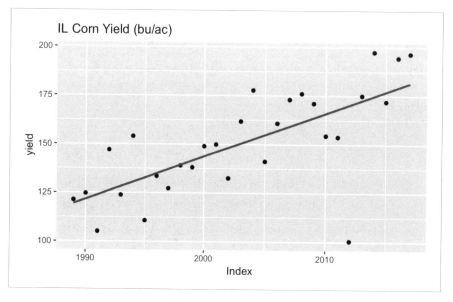

그림 14-10 추세가 있는 시계열

우리는 두 단계를 통해 추세 성분을 제거할 수 있다. 우선 선형 모형 함수 lm을 사용해서 전체적인 추세를 확인한다. 그러려면 이 모형은 x 변수로는 시계열 인덱스를 사용하고 y 변수로는 시계열 데이터를 사용해야 한다.

```
m <- lm(coredata(yield) ~ index(yield))
```

그 다음, lm이 원본 데이터에서 찾아낸 직선을 빼서 선형 추세를 제거한다. 이 작업이 쉽게 되는 이유는 원본 데이터와 적합된 선 사이의 차로 정의되는, 선형 모형의 '잔차'에 접근할 수 있기 때문이다.

$$r_i = y_i - \beta_1 x_i - \beta_0$$

여기서 r_i는 i번째 잔차이고 β_1과 β_0는 각각 해당 모형의 기울기와 절편이다. 우리는 resid 함수를 이용해 선형 모형에서 잔차를 추출할 수 있는데, 이렇게 추출한 잔차를 zoo 객체에 끼워 넣으면 된다.

```
detr <- zoo(resid(m), index(yield))
```

데이터와 동일한 시간 인덱스를 사용한 것에 주목하자. 이제 detr을 그리면 그림 14-11의 그래프처럼 확연하게 추세가 사라진 것을 볼 수 있다.

```
autoplot(detr)
```

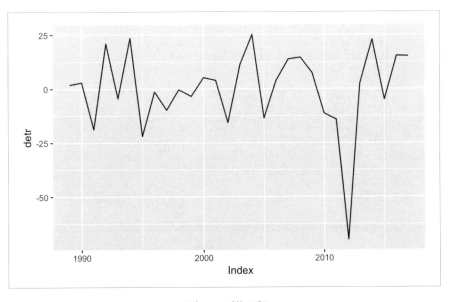

그림 14-11 잔차 그래프

이 데이터는 일리노이주의 옥수수 평균 생산량을 에이커당 부셸로 나타낸 것으로, detr은 실제 생산량과 추세 사이의 차이가 된다. 추세를 제거할 때, 가끔은 추세로부터의 퍼센트 변동량을 알고 싶을 경우도 있다. 그런 경우 초기 측정값으로 나누면 된다(그림 14-12 참고).

```
library(patchwork)
# y <- autoplot(yield) +
#  labs(x='Year', y='Yield (bu/ac)', title='IL Corn Yield')
d <- autoplot(detr, geom = "point") +
  labs(
    x = "Year", y = "Yield Dev (bu/ac)",
    title = "IL Corn Yield Deviation from Trend (bu/ac)"
  )
dp <- autoplot(detr / yield, geom = "point") +
  labs(
    x = "Year", y = "Yield Dev (%)",
    title = "IL Corn Yield Deviation from Trend (%)"
  )

d / dp
```

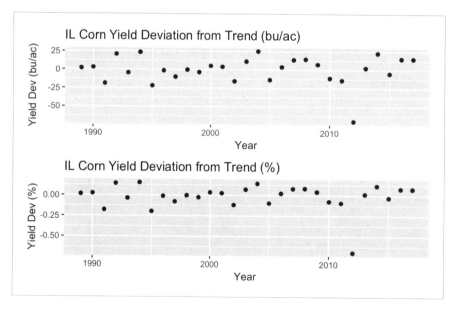

그림 **14-12** 추세가 제거된 그래프

그림 14-12의 위쪽 그래프를 보면 bu/ac(본래의 단위)로 된 생산량의 변동을 볼 수 있으며, 아래쪽 그래프에서는 추세로부터의 변동량을 퍼센트로 볼 수 있다.

14.18 ARIMA 모형 적합시키기

문제

시계열 데이터에 ARIMA 모형을 적합시키고 싶다.

해결책

forecast 패키지에 들어 있는 auto.arima 함수는, 여러분의 데이터에 대해 올바른 모형 차수를 선택하고 모형을 적합시켜 준다.

```
library(forecast)
auto.arima(x)
```

여러분이 이미 모형 차수인 (p, d, q)를 알고 있는 경우라면 arima 함수로 직접 모형을 적합시킬 수 있다.

```
arima(x, order = c(p, d, q))
```

논의

3단계를 거쳐 ARIMA 모형을 생성할 수 있다.

1. 모형의 차수를 식별한다.
2. 계수를 주면서 모형을 데이터에 적합시킨다.
3. 진단척도를 적용해서 모형을 입증한다.

모형의 '차수(order)'는 대개 정수 세 개(p, d, q)인데, 여기서 p는 자기상관계수의 개수이며 d는 차분의 정도, q는 이동평균계수의 개수다.

    ARIMA 모형을 만들 때는 처음엔 적당한 차수가 뭔지 전혀 모르는 경우가 많다. 그래서 우리는 p, d, q의 가장 좋은 조합을 지겹게 찾지 않고, 함수가 대신해서 찾아주도록 auto.arima를 사용한다.

```
library(forecast)
library(fpp2) # 예시 데이터를 불러오기 위함

auto.arima(ausbeer)
#> Series: ausbeer
#> ARIMA(1,1,2)(0,1,1)[4]
#>
#> Coefficients:
```

```
#>          ar1     ma1    ma2   sma1
#>        0.050  -1.009  0.375  -0.743
#> s.e.   0.196   0.183  0.153   0.050
#>
#> sigma^2 estimated as 241: log likelihood=-886
#> AIC=1783   AICc=1783   BIC=1800
```

이 경우 auto.arima는 최선의 차수가 (1, 1, 2)라고 결정했다. 해석해 보면, AR 계수한 개($p = 1$)와 MA 계수 두 개($q = 2$)가 있는 모형을 선택했고, 그 전에 데이터를 한번 차분($d = 1$)했다는 뜻이다. 덧붙여서, auto.arima 함수는 우리 데이터에 계절성이있다는 것을 알아내어 계절 항들인 $P = 0, D = 1, Q = 1$과 $m = 4$의 주기를 포함시켰다. 계절성을 나타내는 항들은 ARIMA의 다른 비계절성 항들과 유사하지만, 모형의계절적인 요소와 관련이 있다. m 항은 계절성의 주기를 알려 주는데, 이 경우에는 분기가 될 것이다. 그림 14-13의 ausbeer 데이터를 그려보면 이 부분을 조금 더 쉽게 볼수 있다.

```
autoplot(ausbeer)
```

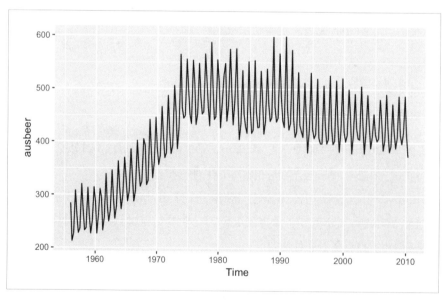

그림 14-13 오스트레일리아의 맥주 소비량

기본 설정으로 auto.arima는 p와 q를 $0 \leq p \leq 5$와 $0 \leq q \leq 5$ 범위로 한정한다. 여러분의 모형에 계수가 다섯 개 미만일 거라는 확신이 있다면 max.p와 max.q 인자를 사용해서 검색 범위를 더 제한하자. 그러면 속도가 빨라진다. 마찬가지로, 여러분의 모형에 계수가 더 필요하겠다고 생각된다면 max.p와 max.q를 사용해서 검색 범위의 한계를 높이면 된다.

auto.arima의 계절성 옵션을 끄고 싶다면 seasonal = FALSE로 두자.

```
auto.arima(ausbeer, seasonal = FALSE)
#> Series: ausbeer
#> ARIMA(3,2,2)
#>
#> Coefficients:
#>          ar1     ar2     ar3     ma1     ma2
#>       -0.957  -0.987  -0.925  -1.043   0.142
#> s.e.   0.026   0.018   0.024   0.062   0.062
#>
#> sigma^2 estimated as 327:  log likelihood=-935
#> AIC=1882   AICc=1882   BIC=1902
```

하지만 비계절적 모형에 적합시켰더니, 계절성 모형과 계수들이 달라진다는 점을 잘 봐 두자.

자신의 ARIMA 모형 차수를 이미 알고 있는 경우라면 arima 함수를 사용해서 빠르게 모형을 데이터에 적합시킬 수 있다.

```
arima(ausbeer, order = c(3, 2, 2))
#>
#> Call:
#> arima(x = ausbeer, order = c(3, 2, 2))
#>
#> Coefficients:
#>          ar1     ar2     ar3     ma1     ma2
#>       -0.957  -0.987  -0.925  -1.043   0.142
#> s.e.   0.026   0.018   0.024   0.062   0.062
#>
#> sigma^2 estimated as 319:  log likelihood = -935, aic = 1882
```

이 함수의 출력은 auto.arima에서 seasonal 인자를 FALSE로 둔 것과 똑같다. 다만 arima가 훨씬 빠르게 실행된다는 차이가 있다.

auto.arima와 arima의 출력에는 적합된 계수들과 각 계수의 표준오차(s.e.)가 들어 있다.

```
Coefficients:
         ar1      ar2      ar3      ma1      ma2
      -0.9569  -0.9872  -0.9247  -1.0425   0.1416
s.e.   0.0257   0.0184   0.0242   0.0619   0.0623
```

ARIMA 모형을 객체에 넣고 confint 함수를 사용하면 계수들의 신뢰구간을 찾아낼 수도 있다.

```
m <- arima(x = ausbeer, order = c(3, 2, 2))
confint(m)
#>      2.5 % 97.5 %
#> ar1 -1.0072 -0.907
#> ar2 -1.0232 -0.951
#> ar3 -0.9721 -0.877
#> ma1 -1.1639 -0.921
#> ma2  0.0195  0.264
```

위의 출력 결과를 보면 ARIMA 모델링을 사용했을 때의 가장 큰 문제점이 잘 나타나 있다. 모든 계수가 반드시 유의미하지는 않다는 점이다. 만약 신뢰구간 중 하나에 0이 포함되어 있으면, 실제 계수는 0일 수 있으므로 그렇게 되는 경우 항 전체가 불필요해진다.

여러분이 만든 모형에 무의미한 계수가 들어 있다는 사실을 알게 되면 레시피 14.19를 사용해서 제거하도록 하자.

 auto.arima와 arima 함수에는 최적의 모형을 적합시키기 위한 유용한 기능들이 들어 있다. 예를 들면, 여러분은 이 함수들이 추세성분을 넣거나 빼도록 조정할 수 있다. 자세한 내용은 도움말 페이지를 참고하도록 하자.

마지막으로 경고 하나 하겠다. auto.arima는 ARIMA 모델링이 단순해 보이게 한다는 위험성이 있다. ARIMA 모델링은 절대 '단순하지 않다'. 과학이라기보다는 오히려 예술의 경지이며, 이것을 사용해 자동으로 생성된 모형은 분석의 시작점일 뿐이다. 필자들은 독자들이 자신이 만든 최종 모형에 안착하지 말고 ARIMA 모델링에 대한 좋은 책을 찾아 먼저 공부해 보기를 권하는 바이다.

더 알아보기

ARIMA 모형에 진단 검정을 하는 방법은 레시피 14.20을 참고하라.

시계열 예측에서 교재로 사용할 만한 책으로는 롭 힌드만(Rob J. Hyndman)과 조지 아타나소풀로스(George Athanasopoulos)가 쓴 《Forecasting: Principles and Practice, 2nd ed.》을 추천한다. 온라인에서 무료로 제공되고 있다(*https://otexts.com/fpp2/*).

14.19 유의미하지 않은 ARIMA 계수 제거하기

문제

여러분의 ARIMA 모형에 있는 계수들 중 하나 또는 그 이상이 통계적으로 유의미하지 않다. 그것들을 제거하고 싶다.

해결책

arima 함수는 벡터인 fixed 인자를 포함하고 있다. 이 벡터는 모형에 있는 계수 각각에 대해서 하나의 원소를 가지고 있어야 하는데, 계수에는 (만약 존재한다면) 표류항 (drift term)[2]도 포함된다. 원소들은 NA 또는 0이다. 유지할 계수들에는 NA를, 제거할 계수들에는 0을 사용한다. 다음 예시는 첫 번째 AR 계수와 첫 번째 MA 계수를 0으로 놓은 ARIMA(2, 1, 2) 모형이다.

```
arima(x, order = c(2, 1, 2), fixed = c(0, NA, 0, NA))
```

논의

fpp2 패키지에는 euretail이라는, 유로존의 분기별 소비지수를 나타내는 데이터가 들어 있다. 이 데이터를 가지고 auto.arima를 실행해서 98% 신뢰구간을 살펴보자.

```
m <- auto.arima(euretail)
m
#> Series: euretail
#> ARIMA(0,1,3)(0,1,1)[4]
#>
#> Coefficients:
#>         ma1  ma2   ma3   sma1
#>       0.263 0.369 0.420 -0.664
#> s.e.  0.124 0.126 0.129  0.155
#>
#> sigma^2 estimated as 0.156: log likelihood=-28.6
#> AIC=67.3   AICc=68.4   BIC=77.7
confint(m, level = .98)
#>          1 %   99 %
#> ma1  -0.0246  0.551
#> ma2   0.0774  0.661
#> ma3   0.1190  0.721
#> sma1 -1.0231 -0.304
```

2 (옮긴이) 시계열 데이터에 추세(trend)가 있을 때 사용한다.

이번 예시에서, 우리는 ma1의 신뢰구간에 0이 포함된다는 사실로부터 이것이 98%의 신뢰수준에서 유의미하지 않다고 합리적으로 결론지을 수 있다. fixed 인자에 0을 넣어 줌으로써 ma1을 0으로 설정할 수 있다.

```
m <- arima(euretail,
                order = c(0, 1, 3),
                seasonal = c(0, 1, 1),
                fixed = c(0, NA, NA, NA)).
m
#>
#> Call:
#> arima(x = euretail,
                order = c(0, 1, 3),
                seasonal = c(0, 1, 1),
                fixed = c(0,
#>    NA, NA, NA))
#>
#> Coefficients:
#>       ma1    ma2    ma3    sma1
#>         0  0.404  0.293  -0.700
#> s.e.    0  0.129  0.107   0.135
#>
#> sigma^2 estimated as 0.156:  log likelihood = -30.8,  aic = 69.5
```

ma1의 계수가 이제 0인 것을 보자. 나머지 계수들(ma2, ma3, sma1)은 신뢰구간에서 알 수 있듯 여전히 유의미하니 우리의 모형은 합리적이라고 판단할 수 있다.

```
confint(m, level = .98)
#>         1 %    99 %
#> ma1      NA      NA
#> ma2  0.1049   0.703
#> ma3  0.0438   0.542
#> sma1 -1.0140  -0.386
```

14.20 ARIMA 모형 진단하기

문제

forecast 패키지를 사용해서 ARIMA 모형을 만들었고, 이제 그 모형을 입증하기 위해서 진단 검정들을 실행하고 싶다.

해결책

checkresiduals 함수를 사용한다. 다음 예시는 `auto.arima`를 사용해서 ARIMA 모형을 적합한 다음, m에 모형을 저장하고 진단을 실행한다.

```
m <- auto.arima(x)
checkresiduals(m)
```

논의

checkresiduals의 결과로는 그림 14-14에서 보듯 세 개의 그래프가 나온다. 좋은 모형은 다음과 같은 결과가 나와야 한다.

```
#>
#>  Ljung-Box test
#>
#> data: Residuals from ARIMA(1,1,2)(0,1,1)[4]
#> Q* = 5, df = 4, p-value = 0.3
#>
#> Model df: 4.    Total lags used: 8
```

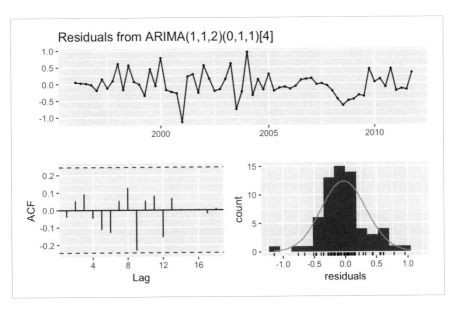

그림 14-14 잔차 그래프들: 좋은 모형

좋은 그래프의 특징은 다음과 같다.

• 표준화된 잔차들이 변동성에 따른 군집을 보이지 않는다.

- 자기상관 함수(ACF)가 잔차들 사이에 유의미한 자기상관을 보이지 않는다.

- 잔차들이 종 모양으로 보이며, 상당히 대칭이어야 한다.

- 융-박스 통계량의 *p*-값이 커서, 잔차들에 패턴이 없다는 사실을 나타낸다. 즉, 모형으로 인해 정보가 추출되었고 남겨진 것은 '노이즈'만 있다.

이와는 대조적으로, 그림 14-15는 문제가 있는 진단 그래프다.

```
#>
#>  Ljung-Box test
#>
#> data: Residuals from ARIMA(1,1,1)(0,0,1)[4]
#> Q* = 20, df = 5, p-value = 5e-04
#>
#> Model df: 3.    Total lags used: 8
```

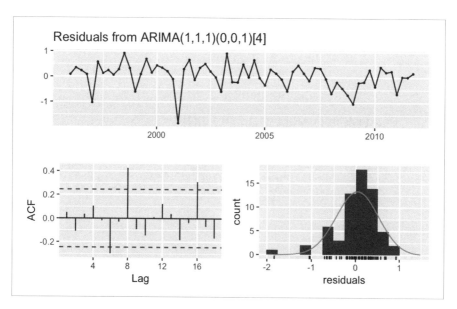

그림 14-15 잔차 그래프: 문제가 있는 모형

여기서 보이는 문제들은 다음과 같다.

- ACF가 잔차들 사이에 유의미한 자기상관을 보인다.

- 융-박스 통계량의 *p*-값이 작아서, 잔차들에 어떠한 패턴이 있다는 사실을 나타낸다. (예를 들어 여전히 데이터에 추출할 정보가 남은 것이다.)

- 잔차들이 비대칭이다.

이것들은 기본적인 진단이긴 하지만 모형 진단의 시작점으로 쓰기에 좋다. 여러분의 모형이 타당하다고 결론짓기 전에, ARIMA 모델링에 관한 괜찮은 책을 찾아보고 거기서 추천하는 진단 검정들을 수행하는 게 좋다. 잔차와 관련해서 추가적으로 확인할 것들을 몇 개 제시해 보겠다.

- 정규성 검사
- 분위수-분위수(Q-Q) 그래프
- 적합된 값들과 산점도 대조

14.21 ARIMA 모형을 통해 예측하기

문제

forecast 패키지를 사용해서 만든 시계열 데이터에 대한 ARIMA 모형이 있으며, 시계열에서 다음에 일어날 관찰 몇 개를 예측하고 싶다.

해결책

해당 모형을 객체에 저장한다. 그리고 forecast 함수를 객체에 적용한다. 다음 예시는 레시피 14.19의 모형을 저장하고, 이어지는 관찰 8개를 예측하는 것이다.

```
m <- arima(euretail, order = c(0, 1, 3), seasonal = c(0, 1, 1),
  fixed = c(0, NA, NA, NA))
forecast(m)
#>         Point Forecast Lo 80 Hi 80 Lo 95 Hi 95
#> 2012 Q1           95.1  94.6  95.6  94.3  95.9
#> 2012 Q2           95.2  94.5  95.9  94.1  96.3
#> 2012 Q3           95.2  94.2  96.3  93.7  96.8
#> 2012 Q4           95.3  93.9  96.6  93.2  97.3
#> 2013 Q1           94.5  92.8  96.1  91.9  97.0
#> 2013 Q2           94.5  92.6  96.5  91.5  97.5
#> 2013 Q3           94.5  92.3  96.7  91.1  97.9
#> 2013 Q4           94.5  92.0  97.0  90.7  98.3
```

논의

forecast 함수는 모형에 따라서 다음 몇 개의 관찰과 그 관찰들의 표준오차를 예측해 준다. 이 함수는 원소 10개로 이루어진 리스트를 반환한다. 방금 한 것처럼 모형을 출력하면, forecast는 예측하는 시계열의 시점, 예측값, 그리고 두 쌍의 신뢰구간(80%일 때의 위/아래, 95%일 때의 위/아래)을 반환한다.

만약 예측값만 뽑아내고 싶다면, 결과를 객체에 넣은 다음 mean이라는 이름의 리스트만 꺼내면 된다.

```
fc_m <- forecast(m)
fc_m$mean
#>      Qtr1 Qtr2 Qtr3 Qtr4
#> 2012 95.1 95.2 95.2 95.3
#> 2013 94.5 94.5 94.5 94.5
```

그 결과는 forecast 함수로 만들어진 예측값들을 담은 Time-Series 객체다.

14.22 예측값 그래프로 그리기

문제

forecast 패키지로 생성한 시계열 예측값들이 있으며, 그것을 그래프로 그리고 싶다.

해결책

forecast 패키지로 만들어진 시계열 모형들은 그림 14-16처럼 ggplot2를 써서 손쉽게 그래프로 그릴 수 있다.

```
fc_m <- forecast(m)
autoplot(fc_m)
```

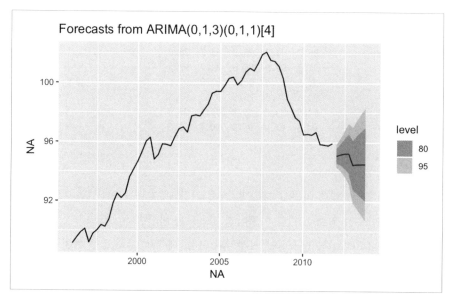

그림 14-16 예측에 대한 불확실성의 원뿔: 기본 옵션

논의

autoplot 함수는 그림 14-16에서 보는 것처럼 굉장히 합리적인 그림을 그려 준다. 코드의 결과로 나오는 그림이 ggplot 객체이므로, 다른 ggplot 객체들처럼 여러 그래프 관련 매개변수들을 조정하여 그림을 바꿀 수 있다. 레이블과 제목, 테마를 그림 14-17처럼 한번 바꾸어 보자.

```
autoplot(fc_m) +
  ylab("Euro Index") +
  xlab("Year/Quarter") +
  ggtitle("Forecasted Retail Index") +
  theme_bw()
```

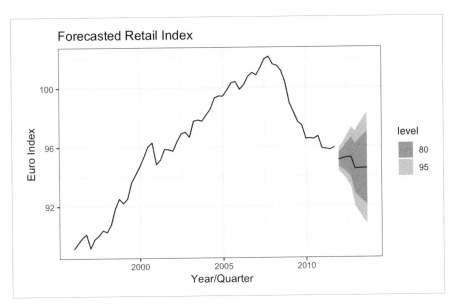

그림 14-17 예측에 대한 불확실성의 원뿔: 레이블이 붙은 버전

더 알아보기

ggplot 그래프를 다루는 방법은 10장에 더 상세히 나와 있다.

14.23 평균회귀성 검사하기

문제

여러분의 시계열이 평균회귀(mean reversion)를 하고 있는지(또는 고정되어 있는지) 알고 싶다.

해결책

평균회귀를 검사하는 데 많이 쓰는 방법은 ADF(Augmented Dickey-Fuller) 검정으로, tseries 패키지에 adf.test 함수로 구현되어 있다.

```
library(tseries)
adf.test(ts)
```

adf.test의 출력에는 p-값이 들어 있다. 통상적으로 $p < 0.05$이면 해당 시계열은 평균회귀를 하고 있을 개연성이 큰 반면, $p > 0.05$이면 그러한 증거를 제시하지 못한다.

논의

어떤 시계열이 '평균회귀'를 하고 있다면, 장기적인 평균으로 돌아가는 경향이 있다는 뜻이다. 조금 왔다갔다할 수는 있지만 결국은 원래 자리로 돌아간다. 반면에 어떤 시계열이 평균회귀를 하고 있지 않다면 평균으로 돌아가지 않고 멀리 벗어날 수 있다.

그림 14-18의 시계열은 점차 값이 위로 옮겨가며, 평균으로 돌아가지 않고 있는 것으로 보인다. 더불어 adf.test에서 나온 큰 p-값은 이 시계열이 평균회귀하고 있지 않다는 사실을 확인해 준다.

```
library(tseries)
library(fpp2)
autoplot(goog200)
adf.test(goog200)
#>
#>  Augmented Dickey-Fuller Test
#>
#> data: goog200
#> Dickey-Fuller = -2, Lag order = 5, p-value = 0.7
#> alternative hypothesis: stationary
```

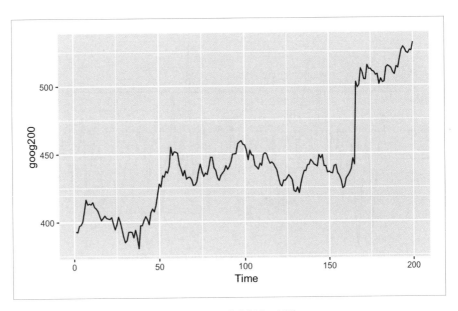

그림 **14-18** 평균회귀가 없는 시계열

하지만 그림 14-19의 시계열은, 그저 평균값 근처에서 왔다갔다 튈 뿐이다. 작은 *p*-값(0.01)으로부터 평균회귀성을 가지고 있다는 사실을 확인할 수 있다.

```
autoplot(hsales)
adf.test(hsales)
#>
#> Augmented Dickey-Fuller Test
#>
#> data: hsales
#> Dickey-Fuller = -4, Lag order = 6, p-value = 0.01
#> alternative hypothesis: stationary
```

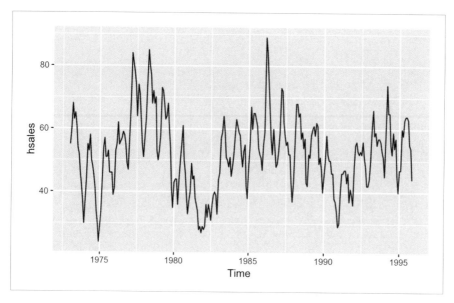

그림 **14-19** 평균 회귀성이 보이는 시계열

예제의 데이터는 **fpp2** 패키지에서 가져온 것으로 모든 Time-Series 객체 유형을 포함한다. 만약 여러분의 데이터가 zoo 또는 xts 객체에 들어 있었다면, coredata를 호출하여 객체에서 데이터만 추출해서 adf.test에 넣어야 한다.

```
library(xts)
data(sample_matrix)
xts_obj <- as.xts(sample_matrix, dateFormat = "Date")[, "Close"] # 벡터로 된 데이터

adf.test(coredata(xts_obj))
#>
#>   Augmented Dickey-Fuller Test
#>
#> data:  coredata(xts_obj)
#> Dickey-Fuller = -3, Lag order = 5, p-value = 0.3
#> alternative hypothesis: stationary
```

adf.test 함수는 여러분의 데이터를 매만진 다음에 ADF 검정을 수행한다. 처음에는 여러분의 데이터에 있는 추세를 없애고, 그 뒤엔 평균을 0으로 해서 데이터의 중심을 다시 맞춘다.

추세를 없애거나 중심을 다시 맞추는 것을 원치 않는다면 **fUnitRoots** 패키지의 **adfTest** 함수를 사용하도록 하자.

```
library(fUnitRoots)
adfTest(coredata(ts1), type = "nc")
```

참고로 type = "nc"를 넣으면 추세를 제거하지도, 데이터의 중심을 다시 맞추지도 않는다. type = "c"를 넣으면 데이터의 중심은 다시 맞추지만 추세는 제거하지 않는다.

adf.test와 adfTest 함수에서 시차값을 지정하면, 이 함수들이 계산할 정확한 통계량을 조정할 수 있다. 물론 합리적인 기본값으로 설정되어 있기는 하지만, 고급 사용자는 교재에서 ADF 검정을 공부한 뒤 자신에게 적절한 시차를 결정하는 게 좋다.

더 알아보기

urca와 CADFtest 패키지도 평균회귀를 검사하는 단위근 검정(unit root test)을 구현하고 있다. 하지만 여러 패키지의 검정들을 비교할 때는 항상 조심하자. 각 패키지는 서로 조금씩 다른 가정을 하기 때문에 결과에 알 수 없는 차이점이 생길 수도 있다.

14.24 시계열 평활하게 만들기

논의

노이즈가 많은 시계열이 있다. 여러분은 데이터를 평활하게 해서(smooth) 노이즈를 제거하려고 한다.

해결책

KernSmooth 패키지에는 시계열을 부드럽게 만드는 함수가 담겨 있다. dpill 함수를 써서 초기 대역폭 매개변수를 선택하자. 그리고 locpoly 함수를 사용해서 데이터를 평활하게 만들면 된다.

```
library(KernSmooth)

gridsize <- length(y)
bw <- dpill(t, y, gridsize = gridsize)
lp <- locpoly(x = t, y = y, bandwidth = bw, gridsize = gridsize)
smooth <- lp$y
```

여기서 t는 시간 변수이고 y는 시계열이다.

논의

KernSmooth 패키지는 R 배포판의 표준 부분에 속한다. 여기에는 locpoly 함수가 포함되어 있는데, 이 함수는 각 데이터 점 주위에, 가까운 데이터 점들을 적합시키는 다항식을 구성한다. 이것을 국소 다항식(local polynomial)이라고 부른다. 이러한 국소 다항식들이 연결되어 원본 데이터 시계열의 평활한 버전을 만들어 낸다.

이 알고리즘에는 평활화하는 정도를 조정하는 '대역폭(bandwidth)' 매개변수가 필요하다. 작은 대역폭을 사용하면 덜 부드러운데, 그 경우 나오는 결과는 원본 데이터를 더 많이 따른다. 반면에 큰 대역폭은 평활화를 많이 시키고, 따라서 결과에 노이즈가 더 많이 섞인다. 여기서 딱 맞는 대역폭을 정하는 게 애매한 부분이다. 너무 작아도 안 되고, 너무 커도 안 되는 것이다.

다행히도 KernSmooth에는 적절한 대역폭을 추정해 주는 dpill 함수도 들어 있는데, 이 함수는 꽤 잘 작동한다. dpill 값으로 먼저 시도해 보고 그 지점에서 위아래 값들을 쓰면서 실험해 보기를 추천한다. 만능 공식 같은 건 없으니 어쩔 수 없다. 어느 정도 수준의 평활화가 가장 적절한지는 각자 정해야 한다.

다음은 평활화의 예시다. 여기서는 사인파(sine wave)와 정규로 분포하는 '노이즈'를 합친 값으로 예제 데이터를 만들어 보겠다.

```
t <- seq(from = -10, to = 10, length.out = 201)
noise <- rnorm(201)
y <- sin(t) + noise
```

dpill과 locpoly는 둘 다 격자(grid)의 크기를 필요로 한다. 격자의 크기란 국소 다항식이 생성될 점들의 개수를 말한다. 종종 데이터 점의 수와 똑같은 크기의 격자 크기를 많이 쓰는데, 그러면 촘촘한 해상도가 된다. 그 결과로 나오는 시계열은 굉장히 부드럽다. 더 거친 해상도를 원하거나, 데이터세트의 크기가 상당히 크다면 격자의 크기를 낮추도록 하자.

```
library(KernSmooth)
gridsize <- length(y)
bw <- dpill(t, y, gridsize = gridsize)
```

locpoly 함수는 평활화를 수행하고, 리스트를 반환한다. 그 리스트의 y 성분이 평활해진 데이터다.

```
lp <- locpoly(x = t, y = y, bandwidth = bw, gridsize = gridsize)
smooth <- lp$y

ggplot() +
  geom_line(aes(x = t, y = y)) +
  geom_line(aes(x = t, y = smooth), linetype = 2)
```

그림 14-20에서 평활해진 데이터는 점선으로 표현되어 있고, 예제로 만든 원본 데이터는 실선으로 표현되어 있다. 그림을 보면 locpoly가 원래의 사인파를 아주 훌륭하게 추출해 냈다는 점을 알 수 있다.

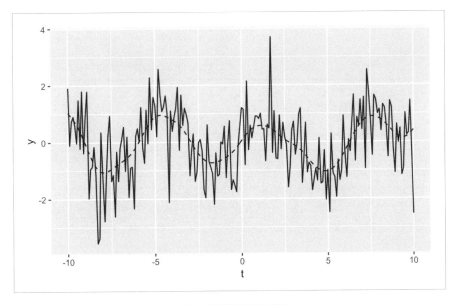

그림 14-20 예제 시계열 그래프

더 알아보기

기본 배포판에 있는 ksmooth, lowess, HoltWinters 함수도 데이터를 평활하게 만들 수 있다. 그리고 expsmooth 패키지는 지수평활(exponential smoothing)을 구현하고 있다.

## 15장

R c o o k b o o k

간단한 프로그래밍

R은 여러분이 프로그래밍에 대하여 많이 알지 못하더라도 분석할 수 있게 해 준다. 하지만 프로그래밍을 할 줄 알게 되면 훨씬 많은 일을 할 수 있는데, 대다수의 고급 사용자들은 처음에는 간단하게 시작해서 결국 꽤 능숙하게 프로그래밍을 할 줄 알게 된다. 이 책은 프로그래밍 서적이 아니지만 그래도 이번 장에는 R 사용자들이 여정을 시작할 때 도움이 될 만한 프로그래밍 관련 레시피를 탑재해 두었다.

이미 프로그래밍 및 다른 언어에 익숙하다면, 다음 몇 가지 사항들을 읽어보면 적응하는 데 도움이 될 것이다. (만약 아래 용어가 익숙지 않다면 이 절을 건너뛰어도 무방하다.) R에서 조심해야 할 기술적인 세부사항은 다음과 같다.

무형식 변수

정형화된 언어인 C나 자바와 다르게, R에서의 변수들은 정수나 문자열 같은 고정된 자료형을 지니지 않는다. 변수는 숫자를 담고 있다가, 다음 순간 데이터 프레임을 담고 있을 수도 있다.

반환값

모든 함수는 값을 반환한다. 일반적으로 함수는 본문에 있는 마지막 표현식의 값을 반환한다. 본문 내 어느 위치에서든 return(*표현식*)을 쓸 수도 있다.

값에 의한 호출 방식 매개변수

함수의 매개변수들은 '값에 의해 호출'된다. 다시 말해, 매개변수들은 지역 변수들이며, 이러한 변수들에 변화를 가해봤자 호출자의 값에 영향을 미치지 않는다.

지역 변수

간단히 값을 대입함으로써 지역 변수를 생성할 수 있다. 명시적으로 선언할 필요가 없는 것이다. 해당 함수가 종료되면, 지역 변수들은 사라진다.

전역 변수

전역 변수들은 사용자의 작업공간에 저장된다. 함수 내에서 전역 변수를 변경하려면 <<- 대입 연산자를 사용하면 되지만, 추천하지는 않는 방식이다.

조건부 실행

R 문법에는 if 명령문이 있다. help(Control)에서 자세한 내용을 찾아보자.

루프

R 문법에는 for, while, repeat 루프가 있다. help(Control)에서 자세한 내용을 찾아보자.

case 또는 switch 명령문

switch라고 부르는 특수한 함수에서 기본적인 case 명령문을 제공한다. 문법이 조금 이상하다고 느껴질 수는 있겠다. help(switch)에서 자세한 내용을 찾아보자.

지연 연산(lazy evaluation)

R은 함수가 호출되었을 때 곧바로 함수의 인자를 연산하지 않는다. 함수 내에서 해당 인자가 실제로 사용될 때까지 기다린 다음, 그것을 연산한다. 그렇기 때문에 프로그래밍 언어에서 나타내는 의미가 풍부하고 성능이 강력하다. 대개 티나지 않지만, 인자들이 함수가 호출될 때 바로 연산되는 '즉시 연산(eager evaluation)' 방식에 익숙한 프로그래머들을 당황하게 하곤 한다.

함수의 시맨틱

함수들은 '일급 객체'로서 다른 객체들과 동일하게 취급될 수 있다. 즉, 변수에 대입하거나 함수에 전달되거나, 출력, 검사 등을 할 수 있다.

객체 지향

R은 객체 지향 프로그래밍을 지원한다. 사실 객체 지향에도 여러 다양한 패러다

임이 있는데, 여러분이 선택을 즐기는 사람이라면 축복이고, 아니라면 괴로울 것이다.

15.1 if/else 두 가지 중 하나 선택하기

문제

간단한 검사를 통해 두 경로 중 한 가지를 선택하는 조건부 분기(conditional branch)를 코드로 작성하고 싶다.

해결책

if 블록을 사용해서 간단한 조건을 검사하는 조건부 로직을 구현할 수 있다.

```
if (condition) {
   ## 조건이 TRUE이면 이것을 실행
} else {
   ## 조건이 FALSE이면 이것을 실행
}
```

조건 주변에 있는 괄호와 그 다음 두 블록 코드에 있는 중괄호를 잘 봐 두자. 꼭 넣어 주어야 한다.

논의

if 구조는 x == 0 또는 y > 1과 같은 조건을 검사해서 두 가지 코드 중에 하나를 선택하여 실행할 수 있게 해 준다. 예를 들어 다음 if 문은 제곱근을 계산하기에 앞서 음수인지 여부를 체크하는 것이다.

```
if (x >= 0) {
  print(sqrt(x))            # x >= 0이면 이것을 실행
} else {
  print("negative number")  # 다른 경우 이것을 실행
}
```

if/else 구조를 연속으로 연결하여 여러 선택을 연속적으로 하게 만들 수 있다. 예를 들어 어떤 값을 0과 1 사이로, 즉 음수이면 0으로, 1보다 크면 1로 변환하여야 한다고 할 때 코드를 다음과 같이 짤 수 있다.

```
x <- -0.3
```

```
if (x < 0) {
  x <- 0
} else if (x > 1) {
  x <- 1
}

print(x)
#> [1] 0
```

조건부 검사(if 이후의 표현식)에서 가장 중요한 것은 그것이 '단순' 검사라는 점이다. 다시 말해, 코드의 결과물로 논릿값인 TRUE 또는 FALSE 중 하나가 나와야 한다. 흔히 하는 실수가, 다음 예시와 같이 논릿값으로 된 '벡터'를 사용하는 것이다.

```
x <- c(-2, -1, 0, 1, 2)

if (x < 0) {
  print("values are negative")
}
#> Warning in if (x < 0) {: the condition has length > 1 and only the first
#> element will be used
#> [1] "values are negative"
```

x가 벡터인 경우 x < 0이 불분명해지기 때문에 문제가 생기게 된다. 여러분은 '모든' 값이 음수일 경우에 대해 검사하는 것인가, 아니면 '일부' 값들이 음수일 경우를 검사하는 것인가? R은 이러한 상황을 타개할 수 있도록 all과 any라는 헬퍼 함수를 제공한다. 이들은 논릿값으로 이루어진 벡터를 받아서 하나의 단일한 값으로 축소한다.

```
x <- c(-2, -1, 0, 1, 2)

if (all(x < 0)) {
  print("all are negative")
}

if (any(x < 0)) {
  print("some are negative")
}
#> [1] "some are negative"
```

더 알아보기

여기에서 설명한 if 구조는 프로그래밍을 위해 상정한 것이다. 벡터화된 if/else 구조를 구현하는 ifelse 함수도 있는데, 이것은 벡터 전체를 변환하는 데 유용하게 사용할 수 있다. help(ifelse)를 찾아보자.

15.2 루프 반복하기

문제

벡터 또는 리스트의 원소에 대해 코드를 반복하고 싶다.

해결책

보편적으로 사용하는 반복 방법은 for 구조다. v가 벡터 또는 리스트일 때, for 루프는 v의 원소를 하나씩 선택하여 x에 해당 원소를 대입하고, 거기에 무엇인가를 한다고 보면 된다.

```
for (x in v) {
  # x로 무엇인가를 함
}
```

논의

C와 파이썬을 사용하는 프로그래머들은 for 루프에 대해 알고 있을 것이다. R에서는 자주 사용하지 않지만 그래도 유용할 때가 있다.

예를 들면, 다음의 for 루프는 첫 다섯 개의 정수와 그것의 제곱을 출력해 주는 코드다. x를 연속해서 1, 2, 3, 4, 5로 설정한 다음 루프의 본문을 각각 실행해 준다.

```
for (x in 1:5) {
  cat(x, x^2, "\n")
}
#> 1 1
#> 2 4
#> 3 9
#> 4 16
#> 5 25
```

벡터 또는 리스트의 첨자(subscript)[1]에 대해서도 반복문을 실행할 수 있는데, 해당 위치의 데이터를 업데이트하는 데 사용하기 편리하다. 다음 코드에서는 v를 벡터 1:5로 만들고, 각각을 제곱하여 업데이트해 보도록 하겠다.

```
v <- 1:5
for (i in 1:5) {
  v[[i]] <- v[[i]] ^ 2
}
```

---

[1] (옮긴이) 벡터 등에서 특정 원소를 추출한 것

```
print(v)
#> [1] 1 4 9 16 25
```

하지만 솔직하게 말해서, 위 예시는 R에서 다른 프로그래밍 언어보다 루프를 잘 사용하지 않는 이유를 보여 준다. R에서는 벡터화된 연산이 빠르고 쉽기 때문에 루프를 실행할 필요가 거의 없다. 다음 코드는 이전 예시의 벡터화된 버전이다.

```
v <- 1:5
v <- v^2
print(v)
#> [1] 1 4 9 16 25
```

더 알아보기

루프를 잘 안 쓰는 또 다른 이유 중 하나는 map을 비롯한 유사 함수들이 벡터와 리스트들을 한번에 처리할 수 있게 해 주어서 루프보다 훨씬 빠르고 쉽게 코드를 짤 수 있기 때문이다. purrr 패키지를 사용해서 리스트에 함수를 적용하는 방법에 대해서는 레시피 6.1을 참고하라.

15.3 함수 정의하기

문제

새로운 R 함수를 정의하고 싶다.

해결책

function의 뒤에 매개변수명 리스트를 넣고, 그 다음에 함수 본문을 작성하여 함수를 생성할 수 있다.

```
name <- function(매개변수1, ..., 매개변수N) {
        표현식1
            .
            .
            .
        표현식M
      }
```

매개변수명들 주위에 괄호를 넣어 주자. 하나 혹은 그 이상으로 구성된 일련의 표현식인 함수 본문의 앞뒤로는 중괄호를 넣는다. R은 각 표현식을 순서대로 평가한 후 마지막 것(여기에서는 *표현식M*)의 값을 반환할 것이다.

논의

함수 정의란, 여러분이 R에게 "'이걸' 계산하는 방법을 알려 줄게"라고 가르치는 것이다. 예를 들어, R에는 변동계수를 계산하는 내장 함수가 없다. 그러니 우리는 cv라고 부르는 함수를 만들어서 가르쳐 주도록 하자.

```
cv <- function(x) {
  sd(x) / mean(x)
}
```

이 함수는 하나의 매개변수 x를 가지며, 함수의 본문은 sd(x) / mean(x)이다.

우리가 인자를 넣어 함수를 호출하면 R은 매개변수 x를 해당 값으로 설정한 다음 함수 본문을 계산한다.

```
cv(1:10)    # x = 1:10으로 설정하고 sd(x)/mean(x)를 평가한다.
#> [1] 0.550482
```

매개변수 x는, 다른 x라고 불리는 변수와 구분된다는 사실을 기억하자. 여러분의 작업공간에 x라는 전역 변수가 있다면, 그 x는 위의 식에서 말하는 x와는 구별되며 cv에 영향을 받지 않는다. 그뿐만 아니라 매개변수 x는 cv 함수가 실행될 때만 존재하고 이후에는 사라진다.

함수는 하나 이상의 인자를 가질 수도 있다. 다음 함수는 정수인 두 개의 인자를 가지는데, 최대공약수를 계산하는 유클리드의 알고리즘을 구현하고 있다.

```
gcd <- function(a, b) {
  if (b == 0) {
    a                    # 호출자로 되돌아감
  } else {
    gcd(b, a %% b)    # 재귀적으로 스스로를 호출
  }
}

# 14와 21의 최대공약수는 무엇일까?
gcd(14, 21)
#> [1] 7
```

(이 함수는 재귀적이라고 볼 수 있다. b가 0이 아닌 경우 스스로를 호출하기 때문이다.)

일반적으로 함수는 함수 본문에 있는 마지막 표현식의 값을 반환한다. 하지만 return(*expr*)을 넣어서 값을 그 전에 반환하도록 할 수도 있다. 그렇게 하면 함수를 강제로 중지시키고 호출자 쪽에 *expr*를 즉시 반환하게 된다. gcd를 약간 다른 방법으로 코딩하여 명시적으로 return을 하도록 만들면서 자세히 설명해 보도록 하겠다.

```
gcd <- function(a, b) {
  if (b == 0) {
    return(a)     # 중지하고 a를 반환한다.
  }
  gcd(b, a %% b)
}
```

매개변수 b가 0이면 gcd는 return(a)를 실행하고, 해당 값을 즉시 호출자에게 반환해 준다.

더 알아보기

함수는 R 프로그래밍에서 핵심적인 요소이기 때문에 해들리 위컴과 개릿 그롤문드의 책 《R을 활용한 데이터 과학》과 노만 매트로프(Norman Matloff)의 책 《빅데이터 분석 도구 R 프로그래밍(The Art of R Programming)》(에이콘, 2012)에서 다루고 있다.

15.4 지역 변수 생성하기

문제

함수에 대해 '지역적인' 변수를 생성하고 싶다. 다시 말해, 함수 내에서 생성되고, 사용되고, 함수가 끝날 때 제거되는 변수를 만들고 싶은 것이다.

해결책

함수 내에서 이름에 값을 대입하기만 하면 된다. 그 이름이 자동으로 지역 변수가 되고, 함수가 종료될 때 제거된다.

논의

다음은 벡터 x를 단위 구간에 매핑하는 함수다. 이 함수는 두 개의 중간값인 low와 high를 필요로 한다.

```
unitInt <- function(x) {
  low <- min(x)
```

```
  high <- max(x)
  (x - low) / (high - low)
}
```

low와 high 값들은 대입 명령문에 의해 자동으로 생성된다. 함수 본문 내에서 대입이 실행되기 때문에, 해당 변수들은 함수에 대해 '지역적이다'. 그렇게 하면 두 가지 중요한 이점이 있다.

첫째로, low와 high라는 지역 변수는 low와 high라는 동일한 이름의 전역 변수와 구별이 된다. 이처럼 구별이 되기 때문에 충돌이 일어나지 않는다. 지역 변수에 변형을 가해도 전역 변수가 바뀌는 않는 것이다.

둘째로, 지역 변수는 함수가 끝날 때 사라진다. 그렇게 함으로써 번거로움을 줄여주고 함수가 사용했던 공간을 돌려놓는다.

15.5 여러 대안 중 한 가지 선택하기: switch

문제

어떤 변수는 여러 다른 값 중 하나를 받을 수 있다. 여러분이 짜는 프로그램이 값에 따라 각 케이스를 다르게 처리했으면 좋겠다.

해결책

switch 함수는 값에 따라 다른 분기를 해서, 여러분이 각 케이스별로 처리를 선택할 수 있게 해 준다.

논의

switch의 첫 번째 인자는 R이 고려해야 하는 값이다. 나머지 인자들은 각각의 가능한 값에 대한 처리 방법이다. 예를 들어, 다음 switch 호출은 who의 값을 고려하여 세 개의 가능한 결괏값 중 하나를 반환해 준다.

```
hair_type = switch(who,
                   Moe = "long",
                   Larry = "fuzzy",
                   Curly = "none")
```

최초의 who 뒤에 이어지는 각 표현식은 who에 대해 나올 수 있는 가능한 값들로 레이블링되어 있다. 만약 who가 Moe라면, switch는 "long"을 반환하고, Larry라면 "fuzzy"

를, Curly라면 "none"을 반환하는 것이다.

사실 고려해야 될 모든 값을 미리 예상하지 못하게 되는 경우가 아주 많은데, 그래서 switch는 여러분이 레이블에 매칭되지 않는 상황에 대해서도 기본값을 설정할 수 있도록 해 준다. 아주 간단하다. 기본값을 맨 마지막에 레이블 없이 넣어 주면 된다. 아래의 switch 코드는 s의 내용을 "one", "two", "three" 중에서 일치하는 정수값으로 해석해 준다. 그리고 다른 값에 대해서는 NA를 반환한다.

```
num <- switch(s,
              one = 1,
              two = 2,
              three = 3,
              NA)
```

그러나 switch에서는 레이블을 정수로 주면 이상한 일이 발생한다. 예를 들어, 다음 코드는 여러분이 기대하는 결과를 돌려 주지 않는다.

```
switch(i,              # 기대하는 대로 작동하지 않는다.
       10 = "ten",
       20 = "twenty",
       30 = "thirty",
       "other")
```

그래도 우회하는 방법은 있다. 정수를 문자열로 바꾼 다음, 문자열을 레이블로 사용하자.

```
switch(as.character(i),
       "10" = "ten",
       "20" = "twenty",
       "30" = "thirty",
       "other")
```

더 알아보기

help(switch)에서 도움말을 보자.

이러한 기능은 다른 프로그래밍 언어에서는 흔한데, 대개 'switch 문' 또는 'case 문'이라고 부른다.

switch 함수는 단일값에 대해서만 작동한다. 데이터 프레임의 내용을 스위칭하려면 좀 더 복잡해진다. 그러한 상황을 다루려면 dplyr 패키지에서 case_when 함수를 찾아보자.

15.6 함수 매개변수들의 기본값 정의하기

문제

함수의 기본 매개변수들을 정의하고 싶다. 즉, 호출자가 명시적으로 인자를 전달하지 않는 경우에 사용할 값들을 정의해 두고 싶은 것이다.

해결책

R에서는 function 정의에 매개변수의 기본값을 포함시킬 수 있다.

```
my_fun <- function(param = default_value) {
  ...
}
```

논의

사람을 이름에 따라 환영해 주는 장난감 함수를 하나 만들어 보자.

```
greet <- function(name) {
  cat("Hello,", name, "\n")
}

greet("Fred")
#> Hello, Fred
```

name 인자 없이 greet를 실행하면, 다음과 같은 에러가 발생한다.

```
greet()
#> Error in cat("Hello,", name, "\n") :
#>   argument "name" is missing, with no default
```

하지만 함수 정의를 변경해서 기본 이름을 정의해 줄 수 있다. 이 경우, 우리는 포괄적인 이름으로 world를 기본으로 만들어 보겠다.

```
greet <- function(name = "world") {
  cat("Hello,", name, "\n")
}
```

이제 인자를 생략해도 R은 기본값을 제공해 준다.

```
greet()
#> Hello, world
```

기본값에 대한 메커니즘은 유용하게 쓸 수 있다. 그럼에도 불구하고, 우리는 이 기능을 신중하게 사용하기를 권한다. 함수의 '생성자'가 기본값을 정의하고, 함수의 '호출자'가 별 생각 없이 이것을 그대로 사용하여 의문이 생기는 결괏값으로 이어지는 경우를 참 많이 보았기 때문이다. 예를 들어, 여러분이 k-근접 이웃 알고리즘을 사용한다고 할 때, k값을 선택하는 것은 아주 중요하기 때문에 기본값이라는 건 말이 되지 않는다. 때로는 호출자에게 결정을 하도록 강제하는 편이 낫다.

15.7 에러 표시하기

문제

코드에 심각한 문제가 생긴 경우 중지하고 사용자에게 알려 주면 좋겠다.

해결책

stop 함수를 호출한다. 그러면 여러분이 설정한 메시지를 출력하고 모든 프로세스를 중단할 것이다.

논의

코드가 치명적인 에러에 맞닥뜨렸을 때, 프로세스를 중단할 수 있어야 한다. 다음 예시는 계좌 잔고가 여전히 양의 숫자를 가지고 있는지를 확인하는 코드다.

```
if (balance < 0) {
  stop("Funds exhausted.")
}
```

이렇게 stop을 호출하면 메시지를 보여 주고, 프로세스를 종료하고, 사용자를 콘솔 프롬프트로 돌려놓는다.

```
#> Error in eval(expr, envir, enclos): Funds exhausted
```

여러 다양한 이유로 인해 문제가 생긴다. 데이터가 좋지 않거나, 네트워크에 오류가 있거나, 코드에 버그가 있는 등 사례는 무궁무진하다. 그래서 여러분이 예상되는 문제를 잘 인지하고 코드를 적절하게 짜야 하는 것이다.

탐지

최소한, 가능한 한 에러들을 탐지해야 한다. 이후의 프로세스가 불가능하다면 중단시킨다. 탐지되지 못한 에러들은 프로그램이 실행되지 않는 주요 이유가 될 수 있다.

보고

코드를 중단해야만 한다면, 사용자들에게 합리적인 이유를 설명해 주어야 한다. 그러면 사용자들이 진단을 하고 문제를 고치는 데 도움이 된다.

복구

어떤 경우에는 코드가 자체적으로 상황을 바로잡으면서 계속 진행할 수도 있다. 그렇다고 하더라도 사용자들에게는 문제가 생겼고 그것을 수정했다고 경고를 해 주는 것이 좋다.

에러를 다루는 법은 코드를 견고하게 만드는 방법론인 **방어적 프로그래밍**(defensive programming)의 일부라고 볼 수 있다.

더 알아보기

stop의 대안으로 warning 함수도 있다. 이 함수는 모든 메시지를 출력한 뒤 중단하지 않고 코드를 계속 실행한다. 그러나 실제로 계속 실행하는 것이 합리적인지 확실히 판단하도록 하자.

15.8 에러로부터 보호하기

문제

치명적인 에러의 가능성이 예상되며, 여러분은 전체를 중단하는 대신 그 에러에 대해서만 처리를 하고 싶다.

해결책

possibly 함수를 써서 문제가 되는 코드를 '둘러싸도록(wrap)' 하자. 그러면 에러를 가두어 두고 여러분이 그것에 적절히 반응할 수 있게 해 준다.

논의

purrr 패키지에는 두 개의 매개변수를 받는 possibly라는 함수가 있다. 첫 번째 매개변수는 함수인데, possibly는 그 함수의 실행 실패를 보호하는 역할을 한다. 두 번째 매개변수는 otherwise다.

구체적인 예시를 들어 설명하겠다. read.csv 함수는 파일을 읽으려고 시도하는데, 해당 파일이 존재하지 않으면 단순히 중단된다. 하지만 그렇게 동작하지 않기를 바랄 수도 있다. 에러를 복구한 후 그대로 진행하는 것을 원할 경우도 있기 때문이다.

이때 read.csv 함수를 다음과 같이 방어적으로 '둘러싸자'.

```
library(purrr)
safe_read <- possibly(read.csv, otherwise=NULL)
```

이상하게 보일 수 있지만, possibly는 '새로운 함수'를 반환해 준다. 이 새로운 함수를 예제에서는 safe_read라고 부르고 있는데, 이 함수는 기존 함수인 read.csv와 똑같이 동작하지만 큰 차이가 하나 있다. read.csv는 실행 실패 후 중단될 때, safe_read는 그 대신 otherwise 값(NULL)을 반환한 다음 여러분이 계속 진행할 수 있게 해 주는 것이다. (만약 read.csv가 실행에 성공하면 평소처럼 데이터 프레임이 결과로 나온다.)

다음과 같이 safe_read를 사용해서 선택적인 파일들을 읽을 수 있다.

```
details = safe_read("details.csv")    # details.csv 파일을 읽으려도 시도한다.
if (is.null(details)) {               # NULL은 read.csv가 실패했다는 뜻이다.
  cat("Details are not available\n")
} else {
  print(details)                       # 내용을 읽어왔다!
}
```

만약 details.csv 파일이 존재하면, safe_read는 그것의 내용을 반환해 주며 아래 줄의 코드에서는 내용을 출력해 준다. 만약 존재하지 않으면, read.csv는 실패하고 safe_read는 NULL을 반환하는데, 그러면 아래 줄의 코드는 메시지를 출력한다.

예제에서 otherwise의 값은 NULL이었는데 사실 아무거나 넣어도 된다. 예를 들어 기본값을 넣은 데이터 프레임이어도 된다. 그런 경우, details.csv 파일을 읽어올 수 없다면 safe_read는 그 기본값을 반환해 줄 것이다.

더 알아보기

purrr 패키지에는 에러로부터 함수를 보호하는 다른 기능들도 포함되어 있다. safely와 quietly 함수도 확인해 보자.

만약 여러분이 이보다 성능이 좋은 도구를 필요로 한다면, help(tryCatch)로

possibly보다 나은 메커니즘을 가진 함수를 살펴보도록 하자. 이 함수는 에러와 경고 양쪽을 다루기 위한 부가적인 기능을 훨씬 많이 가지고 있다. 다른 프로그래밍 언어의 try/catch 패러다임과 동일하다.

15.9 익명함수 만들기

문제

map 또는 discard 같이 다른 함수를 필요로 하는 tidyverse 함수들을 사용하고 있다. 이때 필요한 함수를 쉽게 정의하는 단축키를 만들고 싶다.

해결책

function 키워드를 써서 매개변수와 본문이 있는 함수를 정의하는데, 그 함수에 이름을 부여하는 대신 함수 정의를 코드 줄 안에서 쓰도록 한다.

논의

이름이 없는 함수를 생성하다니 이상해 보일 수 있지만, 거기에는 편리함이라는 이유가 있다.

레시피 15.3에서는 is_na_or_null이라는 함수를 정의해서 리스트로부터 NA와 NULL 원소들을 제거하는 데 사용했었다.

```
is_na_or_null <- function(x) {
  is.na(x) || is.null(x)
}

lst %>%
  discard(is_na_or_null)
```

일회성으로 쓰는 작은 함수인 is_na_or_null 같은 것은 은근히 귀찮을 수 있다. 이러한 번거로움을 없애기 위해서, 이름을 따로 부여하지 말고 함수 정의를 직접 다음과 같이 쓸 수 있다.

```
lst %>%
  discard(function(x) is.na(x) || is.null(x))
```

이러한 함수를 익명함수(anonymous function)라고 부른다. 당연한 이유겠지만 이름이 없기 때문이다.

더 알아보기

함수 정의에 관해서는 레시피 15.3을 참고하라.

15.10 재사용 가능한 함수들 만들기

문제

하나 이상의 함수를 여러 스크립트에서 사용하고 싶다.

해결책

myLibrary.R 같이 로컬 파일로 함수들을 저장한 다음, source 함수로 여러분의 스크립트에 함수들을 불러온다.

```
source("myLibrary.R")
```

논의

우리는 꽤 자주 여러 스크립트에서 유용하게 사용할 수 있을 만한 함수들을 작성하곤 한다. 예를 들어 하나의 함수에서 데이터를 로딩, 확인, 그리고 클리닝까지 하게 할 수 있는데, 해당 함수를 동일 데이터를 필요로 하는 모든 스크립트에서 재사용하면 좋을 것이다.

많은 초보자가 재사용 함수를 단순히 복사해서 각 스크립트에 붙여 넣음으로써 코드를 중복되게 만든다. 그러면 심각한 문제가 발생한다. 만약 여러분이 복사된 코드에서 버그를 발견했다면? 또는 새로운 상황에 맞춰서 코드를 변경해야 된다면? 모든 사본을 전부 찾아내서 똑같이 변경해야 될 텐데, 몹시 귀찮기도 하고 에러가 나기 쉬운 프로세스가 될 것이다.

따라서 그렇게 하는 대신 *myLibrary.R*과 같이 파일을 하나 만들고 거기에 함수를 저장하자. 파일의 내용은 다음과 같이 작성하면 된다.

```
loadMyData <- function() {
  # 데이터 로딩, 확인, 클리닝을 위한 코드를 여기에 넣는다.
}
```

그리고 나서 각 스크립트 안에서 source 함수를 사용해서 파일로부터 코드를 읽어오자.

```
source("myLibrary.R")
```

여러분이 스크립트를 실행하면 source 함수는 지시된 파일을 읽어와서 여러분이 동일한 내용을 스크립트의 해당 위치에 타이핑하여 넣는 것과 똑같이 작동한다. 이 방식은 함수의 정의를 하나의 공간에 따로 분리해 두기 때문에 복사 및 붙여 넣는 방식보다 훨씬 낫다.

> 위의 예시는 소스 파일에 함수가 한 개만 들어 있지만, 파일에는 당연히 여러 함수를 넣을 수도 있다. 관련 함수들을 파일로 모아서, 재사용 가능한 함수들의 모음으로 만들어 놓기를 권한다.

더 알아보기

이번 레시피에서는 작은 프로젝트에 적합한 아주 단순한 코드 재사용 방법을 다루었다. 그것보다 강력한 접근법도 있는데, 여러분 스스로 함수들이 들어 있는 R 패키지를 만들 수도 있다. 그러면 다른 사람들과 협업할 때 유용하게 사용할 수 있다. 패키지의 생성은 범위를 벗어난 큰 주제지만, 시작하는 것은 어렵지 않다. 해들리 위컴의 《해들리 위컴의 R 패키지(R Packages)》(제이펍, 2019)라는 책을 참고하기를 권한다. 온라인 버전(*http://r-pkgs.had.co.nz/*)도 공개되어 있다.

15.11 자동으로 코드 들여쓰기 바꾸기

문제

여러분의 코드 형식을 바꾸어서 예쁘게 줄을 바꾸고 일관적으로 들여쓰기가 되어 있게 만들고 싶다.

해결책

코드 블록을 일관성 있게 들여쓰기 하려면 해당 범위의 텍스트를 하이라이트한 다음 RStudio에서 Ctrl + I(윈도우 또는 리눅스)를 누르거나 Cmd + I(맥)를 누르면 된다.

논의

RStudio IDE의 수많은 기능 중 하나로 코드의 주기적 유지보수를 도와주는 리포맷(reformat) 기능이 있다. 코드를 편집할 때, 기존 코드와 들여쓰기가 바뀌어서 일관성이 없어지거나 헷갈리는 상황이 발생할 수 있다. RStudio의 IDE는 그러한 상황에서 코드를 고쳐 준다.

예를 들어 다음 코드를 보자.

```r
for (i in 1:5) {
    if (i >= 3) {
  print(i**2)
} else {
  print(i * 3)
}
  }
```

코드 자체에는 문제가 없지만, 들여쓰기가 이상해서 읽기가 어렵다. 해당 텍스트를 RStudio IDE에서 하이라이트한 후 Ctrl + I(또는 맥에서 Cmd + I)를 누르면, 코드가 일관성 있는 들여쓰기로 바뀐다.

```r
for (i in 1:5) {
  if (i >= 3) {
    print(i**2)
  }
  else {
    print(i * 3)
  }
}
```

더 알아보기

RStudio에는 코드 편집을 위한 몇 가지 도움이 되는 기능들이 있다. Help → Cheatsheets를 선택하거나 직접 *https://www.rstudio.com/resources/cheatsheets/*에 들어가서 간편 설명이 담긴 문서인 치트시트를 보도록 하자.

## 16장

R   C   o   o   k   b   o   o   k

R 마크다운과 퍼블리싱

R은 그 자체로도 이미 충분히 강력한 데이터 분석 및 시각화 도구이긴 하지만, 분석된 결과물이 나온 이후에도 그 결과를 다른 사람들에게 전달하는 과정이 필요하다. 논문에 게재하거나, 블로그 포스트, 파워포인트 프레젠테이션으로 보고서를 만들거나, 또는 책을 출판하는 식으로 말이다. 이럴 때 R 분석과 시각화 결과물을 배포 가능한 문서로 만들어 주는 도구가 바로 R 마크다운이다.

R 마크다운은 R 코드를 일부 마크다운 서식이 적용된 일반 텍스트 파일에 삽입할 수 있게 해 주는 패키지(이자 도구들의 생태계)다. R 마크다운 문서는 PDF, HTML, MS 워드, MS 파워포인트와 같은 다양한 출력 형식으로 변환될 수 있다. 문서를 '짠다(knitting)'고 표현되는 이 변환 과정에서는 실제로 R 코드가 실행되며 출력 결과물과 도식들이 최종 문서에 삽입된다.

이번 장에서는 여러분들이 R 마크다운 문서를 생성하기 위해 필요한 레시피들을 제공한다. 이 레시피들을 숙지하고 나서 R 마크다운에 대해서 더 자세히 배우고 싶다면 다른 사람들이 만든 R 마크다운 문서의 소스 파일과 최종 결과물을 살펴보기를 추천한다. 참고로 여러분이 읽고 있는 이 책 또한 R 마크다운을 이용해서 작성되었다. 이 책의 소스 코드는 깃허브(*https://github.com/CerebralMastication/R-Cookbook*)에 올려 두었다.

참고로, 이후이 시에(Yihui Xie), J. J. 알래어(J.J.Allaire), 개럿 그롤문드도 《R Markdown: The Definitive Guide》(*https://bookdown.org/yihui/rmarkdown/*)(Chapman&Hall/CRC)라는 책을 출간했고 마찬가지로 깃허브에서 해당 도서의 원본 R 마크다운 파일을 찾아볼 수 있다(*https://github.com/rstudio/rmarkdown-book*).

그 외에도 R 마크다운으로 작성된 많은 책이 온라인에 무료로 공개되어 있다 (*https://bookdown.org/home/*).

앞서 R 마크다운이 단순한 R 패키지가 아니라 생태계라고 말한 바 있다. R 마크다운으로부터 블로깅(blogdown), 출판(bookdown), 그리고 격자형 대시보드 (flexdashboard)를 만들 수 있도록 기능을 확장해 주는 특별한 패키지들이 있기 때문이다. 이 생태계를 이루는 기본 패키지의 이름은 knitr로, R 마크다운 문서를 최종 포맷으로 변환시키는 작업을 문서를 '짠다(knitting)'고 표현하는 이유가 바로 이것 때문이다. R 마크다운 생태계에서 지원하는 출력 포맷은 종류가 너무 많아 이 책에서 모두 다루기는 불가능하다. 이 책에서는 네 가지 가장 흔한 파일 형식인 HTML, LaTeX, MS 워드, MS 파워포인트에 집중하고자 한다.

RStudio IDE에서는 R 마크다운 문서를 만들고 수정하기 위한 유용한 도구들을 많이 제공한다. 앞으로 나오는 레시피들에서는 해당 도구들을 사용하지만, 그런 기능에 의존하지 않는다고 해서 R 마크다운 기능을 사용하지 못하는 것은 아니다. 마음에 드는 아무 텍스트 에디터를 사용해서 일반 텍스트로 구성된 R 마크다운 문서를 만들고 R의 명령줄 인터페이스를 사용해 문서를 짜도 된다. 그렇지만 RStudio에서 제공하는 도구들이 워낙 유용하므로 이 책에서 자세히 다루고자 한다.

16.1 새로운 문서 만들기

문제

데이터 스토리를 전달하기 위해 새로운 R 마크다운 문서를 생성하고 싶다.

해결책

R 마크다운 문서를 만드는 가장 쉬운 방법은 RStudio IDE 메뉴에서 File → New File → R Markdown 메뉴를 찾아 들어가는 것이다.

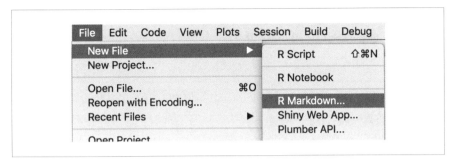

그림 16-1 새로운 R 마크다운 문서 만들기

'R Markdown…' 메뉴를 선택하면 새로운 R 마크다운 문서 만들기 창이 열리고 출력 문서 형식을 정하는 옵션들이 뜰 것이다(그림 16-2 참고). 기본 옵션은 HTML로 되어 있는데, 온라인상 또는 이메일을 이용해 결과물을 배포하려고 하거나, 문서의 최종 형식을 아직 정하지 못했을 경우 선택하면 좋다. 나중에 문서를 다른 형식으로 바꾸고 싶은 경우에도 내용을 한 줄 고치거나 IDE에서 클릭 몇 번 하는 것으로 손쉽게 해결할 수 있다.

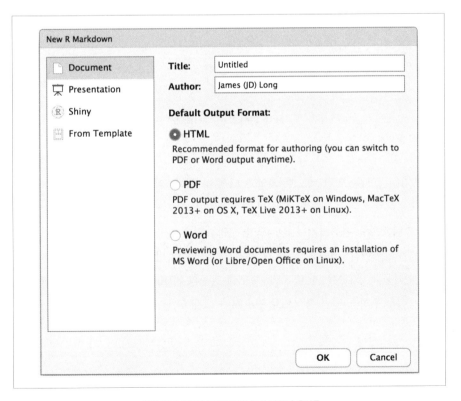

그림 16-2 새로운 R 마크다운 문서 만들기 옵션들

옵션 선택 후 OK 버튼을 클릭하면 메타데이터 일부와 예시 텍스트가 담긴 R 마크다운 템플릿을 받을 수 있다(그림 16-3 참고).

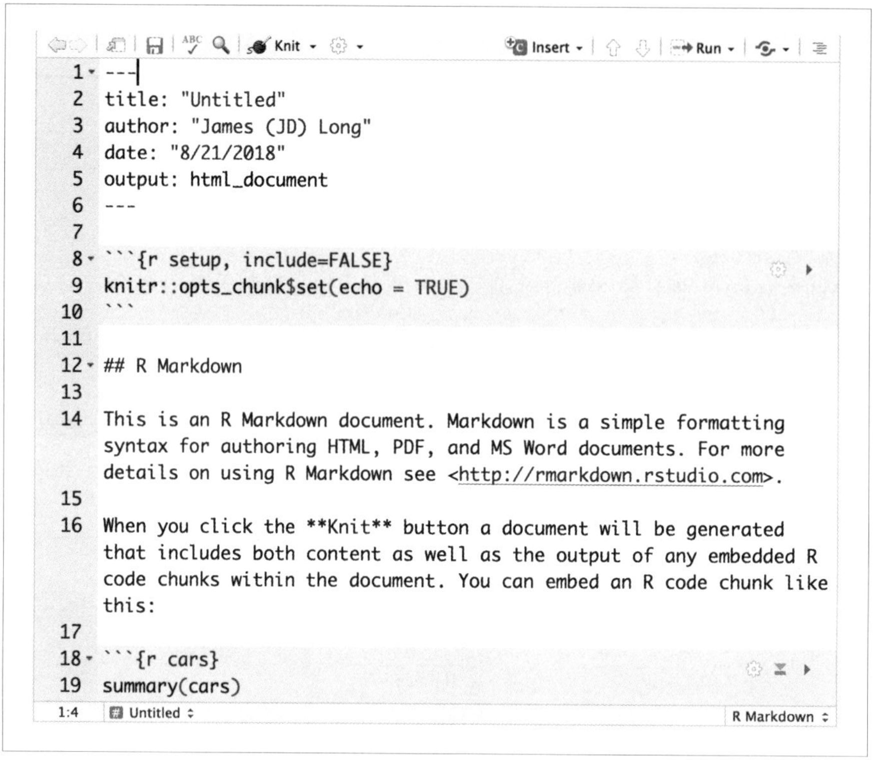

그림 16-3 새로운 R 마크다운 문서

논의

R 마크다운 문서는 일반 텍스트 파일과 다를 바 없다. 위에 설명한 방법으로 새로운 R 마크다운 텍스트 문서를 만들기 위한 템플릿을 빠르게 얻을 수 있다. 템플릿을 얻고 나면 텍스트를 편집하거나 R 코드를 수정하면서 마음대로 바꿀 수 있다. 이 장의 다른 레시피들에서도 R 마크다운 문서 생성에 필요할 만한 다른 기능들을 소개하겠지만, 결과물이 궁금하다면 RStudio IDE에 있는 짜기(Knit) 버튼을 클릭하여 R 마크다운 문서를 원하는 출력 형식으로 변환시켜 보자.

16.2 문서 제목, 작성자, 작성일 정보 추가하기

문제

R 마크다운 문서의 제목, 작성자, 작성일 정보를 수정하고 싶다.

해결책

R 마크다운 문서 최상단에는 ---로 시작하고 끝나는 특수한 서식을 갖춘 텍스트 블록이 있다. 이 코드 블록은 제목, 작성자, 작성일과 같이 문서의 중요한 메타데이터를 포함하고 있다.

```
---
title: "Your Title Here"
author: "Your Name Here"
date: "12/31/9999"
output: html_document
---
```

여기에서 출력 형식 또한 지정할 수 있다. 예) output: html_document 그 외의 형식에 대해서는 출력 형식과 관련된 다른 레시피에서 다룰 것이다.

논의

출력 결과를 생성하기 위해 R 마크다운 문서를 짜게 되면(knit) R에서는 코드 토막들을 실행하고, 각 코드 토막의 출력 결과물에 대한 마크다운 내용을 생성한 뒤, 전체 마크다운 문서를 Pandoc으로 보낸다. Pandoc은 중간 단계에 있는 마크다운 텍스트로부터 최종 출력 문서를 만들어 주는 프로그램이다. 일반적으로는 문서를 짜는 과정에서 문제가 생기지 않는 이상 이러한 순서에 대해서 생각할 필요도 없다.

R 마크다운 문서 최상단에 있는 --- 기호는 YAML(Yet Another Markup Language)에서 사용되는 양식이다. 이 코드 토막은 Pandoc 소프트웨어에서 출력 문서를 생성하는 데 필요한 메타데이터를 전달하는 데 사용된다. title(문서 제목), author(작성자), date(작성일) 등의 정보는 Pandoc에서 읽어 들인 뒤 대부분의 출력 문서 형식의 최상단에 삽입한다.

이상의 입력값들은 템플릿에서 지원하는 방식에 따라 서식이 적용되고 삽입된다. HTML, PDF, 그리고 MS 워드의 기본 템플릿에서는 문서 제목, 작성자, 그리고 작성일 필드에 유사한 서식을 적용시킨다.

그림 16-4 문서 헤더 예시

YAML 헤더에 다른 키/값 쌍을 추가할 수도 있지만, 템플릿에서 해당 값들을 지원하도록 설정하지 않았다면 해당 값은 무시된다.

더 알아보기

자신만의 템플릿을 만드는 방법에 대해서는 《R Markdown: The Definitive Guide》(*https://bit.ly/35WPKBM*)의 17장 "문서 템플릿(Document Templates)" 부분을 참고하라.

16.3 문서 텍스트 서식 적용하기

문제

문서 텍스트에 이탤릭이나 볼드를 입히는 등 각종 서식을 적용하고 싶다.

해결책

R 마크다운 문서의 본문은 일반 텍스트로 구성되어 있으며 마크다운 표기법을 이용한 서식 적용을 허용하고 있다. 보통은 텍스트에 볼드 또는 이탤릭 표기를 하는 정도가 필요할 것이다. 그 외에도 섹션 헤더를 지정하거나, 목록 및 테이블을 추가할 수도 있는데, 이는 뒤에 나오는 레시피에서 다루도록 하겠다. 이상의 모든 기능은 마크다운 문법을 이용해 구현할 수 있다.

표 16-1은 가장 많이 쓰이는 서식 지정 문법을 요약한 것이다.

표 16-1 범용 마크다운 서식 지정 문법

마크다운	결과물
일반 텍스트	일반 텍스트
이탤릭	*이탤릭*
볼드	**볼드**
`코드`	코드
아래~첨자~	아래첨자
윗^첨자^	윗첨자
~~취소선~~	**취소선**
en 대시 : --	en 대시 : –
em 대시 : ---	em 대시 : —

더 알아보기

RStudio에서는 참고하기 좋은 레퍼런스 시트를 배포하고 있다(*https://rstudio.com/wp-content/uploads/2015/03/rmarkdown-reference.pdf*).

그 외에 다양한 구조물을 삽입하는 방법에 대해서는 레시피 16.4, 16.5, 16.9를 참고하라.

16.4 문서에 제목 삽입하기

문제

R 마크다운 문서에 섹션 제목(heading)을 삽입해야 한다.

해결책

작성 중인 행의 맨 앞에 #(해시) 문자열을 입력하여 섹션 제목을 추가할 수 있다. 최상위 레벨을 표기하기 위해서는 해시 부호 하나를, 두 번째 레벨은 두 개를 사용하는 식이다.

```
# Level 1 Heading
## Level 2 Heading
### Level 3 Heading
#### Level 4 Heading
##### Level 5 Heading
###### Level 6 Heading
```

논의

마크다운과 HTML은 최대 6개의 레벨을 지원하므로 R 마크다운에서도 동일하게 적용된다. R 마크다운을 포함한 마크다운 언어에서는 폰트의 세부 정보 등은 포함되어 있지 않으며, 어떠한 서식 클래스를 적용할지만 전달하고 있다. 각 클래스를 어떻게 표현할지는 출력양식과 해당 출력양식에서 사용하는 템플릿에 의해 정의된다.

16.5 문서에 목록 삽입하기

문제

문서에 항목기반 목록(bulleted list) 또는 순서기반 목록(numbered list)을 삽입하고 싶다.

해결책

항목기반 목록을 생성하기 위해서는 각 행의 맨 앞에 별표(*)를 삽입한다.

```
* 첫 번째 항목
* 두 번째 항목
* 세 번째 항목
```

순서기반 목록을 삽입하기 위해서는 각 행의 맨 앞에 1.를 삽입한다.

```
1. 첫 번째 항목
1. 두 번째 항목
1. 세 번째 항목
```

그러면 R 마크다운에서는 접두어 1.를 수열 1., 2., 3.로 대체할 것이다.

목록을 생성하기 위한 규칙은 다소 엄격한 편이다.

- 목록 앞에는 반드시 공백 행이 삽입되어야 한다.
- 목록 뒤에는 반드시 공백 행이 삽입되어야 한다.
- 각 행의 별표(*) 뒤에는 반드시 공백이 삽입되어야 한다.

논의

목록을 생성하는 문법은 간단하지만, 위에 나열한 규칙들에 주의하라. 하나라도 어기게 되면 출력 결과물이 엉망진창이 되기 때문이다.

목록구조에서 지원하는 아주 중요한 기능 중 하나는 하위목록이다. 다음의 첫 번째 항목은 세 가지의 하위항목을 가진다.

```
* 첫 번째 항목
  * 첫 번째 하위항목
  * 두 번째 하위항목
  * 세 번째 하위항목
* 두 번째 항목
```

실제로는 다음과 같은 출력 결과를 생성한다.

- 첫 번째 항목

  - 첫 번째 하위항목

  - 두 번째 하위항목

  - 세 번째 하위항목

- 두 번째 항목

마찬가지로 지켜야 하는 중요한 규칙이 더 있다. 하위항목들은 상위항목들보다 2~4 개의 공백만큼 들여쓰기가 이루어져야 한다. 이를 한 칸이라도 어기게 되면 다시 혼란이 찾아올 것이다.

이 절의 "해결책"에서는 순서기반 목록을 생성하기 위해 접두어 1. 사용을 추천한다. a.나 i.와 같은 접두어를 사용하면 각각 소문자와 로마자로 시작하는 글머리 기호를 사용할 수 있다. 이들은 하위항목 서식으로 사용하기에 좋다.

```
1. 첫 번째 항목
1. 두 번째 항목
   a. 하위항목 1
   a. 하위항목 2
      i. 하위-하위항목 1
      i. 하위-하위항목 2
   a. 하위항목 3
1. 세 번째 항목
```

위의 문서는 아래의 항목을 출력한다.

1. 첫 번째 항목

2. 두 번째 항목

   a. 하위항목 1

   b. 하위항목 2

      i. 하위-하위항목 1

        ii. 하위-하위항목 2

      c. 하위항목 3

3. 세 번째 항목

더 알아보기

목록을 표현하는 문법은 여기서 설명한 것보다 더 유연하며, 기타 다양한 기능들을 더 제공한다. 자세한 내용은 Pandoc 마크다운 가이드 문서와 같은 표준 참고문헌에서 살펴보도록 하자(*https://pandoc.org/MANUAL.html#pandocs-markdown*).

16.6 문서에 R 코드 결과물 출력하기

문제

R 코드를 실행시키고 결과물을 문서에 출력하고 싶다.

해결책

R 마크다운 문서에는 R 코드를 삽입할 수 있다. 최종 문서에는 코드의 실행 결과가 포함된다.

    코드를 입력하는 방법은 크게 두 가지다. 짧은 코드인 경우에는 아래와 같이 특수 기호 `` ` ``(백틱) 두 개 사이에 코드를 넣는 방식으로 표현하면 된다.

```
The square root of pi is `r sqrt(pi)`.
```

그러면 다음과 같은 결과물이 출력된다.

```
The square root of pi is 1.772.
```

더 긴 코드인 경우에는 특수기호 `` ` ``를 3중으로 나열한 ```` ``` ```` 표시 사이에 코드를 삽입하는 방식으로 **코드 토막**(code chunk)을 정의한다.

```
```{r}
# 코드 블록을 여기에 넣는다.
```
```

삼중 `` ` `` 기호 다음에 {r}이 삽입되어 있다는 점을 주목하라. 이 부분이 R 마크다운에게 코드를 실행하라고 알려 준다.

논의

R 코드를 문서에 삽입할 수 있는 기능이야말로 R 마크다운에서 가장 강력한 기능이라 할 수 있다. 사실 이 기능을 제외하면 R 마크다운은 일반 마크다운과 다를 바 없다.

"해결책"에 소개된 인라인 코드 삽입 문법은 날짜, 시간 또는 간단한 계산 결과와 같이 적은 양의 정보를 보고서에서 불러오는 데 적합하다.

코드 토막 삽입 문법은 좀 더 무거운 작업을 위해 사용된다. 기본적으로 코드 토막은 문서에 표기되며 코드 바로 아래쪽에 결과가 출력된다. 출력 결과는 더블 해시태그(##) 접두어가 붙어서 구분된다.

만약 아래와 같은 코드 토막이 R 마크다운 문서에 포함되어 있었다면,

```{r}
sqrt(pi)
sqrt(1:5)
```

다음과 같은 결과가 출력되었을 것이다.

```
sqrt(pi)
## [1] 1.77
sqrt(1:5)
## [1] 1.00 1.41 1.73 2.00 2.24
```

##로 구분되어 있어서 편리한 점은 사용자가 코드를 복사해서 본인의 R 세션에 손쉽게 붙여넣고 실행시킬 수 있다는 점이다. R에서는 주석 같이 생긴 출력 결과물을 무시하기 때문이다.

 ` 기호 다음에 오는 {r} 표현식이 중요한 이유는 R 마크다운에서는 파이썬이나 SQL과 같은 다른 언어로 구성된 코드 블록도 삽입을 허용하기 때문이다. 다중언어 환경에서 작업을 한다면 이 기능을 굉장히 유용하게 사용할 수 있을 것이다. 자세한 사항은 R 마크다운 문서를 참고하라.

더 알아보기

출력 결과물에 포함되는 내용을 제어하기 위해서는 레시피 16.7을 참고하라.

R 마크다운에서 사용 가능한 언어 엔진 목록을 보기 위해서는 《R Markdown: The Definitive Guide》(*https://bookdown.org/yihui/rmarkdown/language-engines.html*)의 "기

타 언어 엔진(Other language engines)" 파트를 참고하라.

16.7 출력되는 코드와 결과물 제어하기

문제

문서에 다수의 R 코드 토막이 포함되어 있다. 코드만 표시하거나 결과물만 표시하는 식으로 최종 문서에 포함되는 출력 결과물을 제어하고 싶다.

해결책

코드 블록은 최종 문서에 표시될 요소들을 제어할 수 있는 여러 선택지를 제공한다. 코드 블록의 최상단에서 옵션을 선택하자. 예를 들어, 아래의 블록에서는 echo 옵션의 값을 FALSE로 지정하고 있다.

```{r echo=FALSE}
# . . . code here will not appear in output . . .
```

"논의"에서 사용 가능한 옵션 목록을 참고하라.

논의

echo와 같이 코드가 출력 결과물에 포함되는지 여부를 결정하거나 eval과 같이 코드의 실행 여부를 결정하는 식으로 사용자가 지정할 수 있는 여러 가지 표시 옵션이 있다.

가장 많이 쓰이는 일부 옵션들의 예시를 표 16-2에 나열해 두었다.

표 16-2 출력 문서 표기 내용을 제어하는 옵션 목록

코드 토막 옵션	코드 실행 여부	코드 표시 여부	출력 문자열 표시 여부	도식 표시 여부
results='hide'	X	X		X
include=FALSE	X			
echo=FALSE	X		X	X
fig.show='hide'	X	X	X	
eval=FALSE		X		

이상의 옵션들을 조합해 본인이 원하는 결과를 얻을 수 있다. 많이 사용되는 예시를 나열하면,

- 코드의 출력 결과는 표시하고 싶지만, 코드 자체는 표시하고 싶지 않다: echo= FALSE.
- 코드를 표시하고 싶지만 실행은 시키고 싶지 않다: eval=FALSE.
- 패키지를 불러오거나 데이터를 읽어 들이는 부분을 위해 코드를 실행시키고 싶지만 코드나 출력 결과를 표시하고 싶지는 않다: include=FALSE.

include=FALSE 기능은 주로 라이브러리를 불러들이거나, 초기 변수를 설정하거나, 기타 정리 목적으로 사용하는 코드와 같이 출력 결과창에서 지저분하게 자리만 차지하는 문서 도입부의 코드 토막 등에서 많이 쓰인다.

위에 나열한 출력 옵션들 외에도 코드로부터 발생하는 에러나 경고 또는 정보 제공 목적의 메시지들을 제어하는 옵션들도 존재한다.

- error=TRUE 값을 설정하면 코드 토막에 에러가 있어도 문서를 끝까지 생성할 수 있게 해 준다. 출력 결과에서 에러를 직접 확인하고자 할 때 유용하다. 기본 설정 값은 error=FALSE이다.
- warning=FALSE 값을 설정하면 경고 메시지가 뜨지 않는다. 기본 설정값은 warning =TRUE이다.
- message=FALSE 값을 설정하면 정보 제공 메시지가 뜨지 않는다. 메시지를 다수 생성하는 패키지 등을 불러올 때 유용하게 사용할 수 있다. 기본 설정값은 message =TRUE이다.

더 알아보기

RStudio에서 배포하는 R 마크다운 치트시트(*https://rstudio.com/wp-content/uploads/ 2016/03/rmarkdown-cheatsheet-2.0.pdf*)에서 사용할 수 있는 많은 옵션을 확인할 수 있다.

knitr 패키지의 개발자 이후이 시에(Yihui Xie)의 홈페이지에도 사용 가능한 옵션들이 잘 정리되어 있다(*https://yihui.org/knitr/options/*).

16.8 문서에 그래프 삽입하기

문제

출력 문서에 그래프를 삽입하고 싶다.

해결책

그래프를 생성하는 코드 토막을 추가하고 해당 코드 토막을 R 마크다운 문서에 포함시키는 방법으로 간단히 해결할 수 있다. R 마크다운은 그래프를 인식하고 출력 문서에 포함시킬 것이다.

논의

다음은 gg라는 이름의 ggplot 그래프를 생성하고 출력하는 R 마크다운 코드 토막이다.

```{r}
library(ggplot2)
gg <- ggplot(airquality, aes(Wind, Temp)) + geom_point()
print(gg)
```

print(gg) 명령어로 그래프를 렌더링할 수 있다는 점을 기억해 내자. 이 코드를 R 마크다운 문서에 삽입하면, 출력 결과를 저장해서 아래와 같이 출력 문서에 표시하게 된다.

```
library(ggplot2)
gg <- ggplot(airquality, aes(Wind, Temp)) + geom_point()
print(gg)
```

코드 실행 결과 나오는 그래프는 그림 16-5에서 확인할 수 있다.

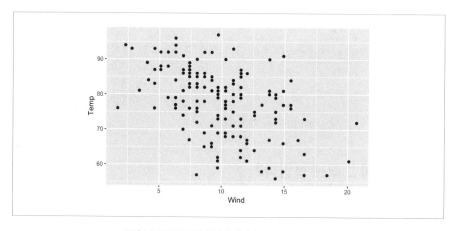

그림 16-5 R 마크다운 문서에 삽입된 ggplot 그래프 예시

우리가 R에서 생성할 수 있는 거의 대부분의 그래프는 출력 문서에 포함시킬 수 있다. 코드 블록에서 옵션들을 이용해 크기, 해상도, 출력 형식 등 렌더링 결과물에 대한 제어를 할 수도 있다. 방금 생성한 gg 그래프 오브젝트를 이용한 예시들을 살펴보도록 하자.

아래와 같이 out.width 옵션을 이용하면 출력된 결과물의 크기를 줄일 수 있다.

````
```{r out.width='30%'}
print(gg)
```
````

그림 16-6에서 결과를 확인할 수 있다.

```
print(gg)
```

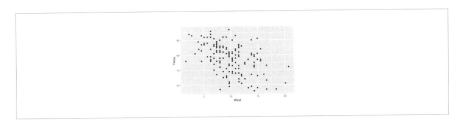

그림 16-6 너비를 좁힌 그래프

또는 출력 결과물의 크기를 확대할 수도 있다.

````
```{r out.width='100%'}
print(gg)
```
````

그림 16-7과 같은 결과를 확인할 수 있다.

```
print(gg)
```

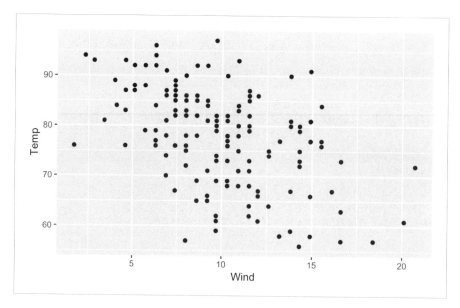

그림 16-7 너비를 넓힌 그래프

도식에 사용되는 보편적인 설정값들은 다음과 같다.

out.width와 out.height

페이지 크기에 대한 퍼센트로 나타낸 출력 결과물의 크기

dev

도식을 생성하는 데 사용된 R 그래픽 장치. 기본으로 HTML 형식의 경우 'png', LaTeX 형식의 경우 'pdf'로 설정되어 있다. 'jpg'나 'svg'로도 설정할 수 있다.

fig.cap

도식 캡션(설명글) 내용

fig.align

도식을 좌로, 우로, 또는 가운데로 정렬할 수 있다.

이상의 설정값들을 이용해 너비 50%, 높이 20%, 그리고 설명글을 포함하는 좌로 정렬된 도식을 생성해 보자.

```r
```{r out.width='50%',
     out.height='20%',
      fig.cap='Temperature versus wind speed',
```
```

```
          fig.align='left'}
print(gg)
```

결과는 그림 16-8에서 확인할 수 있다.

```
print(gg)
```

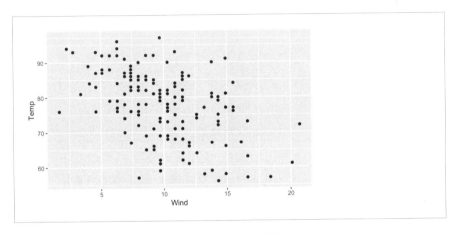

그림 16-8 기온 vs. 풍속 산포도

16.9 문서에 테이블 삽입하기

문제

R 마크다운 문서에 보기 좋게 서식이 적용된 테이블을 삽입하고 싶다.

해결책

파이프 문자열(|)을 이용해 컬럼을 구분하는 문자열 테이블 형식으로 내용을 구성한다. 대시를 사용해 '밑줄(underline)'을 그어 컬럼 제목 부분을 구분할 수 있다. R 마크다운 문서는 해당 내용을 아름답게 출력해 줄 것이다. 예를 들어 아래와 같은 문자열을 입력하면,

```
| Stooge | Year | Hair?          |
|--------|------|----------------|
| Moe    | 1887 | Yes            |
| Larry  | 1902 | Yes            |
| Curly  | 1903 | No (ironically)|
```

다음 결과물을 생성한다.

Stooge	Year	Hair?
Moe	1887	Yes
Larry	1902	Yes
Curly	1903	No (ironically)

테이블 항목의 직전 및 직후에는 반드시 공백 행을 추가해야 한다.

논의

테이블 작성 문법은 사용자가 ASCII 문자열을 이용해 테이블을 그릴 수 있게 해 준다. 대시로 구성된 '밑줄' 행은 R 마크다운에게 바로 윗줄이 컬럼 제목을 담고 있다는 것을 알려 준다. 이러한 '밑줄' 없이는 첫 번째 줄을 제목이 아니라 내용으로 인식할 것이다.

테이블 작성 서식은 "해결책"에서 제시한 것보다 좀 더 유연하게 사용될 수 있다. 예를 들어 아래와 같은 비뚤어진 입력값도 똑같이 위에서 보여 준 아름다운 테이블을 생성할 것이다.

```
| Stooge | Year | Hair? |
|--------|------|-----------------|
| Moe | 1887 | Yes |
| Larry | 1902 | Yes |
| Curly | 1903 | No (ironically) |
```

컴퓨터는 파이프 문자열(|)과 대시 문자열만 신경 쓴다. 공백은 삽입하지 않아도 되니 가독성을 높이기 위한 목적으로 사용하도록 하자.

유용한 기능 중 하나는 콜론(:) 부호를 사용해서 컬럼들의 정렬 상태를 바꾸는 기능이다. 대시 '밑줄' 행에 콜론 부호를 포함시켜 컬럼의 정렬 상태를 설정하자. 다음 테이블에서는 총 4개의 컬럼 중 3개의 정렬 상태를 설정하고 있다.

```
|Left    |Right | Center  | Default |
|:-------|-----:|:-------:|---------|
| 12345  |12345 | 12345   | 12345   |
| text   | text | text    | text    |
| 12     | 12   | 12      | 12      |
```

위 문서의 출력 결과물은 다음과 같다.

Left	Right	Center	Default
12345	12345	12345	12345
text	text	text	text
12	12	12	12

컬럼 제목의 '밑줄' 행에서 다음과 같이 콜론을 사용하라.

- 좌측 끝에 콜론을 배치하면 컬럼 내용이 좌측으로 정렬된다.
- 우측 끝에 콜론을 배치하면 컬럼 내용이 우측으로 정렬된다.
- 양쪽 끝에 콜론을 배치하면 컬럼 내용이 가운데로 정렬된다.

더 알아보기

사실 R 마크다운은 테이블 생성을 위한 지나칠 정도로 다양한 문법들을 지원한다. 이 레시피에서는 문제를 간단히 하기 위해 한 가지만 소개하고 있으니 마크다운 표준 참고문헌들을 통해 다른 대안들을 살펴보자.

16.10 문서에 데이터 테이블 삽입하기

문제

컴퓨터가 생성한 데이터 테이블을 출력 문서에 포함시키고 싶다.

해결책

아래의 dfrm이라는 데이터 프레임에 적용한 것처럼 knitr 패키지의 kable 함수를 사용한다.

```
library(knitr)
kable(dfrm)
```

논의

레시피 16.9에서는 일반 텍스트를 이용해 정적인 테이블을 문서에 삽입하는 방법을 배웠다. 이번에는 테이블 내용이 데이터 프레임에 들어 있으며 해당 내용을 출력 문서에 표시하고 싶은 상황이다.

테이블 내용을 단순히 출력하게 되면 서식이 적용되지 않은 상태로 출력된다.

```
myTable <- tibble(
  x=c(1.111, 2.222, 3.333),
  y=c('one', 'two', 'three'),
  z=c(pi, 2*pi, 3*pi))
myTable
#> # A tibble: 3 x 3
#>       x y         z
#>   <dbl> <chr> <dbl>
#> 1  1.11 one    3.14
#> 2  2.22 two    6.28
#> 3  3.33 three  9.42
```

그러나 우리는 좀더 정형화되고 아름다운 결과물을 원한다. 이를 가장 쉽게 해결할 수 있는 방법은 knitr 패키지의 kable 함수를 사용하는 것이다(그림 16-9).

```
library(knitr)
kable(myTable, caption = 'My Table')
```

My Table

x	y	z
1.11	one	3.14
2.22	two	6.28
3.33	three	9.43

그림 16-9 kable로 생성된 테이블

kable 함수는 입력값으로 데이터 테이블과 기타 서식 관련 인자들을 받고, 화면에 표시하기에 적합한 서식을 갖춘 테이블을 반환한다.

kable은 훌륭한 결과물을 만들어 내지만, 결과물을 더 제어하고 싶을 수 있다. 다행히 kableExtra라는 패키지를 함께 사용해 더 많은 기능을 제공할 수 있다.

아래 코드에서는 먼저 kable을 사용해 반올림을 수행하고 캡션을 추가한다. 그리고 kable_styling 함수를 사용해 LaTeX 출력 결과물을 전체 너비보다 좀 더 좁게 만들고, 행에 음영이 있는 줄무늬를 추가하였으며, 테이블을 한가운데로 정렬하였다.

```
library(knitr)
library(kableExtra)
```

```
#>
#> Attaching package: 'kableExtra'
#> The following object is masked from 'package:dplyr':
#>
#>     group_rows

kable(myTable, digits = 2, caption = 'My Table') %>%
    kable_styling(full_width = FALSE,
                  latex_options = c('hold_position', 'striped'),
                  position = "center",
                  font_size = 12)
```

My Table		
x	y	z
1.11	one	3.14
2.22	two	6.28
3.33	three	9.42

그림 16-10 kableExtra로 생성된 테이블

kable_styling 함수는 데이터 테이블이 아닌 kable 테이블 오브젝트와 기타 설정값들을 입력값으로 받고, 서식이 적용된 테이블을 반환한다.

kable_styling에서 지원하는 일부 옵션들은 출력 결과물의 형식에 따라 서로 다른 영향을 준다. 예를 들어 이전 예제에서 full_width = FALSE 옵션이 LaTeX(PDF) 형식에서 아무 영향을 주지 못한 이유는 LaTeX 기본 출력 형식이 전체 너비를 사용하도록 설정되어 있지 않기 때문이다. 그러나 HTML 형식에서는 kable 테이블이 기본적으로 전체 너비에 걸쳐 출력되도록 되어 있기 때문에 이러한 옵션이 영향을 미친다.

비슷하게 latex_options = c('hold_position', 'striped') 옵션은 LaTeX 출력 형식에만 영향을 주고 HTML 형식에는 영향을 주지 못한다. 'hold_position'이라는 옵션은 문서에서 테이블이 맨 위나 아래쪽이 아니라 소스 코드에서 삽입한 위치에 등장하도록 만드는데, 이러한 현상은 LaTeX에서만 나타난다. 'striped' 옵션은 얼룩말 줄무늬처럼 밝고 어두운 음영 처리를 통해 테이블의 가독성을 높여 준다.

MS 워드 테이블과 관련해 더 많은 기능을 제어하고 싶다면 레시피 16.14에 나와 있는 flextable::regulartable 함수를 사용하기 바란다.

16.11 문서에 수식 삽입하기

문제

문서에 수식을 삽입하고 싶다.

해결책

R 마크다운은 LaTeX 수식 표기법을 지원한다. R 마크다운에 LaTeX을 입력하는 방법은 두 가지가 있다.

짧은 수식의 경우 단일 달러기호($)들 사이에 LaTeX 표현식을 넣으면 된다. 선형 회귀 문제에 대한 해는 `$\beta = (X^{T}X)^{-1}X^{T}{\bf{y}}$`로 표현될 수 있으며, 이는 $\beta = \left(X^T X\right)^{-1} X^T \mathbf{y}$와 같은 수식으로 변환된다.

좀 더 큰 수식 블록의 경우 아래와 같이 두 개의 달러기호($$)들 사이에 표현식을 삽입하면 된다.

```
$$
\frac{\partial \mathrm C}{ \partial \mathrm t } + \frac{1}{2}\sigma^{2}
    \mathrm S^{2} \frac{\partial^{2} \mathrm C}{\partial \mathrm C^2}
  + \mathrm r \mathrm S \frac{\partial \mathrm C}{\partial \mathrm S}\ =
  \mathrm r \mathrm C
  \label{eq:1}
$$
```

위의 표현식은 아래의 수식을 생성한다.

$$
\frac{\partial C}{\partial t} + \frac{1}{2}\sigma^2 S^2 \frac{\partial^2 C}{\partial C^2} + rS\frac{\partial C}{\partial S}\ = rC
$$

논의

수식 마크업 문법은 TeX 문법에서 기원한 LaTeX 표준이다. 해당 표준문법에 기반해 R 마크다운은 PDF, HTML, MS 워드, MS 파워포인트 문서 등에서 수식을 표현할 수 있다. PDF와 HTML 형식은 모든 LaTeX 수식 형태를 지원한다. 하지만 MS 워드와 파워포인트에서는 전체 문법 중 일부만을 지원한다.

LaTeX 수식 표기법에 대한 자세한 사항은 이 책의 범위를 넘어서긴 하지만, TeX 문법 자체는 이미 40년 이상 사용되어 왔기 때문에 참고할 수 있는 좋은 문헌이 온오프라인에 많이 존재한다. 온라인에서 찾아볼 수 있는 자료 중에는 Wikibooks.org의

"LaTeX/Mathematics"(*https://en.wikibooks.org/wiki/LaTeX/Mathematics*) 문서가 아주 유용하다.

16.12 HTML 파일 형식으로 출력하기

문제

R 마크다운 문서로부터 하이퍼텍스트 HTML(HyperText Markup Language) 문서를 생성하고 싶다.

해결책

RStudio의 코드 편집창에서 'Knit(문서 짜기)' 버튼 오른쪽에 위치한 아래방향 화살표를 눌러보자. 그러면 드롭다운 목록이 뜨면서 현재 문서에서 출력 가능한 모든 형식이 나열될 것이다. 그림 16-11과 같이 "Knit to HTML"(HTML 문서 짜기) 옵션을 선택하자.

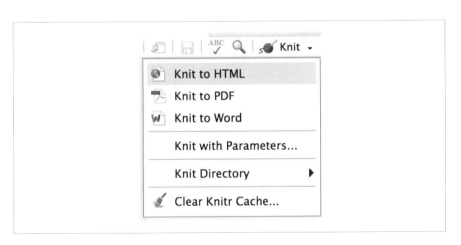

그림 16-11 HTML 문서 짜기

논의

RStudio에서 "Knit to HTML"(HTML 문서 짜기) 옵션을 선택하면 `html_document: default` 코드를 문서 최상단의 YAML 토막 위로 옮기고 파일을 저장한 뒤, `rmarkdown::render(./파일이름.Rmd)` 명령어를 실행한다. 만약 여러분이 문서를 세 가지의 다른 형식으로 짜냈다면, YAML 파일은 다음과 같은 형태를 띠고 있을 것이다.

```
output:
  html_document: default
  pdf_document: default
  word_document: default
```

파일이름.Rmd 부분을 실제 마크다운 문서 파일 이름으로 변경해 `rmarkdown::render`
(./파일이름.Rmd) 명령어를 실행하면, 기본 동작은 출력 형식 중 가장 위에 있는 형식
으로 문서를 짜낼 것이다(이 경우 HTML).

 HTML 문서를 짤 때는 R 마크다운 문서에 HTML로 올바르게 변환되지 않는 특수한 LaTeX 한정
서식이 포함되지 않아야 한다. 이전 레시피에서도 말했듯이 LaTeX 수식들은 예외로, MathJax
자바스크립트 라이브러리 덕분에 HTML에서도 올바르게 표현될 수 있다.

더 알아보기

레시피 16.11을 참고하라.

16.13 PDF 파일 형식으로 출력하기

문제

R 마크다운 문서로부터 PDF(Adobe Portable Document Format) 문서를 생성하고
싶다.

해결책

RStudio의 코드 편집창에서 'Knit(문서 짜기)' 버튼 오른쪽에 위치한 아래방향 화살
표를 눌러보자. 그러면 드롭다운 목록이 뜨면서 현재 문서에서 출력 가능한 모든 형
식이 나열될 것이다. 그림 16-12와 같이 "Knit to PDF"(PDF 문서 짜기) 옵션을 선택
하자.

그러면 `pdf_document` 설정이 YAML 문서의 출력(output) 옵션 맨 위로 옮겨질 것
이다.

```
---
title: "Nice Title"
output:
  pdf_document: default
  html_document: default
---
```

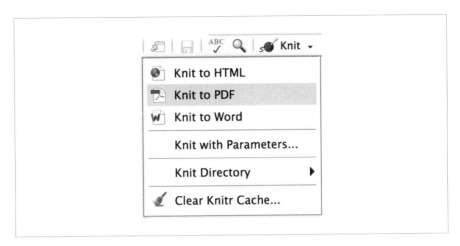

그림 16-12 PDF 문서 짜기

그리고 문서를 PDF 형식으로 짠다.

논의

PDF 문서 짜기 기능은 Pandoc과 LaTeX 엔진을 사용해서 PDF 문서를 만들어 낸다. 만약 LaTeX의 주요 배포판이 컴퓨터에 설치되어 있지 않다면, tinytex 패키지를 사용해 손쉽게 받아 보자. R에서 tinytex를 설치하고, install_tinytex() 함수를 호출하면, tinytex가 알아서 작고 효율적인 LaTeX 배포판을 로컬 환경에 저장할 것이다.

```
install.packages("tinytex")
tinytex::install_tinytex()
```

LaTeX은 풍부한 기능을 갖추고 있다. 그리고 다행히 우리가 필요로 하는 대부분의 기능들이 R 마크다운 문법으로 표현될 수 있으며, Pandoc에서는 이를 LaTeX으로 자동 변환해 준다. LaTeX은 강력한 조판(typesetting) 도구라 R 마크다운으로는 구현하지 못하는 기능들을 제공하기도 한다. 할 수 있는 모든 걸 여기 나열하기는 어려우니, 우선 R 마크다운 문서로부터 LaTeX으로 파라미터를 직접 전달하는 방법에 대해서 말하고자 한다. 대신, 사용자가 설정한 LaTeX 한정 옵션들은 HTML이나 MS 워드와 같은 다른 문서 형식으로는 올바르게 변환되지 않을 거라는 점을 기억해두자.

R 마크다운 문서로부터 LaTeX 렌더링 엔진으로 정보를 전달할 수 있는 방법은 크게 두 가지다.

1. LaTeX 명령어를 LaTeX 컴파일러로 직접 전달한다.

2. YAML 헤더에서 LaTeX 옵션을 설정한다.

만약 LaTeX 명령어를 LaTeX 컴파일러로 직접 전달하고 싶다면 \로 시작하는 LaTeX 명령어를 사용하면 된다. 이 방법의 한계점은 PDF 이외의 다른 형식으로 문서를 짜게 되는 경우 슬래시 기호 뒤에 오는 모든 명령어가 출력에서 제외된다는 점이다.

예를 들어 R 마크다운 문서에 다음의 문구를 집어넣는다면, 그림 16-13과 같이 표현될 것이다.

```
Sometimes you want to write directly in \LaTeX !
```

Sometimes you want to write directly in LaTeX!

그림 16-13 LaTeX 조판 예시

그러나 문서를 HTML 형식으로 짜게 되면 \LaTeX 명령어는 완전히 무시되어 문서에 원치 않는 공백이 생길 것이다.

만약 LaTeX을 위한 전역 옵션을 설정하고자 한다면, R 마크다운 문서의 YAML 헤더 부분에 파라미터들을 추가하는 방식으로 할 수 있다. YAML 헤더는 최상위 메타데이터와 몇몇 옵션의 서브데이터를 포함하고 있다. 각 파라미터는 각기 다른 수준의 들여쓰기를 사용하므로 보통은 안전하게 《R Markdown: The Definitive Guide》 등을 참고한다.

예를 들어 이전에 LaTeX으로 작성한 문서가 있고 해당 내용을 R 마크다운 문서에 포함시키고 싶다면 헤더나 본문, 또는 본문의 끝에 포함시킬 수 있다. 이런 외부 문서를 세 가지 섹션 모두에 추가하고자 한다면 YAML 헤더를 다음과 같이 수정해야 할 것이다.

```
---
title: "My Wonderful Document"
output:
  pdf_document:
    includes:
      in_header: header_stuff.tex
      before_body: body_prefix.tex
      after_body: body_suffix.tex
---
```

이외에 자주 쓰이는 LaTeX 옵션은, 문서 서식 설정을 위해 LaTeX 템플릿을 사용하는 것이다. 온라인상에 다양한 템플릿(*https://www.overleaf.com/latex/templates*)이 있으며, 기업이나 학교 등에서 자신들만의 템플릿을 사용하고 있는 경우도 종종 있다. 기존에 있는 템플릿을 사용하고 싶은 경우 YAML 헤더에서 다음과 같이 참조할 수 있다.

```
---
title: "Poetry I Love"
output:
  pdf_document:
    template: i_love_template.tex
---
```

페이지 및 섹션 번호 매기기 기능을 끄는 것도 가능하다.

```
---
title: "Why I Love a Good ToC"
output:
  pdf_document:
    toc: true
    number_sections: true
---
```

일부 LaTeX 설정들은 아래와 같이 최상위 YAML 메타데이터에서 설정해 줘야 한다.

```
---
title: "Custom Report"
output: pdf_document
fontsize: 12pt
geometry: margin=1.2in
---
```

따라서 LaTeX 설정을 건드려야 할 때는 R 마크다운 사용자 문서들을 읽어보며 해당 옵션이 output: 파라미터의 하위 설정인지, 최상위 YAML 설정인지를 확인해야 한다.

더 알아보기

《R Markdown: The Definitive Guide》의 "PDF 문서(PDF document)" 섹션(*https://bit.ly/31t3HmV*)을 참고하라.

　　Pandoc 템플릿 문서 또한 참고하라(*https://bit.ly/2IN0wxB*).

16.14 MS 워드 파일 형식으로 출력하기

문제

R 마크다운 문서로부터 MS 워드 문서를 생성하고 싶다.

해결책

RStudio의 코드 편집창에서 'Knit(문서 짜기)' 버튼 오른쪽에 위치한 아래방향 화살표를 눌러보자. 그러면 드롭다운 목록이 뜨면서 현재 문서에서 출력 가능한 모든 형식들이 나열될 것이다. 그림 16-14와 같이 "Knit to Word"(워드 문서 짜기) 옵션을 선택하자.

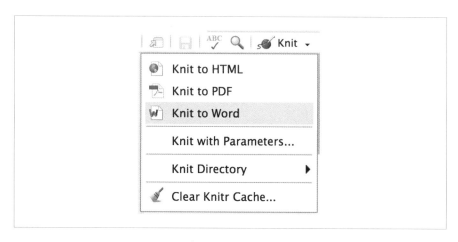

그림 16-14 Word 문서 짜기

그러면 word_document 설정이 YAML 문서의 출력(output) 옵션 맨 위로 옮겨질 것이다. 그리고 MS 워드 문서가 짜질 것이다.

```
---
title: "Nice Title"
output:
  word_document: default
  pdf_document: default
---
```

논의

MS 워드 문서를 짜면 공동작업자들이 MS 워드 문서를 요구하는 비즈니스 및 연구

환경에서 유용하게 쓰일 수 있다. R 마크다운의 기능 대부분은 워드에서 잘 동작하지만, MS 워드 형식으로 출력할 때 미리 알아 두면 좋은 몇 가지 사항이 있다.

마이크로소프트에는 자체 수식 편집 도구가 존재한다. Pandoc은 여러분이 입력한 LaTeX 수식들을 임의로 MS 수식 편집기로 강제 변환할 것이다. 이때 기본 수식들은 잘 변환되지만, 모든 LaTeX 수식 옵션을 지원하지는 않는다. 그중 하나는 수식 내부에서의 폰트 제어 기능이다. 행렬과 분수 표기 등을 위해 폰트를 변경해야 된다면 MS 워드에서는 다소 이상하게 표현될 수 있다.

다음은 HTML과 PDF 문서에서 올바르게 표현되는 행렬 표현식의 예시다.

```
$$
M = \begin{bmatrix}
       \frac{1}{6} & \frac{1}{6} & 0          \\[0.3em]
       \frac{7}{8} & 0           & \frac{2}{3} \\[0.3em]
         0 & \frac{7}{9} & \frac{7}{7}
       \end{bmatrix}
$$
```

그리고 해당 문서들에서는 다음과 같이 출력된다.

$$M = \begin{bmatrix} \frac{1}{6} & \frac{1}{6} & 0 \\[0.3em] \frac{7}{8} & 0 & \frac{2}{3} \\[0.3em] 0 & \frac{7}{9} & \frac{7}{7} \end{bmatrix}$$

그러나 MS 워드에서는 그림 16-15와 같이 표현된다.

$$M = \begin{bmatrix} \frac{1}{6} & \frac{1}{6} & 0 \\ \frac{7}{8} & 0 & \frac{2}{3} \\ 0 & \frac{7}{9} & \frac{7}{7} \end{bmatrix}$$

그림 16-15 MS 워드에서의 행렬 표현

또한 문자열 크기 확대/축소를 적용한 수식은 MS 워드에서 올바르게 동작하지 않는다. 예를 들어 다음 식은

```
$( \big( \Big( \bigg( \Bigg($
```

HTML과 LaTeX 문서에서 다음과 같이 표현된다.

그러나 MS 수식 편집기에서는 그림 16-16과 같이 단순하게 표현된다.

그림 16-16 MS 워드에서 수식 폰트 크기 조정 결과

MS 워드 문서에서 수식을 쉽게 적용하기 위해서는 우선 현재 수식을 적용해 보자. 결과물이 마음에 들지 않으면, LaTeX 수식을 온라인 수식 편집기(*http://www.sciweavers.org/free-online-latex-equation-editor*)에 붙여넣고, 렌더링한 뒤 이미지 파일로 저장한다. 그리고 나서 이미지 파일을 R 마크다운 문서에 포함시키면, 워드 문서에서도 HTML 또는 LaTeX 문서에서와 동일하게 수식이 표시되는 것을 보장할 수 있다. 그리고 LaTeX 수식은 별도의 텍스트 파일에 저장해 나중에 쉽게 수정할 수 있도록 하는 것이 좋다.

MS 워드 문서 출력과 관련된 또 하나의 문제는 도식이 HTML이나 PDF에서만큼 잘 나오지 않는다는 점이다. 다음의 선 그래프를 예시로 들어 보겠다.

```{r}
mtcars %>%
  group_by(cyl, gear) %>%
  summarize(mean_hp=mean(hp)) %>%
  ggplot(., aes(x = cyl, y = mean_hp, group = gear)) +
    geom_point() +
    geom_line(aes(linetype = factor(gear))) +
```

```
    theme_bw()
```

MS 워드 문서에서는 그림 16-17과 같이 표현된다.

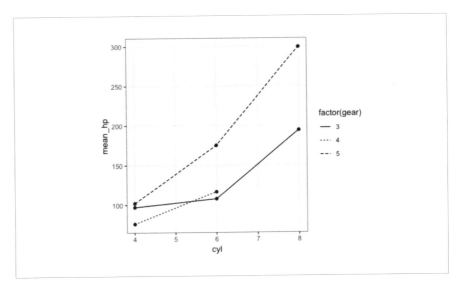

그림 16-17 MS 워드에서 표현되는 그래프

지금도 썩 나쁘지는 않지만, 출력을 하게 되면 이미지가 뚜렷하게 나타나지 않는 문제가 있다.

이 문제는 문서를 짤 때 **dpi**(dots per inch) 설정을 올려 개선할 수 있다. 이렇게 하면 출력되는 이미지가 더 부드럽고 선명해진다.

```{r, dpi=300}
mtcars %>%
  group_by(cyl, gear) %>%
  summarize(mean_hp=mean(hp)) %>%
  ggplot(., aes(x = cyl, y = mean_hp, group = gear)) +
    geom_point() +
    geom_line(aes(linetype = factor(gear))) +
    theme_bw()
```

해상도로 인한 외관상의 차이를 보여 주기 위해 그림 16-18에서는 **dpi**가 낮은 이미지를 왼쪽에, **dpi**가 높은 이미지를 오른쪽에 배치하는 식으로 짜깁기를 하였다.

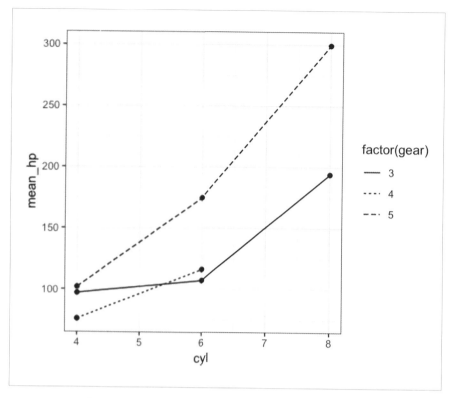

그림 16-18 워드에서 이미지 해상도 차이(왼쪽은 dpi가 낮고, 오른쪽은 dpi가 높다.)

워드에서는 이미지 외에도 테이블 출력 결과가 원하는 대로 나오지 않는 경우가 있다. 앞서 다른 레시피에서 언급했던 것과 같이 kable 패키지를 사용하면 일관성 있는 MS 워드 테이블을 만들 수 있다(그림 16-19 참고).

```
library(knitr)
myTable <- tibble(x = c(1.111, 2.222, 3.333),
                  y = c('one', 'two', 'three'),
                  z = c(5, 6, 7))
kable(myTable, caption = 'My Table in Word')
```

My Table in Word

x	y	z
1.111	one	5
2.222	two	6
3.333	three	7

그림 16-19 kable로 구성된 MS 워드 테이블

Pandoc은 워드 문서의 테이블 구조에 맞춰 테이블을 출력한다. 그러나 PDF나 HTML 문서와 마찬가지로 워드에서도 flextable 패키지를 사용할 수 있다.

```
library(flextable)
regulartable(myTable)
```

위의 명령어를 실행하면 워드에서 그림 16-20과 같은 테이블을 출력한다.

x	y	z
1.111	one	5.000
2.222	two	6.000
3.333	three	7.000

그림 16-20 워드에서 표현되는 regulartable

마찬가지로 flextable에서 제공하는 다양한 서식 기능들을 활용해 컬럼 너비를 조절하거나, 헤더의 배경색을 바꾸거나, 헤더 폰트를 흰색으로 바꿀 수도 있다.

```
regulartable(myTable) %>%
  width(width = c(.5, 1.5, 3)) %>%
  bg(bg = "#000080", part = "header") %>%
  color(color = "white", part = "header")
```

그러면 워드에서 그림 16-21과 같은 테이블이 출력된다.

x	y	z
1.111	one	5.000
2.222	two	6.000
3.333	three	7.000

그림 16-21 워드에서 표현되는 커스터마이징 적용된 regulartable

flextable에서 사용할 수 있는 커스터마이징 옵션들을 더 살펴보고 싶으면 flextable 비네트와 온라인 사용자 문서를 읽어보도록 하자.

워드 문서를 짤 때 워드 문서 출력을 제어하는 템플릿을 적용할 수도 있다. 템플릿을 사용하기 위해서는 YAML 헤더에 reference_docs: *template.docx* 항목을 추가하면 된다.

```
title: "Nice Title"
output:
  word_document:
    reference_docx: template.docx
```

knitr는 템플릿을 이용해 R 마크다운 문서를 워드로 짤 때 원본 문서의 엘리먼트들의 형식을 템플릿에 있는 스타일과 매칭시킨다. 따라서 문서 본문의 폰트를 바꾸고 싶으면 워드 템플릿의 본문 텍스트 스타일을 지정하면 된다. 그러면 knitr가 새로운 문서에 템플릿 스타일을 적용할 것이다.

템플릿을 처음 적용할 때의 작업 흐름은 템플릿 없이 워드 문서를 먼저 짜보고, 출력된 워드 문서를 열어본 뒤 각 섹션의 스타일을 원하는 형식으로 바꾼 다음, 워드 문서 템플릿을 저장하는 순서가 일반적이다. 이렇게 하면 knitr가 각 엘리먼트에 어떤 스타일을 적용하고 있는지 하나하나 추측할 필요가 없다.

더 알아보기

vignette('format','flextable') 명령어를 사용해 flextable 비네트 중 서식 지정과 관련된 내용을 확인하고 flextable 온라인 사용자 문서 또한 확인해 보도록 하자.

16.15 프레젠테이션 형식으로 출력하기

문제

R 마크다운 문서로부터 프레젠테이션 문서를 생성하고 싶다.

해결책

R 마크다운과 knitr에서는 R 마크다운 문서로부터 프레젠테이션 문서를 생성하는 기능도 지원한다. 프레젠테이션을 위해 가장 많이 쓰이는 포맷은 HTML(ioslides 또는 Slidy HTML 템플릿을 적용), PDF(Beamer), 그리고 MS 파워포인트다. R 마크다운 문서와 R 마크다운 프레젠테이션 문서의 가장 큰 차이점은 프레젠테이션 문서의 경우 가로 배치를 기본으로 하고 있으며 더불어시(##)를 사용해 두 번째 레벨 헤더를 생성할 경우 knitr가 매번 새로운 '페이지' 또는 '슬라이드'를 만든다는 점이다.

R 마크다운을 이용해 프레젠테이션 문서를 만드는 가장 쉬운 방법은 RStudio에서 File → New File → R Markdown... 메뉴를 선택한 뒤 그림 16-22에 나와 있는 네 가지 프레젠테이션 포맷 중 하나를 선택하는 것이다.

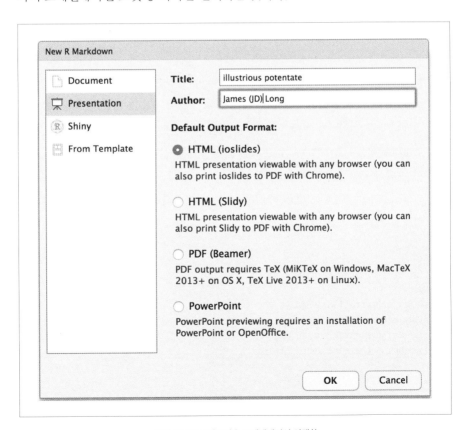

그림 16-22 R 마크다운 프레젠테이션 선택창

네 가지 프레젠테이션 종류는 이전 문서 관련 레시피들에서 다루었던 주요 문서형식들과 연결할 수 있다.

문서를 특정 출력 형식에 맞춰 짜야 할 때는 RStudio에서 Knit 버튼 옆에 있는 아래방향 화살표를 누르기만 하면 그림 16-23에서와 같이 출력하고 싶은 프레젠테이션 문서 형식을 선택할 수 있다.

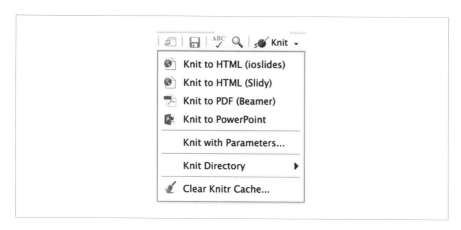

그림 16-23 프레젠테이션 문서 짜기

논의

프레젠테이션 문서를 짜는 것은 출력물의 이름이 바뀌는 것을 제외하면 다른 문서형식들과 크게 다를 바 없다. RStudio의 코드 편집창에서 Knit 버튼을 눌러 출력 형식을 선택하면, RStudio가 선택한 출력 형식을 문서의 YAML 헤더 최상단부로 옮겨주고, rmarkdown::render("*your_file.Rmd*") 명령어를 실행시켜 YAML 헤더의 가장 위에 있는 형식으로 문서를 짜준다.

예를 들어 우리가 'Knit to PDF(PDF로 짜기)'를 선택했다면, 문서의 헤더는 다음과 같은 형태를 갖추고 있을 것이다.

```
---
title: "Best Presentation Ever"
output:
  beamer_presentation: default
  slidy_presentation: default
  ioslides_presentation: default
  powerpoint_presentation: default
---
```

이전 레시피에서 다루었던 대부분의 HTML 문서 옵션들은 Slidy 및 ioslides HTML 프레젠테이션 형식에서도 지원한다. Beamer는 PDF 기반 포맷이어서 이전 레시피에서 다루었던 대부분의 LaTeX 및 PDF 옵션 들을 적용할 수 있다. 마지막으로 파워포인트는 마이크로소프트의 포맷이라 이전 워드 레시피에서 사용했던 옵션들을 마찬가지로 적용할 수 있다.

더 알아보기

레시피 16.12, 16.13, 16.14와 같이 R 마크다운 출력 형식과 관련된 다른 레시피들도 참고하라.

16.16 파라미터 기반 보고서 생성하기

문제

같은 형식의 보고서를 입력값만 바꿔 가며 주기적으로 생성하고 싶다.

해결책

R 마크다운 문서의 YAML 헤더 안에 문서 본문의 변수로 사용될 파라미터들을 넣을 수 있다. 파라미터들은 params라고 하는 항목 아래 저장된다.

```
---
output: html_document
params:
  var: 2
---
```{r}
print(params$var)
```
```

나중에 파라미터를 변경하고자 한다면, 세 가지 방법이 있다.

- R 마크다운 문서를 수정한 뒤 다시 렌더링한다.
- R에서 rmarkdown::render 명령어를 사용해 문서를 렌더링하되, 파라미터를 리스트 형태로 전달한다.

```
rmarkdown::render("test_params.Rmd", params = list(var=3))
```

- RStudio의 Knitr → Knit with Parameters(파라미터를 적용해 문서 짜기) 기능을 선택하면 RStudio가 파라미터 입력화면을 띄워 줄 것이다.

논의

만약 동일한 문서를 설정만 바꿔가며 주기적으로 짜야 한다면 R 마크다운에서 파라미터를 사용해서 굉장히 쉽게 해결할 수 있다. 간단한 예시로는 매번 날짜와 제목만 바꾼 보고서를 생성하는 케이스가 있다.

다음은 문서 텍스트에 파라미터가 어떻게 삽입될 수 있는지를 보여 주는 R 마크다운 문서 예시다.

```
---
title: "Example of Params"
output: html_document
params:
  effective_date: '2018-07-01'
  quarter_num: 2
---

## Illustrate Params
```{r, results='asis', echo=FALSE}
cat('### Quarter', params$quarter_num,
    'report. Valuation date:',
     params$effective_date)
```
```

앞의 R 마크다운 문서 렌더링 결과는 그림 16-24와 같다.

Example of Params

1   Illustrate Params

1.1   Quarter 2 report. Valuation date: 2018-07-01

그림 16-24 파라미터를 적용한 문서 출력 결과

코드가 마크다운 텍스트를 바로 생성하도록 코드 토막의 헤더 부분에 results='asis' 설정을 넣어 두었다. 코드에서 추가할 때 마크다운에 ##(더블해시)를 앞에 오게 하지 않고 출력하는 것이 목적이다. 또한, 코드 토막 안에서 cat 함수를 사용해 문자열을 연결(concatenate)시켰다. paste 함수를 사용하지 않은 이유는 cat이 paste에 비해 문자열 변형을 더 적게 수행하기 때문이다. 이렇게 하면 문자열이 단순히 연결되며 추가적으로 변형되는 것을 막을 수 있다.

문서를 렌더링할 때 다른 파라미터를 사용하고 싶다면 YAML 헤더의 초깃값을 수정하거나 Knitr 메뉴(그림 16-25)를 사용하면 된다.

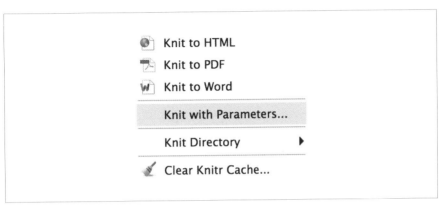

그림 16-25 파라미터를 적용해 문서 짜기 – 메뉴 옵션

그러면 그림 16-26과 같이 사용자에게 파라미터를 입력할 수 있는 창이 뜬다.

아니면, R에서 명령어를 통해 파라미터들을 리스트 형태로 전달해도 된다.

```
rmarkdown::render("example_of_params.Rmd",
params = list(quarter_num=2, effective_date='2018-07-01'))
```

Knitr 메뉴를 매번 사용하는 것의 대안으로 인자에 params="ask" 값을 넘기면 rmarkdown::render 명령어를 실행할 때마다 파라미터 입력창이 뜬다.

```
rmarkdown::render("example_of_params.Rmd", params="ask")
```

그림 16-26 파라미터 입력창을 이용해 문서 짜기

더 알아보기

《R Markdown: The Definitive Guide》의 "파라미터 기반 보고서(Parameterized reports)" 섹션(*https://bit.ly/36ZdkwY*)을 읽어보도록 하자.

16.17 R 마크다운 작업 흐름 구조화하기

문제

효율적이고 유연하고 생산성이 높은 R 마크다운 프로젝트를 구성하고 싶다.

해결책

프로젝트를 잘 다루는 가장 좋은 방법은 작업 흐름을 구조화하는 것이다. 물론 구조를 만드는 과정에는 많은 노력이 들기 때문에 세 토막 정도의 코드로 구성된 R 마크다운 문서 한 페이지를 위해 고도로 조직화된 프로젝트를 구축하는 것은 좀 과할 수 있다. 하지만 대부분의 사람들은 작업 흐름을 구조화하는 것에 그만큼 노력을 들일 가치가 있다고 느낀다.

다음은 작업 흐름을 구조화해서 작업물의 가독성을 높이고, 미래에 유지보수를 하기 쉽도록 하기 위한 네 가지 팁이다.

1. RStudio 프로젝트를 사용하라.
2. 디렉터리명을 직관적으로 지어라.
3. 재사용되는 로직을 위한 R 패키지를 생성하라.
4. R 마크다운을 구성할 때는 본문 내용과 원천 로직에 집중하라.

RStudio 프로젝트를 사용하라

RStudio에는 프로젝트와 관련된 메타데이터와 설정값들을 저장해 두는 RStudio 프로젝트라는 개념이 있다. RStudio에서 프로젝트를 열면, 먼저 RStudio는 프로젝트의 위치로 작업 디렉터리의 경로를 설정한다. 모든 프로젝트는 각기 다른 디렉터리를 가져야 한다. 모든 코드는 해당 작업 디렉터리 내에서 실행되어야 하고, 코드에는 다른 컴퓨터에서 분석 결과가 돌아가지 않게 만드는 **setwd** 명령어가 포함되어서는 안 된다.

디렉터리명은 직관적으로 지어라

프로젝트 디렉터리의 하위디렉터리들 내부에 주의 깊게 이름 붙인 파일들을 넣어 정리하면 좋다. 프로젝트 내에서 사용되는 파일 수가 증가할수록 정리와 직관적인 명명 규칙의 중요성 또한 높아진다. Software Carpentry(*https://software-carpentry.org/*)에서 추천하는 대표적인 프로젝트 구조는 다음과 같다.

```
my_project
 |- data
 |- doc
 |- results
 |- src
```

이런 구조에서는 원시 입력 데이터는 **data** 디렉터리 안에 들어가고, 문서들은 **doc** 안에, 분석 결과는 **results** 안에, 그리고 R 소스 코드는 **src** 디렉터리 안에 위치한다.

　디렉터리 구조가 만들어지고 나면 개별 파일들은 사용자와 컴퓨터 양쪽 모두에게 쉽게 읽힐 만한 내용으로 구성되어야 한다. 이렇게 하면 미래에 코드를 유지보수하거나 할 때 굉장히 많은 골칫거리를 줄일 수 있다. 파일 이름과 관련해 제니 브라이언이 좋은 조언을 많이 남겼다(*http://bit.ly/2HVL0jY*).

- 파일 이름에 공백 대신 밑줄을 사용하라. 공백은 나중에 많은 문제를 일으킬 것이다.
- 파일 이름에 날짜를 넣어야 한다면 ISO 8601 형식을 사용하라(*YYYY-MM-DD*).
- 파일 정렬을 잘 할 수 있도록 파일 이름 앞에 접두사를 붙여라.

재사용되는 로직을 위한 R 패지키를 생성하라

잘 만들어진 디렉터리 구조와 합리적인 명명 규칙이 갖춰졌다면 이제는 어디에 어떤 로직이 적용되는지를 신경 쓸 때다. 적어도 세 개 이상의 프로젝트에 동일한 로직이 사용된다면 R 패키지로 만드는 것을 고려해 볼 가치가 있다. R 패키지란 R에서 기본적으로 제공하지 않는 함수와 기타 코드들의 집합을 말한다. 지금까지 우리는 이 책을 통해서 많은 패키지를 사용했고, 여러분이 계속 사용할 함수를 패키지로 만들지 못할 이유도 없다. 패키지 빌딩은 이 책의 범위를 벗어나지만, 짐 헤스터(Jim Hester)의 "You Can Make a Package in 20 Minutes"(*https://bit.ly/2YGjIpe*)는 이 주제에 입문하기 가장 좋은 프레젠테이션 문서 중 하나다.

R 마크다운을 구성할 때는 본문 내용과 원천 로직에 집중하라

우리들 대부분은 로직과 코드 토막이 가득 차 있는 커다란 *.Rmd* 파일로 프로젝트를 시작한다. 문서가 점점 길어지고 코드 토막이 커지면, 관리가 힘들어질 수 있다. 코드 포매팅 내용과 데이터 변환 코드, 그리고 데이터베이스 제어문 등이 마구 뒤섞여 있을 수 있다. 로직, 포매팅, 프레젠테이션 코드가 다 섞여 있는 상황에서는 코드를 유지보수하거나 누군가에게 전달하기 굉장히 어렵다. 그래서 메인 *.Rmd* 파일에는 내용, 표, 그리고 그래프와 같은 핵심 내용을 저장하고, 기타 데이터 변형 로직들은 **source** 함수로 불러올 수 있도록 별도의 **.R* 파일에 저장할 것을 추천한다.

```
source("my_logic_file.R")
```

R은 my_logic_file.R source를 실행한 곳에서 my_logic_file.R의 모든 내용을 실행할 것이다. 데이터 프레임을 추출하고 필요한 형태로 변형하는 코드들을 source로 불러오고, 메인 *.Rmd* 파일에서는 그래프와 표를 준비하는 데 집중하는 것이 좋다.

이 방법은 크고 거추장스러운 R 마크다운 파일을 관리하기에 좋은 패턴이나 만약 프로젝트 규모가 크지 않다면 하나의 *.Rmd* 파일에서 모든 것을 관리해도 된다.

더 알아보기

유용한 참고문헌들을 더 소개한다.

- 제니 브라이언의 "프로젝트 지향 작업 흐름(Project-oriented workflow)"(*http://bit.ly/2KQVRNU*)
- Software Carpentry의 "RStudio로 하는 프로젝트 관리(Project Management with RStudio)"(*http://bit.ly/2IffhdI*)
- 해들리 위컴의 《해들리 위컴의 R 패키지(R Packages)》(*http://r-pkgs.had.co.nz/*)
- 제니 브라이언의 "이름 붙이기(Naming Things)"(*http://bit.ly/2KicdQh*)
- 그렉 윌슨(Greg Wilson) 등의 "과학 컴퓨팅 우수 사례(Good Enough Practices in Scientific Computing)"(*http://bit.ly/2XLhO4P*)

찾아보기

기호

---로 시작하고 끝나는 텍스트, R 마크다운 문서
　에서 577

---- 주석 줄의 끝 464

!(논리 부정) 연산자 51

!=(비교) 연산자 44, 51

주석 줄의 시작 112, 115, 464

#!(shebang) 줄 87

#!로 시작하는 라인 87

주석 줄의 끝 464

%%(나머지) 연산자 52, 443

%(퍼센트 기호), 날짜 형식에서 236

%*%(행렬 곱셈) 52. 176, 461

%...%(이항) 연산자 52, 461

%/%(정수 나눗셈) 연산자 52, 461

%〉%(파이프) 연산자 52, 54, 187, 436, 461

%in%(포함) 연산자 52

&&(단축 and) 연산자 51, 61

&(논리 and) 연산자 47, 51, 61

( )(괄호)

　if-else 명령문을 안에 넣기 557

　그룹화 60, 366

　대입을 안에 넣기 438

　함수 매개변수를 안에 넣기 560

　함수 호출에서의 사용 58

-(단항 마이너스, 뺄셈) 연산자 46, 48, 51

　변수 선택을 위해 이름 앞에 사용 196

*(별표)

　곱셈 연산자 49, 51

　구성 항들의 곱셈 및 포함 여부 392

,(쉼표)

　구분자 113, 115, 221

소수점 표기로 사용 116

.(마침표)

　RStudio에서 View 탭 436-437

　결측값 111

　마침표 연산자 57

　마침표로 시작하는 변수명 34, 103

.Last.value 변수 72

/(나누기) 연산자 49, 51

/(슬래시)

　patchwork 그룹화 366

　연월의 범위 선택 509

/(슬래시)를 경로 구분자로 사용 63, 105

:(콜론) 연산자 41, 46, 51, 393

::(더블콜론) 연산자 18

;(세미콜론) 구분자 115

?(도움말) 연산자 51

??(검색 단축키) 17

[[]](리스트 인덱스) 61, 127, 144, 150, 161

　리스트의 단일 원소에 접근하기 162

　리스트 표현식에서의 사용 189, 193

[](대괄호)

　데이터 프레임의 내용에 접근하기 150

　리스트 원소에 접근하기 143

　리스트 표현식에서의 사용 189, 193

　벡터 인덱스 45

　부분집합 추출에서의 사용 388

　하위 리스트 추출하기 163

^(거듭제곱, 상호작용 항) 연산자 49

{}(중괄호)

　사이에 코드 넣기 557

　사이에 함수 본문 넣기 560

|(논리 or) 연산자 47, 51, 61

| | (단축 or) 연산자 51, 61

~(물결표), 식에서 사용 220, 375, 394

\(백슬래시), 윈도우 경로에서 사용 62, 105

\\(두 개의 백슬래시), 단일 백슬래시 문제 해결 63, 105

\n(줄 바꿈) 문자 31

+(덧셈 기호)

   ggplot2에서 그래픽 요소 연결 306

   patchwork에서 그래픽 요소 연결 365

   단항 플러스 부호 또는 덧셈 연산자 49, 51

   앞줄에서 이어지는 프롬프트 8, 59

〈-(대입) 연산자 31, 51

   자주 하는 실수 58

〈(부등호) 연산자 44, 51

〈〈-(대입) 연산자 32, 51

〈=(이하) 연산자 44, 51

=(대입) 연산자 32, 51

==(등가) 연산자 44, 51

   = 연산자와 혼동하는 실수 60

==== 주석 줄의 끝 464

-)(대입) 연산자 32, 51

〉(초과) 연산자 44, 51

〉(커맨드 프롬프트) 8, 59

〉=(이상) 연산자 44, 51

-〉〉(대입) 연산자 51

A

abline( ) 함수 357

acf 함수 526

ACF('자기상관 함수' 참조)

ADF(Augmented Dickey-Fuller) 검정 457, 550

adf.test 함수 457, 550

adfTest 함수 551

Alt 키 조합 53-54

anova 함수 373, 433

aov 함수 159, 425, 428

append 함수 154

벡터에 데이터 추가하기 154

apply 계열 함수들 207

apply 함수 212, 214

apply.monthly 함수 523

args 함수 14

arima 함수 539, 549, 541

arm 패키지 412

arrange 함수 448

as.character 함수 202, 227, 235

as.complex 함수 202

as.data.frame 함수 179, 203

   map과 함께 사용 184

as.Date 함수 224, 234, 508

as.integer 함수 202

as.list 함수 203

as.logical 함수 202

as.matrix 함수 203, 447

as.numeric 함수 202

as.POSIXct 함수 224

as.POSIXlt 함수 224, 239

as.vector 함수 203, 233, 447

as.xts 함수 500

as.zoo 함수 500

as_tibble 함수 181

ASCII

   ASCII 문자를 사용해 테이블 그리기 590

   ASCII 파일로 저장된 데이터세트 131

   ASCII 형식으로 저장하기 139

   CSV 형식으로 된 ASCII 파일로 테이블 데이터 쓰기 116

attr 함수 450

augment 함수 408, 412

auto.arima 함수 537, 539, 540, 543

autoplot 함수 536, 546

B

Beamer(PDF 기반 형식) 609

bind_rows 함수 183

blogdown 패키지 574

bookdown 패키지 574

boot 함수 488

boot.ci 함수 490

Box.test 함수 528

boxcox 함수 406-411

broom 라이브러리 408, 412

C

c 연산자 36, 62, 98, 153

CALL 구문(SQL) 135

car 패키지 414, 421

case 또는 switch 명령문 556

case_when 함수 220, 564

cat 함수 31

    file 인자로 출력을 파일에 쓰기 101

    format 함수와 사용 99

    sink 함수로 출력을 파일에 쓰기 101

    리스트를 벡터로 구조 없애기 169-170

cbind 함수 156, 185, 198, 439, 459

Ccf 함수 532

checkresiduals 함수 543

chisq.test 함수 274

choose 함수 245

chooseCRANmirror 함수 83

chron 패키지 224

cluster와 multiprocess, 원격 플랜에서 사용
    470-472

CMB BATCH 서브 커맨드 85

Cmd 키 조합 53-54

coefplot 함수 412

collect 함수 137

colnames 속성 177

colSums 함수 438

combinations 함수 233

combn 함수 246

commandArgs 함수 86

compact 함수 171

conf.level 인자 284

confint 함수 411

coord_flip 함수 347

coplot 함수 328

cor 함수 388

cor.test 함수 291

coredata 함수 502, 550

CRAN(Comprehensive R Archive Network)

    CRAN 검색 23

    crantastic.org, 키워드로 패키지 검색 23

    R을 다운로드 및 설치 2-5

    날짜와 시간 관련 패키지 224

    다운로드 가능한 패키지의 배포판 245

    디폴트 미러 사이트 설정이나 변경 82

    태스크뷰 목록 23

    패키지 문서 2

    패키지 설치하기 79-80

CSV(comma-separated values) 파일

    read.csv 함수 568

    쓰기 116

    웹에서 읽어오기 117

    읽어오기 113-115

Ctrl 키 조합 53-54

cumsum 함수 196

cut 함수 441

cutree 함수 482

D

data 함수 77

data.frame 커맨드 131, 179

    stringAsFactors 매개변수 183

    모든 요인을 문자열로 변경 183

datapasta 패키지 98

Date 클래스 224

dbDisconnect 함수 135

dbGetQuery 함수 135

DBI 백엔드 패키지 138

DBI::dbConnect 함수 133

dbinom 함수 255

dbplyr 패키지, 데이터베이스 접근 136-139

detach 함수 76

devtools 패키지 81

diff 함수 256, 517-518, 524

　가격에 로그를 취한 값의 차분 구하기 520

discard 함수 172

dist 함수 482, 485

do.call 함수 460

dpill 함수 551

dplyr 패키지 77, 137

　arrange 함수 448

　first와 last 함수 507

　rename 함수 194

　데이터 변형 207

　조인 201

dplyr::count 함수 73

dplyr::lag 함수 517

dput 함수 27, 139

dump 함수 139

durbinWatsonTest 함수 421

dwtest 함수 420

　대안 421

E

echo, 코드 표기 옵션 584

eigen 함수 477

eval 옵션 584

example 함수 16

expand.grid 함수 233, 446

extract2 함수 126

F

F 통계량 385, 420

factanal 함수 491

factor 함수 157

　levels 인자 158

faraway 패키지 426

fct_inorder 함수 331, 335

filter 함수 56

first와 last 함수 506

fitdistr 함수 357

flexdashboard 패키지 574

flextable 패키지 605

for 루프 556

　벡터 또는 리스트의 원소에 대해 코드 반복
　　(iterate)하기 559-560

forcats 패키지 331

forecast 패키지 532, 537

forecast 함수 545

format 함수 98, 235

fpp2 패키지

　Time-Series 객체 유형 550

　euretail 데이터세트 541

full_join 함수 199

function 키워드 560

fUnitRoots 패키지 550

furrr 패키지 464

furrr_map 함수 469, 470

G

gather 함수 340

gcd 함수 216, 561

getTables 함수 119

getwd 함수 65

GGally 패키지 325

ggpairs 함수 325

ggplot 그래프에서 fill 336

ggplot 함수 299

　R 마크다운에 그래프 넣기 586

　평활화된 시계열 데이터 그래프 만들기 553

함수 호출 결과를 파이프하기 56

회귀 잔차 그리기 408, 412

ggplot2 패키지 77, 299

그래프의 요소 정의하기 301

기본 설명 301

긴 데이터 vs. 넓은 데이터 302

시계열 예측값을 그래프로 그리기 546

확률분포의 밀도 함수 그래프 그리기 260-264

ggsave 함수 368

Git, 사용법 정보 94

glm 함수 485

graphics 패키지 299

grid 패키지 368

group_by 함수 219

gsub 함수 231

gtools 패키지 233

H

haven 라이브러리, read_sas 함수 124

hclust 함수 482

head 함수 55, 77, 435, 505

help.search 함수 17

help.start 함수 13

hist 함수 351

history 함수 70

HTML

HTML에서 표현되는 행렬 표기법 601

HTML 파일에서 데이터 읽어오기 125-128

R 마크다운 문서에서 HTML 파일 형식으로 출력하기 595

R 마크다운을 HTML로 출력 577

Slidy 및 ioslides 프레젠테이션 609

html_table 함수 125-128

I

I(…) 연산자 402

회귀식 안에서 표현식 둘러싸기 402

if-else 문 557-558

ifelse 함수 558

influence.measures 함수 418

inner_join 함수 199

install.packages 함수 79, 125

install_github 함수 81

installed.packages 함수 74

interaction.plot 함수 426

IQR(사분위수 범위) 347

is.character 서술부 172

ISOdate 함수 237

ISOdatetime 함수 238

K

kable 함수 591

kable_styling 함수 592

KED(kernel density estimation, 커널 밀도 추정) 352

keep 함수 174

KernSmooth 패키지 551

knitr 패키지 606

kruskal.test 함수 373, 431

ks.test 함수 296

k-근접 이웃 알고리즘 566

L

lag 함수 516

lambda 인자 409

lapply 함수 210

last 함수 506

LaTeX

Beamer와 사용 608

HTML 출력에서 제외하기 596

Pandoc이 수식을 MS 수식 편집기로 강제 변환 601

R 마크다운 문서에서 LaTeX 렌더링 엔진으로

정보를 전달하는 방법 597

R 마크다운에 LaTeX을 입력하는 방법 594

데이터 테이블이 있는 R 마크다운 문서 592

문서 서식 설정을 위해 템플릿 사용하기 599

컴퓨터에 배포판 설치하기 597

lattice 패키지 303, 368

histogram 함수 351

left_join 함수 199

length 함수 226

library 함수 27, 60, 73, 75, 78, 91, 225

인자 없이 사용해 설치된 패키지들의 목록 출
력하기 74

list 함수 160

이름/값 연계 리스트 만들기 166-168

list.files 함수 102-104

lm 함수 173, 371, 374, 535

data 인자 376, 377

subset 인자 400

객체 구조를 알아내기 위해 반환값 살펴보기
452

다중선형회귀에서 376

절편 없이 386

lmtest 패키지 420

load 함수 139

loadWorkbook 함수 119

locpoly 함수 551, 552

log 함수 50, 520

lower.tri 함수 233

ls 함수 33

rm 함수와 함께 사용 35

숨겨진 이름을 볼 수 있도록 강제하기 34

ls.str 함수 33

lubridate 패키지 224

M

magrittr 패키지 126, 461

파이프 382

map 함수 209

as.data.frame과 함께 사용 184

루프와 비교 560

map_chr 함수 209, 210

map_dbl 함수 40, 209, 210, 388

map_df 함수 213

map_int 함수 209

map2 함수 216, 217

map2_chr 함수 218

map2_dbl 함수 218

MASS 패키지 245

데이터세트 78

MASS::fitdistr 함수 357

match 함수 442

matrix 함수 174

max 함수 62

mean 함수 15, 271, 276

행렬의 모든 열에 적용하기 214

함수 사용을 위해 데이터 프레임을 행렬로 변
환 448

mean_se 함수 333

merge 함수 510

min 함수 62

mm/dd/yyyy 날짜 양식 235

mode 함수 145, 452

mondate 패키지 225

MS 수식 편집기 601

MS 워드

R 마크다운 문서에서 워드 문서 생성 600-
606

수식 601

테이블 605

표현되는 그래프와 차트 603

R 마크다운을 출력 577

R 마크다운의 테이블을 출력 593

mutate 함수 210, 221

MySQL 데이터베이스

RMySQL DBI 백엔드 패키지 138
읽어오기 133-136
MySQL 데이터베이스에 연결 134
MySQL 데이터베이스에 인증 134
MySQL 클라이언트 프로그램 134

N

n:m 표현식 41
na.locf 함수 513
na.omit 함수 195
행 전체 삭제 196
na.pad 설정 516
na.spline 함수 515
Nabble 24
nchar 함수 226
nortest 패키지 285
NULL 값
NULL 원소를 리스트에서 제거하기 171
리스트 원소에 대입하기 169
리스트에서 제거, discard와 서술부 정의를 사용 173
벡터에 있는 47
변수의 attributes 속성에 대입하기 450

O

oneway.test 함수 373, 424-426
openxlsx 패키지 118-119
Opt 키 조합 53-54
optim 함수 474-477
optimize 함수 473
options 함수 83, 90
digits 인자, 기본값 바꾸기 100
outer 함수 232
outlierTest 함수 414

P

pacf 함수 530
pairwise.t.test 함수 295
Pandoc 577, 597
Pandoc 마크다운 가이드 582
paste 함수 227
outer 함수와 함께 사용하기 232
patchwork 패키지 365
PATH 환경 변수 74
pbinom 함수 255
PDF
PDF로 짜기(Beamer 사용-) 608
R 마크다운 문서에서 PDF 생성하기 596
R 마크다운을 PDF로 출력 577
행렬 표현식의 렌더링 601
pexp 함수 258
pi 147
시뮬레이션 467, 471
plan 함수 471
plot 함수 326, 413, 429, 503
plot_layout 함수 365
pmap 함수 215, 217
pmax 함수 444
pmin 함수 444
pnorm 함수 257
point 그래프 360
poly 함수 403
raw = TRUE 인자 403
POSIXct 객체 237
POSIXct 클래스 224
POSIXlt 객체 239
POSIXlt 클래스 224
possibly 함수 567
ppoints 함수 356
prcomp 함수 478, 481
predict 함수 422, 486
interval 인자 423

print 함수

  digits 인자 98

  sink 함수를 사용해 출력을 파일에 쓰기 101

proc.time 함수 86

prop.test 함수 281, 282, 293

purrr 패키지 40

  compact 함수 171

  map 함수 계열 208

  possibly 함수 567

  데이터 변형 207

  에러로부터 함수를 보호하는 다른 기능 568

  튜토리얼 218

p-값 265, 273, 277, 420, 424

  선형 모형에서 384

Q

q(quit) 함수 10, 86

qexp 함수 358

qnorm 함수 259

qt 함수 357

quantile 함수 274

quantmod 패키지 504

--quiet 커맨드라인 옵션 462

quietly 함수 568

R

R

  프로그래머에게 데이터 프레임의 의미 151

  프로그래밍할 때 조심해야 할 기술적인 세부 사항 555

R Data Import/Export 가이드 136

R 마크다운 465, 573-615

  HTML 파일 형식으로 출력하기 595

  LaTeX 렌더링 엔진으로 정보 전달하기 597

  MS 워드 파일 형식으로 출력하기 600-606

  PDF 파일 형식으로 출력하기 596

  문서에 R 코드 결과물 출력하기 582

문서에 데이터 테이블 삽입하기 591

문서에 수식 삽입하기 594

문서에 제목 삽입하기 579

문서에 테이블 삽입하기 589-591

문서 제목, 작성자, 작성일 정보 추가하기 577-578

문서 텍스트 서식 적용하기 578

본인의 작업 흐름 구조화하기 613

  RStudio 프로젝트 사용하기 613

  디렉터리명을 직관적으로 짓기 613

  본문 내용과 원천 로직에 집중하기 614

  재사용되는 로직을 위한 R 패지키 생성하기 614

새로운 문서 만들기 574-576

출력 문서에 그래프 삽입하기 585-589

파라미터 기반 보고서 생성하기 609-612

패키지이자 생태계 573

프레젠테이션 형식으로 출력하기 607-609

R 마크다운 문서 관련 메타데이터 577

R 마크다운 문서에서 YAML 헤더 577

  LaTeX 옵션 설정 599

R 마크다운 문서 짜기(knitting) 573

R 마크다운 문서 출력 형식 577

R 마크다운에서 R 코드 옵션 표시 584

R 병렬 실행하기

  로컬에서 465-468

  원격으로 468-472

r 설치 2-5

  클라우드에서 93-95

R 시작 커스터마이징하기 89-93

R 잠깐 중단하기 12

R 커맨드 라인 단축키 9

R_HOME 환경 변수 88

R^2(결정계수) 385

range 함수 213

rate 인자(지수분포) 358

rbind 함수 182, 185, 198

티블과 데이터 프레임을 합친 입력 186

rbinom 함수 254

RcolorBrewer 패키지 336

RDBMS 시스템, R 읽기 136

read.csv 함수, possibly 함수를 사용하여 둘러싸기 567

read.xlsx 함수 119

웹에서 CSV 데이터 읽어오기 117

read_csv 함수 113-115, 186

read_csv2 함수 115

read_fwf 함수 106-108

read_html 함수 125-127

read_rds 함수 142

read_sas 함수 124

read_table 함수 113

read_table2 함수 109-113

웹에서 테이블 데이터 읽어오기 117

readLines 함수 128

readr 패키지, 사용의 이점 106

removeTable 함수 122

rename 함수 194

render 함수 596

reorder 함수 335

rep 함수 42

repeat 루프 556

repos 옵션 83

reprex 패키지 28

require 함수 60, 76

resid 함수 535

return 문 562

RHOME 서브커맨드 89

right_join 함수 199

rm 함수 35

Rmetrics 225

RMySQL 패키지 133, 134

rnorm 함수 376

rollapply 함수 521, 525

rollmean 함수 521

rownames 속성 177

rowSums 함수 438

rowwise 연산자 211

Rscript 프로그램 86

Rseek 21, 23

RSiteSearch 함수 20

RSQLite 패키지 137

RStudio

  CRAN 미러 사이트 변경하기 82

  CRAN에서 패키지 설치하기 79

  Environment 창에서 변수 삭제하기 34

  Files 창 104

  HTML 문서 짜기 595

  Knitr 메뉴, 파라미터를 적용해 문서 짜기 610, 611

  PDF 문서 짜기 596

  R 마크다운 문서를 작성하고 수정하기 574

  R 마크다운 치트시트 585

  R 마크다운 프레젠테이션 포맷 607

  단축키 54

  도움말 13

  문서 짜기: 프레젠테이션 607

  상호작용형 뷰어 436

  새로운 R 마크다운 문서 만들기 575

  새로운 RStudio 프로젝트 생성하기 66-68

  설치하기 5

  시작하기 6-8

  워드 문서 짜기 600

  의견을 교환할 수 있는 게시판 22, 25

  종료하기 10

  코드 블록 들여쓰기 571

  코드 편집 기능 572

  클라우드에서 설치하기 93-95

  프로젝트 613

RStudio 데스크톱('RStudio' 참조)

RStudio 설치 5

RStudio에서 Session 메뉴 12
RStudio의 Global Options 11
runif 함수 247
runs.test 함수 286
rvest 패키지 125

S

safe_read 함수 568
safely 함수 568
sample 함수 251, 253
　벡터의 랜덤 순열 254
sapply 함수 210
SAS(Statistical Analysis Software)
　사용자에게 데이터 프레임의 의미 151
　파일에서 데이터 읽어오기 123-125
sas7bdat 패키지 123
save 함수 139
save.image 함수 69
scale 함수 276
scale_fill_brewer 함수 336
scan 함수 128-133
sd 함수 39
SELECT 문(SQL) 135
select 함수 56, 187, 192, 196
　열 이름 바꾸는 데 사용하기 195
self 함수 112
seq 함수 41, 211
　날짜로 된 수열 생성하기 241
seq_along 함수 443
sessionInfo 커맨드 28
set.seed 커맨드 26
set.seed 함수 250, 252, 373
setwd 함수 65
shape 매개변수(aes 함수) 314
shapiro.test 함수 284
show_query 함수 137
simulate_pi 함수 466, 469

sink 함수 101
sort 함수, 데이터 프레임과 449
source 함수 84, 90, 570
split 함수 471
SQL(Structured Query Language)
　CASE WHEN 구문 220
　dplyr의 커맨드를 SQL로 변환 137-138
　MySQL 데이터베이스 쿼리에서 134
　프로그래머에게 데이터 프레임의 의미 151
SQLite 데이터베이스 136
　RSQLite 패키지 138
　예제 데이터를 로딩 137
sqrt 함수 50
SSH 468
Stack Overflow 사이트 2, 22
　질문 제출하기 26
　재현 가능한 예시를 만드는 방법에 관한 포스
　　트 28
stack 함수 159
StackExchange 사이트 22
stat_function 363
stat_qq와 stat_qq_line 함수 354
stat_summary 함수 333
stats::lag 함수 517
stdout, Rscript 출력 86
step 함수 394-399
stftime 함수 235
stop 함수 566
str 함수 34
　변수들의 내부 구조 드러내기 453
strsplit 함수 229
sub 함수 231
substr 함수 228
summarize 함수 219
summary 함수 78, 268, 273, 441
　선형 모형에 대해 사용하기 380
　회귀 모형의 요약 결과 이해하기 382-386

suppressMessage 함수 457

suppressWarnings 함수 457

switch 명령문 556

switch 함수 563

Sys.Date 함수 234

Sys.getenv 함수 88, 463

Sys.putenv 함수 463

Sys.setenv 함수 90, 463

Sys.time 함수 456

T

t 검정 277, 287, 290

t 통계량 384, 420

t.test 함수 277, 279, 287

table 함수 271, 273

　요인을 입력 158

tail 함수 435, 505

theme 함수 307

　legend.position 설정하기 317

tibble 함수 180

tic 함수 455, 467

tidygraph 패키지, 설치하기 81

tidyr 패키지 340

tidyverse 패키지

　select 함수 189

　기본적인 통계량 계산을 위한 헬퍼 함수들
　　40

　설치하기 125

　티블 108, 152

timeDate 패키지 225

Time-Series 객체 유형 550

timeSeries 패키지 503

tinytex 패키지 597

toc 함수 455, 467

TRUE와 FALSE 논릿값 43

ts 클래스 498

tseries::adf.test 함수 18

tsibble 패키지 498

TukeyHSD 함수 427-430

U

unlist 함수 170, 459

URL, 웹에서 데이터를 읽어오는 데 사용 117

W

warning 함수 567

which.max 함수 409, 442

which.min 함수 442

while 루프 556

wilcox.test 함수 280, 290

window 함수 508

　연이은 날짜 범위 선택하기 509

write.xlsx 함수 121

write_csv 함수 116

write_rds 함수 142

writeData 함수 122

writeDataTable 함수 122

X

xtabs 함수 273

xts 객체 499

　plot 함수 504

xts 패키지 497

Y

yyyy-mm-dd 날짜 양식 235

Z

z 점수 49

　데이터를 z 점수로 변환하기 276

zoo 객체 499

　인덱스로 Data 객체 사용 501

　plot 함수 503

zoo 패키지 303, 497

ㄱ

가설 검정 265

감마분포 353

   dgamma 밀도 함수 261

감쇠 사인파 364

값에 의한 호출 555

객체

   R 객체를 저장하고 전송하기 139-142

   객체의 클래스 결정 497

   구조 알아내기 452-455

   모드 145

   속성 제거하기 451

   추상적인 자료형을 정의하는 클래스 146

객체 지향 556

검색

   R 메일링 리스트 검색하기 24

   search 함수 72

   벡터 원소쌍의 최솟값 또는 최댓값 찾기 444

   인터넷 검색으로 R 관련 도움말 보기 19-22

   적절한 함수와 패키지 찾기 23

   제공된 문서를 검색하기 16-18

   키워드를 사용해 더 넓게 검색 18

   특정한 값을 벡터에서 찾아 그 위치를 찾기 442

검색 엔진(R 문서에 들어가기) 14, 18

격자(grid)의 크기 552

결측값('NA 값'도 참조) 111

   결측값을 NA로 채워 넣기, html_table 함수에서 126

   시계열 데이터에서 대체하기 513

결측치(not available, NA) 39

   discard에서 서술부를 정의해 리스트에서 제거하기 173

   read_table2 함수에 있는 111

   데이터 프레임에서 제거하기 195

   벡터에 있는 47

경고, 숨기기 457, 585

계수('회귀계수'도 참조) 372, 453

   ARIMA 모형에서 유의미하지 않은 계수 제거 541

   변동계수 계산 561

   시계열에 적합된 ARIMA 모형 537

   이동평균 계수 528

   자기회귀(AR) 계수, ARIMA 모형 530

계층적 군집 덴드로그램 483

고급 기법

   고윳값과 고유벡터 계산하기 477

   다중 매개변수 함수를 최소화 또는 최대화하는 값 찾기 474-477

   단순 직교회귀 실시하기 479-481

   단일 매개변수 함수를 최대화 또는 최소화하는 값 찾기 473

   데이터에서 군집 찾기 481-485

   요인분석 491-496

   이진값으로 된 변수 예측하기 485-488

   주성분 분석 수행하기 478

   통계량 부트스트랩하기 488-491

고윳값과 고유벡터 계산 477

고정폭 레코드 읽기 106-109

골모고로프-스미르노프(Kolmogorov-Smirnov) 검정 296

공분산 379, 418

   cov 함수로 계산 39

관찰값 182

   영향력이 큰 관찰값, 선형 모형에서 판별하기 418-419

교집합, 모든 날짜의 512, 514

교차상관 함수 532

교차표('분할표' 참조)

구간확률 256, 258

구글 클라우드 플랫폼 95

구분자 229

paste로 문자열 연결 227

strsplit의 구분자 인자 229

문자열 사이의 구분자로 사용된 하이픈 232

구조('데이터 프레임', '요인', '리스트', '행렬', '티
블', '벡터'도 참조) 27, 143

구조화된 자료형 간 변환하기 203-205

국소 다항식(local polynomial) 552

군집, 데이터에서 찾아내기 481-485

귀무가설 265

그래프

ARIMA 모형에 checkresidual을 수행한 그래
프 543

ggplot 그래프에 테마 적용하기 310-314

ggplot에서 범례 추가 또는 제거하기 316-320

ggplot에 파일로 저장하기 368

TukeyHSD 함수 반환값을 그래프로 그리기
429

x와 y점으로 선 그리기 338-339

가격에 대한 변동성 그래프 524

각 요인 수준별 박스플롯 하나씩 그리기 348-
350

격자 추가 또는 제거하기 307-310

계층적 군집 덴드로그램 483

군집들에 대한 박스플롯 485

다른 분포의 분위수-분위수 그래프 그리기
356-359

막대그래프 그리기 328-332

막대그래프에 신뢰구간 추가하기 332-335

막대그래프 칠하기 335-337

박스플롯 그리기 346-348

변수를 다양한 색상으로 그리기 359-362

변수 쌍 324-326

산점도 그리기 304-305

산점도의 회귀선 그리기 320-324

상호작용 그래프 생성하기 426-427

선의 유형, 두께, 색상 변경하기 339-342

선형 모형 객체를 그래프로 그리기 414

선형 모형 잔차의 자기상관 함수(ACF)를 그
래프로 그리기 420

수직선 또는 수평선 추가하기 344-346

시계열 데이터의 503

시계열 예측값의 546

시계열의 부분 자기상관 함수의 530-531

시계열의 자기상관 함수 그리기 526-528

시계열 추세를 제거한 그래프 535

어떤 함수의 값을 그래프로 그리기 362-365

여러 집단의 산점도 생성하기 314-316

정규분포의 분위수-분위수 그래프 그리기
354-356

제목과 레이블 추가하기 305

집단별 산점도 하나씩 생성하기 326-328

출력 문서에 그래프 삽입하기 585-589

out.width 옵션으로 크기 줄이기 587

보편적인 설정값 588

출력 결과물의 크기 전체 페이지로 확대하
기 587

평활해진 시계열의 553

하나의 그래프에 여러 개의 데이터세트 342-
344

한 페이지에 여러 개 그리기 365-368

함수 호출 파이프라인 사용하기 56

확률분포의 밀도 함수 260-264

회귀 잔차 그리기 408, 412

히스토그램에 추정 밀도 추가하기 352-353

그래픽스('그래프'도 참조) 299-303

ggplot2 기본 301

ggplot2 외 다른 패키지들 303

R 마크다운에서 보편적으로 사용되는 출력
설정값 588

기본 R 문서 13

기업 경영진에게 데이터 프레임의 뜻 151

기울기(회귀계수) 451, 481

긴 데이터 vs. 넓은 데이터(ggplot) 302, 340

깃허브

patchwork 패키지 365

R 마크다운 소스, 이 책에서 사용된 573

사용법 정보 94

참고자료: R Markdown: The Definitive
Guide 573

패키지 설치하기 81

ㄴ

난수 생성하기 247-249

R에서 의사난수 생성 373

재현 가능한 난수 250

날짜와 시간 223-242

Date 객체와 Date 클래스 146

R 마크다운 문서의 작성일 설정 577

날짜의 일부 추출하기 239

벡터, 시계열 데이터 표현에서 500

변환, 날짜를 문자열로 235

변환, 문자열을 날짜로 234

수열(날짜로 된) 생성 241

시계열 분석에서 날짜 또는 날짜시간의 사용
498

시계열 분석의 시간 표현 502

시계열을 날짜로 인덱스 508

연, 월, 일을 날짜로 변환 237

율리우스력 알아내기 238

코드 실행시간 출력 455

클래스 223

무엇을 사용할지 선택하기 225

현재 날짜 알아내기 234

논리 연산자 47

실수, 흔히 하는 61

논리식 271

논릿값 43, 203

다른 자료형을 변환 202

논리 인덱스 벡터를 생성해서 매 n번째 원소
를 표본으로 추출하기 443

누적확률 함수 255

ㄷ

다항식, 회귀분석하기 403

단위근 검정 551

단일 값/자료형 202

단일값 146

단일값 하나와 벡터 비교 43

벡터와 단일값 사이의 연산 49, 157

달력 주기로 된 시계열에 함수를 적용 522-524

대립가설 265

대역폭(bandwidth) 매개변수, 데이터 평활을 위
해 사용 552

대응 관찰 288, 290

산점도 그리기 304-305

대입

〈-(대입) 연산자 31

〈〈-(대입) 연산자 32

=(대입) 연산자 32

-〉(대입) 연산자 32

결과 출력 438

벡터에 데이터 원소를 대입 154

사용해서 리스트 원소 채우기 167

더빈-왓슨(Durbin-Watson) 검정 420-421

데이터

군집 찾기 481-485

묶기(binning) 441

일부만 보기 435

자기 자신의 내용을 기술하는 데이터 112

컴퓨터가 이해하기 쉬운 표현 128

키보드로 입력하기 97

데이터 구조('데이터 프레임', '요인', '리스트', '행
렬', '티블', '벡터'도 참조) 143

시계열 데이터 표현하기 500

데이터 변형('변형' 참조)

데이터 보기, 부분 또는 전체 데이터세트 435

데이터세트

내장 데이터세트 보기 77

분위수 및 사분위수 계산하기 274

예시, R에서 제공하는 26

요인분석 491-496

데이터 요약 268-270

데이터 프레임

  NA 값 제거하기 195

  R 마크다운 문서에 서식 적용하기 591

  z-점수로 변환하기 276

  공통된 열을 기준으로 병합하기 199-201

  구조 없애기(flattening) 447

  내용에 접근하기 150

  다른 구조화된 자료형 간의 변환 203

  다수를 하나의 그래프에 추가하기 342

  데이터 프레임을 이해하지 못하는 함수를 사용하는 실수 62

  모든 열에 함수 적용하기 40, 213-215

  배경지식에 따라 다른 의미 150-151

  변환하기, 벡터로 된 리스트에서 159

  생성하기 vs. 티블 생성하기 180

  선택하기, 위치를 통해 열을 187-192

    select 함수 사용하기 187

    리스트 표현식 사용하기 189

    행렬 방식의 첨자 사용하기 190

  선택하기, 이름으로 열을 192-193

    select 함수 사용하기 192

    리스트 표현식 사용하기 192

    행렬 방식의 첨자 사용하기 193

  선형회귀에서 374

  엑셀 파일에 쓰기 120, 123

  열 데이터로 데이터 프레임 만들기 179

  열 이름 바꾸기 194

  열 제외하기, 이름으로 196

  요약 269

  정렬 449

  정의 150-151

  조건에 따라 새로운 열 만들기 220-221

  티블과 비교 152

  합치기 197

  행과 열의 합계 내기 438

  행 데이터로 데이터 프레임 만들기 181-184

  행에 함수 적용하기 210

  행 추가하기 184-187

데카르트곱 232, 446

덴드로그램 482

도움말

  ? 연산자 51

  help 함수 18, 78

  R 메일링 리스트에서 검색 24

  얻을 수 있는 경로 1

  옵션 90-91

  인터넷 검색으로 R 관련 도움말 보기 19-22

  정규표현식 231

  함수 14-16

  확률분포 245

도커 95

도형 객체 함수 302

  geom_abline 함수 323

  geom_bar 함수 329, 333

  geom_boxplot 함수 346

  geom_density 함수 352

  geom_histogram 함수 350

  geom_hline 함수 344

  geom_line 함수 338, 342

    linetype, col, size 매개변수 340

  geom_point 함수 304, 321, 338, 359

  geom_qq 함수 357, 358

  geom_ribbon 함수 262

  geom_segment 함수 362

  geom_smooth 함수 320, 322

  geom_vline 함수 344

독립변수('예측변수'도 참조) 374-375

동적 타입 언어 32

동전 던지기 446

  무작위 수열 생성 253

등가 연산자('==' 참조)

똑똑하게 질문하는 방법(How to Ask Questions the Smart)에 관한 글 28

ㄹ

라인
  줄 바꿈 문자(\n) 31
런 286
레이블
  cut 함수의 매개변수 441
  ggplot 그래프에 추가하기 305
  ggplot에서 labs 함수 364
  SAS 파일에서 데이터 프레임으로 읽어오기 124
  switch 함수에서 563
레이어(ggplot 그래프에서) 302
로그 변형(logarithm transformation) 355, 405
로지스틱 회귀 485-488
롤링 평균(rolling mean) 521
루프 556
  벡터 또는 리스트의 원소에 대해 코드 반복 (iterate)하기 559-510
리눅스
  R 설치하기 3
  RStudio 시작하기 6
  RStudio 종료하기 10
  Alt와 Ctrl 키 조합 53-54
  슬래시(/) 경로 구분자 63
  #!로 시작하는 라인 87
  Sys.getenv 함수의 결과 88
리스트 143
  NULL 원소를 제거하기 171
  R 마크다운 문서에 항목기반 혹은 순서기반으로 목록 삽입하기 580-582
  각 원소에 함수 적용하기 208-210
  객체의 정보를 알아보기 위해 리스트 함수와 연산자 사용 453
  다른 구조화된 자료형 간의 변환 203
  다른 모드(자료형)로 된 원소들 161
  리스트로서의 데이터 프레임 150
  리스트를 행렬로 만들기 148, 149
  리스트의 구조를 없애 벡터로 만들기 169-170
  리스트의 원소들을 위한 태그 160
  만들고 채워 넣기 160-162
  벡터나 요인이 담겨 있는 리스트로 데이터 프레임 만들기 179
  병렬 벡터들 또는 리스트들에 함수 적용하기 213-215
  서로 다른 모드를 가지는 원소들 146
  요약 269
  원소 제거하기 168-169
  위치를 통해 원소 선택하기 162-164
  이름/값 연계 리스트 만들기 166-168
  이름으로 원소 선택하기 164
  인덱스 61
  조건을 사용해 원소 제거하기 172-174
  함수 인자 꺼내기 458-460
  print 함수로 출력 30
리스트 표현식
  데이터 프레임에서 위치를 통해 열 선택 189
  데이터 프레임에서 이름으로 열 선택 192

ㅁ

마크다운('R 마크다운'도 참조) 578
막대그래프
  색상이나 음영 335-337
  생성하기 328-332
  신뢰구간 추가하기 332-335
매개변수
  기본값 설정하기, 매개변수의 565
  함수 정의에서 560
맥 시스템
  #!로 시작하는 라인 87
  R 검색 경로 vs. 유닉스 검색 경로 74

Sys.getenv 함수의 결과 88

맥OS

R 설치하기 3

RStudio 시작하기 6

RStudio 종료하기 10

Cmd와 Opt 키 조합 53-54

슬래시(/) 경로 구분자 63

메시지, 숨기기 457-458, 585

메일링 리스트 2

질문 보내기 25-28

질문에 대한 대답 검색 24

면 분할

facet_wrap 함수 327

함수 302

모드 145

리스트 원소에 담기는 서로 다른 모드들 161

벡터 원소 37, 143

모든 날짜의 합집합 511, 512

모비율

동일 비율인지 집단들을 검정 293

신뢰구간 구하기 283

표본비율을 이용한 검정 281

모형

lm 함수로 모형 객체를 반환 380

분산분석으로 평가하기 372

분산분석을 사용해서 모형 비교하기 432-434

선형 모형 371

함수들을 사용해서 선형 모형에서 정보 추출하기 380

묶기(binning), 데이터 440

묶음(bin), 히스토그램에서 350

문서 1

로컬에 설치하기 4

제공된 문서를 검색하기 16-18

제공된 문서 읽기 12-14

문서 디렉터리(윈도우), 프로필 스크립트 89

문자열 223

Data 객체를 문자열로 변환하기 235

str 함수 34

구분자로 분할하기 229

길이 알아내기 226

날짜로 변환하기 234

날짜를 문자열로 변환하기 235

모든 쌍별 조합 만들기 232

벡터, ls 함수로 반환하는 33

연결하기 227

조합 생성하기 246

하위 문자열 대체하기, 문자열 내의 231

하위 문자열 추출하기 228

문자열 데이터('문자열'도 참조) 215, 226

map_chr 함수 209

switch 레이블로 사용 564

단일값을 변환 202

데이터 프레임 vs. 티블 생성 181, 183

문자열 형식 지정, 날짜로 변환하기 위해 234

미국식 날짜 양식을 ISO 표준으로 변환하기 235

밀도 추정, 히스토그램에 추가하기 352-353

밀도 함수 255

확률분포 그래프 그리기 260-264

ㅂ

박스-콕스(Box-Cox) 절차 406-411

박스플롯

군집에 대해 생성 485

그리기 346-348

요인 수준별로 생성하기 348-350

박스-피어스(Box-Pierce) 검정(자기상관) 528

반응변수 371, 375

상관성이 높은 변수들만 회귀식에 사용 387-391

선형 모형식에서 375

반환값 555, 561

방어적 프로그래밍 567

배경 그리드(ggplot 그래프에서 변경하기) 307-310

배열 148

버전, 설치된 패키지에서 추출하기 74

범례, ggplot 그래프에서 추가 또는 제거하기 316-320

범주형 변수('요인'도 참조) 149, 157, 327

  ggplot 박스플롯 348

  독립성 검정하기 273

베르누이 시행, 무작위 수열 생성 253

베타분포 367

벡터

  cat 함수로 출력하기 31

  pmin과 pmax로 원소들을 병렬로 비교하기 444

  print와 format 함수로 형식 지정하기 99

  R에서 표현식의 결과 8

  z 점수로 변환하기 276

  길이 알아내기 226

  길이가 다른 60, 155-157

  다른 구조화된 자료형 간의 변환 203

  단일 자료형으로 이루어진 벡터를 다른 자료형으로 변환하기 202

  단일값은 원소가 하나인 벡터 147

  데이터 삽입하기 154

  데이터 추가하기 152

  데이터 프레임을 만들 때 사용 150

  동일한 모드를 가지는 원소들 146

  랜덤으로 벡터의 순열 만들기 254

  리스트의 구조를 없애 벡터로 만들기 169-170

  문자열로 된 227

  벡터를 행렬로 변환하기 176

  벡터에서 데이터 프레임 만들기 179

  벡터의 매 n번째 원소 선택하기 443

  병렬 벡터들 또는 리스트들에 함수 적용하기 215-218

분위수 함수에서 확률 259

비교하기 43-44

산술 연산 48-49

생성하기 vs. 티블 생성하기 36-38

수준(level)('요인' 참조)

  여러 벡터를 합쳐서 하나의 벡터와 요인으로 만들기 159

  연, 월, 일로 된 벡터를 Data 객체로 변환하기 237

  요약 268

  원소 선택하기 45

  이름과 값으로 이루어진 벡터로 리스트 채우기 168

  주요 특성 143

  특정 값의 위치 찾기 442

  행렬로 바꾸기 147

  행렬을 벡터로 변환하기 447

  행렬의 구조 없애기 233

벡터 또는 리스트의 첨자(subscript)에 대하여 반복문을 실행 559

벡터화된 연산, 루프를 실행할 필요가 없는 560

변동성, 달력 주기로 계산하기 524

변수

  .Last.value 71

  값을 대입 32

  모든 변수들 간 그래프 그리기 324-326

  목록 보기 33

  범주형, 요인으로 나타내기 149

  삭제하기 35

  속성 제거하기 450

  자료형, 마음대로 바꿀 수 있음 32

  지역적인 562

변형 207-221

  데이터 집단에 함수 적용하기 219

  데이터 프레임의 모든 행에 함수 적용하기 210

  리스트의 각 원소에 함수 적용하기 208-210

변환된 데이터로 회귀분석하기 404-406

병렬 벡터들 또는 리스트들에 함수 적용하기 215-218

조건에 따라 데이터 프레임에서 새로운 열 만들기 220-221

행렬의 모든 행에 함수 적용하기 212

행렬이나 데이터 프레임의 모든 열에 함수 적용하기 213-215

병렬 처리

R을 로컬에서 병렬 실행하기 465-468

원격으로 R 병렬 실행하기 468-472

병렬 최댓값(pmax 함수) 444

병렬 최솟값(pmin 함수) 444

보통최소제곱(ordinary least-squares, OLS) 알고리즘 375

복소수 단일 자료형 202

본문(body), 함수의 560

부동 소수점

map_dbl 함수 209

R 출력 형식 99

부분 자기상관 함수(PACF), 시계열 함수 그리기 530-531

부분집합

시계열 부분집합 만들기 507-510

회귀에서 반응변수 일부만 사용 388, 399

부트스트랩 기법 281

복원 추출 252

통계량 부트스트랩하기 488-491

부트스트랩 반복 488

부트스트랩 표본 488

분산('분산분석'도 참조) 149

계산하기 38

분산분석(analysis of variance, ANOVA) 372

로버스트 분산분석(크러스칼-월리스 검정) 430

분산분석표 373, 381

상호작용 그래프 생성하기 426-427

선형 모델 비교하기 432-434

일원분산분석 372

수행하기 424-426

집단 간 차이에 대해 수행 159

집단 평균들 간 차이 찾기 427-430

분위수

데이터세트 계산하기 274

역분위수 구하기 275

확률을 분위수로 변환하기 258-260

분위수-분위수(Q-Q) 그래프

비정규분포의 분위수-분위수 그래프 그리기 356-359

정규분포의 분위수-분위수 그래프 그리기 354-356

분포

난수 생성 247

도움 얻기 245

두 표본이 동일 분포에서 왔는지 검사하기 296

이름 244

분포 함수들 255, 256

분할표 271

불(boolean) 값 43

비교 연산자(== != 〈 〉 〈= 〉=) 43, 51

비네트 2

openxlsx 120

readr 113

sql-translation 139

패키지를 위한 목록 19

비모수적 통계 290, 423

비복원 표본 251

ㅅ

사분위수 347

데이터세트에 대해 계산하기 274

사분위수 범위(interquartile range, IQR) 347

사인파, 감쇠 364

산술 연산
　벡터 48-49
　시계열 데이터 519
　연산자 우선순위 51
산점도
　대응 관찰에 대해 그리기 304-305
　쌍으로 이루어진 값에 대한 324-326
　여러 집단의 산점도 생성하기 314-316
　집단별로 하나씩 생성하기 326-328
　회귀선 그리기 320-324
상관분석
　cor 함수로 계산 39
　데이터 프레임에서 상관행렬 계산 197
　시계열 간의 시차상관 찾기 532
　시계열에서 자기상관 검정 528
　시계열의 부분 자기상관 함수 530-531
　시계열의 자기상관 함수 526
　유의성 검정 291-293
상대도수 270
상호작용 그래프 생성하기 426-427
상호작용 항 402, 404
　단계별 회귀를 사용해 생성 398
　상호작용 항을 넣어 선형회귀 수행 391-393
색상
　ggplot 막대그래프에 추가하기 335-337
　도형 객체 함수에서 color 인자 344
　변수를 여러 색상 그래프로 그리기 359-362
　선 그래프에서 지정 339
생존함수 256, 258
샤피로-윌크(Shapiro-Wilk) 검정 285
서술부
　data.frame 함수에서 180
　discard 함수를 위해 정의 172
서식 적용하기, R 마크다운 문서의 텍스트에
　578
선
　수직선 또는 수평선, ggplot 그래프에 추가하

기 344-346
선 그래프
　x와 y점으로 선 그리기 338-339
　선의 유형, 두께, 색상 변경하기 339-342
선형 모형 173
　전체 모형 394
　축소 모형 395
선형회귀 371-434
　ANOVA 372
　다중선형회귀 실시하기 376-378
　다항식 회귀분석하기 403
　단순선형회귀 실시하기 374
　데이터의 부분집합에 대해 회귀분석하기 399
　로버스트 분산분석(크러스칼-월리스 검정) 수
　　행하기 430
　모형 비교하기, ANOVA를 사용해 432-434
　모형에서 새로운 값들 예측하기 421
　변환된 데이터로 회귀분석하기 404-406
　분산분석 372
　산점도의 회귀선 그리기 320-324
　상호작용 그래프 생성하기, ANOVA를 사용해
　　426-427
　상호작용 항을 넣어 실시하기 391-393
　영향력이 큰 관찰 판별하기 418-419
　예측구간 구하기 423
　일원분산분석(ANOVA) 수행하기 424-426
　잔차의 자기상관 검정하기 420-421
　적합된 모형 진단하기 414-416
　절편이 없는 선형회귀 실시하기 386-387
　종속변수와 상관성이 높은 변수들만 회귀 모
　　형에 포함시키기 387-391
　집단 평균 간의 차이 알아내기, ANOVA를 사
　　용해 427-430
　최선의 회귀변수 선택하기 394-399
　최적의 거듭제곱 변환 찾기(박스-콕스 절차)
　　406-411
　회귀 모형의 요약 결과 이해하기 382-386

회귀 잔차 그래프 그리기 412
회귀계수의 신뢰구간 구하기 411
회귀식 내에 표현식 사용하기 401-402
회귀통계량 알아내기 378-382
셀 프롬프트, R을 사용하는 경우 462
속성
  기본 R 함수의 속성 124
  변수에서 제거하기 450
수식 편집기(마이크로소프트) 600
수식, R 마크다운 문서에 삽입 594
수열
  랜덤으로 생성하기 252
  날짜를 사용해서 시계열을 인덱스 508
  수열 생성하기 41-43
수열의 랜덤성 확인하기 286
수준(level), 요인의 149, 157
수치형 데이터
  단일값을 변환하기 202
  숫자 조합 생성하기 246
순서기반 목록(numbered list) 580
순수한 함수 207
순열
  permutation 함수 233
  랜덤으로 벡터의 순열 만들기 253
숨겨진 이름 34
  list.files이 무시하는 문제 103
쉼표로 구분된 값('CSV 파일' 참조)
스크립트
  sink 함수를 사용해 출력을 파일에 쓰기 101
  실행하기 84
  일괄 실행 스크립트 실행하기 85-88
스탯, ggplot 그래프에서 302
스튜던트(Student)의 t 분포 357
스피어만(Spearman) 방법 291
시계열 끼워 넣기 또는 채우기 512-151
시계열 늦추기 516, 518, 551
  두 시계열 사이의 시차상관 찾아내기 532

시계열 분석 497-553
  ARIMA 모형을 통해 예측하기 545
  ARIMA 모형 시계열에 적합시키기 537-540
  ARIMA 모형 진단하기 542-545
  가장 오래전 또는 가장 최근 관찰 추출하기 505-507
  그 외의 데이터 표현 방식 498
  날짜(Date)와 날짜시간(Datetime) 498
  두 시계열 사이의 시차상관 찾아내기 532
  부분 자기상관 함수 그리기 530-531
  시계열 끼워 넣기 또는 채우기 512-515
  시계열 늦추기 516
  시계열 데이터 그래프로 그리기 503
  시계열 데이터에 계산 519
  시계열 데이터 표현하기 499-503
  시계열 부분집합 만들기 507-510
  시계열의 이동평균 계산하기 521
  시계열의 추세 제거하기 534-536
  여러 시계열 병합하기 510-512
  연속차분 계산하기 517-519
  예측값 그래프로 그리기 546
  유의미하지 않은 ARIMA 계수 제거하기 541
  자기상관 검정하기 528
  자기상관 함수 그리기 526-528
  패키지, zoo와 xts 497
  평균회귀성 검사하기 547-551
  함수들 457
시계열에 ARIMA 모형 적합시키기 537-540
시계열 예측
  ARIMA 모형을 통한 545
  시계열 예측값 그래프로 그리기 546
시작, R 세션을 커스터마이징하기 89-93
시작 메시지 숨기기 462
시행 횟수 293
신뢰구간 267
  ARIMA 모형 계수에 대한 537
  막대그래프에 추가하기 332-335

비율에 대한 283

상관계수에 대한 291

상하한 계산 259

중앙값에 대한 280

통계량 부트스트랩하기 488-491

평균에 대한 279-280

회귀계수에 대한 381, 411

회귀분석에서 절편 확인 386

실수(흔히 하는), 피하기 58-63

쌍별 비교

벡터 요소의 병렬 최솟값과 병렬 최댓값 445

집단의 모평균을 295-296

쌍으로 이루어진 데이터

문자열의 쌍별 조합 232

변수들 간 그래프 그리기 324-326

ㅇ

아마존 웹 서비스(AWS) 95

앞줄에서 이어지는 프롬프트(+) 59

앞서게(lead) 하는 데이터 517

에러

R 마크다운에 들어가는 R 코드 토막 585

에러로부터 보호하기 567

에러 표시하기 566

에러로부터 복구하기 567

에러 메시지 숨기기 457

에러 보고하기 567

에러 탐지 566

에스테틱 302

aes에 범주형 변수 이름 전달하기 348

aes 함수 304

aes 함수의 fill 파라미터 336

aes 함수의 shape 매개변수 314

aes 함수의 그룹화 파라미터 317

엑셀

데이터 프레임을 엑셀로 쓰기 120-123

엑셀 사용자에게 데이터 프레임의 의미 151

중첩 IF 구문 220

파일에서 데이터 읽어오기 118-120

연, 월, 일을 날짜로 변환하기 237

연/월(yyyymm) 부분집합 추출 509

연결, 출력을 파일에 쓰기 위해 101

연산자

사용자 정의 461

회귀식 내에서의 특별한 의미 402

연산자 우선순위 50-52

연속분포 244

분위수 계산 260

확률 계산 257

열(컬럼)

R 마크다운 테이블에서, 맞춤정렬 설정 590

read_fwf 함수로 너비 정의 107

공통 열로 데이터 프레임 병합하기 199-201

담긴 데이터, 데이터 프레임을 초기화하는 데 사용 179

데이터 프레임 150

데이터 프레임에서 열을 정렬 키로 사용 448

데이터 프레임에서 위치를 통해 선택 187-192

데이터 프레임에서 이름 바꾸기 194

데이터 프레임에서 이름으로 선택 192-193

데이터 프레임에서 이름으로 제외 196

데이터를 넣고 출력 439

조건에 따라 데이터 프레임에서 새로운 열 만들기 220-221

행렬에서 하나의 열 선택하기 178

행렬이나 데이터 프레임에서 함수 적용하기 213-215

영향력이 큰 관찰 418-419

예측(predictions)

선형 모형에서 새로운 값 예측하기 421

예측구간 구하기 423

이진값으로 된 변수 예측하기 485-488

예측변수 371, 374, 387

가장 나은 변수들의 부분집합을 선택하기 394-399

다중, 선형회귀분석 시에 명시 376

상관성이 낮은 변수들을 제거하기 389

선형 모형식에서 375

예측변수 사이의 상호작용 그리기 426-427

오차항(선형회귀에서) 375

요인 149

데이터 프레임 만들기 179

데이터 프레임 생성 시 문자열 데이터를 요인으로 변환 181, 183

데이터 프레임을 만들 때 사용 150

도수분포표와 분할표 생성하기 271

만들기 157

벡터들을 합쳐 상응(parallel) 요인으로 만들기 159

요약 269

요인분석 수행하기 491-496

우선순위, 연산자 50-52

사용자 정의 연산자 462

워드('MS 워드' 참조)

웹, CSV와 테이블 양식 데이터 읽어오기 118

웹에서 R에 대한 도움말 검색하기 19-22

윈도우

Alt와 Ctrl 키 조합 53-54

Cannot Open File(파일을 열 수 없음) 오류 105

R 설치하기 3

RStudio 시작하기 6

RStudio 종료하기 10

Sys.getenv 함수의 결과 88

파일 경로에서 백슬래시(\), 이스케이프 처리 62-63

윌콕슨-만-휘트니(Wilcoxon-Mann-Whitney) 검정 289

유닉스

#!로 시작하는 라인 87

Sys.getenv 함수의 결과 89

검색 경로 74

유의성

모상관계수의 유의성 검정하기 291-293

선형 모형의 371

율리우스력 날짜 알아내기 238

융-박스(Ljung-Box) 검정 529, 544

음수로 된 인덱스 46

음영

ggplot 그래픽의 배경 음영색 307

막대그래프의 막대에 칠하기 335-337

점그래프에서 음영 주기 361

의사 중앙값 281

이동평균(MA) 계수 528

이름

lm 함수로 회귀계수에 주어진 451

name 함수로 추출 390

데이터 프레임의 열 선택하기 192-193

데이터 프레임의 열 이름 바꾸기 194

리스트 원소들의 146, 162

열 제외하기, 이름으로, 데이터 프레임에서 196

이름으로 리스트의 원소 선택하기 166

이름으로 이루어진 벡터를 통해서 인덱스 48

행렬의 행과 열에 이름 붙이기 177-178

이름/값 연계 리스트 166-168

이미지

그래프를 RStudio에 이미지로 저장 369

워드에서 이미지 해상도 차이 603

이산분포 244

밀도 함수와 누적확률 함수 255

분위수 함수 259

확률 계산하기 254-257

이스케이프 처리, 백슬래시를 사용해 특수한 문자를 105

이진 데이터

save 함수 쓰기 139

이진값으로 된 변수 예측하기 485-488

이항 연산자

  회귀식 내의 특수한 뜻 402

  자신만의 연산자 정의하기 460

이항계수 246

이항분포 244

  pbinom 함수 255

  누적확률함수 pbinom 255

  밀도함수 dbinom 255

익명 함수 569

인덱스

  xts 또는 zoo 객체 507

  xts 또는 zoo 객체의 인덱스 501

  논리 인덱스 벡터를 생성해서 매 n번째 원소
를 표본으로 추출하기 443

  단일값 147

  리스트 61, 126, 161

    이중 vs. 단일 대괄호 145, 164

  벡터 45-48

  행렬에서 하나의 행 또는 열을 선택하기 178

인자 561

  도움말 14

  인자가 하나인 함수에 복수의 인자를 보내는
실수 62

  함수, 리스트에서 꺼내 전달하기 458-460

일괄 실행 스크립트 실행하기 85-88

일반 텍스트 파일, R 마크다운 문서 576

ㅈ

자기상관

  시계열의 자기상관 검정 528

  회귀 잔차 검정 420-421

자기상관 함수(ACF) 544

  회귀 잔차 그래프 420

  시계열의 자기상관 그래프 526-528

자기회귀(AR) 계수, ARIMA 모형 530

자기회귀 누적이동평균(ARIMA) 모형 528, 530

시계열에 적합하기 537-540

  예측하기 545

  유의미하지 않은 계수 제거하기 541

  진단하기 542-545

자료형

  구조가 있는 자료형을 다른 형식으로 변환하
기 203-205

  단일값을 다른 형식으로 변환 202

  동적 32

  무형식 언어로서의 R 555

  벡터 37

자릿수, 출력할 형식 98-100

자유도(degrees of freedom, DOF) 357

작성자, R 마크다운 문서에 설정 577

작업공간

  .GlobalEnv로 나타남 73

  저장하기 11, 69

작업 디렉터리 65

잔차

  ARIMA 모형에서 확인하기 543

  ggplot을 사용하여 그래프 그리기 408

  선형 모형의 381

  선형 모형에서 535

  자기상관 검정하기 420-421

  회귀 잔차 그래프 그리기 412

  회귀 잔차에 대한 통계 383

재귀적 함수 561

재사용할 수 있는 코드 조각 53

재현 가능한 예시 25-28

재활용 규칙(Recycling Rule) 44, 60

  pmin과 pmax에 합치기 445

  이해하기 155-157

저장

  ggplot에서 출력된 이미지를 파일로 368

  R 객체 139-142

  RStudio에서 작업공간 69

  RStudio 종료 시 10

변수에 값을 31
이전 커맨드의 결과 71
함수 정의를 파일로 571
적재값(loading) 492
전역 변수 32, 556
지역 변수와 비교 563
절편 375
절편이 없는 선형회귀 실시하기 386-387
직교회귀에서 계산하기 480
정규분포 252, 373
rnorm 함수를 사용한 무작위 데이터 추출 예
제 376
난수 생성 248
데이터 샘플의 정규성 검정 284
밀도 함수 그래프 그리기 260
분위수 함수 qnorm 259
분위수-분위수(Q-Q) 그래프 그리기 354-356
분포 함수 pnorm 257
예측구간을 구할 때 비정규분포인 경우 423
함수 243
정규표현식 17
문자열을 분할할 때 구분자로서 230
정규식 패턴으로 파일 매칭하기 102
하위 문자열 대체 시에 사용 231
정렬하기
ggplot 막대그래프 고치기 331
데이터 프레임 449
신뢰구간이 추가된 ggplot 막대그래프 333
정수
map_int 함수 209
switch 레이블 563
단일값을 변환 202
정준상관분석 20
제목
ggplot 그래프에 추가하기 305
ggtitle로 설정하기 364
R 마크다운 문서 설정하기 577

제목(heading), R 마크다운 문서에 삽입하기
579
조건
if/else 구문 557-558
조건에 따라 데이터 프레임에서 새로운 열 만
들기 220-221
조건을 사용해 리스트의 원소 제거하기 172-
174
조건부 분기 557
조건부 실행 556
조건화 그래프 327
조인 연산
full_join 함수 199
inner_join 함수 199
left_join 함수 199
right_join 함수 199
조합
개수 세기 245
생성하기 246
여러 변수의 모든 조합 생성하기 446-447
종속변수('반응변수'도 참조) 375
주사위 굴리기, 모든 조합 찾기 446
주석 464
read_csv 함수에서 115
read_table2 함수의 comment 파라미터 112
주성분 분석(PCA) 478, 481, 492
중앙값
계산하기 38
신뢰구간 구하기 280
표본에 대하여 계산 252
증가분
Date 객체에 seq 함수를 사용 241, 508
수열에서 42
지수분포 358
지역 변수 556
생성하기 562
지연 연산(lazy evaluation) 556

직교회귀 479-481

질문

   R 커뮤니티에 제출하기 25-28

   답변을 메일링 리스트 아카이브에서 검색하
     기 24

집단

   동일 비율로 되어 있는지 검정하기 293

   여러 집단의 산점도 생성하기 314-316

   평균 간의 차이 알아내기 427-430

집단 분류

   patchwork가 지원하는 기능 366

   데이터 집단에 함수 적용하기 219

   범주형 변수 사용 149

ㅊ

차원

   리스트에 차원 정해주기 148

   벡터에 차원 부여하기 175

   벡터에 차원 정해주기 147

   행렬 변수, 속성에 저장된 450

   행렬에서 하나의 행 또는 열을 선택해 차원을
     제거하거나 유지하기 178

참고서적

   Applied Linear Regression Models(니터 외)
     374

   Forecasting: Principles and Practice(힌드만,
     아타나소풀로스) 540

   Linear Models with R(패러웨이) 374

   Mathematical Statistics with Applications(와
     컬리 외) 268

   Practical Regression and ANOVA Using R(패
     러웨이) 486

   R Graphics Cookbook(챙) 299

   R Graphics(머렐) 299

   R을 활용한 데이터 과학(위컴, 그롤문드) 303

첨자 인덱스, 행렬 방식의 190, 193

최솟값 또는 최댓값

다중 매개변수 함수를 최대화 474

다중 매개변수 함수를 최소화 474

단일 매개변수 함수를 최대화 473

단일 매개변수 함수를 최소화 473

   인덱스 값을 얻기 위해 min과 max 함수 사용
     하기 513

   찾기 444

최적의 거듭제곱 변환 찾기 406-411

추세, 시계열에서 파악하고 제거하기 534-536

출력

   CMD BATCH 서브 커맨드, 파일에 출력 85

   Rscript 출력을 stdout에 86

   파일에 쓰기 100

출력하기

   print 함수로 단일 항목 출력 29

   cat 함수로 여러 항목 출력 31

   자릿수 더 적게 혹은 더 많이 출력하기 98

   객체 클래스에 따라 다르게 출력하는 print 함
     수의 메서드 146

   대입의 결과 437-438

   열의 형태로 데이터 출력하기 439

   ggplot 그래프 586

ㅋ

카이제곱 검정 273

커널 밀도 추정(KED) 352

커맨드

   이전 커맨드의 결과 저장 71

   입력 8-10

     단축키 9

   커맨드 히스토리 보기 70-71

커맨드라인

   + 프롬프트 8

   〉 프롬프트 8

   R을 시작할 때, --quiet 옵션 사용 462

   편집 9

컬럼('열' 참조)

컴퓨터 과학자에게 데이터 프레임의 뜻 151

코드

    R 마크다운 문서에 R 코드 삽입하기 582

    R 마크다운 문서에서 보이는 결과 제어 584

    섹션 사용 464

    실행시간 455-456

    자동으로 들여쓰기 바꾸기 571

코드 들여쓰기 571

코드 블록

    R 마크다운에 표시되는 화면을 제어하는 옵

      션 584

    R 스크립트에서 실행 85

    스크립트로 저장 53

코드 시간 재기 455-456

코드 토막 582

콜론 연산자(기호 섹션의 ':(콜론) 연산자' 참조)

큐빅 스플라인 515

크러스칼-월리스(Kruskal-Wallis) 검정 424, 430

클라우드에 R과 RStudio 설치하기 93

클래스

    class 함수로 객체의 클래스 알아내기 452

    객체의 추상적인 자료형 정의하기 146

    날짜와 시간 223

      어느 클래스를 선택할지 결정하기 225

키보드 단축키 53

키보드로 데이터 입력하기 97

키워드(검색 엔진)

    문서 14

    더 넓게 검색하기 18

E

테마(theme) 302

    ggplot 그래프에 적용하기 310-314

테이블

    R 마크다운 문서 출력에 삽입하기 589-591

    R 마크다운 문서 출력을 워드로 605

    분산분석표, 선형회귀 모형의 373

컴퓨터가 생성한 데이터를 R 마크다운 문서에

    삽입하기 591

테이블 양식 데이터 파일

    데이터 프레임 150

    웹에서 읽어오기 117

    읽어오기 109-113

텍스트, R 마크다운 문서에서 서식 적용하기

    578

텍스트 에디터 574

템플릿

    R 마크다운 문서 만들기 576

    R 마크다운 문서 출력하기 577

    문서에 서식을 적용하기 위해 LaTex 사용

      599

    워드에서 서식을 적용하기 위해 R 마크다운

      출력을 제어하는 방법 606

토탈최소제곱법(total least squares, TLS: '직교회

    귀'도 참조) 480

통계 265

    기본적인 통계량 계산하기 38-41

      데이터 프레임의 각 열별로 함수를 적용하

        기 40

    데이터를 z 점수로 변환하기 276

    데이터세트의 분위수 및 사분위수 계산하기

      274

    두 모집단의 평균 비교하기 287-289

    두 표본이 동일 분포에서 왔는지 검사하기

      296

    런(runs) 검정 286-287

    모비율의 신뢰구간 구하기 283

    모상관계수의 유의성 검정하기 291-293

    모평균의 신뢰구간 구하기 279-280

    범주형 변수의 독립성 검정하기 273

    비모수적으로 두 표본의 위치 비교하기 289

    상대도수 계산하기 270

    역분위수 구하기 275

    요인의 도수분포표 만들기와 분할표 생성하

      기 271

정규성 검정 284

중앙값에 대한 신뢰구간 구하기 280

집단들이 동일 비율로 되어 있는지 검정하기 293

집단의 모평균을 쌍별로 비교하기 295-296

통계량 부트스트랩하기 488-491

표본비율을 이용한 모비율 검정 281

표본을 이용한 모평균 검정 277

회귀통계량 알아내기 378-382

통계전문가, 데이터 프레임의 의미 150

통합 개발 환경(integrated development environment, IDE)

RStudio 5

티블 108, 184

tibble과 as_tibble 함수, 문자열 데이터를 변환하지 않음 181

데이터 프레임과 합치기 186

리스트에 들어 있는 벡터에서 만들기 181

정의 152

ㅍ

파라미터 기반 보고서, R 마크다운 문서에서 생성하기 609-612

파이프

RStudio 뷰어에 객체를 파이프로 연결 436

선형 모형에서 magrittr의 파이프 사용하기 382

함수 호출 파이프라인 만들기 54-57

파이프 연산자(%)%) 54

파일

목록 보기 102, 104

복합적이거나 불규칙한 구조를 가진 파일에서 데이터 읽기 128-133

윈도우에서 나타나는 'Cannot Open File(파일을 열 수 없음)' 해결하기 105

패키지

CRAN에서 설치하기 79-80

깃허브에서 설치하기 81

날짜와 시간을 다루는, CRAN에서 224

데이터세트, 들어 있는 78

도움말 얻기, help 함수를 사용 18

로딩된, 검색 경로를 통해 보기 72-74

문서 1, 14

설치된 패키지 목록 보기 74

설치하고선 library( )나 require( )로 불러오지 않음 60

적절한 패키지 찾기 23

패키지에 담긴 함수들의 정식 명칭 73

프로필 스크립트에서 로딩 91

함수들이 들어 있는 자신의 R 패키지를 만들기 571

함수에 접근하기 75-77

패턴('정규표현식'도 참조) 17

제공된 문서에서 검색 16

평균('mean 함수'도 참조) 208, 212

ggplot 그래프의 선 345

gglopt에서 계산하기 330

mean 함수 49, 62

계산하기 38-41

군집에서 계산하기 483

두 모집단의 평균 비교하기 287-289

롤링 평균(rolling mean) 521

선형회귀를 위한 예제 데이터에서 373

시계열의 평균 계산 521

신뢰구간 267

신뢰구간 구하기 279-280

집단 평균 간의 차이 알아내기 427-430

집단의 모평균을 쌍별로 비교하기 295-296

표본을 이용한 모평균 검정 277

평균회귀성, 시계열에 대해 검사 547-551

평활, 시계열 551-553

포함 연산자(%in%) 52

표본

동일 분포에서 왔는지 검사하기 296

매 n번째 원소마다 선택해 데이터세트에서 표
본추출하기 443

모평균 검정 277

비모수적으로 위치 비교하기 289

표본비율을 이용한 모비율 검정 281

표준오차

ARIMA 모형 계수의 540

se 인자, ggplot의 320

신뢰구간이 추가된 ggplot 막대그래프 332

잔차의 385

표준편차

ggplot에서 선 그리기 345

계산하기 38-41

선형회귀 예제 데이터에서 373

수치를 월별로 계산 524

표현식

여러 줄에 걸쳐 식을 계속 이어갈 때 실수한
다 59

회귀식 내에서 사용하기 401-402

프레젠테이션 문서, R 마크다운 문서로부터 생
성하기 607-609

프로그래밍, 간단한 555-572

if/else 문 557-558

루프 반복하기 559-560

스위치 함수, 여러 대안 중 선택하기 563

에러로부터 보호하기 567

에러 표시하기 566

익명함수 만들기 569

자동으로 코드 들여쓰기 바꾸기 571

재사용 가능한 함수들 만들기 570

지역 변수 생성하기 562

함수 정의하기 560-562

프로젝트, RStudio에서 생성하기 66-68

프로필 스크립트 89

재현성 이슈 91

피어슨(Pearson) 상관계수 291

ㅎ

하위디렉터리, 파일 목록 출력 103

하위목록, R 마크다운에서 581

함수 556

검색 경로에서 찾기 73

다중 매개변수, 최소화 또는 최대화하기 474-
477

단일 매개변수, 최소화 또는 최대화하기 473

단일 인자 vs. 복수 인자 62

대입 연산자 〈〈-를 사용하는 대입문 32

데이터 프레임을 이해하지 못하는 62

도움말 14-16

매개변수들의 기본값 정의하기 565

분포와 관련된 인자의 필수 요건 244

선형 모형에서 회귀통계량 추출하기 378

순수한 207

시계열에 롤링(rolling) 방식으로 함수 적용하
기 525-526

시계열에서 로그나 제곱근 계산하기 520

시계열의 달력 주기 적용하기 522-524

익명함수 만들기 569

인자, 리스트에서 꺼내기 458-460

재사용 가능한 함수들 만들기 570

정의 560-562

제공된 문서를 검색하기 16-18

지역 변수 562

패키지의 함수에 접근하기 75-77

함수 호출 파이프라인 만들기 54-56

함수의 값을 그래프로 그리기 362-365

적절한 함수 찾기 23

함수 정의, 코드 줄 안에 569

항목기반 목록 580

행

데이터 프레임에 행 추가하기 184-187

데이터 프레임의 모든 행에 함수 적용하기
210

행 데이터로 데이터 프레임 만들기 181-184

행렬에서 하나의 행 선택하기 178
행렬의 각 행에 함수 적용하기 212-213
행과 열 합계 내기 438
행렬 147
  %*% 곱셈 연산자 52
  print 함수로 출력 30
  z 점수로 변환하기 276
  고윳값과 고유벡터 계산하기 477
  구조를 없애 벡터로 나타내기 233
  다른 구조화된 자료형 간의 변환 203
    특수한 고려사항 205
  데이터 프레임을 만들 때 사용 150
  데이터 프레임을 행렬로 변환하기 447
  데이터 프레임의 상관행렬을 계산 197
  모든 열에 함수 적용하기 213-215
  모든 행에 함수 적용하기 212-213
  벡터로 변환하기 447
  상관계수와 공분산 41
  연산 수행하기 176
  요약 268
  이질적인, 이질적인 리스트에서 생성하기
    149
  초기 내용 설정하기 174
  하나의 행 또는 열을 선택하기, 행렬에서 178
  행과 열 합계 내기 438
  행과 열에 설명이 담긴 이름 붙이기 177-178
  행렬 방식의 첨자 인덱스 190, 193
헤더 라인
  CSV 파일에서 113
  열 이름에서 112
홈 디렉터리
  R 홈 디렉터리 찾기 88
  프로파일 스크립트 넣을 위치 89
확률 243-264
  난수 생성하기 247-249
  랜덤 수열 생성하기 252
  밀도 함수 그래프 그리기 260-264

벡터의 랜덤 순열 생성하기 254
분포
  도움 얻기 245
  이름 243
  연속분포의 확률 계산하기 247
  이산분포의 확률 계산하기 254-257
  재현 가능한 난수 생성하기 250
  조합 생성하기 246
  조합의 개수 세기 245
  확률을 분위수로 변환하기 258-260, 274
  확률 표본 생성하기 251
환경
  RStudio Environment 탭 69
  R에서 함수 검색 경로 73
환경변수
  시스템 환경변수 R_HOME 88
  시스템 환경변수 설정하기 89
  알아내기와 설정하기 463
회귀('선형회귀'도 참조) 371
  단순 직교회귀 실시하기 479-481
  로지스틱 회귀 485-488
회귀계수 375, 453
  기울기 450
  다중선형회귀에서 376
  선형모형에서 371
  신뢰구간 381
  신뢰구간 구하기 411
  잔차의 자기상관 420
  정보, 선형모형에서 추출된 384
회귀 잔차의 Min과 Max 383
횡단 데이터 498
후진 단계별 회귀 394-399
히스토그램
  그리기 350-351
  추정 밀도 추가하기 352-353